Gilberto Freyre

Sociologia
Introdução ao estudo dos seus princípios

Gilberto Freyre

Sociologia
Introdução ao estudo dos seus princípios

Prefácio de Simone Meucci

Posfácio de Vamireh Chacon

Impresso no Brasil, julho de 2009
Copyright © by Fundação Gilberto Freyre 2009
Rua Dois Irmãos, 320 · Apipucos · 52071 440
Recipe, PE, Brasil
www.fgf.org.br · fgf@fgf.org.br

Os direitos desta edição pertencem a
É Realizações Editora, Livraria e Distribuidora Ltda.
Caixa Postal: 45321 · 04010 970 · São Paulo, SP, Brasil
Telefax: (5511) 5572 5363
e@erealizacoes.com.br · www.erealizacoes.com.br

Editor
Edson Manoel de Oliveira Filho

Revisão
Jessé de Almeida Primo *(1ª revisão)*
Nelson Luis Barbosa *(2ª revisão)*

Capa e projeto gráfico
Mauricio Nisi Gonçalves / Estúdio É

Digitação
Iara Susue Rikimaru *(Tomo I)*
Daura Toshie Kanotami *(Tomo II)*

Pré-impressão e impressão
HRosa Gráfica e Editora

Reservados todos os direitos desta obra.
Proibida toda e qualquer reprodução desta edição
por qualquer meio ou forma, seja ela eletrônica ou mecânica,
fotocópia, gravação ou qualquer outro meio de reprodução,
sem permissão expressa do editor.

SUMÁRIO

Prefácio à presente edição
    Singularidades, revelações e ocultações da "Sociologia de Gilberto Freyre" 11
Prefácio do autor à 3ª edição 27
Prefácio de Anísio Teixeira 41
Prefácio do autor à 2ª edição 49
Introdução 77
Prefácio do autor à 5ª edição 109

LIMITES E POSIÇÃO DA SOCIOLOGIA

I. LIMITES DA SOCIOLOGIA
    1. O social e o sociológico 113
    2. O biomo 117
    3. Indivíduo e pessoa 118
    4. Pessoa e personalidade 125
    5. O social e o cultural 136
    6. O natural, o social e o cultural 139
    7. Grupo, sociedade, comunidade, associação, instituição 142
    8. Organização social e cultura 154
    9. Contato e interação social 157
    10. Cultura, organização, espaço e tempo sociais 163

II. POSIÇÃO DA SOCIOLOGIA
    1. Posição da Sociologia entre os estudos do homem considerado
       unidade biossocial 173
    2. Ciência natural e ciência cultural 175
    3. Sociologia e Filosofia social 179
    4. Sociologia e História 185
    5. Sociologia e Biologia 191
    6. Sociologia e Psicologia 194
    7. Sociologia e Antropologia 199

    8. Sociologia e Geografia cultural 212
    9. Sociologia e Economia 215
    10. Sociologia e Ciência Política; Sociologia e Direito 221
    11. Relações com outras ciências 232
    12. Relações com a Religião e com a Ética. 234

SOCIOLOGIAS E SOCIOLOGIA

III. SOCIOLOGIAS ESPECIAIS
    1. Sociologia e Sociologia 243
    2. Sociologia biológica 245
        a) O organismo como condição de comportamento social 245
        b) Reação ao "organicismo" 246
        c) As relações inter-raciais e de populações entre si como problema sociobiológico 252
        d) Sociologia biológica e biotipologia 270
        e) Resumo 274
    3. Sociologia Psicológica 278
        a) Ciência especial de ligação da Sociologia com a Psicologia e com a Biologia 278
        b) Sociologia psicológica, behaviorismo e Endocrinologia 290
        c) Sociologia psicológica e os estudos do inconsciente e da personalidade 295
        d) Sociologia psicológica e processos sociais 297
        e) Sociologia psicológica e as teorias *Gestalt* e de "situações vitais" 306
        f) Resumo 310

IV. SOCIOLOGIAS ESPECIAIS (Continuação)
    4. Sociologia regional ou Ecologia social 313
        a) Sociologia regional e Biologia 313
        b) Organização, domínio e sucessão socioecológica 318
        c) Isolação ou diferenciação 321
        d) Influência inversa 326
        e) Atração e repulsão, comunicação e distanciação 329
        f) Segregação e relações no espaço ecossocial 331
        g) Impérios e regiões naturais básicas 340
        h) Formas sociais de vida e recursos naturais de região 343

V. SOCIOLOGIAS ESPECIAIS (Conclusão)

5. Sociologia Genética ou Histórica 349
- a) Relação da Sociologia Genética ou Histórica com outras sociologias 349
- b) Sociologia da História ou Histórica e História 352
- c) História "natural" de grupos, pessoas e instituições 356
- d) Sociologia da História ou Histórica e materialismo histórico 359
- e) A Sociologia histórica como antecipação da História pura 363
- f) Sociologia histórica e uniformidades psicológicas 365
- g) Outra vez a Sociologia histórica como história "natural" de grupos 367
- h) Sociologia da História ou Histórica: seu relativismo 371
- i) Sociologia histórica na América Latina 375

6. Sociologia da Cultura 380
- a) Relações da Sociologia da Cultura com a Sociologia Geral 380
- b) Objetivo da Sociologia da Cultura 383
- c) Revoluções, Sociologia e cultura 384
- d) Zonas de domínio da Sociologia da Cultura 389
- e) O hábito e o monge 390
- f) Coisas e valores na Sociologia da Cultura 401
- g) Situação social e herança cultural 408
- h) Herança cultural, herança biológica e situação social 413

VI. SOCIOLOGIA

1. Sociologia geral, Sociologia coordenadora 417
2. Integração e diferenciação sociológica 419
3. Interação e reciprocidade 422
4. Conflitos de teoria dentro da Sociologia geral 431
5. Indivíduo social e organização social 434
6. Situação social 445
7. *Élite* e massa 455
8. Filhos, pais e irmãos 459
9. Critério dinamista de estudo sociológico 468
10. Unidade e diversidade 471
11. Complexidade e exclusividade 484

APÊNDICE

ANEXO I
1. Sociologia do Lazer 489
2. Sociologia da Religião 491

ANEXO II
1. Sociologia do Desenvolvimento 495
2. Sociologia da Arte 498
3. Sugestões para Exercícios 499

BIBLIOGRAFIA DE GILBERTO FREYRE
1. Livros 501
2. Opúsculos 502
3. Algumas das obras sobre assuntos sociológicos versados sem sociologia 503

BIBLIOGRAFIA DOS APÊNDICES
Anexo I 505
Anexo II 505

ÍNDICE DE ASSUNTOS 507

ÍNDICE ONOMÁSTICO 511

POSFÁCIO de Vamireh Chacon
Gilberto Freyre: Sistemático antissistêmico 533

À
memória
de
ROQUETTE-PINTO

PREFÁCIO À PRESENTE EDIÇÃO

Singularidades, revelações e ocultações da "Sociologia de Gilberto Freyre"

Simone Meucci
Mestre e Doutora em Sociologia pela Unicamp
professora do Departamento de Ciências Sociais da UFPR

Sociologia: uma introdução aos seus princípios, cuja primeira edição é de 1945, é uma obra única no conjunto da produção intelectual de Gilberto Freyre. Trata-se de um compêndio elaborado por um autor que, com frequência, se autodefinia como pouco vocacionado para atividades didáticas e acadêmicas.

Em *Sociologia,* Freyre esforça-se por apresentar, num texto didaticamente orientado, a natureza e o lugar da sociologia no quadro geral das ciências e suas ramificações temáticas. O livro consiste numa espécie de organograma a partir do qual o autor inscreve, além das atribuições da sociologia, as inter-relações, os limites e as limitações de seus campos de investigação. Trata-se, portanto, de uma obra importantíssima para conhecer a ossatura do pensamento sociológico de Gilberto Freyre.

Esta nova edição de *Sociologia* chega às nossas mãos num momento em que ocorre um balanço acerca do legado de Freyre para as ciências sociais no Brasil. Há, com efeito, o resgate do papel de Freyre no processo de sistematização da sociologia e o reconhecimento de sua contribuição para a compreensão da dinâmica de dominação social na sociedade brasileira.[1]

A leitura de *Sociologia* pode, com efeito, ajudar os estudiosos de sua obra a mapear algumas de suas influências teóricas; compreender, no seu pensamento, as relações entre as "variáveis" raça, cultura e geografia; identificar os fundamentos teóricos da sua interpretação.

Esses aspectos se tornam mais visíveis nas páginas de *Sociologia* porque a orientação didática do livro obrigou o autor a explicitar categorias, conceitos, posições e pressupostos que não se encontram assim revelados em suas principais obras, conhecidamente ensaísticas.

---

[1] Souza, J. A atualidade de Gilberto Freyre. In: Kosminski, E.; Peixoto, F.; Lepine, C. (Org.) *Gilberto Freyre em quatro tempos.* São Paulo: Editora Unesp; Bauru: Edusc, 2003. p. 65-82.

Sociologia é, como não poderia deixar de ser, produto de uma longa artesania das ideias sociológicas de seu autor. Remotamente, essa artesania foi iniciada no período compreendido entre os anos de 1918 e 1923. Nessa época, Freyre realizou seus estudos de Ciências Jurídicas e Sociais nas Universidades de Baylor, Texas (graduação) e Columbia, Nova York (mestrado).[2]

Esse período de estudos nos Estados Unidos, especialmente na Universidade de Columbia (onde se dedicou às disciplinas de História, Antropologia e Sociologia), tornou-o o único brasileiro de sua geração com acesso aos conhecimentos avançados em ciências sociais desenvolvidos naquele ambiente onde ocorriam profundas transformações urbanas, demográficas e industriais.

Segundo o testemunho do próprio Freyre, o livro *Sociologia* tem, mais imediatamente, origem relacionada às suas experiências docentes no ensino da Sociologia, especialmente na Universidade do Distrito Federal, instituição onde lecionou no período compreendido entre os anos de 1935 e 1937.[3]

É possível que o trabalho docente no início da carreira intelectual de Freyre, além de investi-lo da condição de portador especializado do conhecimento sociológico entre nós, tenha mobilizado esforços mais sistemáticos para organização de ideias sociológicas que foram dispersamente acessadas no período de estudos nos Estados Unidos.

A base para a publicação do livro foi um precioso conjunto de laudas que resultaram da transcrição de suas aulas na Universidade.[4] E ainda que *Sociologia* seja uma versão mais "amadurecida" desses manuscritos, seu conteúdo não deixa de ser um testemunho importante acerca das condições de institucionalização e difusão do conhecimento sociológico naquela instituição.

Freyre procura demarcar com destaque que *Sociologia* é, de fato, resultado de sua única experiência docente mais ou menos regular numa Universidade no Brasil. Isso

---

[2] Para compreender o período de estudos de graduação e pós-graduação de Freyre nos Estados Unidos e Europa, ver: PALLARES-BURKE, M. L. *Gilberto Freyre: um vitoriano nos trópicos*. São Paulo: Editora Unesp, 2005.

[3] A Universidade do Distrito Federal foi fundada em 1935, a partir de um projeto pedagógico inovador, elaborado pelo então diretor de instrução do Distrito Federal, o educador Anísio Teixeira. Teve, não obstante, uma vida breve: em 1939, durante o Regime do Estado Novo, foi arbitrariamente fechada. Seus alunos e parte do corpo docente foram incorporados à recém-fundada Universidade do Brasil. A história dessa instituição é emblemática do embate entre os educadores e os setores católicos no Brasil nesses período. Sobre a Universidade do Distrito Federal, ver: BARBOSA, R. N. de C. *O projeto da UDF e a formação dos intelectuais*. Rio de Janeiro, 1996. Dissertação (Mestrado) – Instituto de Filosofia e Ciências Sociais, Universidade Federal do Rio de Janeiro. VICENZI, L. J. B. de. A fundação da Universidade do Distrito Federal e seu significado para a educação no Brasil. In: Fórum Educacional. Rio de Janeiro, v. 10, n. 3, jul./set. 1986.

[4] Os manuscritos de Freyre relativos às suas aulas de sociologia na Universidade do Distrito Federal são mantidos no acervo do Centro de Documentação da Fundação Gilberto Freyre. Ver análise desse material em: MEUCCI, S. *Gilberto Freyre e a sistematização da sociologia no Brasil*. Campinas, 2006. Tese (Doutorado) – Instituto de Filosofia e Ciências Humanas, Universidade Estadual de Campinas.

fica evidente nas dedicatórias ao livro. Na primeira edição, o autor oferece a obra aos estudantes de Sociologia e Antropologia da Universidade, e a Heloísa Alberto Torres, sua colega na instituição. Na segunda edição, presta homenagem à memória de Roquette-Pinto, que foi também professor da universidade, responsável pelo laboratório de rádio da instituição.

Embora *Sociologia* seja uma obra única no conjunto da produção intelectual de Gilberto Freyre, esse tipo de esforço pela sistematização didática do conhecimento sociológico não foi isolado, nem mesmo inédito. Somou-se a uma mobilização notável pela formação de um acervo significativo de periódicos, dicionários e manuais de sociologia.

A rigor, esforços para formação desse acervo foram inaugurados por Pontes de Miranda em 1926, com a publicação do livro *Introdução à Sociologia*.[5] Não obstante, apenas nos anos 30 do último século esse fenômeno de constituição de um conjunto de manuais sociológicos adquiriu contornos notáveis. Vivia-se, na indústria editorial brasileira, uma espécie de *boom* de livros didáticos de sociologia.

Compõem esse conjunto de obras os livros: *Iniciação à Sociologia* (1931) de Alceu Amoroso Lima, *Sociologia experimental* (1935) de Delgado de Carvalho, e *Princípios de Sociologia* (1935) de Fernando de Azevedo.[6]

Os livros publicados nesse período são espécies de sínteses enciclopédicas da história do pensamento sociológico. Alguns deles, concebidos à imagem e semelhança de compêndios estrangeiros. Eram, sobretudo, voltados aos alunos das Escolas Normais (que formavam professores) e dos Cursos Complementares (dedicados ao preparo dos alunos para o ingresso nas faculdades).

Diante da enorme repercussão dos livros didáticos de sociologia para a indústria editorial brasileira, após o início das aulas de Gilberto Freyre na Universidade do Distrito Federal, os editores já aguardavam a publicação de seu compêndio sociológico. Prova disso é uma carta enviada a Freyre em 1936, na qual o educador paulista Fernando de Azevedo[7] pediu-lhe que reservasse a publicação do livro resultante de suas aulas na Universidade para a série "Iniciação Científica" da Biblioteca Pedagógica Brasileira, coleção de livros da Companhia Editora Nacional (que, na época, era dirigida por Azevedo) de São Paulo.[8] Parecia, portanto, ser grande a expectativa em

---

[5] PONTES DE MIRANDA, F. *Introdução à sociologia*. São Paulo: Pimenta de Melo, 1926.

[6] AMOROSO LIMA, A. *Preparação à sociologia*. Rio de Janeiro: Centro D. Vital, 1931. AZEVEDO, F. *Princípios de Sociologia*. São Paulo: Nacional, 1935. DELGADO DE CARVALHO, C. M. *Sociologia experimental*. Rio de Janeiro: Sauer, 1934.

[7] Carta enviada por Fernando de Azevedo a Gilberto Freyre em 9 maio 1936. Acervo do Centro de Documentação da Fundação Gilberto Freyre. Recife/PE.

[8] Freyre havia, na época, acabado de publicar *Sobrados e mucambos* pela Editora Nacional por intermédio de Fernando de Azevedo.

relação à publicação do manual sociológico de um dos mais promissores e jovens cientistas sociais brasileiros, que recentemente havia surpreendido o meio intelectual com a publicação do polêmico *Casa grande & senzala*.[9]

Freyre, como sabemos, publicou o manual didático apenas nove anos depois do pedido de Fernando de Azevedo. Quais teriam sido as razões que explicam a longa espera dos editores e leitores pelo livro novo de sociologia?

Ao observar a produção bibliográfica de Freyre nesse período, constata-se que não houve um só ano sem que ele tivesse publicado uma obra. Observemos a cronologia:

1936: *Sobrados e mucambos*
1937: *Nordeste*.
1938: *Conferências na Europa*
1939: *Açúcar (algumas receitas de doces e bolos nos engenhos do Nordeste)*
1940: *Um engenheiro francês no Brasil*
1941: *Região e tradição*
1942: *Ingleses no Brasil*
1943: *Problemas brasileiros de Antropologia*
1944: *Perfil de Euclides da Cunha e outros perfis*.

Notemos que o autor priorizou a elaboração de obras analíticas e interpretativas em detrimento da formulação de um compêndio didático. A exceção é *Problemas brasileiros de Antropologia*, no qual Freyre dedicou-se à publicação dos manuscritos de suas aulas de Antropologia na Universidade do Distrito Federal (ainda assim, apenas em 1943, cerca de oito anos após a realização do curso na Universidade).[10]

É possível que essa aparente "opção" pelas obras interpretativas esteja relacionada ao processo de formação e amadurecimento do campo das ciências sociais e, também, dos primeiros portadores do conhecimento sociológico entre nós.

Não se deve ignorar que a elaboração de um compêndio científico original requer um esforço de conversão da "prática" interpretativa num "sistema conceitual" passível de ser transmitido a especialistas e futuros especialistas no ramo de conhecimento em questão. Trata-se de uma conversão nada fácil que exige a formação de agentes capazes de realizar essa síntese, de um público leitor especializado e, também, de certo padrão discursivo. E isso só ocorreu de fato, a partir dos anos 1940 no Brasil.

Sociologia aparece, portanto, após notável experiência do autor como analista da realidade brasileira. Freyre escreveu antes sobre receitas, alcovas e regiões do Brasil; elaborou biografias de estrangeiros e brasileiros dedicados à interpretação da realidade

---

[9] FREYRE, G. *Casa grande & senzala*. São Paulo: Global, 2002. (1ª edição de 1933).

[10] FREYRE, G. *Problemas brasileiros de antropologia*. Rio de Janeiro: Casa do Estudante, 1943.

social brasileira: parece ter optado por desvendar um pouco do Brasil antes de sistematizar o conhecimento sociológico.

Nesse sentido, o livro *Sociologia* de Freyre se distingue da primeira "safra" dos livros didáticos da matéria sociológica, redigidos por autores com pouca experiência na análise social. *Sociologia* faz parte de novo conjunto de compêndios surgido no Brasil nos anos 1940, do qual *Teoria e pesquisa em Sociologia* (também publicado em 1945) de Donald Pierson é também um exemplar paradigmático.[11]

De certa maneira, esses dois livros – de Freyre e Pierson –, mais do que mera reconstituição histórica e escolástica das etapas do pensamento sociológico, procuraram realizar síntese original distinta das dezenas de livros didáticos de sociologia que até então ocupavam as estantes das livrarias brasileiras.

Muitos saudaram o aparecimento de *Sociologia* exatamente pela originalidade e sua capacidade de despertar interesse pela disciplina nova. Aos olhos dos leitores, *Sociologia* parecia romper com o padrão discursivo da literatura didática na matéria sociológica. Críticos destacavam o fato de que Freyre expôs o conteúdo de maneira saborosa e instigante. Roger Bastide afirmou que a grande qualidade do livro é que seu autor foi capaz de despertar e interessar o leitor.[12] Anísio Teixeira, igualmente, num comentário pessoal ao autor, destacou a narrativa de *Sociologia*: "é o primeiro grande livro didático que leio. [...] Com tais livros, Gilberto, se poderia talvez dispensar a escola. Porque o saber precisa, para ser comunicado, de ser tornar assim pessoal, humano, quente, imaginativo".[13]

O livro interessante é também monumental: a primeira edição de *Sociologia* tem cerca de 800 páginas divididas em dois volumes. Tantas páginas procuram revelar ao leitor a posição do autor em relação às perspectivas sociológicas atuantes no meio intelectual brasileiro. Freyre se contrapõe ao marxismo, à sociologia cristã, ao evolucionismo mais vulgar.

Nesse sentido, podemos dizer que o livro de Freyre atendia a uma demanda muito distinta daquela que mobilizou os esforços dos autores de compêndios sociológicos que surgiram no período compreendido entre o final dos anos 1920 e a década de 1930. É síntese original, caracterizada pelo empenho do autor em distinguir com cuidado a sua posição no ambiente intelectual e diferenciar a sociologia das outras áreas de conhecimento.

*

---

[11] PIERSON, D. *Teoria e pesquisa em sociologia.* São Paulo: Melhoramentos, 1945.

[12] Roger Bastide, *Diários Associados*, 5 dez. 1945. Recorte do Centro de Documentação da Fundação Gilberto Freyre – Recife/PE.

[13] Carta de Anísio Teixeira a Gilberto Freyre, datada de 2 de fevereiro de 1946. Acervo do Centro de Documentação da Fundação Gilberto Freyre – Recife/PE.

Freyre dedicou longas páginas de *Sociologia* a definir detalhadamente a especificidade da sociologia e sua relação com outras disciplinas científicas e filosóficas. A sociologia, segundo sua perspectiva, era então uma ciência nova que, não obstante, tinha já a difícil tarefa de combater o generalismo e o diletantismo que a teriam caracterizado no século XIX. Tinha, também, a missão de diferenciar-se do socialismo, com a qual era, segundo Freyre, frequentemente confundida.

A despeito dessas constatações, relativas à confusão e indefinição do campo sociológico, Freyre acreditava que a sociologia tinha já autonomia de método, de técnica de pesquisa e de interpretação. Para o autor, a sociologia tem, pois, uma maneira particular de aproximar-se do social.

E para definir a especificidade do olhar sociológico, Freyre distingue fenômenos *sociológicos* do amplo universo de fenômenos sociais: o *social* compreende todas as relações, atividades e produtos que se referem à associação entre seres humanos; ao passo que o *sociológico* diz respeito, tão somente, aos processos de socialização. Ou seja, na perspectiva de Freyre, do universo social amplo e heterogêneo de fenômenos, a sociologia retira para si o estudo dos fatos relacionados aos *processos de socialização*.

Freyre demonstra, em algumas passagens de *Sociologia*, grande influência de autores norte-americanos como Robert Park e Georg Mead, e, também, do sociólogo alemão Georg Simmel. Essas influências são especialmente reveladas na discussão sobre o conceito de socialização. A ideia de socialização diz respeito ao processo no qual o *indivíduo biológico* se transforma em *pessoa* socialmente situada no espaço, no tempo e no sistema de valores de um determinado grupo social. A *socialização* refere-se, afinal, ao processo de constituição do homem social.

A constituição da pessoa socialmente situada é compreendida como um processo complexo que envolve o condicionamento recíproco entre fatores biológicos, psíquicos, geográficos, históricos e culturais. O homem social é, para Freyre, o resultado de uma síntese entre o legado psicobiológico do indivíduo e o universo ecológico, histórico e cultural no qual vive.

A partir dessa definição do objeto da sociologia, Freyre entende que diferentes ramos da ciência devem ser relacionados à análise da compreensão da dinâmica de interação entre os fatores biológicos, psíquicos, ecológicos, históricos, culturais e a dimensão social propriamente dita. São, pois, esses os ramos fundamentais da sociologia apresentados em detalhe no compêndio: a *sociologia biológica*, a *sociologia psicológica*, a *sociologia regional*, a *sociologia histórica* e a *sociologia da cultura*.

Freyre admite que disposições biológicas, psíquicas e geográficas têm efeitos sociais importantes, mas alerta para o fato de que elas são principalmente condicionadas pelo ambiente social. Cabe aos diferentes ramos da sociologia comprovar como se dá essa relação entre condicionantes sociais e os demais condicionantes.

No caso particular da relação entre psique e sociedade, Freyre afirma que o grupo social age fortemente sobre a formação da personalidade. Até mesmo nos lembra, invocando exemplos variados baseados nos estudos de Ruth Bendict, que cada sociedade produz determinados tipos e disposições biopsíquicas.

Freyre ressalta, porém, que essa ação da sociedade sobre a psique individual não constitui uma via de mão única. O autor lembra que, ao mesmo tempo que a sociedade atua na formação das personalidades, frequentemente o grupo social também recebe influências de personalidades capazes de modificar suas disposições. Nesse complexo processo de interação entre disposições individuais e sociais é que, segundo Freyre, estão inscritas as possibilidades de conservação e/ou renovação da herança sociocultural de um grupo.

De acordo com Freyre, portanto, os fenômenos relativos à constituição da *pessoa social* nunca são unicamente sociais, como não são também unicamente naturais ou psíquicos. São, segundo o autor, *biossociais e psicossociais* na medida em que os caracteres biológicos e psíquicos estão igualmente inscritos no ser social.

Essa inter-relação entre os fenômenos biológicos, psíquicos, ecológicos e sociais não produz, porém, no entender de Freyre, dificuldades para especificar a particularidade dos processos sociais. Ainda que os "processos de socialização" de que se ocupa a sociologia tenham base biológica, não devem ser confundidos com processos naturais. Os processos de socialização, no entender de Freyre, operam pela acumulação de cultura, por meio de contato, da comunicação e da interação social.

Com efeito, daí a enorme importância sociológica das formas de contato e interação social. Freyre afirma que o desenvolvimento de características gerais do grupo, ou, mais do que isso, a produção de uma unidade social é decorrência de contatos sociais que compreendem desde relações físicas e sensoriais (contatos primários) propriamente ditas, até relações indiretas por meio de moedas e veículos de comunicações (contatos secundários).

Desse modo, dado o caráter singular da interação social e do processo de socialização daí decorrente, as disciplinas Biologia e Psicologia não bastam, segundo Freyre, para explicar a complexidade do ser social. Entretanto, elas podem e devem ser colaboradoras constantes do trabalho do sociólogo, que deve dispor de seus conhecimentos e avanços para enfrentar os desafios que lhes impõe a síntese dramática entre sujeito, ambiente e sociedade.

Observemos que, para Freyre, a sociologia, ao ter por objeto o processo de socialização assim definido, ocupa um lugar especialíssimo entre as ciências. Pela complexidade de seu objeto, ela tem a peculiaridade de se constituir no cruzamento entre diversos saberes. Freyre a denomina de disciplina "coordenadora", já que trabalha com um objeto multidimensional que compreende igualmente fenômenos biológicos, psíquicos, geográficos, históricos e culturais.

Outro argumento que lhe permite afirmar a especificidade da Sociologia em relação às demais disciplinas (ao mesmo tempo que afirma a necessidade de diálogo com as distintas áreas do conhecimento) é a distinção entre *forma* e *substância*. Possivelmente evocando Simmel, Freyre afirma que a sociologia se ocupa, sobretudo, com as *formas* pelas quais se manifesta o processo de socialização. Ao passo que o *conteúdo* de tais processos, sejam eles psíquicos, biológicos, históricos ou geográficos, não interessa ao sociólogo no sentido estrito do termo.

Isso quer dizer que, para Freyre, os fenômenos biológicos, psíquicos, históricos, culturais e geográficos são aspectos substanciais que interessam ao sociólogo não em sua essência, não como objetos em si mesmos, mas apenas na medida em que são fatores que estão contidos no processo de socialização. Um exemplo: para Freyre, não deve ser objeto de interesse do sociólogo a formação geológica de uma determinada região. O sociólogo, segundo seu ponto de vista, deverá estar atento, tão simplesmente, ao modo como certas disposições geográficas interferem no processo de socialização (contato e isolamento) dos seus habitantes. É nesse sentido que se inscreve o diálogo constante e necessário da sociologia com a história, a geografia, a antropologia a biologia e outras ciências.

Notamos, pois, que embora Freyre postule a especificidade do "sociológico", não teme, contudo, reivindicar o auxílio de outras disciplinas científicas. Queremos com isso afirmar que o sociólogo aqui imaginado por Freyre não é um especialista no sentido estreito do termo, tampouco é um diletante. Trata-se de uma definição difícil e tensa essa proposta por Freyre acerca da especificidade da sociologia.

Importante observar, mais uma vez, a referência de Freyre a Simmel, sobretudo a célebre distinção na noção de forma e conteúdo. Embora Freyre confessasse que não lia bem o alemão, sabe-se que Simmel, no contexto acadêmico norte-americano do início do século, tivera grande repercussão. Lembremos que Park estudara em Berlim e frequentara as conferências de Simmel. O autor alemão esteve presente de modo notável num dos mais importantes compêndios de sociologia publicados nos Estados Unidos no período: o *Introduction to the science of sociology* publicado por Park e Burguess (constantemente citado nas páginas de *Sociologia*). Albion Small (igualmente um dos fundadores do Departamento de Sociologia da Escola de Chicago), que também estudara em Berlim, traduziu cerca de quinze textos de Simmel para o *American Journal of Sociology*.

Ao longo do livro *Sociologia* constata-se, pois, o esboço de uma distinção entre a posição teórica de Freyre (fundamentada na sociologia alemã e norte-americana) e daqueles filiados à tradição sociológica de Durkheim. Para Freyre, a ciência social não é propriamente natural porque o seu objeto é um processo contínuo e sempre renovado de constituição do homem social que compreende fatores múltiplos. A noção de *processo* se diferencia da noção de *coisa*.

Freyre sugere, pois, que a síntese dramática entre o indivíduo e a sociedade – que produz a "pessoa social" – se opera efetivamente como resultado da relação social recíproca. Como para Simmel, parece também compreender que a intermitente coexistência entre os homens é que produz a sociedade. Rigorosamente, a sociedade constitui-se como um "sistema de relações" e não como um objeto dotado de exterioridade.

Por isso, Freyre sugere o entendimento dos processos de socialização que, ainda que estejam distantes das formações amplas e oficiais, são manifestações verdadeiras da sociedade em *status nascens*. Ou seja, os processos sutis de conversão e reprodução do indivíduo em pessoa social são o *locus* no qual a sociedade é, a um só tempo, conservada e renovada num ir e vir contínuo capaz de, surpreendentemente, criar conexão e unidade.

Daí se compreendem os fundamentos teóricos que inspiraram Freyre na elaboração da maioria de suas análises: o olhar dedicado às manifestações moleculares dos processos de socialização (as brincadeiras dos moleques, o preparo da comida, os hábitos de toucador). Na casa grande, nos sobrados, nas memórias infantis e domésticas, Freyre notara a produção e reprodução de formas particulares de cooperação, conflito, subordinação e submissão social. Freyre parte, pois, do pressuposto de que os acontecimentos mais banais e microscópicos da vida social é que constituem os verdadeiros produtores da unidade social.

Nas páginas de *Sociologia*, Freyre apresenta uma dicotomia que explicita a sua filiação a uma tradição sociológica distinta da tradição francesa. Importante, nesse sentido, é verificar a diferenciação que ele faz entre natureza e cultura.

Inspirado em Rickert, Freyre afirma que diferentemente dos objetos naturais, os fatos da cultura são dotados de significados particulares. A distinção entre o *natural* e o *cultural* apresentada por Freyre na obra *Sociologia* corresponde respectivamente à distinção entre o *universal* e o *particular*.

Essa compreensão acerca da distinção entre natureza e cultura tem uma consequência metodológica importante no pensamento sociológico de Freyre. Permite diferenciar os procedimentos de pesquisa: enquanto os objetos da natureza podem ser estudados a partir de critérios impessoais e universais, os objetos culturais e sociais exigem uma abordagem particular. Daí a ênfase dada pelo autor no caráter empático da investigação sociológica.

Para ele, a sociologia é, com efeito, uma ciência mista, pois misto é o seu objeto. É, portanto, um pouco indutiva, um pouco intuitiva. O método empírico e o empático devem ser combinados para dar conta da complexidade do processo de socialização composto de dimensões biológicas, ecológicas e simbólicas.

Apesar, porém, de considerar o papel da intuição e da imaginação fundamentais na análise sociológica, Freyre pede que os sociólogos tenham cautela para não confundir a sociologia com a filosofia. Ainda que considere importante para o sociólogo a imaginação filosófica voltada à interpretação e especulação das possibilidades sociais, diz ser temerário que a ciência sociológica se submeta a ideais filosóficos: tal submissão lhe faria desviar o olhar sobre o funcionamento real dos processos sociais.

Do mesmo modo, e até com maior ênfase, Freyre procura diferenciar o conhecimento sociológico da política e das ciências jurídicas. Afirma que, entre nós, os juristas e os políticos se atêm a soluções legais, doutrinárias e monolíticas, confundindo-as com as soluções sociológicas. Tal situação causa, segundo Freyre, perturbação séria para a atividade econômica e para o desenvolvimento da cultura brasileira regionalmente diversificada.

Por isso, Freyre recomenda o urgente desembaraço das funções sociológica, jurídica e política. Tal desembaraço teria repercussão na vida prática, pois possibilitaria que a sociologia, por meio de suas investigações, pudesse orientar a prática política e jurídica. O grande papel da sociologia é, para Freyre, fazer reconhecer que direito e política devem estar relacionados à experiência da vida social. Ou seja, Freyre acredita na sociologia como um instrumento precioso para substituir a abstração jurídica e política por uma orientação mais ligada ao funcionamento da sociedade.

Freyre então sugere uma sociologia dedicada a investigar as regularidades das instituições, suas formas, funções e os processos típicos que lhe correspondem. Para ele, com efeito, as leis e as instituições são fenômenos sociológicos e, como tal, devem ser também tomados como objeto de reflexão e análise da nova ciência.

O mesmo ocorre com os fatos econômicos. A ciência econômica não é, para ele, uma ciência determinista regida por leis universais unívocas. Nesse sentido, Freyre parece se contrapor à ideia de universalidade e inexorabilidade tanto dos princípios liberais quanto das leis da evolução dos modos de produção em Marx.

Nas páginas de *Sociologia* Freyre dedicou-se a fazer críticas também à indistinção entre religião e sociologia. Nesse caso, parece referir-se a pensadores católicos brasileiros que se dedicavam ao campo da sociologia. Para o autor, o fenômeno religioso é também objeto do interesse sociológico. Mas os conteúdos religiosos não podem, sob sua perspectiva, ser conciliados aos conteúdos científicos. Tal conciliação só é, portanto, válida no campo da filosofia social, e não no campo da sociologia.

Com efeito, ao longo das páginas de *Sociologia* observamos o esforço de Freyre ao instituir um campo próprio para a sociologia. Tal esforço implicava uma definição do objeto, do método, das variáveis em jogo na análise; bem como uma luta contra diletantes, legalistas, deterministas e místicos.

Essas características tornam *Sociologia* um testemunho precioso dos esforços exigidos, na década de 1940, a favor da consolidação da ciência social no Brasil. É também testemunho da efetiva participação de Freyre nesse processo. Por isso, a leitura desta obra torna-se imperativa tanto aos estudiosos da trajetória e da obra de Freyre, como àqueles que investigam a constituição do pensamento sociológico entre nós.

*

O ano do aparecimento do livro *Sociologia* foi emblemático. Em 1945, houve o esgotamento dos fundamentos do poder de Getúlio Vargas com o fim da Segunda Guerra Mundial. Foi, portanto, o marco do início do processo de redemocratização do país após quase quinze anos de regime autoritário.

A democratização permitiu a emergência de uma espécie de clima de "descoberta" de enormes contrastes econômicos e políticos da realidade nacional (que tinham sido a um só tempo "produzidos" e "encobertos" pela ação e pelo discurso do Regime de Vargas). Tais "descobertas" instauraram um debate sistemático sobre o destino do Brasil.

Esse foi também um ano importante do ponto de vista do início do processo de consolidação da carreira acadêmica dos sociólogos no Brasil. Em 1945, formou-se, na Escola Livre de Sociologia e Política, em São Paulo, a primeira turma de mestres em Sociologia no Brasil, entre os quais Florestan Fernandes. Foi também em 1945 que Antonio Candido tornou-se assistente da cadeira de Sociologia I na Universidade de São Paulo e que Emílio Willems iniciou o desenvolvimento de seus estudos de comunidade em Cunha – SP, para ficar apenas entre os exemplos mais notáveis relativos à consolidação da carreira e do campo de estudos sociológicos no Brasil.

Os fatos destacados demonstram que o livro *Sociologia* apareceu num contexto em que as condições para o debate público e o campo intelectual se transformavam. A redefinição, renovação e reacomodação das forças políticas, a conquista da liberdade de expressão e os primeiros passos para consolidação das ciências sociais no meio acadêmico são eventos que confluíram para favorecer embates mais sistemáticos sobre o destino da sociedade brasileira. Nesses embates, a sociologia pretendia ocupar lugar privilegiado. Daí a importância da legitimação do seu lugar no quadro geral das ciências.

Nesse ambiente, o empenho didático representado pelo livro *Sociologia* era também persuasivo: a luta simbólica pela legitimidade e pela definição do campo de estudos sociológicos estava relacionada a um debate mais amplo sobre as possibilidades e o destino da sociedade brasileira.

O livro *Sociologia* é, porém, uma obra inacabada. Freyre jamais cumpriu a promessa, feita em 1945, na introdução à obra, de acrescentar três volumes aos dois tomos publicados. Segundo o projeto original de Freyre, haveria ainda o terceiro tomo dedicado aos problemas de método, o quarto que traria uma discussão sobre a história da disciplina e o quinto que se ocuparia com a discussão sobre a delicada relação entre sociologia, engenharia social e filosofia.

Não obstante, ainda que inacabado, o livro *Sociologia* foi reeditado quatro vezes: nos anos de 1957, 1962, 1967 e 1973. Houve ainda uma tentativa de sexta edição do livro: manuscritos consultados no Centro de Documentação da Fundação Gilberto Freyre nos permitem afirmar que, no início dos anos 1980, Freyre preparou uma nova versão do livro a ser impressa pela editora Globo, sob o novo nome de *Em busca de uma sociologia plural*. O preparo dessa nova edição jamais publicada revela a mobilização do autor no sentido de atualizar suas ideias sociológicas tornando-as pertinentes ao novo estado do debate intelectual.

A cada nova reedição, como de hábito, Freyre fez acréscimos e mudanças no texto. A sua artesania de ideias não cessava nunca. Possivelmente, as alterações – sobretudo as verificadas na segunda edição – estão relacionadas à acelerada consolidação da sociologia no meio acadêmico e a transformações no debate social.

Com efeito, ao longo do período compreendido entre o aparecimento da primeira e da segunda edições de *Sociologia* (1945-1957), a constituição do campo sociológico assumiu contornos cada vez mais nítidos. É uma unanimidade entre os pesquisadores da área que a década de 1950 foi decisiva para a definição de um rígido cânone científico. A rotinização de novas regras relativas à produção do conhecimento sociológico levava ao rompimento com as formas anteriores de conhecimento da vida social, consideradas *pré-científicas*.[14]

Nesse sentido, na década de 1950, a vigilância quanto às fronteiras do campo sociológico passou a ser mais severa do que nos anos 1940. Houve, pois, uma inflexão importante no modo de produção do saber sociológico, em sua temática e narrativa. Nesse momento, a contribuição de Gilberto Freyre para a sistematização dos estudos sociológicos foi questionada.

Favorecia esse questionamento a ausência de Freyre da Universidade. Lembremos que, após sua experiência da Universidade do Distrito Federal, Freyre jamais ocupou com regularidade um lugar no meio universitário brasileiro. Em 1949, fundou o Instituto Joaquim Nabuco de Pesquisas Sociais, com sede em Recife: instituição onde, até o fim da vida, dirigiu e coordenou pesquisas, seminários e simpósios.

É bom que se diga que o Instituto Joaquim Nabuco foi reconhecidamente considerado ambiente importante para o desenvolvimento das ciências sociais em Pernambuco, mas não gozava da legitimidade da Universidade na medida em que domínio e arbítrio pessoal de Freyre se opunham à universalidade e objetividade do meio universitário.

---

[14] ARRUDA, M. A. do N. A Sociologia no Brasil: Florestan Fernandes e a "escola paulista". In: MICELI, S. (Org.) *História das Ciências Sociais no Brasil*. São Paulo: Idesp, Fapesp, 1995. v. 2. ARRUDA, M. A. do N.; GARCIA, S. G. *Florestan Fernandes: mestre da sociologia moderna*. Brasília: Paralelo 15, Capes, 2003.

Desde a experiência da Universidade do Distrito Federal, Freyre se afastara do confronto de ideias sociológicas realizadas sob as regras da Universidade. Não participou de bancas, congressos e sociedades científicas organizadas no Brasil. Ficou, pois, ausente das instituições dominantes num período crucial para a definição do cânone científico.

Ausente do debate acadêmico, Freyre lançava mão de recursos peculiares para construir sua legitimidade e responder aos seus críticos: prefácios de seus livros e artigos em periódicos e jornais de grande circulação eram os lugares habituais onde dialogava com seus interlocutores. Não enfrentava seus opositores senão em seu próprio terreno.

Não obstante, é importante destacar que Freyre, embora estivesse ausente do debate acadêmico, não estava fora do debate social e sociológico. Suas estratégias foram eficientes para atualizar e tornar pública sua perspectiva. Atuou, pois, como artífice rotinizador das suas próprias ideias sociológicas. Prova da eficiência dessas estratégias é o confronto notável entre o que se convencionou chamar de *sociologia científica* – representada, sobretudo, por Donald Pierson e Florestan Fernandes – e a *sociologia de Freyre*. Com efeito, nos anos 1950, Freyre foi classificado como um ensaísta não especializado, insubmisso às rígidas regras impostas pelo ambiente acadêmico: a sua produção sociológica não era, pois, científica.

O acirramento do debate no campo sociológico correspondia ao acirramento do embate acerca do destino da sociedade brasileira. Não esqueçamos os sérios confrontos políticos no período que culminaram, entre outros episódios dramáticos, no suicídio de Getúlio Vargas em 1954. Os confrontos eram, pois, reveladores dos impasses do processo de modernização brasileira.

De que forma, porém, o embate sociológico entre a *Sociologia científica* e a *Sociologia de Freyre* traduzia o embate sociopolítico do período? A "sociologia de Florestan Fernandes" – que introduzira a temática da desigualdade social e exigira a objetivação da linguagem sociológica –, estava relacionada a um projeto de universalização dos direitos sociais e à conclusão de um modelo democrático-burguês no Brasil. Ou seja, a consolidação da sociologia empreendida por Florestan Fernandes, baseada na radicalidade da objetividade e da severa vigilância epistêmica, estava indissociavelmente ligada a um desejo de rompimento com o passado brasileiro e a possibilidade de construção de um novo destino nacional fundamentado na racionalização, planificação e democratização das instituições. Ao passo que a *sociologia de Freyre*, sob o registro da diversidade regional e do patriarcalismo, dedicada a particularizar a história brasileira a partir de uma narrativa pessoal e literária, fora vista como uma perspectiva conservadora que queria singularizar não apenas o objeto e a descrição sociológica, mas também alternativas políticas fundamentando-as no legado ibérico.

Com efeito, no novo ambiente dos anos 1950, houve mudança significativa na natureza do debate social com repercussões importantes sobre os temas da sociologia, seus autores e teorias canônicas. A questão dominante na pauta de problemas sociológicos deixara de ser a identificação das especificidades e fundamentos da constituição da nação e da nacionalidade. A sociologia passara a se ocupar com a reflexão sobre as bases (os limites e as possibilidades) para a consolidação da modernidade política e econômica, a partir da experiência recente dos países ocidentais.

Nesse contexto, o lugar ocupado por Freyre no campo sociológico é revisto. Passou a ser considerado representante de uma perspectiva pré-científica. A forma ensaística, o método microssociológico, o não pertencimento ao meio acadêmico, sua interpretação acerca da identidade nacional tributária do legado ibérico tornavam o autor anacrônico do ponto de vista da nova sociologia que se consolidava no meio acadêmico, especialmente na Universidade de São Paulo.

A segunda edição de *Sociologia* torna-se um testemunho importante dessa alteração no campo sociológico. Freyre, ao refazer o texto, reforça, com traços e cores fortes, a sua abordagem. A sociologia chamada de *mista* na primeira edição ganhou então novos adjetivos: ciência *anfíbia, existencial, barroca*. Tantos termos demonstram o esforço para demarcar que sua compreensão acerca da natureza da disciplina sociológica era radicalmente diferente da perspectiva que se tornava então dominante no meio acadêmico. Para Freyre, a ciência sociológica tinha algo de arte, algo de intuitivo e ensaístico.

No prefácio à edição de 1957 de *Sociologia* verificamos também um notável testemunho do debate de Freyre com seus críticos, em especial Sérgio Buarque de Holanda. Freyre procura validar a sua interpretação de que o patriarcalismo é uma instituição presente em todo o país. É uma *forma* sociológica fundamental que se apresenta do Rio Grande do Sul ao Pará. Essa é uma tese cheia de consequências do ponto de vista político, pois demarca a generalidade e a profundidade do legado ibérico entre nós.

As alterações da segunda edição de *Sociologia* permitem, pois, demonstrar que Freyre pretendia, no debate social que estava então em curso, afirmar um campo de estudos sociológicos que revelasse a vocação não burguesa do Brasil. Fez acréscimos ao conteúdo do livro propondo um campo novo de estudos sociológicos: a *luso-tropicologia*. O objetivo desse campo de estudos seria *o modo português de estar no mundo e de se relacionar com os trópicos*. Dentro dessa perspectiva, o papel do cientista social seria o de identificar, compreender e reconhecer sábia engenharia social legada da cultura ibérica.

A luso-tropicologia tem, pois, algo de *policy-science*. Freyre alertava, pois, para os equívocos da universalização das experiências sociais e políticas burguesas assinalando o nosso pertencimento a uma comunidade luso-tropical.

Importante lembrar que a segunda edição de *Sociologia,* na qual Freyre propõe o ramo de estudos denominado *luso-tropicologia*, aparece depois de longa visita de Freyre, financiada pelo governo português, às colônias portuguesas. Em 1951, quando o ditador Salazar procurava novas bases para a manutenção de suas colônias africanas e asiáticas, Freyre foi convidado a conhecer a empresa colonial portuguesa mantida ao longo de muitos séculos. Dessa visita resultaram os livros *Um brasileiro em terras portuguesas* (1953) e *O luso e o trópico* (1961).[15] Essas obras se destinam a afirmar um conjunto de ideias que Freyre denominou *luso-tropicalismo*.

O luso-tropicalismo se fundamenta no pressuposto de que os portugueses têm grande capacidade de harmonização de contrastes étnicos, culturais e sociais. Tal capacidade seria, pois, originária de uma gênese histórica peculiar dos povos ibéricos que, no passado remoto, viveram, a um só tempo, entre valores da cultura oriental e ocidental. Essa experiência histórica engendrou uma sociedade com uma habilidade de harmonizar contrastes, nem puramente oriental, nem puramente europeia.

Essas ideias tiveram, nos anos 1950, em Portugal, um alcance e um sentido notáveis. Diante das circunstâncias políticas que exigiam a redefinição da nacionalidade portuguesa, os fundamentos do luso-tropicalismo encontraram relevância política. Num esforço para cativar a opinião pública internacional, a partir dos anos 1950 e início dos anos 1960, Salazar apostou na vulgarização das ideias de Freyre acerca da especificidade ibérica e da obra contemporizadora da colonização portuguesa.[16]

Com efeito, quando da segunda publicação de *Sociologia*, Freyre – em intenso contato com Portugal, envolvido com o luso-tropicalismo – passou a reivindicar, para o interior do campo de estudos sociológicos, uma área própria da sociologia dedicada ao estudo comparativo das diferentes experiências sociais que compõem a comunidade luso-tropical. Trata-se da *luso-tropicologia*.

Observa-se aqui claramente o desejo de formulação de um novo padrão de modernidade e modernização para o Brasil, engendrado especialmente no ambiente tropical e ibérico, referido à capacidade de acomodação de diversidades raciais e culturais.

Essas posições de Freyre, explicitadas nas transformações e acréscimos nas páginas de *Sociologia*, são testemunho de uma luta simbólica importante acerca dos ideais de modernidade que ocorreu no campo da sociologia no Brasil dos anos 1950. Essa luta torna as páginas deste livro ricas, tensas, povoadas de revelações e ocultações para o leitor decifrar. *Sociologia* é, portanto, um livro precioso não apenas para compreensão de Gilberto Freyre e a tessitura de suas ideias sociológicas, mas também para a compreensão do estado do debate intelectual do período.

---

[15] Freyre, G. *Um brasileiro em terras portuguesas*. Rio de Janeiro: José Olympio, 1953. Freyre, G. *O luso e o trópico*. Lisboa: Comissão Executiva das Comemorações do V Centenário da Morte do Infante D. Henrique, 1961.

[16] Castelo, C. *O modo português de estar no mundo*: o luso-tropicalismo e a ideologia colonial portuguesa (1933-1961). Porto: Edições Afrontamento, 1998.

E certamente, a despeito do desaparecimento de seu autor, a artesania das ideias contidas em *Sociologia* não terá fim. Cabe agora ao leitor desta nova geração, desafiado pelas questões contemporâneas, dar sentidos inéditos e imprevistos às páginas de *Sociologia*. Não podemos esquecer que diante dos fenômenos relativos à globalização, à crise ambiental e à enorme complexificação da vida social, somos novamente desafiados para uma revisão de nossos ideais de modernidade e de ciência social.

PREFÁCIO DO AUTOR À 3ª EDIÇÃO

Não se trata de obra convencionalmente didática. O empenho do autor é conservar-se no plano de um estudo animado de uma perspectiva porventura nova de análise e de interpretação do Homem social. Tal perspectiva talvez possa ser denominada barroca, pela atenção que procura dedicar ao vário e ao regional, não para opô-lo ao uno e ao universal na conceituação sociológica do Homem, mas para contribuir para uma mais autêntica unidade e para uma mais ampla universalidade nas generalizações sociológicas. A *Sociologia* que venho escrevendo – procuro explicar naquela síntese a ser publicada em Bonn – não pretende ser senão companheira de estudantes e professores da matéria: companheira para aquelas suas preocupações que se estenderem além da rotina pedagógica, sem perturbá-la ou interrompê-la.

Mais: como obra um tanto diferente dos tratados ou dos manuais convencionalmente "clássicos", da especialidade, é que este livro pretende ser aceito. E é como vem sendo compreendido por pensadores e cientistas sociais, não só da Europa, dos Estados Unidos, da América Latina, do próprio Oriente.

No estrangeiro, destacaram-se pela generosidade com que acolheram os dois primeiros tomos da primeira edição de *Sociologia*, aparecida no Rio de Janeiro, os professores Rex Hopper (que, em artigo de revista especializada, salientou a necessidade de ser a obra brasileira imediatamente publicada em língua inglesa, tal, a seu ver, a "originalidade de critério" seguido, conforme o crítico, pelo primeiro autor), José Medina Echavarría, Georges Gurvitch, Helmut Schelsky, Jean Duvignaud, Roger Bastide, Gino Germani e Francisco Ayala.

O professor Gino Germani, ainda mais que o professor Rex Hopper, destacou o que lhe pareceu "contribuição original" para o desenvolvimento da teoria e da metodologia sociológicas, isto é, o modo novo do primeiro autor desta *Sociologia* escrita e publicada em língua portuguesa intensificar e ampliar o conceito de *situacionalismo*, já corrente entre alguns dos mais modernos sociólogos europeus e americanos, e inovar quanto ao de inter-relacionismo de métodos. Quanto à aplicação de tal critério e tais métodos inter-relacionados a situações concretas, sua originalidade já foi posta em relevo na Inglaterra pelo Prof. Asa Briggs, ao ser o primeiro autor doutorado pela Universidade de Sussex, na Universidade de Münster (na qual foi igualmente consagrado Doutor pela Faculdade de Direito) e de modo excepcional pela Sorbonne, ao consagrá-lo Doutor.

Para esse modo é que sugiro a caracterização de "barroco", visando a diferenciá-lo do estritamente clássico. Pois cada vez mais me convenço de estarmos, nos estudos sociais, em geral, e nos de Sociologia, em particular, numa fase pluralista que caracteriza principalmente a metodologia nessas ciências. Não há para a Sociologia um método único que seja, ou deva ser considerado, o exclusivamente válido; e sim vários métodos, alguns aparentemente inconciliáveis e contraditórios. Donde haver, em correspondência com essa variedade de métodos, uma variedade, também, de teorias sociológicas ou de critérios sociológicos de interpretação do Homem social ou do Homem socialmente situado.

Não é de admirar que tal aconteça na Sociologia moderna. Acontece na própria Física, que, rigorosamente, não é uma só, porém duas, seguindo cada uma o seu método, um determinista, outro não; mas, mesmo através dessas contradições, realizando uma obra de extraordinária importância para o Homem de hoje e para as suas relações com o futuro. Ainda há pouco, destacava ilustre matemático, o Dr. Richard E. Bellman, ligado à *Rand Corporation*, da Califórnia, agir o físico moderno em seus estudos dos fenômenos físicos fundamentais, seguindo ora a teoria e o método de relatividade, ora a teoria e o método de *quantum mechanics*: teorias e métodos que, pela lógica, são mutuamente contraditórios. Entretanto, como salienta o matemático Bellman, "*using the two theories [...] where each applies best or in some weird combinations, the physicist continues his happy, cheerful way. Rather than blighting physics, these compromises have resulted in a flowering of science undreamt of in the nineteenth century*".

São principalmente desse caráter as combinações a que alguns de nós, brasileiros, temos nos aventurado em Sociologia e em Antropologia. Tais combinações são a base do que nesta *Sociologia* se encontra de apologia – apologia no sentido intelectual e não no emocional da palavra – de um pluralismo sociológico ou, pelo menos, metodológico, que importe no emprego ou na aceitação de contradições.

Não poderia deixar de destacar o fato de vir nestes últimos anos a Sociologia, nos Estados Unidos, e a Sociologia, na Europa Ocidental, aproximando-se consideravelmente uma da outra; e como que tendendo a formar uma terceira Sociologia com evidentes valores, desenvolvidos ou aperfeiçoados pelos sociólogos de uma área, absorvidos pelos da outra, depurando-se, com essa absorção, excessos e corrigindo-se exclusivismos. Tal tendência dá novo aspecto, na Europa, à orientação sociológica de um René König (Alemanha), à de um Myrdal (Suécia) e à de um Friedmann ou de um Aaron (França), para citar apenas três ou quatro exemplos; e nos Estados Unidos, à de um Talcott Parsons, à de um Howard Becker, à de um Robert Merton, sem nos esquecermos de híbridos sociológicos já antigos como Znaniecki e Sorokin, fixados nos Estados Unidos; e von Wiese, dentre os fixados na Europa.

Impossível deixar-se de reconhecer acentuada tendência no sentido da mesma conjugação – a euro-americana – em alguns aspectos de "Sociologia-em-profundidade", desenvolvida em Paris pelo professor Georges Gurvitch. Quanto a exemplos específicos de como se vêm verificando certas absorções – ativamente e não passivamente –

nenhum mais expressivo que o desenvolvimento, por sociólogos dos Estados Unidos, do conceito germânico (Max Weber) de "tipo ideal" em *constructed type* (Howard Becker), em que se procura dar ao conceito uma "probabilidade objetiva" caracteristicamente anglo-americana. Tal desenvolvimento está ligado a toda uma fecunda e complexa reinterpretação tornada possível, ou simplesmente acelerada, pela crescente aproximação entre dois tipos de Sociologia – o desenvolvido principalmente na Europa e o desenvolvido principalmente nos Estados Unidos – da chamada "*verstehen*", segundo a qual não há, talvez, entre os sociólogos modernos de qualquer país quem deixe de reconhecer na realidade humano-social uma realidade à parte da puramente "natural", considerada pelas ciências chamadas "naturais". Mas uma realidade humano-social suscetível, se não totalmente, em grande parte, de análise científica, embora os métodos dessa análise devam ser próprios das ciências do Homem e das ciências chamadas "sociais"; e não imitação ou arremedo dos métodos empregados naquelas ciências: as "naturais".

Daí maior conexão, nos desenvolvimentos mais recentes da Sociologia, quer na Europa, quer nos Estados Unidos, entre o que dois ilustres estudiosos anglo-americanos do assunto, os professores Joseph B. Gittler e Ernest Mannheim – chamaram há pouco "*theoretical systems [...] less sanguine*" que os antigos e "*empirical application*". Conexão para a qual estudos sociológicos esboçados no Brasil desde a década 1930-1940 pioneiramente se inclinaram dentro de limites, é claro, modestíssimos; e com pouca repercussão, naqueles dias e até ainda hoje, no estrangeiro. Mas nem por isso terão sido estudos escritos apenas com água. Mais dia, menos dia, o pioneirismo de tais estudos, ainda que modesto, será reconhecido como já começa a ser reconhecida sua antecipação a tendências, hoje triunfantes em alguns meios, quanto à pluralidade de métodos, sem prejuízo da unidade de objetivos. Inovação seguida com não pequena ousadia, em trabalhos em língua portuguesa, já remotos; e que esta *Sociologia*, como tentativa de introdução ao estudo sistemático dos princípios sociológicos – princípios no seu sentido lato e não no estrito – desde a sua primeira edição, vem recomendando aos que se empenhem na "aplicação empírica" de "sistemas teóricos". Sob igual critério está sendo elaborada a já referida introdução ao estudo de "métodos sociológicos", em continuação à presente introdução aos "princípios".

Destaque-se que desde a publicação da segunda edição desta *Sociologia* tem sido considerável a produção de trabalhos relativos ao estudo dos princípios sociológicos e ao desenvolvimento ou aperfeiçoamento da sistemática sociológica. Impossível deixarmos de destacar aqui o esforço, nos últimos dez anos, do professor Herbert Blumer ("What is wrong with social theory?", *American Sociological Review*, v. 19, 1954), no sentido de se desenvolverem, em Sociologia, "*sensitizing concepts*", isto é, "*a general sense of reference and guidance in approaching empirical instances*". Tais conceitos, sem se apresentarem com o rigor de *"mathematical constructs"* dos *"definitive concepts"* – a serem atingidos a seu tempo – nunca precipitadamente – orientariam o observador sociológico quanto ao que fosse significativo para propósitos de *análise* associados aos de *teoria*. Assim orientado, o observador sociológico procederia em seu trato com objetos sociais concretos, considerando-os objetos sociais concretos sem se precipitar em considerá-los produtos já abstratos.

Merecedor da melhor atenção dos sociólogos modernos é também o recente trabalho do professor Alfred Schutz ("Concept and theory formation in the social sciences", *Journal of Philosophy*, v. 51, 1954), em que a conhecida teoria de Max Weber, segundo a qual não se aplicariam às Ciências Sociais métodos das Ciências Naturais é reabilitada, sobre esta base: a de ser possível ao observador sociológico *experienciar* – para empregar-se um neologismo – a ação de seu semelhante, em termos de motivos e de objetivos. A verdade é que, nos últimos anos tem se intensificado, em Sociologia, o conflito – conflito é como os professores Joseph B. Gittler e Ernest Mannheim classificam esse embate no seu excelente "Sociological theory" (*Review of Sociology*, organizada por Joseph B. Gittler, Nova York, 1957) – entre positivistas, neopositivistas, empiricistas, operacionistas, de um lado, e humanistas, fenomenologistas, intuicionistas, empaticistas, do outro, com os últimos como que reforçados em sua posição por uma visão filosófica do Homem e do Universo, apoiada nos próprios avanços mais recentes da Física; e segundo a qual o mundo social seria tão descontínuo em relação com os planos mais baixos da natureza que seria impossível uma lógica comum a todos os planos, como se fossem contínuos. Daí justificar-se, segundo eles, em Sociologia, o emprego de cânones de validade e de inteligibilidade, radicalmente diferentes dos empregados nas Ciências Naturais. Para essa atitude – lucidamente exposta em livro publicado em 1952 pelo professor F. S. Hayek, intitulado *The counter revolution of science* – se inclina, desde a sua primeira edição, esta *Sociologia*. É assunto, porém, a que se dedicará maior atenção na parte desta *Sociologia* consagrada ao estudo de métodos; e ainda em elaboração. Serão então considerados também os recentes trabalhos sobre o assunto de Georges Gurvitch, Florian Znaniecki, Thelma Z. Lavine, Robert Redfield. Deste se saliente que foi quem mais enfaticamente procurou valorizar, nos últimos anos, contra o cientificismo dos positivistas, neopositivistas e operacionistas, em Sociologia, o chamado *"verstehen"* e o próprio *insight*, extensivo às demais Ciências Sociais, lembrando não terem sido obras "formalmente científicas" as de Tocqueville, Summer e Veblen, que, entretanto, não deixaram de se constituir em clássicos sociológicos de importância básica para os modernos estudos sociais.

Repita-se que merecem ser postos em relevo os esforços desenvolvidos nos últimos anos, no sentido de uma interpenetração em Sociologia, de *ismos* aparentemente inconciliáveis. Sobretudo quanto à "contínua reciprocidade" entre teoria (*"viable sociological theory*") e pesquisa ("*pertinent research*"), a que se refere o professor Robert Merton, da Universidade de Colúmbia.

À sombra dessa interpenetração é que vêm se desenvolvendo, ou adquirindo sistemática mais vigorosa, sociologias especiais como a Sociologia da Religião, a Sociologia da Vida Rural, a Sociologia da Arte, a Sociologia da Medicina, a Sociologia que sociólogos franceses, à base do esforço que se vem desenvolvendo no Brasil, classificam já de Sociologia do Tempo. Sociologias especiais que vêm tendo, entre os sociólogos brasileiros, quem procure pioneiramente desenvolvê-las ou utilizá-las senão na análise, em tentativas de caracterização hipotética, experimental, de situações eurotropicais, em geral, ou brasileiras, em particular. Situações talvez ideais para estudos em que se processe o "*co-development of viable sociological theory and pertinent theory*" (Robert Merton), sugerido pelo autor de *Social theory and social structure* em seu "The bearing of empirical research upon the development of sociological theory", publicado no v. 13, da *American Sociological Review*.

Noutros trabalhos, aparecidos nos últimos anos e relacionados com a reciprocidade teoria-pesquisa e com o embate entre neopositivismo e *verstehen*, podem ser encontradas sugestões valiosas sobre os mais recentes desenvolvimentos em Sociologia, cujo latim continua a ser – não passe sem registro esse pormenor sociologicamente significativo – a língua inglesa, enquanto a russa, tão rival da inglesa em assuntos de Ciências Naturais, é quase língua morta, com relação ao inglês, ao francês, ao alemão, em assuntos sociológicos. Entre tais trabalhos: *The social system, toward a general theory of action* e *Essays in sociological theory* (segunda edição), de Talcott Parsons, *Through values to social interpretation*, de Howard Becker, *Vers une dociologie différentielle*, de Georges Gurvitch (sob cuja direção vem se publicando em Paris uma suma sociológica francesa: *Traité de Sociologie*), *Mathematical thinking in the social sciences*, de Paul Lazarsfeld, *Essays on the sociology of culture*, de Karl Mannheim, *Introduction aux Sciences Humaines*, de G. Gusdorf, *Sociological theory*, de Nicholas S. Timasheff, *Cultural sciences*, de Florian Znaniecki, *Pensée formalle et science de l'homme*, de G. C. Granger, *L'investigation scientifique des Faits d'Activité Humaine avec Applications aux Sciences et Techniques Sociales*, de G. Hostelet, *The nature and types of sociological Theory*, de Don Martindale, *Evidence and inference* (organizado por Daniel Lerner), *Value in social theory*, de Gunnar Myrdal, *Orts bestimmung der deutschen Soziologie*, de Helmut Schelsky, *Images of man*, de Mills C. Wright, *Philosophie und soziologie*, de Leopold von Wiese, *The logic of social enquiry*, de Quentin Gibson, *The organization man*, de William H. Whyte, *The lonely crowd*, de David Riesman, Nathan Glazer e Revel Denny, *Toward a science of man in society*, de K. William Kapp, *Social systems*, de Charles P. Loomis.

Em língua portuguesa encontram-se, com relação ao assunto – reciprocidade teoria-pesquisa em Sociologia – alguns trabalhos recentes, merecedores de atenção, como, dentre outros, os de Mário Lins, Diegues Júnior, Bastos de Ávila e Guerreiro Ramos (Rio), Florestan Fernandes e Freitas Marcondes (São Paulo), Machado Neto (Salvador), L. Medeiros e Calderón Beltrão (Porto Alegre), Cláudio Souto, Renato Campos, Roberto Mota e Pessoa de Morais (Recife).

Ao aparecer esta *Sociologia* em sua terceira edição, realizou-se em San Francisco (Estados Unidos), importante simpósio relacionado com o problema das duas reciprocidades – teoria-pesquisa e Ciência Natural e Ciência cultural – em torno do estudo do Homem e das suas civilizações, promovido pela Faculdade de Medicina da Universidade da Califórnia, e com a participação de médicos-antropólogos como Saunders (Escócia), Alexander Simon (Estados Unidos), Leon J. Enstein (Estados Unidos), do sociólogo especializado em Sociologia da Medicina Robert Merton (Estados Unidos), do médico-filósofo Lancelot Hogben (Inglaterra), do biólogo-humanista Aldous Huxley (Inglaterra). Realizou-se outro, na Suíça, à beira do Como, em torno de problemas da "sociedade humana total" considerada através daquelas mesmas reciprocidades e com a participação não só de sociólogos-pesquisadores como Max Horkheimer, da Universidade de Frankfurt (Alemanha), e K. L. Montwani, da Universidade de Jabalpur (Índia), como de filósofos da Antropologia como Hermann Wein, de Gottingen (Alemanha), e Edmund Stinnes, da Ascova (Suíça). Para ambos, o autor desta *Sociologia* – que acaba de participar, pela segunda vez, de interessantíssimo encontro na Alemanha Ocidental (Münster, Berlim Oeste, Heidelberg) de sociólogos do mundo hispânico (Echavarría, Ayala, Recassen, Povina) com sociólogos do mundo germânico (Hans Freyer, Schelsky, Berendt) – teve a honra de ser convidado, certamente devido à sua condição de híbrido dos dois *ismos* – o empirismo, o empatismo – e das duas Sociologias: a científica e a filosófica ou humanística. O que parece indicar ser cada dia mais acentuada a tendência para os dois *ismos* e para as duas Sociologias se interpenetrarem.

A esta altura, parece ao primeiro autor desta *Sociologia* lícito recordar que, em 1956, no seminário em torno das suas ideias e dos seus métodos que se realizou, no Castelo de Cerisy, na França, por iniciativa francesa e com a presença de alguns dos melhores pensadores e sociólogos da Sorbonne, especializados no estudo da reciprocidade ciência-humanismo – Georges Gurvitch, Gouhier, Roger Bastide, Bourdon, Duvignaud, além de N. Sombart e Trapero –, foi-lhe atribuída a condição de humanista-científico; humanista-científico de orientação inclinada antes para a interpretação existencial do Homem e da Vida socioculturais do que para a clássica. Isso devido a ser uma sociologia, uma antropologia e uma filosofia da História e do Homem, as que vêm sendo esboçadas há já longos anos nos seus trabalhos, de tal modo ligados a situações concretas de existência ou de vivência que repelem abstrações prematuras de feitio "clássico", para se exprimirem com alguma desenvoltura dentro "das duas grandes coordenadas" que, segundo Lucien Febvre – a quem deve o autor desta *Sociologia* generoso prefácio à edição francesa de um dos seus ensaios – "condicionam toda atividade humana"; e que seriam "o espaço e o tempo".

Seria assim um humanismo, o do autor de *Sociologia*, que se conciliaria com o caracterizado como existencial por Carlos Astrada em *La revolución existencialista*; e que em vez de se extasiar diante das fontes "clássicas", isto é, greco-romanas de interpretação do Homem e da sua vida sociocultural, como se fossem fontes suficientes ou completas de interpretação de uma realidade que cada dia se revela mais complexa em suas origens e em suas expressões, procura considerar Homem e Vida em sua complexidade. No caso do Homem e da vida sociocultural do Brasil, considerando principalmente, ao lado das fontes clássicas, as fontes semitas, ameríndias e africanas de um novo conjunto de situações concretas que para sua análise e sua interpretação exigem combinações de métodos, dispensáveis, algumas delas, na análise e na interpretação de situações mais próximas das chamadas clássicas; outras, porventura utilizáveis – por transferência – na análise e na interpretação dessas próprias situações clássicas. É o que vêm sugerindo críticos franceses dos trabalhos do primeiro autor desta *Sociologia*, como Roland Barthes e Jean Duvignaud, e, em livro recente, o autorizado Roger Bastide, em seu *Anthropologie appliquée*, põe em relevo a concepção sociologicamente situacional do homem situado no trópico – e miscigenado – do primeiro autor, acentuando o que lhe parece ser sua importância no mundo atual e para o futuro humano.

A reorientação da Sociologia, nos nossos dias, no sentido de procurar o sociólogo responder a perguntas que, conforme salientava em ensaio recentíssimo o professor Dennis H. Wrong ("The oversocialized conception of man in modern sociology", *American Sociological Review*, v. 26, nº 2) são "existenciais tanto quanto intelectuais" é uma reorientação que foi precedida por avanços pioneiros de caráter existencial em alguns países: Brasil onde, por isso mesmo, houve, em época não de todo remota, sociólogos com alguma coisa de *saci*-ólogos em seu modo de atribuírem importância aos chamados "instintos" do Homem, que os sociólogos mais convencionalmente anglo-americanos na sua maneira de ser sociólogos acusaram – isso há cerca de 25 anos – de se deixarem dessociologizar, por um lado, pela preocupação com problemas genéticos e até históricos, de origens, tratando-se de estudos especificamente concentrados na análise ou na interpretação de um tipo regional, de Sociedade, ou nacional, de Homem Social; por outro lado, pela preocupação com o estudo da ação de "instintos" – o sexual, principalmente – social e historicamente condicionados, sobre o mesmo tipo de Sociedade ou de Homem.

Para o professor Wrong convém à Sociologia reorientar-se tanto no sentido genético ou historicista – desde que os problemas com que o sociólogo lida são sempre relacionados com *"realities of a particular historical situation"*, compreendendo-se assim a atualização do historicismo sociológico de Max Weber por sociólogos de hoje como o professor C. Wright Mills (*The sociological imagination*) e o professor Barrington Moore (*Political power and social theory*) – como no psicológico ou no psicossocial; e segundo o qual o Homem, objeto de estudo sociológico, não seria de modo algum apenas o "*status-seeker*" que vinham querendo fazer dele numerosos sociólogos dos chamados "lógico-empíricos", à força de acumularem vasto material empírico sobre o "*role-playing*" do mesmo "*status-seeker*". Para o professor Wrong é tempo de atribuir-se importância aos outrora chamados "instintos" – o sexual, entre eles – na interpretação das relações entre as tendências para a conformidade e a rebelião que, de ordinário, alternam nas relações entre o Homem e a ordem social a que pertença. Isso porque há no Homem forças que resistem persistentemente à socialização, tornando necessário distinguir-se nele, em Sociologia – com o auxílio, nesse ponto, dos psicólogos –, o que é socializado do que é social. Mais: tornando necessário reconhecer-se naquelas forças – nesse ponto, com o auxílio dos próprios psicanalistas que vêm desenvolvendo as teorias de Freud e de Jung com um critério crescentemente aproximado do psicossocial ou do psicocultural (veja-se sobre o assunto o livro organizado por Benjamin Nelson, *Psychoanalysis and the future*, Nova York, 1957) – a sua capacidade de resistência a normas e a valores particulares de culturas também particulares. Essa resistência – rebelião, perversão, diferenciação – se constituiria em variáveis psicológicas com relação a forças institucionais e históricas cujo domínio absoluto tem sido por elas comprometido em numerosos casos; e noutros, paradoxalmente favorecido, depois de comprometido. No Brasil, o "instinto" sexual favorecido, no primeiro século colonial pelo fácil domínio do europeu sobre mulheres de cor, resultou em desbragada inconformidade desse indivíduo de raça sociologicamente superior, de classe alta e de sexo masculino com a monogamia consagrada pela cultura, predominantemente sagrada – ou religiosa – trazida à América pelo mesmo europeu. Mas acabou por favorecer o desenvolvimento de instituição mais ampla – a Família Patriarcal – cuja influência se tornaria a principal influência histórica na definição de um novo tipo de Homem social e de civilização sociologicamente cristã na parte portuguesa da América.

Mas nem aquele desenvolvimento institucional, nem esse desenvolvimento histórico nos deve fazer perder de vista, no caso de um tipo de Homem social e de novo tipo de cultura sociologicamente cristã, que possa ser caracterizado como brasileiro o fato, antropolóliga e e psicologicamente importante, de terem, em grande parte, se definido, aquele tipo de Homem e aquele tipo de cultura, através de um processo biológico: o da miscigenação. O que, sendo exato, nos inclina a concordar com o professor Wrong e principalmente com o professor Weston La Barre (*The human animal*, Chicago, 1954) – aliás, citado por Wrong – em que da história social do Homem – ou de um tipo de Homem – é inseparável sua história biológica.

Para que se reconheça a importância dessa inter-relação não é necessário que se admita a supremacia do biológico – ou do psicológico – sobre o sociológico. De modo algum. O que se reconhece é a importância de uma inter-relação que, sendo sociologicamente dinâmica tanto no tempo como no espaço, tem também a sua dinâmica psicológica, com as duas por vezes desajustando-se; mas, outras vezes, completando-se e dando-nos um tipo de Homem social, sob vários aspectos, institucional, histórica e psicologicamente integrado.

Esse Homem social, assim integrado, é objeto de estudo sociológico. Mas um objeto que não se deixa esclarecer apenas por esse estudo, mesmo quando a Sociologia passa de empírica ou científica a humanística ou filosófica. Exige o *Homem social* que outras ciências o analisem, além da Sociologia; e que também o interpretem a Filosofia, a Literatura, a Arte.

Do sociólogo se espera – salienta em trabalho recente o professor Paul F. Lazarsfeld, da Universidade de Colúmbia – que converta, através da Sociologia, o conjunto quanto mais complexo, mais flutuante, de relações sociais em que vive o homem, num sistema compreensível ou numa sistemática de conhecimentos. Esse sistema de conhecimentos ou essa sistemática é que precisa de ser especificamente sociológico.

Para ser específica, a Sociologia vem renunciando a favor de outras ciências, de outros estudos, de outras sistemáticas, considerável quantidade de matéria indistintamente social, enorme massa de substância cultural cujo domínio lhe foi por algum tempo atribuído. Em que direção e sob que orientação vem a Sociologia se tornando especificamente sociológica? Por que critério e caminhando para que conceitos-mestre sociológicos e para que objetos especificamente sociológicos de estudo – *pessoa social, grupo, comunidade* e outros – vem ela renunciando o domínio sobre aquela matéria indistintamente social sobre essa vasta substância cultural? É o que *Sociologia* vem tentando indicar, desde a sua primeira edição, através de alguns conceitos sociológicos essenciais. Essenciais à caracterização da Sociologia como estudo de matéria especificamente sociológica, à parte – para que tal especificidade se defina – da biológica e, quanto possível, separada da indistintamente social. Mas sem que o sociólogo perca, por excessivo amor à especificidade sociológica, o sentido da interdependência que os estudos sociais cada vez mais indicam precisar de ser seguido ou atendido, por todos os cientistas sociais com relação aos mesmos estudos. E também pelos biólogos e pelos psicólogos, e pelos filósofos e pelos escritores literários, preocupados com a condição ou com o destino humano.

Desse modo, estaremos dentro do critério recentemente proclamado por um sociólogo, especialista em Criminologia, o professor Marshall C. Clinard, num dos mais sugestivos capítulos do livro *Sociology today*, organizado pelos professores Robert K. Merton, Leonard Broom, Leonard S. Cottrell Jr.: o critério de que a Sociologia aplicada ao estudo de certos tipos de comportamento humano – o do criminoso seria apenas um deles – exige o uso constante de documentos pessoais particularmente de *"life histories"* e de entrevistas. O que faz o professor Clinard acrescentar com alguma ironia ser possível que, em outras áreas da Sociologia, o sociólogo se concentre na dissecção do comportamento humano numa série de variáveis estatísticos, soltos e isolados: *"a technique which many sociologists consider the only scientifically sophisticated research method"*. Não, porém, ele nem os sociólogos que hoje se especializam em Criminologia; todos os quais continuarão – espera o professor Clinard – *"to use some of the research technique that keep human behavior understandable, whole and intact"*. Critério de reciprocidade teoria-pesquisa que é também o que no número de dezembro de 1960 de *The British Journal of Sociology* vem defendido por H. P. Rickman em ensaio sobre a moderna reação entre sociólogos, tanto europeus como americanos, contra um cada vez mais arcaico positivismo: mesmo quando intitulado empirismo lógico. É também o que transparece do livro de George Simpson, *Man and society* (1954); e do estudo do professor Charles H. Page, "Sociology as a teaching enterprise" – outro capítulo de *Sociology today* – em que o autor indica ser tendência entre os mestres atuais de Sociologia nos Estados Unidos conservarem-se entre os dois extremos: o neopositivismo e o humanismo. Até mesmo – segundo ele – os expoentes do *"currently popular functionalism whose empirical emphasis does not always conceal their humanistic – and at times reformistic bent"*. O que se pode aplicar com inteira exatidão àqueles "funcionalistas" brasileiros mais enfáticos em seu critério de só ser Sociologia a Sociologia lógico-empírica.

O afã reformista – incluindo, no Brasil, os "nacionalistas" do grupo Corbusier, Ramos, Jaguaribe, Almeida, Pinto – a que se refere o professor Charles H. Page anima não pequeno número de sociólogos modernos, convindo a todos os sociólogos desse tipo uma disciplinação de tal afã que faça deles antes engenheiros sociais do que reformadores, dentro, é claro, da Filosofia Social que inspire a Engenharia. Trata-se de conduzir-se o mais cientificamente possível a ação ou a reconstrução (Engenharia Social) que se decida seguir com relação a alguma situação ou a certas situações específicas.

Mas esse procedimento cientificamente sociológico tem que ser orientado por uma Filosofia Social e desenvolver-se através de decisões políticas, que não sejam, numa sociedade de feitio mais democrático que autoritário, arbitrárias. Não se concebe um plano de Engenharia Social independente de uma Filosofia Social: "totalitária" ou "democrática", por exemplo; ou à parte dos meios por que pretendam os seus idealizadores que ela venha a realizar-se: os "totalitários" ou os "democráticos", para outra vez nos referimos a duas tendências que hoje se defrontam tanto no plano filosófico-social como no político-social.

Recentes livros coletivos, como *The sate of social science* (1956), organizado por Leonard D. White, *Frontiers of the social sciences* (1957), organizado por Mirra Komarovsky,

The fabric of society (1957), de Ralph Ross e Ernest van den Haag, *Métodos y resultados de la política indigenista en Mexico* (Alfonso Caso e outros, 1954), *Les Implications sociales du progrès technique* (R. Firth e outros, 1959), *Soziologie und modern Gesellsch* (organizado por Alexander Busch, 1959), assim como os estudos individuais de George Simpson, *Science as morality* (1953), de David Riesman, *Individualism reconsidered* (1954), de Erich Fromm, *The sane society* (1955), de Julián Marías, *La estructura social: teoría y métodos* (1955), de Talcott Parsons, *Economy and society* (1957), de Pierre Ducassé, *Les téchniques et la philosophie*, de Jean Fourastin, *Le grand espoir du XXe siècle* (1958), de Bernard Stéphane, *Les conséquences sociales du progrès technique* (1958), de George Russel Harrison, *What man can be: the human side of science* (1957), de Max Lerner, *America as a civilization* (1957), e o recentíssimo, de Louis Mumford, *The city in history* (1961), versam de modo sugestivo aspectos do problema de relações entre a Sociologia científica, a Filosofia Social e a Engenharia Social. Problema a que o primeiro autor desta *Sociologia* conserva-se atento nas páginas desta introdução ao estudo dos "princípios sociológicos", pretendendo entretanto considerá-lo com maior minúcia não só na introdução ao estudo, necessariamente inter-relacionista, dos "métodos sociológicos" – a segunda parte da série que se aventurou a escrever –, como, principalmente, no volume final: *Sociologia – Introdução ao estudo da filosofia e da engenharia sociais; Esboço de história da sociologia; Reflexões sobre o seu futuro*. Essas reflexões sob o critério futurológico, que está a orientar atualmente alguns estudos sociológicos. Antes será publicado sobre o assunto seu *Além do apenas moderno*.

*

Os sectários do marxismo estático, que não perdoam ao autor de *Sociologia* a sua posição de independente do *ismo* para eles sagrado – um *ismo* há anos arcaico em suas implicações absolutas –, acusam-no atualmente de fazer "sociologia literária". Já o acusaram de fazer "sociologia sexual" (alguns chegando a supor que Sociologia Genética quisesse dizer sociologia do sexo). Ou "sociologia pornográfica": "sociologia sem pé nem cabeça", disse humoristicamente um deles, para concluir que era somente "sexo". Agora insistem em desdenhosamente tachá-la de "literária".

O que se explica. Tais sectários são, quase todos, literatos ou beletristas fracassados. Ao se refugiarem no *ismo* para eles tudo – Religião, Filosofia, Ciência, Sociologia –, o fazem sob um ressentimento antiliterário que não conseguem disfarçar; e esquecidos do que críticos literários da profundidade de Mr. Edmund Wilson consideram haver de "poético" – logo, de "literário" – na própria Sociologia de Karl Marx.

Impossível ao autor deixar de sorrir dessa espécie de "crítica devastadora" do aspecto porventura sociológico da sua atividade de escritor, ao vê-la hoje, já cansada de aparecer esterilmente em jornais do Brasil, surgir num ou noutro de Portugal, em correspondências enviadas do Rio ou de São Paulo para Lisboa ou para o Porto; mas com a mesma inconfundível marca de ressentimento da parte daqueles a quem, faltando êxito na literatura por incurável impotência literária, extremam-se em se mostrar, como amadores de matéria sociológica, quase hidrofobicamente antiliterários: Ignoram a crescente tendência da parte dos antropólogos e dos sociólogos modernos para aproximarem a Sociologia de fontes e de processos literários de revelação do que no Homem é social. Do que há de "águas vivas" – a expressão é bíblica – nessas fontes e nesses processos.

O perigo da literatice existe para o sociólogo: especialmente em países como o Brasil e como Portugal, de copiosa tradição verbalista. Mas não existe para a Sociologia o perigo da Literatura. Que o digam recentes obras realizadas por meios ao mesmo tempo humanísticos (literários) e científicos (cientificamente sociológicos) como a de Lowie sobre os alemães e a de Kroeber sobre o "crescimento das culturas": o Kroeber para quem seria mais do que desejável o crescente *"rapprochement"* – palavra que ele próprio emprega em francês – entre Ciência e Literatura, com as Ciências Naturais *"taking cognizance and making greater use of the humanistic data and the results of the humanistic studies"*.

Não faz muito tempo, escrevia um dos mais idôneos cientistas sociais da atualidade, o professor Robert F. Spencer, à página 130 da excelente obra coletiva que é *Method and perspective in anthropology* (Minneapolis, 1954), que *"because anthropology and the humanities interest themselves in the some kinds of phenomena, the intimacy which can exist between them should be given its proper place, and the benefits to be derived by anthropology from this close association should no longer be ignored"*. Mais: *"The task of analysing, comprehending and depicting cultures as growths or wholes creates a dependence on the various of the natural sciences as well as those of history and the humanities"*. E ainda: embora o cientista social procure ser, sempre quanto possível, objetivo em sua procura de fatos a respeito das culturas que estuda ou analisa – culturas no sentido sociológico da expressão – de "fato e na prática" (*"in fact and practice"*), quando *"working in new situations"* ele teria que depender apenas de *"critical judgements"* e *"intuitive perceptions"*, procedendo, em tais casos, de maneira semelhante à do humanista, à do ensaísta à inglesa, à do romancista à russa, à do dramaturgo à grega ou à espanhola, à do viajante à Fernão Mendes Pinto. Com esta diferença, porém: a de encontrar-se apto, pela sua formação científica, para, em aventuras desse porte, aperceber-se da "integração de partes" nas culturas que estuda, analisa, descreve. Integração da qual não se apercebe o autor de obra literária, preocupado em fixar ou interpretar aspectos singulares de culturas para eles também singulares.

Tendo o próprio primeiro autor de *Sociologia* se ocupado, há alguns anos, do assunto, em artigo publicado na revista de Filosofia e de Ciências do Homem, *Diogène* –

da qual tem a honra de ter sido, por indicação de seus colegas europeus, um dos orientadores – recebeu de vários países cartas de solidariedade. Não lhe faltou, porém, que, em português, lhe escrevesse alguém, escondendo sua empáfia sob iniciais cabalísticas, que "Ciência Social aliteratada" não seria "nem ciência nem social"; seria apenas "subliteratura" e esta, "pessoal". Deixou de compreender que, com aquela aproximação recomendada por Kroeber, não se pretende fazer de nenhuma das modernas Ciências Sociais, ou do Homem, subliteratura; e, sim, lançar-se a base para uma terceira espécie de interpretação do Homem. O assunto versa-o o autor no seu recente *Como e porque sou e não sou sociólogo*, publicado pela Imprensa da Universidade de Brasília.

O que hoje se admite nos meios filosófica e cientificamente mais avançados em que se considera o problema das relações da Antropologia ou da Sociologia com as chamadas Humanidades (Literatura, História, Filosofia) é a sua crescente interpenetração, em áreas onde essa interpenetração, além de possível, revele-se criadora. Por conseguinte, mutuamente proveitosa; e capaz de contribuir para uma nova síntese de saberes e para uma nova conjugação de métodos de conhecer.

Pode-se talvez dizer dos atuais estudos sistematicamente sociais na Europa Ocidental – na outra Europa, com exceção talvez da Polônia, eles são insignificantes, guardando alguns de nós, sociólogos da Europa Ocidental e das Américas, da África e do Oriente, a mais melancólica das impressões do atraso mental e do pavor ao diálogo, dos chamados sociólogos russos que, em 1956, na reunião mundial de sociólogos em Amsterdã, reataram as relações do seu país, interrompidas desde 1917, com os sociólogos de outros países – que vêm sofrendo um processo de anglo-saxonização: Anglo-saxonização no sentido de virem se tornando, até no profundo reduto de latinidade que é a Universidade Gregoriana de Roma, mais empíricos que especulativos; mais preocupados com problemas imediatos e regionais do que com a formulação de teorias abstratas; mais sensíveis ao que, com os Webb, na Inglaterra, e com os Mumford, nos Estados Unidos, vem se denominando "*social policy*" do que àquelas "noções grandiosas acerca do que sejam ciclos e organismos", a que ainda há pouco, na revista *Forum* (v. III, nº 3, Verão, 1960) referiu-se um sociólogo inglês, Garry Runciman, em pequeno e provocante ensaio, *Two approaches to sociology*".

Talvez nunca os sociólogos da Europa Ocidental – e o mesmo talvez se possa dizer de alguns dinamicamente marxistas, da Polônia, da Iugoslávia e da China – tenham procurado se realizar tanto, como atualmente, de acordo com os moldes em que Max Weber sempre desejou que eles se realizassem: mostrando não o que uma comunidade *deve* fazer, mas o que ela *pode* fazer e, em certas circunstâncias, o que ela realmente *deseja* fazer. Esclarecendo. Orientando. Iluminando. Deixando de ser os célebres e anedóticos postes em que apenas se apoiavam, quando já ébrios de desorientação, políticos, administradores, legisladores, líderes industriais, líderes operários, líderes religiosos, educadores, para se tornarem luzes fixadas nesses postes: luzes esclarecedoras. Guias dos caminhantes no escuro das noites traiçoeiras: sobretudo das noites sem lua.

Que a lua, a despeito de toda a sua fama apenas romântica, tem favorecido os homens desorientados, iluminando-lhes de algum modo os passos dentro de noites sem ela, profundamente escuras. As luzes elétricas têm, porém, sobre a luz da lua, a vantagem de sua constância. E quando, em sentido figurado, elas são as luzes que orientam os homens com relação aos seus problemas de convivência – as difíceis relações entre os vários grupos humanos – além da vantagem da constância, sobra-lhes a virtude de representarem aquele *"collective self-knowledge that the techniques of the social scientist make possible"*. Isso para citarmos mais uma vez o sociólogo Garry Runciman no recente ensaio em que pretende ser função do sociólogo moderno juntar ao seu conhecimento sociológico das sociedades o ânimo de se tornar na prática um orientador de esforços da Engenharia Social. Conjugação de papéis que está se verificando, mais do que nunca, na Europa Ocidental, com sociólogos como os da London School of Economics, os da Universidade de Colônia, os da Universidade de Münster, os da École Pratique da Sorbonne, os da Universidade Gregoriana, os das Perspectives Polonaises. São sociólogos, esses, que estão não só esclarecendo homens públicos e o próprio público sobre problemas sociais dos seus países e da sua época, como aceitando, cada vez mais, as implicações políticas – ou práticas – da sua função de esclarecimento. Alguns, aceitando-as integrativamente. Outros, considerando-se como que de dupla personalidade: a do cientista social, que seria um neutro absoluto em face dos valores sociais; e a outra: a do participante em esforços até políticos de reformação e não apenas Engenharia Social.

Recentemente o primeiro autor, em sua *Sociologia da Medicina*, publicada em Lisboa pela Fundação Gulbenkian, desenvolveu considerações em torno de nova e especialíssima Sociologia aplicada: a Sociologia da Medicina. E vem procurando considerar, em trabalhos ainda dispersos e pioneiros em língua portuguesa, possibilidades de estudos futurológicos entrevistos principalmente do ponto de vista de futuros provavelmente comuns a Portugal e ao Brasil.

Lisboa, 1969

PREFÁCIO DE ANÍSIO TEIXEIRA

Quis Gilberto Freyre distinguir o educador, que já tivera a honra de convidá-lo para a cátedra de Sociologia da Universidade do Distrito Federal, convidando-o, por sua vez, a escrever algumas palavras de prefácio à segunda edição do seu monumental tratado de Sociologia, em cinco volumes – dos quais saem agora os dois primeiros tomos do primeiro volume – e que constitui o último e alto fruto do seu grande curso naquela universidade, de vida breve mas ilustre.

Considero Gilberto Freyre o marco mais significativo no longo esforço de introspecção que vimos todos fazendo para tomar consciência de nosso país, de nossa história, de nossa cultura. Ficamos todos mais brasileiros com sua obra. Em outra época, seria o pensador de sua geração; neste século XX, é o seu maior sociólogo.

Mas, a Sociologia em suas mãos torna-se uma como ciência das ciências, no sentido de se nutrir de todos os conhecimentos humanos, para depois reelaborar o conhecimento da realidade no seu mais alto nível: o social. O físico, o biológico, o mental contribuem, sem romper a sua continuidade, como "graus de associação ou de realidade", para integrar "o social", ou seja, a realidade mais ampla e complexa, aquela em que as associações atingem a sua mais alta ordem de potencialidades.

Tal ciência constitui, com efeito, não apenas uma ciência, mas todo um novo mundo científico, uma nova família de ciências, desdobrando-se em ramos e especialidades.

Precisamos, assim, ver este livro como uma introdução ao mundo das ciências sociais, de que a Sociologia seria a expressão mais geral, nem por isso, entretanto, menos diversificada, para compreender a variedade e a riqueza de material com que Gilberto Freyre houve por bem jogar para iniciar o estudante ou acompanhar o professor em suas explorações no imenso universo recém-descortinado.

Só um autor, simultaneamente, pensador, escritor e sábio, poderia escrever esta Introdução à Sociologia, sem incorrer no vício fundamental do suposto livro didático, que é o de não conseguir ser útil, por assim dizer, senão aos que já conheçam satisfatoriamente o assunto.

Chama-se, com efeito, de livro didático um tratado em que se apresentam as noções, os princípios e as leis de qualquer ciência, expostos sistemática e tecnicamente, como um corpo ordenado de conhecimentos. Ora, nenhum conhecimento científico pode ser inicialmente apreendido em sua forma lógica final. O conhecimento científico é o produto do engenho humano. E engenho aí deve ser entendido literalmente como mecanismo que elabora, segundo processos demorados e ultrameticulosos, o produto acabado e refinado que é o conhecimento científico, devidamente formulado. A apresentação direta do conhecimento científico assim logicamente formulado é de profunda utilidade e indispensável mesmo – não porém para o aprendiz, mas, *para quem já sabe, que aí encontrará, nesse tratado, o corpo sistemático de conhecimentos descobertos, para os manipular nas suas diversas aplicações ou os utilizar para novas descobertas.*

O aprendiz, entretanto, precisa de algo diferente. Precisa de saber como tais conhecimentos foram descobertos e por que vieram a ser assim formulados. Os dados iniciais são a experiência humana, em sua forma bruta, e os problemas práticos que essa experiência suscita. O livro deve mostrar-lhe como esses problemas chegaram a ser sentidos, como vieram a ser propostos e analisados, como se levantaram as hipóteses que os pretendem resolver, como se processaram as comprovações acaso já feitas, e como hão de continuar a observação e a análise e a elaboração de métodos cada vez mais apropriados, até que se possam formular os "fatos", "princípios" e "leis" que constituem o saber científico.

Cada universo – seja o matemático, seja o físico, seja o orgânico, seja o mental, seja, agora, o social – sofre com o tratamento científico, bem o sabemos, um processo de abstração, isto é, um processo pelo qual se abstraem do mundo das experiências de simples bom senso aqueles elementos que irão permitir a formulação do problema na sua mais alta generalidade, e, desse modo, a sua solução teórica. Essa teoria é que, por sua vez, irá permitir o raciocínio científico, de natureza sistemática, no qual se joga com "fatos", "princípios" e "leis" que representam "abstrações" extremamente refinadas, indispensáveis para a interpretação do universo existencial e para o seu controle ou modificação em benefício do homem. O conhecimento científico tem, assim, a sua origem nos problemas práticos, deles se distancia pela abstração teórica e a eles volta pela aplicação científica. Como abstração teórica, o conhecimento científico é, desta sorte, um instrumento intermediário, suscetível de ser compreendido e usado pelo especialista, que dele se utiliza para o raciocínio científico ou para novas descobertas. Para o leigo, porém, é, em si mesmo, algo de hermético e de essencialmente incompreensível. Para que sua compreensão se torne possível há que se reconstruir o conhecimento, há que mostrar como se originou e como foi elaborado até se tornar o produto refinado ou teoricamente formulado que é o fato científico, ou o princípio científico, ou a lei científica, cuja verdade ou, melhor, eficácia, entretanto, só se comprova, em última análise, pela aplicação, isto é, por um julgamento de ordem prática e não de ordem teórica. A ciência, assim, em seu curso completo, não é hermética nem ininteligível. Origina-se de um problema prático, de todos entendido, faz-se, pela indispensável abstração, um problema teórico e difícil, mas volta, pela aplicação, a se fazer prática e até de simples bom senso. Para que seja, portanto, plenamente inteligível para o leigo, e, com maior razão, para que possa ser ensinado ao aluno, é indispensável fazer regredir o conhecimento científico à sua origem, indicar as transformações que lhe imprimiu a elaboração lógica ou teórica e, em verdade, reconstruí-lo para o aluno, levando este a formulá-lo, ele próprio, dentro do sistema ad hoc, para usar a expressão de Whitehead, a que possa haver chegado em seu progresso intelectual.

O livro de Gilberto Freyre – esplêndida demonstração desse método, mais psicológico do que apenas lógico – é todo ele análise e história do conhecimento sociológico, comprovações, exemplos, interpretações e ensaios de elaboração do conhecimento sociológico, tudo a indicar, sugerir, ensinar o método e os processos e modos com que o universo social pode ser descrito, definido e formulado. Companheiro do estudioso de Sociologia, o livro nada tem de um tratado frio e sistemático. Ensina como se faz sociologia e não apenas o que é Sociologia. Se não bastasse esse aspecto para fazer dessa experiência uma extraordinária experiência didática, experiência que só um mestre conhecedor de todos os segredos da sua ciência poderia fazer, ainda teríamos outra razão para destacar este livro como realização excepcional dentro do campo de educação, a que propositadamente me atenho.

E quem no-la dá é Whitehead, numa daquelas penetrantes análises com que, matemático e filósofo, enriqueceu mais a didática em suas explorações ocasionais, no mundo da prática educacional, do que muitos bons pedagogos. Partindo do princípio óbvio de que aprender é um processo, com a sua história e os seus passos, Whitehead revela que a educação tem por isso mesmo um ritmo e que o progresso intelectual se faz em três fases distintas e complementares: o estágio do romance, o estágio da precisão e o estágio da generalização.

Perdoar-me-á o leitor impaciente por ler Gilberto Freyre que lhe dê aqui, textualmente, a descrição pelo filósofo dos três estágios. "O estágio de romance", diz Whitehead, "é o estágio da primeira apreensão".

> *A matéria tem a vividez da novidade; está túmida de conexões inexploradas e de possibilidades apenas relanceadas e ainda meio escondidas na riqueza do campo. Neste estágio o conhecimento não tem ainda um tratamento sistemático. Se algum sistema tem é um sistema criado passo a passo, ad hoc. Estamos em presença do conhecimento dos fatos, só intermitentemente os submetendo à dissecação sistemática. A emoção romântica é, essencialmente, a excitação consequente da passagem dos simples fatos para a primeira compreensão da importância de suas relações inexploradas. Por exemplo: Crusoé era apenas um homem, a areia apenas a areia, a pegada na areia apenas uma pegada, a ilha apenas uma ilha e a Europa o mundo atarefado dos homens. Mas a percepção repentina das possibilidades meio descerradas, meio escondidas das relações entre Crusoé, a areia, a pegada e a ilha segregada da Europa constitui romance. Tomei um caso extremo para ilustração a fim de tornar perfeitamente óbvio o que desejo significar. Tome-se o exemplo como uma alegoria representativa do primeiro estágio num ciclo de progresso. Educação deve consistir essencialmente em dar ordem a um fermento já em trabalho no espírito: não se educa a mente no vácuo.*
>
> *Em nossa concepção de educação tendemos a confiná-la ao segundo estágio do ciclo, isto é, ao estágio da precisão. Mas, não podemos limitar a nossa tarefa sem confundir todo o problema. Estamos tão interessados no fermento, como na aquisição da precisão, como na fruição posterior.*

O estágio da precisão representa um acréscimo ao conhecimento. Neste estágio, a largueza das relações subordina-se à exatidão da formulação. É o estágio da gramática, da gramática da língua e da gramática da ciência. Processa-se forçando-se a aceitação pelo estudante de um dado método de análise dos fatos, aspecto por aspecto. Acrescentam-se novos fatos, mas fatos que se incluam e se ajustem na análise. É evidente que o estágio da precisão é estéril sem o estágio prévio do romance: a não ser que existam fatos já vagamente apreendidos em suas largas generalidades, a análise será uma análise de nada. Será simplesmente uma série de afirmações sem sentido sobre meros fatos, produzidos artificialmente e sem nenhuma relevância subsequente. Repito que neste estágio não ficamos apenas nos fatos relanceados na fase de romance. Os fatos desta fase descerraram ideias com possibilidades de larga significação e no estágio da precisão adquirimos outros fatos em ordem sistemática, os quais vêm juntos com os anteriores constituir uma revelação e uma análise da matéria geral do romance.

O estágio final de generalização é a síntese de Hegel. É uma volta ao romance, com a vantagem da classificação das ideias e de uma técnica segura. É a fruição que resulta do treino em precisão. É o sucesso final.[1]

"Educação", conclui Whitehead, "deve consistir na contínua repetição de tais ciclos."

Não se encontrará ilustração mais perfeita dessa luminosa intuição pedagógica do que a apresentada neste livro único de Introdução à Sociologia, escrito pelo espírito mais avesso e mais distante de tudo quanto é estreitamente didático ou tolamente pedagógico. O grande livro de Gilberto Freyre é a deliciosa e permanente repetição dos ciclos descritos por Whitehead, levando o leitor do romance (no sentido inglês e que é o de Whitehead) à precisão científica e à generalização liberadora, como se nos víssemos envolvidos em movimentos de uma grande composição musical. Só um cientista que ao mesmo tempo seja um escritor poderia fazer desta obra – que declara expressamente não ser didática – o milagre didático que realmente é e que se lê com o fascínio imaginativo de um romance de Proust e, ao mesmo tempo, o queimante entusiasmo de quem está a descobrir e realizar (no sentido ainda inglês) todo o vasto mundo ondulante e diverso da realidade social.

Se algum dia as ciências sociais chegarem à maturidade das ciências físicas, mesmo então a leitura do livro de Gilberto Freyre constituirá uma iniciação indispensável, pois ainda nesse dia longínquo, por certo difícil, nenhum outro livro poderá dar ao aprendiz uma revelação mais excitante e ao mesmo tempo mais exata da extrema complexidade e extrema variedade de métodos, com que a mente humana terá tido de lutar para poder dominar esse novo universo.

---

[1] Whitehead, Aims of education.

Recordo-me de haver Gide, certa vez, declarado não ter podido se interessar por certo livro de famoso romancista brasileiro em virtude de achá-lo demasiado linear, de faltar-lhe espessura. Como gostaria que pudesse ele ter lido Gilberto Freyre! Mesmo neste livro, reproduzindo as lições de um curso, que espessura! Como a Sociologia se mostra densa; que variedade de planos, que riqueza de tecido, que abundância de matéria, que golpes de luz, que elasticidade de ideias, que multiplicidade de ângulos! É tudo que há de menos "isto ou aquilo", o "either or" de certos pensadores unilaterais, numa antecipação de visões diversas senão aparentemente contraditórias, que terão, por certo, de anteceder as possíveis sínteses de amanhã.

Nada é em Gilberto Freyre linear ou esquemático; o seu pensamento se desdobra rico, múltiplo e maduro, antes psicológico do que lógico, preferindo a aparência da contradição à simplificação empobrecedora e primária, contanto que nenhum aspecto da realidade lhe escape e a possa apresentar em toda a sua extrema, delicada e múltipla complexidade, naquele "animadisimo tapiz" a que se refere o professor Ayala.

Saímos do livro com a impressão de que o mundo matemático, o físico, mesmo o biológico e até o mental são coisas singelas em face da multiplicidade intrincada, sutil, diversa e fluida do mundo social.

Outros livros serão feitos de introdução à Sociologia, mas nenhum, como este, será capaz de nos dar melhor o deslumbramento e a promessa da iniciação em uma ciência nova e de nos impregnar mais intimamente do fermento de uma nova curiosidade, para buscar alcançar o novo estágio de progresso intelectual que essa ciência nos está a predizer.

A grandeza e originalidade do livro de Gilberto Freyre residem em um ousado espírito, sabiamente assistemático, de especulação e aventura no mundo ainda obscuro, mas extremamente promissor da ciência da realidade social.

Nada há que ele despreze do que já foi até hoje feito nesse campo. O estudo do homem e da sociedade não começou com a Sociologia. Recente é o nome dado a tais estudos. Recentes são os novos métodos desses estudos. Recentes são as tentativas de definição e limites desses estudos.

Nunca me esqueço do desalento de um jovem antropologista, em pesquisa de campo numa cidade baiana, ao falar-me da impossibilidade de sua ciência, que lhe exigia completa competência em matéria histórica, em matéria geográfica, em matéria psicológica, em matéria religiosa, em matéria literária, em matéria linguística, em matéria política, em folclore, em artes de toda natureza, em agricultura, em indústria, enfim, em tudo, tudo que o homem faz, pensa e é, sua pessoa, sua cultura, sua civilização.

Só terá ele que ler Gilberto Freyre para ver que a ciência social é possível; mas exige para tratá-la alguém cuja largueza de âmbito intelectual se case com idêntica largueza de cultura pessoal, alguém que não seja apenas um especialista limitado à sua especialidade, e sim novo tipo de especialista, à maneira dos pensadores e dos escritores, capazes de abarcar todo um mundo de especialidades e delas extrair algo de comum e geral, como tal, também especial, mas em outro nível.

Há muito no progresso intelectual de hoje de profissionalização, no sentido de se haver tornado fácil, pela divisão do trabalho e pela especialização, a tarefa dos intelectuais. Nem de outro modo, poderíamos aumentar tanto quanto aumentamos o número desses trabalhadores. Mas, o que nem sempre se nota é que, se isso é possível nas ciências amadurecidas, com métodos e processos ricamente desenvolvidos, como as físicas e mesmo as biológicas, no campo do mental e do social, ainda precisamos de cerebrações vizinhas do gênio.

Dia virá em que pessoas razoavelmente inteligentes poderão cultivar o campo dessas ciências; mas, por enquanto, se não quisermos estar perdendo o tempo em ler descrições meticulosas de coisas óbvias ou amontoados quantitativos de fatos inexpressivos, temos de exigir para as ciências sociais trabalhadores excepcionalmente inteligentes. Pelo menos por esse aspecto, o campo das ciências sociais se aproxima do campo artístico, no qual temos o bom senso de não perdoar a mediocridade.

Como Gilberto Freyre é um dos grandes – para Gurvitch o maior – entre os sociólogos de nosso tempo; como ele não é um discípulo, mas um mestre, havendo aberto clareiras novas em sua jovem ciência, com originalidade de conceitos e de métodos, e escrito ensaios dos mais originais do seu tempo, na interpretação do homem e de sua realidade no Brasil, o seu livro, que tem, inegavelmente, um traço de gênio, está impregnado de um espírito de defesa e justificação, que só posso explicar como um fato cultural, a exigir, por sua vez, explicação e análise.

É que o país pratica, ao pé da letra, a doutrina que Machado de Assis formula admiravelmente: "morreu; podemos elogiá-lo". Ai! de quem chega à grandeza ainda vivo! Os contemporâneos julgam "inteligente" não admitir nenhuma "grandeza" viva. Os estrangeiros são muito mais generosos. As verdadeiras figuras originais do Brasil – como os Gilberto Freyre, os Villa-Lobos – têm de sair do país para receberem a sua consagração. Natural, pois, que acabem por tomar um tom de quem se desculpa de ser um tanto mais alto que os demais ou, então, como Monteiro Lobato, de quem se ri um bocado de si mesmo, já que não pode rir do seu próprio país. Gilberto Freyre faz um pouco como Bernard Shaw e, desabusadamente, enche os seus livros e sobretudo, ainda como Shaw, os seus prefácios de explicações sobre o que faz e o que é. Pois se os contemporâneos insistem em não ver, há que apontar-lhes o que devem ver...

Os seus livros estão a ser traduzidos em francês, em inglês, em espanhol, em alemão e o seu nome, o seu estilo, o seu pensamento a serem julgados como dos melhores da cena contemporânea. Não é apenas um mestre de Sociologia, mas um criador de sociologia. Casa grande & genzala não tem – como ensaio de interpretação social – muitos companheiros no mundo. Gilberto Freyre se alinha com esse livro – para ficarmos apenas no mundo ibérico – ao lado dos Ortega y Gasset, como autor em quem a ciência, longe de limitar, amplia e projeta o gênio.

Pensador original e escritor raro e de singular espessura, no sentido em que Gide usou o termo, sua obra, sem deixar de ser rigorosamente científica, eleva-se às alturas de obra de arte e de penetração filosófica. A tese existencialista, hoje tão ruidosa, está inteira, exemplificada e utilizada, na sua obra de interpretação social. Não sei se amanhã Gilberto Freyre não será julgado mais como escritor e pensador do que como cientista. A realidade é que pertence à linhagem dos Bergson e dos Proust, fazendo o milagre muito raro de integrar a ciência e a arte.

Tenhamos a agradável coragem de reconhecer em Gilberto Freyre a grandeza que o futuro lhe irá reconhecer, em seu retardado processo de canonização. E o ajudemos a ser ainda maior, aqui mesmo, entre nós e no nosso tempo, com a nossa quente e viva admiração.

Rio de Janeiro, março de 1957.

PREFÁCIO DO AUTOR À 2ª EDIÇÃO

Destaque-se desta introdução à Sociologia, que não se trata de obra convencionalmente didática. Não pretende ser *Sociologia* senão companheira de estudantes e professores da matéria: companheira para aquelas suas preocupações que se estenderem além da rotina pedagógica, sem perturbá-la ou interrompê-la. Ao contrário: colaborando com os mestres e programas estabelecidos no Brasil e noutros países – mas especialmente no Brasil – para a disciplina sociológica.

Não deve primeiro o autor deixar de exprimir seu agradecimento aos que mais generosamente acolheram, no Brasil e no estrangeiro, a primeira edição, quando apareceu em 1945. No Brasil, os Profs. Anísio Teixeira, Fernando de Azevedo e Florestan Fernandes, os críticos Luís Washington e Ciro de Pádua – quase todos de São Paulo. O que se explica pelo fato de ser hoje São Paulo, graças principalmente ao professor Fernando de Azevedo, mas também a sucessivos professores franceses, anglo-americanos e um, pelo menos, inglês, contratados para o ensino de Ciências Sociais pela sua Universidade e pela Escola de Sociologia e Política, o principal centro brasileiro de estudos sociológicos e antropológicos de caráter universitário.

No estrangeiro destacaram-se pela generosidade com que acolheram a ousadia brasileira os professores Rex Hopper (que, em artigo em revista especializada, salientou a necessidade de ser a obra brasileira imediatamente publicada em língua inglesa, tal, a seu ver, a "originalidade de critério" seguido, conforme o crítico, pelo autor), Georges Gurvitch, José Medina Echavarría, Jean Duvignaud, Helmut Schelsky, Gino Germani e Francisco Ayala. O Prof. Gino Germani, ainda mais que o professor Rex Hopper, destacou o que lhe pareceu "contribuição original" para o desenvolvimento da teoria e da metodologia sociológicas, isto é, o modo do autor brasileiro intensificar e ampliar o conceito de *situacionismo* de Thomas e de outros sociólogos modernos, a ponto de mestiços em situação de brancos, por exemplo, poderem ser considerados sociologicamente brancos pelas consequências sociais da sua situação social não apenas ecológica mas empática, de brancos, à revelia da sua condição étnica de não brancos.

Acredita o primeiro autor que se trata, na verdade, de pequena contribuição para uma sistemática sociológica em que a situação do Homem social seja considerada no seu máximo de situação existencial ao mesmo tempo que funcional e histórica: critério que antes de ter sido esboçado em seu aspecto teórico, nas páginas de *Sociologia*, desde a sua primeira edição, já fora seguido pelo autor em obra de Sociologia aplicada: Sociologia entrelaçada com a Antropologia, a História e a Ecologia sociais. Refere-se o autor a seu ensaio de algum modo pioneiro, intitulado *Casa grande & senzala*, cuja primeira edição em língua portuguesa data de 1933.

Publicado em língua francesa – onde vem obtendo a melhor compreensão e a crítica mais penetrante a que poderia aspirar um ensaio do seu tipo em qualquer língua – não tardaram críticos existencialistas propriamente ditos, em surpreender no já antigo livro brasileiro seu caráter de Sociologia ou Antropologia situacional ao ponto de poder ser considerada existencial. Um deles, e dos mais lúcidos, M. JEAN POUILLON, escreveu em *Les Temps Modernes* (Paris, maio, 1953, nº 90), tratar-se de uma obra em que não se procura estabelecer determinismo nenhum – nem da Situação sobre o Homem nem do Homem sobre a Situação – mas da qual emerge a realidade de ser a situação "*interieure à l'homme qu'elle influence*" e o homem "*exterieur à lui-même, comme projeté dans le monde où il vit*". Para o conhecido crítico francês, que é também um dos mais altos pensadores da França atual, é essa ligação constantemente assegurada pela História o que permite ao autor daquele ensaio brasileiro "*ne mutiler aucun des aspects de la realité, de ne camoufler aucune opposition et de révéler enfin ce qui fait l'objet même de l'histoire: l'indissoluble corrélation de la liberté et de l'aliénation de l'homme dans le monde*". Daí, para o generoso crítico de *Les Temps Modernes*, ser o referido ensaio exemplo para os próprios europeus quanto ao modo por que a unidade do assunto é conservada, sem desrespeitar-se sua complexidade: "[...] *Il ne cherche pas a fabriquer l'unité idéale des phénomènes en eux-mêmes isolés et qu'il faudrait comparer abstraitement puisque l'unité doit se trouver dans les phénomènes eux-mêmes*". Para que se deixe emergir de um assunto complexo, histórico-social ou antropológico-social, sua "unidade efetiva", e não "pré-fabricada", é preciso, segundo o crítico JEAN POUILLON, proceder-se como no ensaio brasileiro que segundo ele é realizado de modo novo, ao que acrescenta – "exemplar": isto é, segundo uma pluralidade de métodos e de chaves, e não por meio de uma chave só ou de um método único.

Descontado o que há de extremamente generoso nessa crítica inteligente e honesta de livro brasileiro por pensador francês, talvez seja ela válida em sua parte interpretativa para a *Sociologia* de que agora se publicam, em segunda edição, os dois primeiros volumes. Também aqui não se procede, sob nenhum critério de "unidade pré-fabricada" da realidade social que possa ser sistematicamente estudada pelo sociólogo: procura-se considerar a matéria através de ousada e difícil pluralidade de métodos, dando-se ao próprio método histórico-biográfico relevo talvez ainda maior que o que lhe têm concedido sociólogos como THOMAS e o professor ZNANIECKI e o professor GORDON ALLPORT. Evita-se a abstração prematura ou a generalização arbitrária – sem se repudiar ou repelir a tendência moderna no sentido dessa abstração e dessa generalização – dando-se atenção constante ao concreto, ao vivo, ao regional, ao ecológico, ao presente, até o circunstancial, nisso coincidindo o critério aqui seguido de "sociologia" – ou de "sociologias" – com o daqueles pensadores chamados existencialistas, que opõem ao Homem abstrato o Homem situado e até os Homens situados; ao essencial, no seu sentido absoluto, o existencial, em suas imposições inevitáveis; à solicitação do geral, a chamada "exigência do concreto"; ao próprio clássico, o romântico, e dentro do romântico, o barroco da definição de EUGÊNIO D'ORS, isto é, o que introduz nas construções, sejam elas plásticas ou intelectuais, além do sentido de pitoresco, elementos cromáticos e, mesmo, elementos líricos. Ainda mais: sob o barroco assim geral, admite-se o barroco que perspicaz crítico português e historiador sociológico da arte, ANTÔNIO QUADROS – a quem devemos igualmente generosa interpretação de algumas das ideias que vimos esboçando –, em obra recente e sugestiva, de introdução ao que chama "uma estética existencial", denomina de "atlântico". Barroco "atlântico" que não seria outro, em sua particularidade estética, senão o estilo – do ponto de vista sociológico ou antropológico – de vida, de existência, de cultura, de estar o homem em relação com o meio, com a paisagem, com o espaço, que vimos designando como cultura luso-tropical; o qual se conformaria com a caracterização do barroco proposta por D'ORS, para quem o mesmo barroco, estando secretamente animado da nostalgia do "Paraíso perdido", seria também profecia, esperança, aspiração a estado ou condição messiânica ou paradisíaca. Constantes que marcam, juntamente com a introdução às vezes demasiada em obras de tentativa de fixação do concreto, do vivo, do presente, daquele sentido de pitoresco e daqueles elementos cromáticos e mesmo dos líricos, a cultura luso-tropical e se refletem nos principais esforços de interpretação parassociológica e sociológica dessa mesma cultura que, desde dias remotos, vêm saindo de dentro dela sob formas talvez mais expressionistas que impressionistas: desde a *Peregrinaçam*, de FERNÃO MENDES PINTO, aos ensaios histórico-sociológicos de OLIVEIRA MARTINS; dos sermões de crítica social dos contemporâneos, proferidos ou escritos pelo padre ANTÔNIO VIEIRA, aos romances também de crítica social dos contemporâneos, de EÇA DE QUEIRÓS; das páginas de CAMÕES em que ele fixa a "vária cor" do Oriente e do trópico com olhos portugueses, aos ensaios histórico-ecológicos de EUCLIDES DA CUNHA; das crônicas de FERNÃO LOPES ao ensaio histórico-sociológico em que OLIVEIRA LIMA estuda os contatos de portugueses do tempo de Dom JOÃO VI com um Brasil por vários deles identificado como o "Paraíso perdido", dentro da velha tendência da gente lusitana para recuperar tal "paraíso" – talvez as terras quentes de origem dos semitas, de tão significativa presença na formação de Portugal e na sua expansão pelos trópicos – ou encontrar espaço messiânico, paradisíaco, fraterno e talvez materno, em país quente ou tropical. Tendência que se reflete nas modernas Sociologia, Antropologia social ou Parassociologia mais brasileiramente escrita por brasileiros: em ensaios pioneiros de JOSÉ BONIFÁCIO, SÍLVIO ROMERO, ALBERTO TÔRRES e na *Rondônia*, de ROQUETE-

Pinto; na *Terra de Sol*, de Gustavo Barroso; na *Canaã*, de Graça Aranha; no *Grão de areia*, de Gilberto Amado; na *Hiléia amazônica*, de Gastão Cruls.

É ainda de Eugênio d'Ors a observação, repetida e comentada inteligentemente pelo ensaísta português Antônio Quadros na sua *Introdução a uma estética existencial* (Lisboa, 1955), de exigir o barroco – isto é, o sentido barroco de vida, ou seja, o sentido de vida em movimento e não em repouso – "uma linguagem fluida, contrapolar da linguagem cartesiana", que é a linguagem característica, embora não exclusiva, dos franceses, entre os quais Montaigne, Michelet, Proust e Romain Rolland, por exemplo, têm sido escritores antes fluidos que cartesianos. Precisamente a linguagem – essa fluida e pouco cartesiana – de todos, ou quase todos, os escritores mais caracteristicamente portugueses e brasileiros: mesmo dos que têm realizado, como os que já mencionamos, obra antropológica, sociológica ou parassociológica de fixação ou interpretação da realidade social portuguesa e brasileira integrada em ambiente tropical ou quase tropical; situada nesse ambiente; impregnada dele; ou em processo de impregnar-se dele. Dele ou do Oriente: Oriente tão cromático e pitoresco quanto o próprio trópico.

É que como escritores empáticos, mesmo de matéria sociológica ou antropológica tratada sob critério ou segundo métodos científicos, eles próprios têm se deixado influir pelo ambiente em que têm procurado surpreender a vida em movimento de homens ou de grupos, seus objetos especiais ou regionais de estudo. É uma Sociologia ou Parassociologia, ou, se se preferir dizer, uma Antropologia Social, a que vem sendo praticada por portugueses e brasileiros de modo mais caracteristicamente português e brasileiro – ou luso-tropical – que se vem caracterizando por constante empatia, da parte dos autores para com os seus objetos especiais ou regionais de estudo: homens ou grupos situados em meios, ambientes ou espaços tropicais ou quase tropicais; homens e grupos em diferentes atitudes e situações de relação profunda e quase sempre empática, e não apenas simpática, com esses meios; homens e grupos que vêm *sendo, estando* ou realizando-se, através de constante "estar sendo" de que fala mestre Ortega y Gasset: um "estar sendo" em que sujeito – homem portador de civilização europeia – e objeto – meio tropical – se têm interpenetrado, alterando-se as hegemonias da penetração. Donde o caráter acentuadamente ecológico da Sociologia ou Parassociologia ou Antropologia Social voltada para tais sujeitos-objetos em sua mútua relação em espaços-tempos tropicais: caráter mais nitidamente ecológico que o da Sociologia ou Antropologia Social especializada no estudo de homens e grupos situados em espaços boreais ou temperados e cuja relação constantemente mútua parece processar-se mais à revelia, que nos espaços tropicais, de sugestões ou imposições do ambiente ou do meio físico; sem que essas sugestões ou imposições se tornem tão penetrantes quanto nos espaços quentes, onde também os ritmos ou cadências de tempo parecem depender mais do que nos espaços temperados ou boreais, da ação do que é exterior sobre o que é interior, nos homens ou nos grupos situados nesses espaços e dentro desses tempos: do seu fluir.

Por aí talvez se explique o fato de EUGÊNIO D'ORS, considerando a Grécia a "essência" mesma do "classicismo", ter oposto a esse "essencialismo" o barroco desenvolvido pelos portugueses como expressão de um naturalismo ou panteísmo que talvez fosse mais exato denominar-se especificamente de tropicalismo; e tropicalismo como expressão de existencialismo, de situacionismo existencial, de integração, ou ânimo de integração do homem europeu-ibérico e da sua cultura com espaços naturais – os quentes – em que mais possível parece vir se tornando a relação dinamicamente mútua entre os dois: homem – ou cultura – e natureza. Homem – ou cultura – e "Paraíso perdido": Trópico.

Não é só na arte chamada abstrata que o racionalismo puro vem se empenhando em descobrir formas, como diz o crítico e historiador da arte ANTÔNIO QUADROS, "aplicáveis para todos os tempos, todos os lugares, todos os homens, todas as coisas". Também em Sociologia: na que pretende desprezar o ecológico, o regional, o bárbaro, o natural, por excessivo afã de generalidade abstrata, intemporal, inespacial. Afã herdado por algumas ciências modernas da tradição grega de saber. O saber grego sabe-se que foi um saber concentrado na realidade grega e desdenhoso da bárbara. Foi saber quando muito estendido ao Mediterrâneo, do qual escreveu outro historiador da arte, o holandês RENÉ HUYGHE, ser "um mar limitado por todos os lados" e onde a Europa podia encontrar – como encontrou – "harmonia" e "ordem"; mas não descobrir – como não descobriu – "o indivíduo e suas inquietações". Para o que pensa o crítico e historiador da arte holandês, evocado agora pelo português, que era necessário ao europeu encontrar-se e sentir-se só, em face ou da "planura do Norte" – isto é, do Norte da Europa – ou do "oceano", isto é, do Atlântico. Situado no trópico é que talvez se devesse dizer para se ser inteiramente exato: no trópico-terra tanto quanto no trópico-água. Trópico habitado por povos de cor e abrilhantado por suas culturas também cromáticas, bizarras, inesperadas – do ponto de vista do europeu mediterrâneo – tanto quanto povoado por animais e plantas de cores igualmente vivas e várias e formas irregulares, inarmônicas, desordenadas e mais capazes de se associarem à vida, à intimidade, ao próprio sexo, à cultura e à arte dos homens que os animais e as plantas próprios dos já ordenados – culturalmente ordenados – espaços temperados ou boreais.

Deve o autor tornar claro, a esta altura, que considerando a Sociologia ciência anfíbia, isto é, em parte natural, em parte cultural, como a considera nas páginas que se seguem não pretende separá-la em duas; ou em metades antagônicas. De modo algum. Reconhece que as duas de tal modo se interpenetram que formam uma só ciência. Simplesmente admite sua dupla existência; e que essa exige métodos complexos e não simples, de explicação; uma metodologia múltipla e não singular; estatística e quantitativa, para a descrição e explicação de uma série de fatos e qualitativa e compreensiva para a descrição e interpretação de outros. A Sociologia porém é uma só ciência como, em sentido ainda mais largo, é uma só ciência toda a ciência, em geral. Em Sociologia, o biossocial se alonga no sociocultural através de fronteiras nem sempre nítidas na vida do homem ou do grupo humano situado. A designação de ciência anfíbia para a sociológica não corresponde senão a uma conveniência metodológica a que procuraremos dar relevo no terceiro volume desta série. De modo algum representa oposição ao critério de unidade que em Sociologia, como nas demais ciências chamadas do homem, é o critério que se ajusta à moderna Filosofia dessas ciências ainda em formação e das ciências, em geral.

Com A. N. WHITEHEAD, o antigo dualismo na Filosofia das ciências vem se reduzindo ao mínimo, sob o relevo atribuído à unidade ou universalidade de processos: *"there is no Nature apart from transition"*. Ao mesmo tempo que: *"The environment enters into the nature of each thing"* – escreve o pensador inglês à página 185 do seu *Nature and Life* (Londres, 1934), onde desenvolve ideias já esboçadas no seu *Process and reality* (Londres, 1929): uma das obras mais significativas da nossa época. Significativa para toda sistematização científica: inclusive para a sociológica.

Nada, porém, de nos esquecermos do que adverte outro pensador moderno, M. PRENANT, citado do francês por Mr. J. LINDSAY no seu *Marxism and contemporary science* (Londres, 1949)· de que a unidade ou universalidade de processos não significa que essa unidade não se exprima em "formas qualitativamente diferentes", cujos "caracteres distintos" não devem ser nunca perdidos de vista. O que significa a admissão de "planos" vários de realidade. De vários espaços em que se exprimam aquelas diferenciações. De regiões, com "caracteres distintos". O necessário é, nessa admissão de vários "planos", em que a unidade de processos seja surpreendida sob expressões diferentes, não se considerar a forma em relação com o conteúdo, a antítese que foi considerada outrora mas a cristalização de processos sob aspectos diferentes sob uma só configuração: forma-conteúdo. De modo que o emprego, nas páginas que se seguem, da palavra "forma" como objeto particular de estudo sociológico, nunca deve ser interpretado como exclusivo de sua relação com o conteúdo. Apenas para a Sociologia a forma é mais que o conteúdo: mais como objeto de estudo.

Em Sociologia ou Antropologia social, parece, aliás, que essa configuração – forma-conteúdo – só é possível através da consideração de tais ciências do Homem como anfíbias, isto é, a um tempo – e não separadamente – naturais e culturais, aceitando-se o que na natureza é cultura e o que na cultura é natureza como cristalização de processos e, até certo ponto, formas universais ou globais sob aspectos de formas-conteúdos diferenciados ou particularizados qualitativamente pela ação desigual de conteúdos sobre formas. Semelhante combinação do que é universal nos processos com o que é diferenciado qualitativamente em suas cristalizações regionais – no sentido mais amplo de região que se confunde com o de situação no espaço – só parece ser possível em uma Sociologia ou antropologia Social que não se precipite em suas abstrações da realidade, esquecendo-se dos "caracteres distintos" da mesma realidade, em seus vários "planos" ou situações existenciais.

Escreveu o sociólogo francês Mikel Dufrenne em estudo sobre "Existencialisme et Sociologie", aparecido em 1946 nos *Cahiers Internationaux de Sociologie* (Paris), considerar um grupo, *forma*, tanto quanto uma paisagem, porque "vivendo-o" diz ele – isto é, "*en le vivant comme une situation, je découvre en lui une structure et une autorité*", ou seja, um fato social "*avec tous les aspects constraignants […]*". Contra os existencialistas extremados, Dufrenne observa não ser o homem apenas situação, mas também – aqui concordando com Ortega y Gasset – história; o que também a nós parece certo. Donde podermos concordar com Dufrenne em que se torna necessária uma reconciliação da filosofia existencial com o racionalismo: reconciliação que poderá dar novo impulso à Sociologia.

Para que essa seja estudo menos do homem social abstrato que do concreto não é preciso que o viver do Homem em grupo deixe de ser considerado forma, dentro da qual se admita diversidade de conteúdo histórico ou etnográfico. Apenas esse conteúdo diverso não tem para o sociólogo de hoje importância como unidade substancial, como vem sendo a tendência das ciências, em geral, e não apenas da Sociologia, para a interpretação do mundo, através do que o professor G. Niemeyer, citado pelo professor Robert King Merton, no seu *Social theory and social structure* (Glencoe, 1951), chama de "*terms of interconnection of operation […]*". Ou seja, a procura da "realidade", não em "substâncias", mas na chamada "interação funcional", sem que isso implique estreito "funcionalismo". A Sociologia que procure a realidade social mais no existencial que no essencial, do viver do homem em grupo, ao mesmo tempo que em situação, pode ser também funcional até esse ponto: no considerar os vários grupos-formas ou grupos-situações, centros de funções que operam interativamente no espaço-tempo social, formando totalidades interativas.

Não se distancia deste nosso já antigo critério à sombra do qual vimos fazendo Antropologia Social e Sociologia desde 1928, o modo de ver de Ernst Cassirer quando, no seu *An essay on man* (New Have, 1944) escreve, à página 67, que a "filosofia das formas simbólicas parte da pressuposição de que, se há definição (possível) da natureza ou "essência" do homem, essa definição só pode ser compreendida como funcional e não como substancial." Antecipando-se a ideias que J.-P. Sartre viria a expor no seu *L'existencialisme est un humanisme* (Paris, 1946), Cassirer já se colocava em 1944 entre os que pensam que o Homem só pode ser conhecido existencialmente e funcionalmente através dos símbolos culturais que ele cria.

É interessante notar-se a coincidência de critério dos funcionalistas neokantianos com os existencialistas quanto ao conhecimento a um tempo existencial e funcional ser o único possível; como é interessante assinalar-se que em livro que acaba de ser publicado – *Theoretical anthropology* (Nova York, 1953) – o professor DAVID BIDNEY, simpático a essa conciliação (por nós já aceita desde 1945 na obra de teoria agora reeditada e precedida de sua aplicação à situação brasileira: ensaio publicado em 1933), igualmente expõe ideias que coincidem com as nossas, esboçadas há mais de dez anos, quando escreve à página 154 de sua nova sistemática antropológica ter o homem uma natureza substantiva (ontológica), que "pode ser investigada pelos métodos da ciência natural", assim como uma "história cultural, que pode ser estudada pelos métodos da ciência social e da erudição humanística". Quando ele propõe uma meta-antropologia que possa considerar as pressuposições metaculturais de qualquer sistema de cultura – e não apenas as de certas culturas, como fazem P. SOROKIN em seu *Social and cultural dynamics* (Nova York, 1937-41) e F. S. C. NORTHROP, em *The meeting of the East and West* (Nova York, 1948) – admite uma Antropologia abstrata, ao lado das concretas, como nós admitimos uma Sociologia abstracionista, ao lado das existencialistas.

O barroco vivamente regional, concreto, inquieto – a oposição mesma do abstrato repousante e universalista – todos sabemos que vem sendo em artes plásticas, em particular, e em cultura, em geral, o que alguém já chamou de "inquietação vital" – vital, dionisíaca, fáustica – em face de sugestões de natureza – como a tropical – difíceis de ser idealizadas ou estilizadas no sentido clássico ou classicista do repouso, da ordem, da harmonia chamada "mediterrânea". Daí sociólogos da cultura poderem hoje interpretar o clássico sob a forma de saber ou arte à procura de essências – essências redutíveis a abstrações – enquanto o barroco se ligaria à existência: seria existencialista em oposição ao classicismo abstracionista – como atualmente através de DALI – pela importância dada, como lembra o ensaísta português ANTÔNIO QUADROS, ao "estar-no-mundo" e ao "estar-em-situação". "Estar-no-mundo" e "estar-em-situação – no espaço, no tempo, no espaço-tempo – a que também atribui importância máxima em suas procuras da realidade social e em suas tentativas de interpretá-la arbitrariamente, sem idealizá-la em abstrações puras ou em reduções a essências de sentido universal que, entretanto, importem em sacrifício das mais profundas contradições inter-regionais, a moderna Sociologia ou Antropologia social que possa ser denominada de existencialista-situacionista.

É essa uma sociologia mais inquieta e, em mais de um sentido, mais experimentalista que a outra; mais que a outra, atenta ao chamado pitoresco que acompanha o que é diverso, contraditório, inesperado nas várias culturas regionais ou na sua "vária côr", como diria CAMÕES; mais pluralista e numerosa em seus métodos ou em suas combinações de métodos, também vários, desde que despreocupados do que o crítico francês POUILLON chama de "unidade pré-fabricada" e preocupados apenas com a "unidade efetiva" que possa emergir de múltiplas aproximações de caráter sociológico a uma só realidade social, situada no espaço-tempo também social. É uma sociologia de que Hans Freyer pode ser considerado um dos representantes, menos por obra realizada sob critério existencialista que pela apologia desse critério em páginas magistrais de sistemática; e Thomas, outro, menos por tentativa de sistemática apologética de tal critério, que por obra magistralmente realizada sob critério do situacionista, com a colaboração do professor Znaniecki. Situacionismo a seu modo existencialista que, em obras possivelmente sociológicas, de estudo e interpretação da realidade social brasileira estudada e interpretada empaticamente, vem alcançando extremos que a críticos da autoridade do professor José Medina Echavarria e do professor Francisco Ayala – os dois maiores mestres espanhóis modernos de Sociologia sistemática – do anglo-americano Rex Hopper e do italiano professor Gino Germani, e principalmente, de José Ortega y Gasset e Georges Gurvitch, não parecem, entretanto, extrassociológicos. Do professor Ayala – sociólogo espanhol de formação alemã – é o reparo, em seu hoje clássico *Tratado de Sociologia* (Buenos Aires, 1947, t. I, p. 260), de que tais obras brasileiras – ou o seu conjunto, que constituiria já obra una – só à primeira vista dão a impressão a um crítico especializado de serem extrassociológicas:

> *Una primera y precipitada impresión acerca de ella induciria a poner en duda su caráter cientifico o a situarla en el plano de esa especie de literatura historico-descriptiva cuyos analisis están llenos de atisbos y observaciones de significacion sociológica, pero carente en definitiva de una solida organizacion conceptual. Esa primera impresión nace de la enorme riqueza de contenido que alojan sus páginas. Por de pronto, ofrecen un inestimable valor literario; pero solo quien sea incapaz de ver más allá de esta presentacion formal, podrá desconocer la consciente y minuciosa preparacion sociológica sobre cuya trama se ha ordenado el animadisimo tapiz.*

Não parece ter escapado ao professor Ayala o caráter barroco de tais obras. Só numa sociologia barroca – barroca em seu estilo – se encontraria a realidade social sob a forma, de resto bem ibérica, de "animadisimo tapiz". Só numa sociologia barroca em seu estilo se encontraria o elemento biográfico posto tão a serviço do objetivo sociológico, de modo a se confundirem Biografia, História e Sociologia no mesmo "tapiz" antropológico: fusão já realizada, aliás, por Thomas e Znaniecki em obra que lhes custou a oposição violenta de abstracionistas, tanto quanto de puristas, da Sociologia. O que não significa que o ousado revolucionário, que, de certa maneira, foi Thomas com relação à Sociologia moderna, não venha sendo reabilitado pela sua ousadia de utilizar-se de documentos pessoais em obra sociológica ou antropológico-social, por mestres atuais das ciências presentemente chamadas antes do Homem que da Sociedade: um deles, o professor Gordon Allport, especialista em Psicologia social e catedrático de Relações Sociais da Universidade de Harvard. Mas também por sociólogos e antropólogos sociais mais jovens.

Em livro publicado em 1951, e intitulado *Research methods in social relations, with special reference to prejudice* (Nova York), três sociólogos anglo-americanos, MARIE JAHODA, MORTON DEUTCH e STUART W. COOK, destacam o valor para os estudos sociológicos dos chamados documentos pessoais, isto é, autobiografias, memórias, cartas, diários, respostas e questionários (quando apenas e sutilmente provocadas): documentos que permitam ao sociólogo ou antropólogo desdobrado em psicólogo – como permitiram a THOMAS e ZNANIECKI, quando empenhados no estudo social do imigrante polaco nos Estados Unidos – ver outras pessoas como essas pessoas se veem a si próprias. E não se esquecem esses três sociólogos de evocar exemplo clássico de documento pessoal: as *Confissões* de SANTO AGOSTINHO, escritas pelo filho de Mônica sob a suposição de serem os homens "uma raça de gente curiosa de conhecer a vida dos outros homens". Nem deixam de recordar as palavras, que vão se tornando também clássicas, com que o professor GORDON ALLPORT, mestre dos mestres em assuntos de Psicologia Social, consagrou em 1942 o valor dos documentos pessoais para os estudos psicossociais. São palavras, as de ALLPORT, que destacam estar o conhecimento do particular – e poderia ter especificado: do concretamente pessoal – no homem, no começo de toda espécie de conhecimento – científico ou não – da natureza humana. "Em Psicologia" – diz o mestre de Harvard – "a fonte e origem de nossa curiosidade em torno da natureza humana, e do nosso conhecimento dela, está em nossa intimidade com indivíduos concretos. Conhecê-los em sua natural complexidade é o primeiro passo essencial. Iniciando-se demasiadamente cedo a análise e a classificação [psicológica], corre-se o risco de partir a vida mental em fragmentos [...]." De modo que para evitar-se quanto seja, além de fragmentação, deformação de todo, sob "falsa abstração", recomenda o professor ALLPORT que o psicólogo social – e sua advertência alcança o sociólogo, o antropólogo, o historiador – preocupe-se "com a vida como é vivida, com os processos totais cujos significados se revelem através de consecutivos e completos documentos vitais", isto é, autobiográficos, íntimos, confidenciais, pessoais. Tais documentos descobrem aos olhos do cientista social a vida como é vivida sem interferência da pesquisa científica que a artificialize, como tende a acontecer quando essa pesquisa se requinta em rigores técnicos que parecem clínicos ou policiais.

É certo que semelhante material precisa de ser utilizado em Psicologia, Sociologia ou Antropologia ou História social, com alguma prudência ou bastante cautela. Sabe-se que o próprio FREUD deixou-se mistificar por certo diário de menina-moça que na verdade não existiu mas foi inventada: obra-prima de mistificação, como aliás obra-prima de mistificação parecem ter sido as hoje célebres *Cartas de uma religiosa portuguesa*: MARIANA ALCOFORADO. Apurou-se que era falso o diário da menina-moça moderna ao verificar-se que referia-se a dias de inverno como tendo sido de sol – ou o contrário – e registrava visita a lugar inexistente, sob a forma descrita, na suposta data da suposta visita. Verdadeiro trabalho de detetivismo histórico-psicológico pôs a nu a falsificação em torno de matéria histórico-psicológica que, entretanto, mesmo como falsificação capaz de iludir um sábio da sagacidade de FREUD, se perde seu interesse histórico, retém seu interesse psicológico. O que é certo, também, das cartas de amor da religiosa portuguesa: escreveu-as alguém tão conhecedor do *ethos* português quando ELIZABETH BARRET BROWNING da literatura lírica de Portugal, à qual atribuiu, para efeitos de dissimulação apenas literária, a origem dos seus famosos sonetos de amor.

Falsificações extremas são raras nos documentos chamados pessoais que se apresentem como históricos aos sociólogos. Mas não as deformações da imagem do autor que se retrate em autobiografia ou se exponha em confissões ou em memórias, cartas, autobiografias, depoimentos, quase sempre com um fim ou um objetivo imediato da parte do autobiografado, às vezes exageradamente apologético, outras depreciativo, em excesso, de si mesmo. De semelhantes atitudes da parte do autobiografado ou memorialista, o sociólogo precisa de sagazmente aperceber-se, para descontar exageros ou suprir deficiências, sem entretanto desprezar de todo informações tão valiosas como os documentos pessoais, para "a sociologia do concreto" ou do homem situado. Não que a autoimagem do autor, em documentos dessa espécie, seja desprezível no que tiver de deliberadamente de mais ou de menos: tais excessos ou deficiências são elas próprias esclarecedoras, como advertem JAHODA, DEUTCH e COOK. Ao que o cientista social que se sirva de material assim delicado em suas contrações ou expansões da realidade, deve estar atento é ao que os mesmos autores chamam "os motivos" que induziram tal ou qual indivíduo a se revelar deste ou daquele modo em autobiografia, memórias, confissões, cartas; ou o modo por que concordou este ou aquele indivíduo em responder a questionários indiscretos que toquem em assuntos demasiado íntimos.

Grande ruído provocou nos meios sociológicos a crítica do professor H. BLUMER, no seu hoje célebre *An appraisal of Thomas and Znaniecki's "The polish peasant in Europe and América"* (Nova York, 1939), ao uso de documentos pessoais por THOMAS e ZNANIECKI (em *The polish peasant in Europe and America*): obra-prima da Sociologia moderna cujo valor científico foi, entretanto, posto em dúvida por críticos exageradamente melindrosos em suas ideias ou noções de objetividade ou generalidade sociológica; ou de Sociologia abstracionista em inteira oposição à que se possa denominar existencialista-situacionista. As acusações do professor BLUMER àqueles mestres foram principalmente estas: a de terem se utilizado, em estudo sociológico, de material que não se presta a ser tratado pela técnica estatística; a de terem se utilizado de material – como cartas – cuja validade raramente está fora de dúvida; a de terem se utilizado de material sujeito a erros de memória e a outras inconveniências do ponto de vista de sua utilização científica. Acusações que nem todos os cientistas sociais vêm considerando de importância decisiva contra livro, como aquele, de tanta potência. Nem contra livro de tão sólida grandeza como sociologia existencialista, nem contra a utilização psicossociológica dos chamados documentos pessoais ou existenciais: utilização que já permitiu a outro pesquisador, este europeu e mulher – e deve-se salientar que a contribuição de mulheres como Ruth Benedict e Margaret Mead, para o desenvolvimento das ciências chamadas do Homem sob critério existencialista ou situacionista vem sendo notável – a professora Charlotte Bühler, acrescentar à psicologia da adolescência páginas memoráveis, através do estudo sistemático, no Instituto de Psicologia da Universidade de Viena, de quase 100 diários de adolescentes, colhidos entre pessoas cuja adolescência decorreu entre 1873 e 1910. Verificou a professora austríaca que, a despeito de alterações de ordem cultural ocorridas entre aqueles anos, permaneceram idênticos nos indivíduos examinados, em número expressivo, – quase cem – desejos que podem ser considerados básicos entre adolescentes, contra alterações de ordem cultural que, entretanto, se refletiram nos diários, diferenciando uns dos outros em seus aspectos principalmente psicossociológicos.

O estudo da professora Bühler continua a ser considerado entre os cientistas sociais exemplo de quanto podem ser valiosas para as ciências sociais – a despeito do cienticifismo abstracionista dos Blumer: críticos de quanto escape em Sociologia, às técnicas quantitativas – os documentos íntimos. Pois os adolescentes em seus diários vão às vezes a extremos de revelação de personalidade indecisa ou inquieta, que talvez se assemelhem a extremos de intimidades só confessadas por católicos a confessores, dentro de obrigações de caráter severamente religioso. Apenas devemos concordar com a professora Jahoda e seus colaboradores que documentos dessa espécie não devem constituir objeto de um método único de análise: só juntamente com outras análises – só em estudo inter-relacionista – é que a análise deles adquire plenitude de valor científico para o sociólogo; ou se aproxima dessa plenitude, ao lado do valor artístico que de várias autobiografias, memórias, confissões, assim sociológica ou psicologicamente válidas, tem feito obras-primas de literatura. O caso das confissões de Santo Agostinho, das de Rousseau, do diário de Pepys. O caso, entre nós, de *Minha formação*: valioso como obra literária e valioso como documento histórico-psico-sociológico. O que se aplica também a recentes autobiografias em língua portuguesa em que recordam experiências e inocências de meninice – meninice situada – Raul Brandão, Graciliano Ramos, José Lins do Rêgo, Gilberto Amado e Helena Morley. Meninice situada no sentido de ser meninice condicionada pelo espaço-tempo como síntese de uma cultura que envolve o indivíduo, condicionando-o, não só desde que nasce, como até desde antes de ele nascer ou aparecer. Aceita a extensão dessa influência do que é cultural no espaço-tempo sobre o que é pessoal no homem que dentro desse espaço-tempo se desenvolva através de várias situações particulares, sob a predominância de algumas, gerais, tem-se que admitir a importância do estudo do que é histórico, nas culturas, ao lado do que é nelas ecológico; e admitida essa importância, repudia-se o excesso dos "funcionalistas" sectários, sem que para isto seja preciso resvalar-se em qualquer dos excessos opostos: inclusive o excesso culturalista.

Em *The poetry of history* (Nova York, 1947), o professor EMERY NEFF salienta à página 215 ter O. SPENGLER desenvolvido em sua obra a concepção de que não há História da Humanidade mas História das Culturas. Para o que esmerou-se o alemão em considerar as culturas, "organismos" suscetíveis, como para o seu grande precursor, HERDER, de ser "intuitivamente vistos, interiormente experimentados, apreendidos como forma ou símbolo e finalmente apresentados como concepções poéticas e artísticas". Daí ter SPENGLER continuado a procura ou busca, iniciada por HERDER, da "lógica do tempo", acerca do que concluiria que a irreversibilidade do mesmo tempo não constitui problema, desde que proustianamente nos recordemos de que "nós próprio somos o Tempo, enquanto vivemos". Explica-se por essa concepção a seu modo existencialista e situacionista e que da História se estende à Antropologia Social ou à Sociologia Histórica, a técnica spengleriana que é caracterizada pelo professor EMERY NEFF, à página 219 do seu referido ensaio, como "ora lírica, ora analítica", transferindo ao leitor a sensação de "íntima participação" na arte, na ciência, na economia, na política, na religião, na filosofia evocadas.

O que prejudica o pendor para o situacionismo histórico-social em SPENGLER – situacionismo no tempo como no espaço, através da delimitação da história do Homem pela história, análise e interpretação das suas culturas – é, a nosso ver, o biologismo ou organicismo de que não conseguiu libertar-se pela concepção das culturas como símbolos e formas. Pois essa concepção é nele neutralizada pelo sentido do determinismo biológico das mesmas culturas.

É principalmente neste ponto que o professor ARNOLD J. TOYNBEE, com o seu *A study of history* (Londres, 1934 –) vem retificando SPENGLER. Para o pensador inglês, ao determinismo biológico se opõe o "poder criador" ("*creative power*"), que ele considera "*Instinct in man*", salientando a presença desse poder em situações diversas de desenvolvimento humano através do seu monumental estudo de 26 civilizações: estudo no entender de alguns críticos prejudicado por suas digressões por caminhos particulares e obscuros ("*bypaths*") que, entretanto, parecem aumentar, muito ao modo inglês e contra a tradição cartesiana dos franceses – desprezada, aliás, por MONTAIGNE e principalmente por PROUST – a vitalidade da grande e complexa obra de análise do passado humano – análise às vezes tocada de alguma coisa de lírico: muito menos, embora, que a obra a um tempo analítica e artística de SPENGLER – já realizada, embora não concluída, pelo mestre de Londres.

Não é de admirar que entre esses dois pensadores ou filósofos da História e da Sociologia – ou da Antropologia global – se defina antagonismo tão profundo de concepções da liberdade humana em face de determinismos de vária natureza – assunto magistralmente versado no mais recente dos seus ensaios pelo professor Georges Gurvitch – quando antagonismo semelhante separa físicos como Einstein – monista em sua filosofia de ciência, como lembra o professor A. d'Abro no prefácio ao seu *The decline of mechanicism in modern Physics* (Nova York, 1939) – de físicos igualmente eminentes dos nossos dias como Eddington, que segundo o mesmo d'Abro, "contentam-se com o dualismo e o pluralismo". O que faz outro observador moderno – e outra vez vamos citar o professor Emery Neff – dizer que a moderna ciência física, em vez de apresentar-se unida, oferece "grande variedade de opinião e de perspectiva da parte dos principais físicos": situação de que se aproxima a contradição nas modernas ciências sociais entre os cientistas especializados no estudo do Homem social que se atêm a concepções, como a de Freud, do indivíduo universalmente antissocial, e a dos antropólogos sociais ou sociólogos genéticos, desde Boas inclinados a admitir a diversidade de estilos culturais entre os homens agrupados em sociedades, sendo já ponto tranquilo a superação da ideia do "indivíduo" supostamente universal, defendida por Freud, pela ideia de ter Freud confundido "universal" com "europeu". Confusão demonstrada pelos trabalhos não só de Boas e de seus discípulos – principalmente Ruth Benedict –, como pelos de Bronislaw Malinowski, lamentavelmente esquecidos pelo professor Neff quando versa o assunto, naquele seu erudito ensaio.

O professor Neff parece, entretanto, exprimir-se com inteira razão quando lembra, à página 212 do seu estudo crítico, vir a moderna investigação histórica e antropológica desamparando as pretensões da economia clássica – às quais se juntavam as de uma sociologia também monista e universalista, hoje menos pomposa ou menos imperial que há um quarto de século – de ser ciência derivada de "princípios imutáveis da natureza humana em relação com um ambiente material irrealístico, pela revelação dessa natureza através de mera descrição empírica do funcionamento de certa fase de sociedade industrial local e já em processo de extinguir-se ("*already passing*")". Sociedade limitada – observe-se em linguagem situacionista – no espaço e limitada no tempo. Ou situada – para usar expressão existencialista que é também situacionalista. Ao que o perspicaz crítico dos determinismos acrescenta não ter sido a vitória do marxismo na Rússia por "evolução materialista" mas por meio de "revolução política". Revolução que vem, aliás, se desenvolvendo no sentido de "nacionalismo cultural", de modo algum previsto pelos marxistas ortodoxos ou lineares, pelos quais o nacionalismo deveria ser considerado fase ultrapassada. A falta de Marx de admitir qualidades irracionais no Homem – especialmente numa classe média, como a europeia em nossa época, oprimida entre o capitalismo monopolista e o trabalho organizado – viria a ser posta em relevo crucial pela aparição do nacional-socialismo na Alemanha: também de todo imprevista pelos marxistas lineares em suas concepções puramente racionalistas de "evolução materialista". O que veio mostrar a necessidade de os marxismos, tanto quanto de o freudismo se adaptarem a evidências não só de acontecimentos históricos violentamente contrários às suas generalizações evolucionistas ou universalistas como a resultados de investigações históricas e antropológicas no sentido da diversidade cultural de estilos entre as sociedades humanas criar tipos diferentes de Homem. Tais resultados vêm acentuando entre sociólogos e filósofos da Sociologia o critério pluralista e, por conseguinte, "existencialista" e "situacionista" de análise e interpretação sociológicas da História e da Antropologia. Acentuando esse critério e moderando o monista e universalista; e fazendo-nos aceitar a afirmativa do professor ROBERT H. LOWIE, à página 266 do seu livro publicado em Nova York em 1937 – *History of ethnological theory* – de que FRANZ BOAS revolucionando, como revolucionou, o modo do europeu ou do ocidental considerar a vida selvagem ("*savage life*"), tornou as culturas chamadas primitivas, aos olhos do antropólogo e do sociólogo, fenômenos de "mudança" ("*change*"). Muito diferentes, portanto, dos "fenômenos estáticos" que vinham sendo considerados. Poucas revoluções, nas ciências chamadas sociais, da amplitude e profundidade dessa, causada pelos estudos de um antropólogo que da Antropologia física passou-se para a social, daí revolucionando a Sociologia, a Economia, a Jurisprudência, a Psicologia, a História, a Antropologia global.

A essa revolução vem acompanhando outra mais recente: a maior identificação da Antropologia – isto é, a social ou a sociológica – com a História. É uma revolução em que os chamados latinos vêm talvez se antecipando, em obras de ciência social aplicada, aos anglo-saxões. Mas que nos últimos anos tem se tornado tendência geral, com grande proveito para o conjunto de estudos ou de ciências sociais. Donde o acerto que revelam as palavras do professor TREVELYAN de que sem o conhecimento da História outras portas se conservam fechadas. Inclusive – e a despeito dos funcionalistas sectários – as portas da Antropologia Social e da Sociologia. As próprias portas da Literatura – com exceção da atual ou corrente. Pois sem algum conhecimento do ambiente social e político das obras de CHAUCER, SHAKESPEARE, MÍLTON, SWIFT e do mundo de BOSWELL, WORDSWORTH, SHELLEY, BYRON, DICKENS, TROLLOPE, CARLYLE, RUSKIN, quem – pergunta o professor TREVELYAN citado pelo professor A. L. ROWSE à página 159 do seu *The use of history* (Londres, 1946) e referindo-se apenas à literatura inglesa – verdadeiramente compreenderá e apreciará tais obras e tais mundos?

É que a vida econômica – para somente nos referirmos a esse aspecto da vida social de uma época – dá a essa época uma cadência, um ritmo de relações entre pessoas e grupos que constituam uma sociedade, um tempo psíquico, um tempo social, que se reflete não só na literatura como na arquitetura, na pintura, na escultura e na própria música dessa época. Sem o conhecimento desses tempos – só possível através do estudo histórico que não se contente com os textos ou os manuscritos oficiais, guardados nos arquivos, mas os ultrapasse, indo a outras fontes: aos próprios anúncios de jornais, por exemplo, com relação a épocas marcadas pela presença da tipografia e do jornal, aos testamentos, às contas de alfaiates, de chapeleiros, de sapatarias – é impossível ao homem de hoje captar o que há de mais significativo não só nas épocas que sejam objeto de esforços ou tentativas de reconstituição histórica, como nas obras de pensamento e arte produzidas por essas épocas. Donde a necessidade da Sociologia da Cultura, por exemplo, ou das suas especializações como a Sociologia do Saber, a Sociologia da Religião, a Sociologia da Arte, a Sociologia do Gosto Literário, serem todas sociologias ligadas à Sociologia histórica.

Foi o ponto que o autor procurou salientar em conferência proferida no Instituto Arqueológico, Histórico e Geográfico Pernambucano e aparecida em volume publicado simultaneamente com esta *Sociologia* sob o título *seis conferências em busca de um leitor*: o de haver uma história que não é só a de texto, mas é também sociológica, antropológica e psicológica, não apenas em seus objetivos e suas técnicas, como em suas fontes. Poderíamos ter reforçado essa não sei se apologia de história "além dos textos", com as palavras em que o professor G. N. CLARK – citadas pelo professor ROWSE à página 71 do seu já referido e excelente ensaio – salientando haver uma história da tecnologia, dos instrumentos, das máquinas, dos processos químicos de produção e transporte, essencial para o conhecimento das transformações ou mudanças que vêm ocorrendo nas relações entre os homens, exprime a necessidade de que se apercebem há anos todos os modernos estudantes de matéria social humana: "*we must go far from the beaten path of historical studies*". Como? Considerando as evidências materiais conservadas em museus. Estendendo o trabalho de campo arqueológico das ruínas ilustres às humildes – e aqui o historiador inglês propõe, sem o saber, maior identificação da técnica histórica com a antropológica. Visitando, para efeitos de comparação, fábricas, usinas e oficinas modernas – e aqui o que o professor CLARK propõe, sem parecer aperceber-se da extensão da sua proposta, é a maior identificação da História, particularizada em História Econômica, com a Sociologia e a Psicologia Social empenhadas em passarem do temporal-regional ao universal no tempo tanto quanto no espaço, sem entretanto perderem contato com a realidade passível de ser verificada e apalpada. E ainda de acordo com essa ampliação de critério apenas histórico-social em critério sociológico, antropológico, psicológico-social: "Precisamos de colher informações e ideias de engenheiros, químicos, geólogos". Sem nos esquecermos – CLARK adverte – do elemento biográfico: em estudos de História Econômica precisamos de reconstituir a ascensão de indivíduos pobres a milionários, que consta de biografias épicas ou heroicas. Precisamos de traçar a história dos grandes bancos, atentos à história genealógica dos seus diretores através de sucessivas gerações de indivíduos, várias vezes da mesma família – as dinastias europeias e anglo-americanas de banqueiros e industriais – para termos então conhecimento exato da composição antropológica e não apenas sociológica das classes comerciais e bancárias no Ocidente, durante os últimos três séculos.

Outro não tem sido o empenho de pesquisadores brasileiros que vêm estendendo a investigação sociológica ao passado para melhor compreensão da realidade luso-americana em suas várias expressões regionais-temporais, ao se voltarem com particular interesse para o estudo, entre nós, das irmandades, ordens terceiras e confrarias católicas, como valiosas manifestações, pela sua composição étnica, social, cultural, econômica, profissional – de tendências a que, durante séculos, conformaram-se situações e posições de indivíduos e grupos étnicos, sociais, culturais, econômicos e profissionais, dentro da nossa sociedade e da nossa cultura. Neste como noutros pontos talvez tenha havido pequenas antecipações – pequenas mas não de todo desprezíveis – de brasileiros a obras mais solidamente realizadas, nos últimos anos, por europeus e anglo-americanos, sob a tendência, que hoje talvez possa ser considerada vitoriosa, para a maior identificação do estudo histórico, quando histórico-social, com o antropológico-social, com o psicológico-social e com o próprio estudo sociológico, ainda em fase de contentar-se em ser estudo principalmente histórico-sociológico.

Se é certo que não possuímos ainda em nossa língua obra que se compare, como biografia sociológica ligada à formação socioeconômica de uma comunidade ou à configuração de uma época inteira, como *An Eighteenth Century Industrialist, Peter Stubbs of Warrington*, do inglês T. S. ASHTON, é, entretanto, exato ter sido há anos escrito e publicado em português, sugestivo estudo biográfico de MAUÁ sob critério sociológico: o *Mauá*, da Srª. LÍDIA BESOUCHET. E em ano mais remoto publicou-se no Rio, deste autor, o ensaio biográfico-sociológico, *Um engenheiro francês no Brasil*, sobre as atividades inovadoras de um técnico – L. L. VAUTHIER – num Brasil (1841-1846) ainda predominantemente agrário e patriarcal em seu sistema de relações dos homens entre si e dos homens com o espaço ou o meio físico. O autor, nesse estudo acerca de VAUTHIER, pretendeu reconstituir, dentro de técnica igualmente histórico-sociológica de biografia, outra figura de técnico mais modesto, embora também significativo do ponto de vista do desenvolvimento do Brasil de comunidade agrário-patriarcal em sociedade burguesa e paraindustrial; esse técnico, também renovador ou inovador, um simples marceneiro alemão fixado no Recife na segunda metade do século XIX, SPIELER, de quem são quase todas as excelentes escadas de madeira dos sobrados recifenses construídos ou reconstruídos na época, além de numerosos móveis, germânicos na solidez mas um tanto luso-brasileiramente barrocos em suas formas e nos seus próprios arrojos de decoração com motivos tropicais ou regionais – cajus, principalmente – que continuam a dar a casas e sobrados antigos de residência da capital de Pernambuco traços especialíssimos de civilização autenticamente brasileira: a um tempo telúrica – SPIELER dedicava-se em trabalhar em vinhático e jacarandá das matas regionais – e transatlântica: ele trouxe para o Brasil a melhor técnica alemã de marcenaria e com ela parece ter se conservado em amoroso contato. Mais recentemente o autor tentou no livro *Contribuição para uma Sociologia da Biografia* (Lisboa, 1968) ampliar o seu critério de associar biografia e sociologia: nesse caso a propósito de D. LUÍS DE ALBUQUERQUE E CÁCERES.

Será que toca à Sociologia, que é um estudo principalmente de formas, de processos, de funções de convivência humana, descer a aspectos aparentemente tão miúdos ou tão particularmente técnicos dessa convivência como as formas de casas, de móveis, de veículos? O autor é dos que pensam que sim, sempre que nessas formas de coisas ligadas à convivência humana se exprimam de tal modo funções, relações, processos de socialidade ou de interação social, que dessa expressão resulte ser a rede, por exemplo, manifestação essencial de socialidade nordestina, principalmente na sub-região pastoril do Nordeste brasileiro. Não nos parece satisfatória uma Sociologia da Cultura que as despreze, como não nos parece satisfatória uma Sociologia da Economia que ignore mudanças de ordem tecnológica na vida de um grupo humano, sob a alegação de nada ter que ver o sociólogo com o que não for forma ou processo ou função social. Pois para ser válida tal alegação seria preciso que fosse absoluta a separação de forma, de substância. De forma, de processo ou de função, de substância. Evidentemente não é. E não sendo absoluta essa separação, seria absurdo que o sociólogo esperasse sempre que as substâncias morressem – o que de todo talvez nunca aconteça – para então tratar abstratamente das formas sociais que delas se desprendessem; das funções e dos processos que lhes haviam condicionado as relações, ou inter-relações enquanto plenamente vivas tais substâncias e às quais aquelas formas e essas funções e esses processos sobreviveriam como se fossem almas ou espíritos de todo destacados de corpos já inermes ou mesmo decompostos; e que como "espíritos", isto é, formas puras ou puros processos, se transfeririam de uma comunidade a outra.

O que só até certo ponto acontece ou tem acontecido. Isto é, formas desenvolvidas em certos subgrupos dentro de uma sociedade global – a brasileira, por exemplo – têm se transferido de uma comunidade decadente para outra, ascendente, levando à ascendente, como formas, o prestígio social da decadente. Foi assim que para Minas Gerais e São Paulo – para este, na época do desenvolvimento da monocultura cafeeira – se transferiram formas aristocráticas de vida e processos e funções hierárquicas de convivência humana, desenvolvidas principalmente no Nordeste do Brasil, sob o regímen de monocultura açucareira. Quando o professor PAUL HUGON opõe, como acaba de opor em valioso prefácio ao ensaio sobre relações entre a demografia e a economia que é o trabalho do professor JOSÉ FRANCISCO DE CAMARGO, *Crescimento da população no Estado de São Paulo e seus aspectos econômicos* (São Paulo, 1952), "o sistema aristocrático do

Nordeste" à "democracia étnica e social paulista", exagera uma generalização válida apenas até certo ponto. Pois a transferência de formas aristocráticas, do Nordeste para São Paulo, ao desenvolver-se entre paulistas a monocultura cafeeira, fez-se acompanhar de novos processos de inter-relações humanas que alteraram entre os mesmos paulistas os estilos de convivência.

Tais assuntos pertencem ao número dos problemas de relações de substâncias com formas, funções e processos que nos parecem exigir do sociólogo constante ou permanente contato com as indagações dos especialistas em ciências afins da Sociologia; ou suas vizinhas. Para esse permanente contato com tais ciências é que se nos apresentam extremamente importantes, na fase atual de estudos sociais, as sociologias especiais como a da cultura, a da economia, a do direito, para só falar nessas. Sinal de que ao monismo sociológico entendemos que não deve ser sacrificado o pluralismo, para o qual o professor EDDINGTON, discordando do professor EINSTEIN, orientou suas indagações de físico, ao que parece com resultados felizes para a moderna Filosofia das Ciências, em geral. Para a Filosofia e para a metodologia.

Em ciências sociais é assunto vivo esse de relação de ciência geral com as particulares que lidem com a mesma matéria – desde a Sociologia abstracionista ou essencialista à que se sirva da própria biografia em busca do concreto: do objeto de estudo concreta e existencialmente situado no tempo-espaço. Situado nele e condicionado por ele.

A propósito da relação espaço-tempo, lembremo-nos, aliás, de que há que distinguir-se da relação física, a histórica, e dentro de cada uma, a subjetiva da objetiva, acontecendo que um trem ou ônibus em marcha tem – como ainda há pouco recordou, baseado em *Sir* JAMES JEANS (cuja obra *The mysterious universe* (Cambridge, 1930), marca o início de uma das tendências mais significativas no moderno pensamento científico), o Sr. VICTOR RAUL HAYA DE LA TORRE, em seu "Enfoque aprista de imperialismo, antimperialismo y marxismo" (*Humanismo*, México, março, 1955, 29) – uma dimensão espaço-temporal dentro do trem ou ônibus, e outra, fora dele. E quanto ao aspecto subjetivo: "*El fisico britanico JEANS ilustró con su famosisimo ejemplo del hombre que salta de un omnibus en marcha para llegar al piso de la calle sen caer. A fin de lograrlo, dice JEANS, el hombre deberá cambiar mientras salta, su conciencia espacio-temporal referida al suelo al qual llega. Y si esta transicion mental o consciente no se opera, caerá*". Ao que o pensador sul-americano acrescenta o exemplo, da perspectiva histórica, de Washington e Bolívar, "traidores" na Inglaterra e na Espanha e libertadores, na América, conforme a relação do mesmo tempo com diferentes espaços. Donde sua conclusão de que o imperialismo só é "a *última* e superior etapa do capitalismo", como pretendeu LENINE, para a relação espaço-tempo em que o espaço seja o de países industriais altamente desenvolvidos mas "a primeira" – primeira e inferior – para a relação espaço-tempo em que os espaços sejam os de países de incipiente desenvolvimento econômico.

Aliás, segundo o mesmo autor, MARX baseou-se em conceitos filosóficos e científicos de espaço e tempo, de energia e movimento de tipo newtoniano, alterados não só pelo relativismo einsteiniano como pela "teoria quântica" de PLANCK. Daí o marxismo de MARX ter se tornado um sistema congelado em sua configuração filosófico-científica, os novos conceitos de relações espaço-tempo admitindo um jogo de perspectivas que vem coincidir – acrescente-se às críticas ao marxismo "congelado" – com a importância crescentemente atribuída por pensadores e cientistas sociais às condições ecológicas de desenvolvimento cultural humano, ou de simples equilíbrio de grupos humanos e culturais em espaços. Sob esse critério de estudo a um tempo social, ecológico e histórico, vem se verificando que tempo e espaço não se relacionam do mesmo modo em diferentes espaços: a perspectiva de considerá-los em suas inter-relações varia com esses espaços.

Daí a base filosófico-científica para uma tropicologia que estude, do ponto de vista de ciências sociais e ecológicas combinadas, os desenvolvimentos ou equilíbrios humanos socioculturais nos espaços tropicais considerando-se suas peculiaridades de existência e situação, dentro dessa possível tropicologia podendo-se admitir uma especial luso-tropicologia que estudasse tais peculiaridades em espaços tropicais onde se tem verificado e continua a verificar-se a também especial simbiose luso-trópico, diferente de outras relações de europeus com espaços tropicais verificadas desde os começos da moderna expansão europeia em espaços extraeuropeus. A sugestão ou proposta para tais sistematizações de estudos que talvez viessem a importar em novas ciências especiais – ou uma, especial, outra, especialíssima – é sugestão ou proposta brasileira embora o professor MORSTON BATES em seu *Where winter never comes* (Nova York, 1952), já tenha reclamado uma ciência para os trópicos que não se limite a considerar os problemas tropicais segundo os métodos e conhecimentos boreais ou ocidentais. A sugestão ou proposta brasileira, porém, tal como vem sendo esboçada desde 1951 em conferências proferidas pelo seu proponente em Goa (1951) e na Universidade de Coimbra (1952) e que vem assumindo aspecto de apresentação mais sistemática em cursos de conferências proferidas na Universidade do Recife (1953), na Universidade da Bahia (1954), o Gabinete Português de Leitura do Rio de Janeiro (1954), na Universidade de Virginia, nos Estados Unidos (1954) e em artigo escrito para *The Encyclopedia Americana* sobre "o Brasil em perspectiva", talvez deva ser considerada a sugestão mais nítida até hoje formulada ou esboçada, no sentido da criação daquela ciência e da ciência especialíssima a ser derivada dela – a hispano-tropicologia, suscetível de ser, por sua vez, particularizada em luso-tropicologia, considerada sociologicamente válida por mestres como ROGER BASTIDE – ambas à base de novo conceito antropossociológico ou sociológico de relações espaço-tempo, decorrente das alterações de ordem filosófico-científica no conceito geral de espaço-tempo vindo de NEWTON. Alterações consideradas em páginas notáveis por A. d'Abro em *The decline of mechanicism in modern Physics* (Nova York, 1939), M. Planck, nos seus *Where science is going* (Londres, 1933) e *The philosophy of Physics* (Londres, 1936). Alfred N. Whitehead, em *Science and the modern world* (Nova York, 1925), R. Popper, em *The open society* (Londres, 1945) – para apenas nos referirmos a quatro ou cinco dos ensaios que mais lucidamente versam problemas de novas perspectivas em ciência e principalmente as relações espaço-tempo: básicas para certas formas de conhecimento ou análise científica do homem situado; ou condicionado pela vida em grupo dentro de ritmo ou cadência criada ou estabelecida pelas inter-relações espaço-tempo projetadas em culturas regionais e sub-regionais, essas nem todas horizontais, mas também verticais (castas, classes, grupos profissionais etc.); e cujos diferentes ritmos podem ser captados principalmente através de biografias de personalidades típicas.

Se o primeiro autor insiste na consideração desse e de outros aspectos das modernas relações da Sociologia com a biografia, é por lhe parecer aspecto vital para a sociologia que se defina como existencialista e situacionista em contraste – e não propriamente em oposição, pois uma necessita da outra – com a puramente abstracionista. E o leitor das páginas que se seguem há de notar, através de quase todas elas, o empenho de considerar-se incompleta, estéril, ou, no mínimo, prematura em suas generalizações, a Sociologia geral – que não é outra senão a abstracionista – para a qual seja vã ou inútil a outra: a existencial, a do homem social em movimento, vivo, concreto, situado sob diferentes predominâncias de suas situações de relação.

Repita-se que não se trata de tentativa de sistemática sociológica com pretensões a didática: talvez se encontre mesmo essa *Sociologia* em conflito, em vários pontos, com os programas oficiais da matéria, hoje em vigor no Brasil. Não pretende essa *Sociologia*, em que o que há de existencial e situacionista no viver do homem em grupo é posto em maior relevo do que o essencial, ser senão companheira – companheira de inquietações e de preocupações – dos estudantes e professores da matéria complexa que é a sociológica.

Como *Sociologia* que se destina não a instrumento convencionalmente didático, mas a acompanhar professores e estudantes, aqueles na sua atividade pedagógica, estes, no seu aprendizado, sugerindo-lhes problemas e talvez alargando-lhes perspectivas, não de maneira a afastá-los do que a matéria tem de difícil nas suas bases, mas de modo a intensificar e possivelmente aprofundar neles o gosto pela matéria considerada em toda sua complexidade, este trabalho é dos que procuram constantemente despertar nos leitores o interesse por matérias vizinhas da principal. Pela própria Literatura.

No seu livro sobre métodos de pesquisa social, aqui já mais de uma vez mencionado, Jahoda, Deutch e Cook citam – com relação especial ao estudo sociológico de preconceitos de raça – obras de escritores que, sendo principalmente literários, não deixam de ser como que secretamente ou latentemente sociológicos nas suas sugestões sobre o homem como portador de preconceitos de raça, de cor ou de casta; ou nas suas revelações de outros aspectos menos ostensivos do comportamento humano como o Paton que escreveu *Cry the beloved country*, o Sartre que retrata em páginas muito suas e muito francesas o "antissemita", o Wrigth, autor de *The native son*, o Foster, autor de *A passage to India*. Poderia ter citado ainda outros.

A verdade é que, em geral, só os sociólogos ou antropólogos menos lúcidos parecem considerar-se de todo impedidos de qualquer contato público com a literatura que alguns desdenhosamente denominam "impressionista", "pitoresca" ou "anedótica". Assim como é muito de tais sociólogos ou antropólogos menores a atitude – e como atitude, merecedora de estudo sociológico ou psicológico – de enxergarem, como sociólogos ou antropólogos "puros", inimiga de morte em toda aquela literatura em que, de algum modo, se exprima ciência ou paraciência do homem; e seja digna de atenção intelectual por essa sua condição científica ou quase científica, tanto, ou quase tanto, quanto por sua qualidade filosófica ou por sua forma artística. Para semelhantes puristas nem sequer se salva da caracterização pejorativa de "anedótica", "pitoresca" ou "impressionista", a literatura que, como a dos Toqueville, Siegfried, Madariaga, resulte de um poder superior de observação da realidade social que, em várias das suas revelações, possa ser confirmado através de métodos experimentais de verificação sociológica.

O professor Otto Klineberg nos adverte, é certo, contra tais observadores de povos, grupos ou culturas nacionais, quando observadores singulares: sem que suas caracterizações possam ser comparadas com as de outros observadores dos mesmos objetos de observação. Mas raros são os sociólogos, os psicólogos, os antropólogos modernos de formação menos sectariamente cientificista, que desprezam nessa espécie de literatura o que alguns deles chamam, em inglês difícil de ser traduzido, "*insights*": "*insights*" na realidade social de que são capazes grandes inteligências ou mesmo gênios do tipo denominado "perceptivo"; e cujo próprio "impressionismo" pode abrir caminhos a verificações o mais possível objetivas que venham realizar eles próprios ou outros observadores. E nesse particular a própria sensibilidade ao pitoresco, quer da parte de observador menos estranho ao meio, quer da parte de nativo aguçado em sua percepção do regional pela permanência mais ou menos longa no estrangeiro e pelo estudo, em meio científico estrangeiro, não só do seu próprio grupo, mas de outros grupos, pode ser estimulante e até fecunda para a Sociologia científica. As reações desses observadores ao meio estranho, ou tornado estranho aos seus olhos pela sua ausência prolongada, podem, na verdade, resultar em revelações de costumes e práticas, "*taken for granted*" – como salientam Jahoda, Deutch e Cook, ao considerarem esse aspecto da moderna investigação sociológica – pelos membros da comunidade que dela nunca se afastaram profundamente. A curiosidade, a surpresa, o espanto da parte de um observador assim condicionado, diante de aspectos da vida regional ou nacional que possam ser considerados "pitorescos", podem dar justo relevo a traços nacionais que, de outro modo, seriam desprezados, dado o fato dos membros fixos da comunidade tornarem-se, como reparam ainda aqueles três especialistas, *"desensitized as a consequence of their everyday experiences"*.

Mais ainda: vê-se hoje um cientista social da autoridade do professor GORDON W. ALLPORT, catedrático de Relações Sociais da Universidade de Harvard, em introdução ao livro antes de literatura que de Sociologia ou de Psicologia convencional, *Three men, an experiment in the biography of emotion* (Nova York, 1954), investir contra os livros sobre tal assunto, estreitamente profissionais, ou, segundo ele, *"overload with professional prejudgements"* e escritos no que ele denomina *"Professional jargon of sociology, social work or, worst of all, psychiatry"*. Ao que ele opõe a "veracidade" e a "frescura" de escritores como JEAN EVANS.

Não é que se deseje – como há pouco salientamos nós próprio em prefácio a trabalho de ilustre antropólogo brasileiro – dos antropólogos, dos sociólogos, dos cientistas sociais, que sejam todos artistas literários em seu modo de versarem assuntos nem sempre abertos à compreensão daquele número maior de leitores. Mas é preciso que se acentue não ser necessário ao cientista social exprimir-se de modo como que cabalístico para ser cientista social ortodoxo.

Se é certo que há quem enxergue, como o professor GEORGE C. HOMANS, da Universidade de Harvard, no seu *The human group* (Londres, 1951), contradição radical entre o que chama "as regras de construção de teoria" (*"the rules of theory building"*), dentro das quais teria que conformar-se o cientista social em sua expressão verbal, e as "regras de arte" (*"the rules of art"*), que permitem ao escritor-artista, segundo supõe o professor HOMANS, "empregar diferentes palavras para designar a mesma coisa" (sob pena de ser acusado de monótono ou deselegante ou desleixado no estilo), semelhante contradição é desmentida, entre os cientistas sociais (antropólogos, psicólogos, sociólogos, para não nos referirmos a historiadores), por aqueles que, ao contrário de COMTE e SPENCER, se vêm exprimindo de modo a serem considerados escritores (o caso de SIMMEL, de FRAZER, de WILLIAM JAMES, de BERGSON e atualmente de MUMFORD, na língua inglesa e de CAILLOIS, na francesa); e entre os escritores de interesse sociológico pelos desde MONTAIGNE com a coragem de se repetirem até na mesma frase, por gosto de exatidão ou de objetividade, superior ao de simples elegância verbal ou estética: gosto de exatidão culminante em PROUST.

O que parece é haver da parte do professor HOMANS, quando afirma aquela contradição, confusão entre escritores e beletristas, que seriam – os beletristas – os excessivamente preocupados com aquelas elegâncias e os incapazes – para tocarmos noutro ponto versado por esse ainda jovem mestre de Harvard, à página 17 do seu referido estudo – de partir de qualquer realidade concreta, física ou psicológica, tal a constância do seu afã de só evocarem "um vivido e integrado sentido de realidade concreta, física ou psicológica". Do que é outra vez desmentido a literatura em que humanistas ou artistas como PROUST, UNAMUNO, MALRAUX se revelam rivais de cientistas os mais rigorosos na capacidade de análise do social e do humano. Análise de que tem resultado, várias vezes, menos o "vivido e integrado senso de realidade concreta", da generalização de HOMANS, que a fragmentação de várias dessas realidades em mil e uma desintegrações. Quando tal tem acontecido, nenhum escritor da marca de PROUST tem hesitado em "considerar as mesmas coisas em várias conexões diferentes": método que o ainda jovem sociólogo de Harvard considera só dos cientistas sociais verdadeiramente científicos quando tem sido, e continua a ser, daqueles artistas literários rivais dos mesmos cientistas, no poder de análise do social e do humano e no desejo de fixar essa análise em palavras que para serem exatas não se detenham em face de exigências convencionais de retórica ou de arte literária de composição, mas corajosamente as ultrapassem, incidindo em repetições, abusando de parênteses e travessões, tendo a coragem de adotar soluções, para os beletristas ou estetas, "feias"; porém fortes, isto é, honestas, do ponto de vista mais profundamente semântico das relações das palavras empregadas com as coisas observadas. Precisamente as relações que parecem de importância máxima para os sociólogos como o professor HOMANS, particularmente temerosos da literatura convencionalmente literária; mas igualmente temerosos daquele outro perigo para o desenvolvimento das ciências sociais que é o de guardar-se o sociólogo ou o antropólogo da retórica literária, refugiando-se nos números, isto é, na estatística.

Daí tais sociólogos e antropólogos sociais insistirem na importância de procurar o cientista social aquela "observação direta do comportamento humano", que tem sido também o objeto de muito artista literário com espírito científico; e esse comportamento, não o que transparece apenas de respostas a questionários, mas o que se manifesta no que os homens dizem e fazem nas chamadas "ocasiões ordinárias" do cotidiano. Semelhante comportamento é, como acentua o sociólogo de Harvard – que, em 1944, sendo ainda jovem, honrou o seu colega, autor dessa *Sociologia*, com uma visita a Apipucos – extremamente difícil de ser observado, exigindo, como exige, do observador, por um lado, que não seja ele próprio parte tão completa da situação observada que não a possa observar com olhos como se fossem um tanto de estranho; e, por outro lado, que a sua presença não seja de tal modo a de um estranho a ponto de só por esse fato alterar o que seria normalmente dito e feito pela gente observada. Essa espécie de trabalho admite-se hoje que venha sendo realizada principalmente por antropólogos empenhados em investigações de campo entre tribos ou grupos dos chamados primitivos. Mas vem sendo também realizada entre grupos dos que o professor HOMANS caracteriza como sendo da "nossa própria sociedade", isto é, da "civilizada". E nessa zona de comportamento humano é inegável que a observação do cientista social tem sido antecipada, ou continua a ser completada, pela observação de ensaístas-romancistas ou ensaístas-historiadores e até ensaístas introspectivos, do tipo principalmente daqueles que, na Espanha e com relação à revelação do homem e do comportamento hispânicos, se vêm destacando desde o século XVI aos homens da chamada geração de 98, e desses a modernos como ORTEGA Y GASSET, JULIÁN MARÍAS, LAÍNS ENTRALGO e MARÍA ZAMBRANO, por uma obra parassociológica e às vezes suprassociológica, que sociólogos, antropólogos e psicólogos não têm o direito nem de ignorar, nem de desdenhar por excessivo escrúpulo de purismo científico ou de ortodoxia sociológica. Ou por falta daquela atitude de confraternização inter-relacionista que é como se fosse uma expressão de franciscanismo entre os homens de saber empenhados no conhecimento, na revelação e na interpretação do social e do humano. Franciscanismo nesse sentido inter-relacionista: no homem de ciência social não desdenhar do que possa trazer para o esclarecimento da realidade que ele procura conhecer e explicar o artista literário que seja também um observador às vezes quase científico – o caso de STENDHAL – da mesma realidade. Mais ainda: no sentido do especialista numa das ciências sociais recorrer – dentro, é claro, da prudência científica – a técnicas de pesquisa e a fontes de informação não só de ciências afins, embora diferenciadas, como da própria crônica histórica, da própria literatura de imaginação, da própria filosofia, até mesmo da mística, quando severamente analistas de motivos humanos de ação. Pois todas podem contribuir para esclarecer o que há de regionalmente vário na chamada natureza do homem e, ao mesmo tempo, o que parece ser constante no que alguns sociólogos modernos consideram "as relações entre os elementos de comportamento", por um desses sociólogos, o já citado HOMANS, chamadas "hipóteses analíticas".

Para nos esclarecermos sobre essas variações e essas constantes é que são valiosos não só trabalhos de Sociologia regional ou de Antropologia especializada no estudo de grupos ou de sociedades simples, como os diários íntimos, as biografias, as autobiografias. E os próprios romances e contos, que sejam psicológicos ou sociológicos sem cientificismo. Compreende-se assim que venham aparecendo ultimamente estudos – como o do professor DAVID DAICHES sobre as relações da literatura de ficção com os estudos sobre civilizações, e antologias, como a organizada pela professora JOSEPHINE STRODE, da Universidade de Cornell, com o título de *Social insight through short stories*, onde se procura ligar aquela literatura que possa ser considerada "interpretação exata" de "situações" e de "comportamento" (como, na língua inglesa, a literatura de REBECA WEST, a de JAMES JOYCE, a de KATHERINE MANSFIELD, a de RICHARD WRIGHT, a de JOHN DOS PASSOS, para apenas citar alguns autores mais conhecidos) aos cursos sistemáticos de Sociologia, Psicologia, Serviço Social, Educação e Administração nas universidades e escolas especializadas. A professora STRODE justifica sua antologia para uso de estudantes de ciências sociais com estas palavras: "Há muito na literatura (de ficção e dramática) que, utilizado de modo adequado, pode auxiliar qualquer um a adquirir penetração ("*insight*") social". Inclusive quanto à maneira de relacionar-se um pormenor de situação com a situação total, procurando-se ao mesmo tempo compreender as relações entre meios e fins no comportamento humano.

E aqui toca a professora anglo-americana num ponto deveras importante para todos os que hoje se empenham em estudar por vários meios o comportamento humano: as relações entre meios e fins. Não só as relações entre esses vários meios são importantes: também o são as relações deles com os fins não apenas que animam de motivos diversos o comportamento humano, como o próprio estudo ou a própria análise desse comportamento por pesquisadores que tanto podem ser principalmente literários ou filosóficos, como principalmente científicos nos seus objetivos (fins) e nos seus métodos (meios). Diversidade saudável e de modo algum perniciosa quando prudentemente inter-relacionada. Apenas o que alguns procuram hoje – e continuamos a repetir palavras já escritas para servirem de prefácio, aliás desnecessário, a recente trabalho de um dos nossos mais ilustres companheiros de estudos antropológicos e sociológicos – é concorrer para tornar fluidas as fronteiras tanto entre os fins como entre os meios dos que se empenham em estudar, analisar e interpretar a chamada natureza humana, em suas várias expressões de liberdade condicionada. Não tem outro sentido o inter-relacionismo daqueles que procuram estudar de modo assim inter-relacionista o que, no comportamento do homem, se apresente de complexa e sutilmente inter-relacionado, uns aspectos dessa inter-relação deixando-se captar melhor por um método, outros por outro método, de indagação; mas nenhum desses aspectos sendo sozinho a realidade que se busca apreender; e sem nenhum desses métodos bastando para à sombra dele realizar-se a desejada apreensão do que seja total ou sequer essencial – quando é o essencial que se procura de preferência ao existencial – na realidade estudada.

O "*raiding the inarticulate*", a que se refere o pensador T. S. Eliot, isto é, "o ataque ao que ainda não foi dito, a inclusão da experiência inédita no campo da arte", não deve limitar essa inclusão de inédito ao que se considere "campo da arte", mas estender esse campo ao da análise mais compreensiva e do conhecimento mais profundo do homem pelo homem. Desse ponto de vista, tão significativo quanto o livro do romancista que traz, através mais da arte que da ciência, para o conhecimento e a consciência de muitos, a vida vivida por alguns milhares de civilizados num condado inglês – a especialidade de Hardy – ou num bairro parisiense – a especialidade de Proust – ou numa região decadente dos Estados Unidos – a especialidade de Faulkner – é o livro do antropólogo ou do sociólogo que, através mais de ciência que de arte, nos revele a vida vivida por "primitivos" numa aldeia africana ou numa tribo ameríndia ou australiana; ou em sociedades ainda em fase de transição de cultura "primitiva" para a "civilizada".

Livros como os de ROBERT REDFIELD, os de RUTH BENEDICT, os de MARGARET MEAD, o que o professor GARDNER MURPHY escreveu sobre a Índia, o que o professor M. J. HERSKOVITS escreveu sobre os negros da Guiana Holandesa, o que mestre ROQUETTE-PINTO escreveu sobre a chamada Rondônia. Ensaios como, em língua portuguesa, os dos professores JORGE DIAS, ORLANDO RIBEIRO, TEIXEIRA DA MOTA.

Houve tempo em que muitos procuraram acentuar as fronteiras entre ciências do homem e humanidades até os últimos extremos. São fronteiras que ninguém ousa negar que existam. Mas que vêm sendo ultimamente consideradas fronteiras transitáveis, quer de um ponto de vista, quer do outro, embora o caráter científico da Sociologia, quando científica, deva ser severamente resguardado da literatice; e o caráter literário da literatura, protegido do cientificismo.

É assunto versado desde 1942 em livro que continua digno de atenção, por T. C. POLLOCK, em seu *The nature of literature: its relation to Science, language, and human experience* (Princeton, 1942). Afinal, como observa outro estudioso do assunto, o professor HUGH DALZIEL DUNCAN, em livro mais recente – *Language and literature in society* (Chicago, 1953) – do que hoje se necessita mais na Sociologia anglo-americana – e poderia acrescentar: noutras sociologias – é de contato com os estudos chamados humanísticos; e quem diz "estudos humanísticos" diz "humanismo". "Humanismo", entretanto, que não seja do que se limita ao estudo do passado e este passado, como diz o professor DUNCAN, só o europeu. Ou só o chamado clássico, isto é, o clássico greco-romano, hostil ao inesperado, ao vário, ao pitoresco, ao bizarro, ao romântico, do outro, que é no seu sentido mais amplo, o barroco. E esse barroco, que, pela sua extensão, inclui formas de vida e de expressão humana, diferenciadas em culturas extraeuropeias com as quais sociólogos e antropólogos sociais cada dia mais se vêm preocupando; e das quais um dos europeus mais poderosamente geniais dos nossos dias, PABLO PICASSO, já retirou elementos valiosos para uma arte plástica menos exclusivamente europeia em seu afã de ser só abstrata que a de outros abstracionistas.

Santo Antônio de Apipucos, 1955-1972.

INTRODUÇÃO

Um teólogo, depois de ouvir o sermão de outro teólogo, comentou: "A teologia daquele homem é a minha demonologia. O que ele descreve como Deus corresponde à minha ideia do Demônio".

Não está a Sociologia em situação tão plástica e flutuante que possa servir a jogo de contrários tão violentos. Mas não se podem gabar os sociólogos de estarem tão superiores aos teólogos em matéria de invariabilidade e exatidão de conceitos a ponto de suas definições terem todas aquele rigor matemático ou aquela pureza geométrica em torno da qual cessam as variações e morrem as divergências. A própria Sociologia de uns é a Antropologia ou a Economia de outros; ou é para os mais exigentes de condições científicas, pura Filosofia social, Arte Política ou Ética. As seitas sociológicas são quase tantas quantas as religiosas, sem deixar de haver entre elas lutas que correspondem à guerra de monoteístas contra politeístas: os partidários de uma sociologia só contra os que admitem várias. Os partidários de uma lei única – a evolução ou a imitação, por exemplo – contra os que vão a extremos de casuística que hoje irritariam Pascal ainda mais que a *Teologia moral* do padre Escobar.

Daí aparecerem uma vez por outra céticos como outrora, no Brasil, Tobias Barreto, e quase nos nossos dias, João Ribeiro, a duvidarem de que exista Sociologia; e a acreditarem só em sociólogos, cada um dos quais seria uma sociologia com ideias, expressões e até cacoetes pessoais. Nós próprio somos dos que se inclinam a supor que à sombra da Antropologia, a Sociologia poderia ter-se conservado, por longo tempo, em estado de amadurecimento científico, adquirindo qualidades e condições de ciência da sua irmã mais sólida e, como Antropologia social, estendendo-se do estudo dos primitivos ao dos civilizados.

Sucede, porém, que a Sociologia vem desde Comte e Spencer estabelecendo-se entre as ciências e adquirindo entre elas fisionomia própria. Alguma coisa como uma nova nação ou uma nova república fundada por separatistas. Trata-se, com efeito, de obra de independentes, de desertores da Filosofia e das ciências naturais quase heroicos nos seus esforços para estabelecerem uma ciência nova. Um tanto quixotescamente e sós vêm eles fundando a Sociologia ou assegurando-lhe *status* de independência entre as ciências. Uns supõem que entre as ciências naturais. Outros, que entre os estudos denominados pelos alemães ciências de cultura, e chamados "ciências morais" pelos franceses. Desde já confessamos que nos inclinamos a considerar com alguma originalidade e maior audácia a Sociologia, ciência mista, híbrida ou anfíbia, em parte natural, em parte cultural; e não simples ou definidamente a ciência natural que alguns sociólogos mais ousados pretendem já estabelecida. Diante de tal sociologia – ciência natural – nos sentimos até tentados a repetir o reparo do teólogo: "[...] é demonologia". Daí lamentarmos às vezes que a Sociologia e a Antropologia tenham crescido separadas, quando unidas poderiam talvez ter-se desenvolvido com vantagem recíproca; e também com maior vantagem para as demais ciências sociais, para a Filosofia social e para a Arte Política. Dentro de melhores condições de disciplina e de controle científicos. O que não implica desconhecermos a importância da obra realizada pelos sociólogos quixotescos e sós e nem sempre cientificamente disciplinados que vêm assegurando independência à Sociologia, nem em negarmos o interesse sociológico das sistematizações prematuras porém sugestivas apresentadas pelas seitas sociológicas, cada uma das quais se julga senhora da verdade social inteira só por ser lógico seu sistema.

Somos dos que não compreendem conhecimento sociológico ou esforço de criação sociológica independente do estudo, evidentemente básico, da Antropologia – da física como da social e cultural – da Ecologia (e quem diz Ecologia, diz Geografia), da História social, da Biologia, da Psicologia. Não há ciência mais dependente de outras ciências que a Sociologia. Daí ser impossível ao arrivista improvisá-la ou simulá-la, por mais fácil que seja fantasiar-se alguém de sociólogo; e sob esse dominó amplo e ilustre dizer quanto lhe apetece sobre os problemas sociais do dia. A verdade, porém, é que dentro do dominó de sociólogo como dentro da fantasia de romancista tanto pode estar hoje um fracassado noutras atividades que busque na aventura de beletrista ou na simulação sociológica seu último recurso de expressão ou de sobrevivência intelectual, como algum pensador, humanista ou poeta autêntico que, sob tais aparências ou fantasias, nos comunique ideias e sugestões novas, antecipações e observações de interesse humano, social e cultural; de interesse particularmente sociológico ou literário. Não é certo que humanistas como Walter Pater se fantasiaram outrora de romancistas? Que humanistas científicos como Aldous Huxley se fantasiam hoje de novelistas? Que do hábito de romancista se reveste George Santayana para escrever *The last puritan*? Que entre nós, pensadores políticos do fulgor do Sr. Gilberto Amado já no outono da vida tomam o mesmo hábito como que franciscano de romancista, procurando fazer dentro dele filosofia política e até sociologia em torno do quotidiano com menos solenidade que dentro das sedas pretas de uma toga de filósofo ou de uma beca de cientista? Por outro lado, há quem chame de sociólogo um Angel Ganivet – o Ganivet espanholíssimo que nunca pretendeu ser senão escritor espanhol, intérprete de si mesmo, de Granada e da Espanha. E não se concebe, na verdade, estudo sobre os sociólogos espanhóis ou a Sociologia na Espanha que despreze Ganivet. Ele é que, rigorosamente, não fez nunca sociologia da científica ou sistemática mas filosofia social alongada em arte política e às vezes, é certo, em sociologia semelhante à prosa de Mr. Jourdain. O caso, também na mesma Espanha, de Costa, de Unamuno, hoje, de Ortega y Gasset, Americo Castro e Julián Marías. O caso, entre nós, do Joaquim Nabuco que escreveu O *abolicionismo*. E de Euclides da Cunha, José Veríssimo e Nina Rodrigues.

De modo que nem sempre se encontra autêntica Sociologia nos escritos ostensivamente sociológicos: tantas vezes simulações por maus *dilettanti*. Em compensação, mais de uma vez, ela está em escritos na aparência só literários ou médicos; só geográficos, etnográficos ou psicológicos. No esforço de impor à Sociologia limites objetivos ou naturalistas de objeto e de método e de procurar dar-lhe nitidez ou pureza científica absoluta, podemos correr o risco de desprezar tudo o que seja impura ou difusamente sociológico. Nos trabalhos de pura teoria sociológica, explica-se e até justifica-se esse afã; mas não nos de aplicação ou análise. No estado atual das ciências ou dos estudos sociais dificilmente pode fazer-se obra mais ousada e menos pedante de criação ou interpretação social ou sociológica – o estudo de uma região, de uma época, de um movimento, de uma instituição, o levantamento do perfil social e cultural de um grupo – guardando-se da primeira à última página rigidez ou exclusividade de método, castidade sociológica, pureza científica absoluta. Mais de uma vez o sociólogo entregue a tal aventura terá de valer-se de estudos ou de ciências vizinhas da Sociologia e até de outras formas de experiência humana – a histórica, a psicológica, a filosófica, a folclórica –, de métodos extrassociológicos de aprofundá-la, para melhor exploração e compreensão de matéria virgem ou complexa. Mais de uma vez, em estudo da Sociologia genética, em torno de instituição ou área, por exemplo, encontrará o sociólogo no método chamado histórico-cultural e no denominado funcional dos antropólogos, ou no psicológico, dos psicólogos-sociais, no próprio método psicanalítico, pontos de apoio científico extrassociológico para indagações que excedem os limites do método rigorosamente sociológico-genético.

Dessa falta de suficiência dos métodos sociológicos diante de problemas que nunca são puramente sociológicos, porém complexamente sociais, resultam vantagens, e não apenas desvantagens, para os sociólogos empenhados em obras de criação e interpretação. Se não forem sociólogos estreitamente de seita ideológica ou metodológica, eles se encontrarão aptos para esforços de interpretação dos quais raramente cogitam os puros teóricos ou os pedagogos mais rígidos da Sociologia quando, muito lógicos e precisos, dividem nos seus compêndios a matéria sociológica em capítulos certos e os métodos e as doutrinas sociológicas, em face das antropológicas e psicológicas, das econômicas e das políticas, em inimigos que se defrontassem com inimigos. Nada de cooperações comprometedoras da pureza sociológica – pensam tais puristas da Sociologia.

Vivo como é o empenho de quantos se preocupam hoje com a ordenação da matéria sociológica em fixar-lhe limites, para que não se percam os sociólogos modernos no imperialismo sociológico de mais de um sociólogo do século XIX – para os quais Economia, Arte Política, Antropologia, Ética eram simples domínio sociológico – nem no extremo oposto: no de considerarem sua especialidade uma espécie de simples doce ou sobremesa de ciências mais substanciais – não podemos, por outro lado, no estado atual da Sociologia, nos desinteressar nem das zonas de confluência da Sociologia com as ciências vizinhas nem das vantagens de confluência de métodos – sociológico, antropológico, psicológico – na análise e na interpretação de problemas regionais ou específicos de formação ou de estruturação social. Teórica e pedagogicamente, o desejável é que a Sociologia se desenvolva sempre sobre matéria própria e com métodos de estudo e de explicação científica puramente seus. Na prática – nas obras de criação predominantemente sociológica e de interpretação principalmente sociológica de matéria social – nem sempre é possível, no estado atual das ciências sociais, absoluta pureza na delimitação da matéria e dos métodos.

Dentro desse critério, dentro dessa ideia de necessidade de íntima cooperação do sociólogo com os demais especialistas de ciência social para íntegra compreensão, em trabalhos de Sociologia aplicada (que são, afinal, a parte viva e criadora da Sociologia), da realidade social, é que está escrita esta nova tentativa de introdução à Sociologia. Daí o seu caráter nem sempre ortodoxo.

São tantos hoje os compêndios e os manuais de Sociologia em nossa língua que diante deste novo esboço alguém poderá dizer com enfado e mesmo enjoo: para que mais um? E para que mais um justamente agora quando os inimigos da Sociologia conseguiram esmagá-la no Brasil dentro dos programas de ensino secundário, não por ser, como na verdade é, matéria complexa e de digestão intelectual difícil para o adolescente dos antigos liceus e ginásios, hoje não sabemos bem por que denominados arbitrariamente "colégios", mas por ser assunto incômodo para os interessados em se assenhorearem das Humanidades entre nós, reduzindo-as o mais possível a matemática e a seminário jesuítico?

É que este esboço de *Sociologia* se apresenta menos com intenções convencionalmente pedagógicas, de tentativa pura de ordenação e de estabilização dos conhecimentos sociológicos ou de divulgação dos já estabilizados pela maioria das escolas sociológicas, do que como companheiro de estudos e inquietações para os estudantes e professores de cursos superiores e normais desejosos ou mesmo necessitados nesses cursos – e a Sociologia ou a Antropologia Social deveria estar, como cátedra regular, não só nas faculdades chamadas de Filosofia, como nas de Direito, de Economia, de Medicina, de Engenharia, de Agronomia e nos seminários teológicos – de contato com a matéria degradada. Desejosos ou necessitados de contato mais com a língua instável e em formação que é a Sociologia do que com sua gramática ainda precária na estabilidade de regras e de leis, muitas delas ainda prematuras, pelo menos. Os gramáticos sociólogos – que os há e terríveis –, os pedagogos e mesmo os mestres da Sociologia que perdoem a estas páginas sua orientação pouco pedagógica e, dentro da gramática sociológica, pouco gramatical.

A verdade é que as ciências – pelo menos as sociais – e as línguas modernas se assemelham em mais de um ponto: principalmente aquelas ciências e línguas que se acham ainda em estado de formação. Assemelham-se também no fato de terem todas seus "gramáticos" ou "puristas", cujo interesse sacerdotal está na ordenação e na estabilização dos conhecimentos de cada uma, enquanto as necessidades de expressões e de combinações novas se manifestam não diremos antigramaticalmente, mas alheias às exigências e aos ideais de fixidez e quase impossível perfeição, dos puristas e dos gramáticos.

Os pedagogos, os gramáticos, os puristas estão sempre dizendo à ciência ou língua de sua estimação a frase célebre: "para, és perfeita". São apolíneos. Mas a tendência das ciências e das línguas é não pararem nem ouvirem esses reis canutos. A tendência das línguas e das ciências vivas é se moverem. São dionisíacas a seu modo. A Sociologia, desejaram os comtistas que parasse no sistema e na terminologia de Augusto Comte: para que mais do que o positivismo? Era perfeito. Mas a Sociologia não parou no comtismo. Como não parou em Spencer. Nem em Durkheim, Tarde, Ward, Giddings; nem em Simmel ou em Weber (Max), nem em Thomas ou em Pareto.

Invadindo a zona de sistematização de conhecimentos e métodos sociológicos, obras de criação sociológica da força e da audácia da de Le Play, da de Burkle, da de Marx e Engels, da de Westermarck vêm sendo como enchentes que alterassem, no curso da matéria sistematizada, o chamado *perfil de equilíbrio*; e perturbassem as sistematizações não só dos pequenos sociólogos – que são os mais rígidos nas suas ideias e os mais ingênuos nos seus ideais de estabilidade –, como dos grandes. Pois mesmo os grandes sociólogos – referimo-nos aos sistemáticos – quando supõem ter estabilizado conhecimentos ainda tão confusos e inquietos como os que possuímos do homem social e das relações inter-humanas, interpessoais e inter-regionais, se veem submetidos a revisões, retificações e correções às vezes até da parte de pequenos sociólogos, com as quais assuntos que pareciam fechados pelos mestres voltam a ser questões abertas. O caso de Pitirim Sorokin que imaginou – segundo parece – chegado o tempo de uma suma sociológica, definitiva e enfática, e se julgou apto a desempenhar o papel de novo Santo Tomás de Aquino, desta vez da Sociologia e sob o hábito de doutor de Harvard, esquecido de que nas Ciências Sociais não há ainda concílios que fixem, por antecipação, tendências ou doutrinas em dogmas, nem Roma nenhuma – nem mesmo Harvard – que depois de falar, feche todas as questões abertas e fixe todos os assuntos flutuantes: "*Roma locuta, causa finita est*". O resultado é o fracasso, como suma sociológica, do *Social and cultural dynamics* de Sorokin, tudo parecendo indicar que na história da Sociologia o lugar de Sorokin venha a ser mais o marcado por *Social mobility* do que por *Social and cultural dynamics*. Mais avisado se revela Georges Gurvitch, da Universidade de Paris; o qual, grande inquieto como é, vive a renovar-se ele próprio como sociólogo, como se seu tempo de criação sociológica fosse tão mais intenso que o dos sociólogos convencionalmente didáticos, que não pudessem caminhar juntos.

No esboço de introdução que se segue, afoitamo-nos a dar nova ordem à exposição e discussão da matéria sociológica. Os fanáticos e mesmo os ortodoxos de seitas sociológicas hão de escandalizar-se. Os monoteístas da Sociologia nos acusarão de politeísta sociológico, e os politeístas de monoteísta; e os críticos alheios à Sociologia talvez sussurrem: "Este sociólogo não é uma coisa nem outra – parece que não tem caráter, que não é fiel a princípios, que não é leal a métodos, que se abandona a contradições". E não deixam de ter razão.

Acreditamos, ao mesmo tempo, na pluralidade de sociologias e na sua tendência à unidade. Para nós, as sociologias especiais de que vamos nos ocupar – reduzindo-as arbitrariamente a seis – antes de chegarmos à Sociologia geral, pura ou sintética, são como outros tantos personagens de Pirandello em ponto grande e à procura não de um autor, nem mesmo de um coordenador, mas de coordenação ou de unificação lenta, a ser realizada por vários autores e coordenadores. Elas existirão por muito tempo, e talvez para sempre: mas sem que nenhuma se baste a si mesma nem corresponda, sozinha, a todas as aspirações científicas da Sociologia. Nem sozinhas nem juntas – sem uma Sociologia geral de coordenação ou de síntese – elas satisfazem essas aspirações, mais de uma vez já comparadas com as que, nas ciências naturais, resultaram na Biologia, havendo ao mesmo tempo Zoologia, Botânica e História Natural.

Insistindo no estudo de sociologias especiais, não nos recusamos a reconhecer a necessidade da Sociologia geral: enquanto não houver Sociologia geral, a Sociologia estará incompleta. Mas não podemos continuar no caminho, a nosso ver errado, aberto pelos sociólogos que supuseram poder improvisar uma Sociologia geral, pura, sistemática, sintética, racional, universal, sem antes se aperfeiçoarem as sociologias especiais e se exprimirem em obras de criação chamadas às vezes de aplicação, cada sociologia especializada na análise de seu trecho ou da sua talhada da totalidade sociológica ou da realidade social. Não se trata de negação da verdade universal e racional: a negação em que se extremam tragicamente aqueles "anti-hegelianos" ou "hegelianos" especialíssimos para os quais não há, nem poderá haver nunca verdade universal, mas apenas, e sempre, diversas espécies de verdade, que cada grupo interessado em sobreviver ou em dominar outros grupos deverá desenvolver, racionalizar, idealizar, tornar *absoluta* a seu modo e através, tão somente, de seu maior dinamismo ou de sua maior vitalidade. Pois só a vitalidade é que contaria no meio do niilismo desse relativismo. Só o fato de existirmos – nós, homens particulares e talvez se possa dizer o mesmo delas, sociologias especiais – seria essencial. Nada de sistemas, nem de leis de validade universal, nem para a humanidade, nem para a totalidade social; nem baseadas em uniformidades de comportamento que condicionem a normalidade social sobre a qual se possam firmar generalizações.

Estaríamos em pleno desenvolvimento de filosofias sociais "anti-hegelianas", ou "hegelianas" a seu modo, aplicadas às ciências sociais e de cultura, tanto quanto aos homens, aos quais as mesmas filosofias negam a condição de homem racional e universal, para exaltarem, nos mesmos homens, através de teorias "étnicas" ou "nacionais" de Antropologia, de Economia, de Direito, a sua condição particular de *raça*, de *homens nacionais, políticos, econômicos* e a sua situação de *telúricos* e mesmo de *irracionais*. Pois a tanto vai a teoria jurídico-social de *Staatsnotstand*, de Carl Schmitt, em que se desprezam com igual repugnância o Direito Natural e o Positivo, pelo Direito *decisionista*, isto é, o Direito imposto pelas *necessidades de existência* expressas em situações extraordinárias, únicas ou anormais e executado por quem tenha força política para decidir criá-lo e executá-lo em correspondência com tais situações. As situações anormais, excepcionais ou extraordinárias é que seriam as decisivas e não as normais, reconhecidas ou consagradas pelo Direito chamado das gentes, pela Moral ou pela Sociologia, e objeto de pretendidas leis de validade universal: "leis jurídicas", "leis morais", "leis sociológicas".

Nas expressões sociológicas, tanto quanto nas jurídicas, do *decisionismo* de Schmitt, do *vitalismo* de Spengler, do *existencialismo* de Herder, do *politique d'abord* de Maurras, do *telurismo* de Barrès, do *etnocentrismo* de Guenther, devemos enxergar reações exageradas e por vezes mórbidas, mas compreensíveis e até certo ponto necessárias, às pretensões igualmente excessivas ou, pelo menos, prematuras, à universalidade e à racionalidade da Sociologia, da Moral e do Direito, desenvolvidas pela civilização europeia e oficialmente cristã, ou de origem cristã, durante o século XIX e os princípios do XX. Pouco preocupada com a diversidade de situações humanas (por ela esquecida no afã de nos oferecer sínteses de uma normalidade humano-social ainda por estabelecer e, entretanto, reduzida a objeto passivo de leis e generalizações) a Sociologia geral europeia vinha provocando, tanto quanto o Direito, a revolta do particular contra o absoluto, do Oriente contra o Ocidente e das colônias e das regiões contra os impérios e contra as metrópoles exageradamente paternais ou filípicas, e, ao mesmo tempo, da mística guerreira, de raça ou de sangue, contra a própria mística de civilização cosmopolita e pacífica. Antagonismo que tomaria em nossos dias aspectos bizarros e trágicos.

Dentro da Sociologia, essa espécie de revolta do particular contra o absoluto e, de certo modo, de Dioniso contra Apolo, se exprimiria no desenvolvimento de sociologias especiais considerado por alguns sociólogos o único desenvolvimento possível dentro de condições científicas de estudo sociológico. Nenhuma dessas sociologias especiais é mais característica daquela atitude de reação do particular contra o geral que a regional ou ecológica, tida por alguns dos seus cultores como Sociologia suficiente. Atitude extrema. A verdade, porém, é que nos parece razoável admitir não uma Sociologia especial, única, mas várias sociologias especiais, com maiores possibilidades de desenvolvimento científico imediato que a geral, sem desconhecermos a necessidade da geral, da pura, da sistemática, da sintética, nem a possibilidade do seu desenvolvimento científico, necessariamente mais lento que o das especiais, do qual depende, mas ao qual, ao mesmo tempo, dá perspectivas e possibilidades mais largas. Como a Biologia com relação à Ecologia vegetal ou animal – para nos servirmos de uma analogia.

Admitindo a coexistência de sociologias especiais e da Sociologia geral, expomo-nos, não há dúvida, à crítica dos que julgam inadmissível conciliar a pluralidade com a unidade de critério sociológico: o "politeísmo" com o "monoteísmo" sociológico, como já dissemos. Seria, porém, nada menos, nada mais, do que admitirmos, em Sociologia, a concepção da História de Hegel, segundo a qual a vida humana se desenvolve sob contradições ou sob polaridade. A nosso ver, a Sociologia é, por excelência, um estudo de contradições. No que ela estuda se contradizem a natureza e a cultura. Ela tem de ser anfíbia ou mista para alcançar a natureza e a cultura. A Sociologia que pretende ser só naturalista e a que se diz só culturalista são por certo mais lógicas do que a mista, aqui proposta dentro de uma sistemática, ou tentativa de sistemática que até hoje parece ter faltado, nesse particular, às antecipações a esse critério: inclusive, no Brasil, a de Sílvio Romero. Mas essa superioridade lógica com sacrifício da vida que procuram estudar, a social, principalmente a do homem, que na sua totalidade é natureza e é cultura, é uniformidade e diversidade, é irracional e racional, é objetiva e subjetiva. Ou antes: é existência sempre em ação e não essência que dela possa ser retirada para estudo de todo lógico.

De contradições, não cremos que esteja livre esta nossa tentativa de introdução ao estudo da Sociologia, da Filosofia social e da Engenharia social, de que aparecem agora os dois primeiros volumes. Que nos console um mestre: o contraditório Renan. Ele escreveu uma vez: "*Ici je plaide un peu contre moi-même; mais je ne suis un prêtre; je suis un penseur; et, comme tel, je dois tout voir*". Ver sobretudo "*les deux faces opposées dont se compose toute verité*".

Não opomos, no estudo sociológico, as muitas sociologias à Sociologia única, nem a natureza à cultura, nem a diversidade à universalidade, nem a objetividade à subjetividade como inimigos inconciliáveis, mas como antagonismos que podem, a nosso ver, ser harmonizados; e que, de qualquer modo, possam ou não ser harmonizados, existem. Não traímos a Sociologia geral pelas sociologias especiais, nem a cultura pela natureza, nem a universalidade pela diversidade, nem a objetividade pela subjetividade por inconstância ou versatilidade intelectual: apenas reconhecemos que, em Sociologia, são inevitáveis as especialidades e a subjetividade. O objeto de estudo sociológico nos parece ser a Sociologia assim complexamente compreendida; e classificada como ciência ainda imatura.

"Traição à Sociologia", lembra-nos uma voz irônica vinda de nós próprios. E com tanta insistência que nos faz ir a autor mais querido e alto do que Renan para, de uma de suas páginas, recolher palavras mais de proteção intelectual que de simples consolo ou regalo. Foi Pascal quem escreveu – Pascal, o pensador duramente geômetra – e não o sempre ondeante Renan: "*L'attachement à une même pensée fatigue et mine l'esprit de l'homme. C'est pourquoi, pour la solidité du plaisir de l'amour, il faut quelquefois ne pas savoir que l'on aime; et ce n'est pas commettre une infidelité; car l'on n'en aime pas d'autre; c'est reprendre des forces pour mieux aimer*".

É assim que "amamos" a Sociologia: esquecendo às vezes que a "amamos". Atento às suas deficiências ou insuficiências. Achando na Biologia, na Antropologia, na Psicologia e noutras ciências vizinhas – sobretudo nas mais maduras – motivos para "amar" melhor a Sociologia ainda incompleta: para desejar seu lento desenvolvimento num estado não diremos de suficiência ou pureza absoluta, mas de maturidade, que não atingiu ainda.

Já que falamos em "amor" à Sociologia, falemos agora daqueles dos nossos ódios, preconceitos e talvez complexos – de alguns, pelo menos – que possam nos afetar mais de perto a pretendida condição científica de sociólogo. Pois que adianta dedicar um autor páginas inteiras à tentativa de fixação dos limites e da posição da Sociologia, como ciência, sem confessar seus limites e sua posição de sociólogo primeiro científico, depois filosófico? Ainda de Pascal é a frase "*se le nez de Cléopâtre eût été plus court toute la face de la terre aurait changé*", que vem no tomo II, página 155, da edição de 1821, das *Lettres provinciales*. Parece-nos às vezes que dos narizes mais curtos ou menos curtos de sociólogos, de sua estatura maior ou menor, da consciência de seu *status* de classe, de raça, de sexo, de religião, de profissão, dos interesses e condições de geração ou de época de cada um, têm se derivado preponderâncias de doutrina e de método em Sociologia, nem sempre conforme a condição e as aspirações da Sociologia científica.

Parte dessa projeção da personalidade do aspirante a sociólogo científico sobre a ciência em formação é, por certo, inevitável. Inevitável em Sociologia como noutras ciências que tratem do homem: a neutralidade ou a impassibilidade absoluta é impossível nessas ciências. Outra parte da interferência é evitável e depende, principalmente, da disciplina de métodos a que se sujeite com maior ou menor rigor o sociólogo. Depende, também, da sua formação científica: da capacidade por assim dizer heroica que adquira, através dessa formação de chegar a conclusões, ou simplesmente a interpretações, diversas das por ele desejadas ou antecipadas; das convenientes aos seus interesses de classe, raça, nação, geração ou às suas predileções religiosas e éticas. No sociólogo, a validade do intuitivo mais de uma vez terá de humilhar-se diante da experimentação miúda e da verificação prosaica a que possa sujeitar-se uma série de fatos, por ele apresentada, sem que por isso o mesmo sociólogo deva esmagar dentro de si todo o poder de intuição, de empatia e de compreensão intelectual de que disponha para, numa vã imitação dos cultores das ciências naturais puras, encortiçar-se em cientista inteiramente experimental e impessoal ou apenas descritivo e objetivo, como se a História e o comportamento do homem social fossem história e comportamento apenas naturais, no sentido em que são naturais os objetos de estudo das ciências chamadas naturais.

Não há, a nosso ver, Sociologia totalmente objetiva, a que bastem a mensuração, a descrição e a experimentação como às ciências físicas e naturais. Sendo uma ciência também de compreensão, a presença do sociólogo na ciência é necessária; é inevitável; inevitáveis seus próprios preconceitos. Ao desejo de Ranke de "apagar seu próprio eu" para mostrar os fatos históricos em sua "pura realidade", objetou muito bem Georg Simmel que apagado ou eliminado esse detestado "eu", nada restaria a Ranke com que compreender o "não-eu". Em Sociologia, como em História e em Psicologia, grande parte do "não eu" só se deixa esclarecer pelo "eu" do indagador: pelo seu poder de compreensão, de empatia, digamos mesmo de imaginação – imaginação científica e mesmo poética – e não apenas pelas técnicas de experimentação e mensuração.

Daí, talvez, a opinião, aparentemente absurda, de Maunier e de outros críticos da Sociologia com pretensões a exclusivamente objetiva de que não há método, nem técnica sociológica superiores ao sociólogo. Do sociólogo pequeno, fraco ou medíocre seria inútil esperar grandes e fortes coisas em Sociologia, por mais aproximado dos métodos das ciências naturais e das técnicas das ciências físicas que fossem seus métodos e suas técnicas. E não é exato que um romancista como Proust, cuja técnica de história o mais possível natural da sociedade se assemelha à dos sociólogos ou parassociólogos ingleses e norte-americanos, consegue nos dar melhor que todos os discípulos de Durkheim juntos o retrato psicossociológico da aristocracia francesa no fim do século XIX e no começo do XX, apresentando-nos cada figura típica de aristocrata francês na variedade de situações psíquicas e sociais, condicionadas pelo desenvolvimento de sua personalidade em relação com o meio e com a época e fazendo-nos, pelo seu poder extraordinário de empatia, compreender grande parte do que há de compreensível nos seus atos, ou ações, das quais surpreende pequenos nadas significativos e relações, em geral desprezadas, dos mesmos atos ou ações com o nariz de Cleópatra de cada um? Ora, o que há em Proust é história sociológica, história psicológica, ou, se quiserem, história quase natural das inter-relações de determinado grupo humano em determinada área e em determinada época, surpreendidos sob circunstâncias favoráveis à captação ou à recaptura de um passado social paralelo ao pessoal e que o próprio historiador – historiador, sociólogo e psicólogo a um tempo – ligeiramente disfarçado em romancista, recompõe através do seu próprio "eu" poderosamente empático e poderosamente compreensivo. Se sua história psicológica ou sociopsicológica da aristocracia francesa é mais viva que qualquer estudo de discípulo de Durkheim sobre aspecto mais restrito da vida social francesa, não vem essa superioridade da "fantasia literária" nem da "graça de estilo" – tão fracas em Proust – mas da sua superioridade como sociólogo psicológico à maneira de Mr. Jourdain. Apenas menos ignorante que desdenhoso do fato de sê-lo.

O que avançamos sobre Proust, poderíamos dizer de José Lins do Rêgo e dos romances – se é que são romances e não memórias com a aparência de romances – em que vem fixando o fim do patriarcado no Nordeste agrário do Brasil: uma sucessão de situações sociais típicas em que o próprio memorialista procura recompor seu desenvolvimento de personalidade até sua situação atual. Também nessas páginas há "história natural" de instituições. E o mesmo é certo de Aluísio de Azevedo: outro romancista com alguma coisa de sociólogo criador – de Lima Barreto, do Sr. Jorge Amado, do próprio Machado de Assis. *"When the artist is faithful to his conception of reality"* – escrevem os professores Nels Anderson e Eduard C. Lindeman no seu excelente Urban sociology – *"he runs no greater risk of misleading his followers than does the calculating scientist with his own brand of hunches which he labels 'hypotheses'"*. E citam como obras de Sociologia urbana as obras literárias 1001 afternoons in Chicago, de Ben Hecht, New York nights, de Stephen Graham, Slag, de John McIntyre. Pois *"the life of the city and the emotions that disturb it are facts as real as those we can count and measure"*. Não se pode dizer o mesmo da vida rural de regiões definidas, tal como vem recordada em memórias literalmente memórias como as de Júlio Belo sobre o Sul de Pernambuco ou disfarçada em romances como os de Knut Hamsun sobre a Noruega e os do Sr. José Lins do Rêgo sobre a Paraíba?

Na fase atual da Sociologia criadora – e talvez na Sociologia criadora de sempre – do sociólogo e do seu método – ou dos métodos por ele combinados e adaptados a estudos especiais – depende, em grande parte, a importância que seu trabalho ofereça como interpretação e compreensão do grupo, problema, região, instituição, situação ou época por ele estudada. Do sociólogo e dos métodos como que recriados por ele, dentro de condições científicas; e não apenas do método nem da técnica por ele empregada muçulmanamente ou seguida passivamente.

Daí o interesse de conhecermos de um sociólogo não só sua escola, sua técnica e sua formação sociológicas, mas sua personalidade, quanto possível inteira, incluindo seu "nariz de Cleópatra" para sabermos descontar-lhe os excessos de subjetividade, seus possíveis complexos *freudianos* ou *adlerianos*, quando esses se manifestem no seu trabalho. O nariz israelita de Durkheim não é detalhe que se despreze ao considerar-se a obra de Durkheim, com toda a sua objetividade; muito menos, o nariz judaico de Karl Marx. O fato de ter sido Sorokin russo, que na sua mocidade de catedrático de universidade bateu-se contra Lenine, não deve ser esquecido nunca ao lermos suas páginas de pretendida "Sociologia Científica" das revoluções nas quais o panfletário e o moralista estão mais presentes que o sociólogo; nem o fato de ter o conde de Gobineau sido castigado no Brasil por um médico brasileiro cuja esposa (talvez brasileiramente morena) o francês pretendeu cortejar deixa de ter interesse para os que hoje leem não só as páginas parassociológicas de Gobineau sobre o arianismo, como toda a literatura sociológica por elas estimulada. De Byron se sabe que, por motivo idêntico, disse horrores da gente portuguesa: proclamou-a "raça de escravos". Tivesse Byron sido menos feliz como poeta do que Gobineau como romancista e escritor, para compensação de seu fracasso literário, algum estudo semifilosófico ou parassociológico, e talvez tivesse se antecipado ao mesmo Gobineau como criador da moderna Sociologia arianista. É tempo, porém, de procurarmos cumprir a promessa – promessa difícil de ser cumprida – de confessar alguns dos nossos preconceitos: aqueles que supomos de projeção mais frequente sobre nossas tentativas de estudos sociológicos quando sucede ser burlada, dentro de nós, a vigilância do censor íntimo ou superconsciente destacado para os reprimir ou enxotar. Mesmo porque é tempo de concluirmos esta introdução já tão longa.

Mais de um crítico nos têm dado como africanófilo ou indianófilo; ou parcial, sempre que se trata de mestiço de país quente e de clima tropical: seria uma forma de sermos patrioticamente brasileiros diante de certos fatos ou problemas sociais. Talvez se trate, aqui, de reação, e reação exagerada, desenvolvida em nós – filho de país em grande parte tropical e mestiço, embora de família de ascendência europeia com remoto toque de sangue ameríndio mas nenhum, segundo parece, africano – contra a mística de pureza de "raça", de "superioridade" do anglo-saxão ou do nórdico sobre os demais povos e contra o desdém, também místico, dos mesmos anglo-saxões ou nórdicos pelos climas quentes, pelas terras tropicais e pelas populações mestiças. Mística com que entramos em contato na adolescência. Fomos então do Brasil para uma universidade norte-americana do Sul dos Estados Unidos, situada num dos centros mais vivos de mística etnocêntrica anglo-saxônica. Aí estivemos dois anos, em ambiente para nós, indivíduo, o mais favorável, cordial e simpático: tanto que nos preconceitos dos anglo-saxões ou brancos, com os quais convivíamos intimamente, se alongaram a princípio os levados por nós do meio brasileiro em que nascemos e nos criamos – o de famílias orgulhosamente brancas ou quase brancas, duas delas até nórdicas, com avós rurais e escravocratas salpicados, como já foi dito, de remoto sangue ameríndio tido também por honroso nesta parte da América. É também possível que naquele meio mais vivamente etnocêntrico que o da meninice no Brasil, tenha começado, em nós, a reação menos sentimental que científica, aos preconceitos dominantes, os quais, sem nos atingirem como indivíduo nem como família, nos faziam pensar intensa e constantemente na situação e no futuro de um povo em grande parte mestiço. E esse povo, o brasileiro: o nosso. Reação que poderia nos ter levado ao pessimismo absoluto do bacharel, no *Canaã* de Graça Aranha. Só por efeito de sugestões de estudos científicos inclinamo-nos para o relativo otimismo que consiste simplesmente em reconhecer-se no mestiço e no africano capacidade para tornarem-se iguais ao branco quando favorecidos pelas mesmas oportunidades e condições sociais e de cultura. Iguais em aptidões gerais.

É curioso, mas na fase de transição que então atravessamos, não tivemos quase contato nenhum com escritores e cientistas brasileiros empenhados em qualquer daquelas reabilitações de valores tropicais ou nacionais: nem com J. B. de Lacerda, nem com o Nabuco d'*O abolicionismo*, nem com Eduardo Prado, nem com Alberto Tôrres, nem com Roquette-Pinto, nem com Gustavo Barroso. Muito pouco com Euclides da Cunha, com Sílvio Romero e João Ribeiro. Acreditamos que nossa correspondência de estudante com Oliveira Lima e com o sábio geólogo norte-americano John Casper Branner (então presidente *emeritus* da Universidade de Stanford e às voltas com o preparo do texto português de sua *Geologia do Brasil*, trabalho para que pedira a nossa colaboração), tenha concorrido para nos desembaraçar, ainda na Universidade de Baylor, do complexo de inferioridade brasileira em que resvaláramos, quer sob os preconceitos dominantes nos Estados Unidos – especialmente no Sul – a respeito de povos mestiços, quer sob o prestígio de escritores e cientistas ilustres norte-americanos, europeus e mesmo brasileiros lidos na adolescência. Dentre os brasileiros, Graça Aranha e o próprio Monteiro Lobato. Com relação a este, acreditamos possuir ainda a carta em que Branner, elogiando com veemência não só as virtudes literárias, como a coragem intelectual do escritor paulista, criticava-o, entretanto, pelo seu excesso de pessimismo com relação ao caipira brasileiro. A Branner, o brasileiro parecia um povo capaz de desenvolver-se em grande povo. Ele próprio fora surpreendido no Brasil – no Brasil tropical – por demonstrações eloquentes de inteligência e de capacidade de trabalho da gente do povo: inclusive de mestiços descalços. Foi o que revelou em artigo escrito a nosso pedido e sobre assunto sugerido por nós, para uma revista de estudantes publicada então em Nova York: *El estudiante latinoamericano*, da qual éramos diretores o chileno Oscar Gacitua e nós, brasileiro.

Quando na Universidade de Colúmbia, em cuja Faculdade de Ciências Políticas, Jurídicas e Sociais nos matriculamos para estudos pós-graduados de Mestrado e Doutorado depois de feito o curso de Bacharel na Universidade de Baylor – onde, por preconceito antibacharelesco, não nos demoramos para receber o pergaminho que, por exceção, nos foi enviado por portador do mesmo modo que pelo correio é que nos seria enviado o de *Magister Artium* pela Universidade de Colúmbia – entramos em contato com o antropólogo Franz Boas e com seus discípulos e nossos companheiros de estudos, Rüdiger Bilden e Ernest Weaver, já agiam sobre nós sugestões de Oliveira Lima e de John Casper Branner no sentido da reação contra o pessimismo de tantos outros em face da situação geofísica do Brasil – país, em grande parte, tropical – e de sua situação étnica, de povo em grande parte mestiço. Mas foi sob a orientação de Franz Boas que nossos estudos de Antropologia nos permitiram continuar, na Graduate School da Universidade de Colúmbia (onde fizemos estudos ao mesmo tempo de Doutorado e de Mestrado, sem preocupação de graus mas dentro de rigorosa sistemática universitária), os de Sociologia e Ciência Política (iniciados em Baylor com Wright e Dow, depois dos de Psicologia com Hall, dos de Biologia com Bradbury e dos de Geologia com Pace), sob o critério nitidamente científico quanto à discriminação entre "raça" e "cultura" e, quanto possível, entre "raça" e "meio": meio físico e social. De Boas, porém, devemos dizer que era judeu: judeu alemão. Mais de uma vez, acusado de desprezar o fator biológico "raça" para exaltar o cultural, é possível que o "nariz de Cleópatra" lhe afetasse as ideias e o comportamento. Mas a formação científica tornava-o largamente superior ao "nariz".

Outras influências recebidas por nós nesse novo período de formação universitária, em sentido contrário ou favorável ao da influência de Boas, foram as dos também professores de Colúmbia, Giddings, de Sociologia, Seligman, de Economia Política, Dewey, de Filosofia, Shepherd e Clarence Harring (hoje de Harvard), de História da Colonização da América, John Bassett Moore e Munro, de Direito, Fox e Kendrick, de História Social dos Estados Unidos, o primeiro sob critério individualista-capitalista, o segundo, sob critério socialista, Brander Mathews e Carl Van Doren, de História da Literatura Inglesa e Norte-Americana, nas quais nós nos iniciáramos com A. J. Armstrong. Carlton Hayes – nosso bom amigo até mesmo depois de embaixador dos Estados Unidos na Espanha – de História Política e Social da Europa moderna. Conhecido pelo seu catolicismo que era e é, entretanto – se bem o interpretamos – antagônico ao daqueles jesuítas mais identificados com as formas de organização social e de governo hoje extremadas no chamado racismo, em geral, e no fascismo ou no nazismo, em particular, Carlton Hayes deve ter-nos comunicado mais de uma sugestão forte no sentido de nos desembaraçar, quer de preconceitos liberalistas e individualistas, quer de preconceitos anticatólicos, adquiridos na meninice, em colégio protestante. Mas é possível que, sob a influência de Hayes, outros preconceitos tenham se aguçado em nós: o preconceito anti-imperialista, por exemplo, que se refletiria no nosso estudo *Casa grande & senzala* e, desde então, em trabalhos e atitudes que nos têm custado até a prisão. Por imperialismo deve-se compreender aqui o regime de exploração do povo tutelado pelo tutelar, sem nenhum aspecto criador que importe em compensação à exploração econômica.

Outras influências recebidas no nosso período de formação intelectual – e não apenas científico – na Europa e nos Estados Unidos, julgamos do nosso dever recordar, por nos parecerem associadas à gênese ou ao aguçamento de preconceitos de que temos sido acusado com ou sem razão: o preconceito antiburguês norte-americano, por exemplo, possivelmente estimulado em nós pelo nosso amigo e terrível antirrotariano e antiacadêmico Henry L. Mencken, que deve ter também contribuído para nosso desdém, talvez exagerado, pelo purismo gramatical ou linguístico; ou o preconceito hispanófilo, que vem do nosso contato com Valle-Inclan, em Nova York, continuado pela convivência, em Oxford, na Inglaterra, com o professor Francisco de Arteaga, grande conhecedor de coisas hispânicas. Devemos a Arteaga e também a Ésme Howard, filho de *Lord* Howard (então *Sir* Ésme e embaixador da Inglaterra em Madri) e a George Kolckorst – todos de Oxford – algumas das indicações de fontes espanholas de estudo que primeiro nos aproximariam da cultura e da vida da Espanha e de Portugal como raízes das predominâncias de ordem cultural na vida e na paisagem brasileiras a começar pelo tipo de casa cujo estudo já nos interessava. Foi de Oxford que fomos para Portugal, via França e Espanha, tendo em Versalhes conhecido, por apresentação de Oliveira Lima, o velho general Clement de Grandprey, grande colecionador de coisas do Oriente e dos Trópicos e a pessoa de quem ouvimos o primeiro elogio aos mucambos do Nordeste do Brasil – esses mucambos do Nordeste que se tornariam um dos nossos "preconceitos" ecológicos. A Oliveira Lima devemos também a aproximação com o conde de Sabugosa, com João Lúcio de Azevedo e com Fidelino de Figueiredo. João Lúcio se tornaria para nós um mestre e amigo afetuoso, que talvez tenha despertado ou avivado em nós o "preconceito" contra os métodos de catequese dos jesuítas no Brasil, diferentes, aliás, dos sabiamente empregados em certas áreas do Oriente por esses mesmos admiráveis missionários. Mas sobre esses já ouvíramos, menino, este reparo de Alfredo Freyre, igual, aliás, ao de Antônio Henriques Leal: "Os jesuítas no Brasil têm fabricado sua própria história". Leal salientara "a conveniência de se ler refletida e criticamente a sua [dos Jesuítas] história, de que eles são os próprios escritores, e por consequência não isenta de grande soma de parcialidade..." ("Apontamentos para a história dos jesuítas no Brasil", *Revista do Instituto Histórico e Geográfico Brasileiro*, tomo XXXIV, parte segunda, página 49).

Não sabemos a que preconceito específico associar o curso que seguimos, ainda em Colúmbia, do professor de Oxford, Alfred Zimmern, sobre a aristocracia escravocrata na Grécia antiga: cremos que concorreu para avivar nosso interesse, então ainda vago, pelo estudo quanto possível científico das aristocracias escravocratas, um tanto à maneira do curso seguido por aquele estudante norte-americano, depois historiador famoso, que, pretendendo especializar-se no conhecimento da História do seu país, especializou-se antes no conhecimento da história do Código de Teodósio. Perguntado por que, explicou que se preparava para lidar cientificamente com a História de sua própria gente estudando antes com intensidade as instituições de um povo bem distante do seu e ao qual fosse indiferente.

Em nosso caso, resultaria daquele estudo de instituições gregas e remotas nossa especialização: a tentativa de análise e interpretação histórica, sociológica e psicológica do patriarcado escravocrático no Brasil. Especialização erradamente confundida por alguns críticos brasileiros e estrangeiros com a especialização do africanólogo. Quando a verdade é que o africano nos tem interessado muito menos *per se* que pelos traços de sua influência na formação social dos povos hispânicos, em geral, e na do Brasil, em particular. Na do Brasil, como escravo, como malungo, como mucama, como mãe de família: situações sociais predominantes sobre as condições étnicas e que se explicam antes sociológica e culturalmente que étnica e biologicamente.

Mas aqui talvez se revele outro dos nossos preconceitos: o de virmos atribuindo tamanha importância, em nossas tentativas de Sociologia aplicada, e agora em nosso esboço de teoria sociológica, às *situações* sociais. Pois é sobre um conceito, em parte novo e nosso, de situações sociais, desenvolvido do de *status*, e de situações vitais, de sociólogos e de psicólogos modernos notadamente Thomas, Markheim e Nicol – que repousa principalmente nossa tentativa de introdução ao estudo de Sociologia, cuja publicação se inicia com o presente volume e o seu companheiro: ambos de introdução ao estudo dos princípios sociológicos.

Para alguns dos nossos preconceitos, de possível projeção sobre nossos estudos sociológicos, devem ter concorrido, ao mesmo tempo que a ação pessoal e direta dos mestres e amigos recordados, a influência de leituras que fizeram do nosso período de formação intelectual nos Estados Unidos e na Europa – cinco anos maciços de ausência do Brasil – uma fase de constantes aventuras de descoberta de autores até então apenas entrevistos ou ignorados. E esses autores, não só clássicos dos estudos de nossa especialidade, isto é, as ciências, a Filosofia e a História sociais – Platão, Aristóteles, Hegel, Santo Thomás de Aquino, Santo Agostinho, Waitz, Bastian, Tylor, Maine, Galton, Le Play, Saint-Simon, Comte, Tarde, Ratzel, Morgan, Durkheim, Rivers, Ward, Adam Smith, Nietzsche, Marx, Michelet e vários outros – como experimentadores, inovadores, renovadores, vários então ainda vivos, dos mesmos estudos e dos estudos vizinhos: Simmel, Pareto, o padre Schmidt, Freud, Jung, Sorel, Thurnwald, Croce, Tönnies, Max Weber, von Wiese, Ganivet, Ortega y Gasset, Leo Frobenius, Malinowski, os Webb, o padre Pinard de la Boullaye, os professores Park, Thomas, Marett e Westermarck, Frazer, Havelock Ellis, Veblen, Lapouge, Métraux, Lewis, Wissler, Kroeber, Goldenweiser, Nordenskiöld, Rivet, Brunhes, Carl Sauer. Esquecemos alguns, com certeza; mas os principais acreditamos que tenham sido recordados. Pela lista se vê que foram leituras contraditórias – algumas completadas pelo contato com os museus de Etnologia e Culturologia da Alemanha e de outros países, depois de conhecido o Aschmolean, de Oxford. Mas é possível que se possa identificar, entre influências tão diversas, uma corrente preponderante, espécie de *gulf stream*, ao sabor da qual tenham se conservado mais quentes que outros, certos preconceitos: talvez aqueles para os quais nos predispunham o temperamento e a formação brasileira, as leituras da meninice e da adolescência, as influências de família. Ainda há pouco alguém, em São Paulo, nos caracterizava o modo de estudar e interpretar a História brasileira como "historismo grande burguês", que não sabemos exatamente o que seja. Por outro lado, há quem os considere pura e simplesmente "materialista histórico". De qualquer modo, o leitor versado na bibliografia sociológica e na dos estudos vizinhos, há de encontrar, no trabalho que se segue, traços de influências diversas e – somos o primeiro a admitir – possíveis resíduos de preconceitos de mestres e contramestres, absorvidos por nós na mocidade.

De um trabalho semelhante ao que agora empreendemos adverte o autor, em prefácio, que em sua composição entrara "leite de muitas vacas"; mas que o queijo era do seu fabrico: criação sua. Ideia de que vamos encontrar antecipação num clássico da nossa língua: em frei Amador Arrais. São do autor dos *Diálogos* (Lisboa, 1846) as palavras: "Confesso que as mais das iguarias com que vos convido são alheias, mas o guisamento delas é de minha casa".

Poderíamos dizer outro tanto deste trabalho escrito sob influências e sugestões de vários mestres – embora nenhum deles reconhecesse aqui páginas de discípulo: nem de bom, nem de mau discípulo – se esta tentativa de introdução à teoria e aos métodos, às doutrinas e à História da Sociologia não se apoiasse principalmente em trabalhos de Sociologia genética e de cultura por nós mesmo realizados no Brasil e com material brasileiro. Pois dessa censura parece que estamos um tanto a salvo: a de que só conhecemos da Sociologia a teoria que nos foi ensinada. Desajeitadamente, é verdade, já procuramos abrir sobre matéria brasileira, em alguns trechos virgem, os primeiros sulcos indecisos de análise e de interpretação antropossociológica e sociopsicológica; e por meio desse esforço, desajeitado mas afoito, antecipamo-nos em praticar a Sociologia de que agora procuramos recortar o perfil de ciência teórica.

Ainda uma palavra sobre a questão de objetividade. Há quem pense que todo livro com pretensões a científico precisa de ser absolutamente objetivo e impessoal, de modo a não se refletirem nele ideias, sentimentos ou preconceitos do autor. O autor de livro com pretensões a científico deveria ir ao extremo de começar por não ter estilo, desde que o "estilo é o homem" ou "expressão de personalidade". Deveria ir além: deveria fazer-se esquecer de todo pelo leitor, através de páginas anônimas como as de uma "enciclopédia" ou de um "dicionário". É o ideal – esse de "enciclopédia" ou de "dicionário" – pregado por paretianos mais paretianos do que Pareto. Entretanto, tão difícil de ser alcançado é esse ideal que os próprios dicionários e enciclopédias não o realizam de modo absoluto. No dicionário de Morais, por exemplo, encontram-se preconceitos antirreinóis do senhor de engenho de Muribeca cuja obra, mesmo assim, é para a língua portuguesa do Brasil, como a de Webster para a língua inglesa na América, verdadeiro clássico: uma obra científica de história quase natural do idioma transplantado de Portugal para o Brasil. Na *Gramática de la lengua castellana destinada al uso de los americanos* reflete-se o pancastelhanismo de Bello. Enquanto o simples fato de a Academia Espanhola ter mudado em 1922 não só o nome como o critério de redação do antigo

Diccionario de la lengua castellana, desde então denominado *Diccionario de la lengua española*, implica a substituição de um sentimento ou de uma mística da função da língua espanhola, por outro sentimento ou mística, menos nacional e mais transnacional, menos imperial e mais federal, de espanholismo.

Nos próprios compêndios de Matemática, de Física, de Química, de Geologia, as ideias, os sentimentos, os preconceitos dos autores podem ser encontrados. Na "sociologia matemática" de Pareto e na sua economia, encontram-se germes do fascismo que depois da morte do grande sábio se desenvolveria na Itália: e os preconceitos antidemocráticos de Pareto parece que se explicam principalmente pela reação do seu "realismo" contra o "idealismo" ingênuo do próprio pai. J. B. S. Haldane vai além: procura comunicar ostensivamente seu marxismo de aristocrata desencantado da ordem atual a Biologia: ciência em que é um dos maiores mestres de hoje. O professor J. D. Bernal transmite igualmente sentimentos ou preconceitos marxistas à Física e à Química. E Haldane, quando acusado pelo professor A. P. Lerner, da Escola de Economia de Londres, de pretender subordinar a Biologia ao marxismo, não hesita em responder-lhe com toda a cortesia, toda a fleuma e todo o *humour* britânico, ter lido e apreciado a "crítica estimulante" do professor: mas que a consideraria mais valiosa se tivesse partido não de um economista, mas de um biólogo empenhado nas mesmas pesquisas que ele, Haldane, e que com ele, Haldane, já tivesse aceito os princípios marxistas e deles se beneficiado. Resposta que alguém já disse lembrar as dos místicos ou dos convertidos, aos incrédulos.

De sectarismo, seja ele qual for, supomos estarem livres as páginas que se seguem. Mas não de preconceitos, sentimentos, personalismos. Marxistas não são, decerto, nossos preconceitos principais; nem antimarxistas. Reagimos contra aquele como imperialismo marxista nos estudos sociais ou na investigação de problemas sociais que pretende fazer da Sociologia simples domínio da Economia e, esta, "ciência" marxista ou socialista; mas nos levantamos igualmente contra a tendência de certo cientificismo ou ortodoxismo sociológico para considerar a obra de Marx extrassociológica ou extracientífica; ou suplantada pela de Pareto: pelo seu matematicismo. O lugar de Marx nos parece ao lado de Hegel, de Saint-Simon, de Comte, de Ward, de Spencer: ao lado dos fundadores mesmos da Sociologia moderna. Sua atualidade, maior que a de qualquer deles com exceção de Spencer. Simplesmente pelo fato de que Spencer, sem ter tido o gênio de Marx, excedeu-o na consideração de outras culturas, além da europeia ou ocidental, como base de generalizações sociológicas. Faltou de todo a Marx o critério antropológico-cultural ou antropológico-social de aproximar-se dos problemas sociais do homem. Enquanto Spencer, embora sob a ação de preconceitos evolucionistas, reconheceu a necessidade das pesquisas etnológicas para o desenvolvimento da Sociologia.

*

Haverá na tentativa que se segue de introdução ao estudo das principais tendências sociológicas de hoje – que para nós se resumem em conflitos e esforços de conciliação entre sociologias e Sociologia, isto é, entre as sociologias especiais e a síntese ou a generalização sociológica – influência nítida de mestres norte-americanos e ingleses. Menos, porém, de sociólogos – embora tenhamos sido discípulos por ano e meio, na Universidade de Colúmbia, de um dos maiores: Franklin Giddings – do que de cientistas sociais, eminentes noutras especialidades, como os também nossos professores Franz Boas, antropólogo, Seligman, economista, Alfred Zimmern, historiador social, Carlton Hayes, também historiador social; e como Veblen, Carl Sauer, Malinowski, Lowie, Westermarck, os Webb, Havelock Ellis.

Cremos que com relação a sociólogos propriamente ditos, nossas maiores afinidades são com os alemães e com aqueles russos que nos tem sido possível ler através de traduções completas ou de simples resumos. Dos norte-americanos, a Sociologia propriamente dita nos parece empobrecida pela como que endogamia técnica e nacional em que vive a maioria dos sociólogos dos Estados Unidos: raramente se cruzam com os filósofos, com os antropólogos, com os psicólogos, com os historiadores e com os sociólogos europeus, para aquelas interpretações sociológicas profundas e largas dos fenômenos sociais que caracterizam a parte criadora da Sociologia alemã (os dois Weber, Tönnies, Simmel, Sombart, von Wiese). Cremos, entretanto, que em nenhum país – nem mesmo na Alemanha – a Antropologia social e cultural, a Psicologia social, a Geografia cultural, se apresentam hoje tão ricas e criadoras como nos Estados Unidos.

Embora se diga que é tão absurdo falar-se de Sociologia alemã, de Sociologia norte-americana ou de Sociologia chilena como de Física alemã, de Biologia norte-americana ou de Química chilena, não nos parece exata essa equivalência de supranacionalidade: as ciências sociais não podem ter supranacionalidade igual à das físicas e naturais. Se o professor Gentile ousou dizer de todas as ciências que nenhuma deixa de ser de algum modo "nacional", essa "nacionalidade" se afirma mais fortemente nas ciências sociais; e dentro da Sociologia, talvez se manifeste mais nas sociologias especiais do que na sintética ou geral. Que o diga o professor Nicholas J. Spykman versado em sociologias europeias e não apenas na dos Estados Unidos: "*American, English, French, German and Russian sociology each has characteristics of its own*". Não é que os objetos irredutíveis de estudo sociológico se modifiquem de nação ou, segundo preferimos dizer, de cultura para cultura ou de língua para língua; nem se pode com exatidão dizer que há uma "sociologia russa" do mesmo modo que um romance russo; ou uma "sociologia mexicana" do mesmo modo que uma pintura mexicana; mas as tendências de estudo sociológico são diversas nesses vários planos ou espaços sociais e culturais e mesmo físicos, quer devido aos problemas que se apresentam com diferente vigor ou intensidade, quer devido às condições de ambiente e às sugestões do passado nacional, cultural ou linguístico sobre o estudioso. Embora muitas vezes os que falam em "sociologia russa" ou "mexicana" ou "brasileira" queiram dizer sociologia da Rússia, do México ou do Brasil, há um estilo russo, um estilo mexicano, um estilo brasileiro de Sociologia ou, pelo menos, de sociólogo. Na cultura e na língua inglesas, a tradição mais poderosa que atua sobre o estudioso sociológico de fenômenos sociais é antes a prática que a especulativa – caracteristicamente germânica; é antes a psicológica-social que a objetiva, geométrica e logicamente sociológica, para a qual se mostram, talvez, mais predispostos pela estrutura de sua língua e pelo caráter de sua cultura – Gentile diria por certo de sua "nação", conceito, a nosso ver, transitório, em comparação com o de cultura – os franceses, crescidos dentro da tradição de Pascal, de Descartes, de Condorcet, à qual pertencem Tarde e Durkheim, este marcado também pela tradição israelita de filosofia.

Essa diversidade atual de pontos de vista "nacionais" ou linguístico-culturais no estudo da Sociologia não nos parece perniciosa, a não ser quando o sociólogo se fecha dentro do seu grupo cultural ou da sua língua, alheio ao que se faz e se produz nas outras. Precisamente para que não se verifiquem essas endogamias extremas é que nos parece necessário ao sociólogo transnacionalizar-se quanto possível – o que não significa desnacionalizar-se nem mesmo internacionalizar-se – através da combinação de métodos e do sincretismo de teorias desenvolvidas em vários países. Para tanto é-lhe indispensável o conhecimento de outras línguas, além da nativa. Ou pelo menos de outra língua: instrumento da *"intensive cross-fertilization of thought"* desejada pelo professor Spykman para que, do que ele denomina *"international discussion of fundamental presuppositions"* resulte a Sociologia que nós consideramos transnacional: acima das balcanicamente nacionais mas sem destruí-las sistematicamente. Federalizando-as.

No "instrumentalismo" e no "pragmatismo" que marcam, talvez, a maioria dos estudos de Sociologia nos Estados Unidos surpreende-se alguma coisa de caracteristicamente anglo-americano: a superação do gosto especulativo pelo prático. Também a noção fundamental de ser a "organização social essencialmente a de uma Democracia social contra todas as formas de hierarquismo", que o "pragmatista" e "instrumentalista" A. W. Moore não hesita em considerar inseparável do pragmatismo. A nota "nacional" ou "etocultural" (*etocultural* e não *etnocultural*) que Moore faz soar tão alto no seu *Pragmatism and its critics* (Chicago, 1910), B. H. Bode no seu *Fundamentals of education* (Nova York, 1921), o próprio John Dewey no seu *The school and society* (Chicago, 1910), J. H. Tufts em "Individualism and American Life" *in Essays in honor of John Dewey* (Nova York, 1929) é a mesma que se encontra, menos afirmativa do que nesses filósofos mas tão à raiz dos conceitos principais quanto neles, na maioria dos sociólogos norte-americanos. Na Inglaterra, apresenta-se com raízes pragmáticas a obra, sob vários aspectos notável, do professor Harold Laski: sua crítica sociológica à teoria absolutista de soberania nacional e de Estado que o coloca entre os sociólogos da Política e do Direito. Antimetafisicista no sentido de opor-se ao método de razão *a priori* da antiga metafísica, mas muito inglês em suas contradições de conciliador de extremos, é outro pensador dos nossos dias cuja obra vem tendo repercussão nos estudos sociológicos de Ética, de Moral e Religião: C. E. M. Joad. Para ele, a moralidade historicamente considerada significa, em grande parte, o domínio dos impulsos dos moços pelos dos velhos, isto é, o domínio dos impulsos positivos e criadores, de aventura pelos impulsos negativos, de medo e de censura. Donde a necessidade de um equilíbrio de tais impulsos, em vez do domínio absoluto de uns sobre os outros. Pois é bastante denominarmos o medo, a prudência e a censura, crítica, para nos convencermos de que nem só da aventura, por mais criadora, pode viver o homem. E outra não é a tendência do Joad de hoje senão esta: a de "medo" ou "censura" diante de certos excessos neófilos. É o que indica o seu recente e contraditório *The young soldier in search of a better world* (Londres, 1943).

Estávamos talvez a caminho de uma conciliação de critérios carateristicamente europeus de organização e de estudo das relações sociais com o critério carateristicamente norte-americano, de que o pragmatismo ou instrumentalismo parece a expressão mais nítida, quando rebentou a guerra de 1939. Não entramos no assunto para penetrar em zonas da Filosofia social de que pretendemos nos conservar o mais possível ausente nesta primeira parte do nosso trabalho; e sim para desenvolver um ou dois aspectos da ideia, já esboçada, de que a Sociologia traz marca "nacional" ou "etocultural" em suas principais escolas. Aquela conciliação estaria principalmente no reconhecimento do fato (que não somos o primeiro a salientar, pois já o destacou o lúcido professor canadense Henry W. Wright, em sua obra *Ethics and social philosophy*, Nova York, 1927) de que a organização e o estudo da conduta humana, no que essa organização depende de direção ou de inteligência humana e esse estudo admite de indagação sociológica ao lado da Filosofia, não podem resultar apenas da análise das "inter-relações lógicas de julgamentos morais" (pretendido na França, e de modo muito caracteristicamente francês e racionalista por Durkheim e pelos sociólogos seus discípulos) mas precisa, ao contrário, de experimentação em que as puras conclusões racionais sofram embate com as condições físicas, fisiológicas e sociais de ação humana. Estes últimos aspectos, acentuados por sociólogos norte-americanos e russos, e de forma exagerada pelos *behavioristas*, foram desprezados por longo tempo pela maioria dos europeus, extremamente racionalistas como os franceses ou excessivamente especulativos como os alemães. Só nos últimos anos vinha se dando a conciliação dos dois critérios, de algum modo perturbada pela guerra atual. Para essa conciliação de critério e conciliação de métodos desenvolvidos dentro de ambientes e tradições nacionais, linguísticas ou etoculturais diversas é que nos parece desejável que a Sociologia tenha hoje sua língua geral ou transnacional, como a Filosofia medieval teve o latim. A língua geral da Sociologia moderna – da Sociologia sintética e das sociologias especiais e, também, das sociologias "nacionais" – parece-nos que é, cada dia mais, a inglesa.

Talvez o trabalho que se segue venha até a merecer censura pelas muitas citações em inglês. Mas já não será o inglês para a Sociologia moderna o que o latim foi até quase os nossos dias para os estudos filosóficos e científicos mais antigos? Através do inglês é que se vêm universalizando, como sociólogos, indianos como Mukerjee, russos como Sorokin, alemães como Simmel e von Wiese, polacos como Znaniecki e Malinowski, italianos como Pareto, finlandeses como Westermarck, tcheco-eslovacos como Benes. De modo que o estudante de Sociologia moderna pode ignorar todas as línguas mortas e das vivas até a própria; mas não a inglesa. O que dizemos sem pretender que a veneranda British Broadcast Corporation nos ouça do alto de suas Torres e nos aplauda com a sua imperial voz.

Admitido que o inglês seja o latim moderno, ou, pelo menos, o latim da Sociologia moderna, pode-se admitir, num jogo um tanto arbitrário de equivalências, que o francês seja para o sociólogo de hoje o que o grego foi para os humanistas antecessores dos sociólogos modernos; o alemão, o que foi o árabe; o russo, o que foi o hebraico. A tendência é hoje transbordar no inglês o que vem das demais línguas em que as ciências sociais se desenvolvem sob o impulso de gênios criadores e de circunstâncias particularmente favoráveis ao desenvolvimento desse e de outros estudos.

Entre os chamados anglo-saxões, as ciências sociais como as outras, vêm-se desenvolvendo dentro daquela quase anarquia intelectual característica de povos interessados também no lado ativo e prático e não no puramente contemplativo e teórico dos estudos científicos e filosóficos. Daí a conveniência de não perderem os sociólogos modernos o contato com os mestres e as obras vindas de povos atualmente melhor ordenados que os anglo-saxões em seus estudos, embora a ordenação germânica de princípios e de métodos sociais sacrifique às vezes nos seus adeptos aquela especial capacidade de transigência com o particular que é uma das vantagens dos anglo-saxões no trato de problemas sociais. Da chamada escola antropológica inglesa tem-se dito muito mal nas academias da Europa continental: mas a verdade é que os trabalhos realizados pelos seus Tylor, pelos seus Frazer, pelos seus Westermarck, abriram caminhos à Sociologia científica que dificilmente teriam sido abertos por estudiosos mais logicamente metódicos das realidades ou dos fenômenos sociais.

Contra o inglês como "latim", "língua básica" ou "língua oficial" da Sociologia moderna pode-se dizer, isto sim, que é língua que peca pela imprecisão em contraste com a extrema nitidez didática e com a quase perfeita exatidão lógico-científica da língua francesa. Sob o ponto de vista didático, a língua francesa é que seria o latim ideal para a Sociologia moderna; também sob o ponto de vista lógico-científico de fornecer às línguas particulares equivalências exatas e fórmulas inequívocas para suas caracterizações de fenômenos e fatos sociais, caracterizações o mais possível livres dos "*emotional undertones*" que, na opinião do Sr. Harold Nicolson, prejudicam o inglês como língua política ou diplomática; e ainda mais – acrescentamos ao Sr. Harold Nicolson – como língua supranacional da Sociologia científica. Como, porém, a Sociologia moderna dificilmente se deixa separar da Psicologia e do conceito sociopsicológico de personalidade, e inclui entre os seus métodos o quase biográfico da "*life-history*", há pelo menos uma zona, e zona essencial, nos estudos sociológicos de hoje, que pede antes o inglês que o francês para expressão de suas aventuras de exploração das relações da personalidade com o meio, com a cultura, com a comunidade. Basta ler alguém um estudo como o de H. A. Murray, *Explorations in Personality* (Oxford, 1938) ou como o de J. S. Plant, *personality and the cultural pattern* (Nova York, 1937) ou como o de J. C. Johnston, *Biography, the literature of personality* (Nova York, 1927) para verificar até que ponto essa zona de pesquisas psicossociológicas é trabalhada e fecundada pelos chamados anglo-saxões.

O crítico Otto Maria Carpeaux escreveu há pouco, num dos seus penetrantes artigos, que "justamente isto – a expressão da personalidade – é a índole da Literatura". E nisto, "a Literatura não pode ser substituída por coisa nenhuma: nas literaturas não se encontram fórmulas feitas, mas homens". Com o que nos encontramos de inteiro acordo. E sendo assim, das grandes línguas modernas a essencialmente literária, por ser também a mais profundamente psicológica, é a inglesa com todas as suas ambiguidades e todos os seus meios-tons. É também esse inglês cheio de meios-tons para captar as complexidades sociais e principalmente psíquicas que envolvem problemas aparentemente só sociológicos, a língua que convém àquela parte da Sociologia voltada para a personalidade e para o estudo das "situações" e "atitudes", posto em relevo pelos professores Thomas e Znaniecki em pesquisa célebre. Semelhante parte da Sociologia não sendo Literatura nem Filosofia líquida, onde possam flutuar as palavras, não se acha, por outro lado, pronta para a cristalização em ciência matemática, com fórmulas inequívocas de expressão. É mesmo possível que um longo trecho da Sociologia se mantenha sempre nesse estado amatemático, incapaz de cristalizar-se em ciência convencionalmente exata, presa à Filosofia, à História, à Biografia e à própria Literatura. Os próprios ensaios, predominantemente intuitivos, ou impressionistas, de Ethologia – estudos do *Ethos* –, podem conter material ou sugestões valiosas para o esclarecimento de problemas sociológicos, vizinhos dos de Psicologia e História ou Biografia. Estariam nesse caso aquelas páginas sobre a Espanha e a América hispânica do escritor norte-americano Waldo Frank, que repugnam a alguns críticos pela sua escassez de documentação: documentação que não falta aos ensaios, alguns excelentes, do também escritor literário John Dos Passos sobre os Estados Unidos, e aos de Antônio Sérgio e Jaime Cortesão – outros escritores literários – sobre Portugal.

Entretanto, Pitirim Sorokin talvez se exceda quando diz que obras extrassociológicas como *Considerations sur la France*, de J. de Maistre, e *Bysantinisme et slavisme*, de Leontief, contêm em sua "parte empírica [...] mais Sociologia que uma dúzia de compêndios de Sociologia reunidos". A não ser que o erudito russo, professor de Harvard, tenha em mente o que de pior existe na bibliografia ostensiva ou especificamente sociológica. Nesse caso não lhe devem ser estranhos alguns compêndios escritos em língua portuguesa. Nem é de estranhar que seu conhecimento da subsociologia venha até idioma tão remoto: os russos são poliglotas espantosos.

Insistindo num ponto já ferido nesta introdução, concordamos com Sorokin em que a parte que ele denomina "empírica" de estudos do tipo de *Considerations sur la France* contém, muitas vezes, material a que pouco falta para ser plenamente sociológico. Mesmo quando escritos em línguas menos lógicas, menos precisas, menos sociológicas – digamos assim – que a francesa, tais estudos filosóficos, literários, psicológicos, históricos, biográficos apresentam aspectos ou trechos de caráter predominantemente sociológico. É o caso, na língua portuguesa, de mais de um trecho de *Os sertões*, de Euclides da Cunha. O caso, na língua espanhola, da "parte empírica" do *Facundo*, de Sarmiento, e de *Radiografia de la Pampa*, de E. Martinez Estrada, para citar apenas dois livros argentinos que são parentes próximos d'*Os sertões*. O caso, na língua inglesa, de obras numerosas, uma delas *The Bible in Spain*, de George Borrow. Outra: *Travels in Brazil*, de Henry Koster.

O que buscam os autores desses livros, que são não apenas anfíbios, mas tríbios, no sentido de juntarem à exploração do aspecto sociológico dos assuntos a exploração do aspecto psicológico e do histórico ou biográfico (mesmo sob sua forma literária) é captar a realidade social ou psicossocial. Agem independentes de fidelidade à seita que se tornaria para eles a exclusividade de critério ou de método diante do problema total: o sertanejo do Nordeste do Brasil, o gaúcho dos pampas argentinos, o espanhol do interior da Espanha, o brasileiro do Norte. Ou o puro método sociológico, psicológico ou histórico de pesquisa ou estudo.

Que nos perdoem os leitores mais uma vez falarmos de nós mesmos; mas não tem sido senão uma tentativa de ataque tríbio à realidade brasileira – psicossocial e cultural – condicionada ecologicamente em *região* e limitada historicamente em *época* pelo maior domínio de uma instituição – o patriarcado escravocrático e agrário – sobre as fontes e sobre o desenvolvimento de todo brasileiro, o estudo por nós iniciado em 1933 com o ensaio *Casa grande & senzala*. Mal compreendido pela maioria dos que no Brasil se entregam à crítica de ideias e de métodos de indagação social e que, ainda hoje, discutem gravemente se aquilo é Sociologia, se não é, o referido ensaio vem encontrando melhor compreensão da parte de sociólogos e antropólogos estrangeiros, um dos quais, o professor Francisco Ayala, destacou generosamente há pouco, em artigo na revista *Sur*, de Buenos Aires (dez., 1943, páginas 18-25), não limitar-se o trabalho com que iniciamos nosso estudo genético da "realidade social" brasileira a

> "*captala en cuadros desprovistos de sentido, como acaso los que resultan de ciertos métodos norteamericanos de descripción social; sino que su construcción de la realidad está dirigida en forma concreta hasta posiciones que, por supuesto, se abstiene de formular en forma programática – cosa que excedería a la misión de la ciencia – pero que, contenidas en la estrutura social que reconoce al Brasil, tienden a desprenderse por si solas [...]*".

E aproxima nosso critério de um conceito de Sociologia a que teríamos chegado – o que de fato se verificou – intuitivamente. Pois só depois de esboçado se esclareceu a coincidência do mesmo critério com a teoria sociológica de conhecimento de realidade social desenvolvida na Alemanha por Hans Freyer. E também, em vários pontos, com a sistemática como que dionisíaca de conhecimento sociológico da realidade social que vem sendo desenvolvida em língua francesa, mas com profundo conhecimento não só da produção sociológica europeia, como da anglo-americana, pelo professor Georges Gurvitch, de Paris.

Já o professor Roger Bastide tinha atinado com a predominância do critério de "situação social" nos nossos estudos acerca do escravo negro no sistema patriarcal do Brasil (estudos que pouco ou nada têm de africanologia) ao escrever em *La Revue Internationale de Sociologie* (jan.-fev., 1939, páginas 77-89) ser o nosso método de indagação "*la méthode proprement sociologique [...]*"; "*ce qui l'intéresse c'est la situation sociale des nègres dans leur nouveau pays, c'est leur rapport avec le maître blanc, c'est le nègre esclavigé*". Observação comentada por outro ilustre mestre francês de Sociologia, o professor Paul Arbousse-Bastide, para quem nossas tentativas de estudo da sociedade brasileira, em vez da análise apenas dos produtos de cultura, colonial ou contemporânea, são estudos doutras realidades (mais difíceis de surpreender que a material) através – simplesmente através – dos mesmos produtos. De modo que nessas tentativas

> "*les éléments matériels ne sont jamais [...] que des signes d'autres réalités, plus difficiles à saisir, mais plus essentielles. Il serait ridicule de chercher à discréditer une telle méthode en la taxant de 'matérialiste'; elle ne trahit même pas ce qu'on pourrait appeler un favoritisme du matériel. Au contraire, les objets matériels, dans une telle conception, n'ont de sens, ne d'intérêt, que dans la mesure où ils traduisent des réalités immatérielles, des mentalités, des croyances, des préjugés, des inventions*" (Pref. a *Um engenheiro francês no Brasil*, Rio, 1940, p. XIV. Desse livro há 2ª ed., pelo mesmo editor.)

Justamente por ser o nosso estudo de coisas sociais e de cultura não um fim, mas um meio, é que a Sociologia, como a compreendemos e a procuramos praticar ou aplicar à sondagem e à explicação do desenvolvimento social brasileiro, nos está sempre levando ao estudo da personalidade: da personalidade humana, em geral, da do brasileiro, em particular. Explica-se assim que sejam frequentes nossos encontros com psicólogos e até psiquiatras: com os psicólogos e os psiquiatras mais sociais em seus interesses e tendências e em seus métodos de estudo de problemas que preocupam também os sociólogos. E não apenas com aqueles sociólogos que vêm desenvolvendo, como o professor Karl Mannheim no seu *Mensch und Gesellschaft im Zeitalter des Umbaus* (Leiden, 1935), uma psicologia sociológica, ao lado de uma psicologia histórica, de considerável importância para os estudos sociais.

É, na verdade, de todo interesse para os estudos sociais a tendência de uma das correntes de psiquiatras modernos no sentido de aproximar-se da Sociologia, em torno de casos de personalidades neuróticas consideradas expressões do sistema de competição que, principalmente na Europa ocidental e em grande parte das Américas, regula há séculos as relações interpessoais. Também nessa zona de investigação é copioso o material que flui de estudos inicialmente só de personalidades mas de certa altura em diante também de situações sociais e de espaços e ambientes sociais, para o campo de domínio da Sociologia, por sua vez obrigada a estender sua investigação, ou pelo menos sua curiosidade, às origens psicológicas e até clínicas do mesmo material. Vem-nos caracteristicamente de Londres o ensaio em que Karen Horney, estudando *The neurotic personality of our time* (1937), traz sua análise de personalidades neuróticas para o próprio interior da Sociologia, sugerindo que a reintegração de muitas dessas personalidades só parece possível com a alteração do mecanismo social de competição hoje dominante, de tal modo ligadas estariam ao mesmo "mecanismo". A esses estudos se vêm acrescentando em língua inglesa os ainda mais avançados, em suas combinações de indagação sociológica com a psicológica e até biográfica, de David Riesman, em *The lonely crowd* (Yale U. Press, 1950), William Foote Whyte, em *Street corner society* (Chicago, 1943) e Jean Evans, em *Three men* (Nova York, 1954); e em francês, trabalhos de cooperação como os de Jean Stoetzel e Frits Vos, reunidos no livro admirável que é *Jeunesse sans chrysanthème ni sabre* (Paris, 1954).

Com a Psiquiatria a socorrer-se francamente da Sociologia para compreensão total dos seus casos de personalidades desintegradas – ligação, essa, de sociólogos com a Psiquiatria em que tem havido e continua a haver antecipações brasileiras – não é de estranhar que se aguce no sociólogo o interesse por material que lhe possa vir não só dos já referidos estudos psicológicos, históricos, biográficos e autobiográficos, como até dos romances ou das novelas chamadas "psicológicas", "sociais" e "policiais", em que apareçam revelações de personalidades que não se encontram tão francas nos contatos ou estudos da vida real. Há anos apareceu em língua espanhola um ensaio de Roger Caillois, *Sociologia de la novela* (Buenos Aires, 1942), que pode ser classificado de notável. Sustenta o autor que a novela proporciona aos homens o que a sociedade lhes nega; que a novela apresenta as rebeliões do homem contra o estabelecido ou organizado; que acentua conflitos latentes entre o homem e o meio e as instituições sociais. De modo que – acrescentemos ao

Caillois – através dos estudos das personalidades de novela, como através do estudo das personalidades neuróticas das clínicas psiquiátricas, o sociólogo pode, com extremo cuidado, completar seu próprio estudo – por meio de métodos ordinariamente sociológicos – das relações interpessoais e das relações de certos tipos de personalidade com o meio. Ou pode ter sua atenção despertada por sinais como que de alarme para conflitos latentes de personalidade com o meio – conflitos que talvez lhe passassem desapercebidos no seu estudo do quotidiano e do normal que dispense cuidados psiquiátricos. O que dizemos aqui da novela, em comentário à tese de Caillois em seu penetrante ensaio – e não nos esqueçamos, com relação à novela e sua influência no desenvolvimento das ciências, do reparo feliz de Fidelino de Figueiredo de que "Dostoievski precedeu à criminologia", enquanto "o romance francês trouxe o divórcio" e "a análise proustiana" resultou "numa reforma psicológica pela via literária" (*Últimas aventuras*, Rio, s. d., página 180) – poderia ser dito também do drama, do teatro, da dança dramática e do próprio cinema.

Da novela, do drama, do teatro e do cinema, o inglês, com sua riqueza extraordinária de entretons, é hoje a língua oficial; e em todos esses gêneros de Literatura a chamada aventura da personalidade prepondera sobre qualquer outro motivo, seja a personalidade dos rebeldes ao meio (o Dom Quixote, os heróis de Ibsen ou de Lawrence, por exemplo, e, em nossa literatura, vários dos heróis de Aluísio de Azevedo e de Lima Barreto, alguns dos de José Lins do Rêgo, de Graciliano Ramos e de Rachel de Queiroz, quase todos os de Jorge Amado), ou mesmo a conformada com o meio e passiva (o Bloom, de James Joyce, por exemplo, o Sancho Pança, de Cervantes, os "corumbas", de Amando Fontes, o Jeca Tatu, de Monteiro Lobato). Insistimos nesse ponto para acentuar o fato de que se o inglês perde para o francês (conforme já sugerimos) como língua idealmente sociológica, não deixa de ser, sob vários aspectos, a língua mais adequada ou conveniente a uma ciência do homem ainda em estado de formação com a Sociologia, cujas fronteiras mais movimentadas são hoje precisamente as que lhe trazem da ciência e da literatura psicológicas subsídios para o estudo cientificamente sociológico das relações da personalidade humana com o meio social e com a cultura. Pois para o sociólogo tanto quanto para o psicólogo, para o historiador, para o biógrafo, para o dramaturgo, para o romancista, para o poeta, "*personality, humanly speaking*" é "*the highest value known to us*" a que se refere o professor Eubank (*The concepts of Sociology*, Nova York, 1932, página 106).

Em ligação com o assunto aqui sugerido, destaque-se que vem-se realizando no Brasil, sob a orientação do autor, uma difícil pesquisa ao mesmo tempo de Antropologia e de Sociologia, sobre "tipos antropológicos no romance brasileiro".

Devemos salientar que estsa tentativa de introdução ao estudo da Sociologia não é obra de sociólogo que faça profissão do ensino ou da prática especializada ou exclusiva de qualquer ramo de Ciência Social, mas de alguém cuja situação é, bem ou mal, principalmente, a de escritor. Escritor cuja atividade parassociológica se baseia largamente no fato de ter, em seus cursos universitários e em viagens na Europa, se especializado com algum rigor e algum gosto no estudo da antropologia social (em que teve por mestre principal, como já foi dito, o professor Franz Boas), da Sociologia, da História social, da Economia e do Direito Público. Esse estudo especializado durante anos decisivos na formação intelectual do autor – estudo que ele de algum modo conserva atual pelo contato com atividades universitárias e com revistas e publicações especializadas, embora não como professor de carreira nem como membro ativo de academias e associações de caráter profissional – talvez sirva de desculpa à sua ousadia de publicar um trabalho do gênero do que se segue. Não sendo livro de professor – título por muitos atribuído erradamente ao autor –, nem de acadêmico, é natural que não seja rigorosamente didático nem ortodoxamente acadêmico. Uma de suas deficiências estará decerto na ausência dessas virtudes; mas é possível que seja, às vezes, compensada por pontos de vista libertos de compromissos ou responsabilidades didáticas; e também por um contato mais livre com a vida extra-acadêmica.

Em tal afirmativa não vai, nem de longe, nenhuma ideia de desconhecimento ou negação da importância, sob vários aspectos suprema, dos professores, das faculdades e das academias. Que seria dos estudos sociológicos e antropológicos sem professores e sem academias empenhados na obra indispensável de ordenação e sistematização constante, burocrática até, dos mesmos estudos?

Entretanto, à margem do professorado e das academias, há lugar para indivíduos que a própria Sociologia chamaria de *marginais*: semissociólogos – do ponto de vista da constância ou regularidade profissional – capazes de uma vez por outra contribuir para o desenvolvimento do estudo de problemas sociológicos com pontos de vista e arrojos extra-acadêmicos e extradidáticos, embora de modo nenhum antiacadêmicos ou antididáticos. Arrojos raros e difíceis, ainda que não impossíveis, dentro das academias ou à sombra das cátedras regulares. Pois o hábito tende a fazer o monge, embora nem sempre o faça; e há casos de rebeldes, experimentadores, indivíduos dominados pelo espírito de aventura intelectual, que a cátedra ou a academia tem amaciado em didatas e acadêmicos incapazes do mais simples arrepio contra as regras estabelecidas e as convenções triunfantes. Daí a conveniência atual de *marginais* que, sem serem antiacadêmicos ou antididáticos – excesso sempre lamentável – nem tampouco autodidatas – gente quase sempre zangada com os didatas – não tomem o hábito acadêmico nem o de catedrático ao estudarem problemas intelectuais e de ciência, mas os estudem com aquele espírito de aventura, embora não de boêmia nem de irresponsabilidade, de que vamos encontrar exemplos magníficos em vários ingleses de formação universitária mas de atividade extrauniversitária e extra-acadêmica. Quanto a nós, em particular, não sabemos se nos toca antes a designação de *amador* ou *diletante* com que os professores de carreira e os especialistas fulminam os independentes que a de *marginal*, no sentido aqui sugerido. Se formos considerado *amador*, que nos console Havelock Ellis: o maior apologista dos *amadores* ingleses e do seu "*unsystematic method of thinking*".

*

O esboço de Sociologia que – agora em 5ª edição – nos aventuramos a publicar baseia-se em lições dessa matéria e de Antropologia Social, professadas, de 1935 a 1937, na Universidade do Distrito Federal (Rio), (depois assimilada pela quase imperial Universidade do Brasil, agora reduzida a Universidade Federal do Rio de Janeiro, que tentou aliás nos incorporar ao seu sistema, oferecendo-nos sua cátedra principal de Sociologia, que recusamos, do mesmo modo que recusamos cátedras da mesma matéria e de Sociologia ou Antropologia ou Estudos Brasileiros nas Universidades da Bahia e do Recife e, no estrangeiro, nas Universidades de Yale e Harvard, e recentemente na de Berlim) e taquigrafadas pela Srª Vera Teixeira. Dessas notas taquigrafadas de aulas já se serviu, aliás, A. Carneiro Leão, nosso ilustre substituto na cátedra de Sociologia da mesma Universidade, para organizar seus *Fundamentos de Sociologia* (Rio, 1941). É ele quem o declara com exemplar probidade intelectual: virtude nada comum, nesses pontos miúdos, entre nós, brasileiros. Àquelas notas acrescentou, porém, Carneiro Leão tanta coisa sua ou de leituras novas que *Fundamentos de Sociologia*, embora se tenha antecipado na publicação de algumas das nossas sugestões e das tentativas de combinações de doutrinas e de métodos aqui esboçados – sugestões e combinações que representam esforço próprio e até audácia pessoal e não simples reflexo de influências ou de teorias norte-americanas, francesas ou alemãs – afasta-se, em mais de um ponto essencial, da orientação que procuramos dar de 1935 a 1937 àqueles dois cursos – o de Antropologia Social e o de Sociologia – e procuramos comunicar, agora, a este simples esboço de introdução ao estudo da Sociologia.

Por sugestão nossa ao Prof. Anísio Teixeira, fundador daquela Universidade e figura admirável de renovador do ensino no Brasil, os dois cursos – o de Sociologia e o de Antropologia – foram considerados inseparáveis, e o de Antropologia Social passou a ser completado pelo de Antropologia Física. Isso depois de deslocado, ainda por sugestão nossa, o curso de Sociologia da Faculdade de Filosofia e Letras – onde fora situado pelos organizadores da Universidade – para a Faculdade de Economia e Direito. Aí se manteve o curso de Sociologia – é verdade que quase reduzido à apologética católico-direitista – após a campanha de alguns reverendos padres Jesuítas – dos quais se mostram tão diferentes jesuítas de hoje, quer no Brasil, quer noutros países – contra o Prof. Anísio Teixeira, contra a Universidade do Distrito Federal e contra o próprio ensino da Sociologia e da Antropologia a moços e adolescentes brasileiros. Até que se fechou de vez a Universidade do Distrito Federal: a única tentativa séria de universidade que até hoje se esboçou no Rio de Janeiro.

Aos primeiros estudantes de Antropologia e Sociologia que teve a finada Universidade e que acharam jeito de sobreviver à *alma mater* organizando-se, com donativo generoso de Afonso Pena Júnior – por algum tempo reitor daquela casa –, numa sociedade de estudiosos de Sociologia, agora a expandir-se em Instituto Brasileiro de Estudos Sociais, foi afetuosamente dedicada a primeira edição deste livro. A eles e à professora Heloísa Alberto Tôrres, por algum tempo diretora do Museu Nacional e que tendo dado, como professora de Antropologia da extinta Universidade, decisivo amparo ao estudo científico de Sociologia no Brasil, favorecendo-o por todos os meios ao seu alcance, continua a prestigiá-lo numa como homenagem constante, discreta e piedosamente filial à memória do seu pai, o ilustre iniciador, ao lado de Euclides da Cunha, de Sílvio Romero e de Tito Lívio de Castro, dos modernos estudos sociológicos no Brasil: Alberto Tôrres. Dela recebemos sempre estímulo valioso para nossos estudos de Sociologia. Dela e de Roquette-Pinto, o maior mestre de Antropologia que já teve o Brasil, a cuja memória é consagrada a segunda edição deste trabalho.

Vários são, porém, os amigos a quem devemos agradecimentos pela colaboração ou auxílio direto ou indireto com que nos vêm animando para os nossos estudos; e para o trabalho que se segue, em particular. Em primeiro lugar o professor Fernando de Azevedo, cuja autoridade de sociólogo dia a dia se acentua dentro e fora do Brasil. O tenente-coronel Harvey Walker, catedrático da Universidade do Estado de Ohio, que esteve por algum tempo no Brasil a serviço de seu país no Exército, o Tenente William McKenna, graduado da Faculdade de Direito da Universidade de Yale e por algum tempo a serviço das Forças Armadas dos Estados Unidos, o professor assistente de Sociologia da Universidade de Harvard, George Homans, também por algum tempo a serviço das Forças Armadas dos Estados Unidos no Brasil como oficial de Marinha, e o nosso bom amigo Antônio de Barros Carvalho, residente no Rio, facilitaram-nos a aquisição de livros essenciais ao preparo deste trabalho: livros difíceis de obter em tempo não só de guerra, como, na parte do Brasil em que residimos, de extravio e desbragada violação de correspondência: mesmo quando correspondência estritamente científica.

O por algum tempo cônsul de sua majestade britânica em Pernambuco, Mr. C. A. Edmond, um graduado de Oxford, forneceu-nos várias publicações inglesas de interesse sociológico, algumas das quais fazem parte da bibliografia mencionada nas notas aos vários capítulos do trabalho que se segue. E ao por muito tempo cônsul da Alemanha no Recife, Karl von den Steinen, devemos a gentileza de mais de uma vez ter se encarregado de nos fazer vir da Alemanha obras de aquisição difícil, mas indispensáveis aos nossos estudos de provinciano: uma delas, o estudo monumental de Ploss e Bartels, *Das Weib in der Natur und Völkerkunde*. Note-se, de passagem, que as datas de publicação das obras citadas são as das edições nossas conhecidas: nem sempre as primeiras ou as últimas. A situação de guerra em que se achou o Brasil de 1939 a 1945, com repercussões nada insignificantes sobre a vida intelectual, dificultou grandemente o preparo da primeira edição do trabalho que se segue, e que agora aparece em segunda edição revista e aumentada pelo autor e com a bibliografia básica atualizada ou completada em vários pontos essenciais. Na leitura crítica das provas para a segunda edição deste livro, auxiliou-nos gentilmente o então jovem auxiliar de pesquisas sociológicas do Instituto Joaquim Nabuco de Pesquisas Sociais, Vamireh Chacon, recém-chegado da Alemanha, onde estivera durante um ano. Ao mesmo pesquisador devemos o início do índice por assuntos que vem acompanhando esta obra e valiosa nota de informação sobre as mais recentes tendências nos estudos sociológicos entre os alemães.

O Prof. José Antônio Gonsalves de Melo muito nos auxiliou na tradução de trechos mais difíceis de obras escritas em alemão e nos franqueou os resultados de seus estudos, em mss[1]. holandeses antigos, alguns virgens, do contato da cultura luso-brasileira com a holandesa no Brasil do século XVII: contato tão interessante para a História social quanto para a etnológica do Brasil.

Já se acha este nosso trabalho, de que agora aparece quinta edição, aumentada e atualizada, em língua portuguesa, traduzido totalmente para o espanhol pelo erudito Justo Pastor Benitez; e, em grande parte, para o inglês, pela Drª Dorothy Loos, da Universidade de Colúmbia. Parte dele já se acha traduzida ao francês por François Luc Charmont. São traduções, porém, ainda por serem publicadas: sua utilização, nessas línguas, tem sido em cursos universitários ou de estudos superiores, como da Escola de Altos Estudos de Defesa Continental, de Washington.

Santo Antônio de Apipucos, fevereiro, 1945 – julho, 1955,
Rio, 1967,
Apipucos, 1972.

---

[1] Abreviatura de manuscript (manuscritos)

PREFÁCIO DO AUTOR À 5ª EDIÇÃO

Esta Sociologia aparece em 5ª edição, revista, atualizada e aumentada, embora dentro de um critério de limitar-se o mais possível, em número de palavras, o que nela é aumento, ao mesmo tempo que atualização.

Parte desse aumento e dessa atualização aparece em anexos, a um dos quais não falta caráter didático, através de exercícios para estudantes elaborados com inteligência e ciência por um dos dois colaboradores, nesta edição, do autor: o professor Roberto Mota, com estudos pós-graduados de Sociologia na Holanda e nos Estados Unidos, na Universidade de Colúmbia. Dele são também, em anexos, notas breves porém substanciais sobre duas novas sociologias especiais. Aos exercícios, acompanham indicações de recentíssimas bibliografias.

Com outras notas, igualmente breves, porém reveladoras de raro poder de síntese, além de competência no trato de matéria social, sobre sociologias especiais recém-aparecidas, concorre em anexos, para a atualização desta Sociologia, como colaborador do autor, o professor Renato Carneiro Campos, chefe do Departamento de Sociologia do Instituto Joaquim Nabuco de Pesquisas Sociais e autor de estudos já notáveis de Sociologia aplicada.

Dele são vários acréscimos, breves, mas que devem ser considerados essenciais – sobre Sociologia do Lazer, Sociologia da Religião e sobre Metodologia – ao texto de um livro que, segundo críticos idôneos, brasileiros e estrangeiros, conservam das edições anteriores antecipações que são, agora, algumas atualidades, enquanto outros continuam antecipações.

É também acrescentada a esta edição uma bibliografia de obras recentes sobre assuntos sociológicos: obras consideradas de importância especial para o leitor desta Sociologia. De modo algum, uma bibliografia com pretensões a amplitude.

Santo Antônio de Apipucos, janeiro 1973

Limites e posição da Sociologia

I. LIMITES DA SOCIOLOGIA

1. O SOCIAL E O SOCIOLÓGICO

O estudo da Sociologia deve iniciar-se por uma tentativa de fixação de limites, que só se consegue separando-se, tanto quanto possível, o que é propriamente *sociológico* do vago e difusamente *social*. Separando-se, primeiro, a matéria sociológica do mundo enorme de coisas sociais que interessam principalmente à Filosofia social, à Eugenia, à Higiene, à Política, ao Direito e ao chamado "serviço social" e não ao estudo tanto quanto possível científico – sem fins imediatamente práticos, por um lado, nem principalmente teleológicos, por outro – não só da *pessoa* social, considerada através de suas *situações* e como expressão de *organização social* ou síntese de *cultura*, como dos *processos de interação* entre os *homens sociais* e os *grupos humanos* e as formas que assumem. Separando-se, depois, quanto possível, a Sociologia, das chamadas ciências sociais – a Economia, a Antropologia, a Geografia Humana, a História social ou cultural – e, ainda, da Biologia Humana e da Psicologia social. Ciências com as quais as relações da Sociologia são íntimas, mas que tem, cada uma, se não um campo nitidamente independente de estudo, autonomia de método e de técnica de pesquisa e de interpretação e maneira particular de aproximar-se do *social*.

Há quem pense que a Sociologia é apenas um *método*, como pretendeu Albion Small;[1] e nesse caso, método de estudo – o método sociológico – de tudo que possa ser considerado social. Não podendo ser a ciência do social, isto é, da totalidade dos fenômenos sociais, seria um método comum a todas as ciências sociais, como o método estatístico. Justamente aí é que nos parece que Georg Simmel marca, no desenvolvimento da Sociologia, uma época de clarificação de propósito e de limites que tanto nos liberta da confusão da Sociologia com a totalidade das ciências sociais – ponto em que o esforço de Simmel acentuou a obra de discriminação iniciada por Dilthey – como da tendência para reduzir-se o que há de ciência na Sociologia a método, método comum a todas as ciências sociais.[2] E não particular à Sociologia. Em torno desse problema, é frequente a confusão do *social* com o *sociológico*, do especificamente *sociológico* com o indistintamente *social*.

---

[1] Tese defendida por Albion Small no seu *Meaning of Social Science* (Chicago, 1910).

[2] Veja-se de Georg Simmel, *Soziologie* (Leipzig, 1908, espec. p. 2-5). De Dilthey, leia-se especialmente *Gesammelte Schriften*, v. I, "Einleitung in die Geisteswissenschaften" (Leipzig, 1914, p. 96 e 111).

É o que leigo nenhum distingue bem: o *sociológico* do *social*. Para o leigo tudo o que se refere ao social é Sociologia; todo indivíduo que se ocupa de assuntos sociais é sociólogo. Dessa confusão a Sociologia resulta: ora engrandecida em excesso, espécie de rainha não só das ciências sociais em particular – segundo a ideia, aliás, de alguns pioneiros megalômanos da Sociologia moderna – como de tudo o que é preocupação com os problemas sociais em geral, inclusive as preocupações de ordem quase exclusivamente prática ou clínica e as atividades morais, pedagógicas, filantrópicas, políticas (obras e organizações de caridade, o chamado "serviço social", legislação de trabalho, medidas de repressão moral e até religiosa ao crime e ao vício, métodos de tratamento do criminoso, do psicopata e do escolar, principalmente o anormal); ora diminuída em estudo fácil e considerado um campo docemente acessível a quantos, sem outra especialização, se aproximam com a pressa descuidada dos puros *dilettanti*, de problemas de Engenharia, de Medicina, de Administração, de Pedagogia ou de Direito, para encará-los sob o seu aspecto *social*. Dizem-se esses aventureiros nem sempre de gênio – caso em que suas aventuras podem ter valor científico ou intelectual – *sociólogos*, com a maior sem-cerimônia e também com o maior simplismo deste mundo. É hoje frequente no Brasil a improvisação de *dilettanti* – atraídos para atividades técnicas que ofereçam aspectos sociais, principalmente os interessantes e pitorescos – em sociólogos. Um deles justificava-se, não faz muito tempo, de ocupar-se de problemas de urbanismo sem entender nem de Engenharia, nem de Arquitetura, nem de Higiene, dizendo-se "sociólogo". Que os urbanistas, os engenheiros, os arquitetos desculpassem-lhe todos a intrusão: se ele se ocupava de matéria tão difícil como o Urbanismo, fazia-o simplesmente como sociólogo. Era apenas um "modesto sociólogo".

Mas essa improvisação de *dilettanti* em sociólogos, hoje tão frequente em países como o Brasil, e, até os princípios do século XX, comum não só na Alemanha – onde se manifestou quase epidemicamente na *Verein für Sozialpolitik* – como na Inglaterra, na França e nos Estados Unidos, se verifica principalmente com políticos, legisladores, sacerdotes, médicos, engenheiros, *leaders* de movimentos de reforma social e moral. Uns, pela convicção ou pela aspiração às vezes ingênua, que os anima, de poderem resolver, como homens de prestígio e ao mesmo tempo de capacidade prática, problemas sociais ligados às suas especializações e de que os sociólogos se ocupam – na opinião deles – com excessivo vagar científico e – podemos acrescentar – sem visar, como sociólogos, proveito político nem o gozo moral da aplicação maciça de seus estudos à imediata solução de problemas do dia; outros, menos ingênuos, só pelo prazer de acrescentarem a seus títulos, o de sociólogo, com todas as suas sugestões de superioridade intelectual; e com esse título se prestigiarem ainda mais como políticos, como legisladores, como sacerdotes, como médicos, como engenheiros. Para isso os menos ingênuos sabem que nada têm a fazer perante o público senão falar repetidamente em *social* e *sociológico*. Concorrem, assim, para a confusão já assinalada, entre *social* e *sociológico*.

Na sua *Introduction à la Sociologie*, já dizia em 1929 o professor René Maunier, da Universidade de Paris, que sob o nome de Sociologia "*on mêle* [...] *la science et l'art, la constatation et l'appréciation*". E mais: "*S'intitule sociologue tout ideologue et tout reformateur et tout prophète*".[3] E no mesmo sentido são as palavras do Rev. P. Delos,: "*on faisait de la sociologie un vide-poche*".[4] Enquanto o professor Adolf Menzel nos adverte particularmente contra o erro de supor-se a Sociologia em relação estreita com o Socialismo,[5] quando a verdade é que, como nós próprio tivemos ocasião de salientar, na inauguração do curso extraordinário de Sociologia de 1935 na Faculdade de Direito do Recife, as pretensões do Socialismo a sistema científico de política social coincidem nuns pontos mas noutros não coincidem com as conclusões da Sociologia científica.

Em face dessa situação, nada mais importante, para quem se inicia no estudo tanto quanto possível científico da Sociologia, que a discriminação entre *social* e *sociológico*; entre *social* e *socialista*.

Embora às vezes os próprios sociólogos empreguem a palavra *social* no sentido de *sociológico*, o *social*, no seu sentido lato, inclui todo aquele mundo de problemas de relações, atividades e produtos sociais de que se ocupam outras ciências sociais, a Psicologia, a Filosofia social, a própria Literatura; e visando resultados práticos e imediatos, a Arte Política e a Legislação de Trabalho, as organizações de caridade e de assistência – inclusive as religiosas – a Psiquiatria, a Pedagogia, o Urbanismo.

Na verdade, o *social* é muito largo na sua expressão ou na sua compreensão. Como diz o professor Hiller, "tudo o que é afetado pela associação entre seres humanos, ou por seu comportamento, seu trabalho, suas maneiras de pensar, sua presença, pode dizer-se social".[6] Desse mundo enorme de vida social, podemos dizer que a Sociologia procura retirar para estudo seu: *a)* os fatos, no seu aspecto de *socialidade* – de *societalização*, diria Simmel para acentuar o caráter dinâmico desses fatos; isto é, os fatos de *dependência do indivíduo*, da organização social e da cultura e os de *dependência* – através da mesma

---

[3] MAUNIER, R. *Introduction à la Sociologie*, Paris, 1929, p. 8.

[4] DELOS, R. P., Introduction, in: LEMONNYER, A.; TONNEAU, J.; TROUDE, R. *Précis de Sociologie*, Marseille, 1934, p. 8.

[5] MENZEL, A. *Introducción a la Sociología* (trad. do alemão), México, 1944, p. 3. O professor Menzel acrescenta que o Socialismo tem por objeto, em primeiro lugar, "a crítica da sociedade atual" e "o estabelecimento de ideais sociais", o que escapa aos fins da Sociologia; mas, "à medida que as teorias socialistas tratam de descobrir a estrutura da sociedade e explicá-la, a Sociologia as toma em consideração, submetidas, é claro, a uma crítica científica [...]" (p. 33). Precisamente a relação entre sociologia e socialismo que esboçamos na aula inaugural do curso extraordinário de Sociologia realizado em 1935 na Faculdade de Direito do Recife e na primeira aula das cátedras de Sociologia e Antropologia Social que tivemos o gosto de inaugurar em setembro do mesmo ano na Universidade do Distrito Federal, Rio de Janeiro.

[6] HILLER, E. T. *Principles of Sociology*, New York, 1933, p. 3.

socialidade – *da organização social e da cultura*, do indivíduo; *b*) o *processo* ou a *forma* de interação por que se realiza essa interdependência e mercê do qual o indivíduo perde de início a pureza individual para tornar-se, através de *funções*, homem social, *pessoa social* ou *socius*: indivíduo com *status* ou com situação na vida social.

Por *socialidade*, diga-se desde já, deve entender-se a condição do indivíduo (biológico) desenvolvido, dentro da organização social e de cultura, em *pessoa* ou *homem social*, *socius* ou animal, se não *social, socializado*, pela aquisição de *status* ou situação; desenvolvido em membro de um grupo ou, ao mesmo tempo, de vários grupos. Alguns sociólogos preferem fugir ao vago da expressão *social*, dando a designação técnica de *societal* ou *societário* a quanto é fenômeno de *seres humanos associados* ou caracterizados pela condição de socialidade, distinta da de seres humanos indivíduos. E Simmel[7] já vimos que à expressão *socialidade* prefere o termo *societalização*, que corresponde à importância que ele, ainda mais do que Giddings[8] em sua reação ao organicismo e ao próprio realismo sociológico, atribui ao aspecto funcional dos fatos sociais como objeto de estudo da Sociologia. *Societalização* exprimiria com maior vigor do que *socialização* o processo ou o mecanismo de reciprocidade ou de interpenetração de influências pelo qual se torna social o que o indivíduo traz para a vida de associação com outro indivíduo ou para a vida em grupo, dependendo, entretanto, sua integração no grupo do seu equipamento original de indivíduo e da personalidade que daí se desenvolve sob a influência da experiência social e das exigências e estímulos da cultura de grupo e do tempo e da organização social, sobre aquele equipamento biológico.

Quer se diga societalização, quer se fale em socialização, consegue-se essencialmente o mesmo fim: o de considerar-se objeto de estudo da Sociologia, não o organismo social ou a sociedade estática, porém a organização social vista através não só de seus processos e de suas formas de interação – como pretende Simmel – como das suas sínteses: as personalidades que se caracterizam por predominâncias socioculturais de que são veículos, portadores, pontos de encontros, modificadores, agentes, os grupos e as instituições na mesma organização. Sabemos que os mesmos fatos podem ser estudados, em diferentes aspectos particulares, por várias ciências. Várias das chamadas ciências sociais – a Economia, a Antropologia, a Geografia Humana – e também a Filosofia, a História, a Biologia Humana, a Psicologia social, a Ética – ocupam-se de fatos que a Sociologia estuda. A Sociologia, sem desprezar nesses fatos seus significados como fenômenos socioculturais, estuda-os principalmente no seu aspecto *social-funcional* ou *social-dinâmico* ou *social-pessoal dinâmico*; as outras ciências sociais têm por objeto de estudo particular menos esse aspecto, que os *conteúdos* e *produtos sociais e culturais* da

---

[7] SIMMEL, G. *Soziologie*. A expressão de Simmel que ocorre com frequência no seu livro, desde o subtítulo é: *Formender Vergesellschaftung*.

[8] GIDDINGS, F. H. *Elements of Sociology*, New York, 1938, p. 6 e 8.

interação. Quer os de caráter subjetivo – religiões, sistemas éticos ou jurídicos – quer os de caráter objetivo: artes plásticas e mecânicas, técnicas, cerimoniais, línguas.

Daí poder acertar-se, como generalização básica, a de que é Sociologia todo estudo científico de *processo*, de *forma* – ou de *forma-conteúdo* – de *função*, ou de *síntese* de interação sociocultural e que deixa de ser exclusivamente Sociologia para tornar-se também outra ciência social ou Filosofia, Psicologia, Biologia, Ética, todo estudo que se ocupe exclusiva ou principalmente de *produtos sociais* ou de *substâncias* ou *conteúdos* culturais. O que não significa que para o estudo sociológico de certas regiões, épocas, comunidades, problemas, não se possam juntar os dois critérios fazendo-se obra conjunta de Sociologia e Etnologia, por exemplo. Ou de Sociologia e História. Pois é quase impossível separar de modo absoluto *conteúdo*, de *função*, *forma*, de *processo*, em trabalhos de Sociologia aplicada ou de Sociologia genética, que procure estudar o homem concreto, vivo, situado: o homem em existência.

2. O BIOMO

Biologicamente, pode-se estudar o indivíduo sem *status* e, por conseguinte, puro: o biomo. Sociologicamente, não. A Biologia se estende, porém, ao estudo do ser humano em fase que já se pode considerar de socialidade: em sua reação ao meio. Em sua reação a outros indivíduos.

Os limites entre a Biologia social e a Sociologia nem sempre são fáceis de traçar, desde que as duas ciências podem interessar-se pela mesma matéria social. Quanto ao psicólogo social, avança às vezes em zona francamente cultural – e não apenas social – considerada por alguns território exclusivamente sociológico: pelos que fazem da Sociologia um estudo principalmente de substâncias e formas de cultura.

Destaque-se, entretanto, o seguinte: para o biólogo humano e mesmo para o psicólogo social, o ponto de vista, diante dos fatos sociais, é, principalmente, o do naturalista. O ponto de vista do sociólogo é principalmente o cultural, embora não lhe possa de modo nenhum ser estranho o critério do naturalista e da história natural do homem social. Assim ao biólogo humano o que principalmente interessa na vida sexual do indivíduo e no que a mesma vida depende de outros ou no que a vida de outros depende da condição sexual do indivíduo é o que essa série de relações apresenta de determinado ou, pelo menos, de mais diretamente condicionado, não só pela situação natural como pela história natural do indivíduo. E não pela situação cultural da pessoa humana ou social e pelos seus antecedentes sociais e culturais. Ou por outra, conservando-nos no mesmo exemplo: o biólogo humano vê principalmente o problema social do sexo em termos de inter-relações de macho e fêmea; o sociólogo, em termos principalmente de masculino e de feminino que já implicam especializações de personalidade e de forma. Especializações mais convencionais, ou de cultura, do que cruamente naturais, de sexo. Especializações desenvolvidas através de processos sociais e de elaboração cultural, sendo algumas menos condicionadas pela natureza – biológica ou puramente psicológica – do que pelo estímulo de motivos ou interesses sociais e culturais, às vezes em oposição à própria natureza. Tal a especialização de mulheres do Oriente, em mulheres apenas de harém ou a de pessoas do sexo masculino, em eunucos.

O sociólogo não pode ser estranho ao elemento natural que persiste no homem através de toda a sua convencionalização em pessoa social – filho (que é o primeiro *status* social do indivíduo podendo dizer-se que socialmente todo indivíduo começa por ser filho d'algo), esposo, cidadão, patrício, escravo, guerreiro, burguês, comerciante, sacerdote, operário – facilitando-a ou contrariando-a. Pode deliberadamente esquivar-se ao estudo de tal elemento; mas não ignorar sua presença nos fatos de convivência, socialidade ou societalização de que procura estudar exclusiva ou principalmente o aspecto funcional, dinâmico, pessoal-social ou formal, se prefere seguir a quase-escola de Simmel. O sexo do indivíduo com *status*, por exemplo, não é condição biológica sociologicamente desprezível. Apenas, em Sociologia, a condição biológica do sexo é modificada pela situação social e pela significação cultural que o sexo masculino ou o feminino possa ter em diferentes grupos e instituições.

3. INDIVÍDUO E PESSOA

A essa altura, outra distinção se impõe: entre *indivíduo* e *pessoa*. Sociólogos dos mais ilustres, como nos Estados Unidos os influenciados por F. H. Allport[9] e, na Europa, os que ainda fazem das ideias estimulantes, porém em extremo simplificadoras do problema de objeto de estudo sociológico, desenvolvidas por Gabriel Tarde,[10] fonte de uma corrente exageradamente psicológica, de Sociologia ou de interpretação sociológica, baseiam sua sistematização dos fatos sociológicos sobre o *indivíduo*, considerado por alguns a "única realidade". Ao que Carli, sociólogo italiano, acrescenta sua teoria de que *"l'individuo non è soltanto un prodotto, è anche una forza* [...]".[11]

Para vários sociólogos o indivíduo é aquela realidade biológica sob a realidade social ou à base da societalização ou da socialidade e que de modo nenhum pode ser ignorada no estudo de tudo o que for social, embora o objetivo de estudo sociológico

---

[9] ALLPORT, F. H. *Social Psychology*, New York, 1930, p. 12.

[10] Sobre Gabriel Tarde e sua tese psicologista, vejam-se os seus trabalhos *Les lois de l'imitation* (Paris, 1890) e *Études de psychologie sociale* (Paris, 1898).

[11] CARLI, F. *Introduzione alla Sociologia generale*, Bologna, 1925, p. 49.

seja o indivíduo sob condições sociais e de cultura: o indivíduo com *status*. Ou a *pessoa humana*, a *pessoal social* (Znaniecki),[12] o *homem social* (René Sand)[13] ou, conforme Giddings e outros sociólogos da geração anterior à dos mestres de hoje, o *socius*; e de acordo com Aristóteles e os antigos, o *animal político*: o *zoon politikon*.

"Na sua forma mais simples" – escrevia Giddings há mais de quarenta anos – "existe sociedade, toda vez que o indivíduo tem companheiro ou associado (*socius*) [...]. A Sociologia estuda a natureza do *socius*, seus hábitos, suas atividades. Se há diferentes qualidades ou classes de *socii*; como os *socii* se influenciam um ao outro; como se combinam e se separam; que grupos formam– todos esses problemas pertencem à Sociologia."[14]

"Que grupos formam" – é uma das atividades dos *socii* de maior importância para o sociólogo. Para alguns sociólogos é a atividade central.

Em trabalho, publicado em São Paulo, observa o professor Donald Pierson, que hoje representa no Brasil as correntes mais novas da sociologia norte-americana, particularmente o pensamento do seu mestre, o professor Park: "o centro de atenção da Sociologia é o grupo [...]". E com o grupo, os processos pelos quais os indivíduos fisicamente separados em espaço e vivendo biologicamente vidas separadas se combinam para formar unidades maiores, por outras palavras, sociedades; e os processos pelos

---

[12] ZNANIECKI, F. *Social actions*, New York, 1936, p. 1. O professor Znaniecki contribui para o esclarecimento do problema da *pessoa social* como objeto de estudo sociológico, distinto do *indivíduo*, que é objeto de estudo psicológico, quando escreve: "*In using the term "psychology" we mean all the branches of research going under this name which consider as their primary object-matter bio-psychological human individuals and which investigate all action with reference to these individuals, as facts of their mental, organic, or psycho-organic life, as phenomena belonging to their total "consciousness" or "psyche", or else to their total "organic functioning" or "behavior"*" (ibidem, p. 2). Já M. Baldwin escrevera em *The Individual and Society* (Boston, 1910, p. 14): "*Psychology deals with the individual and sociology deals with society.*" E Charles A. Ellwood em *Sociology in its Psychological Aspects* (New York, 1926, p. 59): "*The psychological point of view is the individual and his experiences; the sociological point of view is social organization and its changes. Whatever, then, aims at explaining the psychical nature of the individual is psychological; while whatever aims at explaining the nature of society is sociological*".
Como expressão curiosa do imperialismo psicológico com relação à Sociologia merece ser transcrita a afirmativa de Karl Pearson, em *Grammar of Science* (London, 1892, p. 469): "*The latter branch of "Psychology" dealing with men in the groups is termed "Sociology"*".
O fato de aceitarmos com Giddings que a sociedade é "*a complex of psychic relations*" (*Principles of Sociology*, p. 420) ou com Stuckenberg que ela é "*constituted by the mental interaction of individuals*" (STUCKENBERG, J. H. W. *Sociology: the Science of Human Society*, New York, 1904, I, p. 80) ou com Georg Simmel que a sociedade não é senão "interação" (de indivíduos), ideia desenvolvida em vários dos seus trabalhos e principalmente em *Über Soziale Differenzierung* (Leipzig, 1890, p. 12-20), não significa que reconheçamos o domínio imperial da Psicologia sobre a Sociologia; pois o objeto de estudo da Sociologia já não é o *indivíduo*, mas a *pessoa social*; e da *pessoa social* não interessam ao sociólogo como observa Znaniecki (op. cit., p. 653), senão suas ações e, eventualmente, a imagem da mesma pessoa formada por agentes sociais e os mitos, em torno da mesma pessoa social, como objeto de ações.

[13] SAND, R. *L'economie humaine par la Médecine Sociale*, Paris, MCMXXXIV, p. 10.

[14] GIDDINGS, F. H. *The principles of Sociology. an analysis of the phenomena of association and of social organization*, New York, 1923, p. 20. Idem, *Inductive Sociology*, New York, 1901, p. 9-10.

quais essas unidades sociológicas se desintegram. Acentua o professor Pierson que, ao assumir o organismo biológico individual características sociológicas ou "natureza humana", "torna-se *self*";[15] e é o *self* que importa para o sociólogo. *Self* de que vamos encontrar explicação sociológica minuciosa, com luxo de pormenores até, em recente trabalho de Cooley, Angell e Carr.[16]

Nada de se concluir daí que a sociologia, europeia ou norte-americana, mais nova, negue a importância do indivíduo; apenas dentro dos seus limites, reconhece no indivíduo uma realidade quase puramente biológica e psicológica e, por conseguinte, fora do objetivo e da análise propriamente sociológicos. Uma realidade biossocial e psicossocial e, sob esse ponto de vista, de interesse básico para o sociólogo; mas uma realidade – pode-se dizer – sempre subcultural e, em grande parte, subsociológica.

Pitirim Sorokin observa que – elevado a papa ou a rei uma pessoa – torna-se inteiramente outra do ponto de vista social e cultural; mas física, biológica e talvez psicologicamente conserva-se o mesmo indivíduo.[17] Talvez se possa objetar a Sorokin que

---

[15] PIERSON, D. *O que torna humano o indivíduo?* Separata da *Revista do Arquivo*, São Paulo, n.LXXXIII, 1942. Sobre o assunto, vejam-se também: G. H. MEAD, *Mind, self and society*, New York, 1934; LEE, G. C. *G. H. Mead, philosopher of the social individual*, New York, 1945.

[16] COOLEY, C. H.; ANGELL, R. C.; CARR, L. J. *Introductory Sociology*, New York, 1933, p. 117-32. Muito clara é a explicação de *self* que o professor Irwin Edman oferece em *Human traits and their social significance* (London, s. d., o prefácio é datado de 1920, p. 148-51), embora seu emprego da palavra *determinar* nos pareça merecedor de restrições. O professor Edman escreve que o *self* aparece na criança quando esta "*discovers that 'I am I' and that everything else ministers to or frustrates or remains indifferent to its desires. It becomes a person rather than at bundle of reactions*" (ibidem, p. 148). E quanto ao desenvolvimento do *self* social no ser humano: "*He very early comes to detect signs of approval and desapproval, and both his consciousness of his individuality and the character of that individuality are, in the case of most persons, determined by these outward signs of the praise and blame of others*" (ibidem, p. 149). Aliás, o professor Edman observa que no indivíduo em contato com outros pela participação em vários grupos não se desenvolve um *self* só: desenvolvem-se vários com um deles predominante, geralmente sobre os outros. Desenvolvem-se tantos *selves* quantos sejam os grupos de que o indivíduo participe: "*The self that comes to be most characteristic and distinctive of a man, however, is determined by the group with he comes most habitually in contact, or to whose approvals he has become most sensitive. Thus there develop certain typical personalities or characters such as those of the typical lawyer or soldier or judge*" (ibidem, p. 150). É claro que a essa altura o conceito de *self* torna-se quase idêntico ao de *pessoa social*.
Sobre o assunto, vejam-se também: BRADLEY, F. H. *Appearance and Reality*, New York, 1897, cap. IX e X; BUSHEE, F. A. *Principles of Sociology*, New York, 1923, cap. XXV; JAMES, W. *Psychology*, New York, 1899, v. I, cap. XII; THIRION, *L'individu*, Paris, 1895, parte I, cap. II; ZNANIECKI, F. *The Laws of Social Psychology*, Chicago, 1925, cap. VII.

[17] SOROKIN, P. A. *Sociocultural causality, space, time, a study of referencial principles of Sociology and Social Science*, Durham, 1943, p. 9. O problema das relações entre o indivíduo e a sociedade parece ser um daqueles de que os sociólogos russos mais se têm ocupado. Nikolai Ivanovitch Kareyev (1850-1929) defendeu desde 1896 o critério de considerar-se em Sociologia o "indivíduo social", em vez do abstrato: o "indivíduo social" *versus* natureza e em contínua interação com outros indivíduos. Segundo Kareyev, o processo histórico deve ser considerado a inter-relação da atividade humana com o processo natural. Salienta ele a interferência do individual no processo histórico. Mas o que há de notável em suas ideias é o conceito de "indivíduo social" que opõe ao de indivíduo abstrato, aproximando-se de algum modo do moderno conceito sociológico de pessoa social. (Veja-se o capítulo "The Sociological Contributions of Kareyev" no livro de HECKER, J. F. *Russian sociology – a*

o indivíduo pode alterar-se fisicamente sob a pressão de atuações sociais. De qualquer modo, a sobrevivência do indivíduo essencial, sempre o mesmo, ou quase o mesmo, através de situações sociais várias, ninguém a nega; o que convém ter em vista é que para o sociólogo esse indivíduo puro é sociologicamente desprezível: o objeto de atenção sociológica é o *indivíduo + status = pessoa social.*

Os professores Dawson e Gettys consideram a pessoa "o ponto de convergência do organismo biológico com o social".[18] E os professores Park e Burgess já haviam escrito: "a pessoa é o indivíduo com *status*", isto é, com "posição na sociedade".[19] Ou, ainda, membro de um ou vários grupos; indivíduo com situação num ou em vários grupos, numa e – com a crescente mobilidade, horizontal e vertical, do ser humano – em várias áreas ou espaços. Por conseguinte, humanizado, convencionalizado e situado ecologicamente e significativamente no espaço e no tempo. No espaço[20] natural-social –

---

contribution to the history of sociological thought and theory, London, 1934.) Vejam-se no mesmo livro as ideias sobre o assunto de outros sociólogos russos: Soloviev (p. 49 ss.), Lavrov (p. 88 ss.), Youzakhov (p. 143 ss.). Korkunov (p. 197 ss.). Vejam-se também *L'individuo nei suoi rapporti sociali*, de Giuseppe Fanciulli (Torino, 1903), e *Sociology in its psychological aspects*, de Charles A. Ellwood (New York; London, 1926).

[18] *"The person is the point of convergence of the biological and the social organisms"* (DAWSON, C. A.; GETTYS, W. E. *An introduction to Sociology*, New York, 1937, p. 760). A expressão "organismo social" parece-nos inadequada. A nosso ver, deve ser substituída por "organização social", que corresponde ao que há de dinâmico nos fatos de associação humana.

[19] PARK, R. E.; BURGESS, E. W. *Introduction to the Science of Sociology*, Chicago, 1924, p. 55.

[20] Devemos desde já nos referir aos vários conceitos de *espaço* e *tempo* de que se servem os sociólogos modernos, uns aceitando os conceitos predominantes noutras ciências, outros considerando, como o professor Sorokin, *concept of the physical and biological sciences [...] inadequate for either the location of sociocultural phenomena or the determination of the position of a given sociocultural phenomenon in the sociocultural universe"* (Sociocultural causality, space time, cit. p. 97) e insistindo em que *"the social sciences cannot be adequately served by any of the physico-mathematical, biological and psychological times and need an adequate conception of sociocultural time as one of their main referential principles"* (ibidem, p. 158 e 159). Segundo o professor Sorokin, o espaço sociocultural tem o seu próprio sistema de coordenadas do mesmo modo que os espaços físico-geométrico, biológico, psicológico, nele se situando os fenômenos socioculturais de modo diverso do que si situem outros fenômenos nos seus respectivos espaços. A principal diferença entre o espaço físico-geométrico e o sociocultural estaria em ser o primeiro isotrópico, predominantemente métrico, destituído de qualidade, e o segundo, especialmente qualitativo, só algumas de suas coordenadas tendo caráter métrico e esse mesmo remoto. "Tocando" um no outro em certos "trechos", na maior parte dos "trechos" não se tocam (ibidem, p. 155-7). Sorokin salienta que nenhum sistema de espaço geométrico com quaisquer dimensões n pode indicar a longitude, latitude ou altitude especial da posição social de pessoa ou grupo ou a posição de quem quer que seja com relação a qualquer problema ou situação – guerra, religião, capitalismo etc. É assim que senhor e escravo, rei e *valet*, ditador e vítima podem estar na maior proximidade de espaço geométrico sendo suas posições sociais, como são, diferentes, e distantes pelo que significam sociologicamente; enquanto duas pessoas podem viver separadas por enorme distância geométrica, sendo socialmente íntimas ou iguais (ibidem, p. 117). Entretanto, o sociólogo não considera só *significados,* mas também os *veículos* e *agentes humanos* de sistemas de significados como, no caso da Igreja Católica Romana, suas propriedades, edifícios, número e situação de seus agentes humanos, que áreas são predominantemente católico-romanas etc., veículos e agentes situados no espaço geométrico (ibidem, p. 137). Pelo que o sociólogo não

prescinde do espaço geométrico em suas considerações de espaço. O professor Sorokin reconhece a legitimidade do critério ecológico em Sociologia, quando precedido pela consideração dos significados dos sistemas estudados no espaço: crime, religião, prostituição etc. O que ele salienta é que "*taken per se, irrespective of the whole system of co-ordinate locating the given sociocultural phenomenon in the sociocultural universe, a location of a certain object at a certain locus of physical space becomes meaningless and misleading*" (ibidem, p. 138).

Em recente curso de Sociologia da Vida Rural, na Universidade Rural de Pernambuco, procuramos sugerir a crescente interpenetração não só dos espaços socioculturais – urbano, rural e rurbano – como dos tempos psicológicos e socioculturais – urbano, rural e rurbano – dentro de complexos regionais ou ecológicos.

Do assunto "tempo", do ponto de vista sociológico, tem-se ocupado magistralmente em vários dos seus trabalhos e professor Georges Gurvitch, mesmo em páginas do seu recente *Déterminismes sociaux et liberté humaine* (Paris, 1955).

A ideia desenvolvida aí por Sorokin coincide com a do professor José Medina Echavarria na sua *Sociología: teoría y técnica* (México, 1941). Pensa o professor Echavarria que não somente o tempo histórico é próprio do homem como "*el espacio en que transcurre su vida es más bien un espacio social que pertence a la Sociología propriamente y no a la física*" (ibidem, p. 44).

Também do tempo social, ou "*sociocultural tempus*", Sorokin observa que "*in contradistinction to the tempus of physico-quantitative sciences, is qualitative, always involving some meaning [...]*" (SOROKIN, op. cit., p. 212). Dentro desse "tempo", o sociólogo mede processos de determinados sistemas socioculturais em comparação com a duração de outro processo sociocultural, tomado como ponto de referência; e não em relação rigorosa com o tempo das ciências físico-quantitativas. É certo, porém, que o tempo sociocultural pode ser traduzido no que o professor Sorokin chama pitorescamente "o Esperanto do tempo puramente quantitativo" ("*the Esperanto of the purely quantitative time*"): os dois tempos podem ser considerados "mutuamente suplementares" (ibidem, p. 218-19). Do mesmo modo, cremos poder acrescentar a Sorokin que os dois espaços, o geométrico e o sociocultural, podem ser considerados mutuamente complementos em estudos sociológicos.

Neste esboço de introdução ao estudo de Sociologia, como aliás nas tentativas de Sociologia genética e aplicada a que nos temos já aventurado, vem nos orientando, e continua a orientar-nos, um critério, semelhante ao exposto agora por Sorokin com uma nitidez quase francesa, de tempo "quantitativo" e "qualitativo" e de espaço geométrico e espaço sociocultural "mutuamente suplementares". Fique claro, entretanto, que sempre que nos referirmos ao espaço que o professor Echavarria considera "próprio da Sociologia" e o professor Sorokin denomina de "sociocultural" e no tempo "qualitativamente social", diremos "espaço social" e "tempo social", embora sem prescindir, outras vezes, do uso suplementar dos conceitos de espaço e tempo quantitativos.

Deve-se notar que para esclarecimento de uma noção sociológica de espaço e de tempo tem sido considerável, a julgar pelo próprio Sorokin, a contribuição de sociólogos brasileiros. Sorokin não só inclui na bibliografia sobre o assunto como comenta e critica trabalhos dos srs. Pontes de Miranda (*Introdução à Sociologia Geral*, Rio de Janeiro, 1927), Pinto Ferreira (*Teoria do espaço social*, Rio de Janeiro, 1939, e *Von Wiese und die zeitgenössische Bezichungslehre*, Rio de Janeiro, 1941) e Mário Lins (*Espaços – Tempo e relações sociais*, Rio de Janeiro, 1940), fazendo também generosa menção do nosso "Aspectos do problema de distância social em Sociologia" (*Magasine Comercial*, Rio de Janeiro, 1936). Sobre o assunto, vejam-se de P. Sorokin, além do citado *Sociocultural causality, space, time*, o cap. I de *Contemporary sociological theories* (New York, 1928) e *Social and cultural dynamics* (New York, 1937, II, p. 428 ss.), Dentre os autores que se têm ocupado mais diretamente dos problemas de tempo e espaço sociais, recordaremos: PONTUONDO Y BARCELÓ, A. *Essais de mecanique sociale*, Paris, 1925; HARET, S. C. *Mecanique sociale*, Paris-Bucareste, 1910; LEWIN, R. *Principles of topological psychology*, New York, 1936; BROWN, J. F. *Psychology and social order*, New York, 1936; HAURIOU, M. *Leçons sur le mouvement sociale*, Paris, 1899; POIRSON, C. *Le dynamisme absolu*, Paris, 1909.

É clássico o capítulo do livro de Karl Pearson, *The grammar of science* (London, 1892), intitulado "Space and Time" (p. 181-230). O mesmo pode dizer-se do cap. IX (p. 614-708), sobre relações de espaço das formas sociais, no livro *Soziologie*, de G. Simmel.

Sobre o que os ecologistas sociais norte-americanos chamam "*spatial pattern*", vejam-se os cap. XV e XVI de *Principles of Sociology*, de E. T. Hiller (New York; London, 1933). Sobre "espaço vertical" e "espaço social" em Sociologia urbana, veja-se o estudo "The trend of urban sociology",

segundo a ecologia de Mukerjee – e no espaço só social, segundo a ecologia da Escola de Chicago. Convencionalizado em montanhês, marido, católico-romano, cidadão, médico, suíço – isto é, numa, duas, quase sempre em várias pessoas sociais, cada uma das quais com seu significado espacial e temporal e que se completam ou se chocam numa só, compósita, múltipla e às vezes contraditória personalidade, formada de tantas pessoas quantos sejam os grupos em que se integra a pessoa social, os *stati* que assume em face de condições naturais e sociais de espaço e de tempo e das várias funções, ou, como dizem os anglo-americanos, "papéis" (*rôles*), desempenhadas por um só indivíduo social ou *pessoa*. Às vezes mais de um *status* num só grupo e área – filho, pai, esposo, irmão, tio, no grupo *família*, por exemplo. Ou mais de um *status* pela vida dupla que possa uma pessoa, A, por exemplo, viver, em duas áreas: filho, numa; pai, noutra. "O filho do coronel fulano", na área nativa em que resida; "o pai de sicrano", na área metropolitana em que o filho viva internado em colégio, área que A frequente.

Exemplo de *stati* que, de certo modo, se chocam: o de cidadão da União Soviética e o de católico romano. De *stati* que se harmonizam ou se completam: o de súdito inglês ou britânico e o de anglicano.

Se é certo que o indivíduo pode nascer com aptidões e predisposições, para ele social e culturalmente vantajosas, de inteligência ou compleição, de temperamento e de físico, é certo, igualmente, que essas aptidões e predisposições não se definem, nem se desenvolvem, nem se exprimem, senão através da pessoa ou do indivíduo com *status*; e em relação com o espaço físico e social e com o tempo.

A *pessoa social*, ou *humana*, ou simplesmente a *pessoa*, é resultado de processos sociais e de cultura anteriores ao aparecimento do *indivíduo* e sobreviventes ao seu desenvolvimento individual ou puramente físico-químico e biológico no espaço e no

---

de Nels Anderson, em *Trends in American Sociology* (New York; London, 1929, p. 261-6, espec. p. 265, 280, 285). Sobre "relações no espaço", leia-se *The concepts of Sociology, a treatise presenting a suggested organization of sociological theory in terms of its major concepts*, de Earle Edward Eubank (New York, 1931, p. 308). Sobre "distância social", *Fundamentals of social psychology*, de Emory Bogardus (New York, 1924). Ainda sobre espaço e tempo, ou só espaço, em relação direta com a Sociologia, vejam-se *Dimensions of society*, de Stuart C. Dood (New York, 1942) e "Formules d'introduction à l'énergétique physio et psychosociologique", em *Questions d'énergétique sociale*, Institut Solvay (Brussel, 1906).

Talvez não seja de todo importuno recordarmos aqui que em estudos sobre o patriarcado rural no Brasil, sem desprezarmos o espaço e o tempo quantitativos, temos procurado e continuamos a procurar, a nosso modo, situar o fenômeno no espaço e tempo – principalmente no espaço – sociais, e, por conseguinte, qualitativos, libertos do critério rígido tanto de cronologia convencional como de área geográfica específica. Nos mesmos estudos, temos procurado, e procuramos ainda, aplicar a fatos brasileiros de interação e convivência o critério do professor Sorokin, de "mobilidade social", vertical e horizontal, e de E. Bogardus de "distância social", dentro da "convergência científica" que um sociólogo francês, bem conhecido no Brasil, o professor Roger Bastide, diz ter praticado no preparo de sua excelente *Sociologie religieuse* (Paris, 1935).

tempo. O indivíduo nasce dono do que os biólogos chamam "a base Orgânica" necessária para desenvolver-se em pessoa ou em pessoas sociais: senhor de órgãos e sentidos que estabelecerão o contato entre o que é nele verdadeiramente hereditário, natural e individual e a vida social e a cultura. Mas aquele desenvolvimento se opera, em grande parte, através da organização social e da cultura dentro das quais o indivíduo se torne *socius* ou pessoa. Organização de que ele depende, antes mesmo de nascer, e que vai depender dele, mesmo depois dele morrer. Muito, nuns casos; pouco, quase nada, noutros, conforme a harmonia entre as potencialidades de físico, de temperamento e de inteligência do indivíduo desenvolvidas em capacidades na pessoa e o meio natural e social ou a época que as excite e as desenvolva ou permita que elas se desenvolvam; ou dificulte-lhes a expressão.

A *pessoa humana*, o *homem social* ou o *socius* se afirma não só *conservador da herança cultural* que lhe é comunicada pela geração anterior, como *assimilador* de culturas de outros grupos que entrem em contato com o seu, e, ainda – sendo maior sua potencialidade – um *criador*, pelo que acrescente, sozinho ou com poucos outros, à herança do seu grupo ou à cultura de seu tempo. Aqui é oportuno recordarmos a crítica do Rev. P. Delos, a Durkheim: para aquele sociólogo a pessoa humana é "sempre agente eficiente",[21] afirmativa que, no seu caso, se baseia na filosofia de importar diretamente ao sociólogo a pesquisa das "causas finais". Ao filósofo social, e ao psicólogo, importa decerto considerar, na pessoa social, zonas de uma capacidade de ação extraordinária do homem que não se explica pelos seus atos, nem por sua história, nem só por seus antecedentes sociais. Mas a essa altura a personalidade é problema extrassociológico: escapa à sociologia científica.

O que nem todo sociólogo despreza ou sacrifica a nenhum determinismo sociológico é o fato de a pessoa humana ou social se alongar extraordinariamente por atos e influência sobre o meio em personalidade excepcional, cujo poder de criação ou de combinação de valores velhos com novos pode causar bruscas modificações sociais e de cultura, no sentido de desorganização e de reorganização de formas de vida social ou de convivência. É interessante observarmos que, à parte a insistência no finalismo, o ponto de vista de Delos se concilia com o de Tönnies,[22] por exemplo, na importância que ambos atribuem ao que o pensador católico chama a "eficiência" da pessoa humana na vida social e Tönnies a "vontade" ou a "escolha" (Kürville), de que é capaz o homem social; vontade ou escolha que, por sua vez, corresponde ao comportamento *zweckrational*, de que fala outro mestre moderno, esquivo ao determinismo sociológico: Max Weber.[23]

---

[21] Delos, Introdução a *Précis de Sociologie*, op. cit., p. 18, nota.

[22] Tönnies, F. *Gemeinschaft und Gesellschaft*, Berlim, 1923, p. 198.

[23] Weber, M. *Wissenschaftslehre*, Tulungen, 1922, p. 12. O professor Carli, em sua *Introduzione alla Sociologia Generale* (op. cit.), salienta que "*la Rinascita, e il Cinquecento danno come prodotto un*

Com o animal sub-humano, o equipamento biológico é quase tudo; com o ser humano é pouco em relação com o que lhe acrescenta a herança social acumulada pelos seus antepassados e a cultura viva do seu tempo, de que ele se torna participante mais ou menos ativo e, em alguns casos, mais ou menos criador. Criador máximo no caso do homem de gênio, capaz de invenção, de crítica renovadora ou de combinações novas.

O homem sem nenhum característico de pessoa social, vivendo em inteira independência da sociedade ou da cultura e só com a natureza e apenas dependente da natureza, seria animal: puro animal. Sua natureza *humana* estaria toda ou quase toda por realizar-se. Mas tal homem se existe é sociologicamente desprezível, tal a sua raridade. O *philosophus autodidactus* imaginado pelo pensador árabe do século XII Ibn Tofail (cuja obra teve tradutor para o latim e voga na Europa e cujo conceito seria corrigido por outro filósofo árabe, Ibn Khaldun, este do século XIV)[24] ou o *élève de la nature*, de Gaspar de Beaurieux,[25] não existem nem existiram de fato. O homem – excetuados casos excepcionalíssimos – é sempre *pessoa humana*, ou *social*, *socius* ou *animal político*. Existe associado com outro ou com outros, direta ou indiretamente e, física, social e culturalmente associado com outro ou com outros ou só social e culturalmente; e assim se forma ou se faz. Em sentido rigoroso, não há autodidata. Nem homem ao natural.

4. PESSOA E PERSONALIDADE

A pessoa, sociologicamente considerada, não é tudo no homem, embora implique sua decisiva diferenciação do animal: sua condição humana e sua qualidade de *socius*, "consciente de sua espécie", que se define a mesma condição. Mas o homem pode ser, ou é, mais do que animal político, *socius* ou pessoa: personalidade.

Ainda que o estudo do homem como personalidade pertença antes à Psicologia – inclusive a Psicologia introspectiva – e à Filosofia, que à Sociologia, esta, por mais sociológica que teime em ser, não pode conservar-se de todo estranha à extensão ou alongamento da pessoa em personalidade ou caráter. O caráter pode ser de início

---

individuo diverso dal Duecento" (ação do meio ou da cultura e da época); "*ma c'è uno solo individuo che si chiami Leonardo, uno solo che si chiami Michelangelo*". E acrescenta: "*Del pari Dante ha preso numerosi elementi dell'ambiente sociale: una sola cosa gli appartiene: il suo genio*" (ibidem, p. 48).

[24] Sobre Ibn Khaldun, veja-se o estudo que lhe consagra René Maunier na *Revue Int. de Sociologie* (Paris, 1913), resumido em *Introduction à la Sociologie* (op. cit., p. 5-6).

[25] De Gaspar de Beaurieux, pode-se dizer que seu *L'élève de la Nature* (1764) talvez seja repercussão do *Philosophus autodidactus*, do filósofo árabe Ibn Tofail (tradução latina de Pococke, 1671), considerado uma das fontes do *Robinson Crusoé*, de Defoe (1720). Sobre o assunto, veja-se a *Introduction à la Sociologie*, de Maunier (op. cit., p. 5-8).

definido como aquele conjunto de ideias e de reações, sempre as mesmas ou quase as mesmas, na pessoa ou no homem social, em face de estímulos ou provocações semelhantes. Estímulos de aprovação ou louvor, por um lado; de desaprovação ou censura, de outro. Em casos excepcionais, esses estímulos podem ter aquela "origem remota em tempo" e "espaço" a que se refere o professor Irwin Edman, em vez de virem da opinião pública predominante no meio ou na época. Os padrões de conduta de tais "gênios morais" – como Edman os denomina – são ideais, em vez de atuais ou imediatos, sem que entretanto deixe de atuar sobre eles a ideia de aprovação ou desaprovação de seus atos ou do seu caráter por Deus, por deuses ou por uma minoria ideal de homens do passado ou do futuro.

É claro que não se considera em Sociologia o conceito popular de "mau caráter" como negação do "bom": é avaliação que cabe antes à Ética que à Sociologia. Para o sociólogo, a ausência ou fraqueza de caráter é apenas expressão de falta de correspondência entre a pessoa ou o homem social e algum sistema particular de conduta com o qual a maioria dos seus contemporâneos e comprovincianos se encontra identificada.

Na *personalidade*, o indivíduo, já humanizado em *pessoa*, e convencionalizado ou não em *caráter*, se impõe ao meio pela consciência não só da espécie – a "*consciousness of kind*" de Giddings – como do "*self*" ou do "eu", embora um "eu" de modo nenhum independente de todo do "nós" particular – tribo, vila, seita, cidade, nação – dentro do qual principalmente se formou ou contra o qual se desenvolveu em alguns dos seus aspectos. "Eu" a que a interação entre as peculiaridades biológicas do indivíduo e os hábitos ou *mores* do seu meio e de sua época dá maior ou menor autonomia de comportamento e maior ou menor capacidade de crítica e de criação, de diferenciação e de iniciação. Essa capacidade, no caso dos gênios, apresenta-se elevada ao máximo: nuns, em certas especializações; noutros, global; e em face, quer da rotina ou das tendências para a inércia social, quer das flutuações do espaço, quer das mudanças de tempo na vida dos grupos.

Essas flutuações envolvem direta e constantemente a pessoa social que é, por sua própria natureza – indivíduo com *status* – espacial e temporal. Suscetível de passar de senhor a escravo, de operário a burguês, de católico a protestante, de "moço" a "velho", se não nas suas atitudes, nos seus atos. O *caráter*, porém, e principalmente a *personalidade* excepcional, tendem a reagir contra flutuações de situações acidentais, quer conservando-se, até certo ponto, o mesmo ou a mesma, contra modas, no espaço, e transformações, no tempo, quer criticando ou revolucionando o meio. O caso de Sócrates, em Atenas. O de Paulo, com relação aos judeus ortodoxos.

Condicionada – a personalidade – pela sua base biológica e pela sua predisposição psicológica, essa base e essa predisposição são favorecidas ou contrariadas pela situação social e cultural da mesma personalidade. Mas, por sua vez, reagem às puras circunstâncias sociais e culturais de tempo e de espaço, conseguindo às vezes sobrepor-se aos padrões dominantes de organização social e de cultura e renová-los ou modificá-los.

Os estudos de Etologia (do grego *ethos*) se ligam com os de Sociologia através da consideração de disposições psíquicas diversas nos seres sociais. Segundo autores clássicos, com os quais coincidem as ideias de vários modernos, tais disposições explicam, conforme suas predominâncias, formas diferentes de organização social. Já Platão fala, na *República*, de cinco formas de Estado e outras tantas de constituições psíquicas e Aristóteles, em sua *Ética*,[26] divide os homens em *meditativos* e *homens de ação*. Quando o psiquiatra Kretschmer distingue, por sua vez, o *ciclotímico* do *esquizoide*,[27] cada um com sua estrutura somática, relacionando-os também com a vida social, desenvolve ideia de clássicos. E o mesmo faz Spranger ao desenvolver seu critério de classificação dos homens sociais em "tipos": o *teórico*, o *econômico*, o *estético*, o *social* propriamente dito, o *religioso*, o *político*.[28] Thomas classifica os homens em *filisteus*, *boêmios* e *criadores* e recentemente Morris sugeriu a classificação de pessoas e grupos segundo uma das sete predominâncias de atitude – *budista*, *dionisíaca*, *de Prometeu*, *apolínea*, *cristã*, *maometana*, *maitriana*.[29] Há quem pretenda dividir os homens em *românticos* e *realistas*; em *apolíneos* e *dionisíacos*; ou em *introvertidos* e *extrovertidos*. Allport contenta-se em opor o *radical* ao *conservador*:[30] todo ser social seria uma coisa ou outra. Quando a verdade parece ser que o maior número oscila entre os antagonismos de extremo radicalismo e extremo conservantismo, tanto quanto entre os extremos de meditação pura e pura ação. E há os homens sociais francamente contraditórios como Vico, como Renan, como Gladstone, como, entre nós, o padre Feijó, radicais nuns pontos e conservadores noutros, sem deixarem de ser personalidades fortes e caracteres vigorosos, isto é, que não se alteram facilmente ao sabor de diferentes situações acidentais.

---

[26] Veja-se de Platão, *The Republic*, trad. inglesa de Jowett, em *Dialogues of Plato* (Oxford, 1914, v. III). E sobre sua parassociologia e a dos gregos, *The political thought of Plato and Aristotle*, de Ernest Barker (London, 1906), *Plato and other companions of Socrates*, de George Grote (London, 1867), *Lectures on the Republic of Plato*, de R. L. Nettleship (New York, 1914). De Aristóteles, veja-se *The Politics*, trad. inglesa de Jowett (Oxford, 1885, espec. I, 2:5-9). Um bom resumo das ideias parassociológicas de Aristóteles, contidas em suas obras sobre a Política e a Ética, é o oferecido por James P. Lichtenberger no capítulo "Aristotle" do livro *Development of social theory* (New York, 1924, p. 31-54).

[27] KRETSCHMER, E. l'*Physique and character* (trad.), New York, 1925.

[28] SPRANGER, E. *Lebensformen*, Halle, 1922. Em português, veja-se o livro do professor W. Berardinelli, *Os tipos humanos na vida e na arte* (*Antropologia diferencial*) (Rio de Janeiro, 1954).

[29] Veja-se a respeito o trabalho de W. I. Thomas, em colaboração com Florian Znaniecki, *The polish peasant in Europe and America* (New York, 1927, v. II, p. 1837-9, 1853-9, 2240-4). De Charles Morris, leia-se o artigo "Freedom or frustration?", *Fortune*, v. XXVIII, n. 3, setembro de 1943.

[30] Veja-se ALLPORT, F. H *Social Psychology*, New York, 1924, cap. II.

Constituem uma especialidade cada dia mais densa os estudos daquelas disposições psíquicas, para alguns expressas em característicos físicos, que parecem condicionar sempre situações sociais consideradas patológicas, quando o certo é que, no maior número de casos, são disposições desenvolvidas por essas situações, como noutros indivíduos a predisposição à tuberculose é desenvolvida por situações igualmente sociais que lhe são favoráveis. Referimo-nos ao estudo de "tipos" que, bem examinados, são geralmente expressões de *situações* fantasiadas em *tipos*: a situação do *hobo* ou *vagabundo* estudada por Anderson,[31] a do *boêmio* estudada por Honigsheim, a do *renegado* estudada por Menzel, a do *pobre* estudada por Simmel.[32] Não devemos desprezar a importância das predisposições psíquicas em tais "tipos" ou caracteres considerados patológicos; mas sem nos esquecermos de que nem eles nem os chamados normais se desenvolvem senão sob o favor de situações sociais; nem de que sua anormalidade está, em grande parte, em relação com normalidades de tempo e de espaço impostas às maiorias por classes ou grupos dominantes. Normalidades responsáveis grandemente por outras expressões de "personalidade" ou de "caráter": a "personalidade étnica" (o ameríndio, o chinês, o "ariano" etc.); o caráter nacional ou regional (o inglês, o francês, o alemão, o brasileiro, o paulista, o cearense etc.); o caráter aristocrático; o burguês; o plebeu.

A integração do indivíduo social em caráter *bom* ou *mau*, *nobre* ou *plebeu*, *normal* ou *patológico* – ou sua desintegração, está em relação com predominâncias éticas e estéticas, econômicas e políticas, no meio e na época em que se verifique a integração; ou a desintegração. O *bom* caráter da era vitoriana da Inglaterra – para falarmos de uma época bem definida e, por assim dizer, estática, época que como que parou no tempo durante meio século – não coincide com o *bom* caráter da Esparta clássica: outra época bem definida e estática, cujos padrões éticos e políticos vinham sendo revividos pela Itália reorganizada sob o fascismo e pela Alemanha nazista. O Dr. Arnold, Gladstone, Tennyson, os Browning, Florence Nightingale, o cardeal Newman, o príncipe Alberto, a rainha – nenhum desses carácteres integralmente vitorianos, nenhum desses exemplos de caráter vitorianamente *bom*, corresponderia aos padrões de excelência de caráter dominantes no famoso Estado peloponésio. Entretanto, são duas épocas caracterizadas pela firmeza de caráter de sua gente.

É que diverso do conceito de caráter *bom* é o conceito sociológico de caráter *forte*, marcado antes pela singularidade que pela dualidade ou variedade de propósitos, conduta ou atitude – sem considerar-se, é claro, sua substância ética ou sua qualidade moral. O caráter *forte* ou *fraco* deixa de ser objeto exclusivo de considerações de Ética ou de Pedagogia para tornar-se tanto quanto a personalidade – com a qual se confunde

---

[31] ANDERSON, N. *The Hobo: the Sociology of the homeless man*, New York, 1923.

[32] Citados por Menzel, *Introducción a la Sociología* (México, 1940, p. 131).

quando visto só nas suas expressões sociais e considerado só no seu potencial social – objeto de estudo sociológico. A rainha Elizabeth, com seu todo de mulher-homem, tudo indica que seria um caráter *forte*, antes de homem que de mulher, em condições diversas daquelas em que se definiu. É que a definição do caráter em *forte* ou *fraco* não depende da qualidade moral ou substância ética dos traços que o constituem mas, o *forte*, da prepotência do conjunto de traços psíquicos e somáticos que forme sua base, completados por atitudes e hábitos adquiridos sob alternativas de situação social que atravesse; o *fraco*, da importância do mesmo conjunto, em face de alternativas da mesma espécie. Daí se relacionarem com o estudo sociológico do caráter não só as tentativas de classificação do ser humano em "tipos" ou disposições biopsíquicas, como as pesquisas de Psicologia que associam o desenvolvimento da personalidade humana às suas primeiras situações e experiências sociais e sexuais; as pesquisas dos *behavioristas* e dos psicanalistas, por exemplo.

Dissemos que o caráter, considerado puramente em suas expressões, se confunde às vezes, para o sociólogo, com a personalidade. E aqui voltamos a assunto já ferido neste capítulo: a personalidade do ponto de vista sociológico. Definida com rigor sociológico a personalidade é, como acentua Sapir, "a totalidade daqueles aspectos do comportamento que dão sentido a um indivíduo em sociedade e o distinguem de outros membros da comunidade, cada um dos quais encarna inúmeros traços de cultura numa configuração única".[33] O professor Kimball Young é ainda mais rigorosamente sociológico ao definir a personalidade como o total de "hábitos, atitudes, ideias e característicos de um indivíduo que se desenvolve de sua função ou *status* nos vários grupos de que é membro".[34] Para os biólogos "a gênese da personalidade" e, "segundo todas as probabilidades, determinada largamente pela conformação anatômica e fisiológica do indivíduo".[35] Mas quase todos os estudos da personalidade – seja qual for o seu critério dominante: o biológico ou o cultural – estão de acordo quanto a esse ponto: nem mesmo essa gênese pode ser explicada inteiramente pela conformação anatômica e fisiológica da personalidade. Menos ainda o poderá ser seu desenvolvimento através de situações sociais e condições de cultura que antes mesmo de nascer o indivíduo influem, às vezes decisivamente, sobre seu futuro desenvolvimento. A concepção psiquiátrica de personalidade que faz do indivíduo, isto é, de sua história psicofísica, uma série de reações condicionadas não só pela hereditariedade como pelas relações do indivíduo (social) com a cultura, concilia-se bem com a sociopsicológica, de unicidade de configuração de cada personalidade, como síntese daquela hereditariedade e dessas relações.

---

[33] SAPIR, E. Personality, in: *Encyclopedia of the Social Sciences*, New York, MCMXXXV, v. XII, p. 85-7.
[34] YOUNG, K. *Social Psychology*, New York, 1930.
[35] SAPIR, op. cit.

A interação entre a hereditariedade e as condições sociais e de cultura não pode ser esquecida no estudo do alongamento da pessoa ou indivíduo social em personalidade. O senso de inferioridade pessoal que, numa comunidade de gente geralmente alta ou de homens expessamente peludos, experimenta o indivíduo social de estatura baixa ou o macho de corpo pouco revestido de pelo, pode desenvolver aqueles "mecanismos de compensação" de que fala Adler: inteligência agressiva ou astúcia. São traços, na verdade, muito encontrados em indivíduos de estatura baixa e, em países como os da Europa latina e da balcânica, nos homens de pouca barba e pouco pelo, assim como em países como os Estados Unidos e na Índia inglesa, nos mestiços: em todos os indivíduos sociais que experimentam a necessidade de compensações que lhes completem a personalidade em relação com os estilos sociais e de cultura dominantes. A revolta contra o *status* social condicionado por fatores físicos ou hereditários – estatura, raça, sexo – ou pela classe em que o indivíduo de certas culturas ou organizações sociais nasce e cresce como se nascesse e crescesse dentro de categoria tão rigidamente biológica como o sexo ou a raça – pode resultar, e tem resultado, em personalidades excepcionais pela astúcia ou feitio às vezes felinamente agressivo: revolucionários, rebeldes, heterodoxos, traidores, separatistas, fundadores de novas nações, seitas, sistemas de governo e de economia.

Esse feitio agressivo ou astuciosos de personalidade pode tornar-se por contágio social ou imitação de poucos por muitos, o feitio de subgrupos inteiros. É o que se verifica hoje nos Estados Unidos com numeroso subgrupo de americanos de origem africana, conscientes, e até arrogantemente conscientes, de sua espécie ou do seu *status*. À "socialização de traços de personalidade" destacada por Sapir podem ser talvez referidos esses casos de generalização a grupos ou subgrupos inteiros de traços a princípio só de indivíduos sociais de personalidade excepcional. Sapir, porém, ao falar de "socialização de traços de personalidade", refere-se apenas à possibilidade de caracterizar-se um grupo ou uma cultura segundo a predominância entre seus membros, de tendências a tipos antes psiquiátricos que sociológicos, de personalidade.

Com a generalização a culturas ou grupos, para caracterizar-lhes as tendências predominantes, de expressões derivadas de tipos psiquiátricos ou psicológicos de personalidade, não devemos confundir a expressão rigorosamente sociológica, embora, a nosso ver, arbitrária e lamentavelmente ambígua, "tipo social", desenvolvida por Burgess para descrever o papel que a pessoa ou o indivíduo social assume na comunidade e que lhe é confirmado ou atribuído pela mesma comunidade. Assim o "tipo social" de *pecador* pode tornar-se o de *santo*, ou o de *heterodoxo* o de *ortodoxo*, sem que a personalidade do convertido se desintegre toda para integrar-se de novo. Transforma-se sua *função* mas não o conjunto de disposições psíquicas e de hábitos sociais que constituem o invariável de sua personalidade. Nem mesmo "nascendo" dramaticamente "de novo", o apóstolo Paulo desfez-se daquelas disposições psíquicas e daqueles hábitos sociais já tão dele ao verificar-se sua conversão ao cristianismo como se fossem raízes – e não apenas "espinhos" – enterrados na sua carne. Essas raízes resistiram à sua transformação de *pecador* em *santo*. Entre nós, Jackson de Figueiredo, passando de ateu demagógico a panfletário católico romano, conservou-se o mesmo nas raízes de sua personalidade, embora diversíssimo na função social e, por consequência, na expressão da personalidade. E Saldanha da Gama transformou-se técnica e funcionalmente em revoltoso ou em *pecador* político, sem que sua personalidade de aristocrata conservador se alterasse em suas raízes; alterou-se, porém, essa personalidade, condicionada pelas novas situações sociais que agiram sobre ela, em seu papel ou função na vida da comunidade.

Estudos recentes de Psiquiatria social coincidem com o critério sociológico no reconhecimento de que a personalidade é síntese dramática da cultura com o que houver de irredutivelmente individual em cada um. Nem sempre há síntese, nem simplesmente drama, mas, às vezes, tragédia de desorganização ou desintegração sob o trauma de conflitos dentro do homem social, causados por situações violentamente contraditórias ou pelas várias pessoas sociais em conflito dentro de uma personalidade. Por exemplo: a de católico romano com a de alemão nazi. O conflito da cultura transnacional com que esteja identificado o homem social por uma de suas situações sociais – a de cristão, por exemplo – com a cultura nacional a que pertence, pode fazer dele um caso sociopsicológico de Dr. Jekill e Mr. Hyde. Isso sem nos referirmos às manifestações com odor patológico de conflito agudo de uma personalidade com outra dentro de um só homem: manifestações extremas cujo estudo cabe ao psiquiatra. São numerosos os casos de indivíduos como que de dupla personalidade que, sem se tornarem psiquiátricos, constituem exemplos de homens de duas caras, julgados de uma maneira por uns, de maneira contrária por outros, conforme a cara que unicamente veem os julgadores.

O professor Fidelino de Figueiredo tem razão quando distingue na personalidade de Dom João VI, por exemplo,[36] dois aspectos ou, preferimos dizer aqui, duas expressões: o Dom João VI português e o Dom João VI brasileiro. O brasileiro não foi diferente do português – pode-se acrescentar ao professor Fidelino de Figueiredo – no lastro irredutivelmente individual, ou se quiserem, biologicossocial de sua personalidade: aqui como em Portugal foi o mesmo homem sensual e predominantemente filistino em suas predisposições psicossociais. No Brasil, porém, novas situações sociais, novas dimensões de espaço físico e de espaço social para sua ação despertaram nele zonas de criatividade em Portugal inteiramente mortas e deram à sua personalidade expressões criadoras. Sobre essas expressões baseou-se a obra de reabilitação

---

[36] FIDELINO DE FIGUEIREDO, Dom João VI de Portugal e do Brasil, *Diário de Notícias*, Lisboa, 13 de maio de 1936.

de Oliveira Lima: *Dom João VI no Brasil*. Mas esse Dom João VI criador só existiu no Brasil e para o Brasil. De modo semelhante, Olavo Bilac, em comentário à figura do almirante Custódio de Melo, escreveu que naquele "brasileiro ilustre [...] havia um militar e um político, duas individualidades que *se hurlent de trouver ensemble*, mas que tão frequentemente no Brasil vemos agora reunidas".[37] E escrevendo quase em linguagem sociológica, observava Bilac: "Não somente o nosso modo de pensar e de agir se renova incessantemente, de minuto a minuto, de maneira que eu não sou hoje justamente o que fui ontem nem o que serei amanhã como ainda, num mesmo momento dado, pode haver em cada um de nós duas entidades diferentes que não raro se guerreiam e sempre se atrapalham". O próprio Bilac foi um contraditório: artista, e, ao mesmo tempo, filisteu ou filistino.

São de interesse sociológico os estudos que indicam correlações de desorganização ou desintegração de personalidade com fatores culturais e situações sociais, através dos conceitos de "felicidade", "prestígio", "normalidade" que predominem em diferentes culturas ou comunidades nacionais ou regionais e em épocas relativamente estáticas e que sejam perturbados por conceitos opostos, difundidos por culturas transnacionais ou transregionais como o cristianismo, o ocidentalismo europeu desde o século XV, o islamismo. Sabemos que na cultura castiçamente chinesa, por exemplo, o conceito de felicidade, o de prestígio e até o de normalidade se ligam à situação de ser *homem* em oposição à de ser *mulher*. O ser mulher seria uma espécie de anormalidade necessária.

Sabemos também que na moderna cultura norte-americana, ainda predominantemente burguesa e capitalista-industrial, a felicidade, o prestígio, a normalidade estão ligados principalmente à situação de *rico* em oposição à de *pobre*. Situação – a de pobre – que na Espanha castiça – ou no que sobrevive da Espanha castiça – pode, entretanto, revestir-se de uma dignidade quase aristocrática – a dos seus célebres mendigos fidalgos – incompreensível em países como os Estados Unidos. Nos Estados Unidos, a situação de mestiço é outra de infelicidade, de desprestígio e de anormalidade vergonhosa; no Brasil, entretanto, o mestiço pode chegar, e tem chegado, à presidência da República e a condição de mestiço aproximar-se da de normalidade social.

Mais de um psiquiatra social moderno salienta que enquanto há funções e situações possivelmente comuns a todos os grupos, que tendem a causar personalidades anormais ou a ser causadas por elas, há culturas ou grupos regionais mais causadores do que outros de desorganizações de personalidade. A professora Margaret Mead notou, com efeito, em Samoa, a ausência de tabus que causam, noutras sociedades e culturas – inclusive na nossa – o período chamado de angústia ou crise de adolescência do que se derivam, como é sabido, deformações e até desintegrações de personalidade.[38]

---

[37] Pontes, E. *A vida exuberante de Olavo Bilac*, Rio de Janeiro, 1944, v. I, p. 221.
[38] Mead, M. *Coming of Age in Samoa*, New York, 1928.

E o professor Faris, entre os bântus, constatou a ausência de perturbações de personalidade comuns na civilização industrial-capitalista da Europa ocidental e dos Estados Unidos.[39] Perturbações por ele associadas ao sistema econômico de competição que condiciona a mesma civilização.

Se à posição ordinal de filhos numa família se associam perturbações de personalidade causadas provavelmente por competição e ressentimento, pode-se imaginar a muito maior intensidade de perturbações da mesma espécie em sociedades que destinam suas melhores escolas e as vantagens decorrentes de cursos completos nessas escolas, não aos meninos e adolescentes física e intelectualmente mais aptos, porém simplesmente aos filhos de ricos ou de brancos ricos ou apenas de brancos: às vezes só aos filhos mais velhos das famílias ricas ou brancas. É apenas de 1906 o livro *Sociologie et Litterature* em que um francês tipicamente conservador e aristocrático, Paul Bourget, se insurge contra o ensino secundário franqueado indistintamente a filhos de burgueses, operários e camponeses, de tal modo determinadas lhe parecem as *"facultés inégales"* das crianças pelo fato de suas famílias serem *"inégalement fortunées"*. É aliás o mesmo critério que, deliberadamente ou não, se segue naqueles países, como o Brasil em que o ensino secundário e superior é cada dia mais caro e, em consequência, limitado não aos adolescentes mais aptos, porém aos mais ricos. E em algumas escolas, tem-se tentado, não só nos Estados Unidos, como na Europa e até entre nós, limitar a matrícula a brancos reais ou aparentes.

Decorrem daí desajustamentos a profissões, com prejuízo para a comunidade inteira e trauma – de causa social – sobre as personalidades dos desajustados: maus advogados ou médicos que seriam bons marceneiros e maus marceneiros que seriam bons advogados ou médicos. Não se nega que as diferenças de aptidões entre seres humanos existam: existem tão intensas e frequentes que tornam pura ilusão qualquer sistema de igualdade absoluta a que se pretenda sujeitar a sociedade humana. Mas o modo de reconhecê-las não é por certo o sugerido pelos Bourget amados pelas duquesas e pelos jesuítas europeus da sua época. Nem o modo de aceitar a coexistência de desigualdades de aptidão, o predominante nas culturas ou organizações sociais industriais-capitalistas, com sua hierarquização arbitrária de situações sociais e seu

---

[39] Vejam-se PLANT, J. *Personality and the cultural pattern*, New York, 1937; FARIS, E. *The Nature of Human Nature*, New York, 1937, p. 278-88; HORNEY, K. *The neurotic personality of our time*, London, 1937. Também BROWN, L. G. Social Psychiatry, in: BERNARD, L. L. (coord.) *The fields and methods of Sociology*, 1934, p. 129-45. Dentre os estudos mais recentes relacionados com o assunto, veja-se o de SCHNEIDER, L. *The freudian psychology and Veblen's Social Theory*, New York, 1948; o de MEAD, M. The concept of culture and the psychosomatic approach, in: HARING, D. G. (org) *Personal character and cultural milieu*, New York, 1948; o de SOROKIN, P. A. *Society, culture and personality*, New York; London, 1947; o de LINTON, R. *Cultural background of pesonality*, New York, 1945; o de BIDNEY, D. Toward a psychocultural definition of the concept of personality, in: SARGENT, S.; SMITH, M. (org.) *Culture and personality*, New York, 1949; o de KROEBER, A. L. *Configurations of culture growth*, Berkley, 1944.

sistema econômico de competição em torno de situações predominantemente econômicas: o advogado ou médico de grande clientela, o capitão de indústria, o homem de negócios que vence por qualquer meio os competidores: mesmo falsificando artigos de alimentação.

Note-se, ainda, que o conceito de felicidade, como o de normalidade e o de prestígio, associados ao desenvolvimento de personalidades, relaciona-se com traços físicos estimados diversamente por diferentes culturas ou por diferentes épocas. Já foi moda, entre nós, a gordura da mulher: hoje a mulher brasileira gorda sente que sua personalidade é desagradável ao meio pelo fato físico da gordura, considerada anormalidade e associada a traços sociais desagradáveis: ociosidade, glutoneria, lentidão. O tipo físico de mulher normal, feliz, prestigioso é agora, no Brasil, o da mulher magra ou enxuta de corpo de quem se esperam os traços psíquicos e os hábitos sociais da pessoa de feitio longilíneo, em contraste com a de feitio brevilíneo. A obesidade na mulher e mesmo no homem é, no Brasil de hoje, uma desgraça social: o obeso é ridicularizado e desprestigiado. Nas modas e nos traços de personalidade exaltados por diferentes épocas através de exageros de moda – barbas longas ou fartos bigodes nos homens, pés pequenos e ancas salientes nas mulheres – refletem-se não simples caprichos de fabricantes de calçados, de cosméticos, de chapéus e de vestidos mas alterações dos ideais sociais de personalidade de homem e de mulher conforme alterações de cultura, em geral, e de economia, em particular.

Da personalidade não nos esqueçamos que guarda em si raízes ancestrais e por suas reações de temperamento ao clima, ao meio, ao ambiente cultural, define-se em face das expressões mais características do que se pode denominar normalidade cultural e social: normalidade no tempo (instituições e modas dominantes na época) e normalidade no espaço (tipos de habitação, instituições e costumes nacionais, regionais). Daí *personalidades* anormais para certos ambientes culturais diversas de *indivíduos* anormais, isto é, seres antissociais em qualquer ambiente. E o que se diz aqui de personalidades, pode-se dizer de suas sínteses biossociais ou psicossociais, os *tipos*. Quando desimpedido o espaço físico e social, parece verificar-se a tendência humana para os *tipos* (compreendidos como sínteses ou classes de personalidades) procurarem as "normalidades" que melhor correspondem aos seus característicos biossociais. Em trabalho anterior aventuramo-nos a sugerir, baseado em estudos da História regional e observação de condições atuais do Nordeste do Brasil, a preferência dos chamados *brevilíneos* pela lavoura sedentária da área do açúcar e dos chamados *longilíneos* pelo pastoreio e pelo bandeirismo, sugestão que as pesquisas biotipológicas do Capitão Dr. Álvaro Ferraz, ainda incompletas, vêm confirmando.

Admitida a recente classificação de Ruth Benedict – a que já nos referimos – e a de Thomas, também já referida, e hoje clássica em Sociologia, cremos ser também possível correlacioná-las com distribuições mais ou menos espontâneas, por áreas de predominâncias culturais acentuadas e atraentes para uns tipos, repugnantes para outros. Não são poucos os brasileiros do Rio Grande do Sul que têm encontrado na capital da Bahia sua normalidade social ideal; nem os brasileiros da capital da Bahia que só tendo encontrado abafo e opressão num meio da normalidade social predominantemente urbana e burocrática como o da antiga metrópole do Brasil, sentem-se desoprimidos e como que realmente normais em zonas pastoris do Rio Grande do Sul.[40]

A professora Ruth Benedict procurou mostrar em vários trabalhos, alguns já clássicos, que em sociedades primitivas por ela estudadas, duas de tipo *dionisíaco* – ênfase na exaltação de emoções, no individualismo, na ação –, outra de tipo *apolíneo* – em relação àquelas, formalista, altamente socializada, moderada, pouco dada à violência e à exibição de sentimento – valorizam-se ou toleram-se socialmente personalidades que em face das instituições de nossa cultura seriam consideradas anormais; uns, os valorizados pelas culturas primitivas *apolíneas*, seriam para nós paranoicos; os homossexuais, tolerados pelos zuñis, sofreriam entre nós ostracismo ou ridículo.[41] Aliás, Benedict recorda que a suscetibilidade ao estado de transe, valorizada por certas culturas primitivas, o foi também, na nossa própria cultura, pela Idade Média cristã. E o homossexualismo, em suas formas mais altas, não deixou de ser de certo modo valorizado pela Grécia de Platão.

A personalidade "anormal" que, entretanto, funcionar dentro da configuração cultural do seu tempo e do seu meio – configuração, digamos com a professora Benedict para efeitos de generalização, *dionisíaca* ou *apolínea* – sendo considerada por essa época ou por esse meio uma personalidade se não digna de exaltação, ou de glorificação, pelo menos de tolerância, encontrará facilidades se não absolutas, relativas, para criar, inovar, impor-se ao meio ou à época. O caso de Leonardo da Vinci. O de Rimbaud. O de Thoreau. Em outra época ou outra cultura, a mesma personalidade seria suscetível de sofrer martírio, morte, e não apenas prisão, ostracismo, ridículo, como elemento antissocial. Mas o antissocial, nesse caso, deverá chamar-se anticultural. O campo do que pode intitular-se rigorosamente de patologia social é bem reduzido, variando, como varia, a noção de normalidade e de anormalidade de época para época e de meio para meio, com alternativas de melhor ou pior ajustamento para aqueles indivíduos que se desenvolveram, pelas suas reações de temperamento, aos estímulos vindos de fora, em pessoas e personalidades diferentes da média estatística do grupo ou da geração a que pertencem.

---

[40] Veja-se a respeito nosso estudo "Problemas de relações da personalidade com o meio" em *Problemas brasileiros de antropologia* (Rio de Janeiro, 1943, p. 154-79).

[41] BENEDICT, R. *Patterns of culture*, London, 1935, cap. IV, espec. p. 79, 80, 85.

Diante desses conflitos de personalidades com culturas e mesmo com organizações sociais ou grupos, nunca será demasia insistirmos no fato de que produtos, em grande parte, da interação de um indivíduo com outro ou outros, as personalidades, como as pessoas, e os próprios tipos sociais, são feitos, também em grande parte, pelos hábitos, atitudes e ideias do meio social e cultural a que estão expostos, guardando, entretanto, da ancestralidade biológica capacidades e disposições desiguais diante da herança cultural e do meio ou da normalidade social. Não é raro o homem social educado em meio diverso do ancestral surpreender em si mesmo, na voz e no traço de letra – tratando-se de homem alfabetizado de cultura ocidental – alguma coisa de característico da voz e do traço de letra do pai ou avô remoto. Entretanto, o timbre da voz e o traço da letra são, em grande parte, convenções de cultura desenvolvidas sobre um mínimo de invariabilidade hereditária e de potencialidade biológica. A constância está em predisposições.

5. O SOCIAL E O CULTURAL

Devemos procurar esclarecer a distinção, até agora apenas sugerida, entre o *social* e o *cultural*.

Do primeiro já vimos que o sentido é o mais largo, em contraste com a significação restrita de *sociológico*. O *social* se refere não só, de modo geral e indeterminado, ao aspecto coletivo da humanidade, admitindo portanto os critérios mais diversos de aproximação, de estudo, de solução ou de tentativa de solução de problemas que apresente esse aspecto coletivo da vida humana – o sentido filantrópico, o critério ético, o filosófico, o político, o econômico, o psicológico – como aos fenômenos de associação encarados em toda a sua amplitude: podendo incluir a vida social infra-humana. A vida social animal e até a vegetal.

Entre algumas das formas mais altas da vida animal, várias expressões de vida social, alguns dos próprios fatos sociológicos de interação e de interdependência entre os grupos e o meio, se apresentam semelhantes – embora sempre menos complexos e destituídos de consciência – aos que se verificam entre os grupos humanos. No estudo dos fatos e processos de posição ou de situação no espaço físico-social, ou ecológicos – invasão, sucessão, essas semelhanças se estendem – embora mais vagas – a outras formas de vida social animal e a sociedades vegetais que reagem à invasão de outras sociedades, retirando-se, deixando-se suceder pelos intrusos, ou competindo com eles. Ou revelando – algumas sociedades animais o revelam de forma ativa ou nítida – aquela "territorialidade" encontrada pelo professor Carpenter nos gibões[42]

---

[42] CARPENTER, C. R. A Field Study in Siam of the Behavior and Social Relations of the Gibbon (Hylobates Lar), *Comparative Psychology Monographs*, Baltimore, v. 16, n. 5, 1941, espec. cap. VI.

e que compreende a identificação com o alimento, as árvores, os lugares de repouso, etc., de dada região. Dentro dessa territorialidade, o mesmo pesquisador encontrou grupos definidamente estruturados, nos quais cada indivíduo tem seu *status*, que só gradualmente se modifica. De modo que surpreende-se entre esses grupos animais, o sentido ou, pelo menos, o esboço ou a antecipação de sentido de territorialidade dos grupos humanos e da tendência para o indivíduo definir-se em *socius* por *status* dentro dos mesmos grupos. Mas não a consciência: nem a "consciência de espécie" em que Giddings insiste como condição fundamental dos fenômenos rigorosamente sociológicos; nem a consciência de *status*, que nos parece ser essa condição.

Baseia-se nas semelhanças de fatos de interação infra-humanos com fatos de interação entre homens, a tese chamada extensiva, com antecedentes pré-sociológicos na Filosofia social dos antigos (do grego Luciano ao francês Georges Le Roy, que no século XVIII escreveu *Lettres sur les animaux*), segundo a qual a Sociologia, em vez de simplesmente antropocêntrica, devia ter por sua unidade de estudo o social, em geral. Um social total ou universal.

Se existem sociólogos modernos com essa orientação, o critério hoje dominante na Sociologia, em geral, e nas sociologias especiais, em particular, é o de deixar à Biologia fixar os atributos verdadeiramente comuns às sociedades humanas e às animais e vegetais restringindo-se a Sociologia ao estudo dos fatos de interação nas sociedades humanas, nas quais formas e processos *sociais* de interação se fazem acompanhar de característicos distintamente culturais.

Porque sempre que se associam homens, verifica-se o que não se verifica – segundo parece – com nenhuma associação de infra-humanos: da associação inter-humana emergem, ou tendem a emergir com a repetição, *formas de cultura*. Do *social* resulta o *cultural*. Ou com o *social* coincide quase sempre o *cultural*. Na composição do bolo social e de cultura assim formado podem entrar animais e plantas domesticados que constituam conjuntos simbióticos; mas sem que se verifique consciência de solidariedade da parte dos vegetais ou animais: apenas sentido, da parte de alguns destes. Em alguns casos, um sentido que se aproxima de consciência, como o dos cães policiais e de São Bernardo.

Embora não haja unanimidade perfeita sobre esse ponto – a incapacidade de sociedades infra-humanas para produzirem cultura – pode-se afirmar que o distintamente cultural é produto característico da interação entre homens. Por produto distintamente cultural da interação entre os homens entenda-se aquele conjunto de atitudes, crenças, ideias, valores, artes, técnicas, que se encontram entre os grupos humanos mais primitivos porém, de forma nítida, não caracteriza nenhum grupo infra-humano.

É clássica a definição de cultura – no seu sentido antropológico ou sociológico – de Tylor: "aquele todo complexo que inclui conhecimentos, crenças, arte, moral, lei, costumes, e outras muitas capacidades e hábitos adquiridos pelo homem como membro da sociedade".[43] O professor Folsom salienta o caráter artificial da cultura: "o total de tudo quanto é artificial – o equipamento completo de instrumentos e hábitos de vida inventados pelo homem e transmitidos então de uma geração a outra".[44]

Esse caráter artificial ou convencional da cultura, que a torna campo de estudo não só do antropólogo cultural – mais objetivo que o sociólogo e mais limitado pelas considerações de tempo e de espaço – como do sociólogo – menos objetivo que o antropólogo e mais desejoso de libertar-se dos limites de tempo e de espaço físico, desejo que tem resultado em precipitações e antecipações só em parte confirmadas pelas pesquisas antropológicas ou pelas investigações ecológicas – não deve ser nunca perdido de vista. Sobre ela se apoia o critério de relatividade cultural, que torna difícil a generalização, quando do fato biossocial ou mesmo social – mas subcultural – se passa ao fato carateristicamente sociológico, ou àqueles fenômenos de interação entre os homens marcados por consciência de espécie ou de *status* e de que resultem formas ou estados de cultura; ou que se desenvolvem sobre formas ou estados de cultura.

Alguns sociólogos mais modernos – um deles o professor E. Chalupny, de Praga – não hesitam em definir a Sociologia como a ciência que tem por campo de estudo "a cultura" ou "a civilização".[45] Mas a definição é vaga, não estabelecendo eles distinção nenhuma entre o campo de estudo da Sociologia e o da Antropologia e da História culturais e da Geografia Humana. É que essa distinção, na verdade, só se torna nítida pelo contraste do método e do objetivo sociológico com o objetivo e o método da Antropologia social e cultural, da História social e cultural e da Geografia Humana. Pois quem diz cultura ou civilização diz *formas* e *processos* e diz *conteúdos*, dos quais é certo que nem sempre podemos destacar ou desgrudar as *formas* e os *processos*, segundo o desejo de Simmel, sem destruir a vida do conjunto ou da totalidade. Nunca, entretanto, será demasia insistir no fato de que o objeto de estudo especial da Sociologia é antes o constituído pelas formas, funções e processos sociais e de cultura e pelas personalidades consideradas como agentes ou veículos de socialização e aculturação que pelos conteúdos temporais, regionais ou mesmo universais de tais formas ou personalidades.

---

[43] Tylor, E. B. *Primitive culture*, London, 1929, I, p. 1.

[44] Folsom, J. K. *Culture and social progress*, New York, 1928, p. 32.

[45] Chalupny, E. *Précis d'un système de sociologie*, Paris, 1930, p. 17. Diz aí Chalupny: "*La sociologie est la science qui a pour objet l'étude de la civilisation ou culture*".

6. O NATURAL, O SOCIAL E O CULTURAL

Há os que pretendem fazer da Sociologia ciência puramente natural indiferente a valores. Uns, prudentemente: não querendo que se abuse das analogias sociológicas entre os homens e os animais e os vegetais sociais. Outros, indo ao extremo de pretender sujeitar o homem à ação dos chamados "tropismos", operando-se assim a redução – observa Maunier – "do superior ao inferior".[46] São os que alegam que a Sociologia tem tanto que ver com "valores" da sociedade ou de cultura humana quanto a Botânica com os "valores" das plantas. Repelem qualquer critério de "normalidade" no estudo dos fatos sociais. A escravidão, a guerra, a prostituição e certos dos chamados vícios, em nossa civilização atual, seriam tão normais, do ponto de vista da Sociologia, como a paz, o trabalho livre ou o amor sexual desinteressado de lucros materiais.

É certo que, do ponto de vista sociológico, não existe uma normalidade absoluta, universal, ecumênica para a vida social ou cultural dos homens. Certo que a escravidão, por exemplo, tem sido de vantagem, pelo menos provisória, para certos grupos em certas fases do seu desenvolvimento, tornando-lhes possível o lazer para a arte, para a ciência, para o estudo: até mesmo para o estudo contrário a ela, escravidão.

Existem, porém, normalidades regionais e temporais.[47] Dentro delas os próprios "fatos-coisas" de Durkheim se alongam em *valores*, segundo os padrões das culturas regionais ou temporais, independentemente de se imporem à atenção do sociólogo como *significados*. O solo, na sua composição, o subsolo, os animais, as plantas, as águas, as pedras – para não falarmos nos próprios homens – se alongam, para a pessoa social em contato direto ou indireto com elas, em *significados* e em *valores*. São "bons" ou "maus", "saudáveis" ou "patológicos", "belos" ou "feios", "ricos" ou "pobres" conforme os interesses de comunidades e grupos culturais; e para o gozo e o gosto se não da sociedade humana na sua totalidade, nem mesmo na sua permanente maioria, de determinados grupos humanos, nas zonas espaciais ou temporais do seu domínio: o Império Romano e depois a cultura greco-romana, por exemplo. Esse como que hedonismo social e de cultura faz que a pessoa humana busque nos contatos com outros e com a natureza animal, vegetal e mineral os mais agradáveis não só às suas condições naturais – sexo, idade, temperamento e até certo ponto raça – como ao seu *status* e às suas condições sociais e de cultura: sexo, raça e idade nos seus aspectos

---

[46] MAUNIER, *Introduction à la Sociologie* (op. cit., p. 8).

[47] Vejam-se, sobre o assunto, as sugestivas páginas de Carli em *Introduzione alla Sociologia Generale* (op. cit., p. 198-203); DURKHEIM, E. *Les règles de la méthode sociologique*, Paris, 1919, p. 80; BAYET, M. Du normal et du pathologique en Sociologie, *Revue Philosophique*, Paris, 1907, t. XIII, 1. Pergunta Bayet: "*quelles raisons avons nous de croire que qui était hier pathologique en une société donnée, considerée à un moment donée, n'est pas normal aujourd'hui ne sera pas normal demain dans une société de même espèce, considerée au même moment de son evolution!*" (ibidem, p. 70).

convencionais; e língua, economia, nação, profissão, classe, religião. Ao imperialista norte-americano de hoje se apresentam como valores *agradáveis*, minerais quase desprezados pelos nativos de áreas coloniais que vivem em tempo social diverso do vivido pelo industrialismo capitalista e noutro espaço não só físico como social. Também se alongam em valores para a pessoa social os fatores, físicos e orgânicos, da sua vida, de expressão social: a consanguinidade, por exemplo, transforma-se em valor "família" ou valor "raça", influindo, como valor e como significado social e de cultura, sobre o *status* do indivíduo. O sociólogo não pode, por excesso de objetivismo, ser como o gramático a que se refere o professor MacIver: um estudioso exclusivo das letras e das sílabas das palavras e um indiferente ao que as palavras significam.[48] Ele não pode ser indiferente ao que significam e valem para a pessoa social, seres que a rodeiam, sós ou em combinação uns com os outros e com as terras, as águas, as plantas, os minerais, quase todos suscetíveis de utilização ou exploração pelo homem social e de formarem, com ele, simbioses, conjuntos, totalidades sociais e de cultura regionais.

A Biologia ou a Psicologia deixa de explicar, por si só, o animal humano quando o indivíduo torna-se *pessoa social*. Em vez da *natureza original*, cuja relação com o meio interessa ao biólogo social estudar, o que interessa ao sociólogo no indivíduo tornado *pessoa social* pelos primeiros contatos sociais e pelas primeiras influências de cultura – desde o ambiente uterino, pois aí se antecipa a personalização, humanização ou socialização do indivíduo, às vezes no sentido patológico: desnutrição, infecção, condições tóxicas – é a *natureza humana*. Ora, a natureza humana é mais que natural, é social; e mais que social, é cultural. Seus próprios atributos universais resultam da vida social. A linguagem, por exemplo, atributo universal da natureza humana, resulta da experiência social, desenvolvida, é claro, sobre aptidão e predisposição naturais e tornada especialização – língua, idioma, literatura – pela cultura espacial e temporal. Pois não há idioma de sempre ou literatura eternamente a mesma, mas o hebraico, o grego, o latim, o alemão, o espanhol, o italiano, a literatura russa, a elisabetana, a escandinava etc.

É certo que persistem no homem, através da vida inteira do organismo, traços que não recebem, ou parecem não receber, influência nenhuma da vida social nem da experiência cultural ou pessoal, processos vegetativos, uns e outros, atos reflexos, necessários à manutenção fisiológica do organismo individual. Certo, ainda, que a base estrutural de certos apetites e tendências instintivas conserva-se no indivíduo sem sofrer alteração do ambiente, sendo o temperamento de cada um, em grande parte, determinado, ao que parece, por processos glandulares e metabólicos independentes da

---

[48] MacIver, R. M. *Community – a Sociological Study*, New York, 1928, p. 60. Sobre o assunto, vejam-se também. Lindeman, E. C. *The community*, New York, 1921; e Osborn, L. D. *The community and society*, New York, 1934.

organização social que os envolve. Essa persistência de natureza original, porém, não bastaria nunca para nos permitir explicar o humano, o social, o cultural em termos pura ou principalmente biológicos ou naturais, e, por consequência, absolutamente idênticos aos das ciências naturais.

Impossível ao sociólogo ignorar aquela persistência de natureza original – que vem a ser a persistência do indivíduo biológico – no objeto de seu estudo. Mas o que o interessa é a natureza humana no seu todo: a original e principalmente a adquirida; e a explicação dessa natureza em termos naturais e ao mesmo tempo culturais: humanos, em suma. E quem diz humanos, diz sociais e diz também culturais, sem deixar de dizer animais.

Daí a necessidade, para o sociólogo, de cooperação com outras ciências no estudo de fatos biossociais e psicossociais, que se antecipam aos sociais e culturais puros, naquela esfera em que a descrição sociológica pode ser pura e prescindir de compreensão e interpretação que a completem. Só assim será possível à Sociologia apresentar a pessoa humana como unidade indivisível – animal e humana – e não como um retalho de homem: a sua parte unicamente animal; nem o ser desgarrado de condições animais e naturais com que se contentam "sociólogos" normativos ou teleológicos.

O *processo social* ou os *processos sociais* e as formas e funções sociais de que se ocupa a Sociologia, têm base biológica ou estrutura natural que o sociólogo não pode ignorar. Mas não devem ser confundidos os processos: o biológico ou natural com o social ou os sociais. Estes operam pela acumulação de cultura e por meio de contato, ou comunicação; por meio de interação e tendo por unidade o *socius*. O processo biológico opera pela seleção das formas de organismo mais aptas à sobrevivência e tendo por meio o plasma germinativo e os cromossomos. Estes não resultam, senão indiretamente, nem em formas de *organização social,* nem em estilos de *cultura.*

O animal humano pode viver só – bastando-se a si mesmo como indivíduo biológico. Mas sem se completar como *natureza humana.* Para se realizar como natureza humana, o animal humano tem de socializar-se, personalizar-se e tornar-se herdeiro, portador e criador de cultura, ou pelo menos participante da obra de criação, ou simplesmente de conservação de cultura.

Salienta o sociólogo americano professor Lumley[49] que se o homem pertence ao sistema da natureza, também se pode dizer que a natureza é parte do sistema do homem. Questão de ponto de vista. Em Sociologia – acrescentemos a Lumley – o ponto de vista é o da natureza humana. Daí a Sociologia não nos parecer – como adiante nos esforçaremos por demonstrar ou, pelo menos, sugerir – ciência da natureza pura. Daí termos nos afastado sempre e hoje nos afastarmos com o professor Hans Freyer[50]

---

[49] LUMLEY, F. E. *Principles of Sociology,* New York, 1935, p. 56.

[50] Veja-se FREYER, H. *Soziologie als Wirklichkeitswissenschaft,* Berlim, 1930.

do naturalismo sociológico absoluto para nos inclinarmos um tanto por nossa conta a uma Sociologia ciência mista, ou anfíbia, que coincidindo, em alguns pontos, com a da concepção do sociólogo alemão, noutros é audácia própria e contrária ao pensamento dos neo-hegelianos tanto quanto dos naturalistas da Sociologia.

A natureza – a natureza original – limita, na pessoa, a qualidade e condiciona a ocorrência de contatos sociais de cada um, através do sexo, do temperamento, da constituição. Mas só através desses contatos a natureza humana se realiza. Sua realização é sua humanização. Compondo-se de seres que biologicamente se bastam, mas só biossocial, social e culturalmente se realizam, ou se humanizam, pela satisfação – impossível fora da vida em grupo – daqueles desejos *sociais* (de socialidade) e *sociáveis* (de sociabilidade), de que todo organismo humano é dotado da capacidade, é dentro da cultura, da organização social, da vida em grupo que o animal ou o indivíduo biológico se completa em pessoa ou se alonga em personalidade.[51] Estabelecida a associação de um ser humano com outro (socialidade); iniciada a interdependência entre o indivíduo e o grupo, a vida se torna para o indivíduo, já agora pessoa, um conjunto mais ou menos numeroso, mais ou menos permanente de situações e uma sequência de funções e atividades em comum, através de formas e processos vários necessários para a realização daqueles desejos; e a cultura elaborada pelo grupo torna-se uma condição de vida humana.

7. GRUPO, SOCIEDADE, COMUNIDADE, ASSOCIAÇÃO, INSTITUIÇÃO

Daí poder afirmar-se, como o fazem os professores Gregory e Bidgood, evidentemente dentro do critério sociológico de Max Weber e do filosófico, de Dilthey, que só pela "compreensão do grupo social pode-se penetrar realmente nas atividades, reações e relações do ser humano".[52] Generalização – levada ao extremo pelo professor Spann – que poderia estender-se àqueles seres infra-humanos cujas atividades são de algum modo condicionadas pela vida em grupo ou chegam a incluir formas, parece que sempre as mesmas, de divisão de trabalho – até mesmo formas de cativeiro de outros seres – se pudéssemos compreender os infra-humanos como podemos compreender os seres humanos. Mas não os compreendemos. Podemos apenas *descrever* suas atividades sociais. Mesmo assim, se levarmos nosso exame às formas mais altas de vida infra-humana, encontraremos entre os macacos os "gestos sociais" estudados por Köhler e,

---

[51] EUBANK, E. E. *The Concepts of Sociology*, Boston, 1932, p. 101-15.

[52] GREGORY JR., E. W.; BIDGOOD, L. *Introductory Sociology*, New York, 1939, p. 17.

como já vimos, por Carpenter;[53] e através desses gestos, interação social já digna de estudo sociológico – ou de descrição sociológica – em que o pré-humano seja utilizado para esclarecimento do humano e não para sujeição deste àquele através do simplismo dos "tropismos".

É na esfera humana que os fatos de associação se apresentam de uma complexidade e de uma amplitude tais que sem eles – repita-se – não se compreende a natureza humana. Mesmo entre os primitivos, o ser humano participa de mais de um grupo; e sendo esses grupos interdependentes, a situação do indivíduo em cada um deles lhes condiciona as atividades todas. Daí o estudo sociológico ser eminentemente um estudo de processos, funções e formas de associação, posição e interdependência entre seres humanos – antropocêntrico, portanto – sem desprezar, para esclarecimento desse gênero de fatos e atos humanos – repita-se – os fenômenos também de associação que se encontram entre animais e até vegetais; nem as relações de seres humanos com animais e com vegetais no mesmo espaço e na mesma época. Relações que influam sobre a vida social humana ou nela penetrem: ecologia no seu sentido mais amplo – o de Mukerjee e Bews[54] – em que o critério sociológico sofre antes da confusão com o geográfico do que de artificialização em um espaciologismo puramente sociológico, ainda precário nas suas bases, para admitir conclusões enfáticas.

Os grupos ou agrupamentos entre os seres humanos variam quanto à permanência, desde os "extremamente efêmeros" a que o professor Hankins[55] se refere – a multidão que se ajunta em torno de um acidente de rua, por exemplo – à tribo, à nação, à igreja, cuja vida pode ser de séculos e incluir numerosas gerações humanas. Os grupos podem se fundar em sangue ou família, território, idade, sexo, classe, raça, interesse econômico: sobre qualquer base de que possa desenvolver-se uma consciência de

---

[53] KÖHLER, W. *The mentality of apes*, New York, 1927. Veja-se também ZUCKERMAN, S. *Social life of monkeys and apes*, New York, 1932. Sobre sociedades animais são clássicos os trabalhos de A. Espinas e F. Alverdes: é do primeiro, *Des sociétés animales* (Paris, 1924), e do segundo, *Social life in the animal world* (New York, 1927). Veja-se também o trabalho de CARPENTER (op. cit.).

[54] MUKERJEE, R. *Regional Sociology*, New York; London, 1926. Veja-se também o trabalho de BEWS, J. W. *Human ecology*, London, 1935. Inteligente crítica do ecologismo dos sociólogos de Chicago cujo manifesto pode ser considerado *The city*, com estudos dos professores Park, Burgess e McKenzie (Chicago, 1925), é feita por AÏSSA ALIHAN, M. em *Social Ecology*, New York, 1938. Sobre o assunto, vejam-se também as obras, mais recentes, de SORRE, M. *Les fondements biologiques techniques de la Géographie*, Paris, 1943-1948, e de J. L. Moreno, para quem a Sociologia se divide em Sociometria (relações entre organismos humanos ou animais uns com os outros) e Ecologia (relações dos organismos humanos ou animais com os seus meios). Dentre as obras do professor Moreno ou orientadas no sentido da sua sociometria, destacam-se *Foundations of sociometry* (New York, 1941), e as *Sociometry monographs* que desde 1941 vêm sendo publicadas em Nova York.

[55] HANKINS, F. H. *An introduction to the study of society*, New York, 1939, p. 470. Nas palavras do professor Hankins: "*Some are extremely ephemeral, as the crowd that gathers about an accident on the street or in front of a store*".

espécie ou – acrescentemos a Giddings – de *status*. Pois a burguesia ou o proletariado, por exemplo, é antes *status* do que *espécie*.

Com propósitos mais ou menos específicos formam-se dentro das *comunidades*, *associações* que alguns sociólogos definem como grupos desenvolvidos em torno de interesses particulares: grupos limitados no seu propósito e que requerem para seu funcionamento a vida ordenada de *sociedade* ou *comunidade*. Estão entre as *associações*, técnica ou sociologicamente definidas: estados, partidos políticos, bandas de música, igrejas, irmandades. Algumas *associações* podem ser também *instituições*, isto é, conjuntos mais ou menos estabilizados de hábitos, atitudes, ideais e ritos específicos em torno de alguma necessidade ou desejo humano, primário ou derivado, como subsistência, sexo, transmissão de cultura, regulamentação de conduta ou comportamento. Assim o casamento é uma instituição, a Igreja católica é uma instituição, o moderno sistema bancário é uma instituição.

Impõe-se, a esta altura, fixarmos o sentido sociológico de *sociedade* e o de *comunidade*, que se distinguem do de *associação*[56] por sua maior amplitude. Dessas duas palavras – *sociedade* e *comunidade* – a primeira é evitada por numerosos sociólogos devido ao que apresenta de vago e confuso. Podem-se distinguir, entretanto, no seu uso, dois sentidos: o genérico e o específico. No sentido genérico, significa "o conjunto de relações sociais", a que se refere o professor MacIver. Incluiria assim (desde que pela expressão "relação social" se compreendesse, como querem alguns sociólogos modernos, quanta relação se baseie em "vida comum", sem ser necessária a "consciência de espécie" ou de *status*, no *socius*), sociedades animais e vegetais tanto quanto humanas e as próprias sociedades de homens com animais domésticos, sempre que existisse sentido, mesmo elementar, de vida ou atividade comum entre eles. Polícias e cães policiais pode-se dizer sem malícia nenhuma que formariam uma quase sociedade de sentido genérico, desde que vivem e agem em comum e se comunicam por sinais e sons convencionais para fins comuns.

Da sociedade humana no sentido genérico é que Capistrano de Abreu dizia humoristicamente que era a única de que fazia parte. É *a sociedade* a que todos os seres humanos pertencemos, por gosto ou contra a vontade: a formada pelo conjunto de

---

[56] Ninguém insiste mais em distinguir *associação* de *comunidade* que o sociólogo alemão Ferninand Tönnies (*Gemeinschaft und Gesellschaft*). Em páginas que se tornaram clássicas na literatura sociológica pelo vigor de pensamento e riqueza de sugestões, ele separa *comunidade* ("*reales und organisches Leben*") de *associação* ("*ideelle und mechanische Bildung*"). Distinção entre a entidade social mecânica e a orgânica. Ao assunto consagra um capítulo inteiro de livro (*Community*, op. cit.) o professor MacIver que fixa assim o sentido de *comunidade*: "*any area of common life, village, or town, or district, or country, or even wider area*". E acrescenta: "*It will be seen that a community may be part of a wider community* [...]". Quanto à *associação* é, segundo o mesmo sociólogo, "*social unity built upon common purpose*" (*Community*, op. cit.) Sobre *instituição*, veja-se o minucioso estudo de HERTZLER, J. O. *Social Institutions*, New York; London, 1929.

relações sociais entre todos os seres humanos e da qual resulta no ser humano consciente delas "a consciência de espécie" humana, no seu sentido mais amplo: o de ser membro da humanidade.

No sentido específico, *uma sociedade* humana significa, em Sociologia, qualquer grupo humano "relativamente permanente" como diz o professor Hankins, unido por "tradição de origem comum e de destino comum" e capaz de conduzir a seu modo os processos de "perpetuação da raça" (o que implica em alguma forma de vida e de organização de família) e de "conservação"[57] de usos e técnicas (o que implica *cultura*, no sentido sociológico). Como se vê, é um grupo que inclui subgrupos interdependentes: o especializado na "perpetuação da raça" e o especializado na conservação da técnica de guerra, por exemplo. Pertencendo a uma sociedade assim compreendida e a vários dos seus grupos e subgrupos, a pessoa social se apresenta com uma "consciência de espécie" ou de *status* geral – a de ser brasileiro, por exemplo – e várias outras consciências de situações particulares: a consciência de ser soldado do Exército brasileiro, a de ser carioca, a de pertencer à Irmandade de Nossa Senhora do Rosário.

Comunidade tem também seu sentido geral e vago e seu sentido específico. No sentido genérico, é qualquer grupo com "característicos comuns". No específico, significa principalmente, em Sociologia, a população de área restrita, considerada na sua totalidade de funções sociais e de cultura peculiares à área: a "área de vida comum", da definição de MacIver. Vê-se assim que *sociedade* (no sentido específico) coincide com *comunidade*, no sentido também específico, faltando porém à sociedade o característico de área, que dá à comunidade aspecto orgânico ao mesmo tempo que funcional. Característico ausente, por exemplo, da sociedade ou "raça" hebraica ou israelita, em geral; mas não dos hebreus instalados há séculos na Holanda, por exemplo, onde formam uma "comunidade". Muito menos dos que sob a designação de israéis formam hoje o Estado de Israel: comunidade perfeita do ponto de vista da classificação sociológica que separa "sociedades" de "comunidades".

A distinção estabelecida por Tönnies entre *Gemeinschaft* e *Gesellschaft* ou entre grupos "orgânicos", baseados em "simpatia orgânica" (família, parentesco, vizinhança) e grupos formados à base de interesses e propósitos comuns, deve ser aqui recordada, ao lado do conceito de Simmel, de *sociedade*: o de que a sociedade e a comunidade nada são em si mesmas: são funcionais em todos os seus aspectos. Conceito extremo que não aceitamos integralmente. Qualquer *sociedade*, no seu sentido específico, parece-nos caracterizar-se principalmente por seu aspecto *funcional*; a *comunidade*, no seu sentido específico, por seu aspecto funcional-orgânico. O conceito de comunidade, em Sociologia, tende, assim compreendido, a harmonizar-se com o ecológico, de *área* ou *região*.

---

[57] HANKINS, *An introduction to the study of society* (op. cit., p. 468).

Várias comunidades podem existir dentro de uma comunidade maior. Sirva de exemplo o fato de os jangadeiros do Nordeste existirem, como comunidade, dentro da comunidade de pescadores brasileiros do litoral e da comunidade brasileira, em geral, à qual pertencem tantas outras comunidades – os criadores de gado do Rio Grande do Sul, os seringueiros da Amazônia, os garimpeiros do Brasil Central. Ao mesmo tempo, pode-se falar de uma sociedade brasileira, sempre que se pretenda salientar o que há de simplesmente funcional no conjunto de relações sociais que formam sociologicamente o Brasil, independente do que este significa orgânica e, ao mesmo tempo, sociologicamente, como hábitat, como espaço físico-social, como unidade biossocial inter-relacionada e interdependente – a unidade de estudo dos ecologistas sociais, ou dos sociólogos regionais, cujo conceito de comunidade é talvez, hoje, o mais generalizado entre os sociólogos. Pois a distinção entre *sociedade* e *comunidade* é ponto controvertido; os conceitos de *sociedade* e de *comunidade* são vários em Sociologia.

Com relação ao *grupo* – voltando ao conceito de grupo que é, para o sociólogo, a reunião de dois ou mais seres em estado de contato mental e de influência recíproca, devemos fixar a distinção, que hoje geralmente se estabelece, em Sociologia, entre *grupos primários* e *grupos secundários*. Os *primários* se caracterizam – como a família, na qual o indivíduo primeiro se personaliza, se socializa e adquire cultura – por contatos diretos ou por interação social direta. Os estímulos à sociabilidade e à cultura são aí pessoais, elementares, sensoriais: voz ou fala, gestos, toques, vista, gosto. Os *grupos secundários* não se caracterizam pela interação social direta, podendo mesmo existir sem contatos pessoais entre todos os seus membros: tal o caso de nações, partidos, associações econômicas, científicas e religiosas. Formam-nos os chamados "interesses especiais": especializações ou abstrações de interesses econômicos, políticos, religiosos, intelectuais.

É assunto – o grupo social – sobre o qual – diga-se de passagem – oferece interessantes informações, acompanhadas de bibliografia, o professor Armand Cuvillier no capítulo "Les groupes sociaux", do volume I do seu *Manuel de Sociologie*, publicado em Paris em 1950 e que representa notável contribuição francesa para a obra de confluência das modernas sociologias europeias com as extraeuropeias. Obra cuja necessidade é encarecida nesta introdução brasileira ao estudo da Sociologia desde a sua primeira edição em 1945; e que encontra, no assunto "grupo", um dos seus principais pontos de confluência.

À base do que já se pode considerar esforço de confluência de sociólogos e antropólogos sociais de várias áreas sobre este particular – o grupo – algumas generalizações podem ser fixadas sobre o grupo social. Generalizações, ou sugestões para generalizações.

O homem, sabe-se hoje que além de equipado por natureza, isto é, hereditariamente, não de instintos absolutos, fixos, definidos, como até há pouco tempo se acreditou –

e como alguns estudiosos do assunto ainda sustentam – mas de tendências em parte flexíveis ou de parainstintos para a ação ou o comportamento em grupo, é também equipado biologicamente com capacidades emotivas que lhe condicionam esse comportamento sem o determinarem. E tanto aquelas tendências flexíveis como essas capacidades, também em parte plásticas, capazes de ceder a retificações ou influências de cultura ou de meio no sentido de sua moderação ou exaltação se apresentam sociologicamente significativas ao estudioso da personalidade humana pelo fato de, em parte, flexíveis e plásticas, se intensificarem, se especificarem ou se estabilizarem em expressões normais ou se cristalizarem em traços de natureza, é certo, mas de natureza *humana*: de acordo com solicitações ou consagrações do meio social ou da cultura regional. Pois no homem a natureza em grande parte se torna humana de acordo com essas solicitações ou consagrações sob a forma de tendências e emoções específicas que, em sua especificação, ou em seus extremos – nos seus próprios extremos mórbidos –, refletem ideais coletivos de sociedades ou culturas regionais.

Como salientam sociólogos modernos não só americanos das duas Américas como europeus, o estudo antropológico de culturas primitivas, nossas contemporâneas, regionalmente diversas, mostram bem quanto é grande o poder das culturas em diferenciar nos homens situados em grupos os estilos de expressão emocional. Assim, entre os maoris da Nova Zelândia, por exemplo, dizem-nos os estudiosos desses grupos haver copioso choro, com muita lágrima, quando pessoas conhecidas se encontram após longa separação; ou quando duas facções em guerra concordam em fazer a paz. A etiqueta chinesa estabelece, como é geralmente sabido, o choro agudo, intenso, extremo, para os momentos em que um indivíduo social perde pessoa querida. O sorriso japonês tornou-se célebre como expressão de impassibilidade cortês diante até de acontecimentos dramáticos, atitude a que se assemelha a do inglês educado também para revelar o mínimo de emoção diante de tais acontecimentos. A alegria expansiva do negro africano – pelo menos de certo tipo mais conhecido de negro africano – contrasta, em geral, com a reserva do ameríndio. E são hoje bem conhecidas as pesquisas, a que já nos referimos, que levaram Ruth Benedict à sua classificação de umas culturas regionais – as de homens reservados, como entre os civilizados os ingleses – como apolíneas – e outras – as de homens expansivos, como entre os primitivos, vários dos negros africanos – como dionisíacas, de acordo com os traços de personalidade consagrados como ideais ou exemplares por culturas diferentes. Foi aplicando a teoria desenvolvida de Nietzsche por antropólogos sociais modernos, ao futebol brasileiro, em contraste com o europeu, que sugerimos há anos a classificação de um – o brasileiro – como dionisíaco, pelo que nele há de baile, de dança, de festa, de variação ou floreio individual do jogador para quem a bola se torna uma espécie de mulher com quem ele valsasse, sambasse, bailasse diante da multidão – e o europeu de apolíneo, pelas suas características de jogo sistemático, previsto, combinado, em que quase não há floreio individual nem exibição de habilidade pessoal.

Até que ponto o que é dionisíaco e o que é apolíneo nos homens e nas culturas resultam das próprias culturas e de sua ação sobre os homens reunidos em grupos culturais? Até que ponto a expressão emocional entre homens e dentro de culturas deriva-se de predominâncias entre eles de condições pré-natais, hereditárias, superiores a solicitações ou consagrações de meio ou cultura? É certo que as crianças do Sul da Europa se mostram mais excitáveis que as do Norte da Europa: mas essa diferença pode ser consequência, mesmo entre crianças, antes de cultura que de imposição biológica. As próprias glândulas reguladoras de certas expressões de personalidade humana sabe-se hoje que são influenciadas pelo ambiente. Nada, porém, de nos deixarmos levar pelo entusiasmo dos que enxergam nas glândulas a explicação principal do que há de vário nas personalidades entre os homens, a ponto de julgarem poder atribuir principalmente à ação das glândulas, opiniões, hábitos e aptidões de indivíduos e, por decorrência, de grupos por eles influenciados. A tanto não parecem nos autorizar os resultados de pesquisas mais severamente científicas que vêm sendo conduzidas neste particular: resultados a que devemos nos conservar atentos todos os que temos de lidar com a personalidade humana em suas relações com meios e culturas, através de sua vida em grupo ou em grupos.

Sobre o que não parece existir dúvida entre os especialistas no estudo quer psicológico, quer sociológico, da personalidade humana – inclusive o psiquiátrico social – é quanto ao fato de nascerem os indivíduos com diferentes graus de capacidade para o que alguns psicólogos chamam "comportamento inteligente". Há realmente indivíduos que nascem equipados para um comportamento regulado ou orientado por inteligência superior, do mesmo modo que há indivíduos que nascem idiotas ou imbecis, no sentido científico dessas expressões.

Saliente-se, porém, a esse propósito, o seguinte quanto à possível correlação entre inteligência e personalidade: que essa correlação se apresenta mínima. Que os esforços para estabelecer correlação entre a inteligência com certos fatores particulares de personalidade, como introversão e extroversão, ascendência e submissão, não têm conseguido senão indicar relativa independência da personalidade, de fatores genéticos de inteligência. A inteligência não se apresenta correlacionada com a estabilidade emocional – indicam estudos sobre o assunto como os de Murchison e dos Thurston, que continuam clássicos na matéria. É que a personalidade está sujeita mais do que a inteligência à influência de fatores dinâmicos, em sua formação ou deformação pela vida em grupo, e que são fatores ligados a contatos, experiências, relações de família, amizade, escola, oficina, profissão ou ocupação, vizinhança, meio regional, cultura. Fatores sociais, culturais, ecológicos que também afetam, através da vida em grupo ou em grupos, à inteligência, geral, embora menos que à personalidade global. Dizemos a inteligência geral porque há aptidões especiais no homem – como para a Música, a Matemática, a Mecânica ou o Desenho – que se afirmam de modo extraordinário, sem serem propriamente expansões de inteligência geral, embora seja, como grande parte da inteligência geral, capacidades ou aptidões herdadas e não adquiridas. Mesmo, porém, no caso de tais aptidões especiais, não se verifica seu desenvolvimento sem que o meio, a cultura, o grupo, em que apareça o talento para a Matemática, por exemplo, dê valor a esse talento especial.

Houve tempo em que dentro de certas culturas – a luso-brasileira, por exemplo – desprezou-se o talento para a Mecânica supervalorizando-se o talento para a Oratória, a Retórica, a erudição verbal. Tal supervalorização resultou em excessivo bacharelismo literário e jurídico dentro dessas mesmas culturas; e na sua pouca ou insignificante contribuição para o desenvolvimento técnico e mecânico de indústrias e da própria agricultura. O que marca um dos maiores contrastes da cultura luso-brasileira com a anglo-americana, por exemplo, certo, como é, que a independência dos Estados Unidos foi marcada, desde seus começos, pela glorificação não tanto de puros letrados mnemônicos como de intelectuais experimentais ou inventivos, do tipo de Franklin – estadista notável também como inventor; ou de Jefferson, que à cultura de humanista e à inteligência de pensador político juntava o gosto e o talento para a Arquitetura, tendo sido invenção ou adaptação sua o muro chamado de serpentina.

No Brasil dos primeiros anos da independência, a inteligência de líder político mais desse tipo experimental, inventivo, plástico e não apenas abstrato ou mnemônico foi a de José Bonifácio, que, infelizmente, não teve na obra de organização político-social do Brasil a mesma influência que um Franklin ou um Jefferson nos Estados Unidos; nem recebeu até hoje da parte dos brasileiros o culto que talvez devesse merecer. Faltaram, ao que parece, à sua inteligência, e, principalmente à sua personalidade, característicos capazes de atrair a admiração de um grupo – ou de uma constelação de grupos – desenvolvido ou desenvolvidos em nação, por um herói nacional, no qual esse povo sentisse exemplo ou inspiração para atitudes e atos, que correspondessem a velhos ideais estratificados na consciência ou no subconsciente do mesmo grupo. Ainda aqui temos que considerar a cultura e os tipos de personalidade que ela consagra como ideais, superiores, ou, simplesmente, normais, influências decisivas no desenvolvimento ou na estagnação dessa mesma cultura, em face de culturas vizinhas ou contemporâneas, de que sejam portadores ou conservadores outros grupos. Pode-se a esse respeito afirmar que dificilmente se realiza como herói nacional de um grupo um indivíduo cuja personalidade não corresponda, até na sua expressão física, aos padrões de cultura triunfantes ou predominantes sobre o mesmo grupo.

Estudos que vimos fazendo há anos, de anúncios, de negros ou escravos fugidos – anúncios recolhidos de jornais brasileiros da época da escravidão, de várias áreas – parecem indicar a predominância, entre os negros fugidos, dos magros, altos, esguios, raramente aparecendo um pícnico bem definido da caracterização, talvez exagerada, de Kretschmer. E como as fugas de muitos dos escravos eram de plantações, de engenhos de açúcar, de fazendas, de lavouras, de trabalhos fixos, talvez essa aparente predominância de indivíduos magros e angulosos entre os inconformados indique – como já sugerimos há anos – que os conformados com a rotina ou a sedentariedade agrária teriam sido, dentro do sistema brasileiro da escravidão, os indivíduos de tipo semelhante ao pícnico, da caracterização de Kretschmer. Seria interessante observar-se ou verificar-se hoje qual a predominância de tipo ou de constituição nas nossas populações rurais em contraste – se houver contraste – com as urbanas, nas agrárias em contraste – se houver contraste – com as pastoris, pois talvez se constatasse que são geralmente os magros e angulosos os emigrantes das áreas agrárias para as cidades, e do Nordeste, para São Paulo e o Paraná. Interessante seria também verificar-se qual a predominância de tipo nas atuais representações brasileiras tanto no Senado como na Câmara Federal – grupos representativos – e nas várias câmaras estaduais e municipais – também grupos representativos – assim como entre figuras representativas das indústrias e do comércio em contraste com as representativas das atividades agrárias, correlacionando-se quanto possível as predominâncias de tipo que fossem porventura encontradas com as tendências características de comportamento nesses vários grupos.

Ainda que não sejam aceitas as correlações de físico e caráter, ou de físico e personalidade, até hoje apresentadas de modo sistemático, como definitivas, mas apenas como sugestivas, parece que há tendências gerais no sentido de alguma correlação, interessando aos antropólogos e sociólogos associá-las a estudos de grupos, culturas e áreas. Aos estudos de inter-relações entre Homem – ou homens – e culturas e regiões, representadas por grupos cultural e regionalmente diferenciados. E na prática, aos esforços no sentido de dar-se sistemática à orientação profissional, por exemplo: seleção de grupos, para grupos.

É pela vida em grupo e através da cultura, conservada em grupo, e das particularidades regionais dessa vida e da cultura assim conservada, que a personalidade humana toma predominâncias que passam a caracterizar grupos, culturas, regiões, profissões, religiões. Sem a vida em grupo não se realizam as expansões ou definições de personalidade que caracterizam num grupo ameríndio, por exemplo, a mulher em relação com o homem, o menino em relação com o velho, o guerreiro em relação com o pajé; ou num moderno grupo civilizado de tipo europeu, o senhor em relação com a senhora, o chamado burguês em relação com o trabalhador, o operário da cidade em relação com o lavrador. Situações condicionadas pela vida e atividade em grupos diversos.

O comportamento do grupo, estão de acordo os modernos sociólogos em apresentá-lo como resultado de influências vindas do ambiente natural, do ambiente cultural e da hereditariedade dos componentes do grupo. Grupo e personalidade humana completam-se como resultados das mesmas influências ecológicas, sociais e culturais e biológicas. Mas do grupo pode-se dizer que de ordinário age mais fortemente sobre a formação de personalidade que recebe influências de personalidades capazes de modificá-lo no seu ritmo, para não nos referirmos às suas atividades, antes constantes que mutáveis: as atividades que desempenham a família, a escola, o grupo profissional. Daí a tendência para os membros de uma família, mesmo quando seus membros apenas sociais, se assemelharem uns aos outros, que é também a tendência entre os estudantes de uma mesma escola, os fiéis de uma mesma igreja, os membros de um mesmo grupo profissional, mesmo quando indivíduos de raças diversas. Essa tendência se acentua entre os lavradores residentes numa mesma área que se empenham em cultivar as mesmas plantas, recebendo as mesmas influências do meio físico regional e ligando-se uns aos outros pela mesma cultura geral e particular, pela particular devendo-se entender a que eles aplicam ao trabalho agrário, às vezes unindo-se para essa aplicação, como em certas áreas do Brasil, através do *mutirão*, ou trabalho cooperativo. Daí ser relativamente fácil identificar, dentre os brasileiros, o matuto, o sertanejo, o roceiro, o caipira, o tabaréu: membros de vários grupos não só regionais como rurais, do Brasil que, entretanto, apresentam diferenças de uns para outros, conforme suas especializações de atividade rural e seus diversos ambientes de vida em grupo.

É pelo grupo que a cultura se comunica ao indivíduo e pela vida em grupo que o indivíduo passa de indivíduo biológico a indivíduo social – como já se disse e se repetirá ainda neste trabalho – a pessoa, personalidade. A personalidade do indivíduo toma suas formas características – insistamos neste ponto – de acordo com as suas experiências de vida em grupo, que concorrem para acentuar nessa personalidade pendores no sentido da cooperação ou da competição, da expansão ou da reserva, da sedentariedade ou da mobilidade. Pelos processos sociais de interação um indivíduo torna-se dentro de um grupo dominante ou dominado, ou dominante, depois de dominado, conforme estratificações do grupo em subgrupos, que tanto podem referir-se apenas ao grupo feminino em relação ao masculino, o infantil em relação ao adulto, como às castas em que se dividem ainda hoje comunidades como a hindu; ou às classes que separam os membros de modernas comunidades ocidentais em burgueses e operários, urbanos e rurais. Dentro de um grupo um indivíduo pode sofrer, na formação de sua personalidade, influências de vários subgrupos e essas influências podem ser contraditórias, isto é, o grupo familial pode desenvolver nele pendores para a cooperação e a escola contrariar esse desenvolvimento, animando no mesmo indivíduo pendores para a competição, daí podendo resultar conflitos de personalidade não de todo incomuns dentro de modernas culturas ou comunidades, comunidades e culturas plurais no sentido de nelas coexistirem um tanto anarquicamente subgrupos ou subculturas em agudo conflito umas com as outras e que comunicam atitudes contraditórias a personalidades em formação, às vezes tornando-as morbidamente indecisas, isto é, indecisas no sentido de se conservarem esterilmente duas, desarmonizadas, antagônicas, desajustadas, desequilibradas, dentro de um mesmo indivíduo. A institucionalização da pugnacidade por certos subgrupos, em contraste com a institucionalização do comportamento pacífico, por outros, dentro de um mesmo grupo, age no sentido de criar desarmonias psicossociais em numerosos indivíduos, membros de um grupo, mas formado por dois ou mais subgrupos: desarmonias experimentadas de modo particularmente intenso pelo cristão pacifista, por exemplo, assim orientado por pais, mestres e outros orientadores da sua infância, mas que, como aluno de colégio de tipo prussiano de educação secundária, é orientado para a violência, a rudeza, a solução imediata dos problemas pela força. Essa duplicidade tem sido um dos aspectos mais dramáticos da situação cultural e psicossocial da moderna Alemanha desde sua unificação; e o elemento típico se apresenta como exemplo expressivo de como aquelas desarmonias na institucionalização de contrários agudos, dentro de uma mesma cultura, podem criar numerosos desajustados em estado quase permanente de crise.

Da cultura brasileira pode-se dizer que vem sendo desde seus dias pré-nacionais uma cultura de antagonismos antes equilibrados que desequilibrados, as relações interculturais, correspondentes a relações interpessoais e inter-raciais, apresentando um pendor para ajustamentos que as vêm compensando de desarmonias – uma delas trágica – que se têm verificado entre nós. Referimo-nos, é claro, à guerra chamada de Canudos. É claro que essas desarmonias têm também compreendido conflitos entre classes. Mas os conflitos entre grupos e culturas regionais, envolvendo também, de modo reflexo, conflitos entre subgrupos étnicos, têm sido mais característicos do desenvolvimento brasileiro que os puros conflitos entre classes, embora ninguém vá negar a presença, entre todos esses desajustamentos entre culturas, entre regiões e até entre grupos biologicamente diversos em seus característicos, do fator econômico, tão caro aos marxistas. Apenas o caso do Brasil não é dos que servem de fácil ilustração à tese dos marxistas mais simplistas de ser sempre o fator econômico o preponderante, o decisivo, o principal, em face dos demais fatores de ordem cultural, de caráter psicossocial e de natureza em grande parte física, isto é, ecológica no seu sentido mais amplo.

Neste ponto rara é entre os modernos sociólogos, antropólogos e cientistas sociais em geral a discrepância que importa em exceção considerável à atitude, comum a quase, se não a todos, de não ser a significação de qualquer fator, isolado dos demais, uniforme para todas as situações. As alterações que ocorrem em matéria cultural, algumas em ritmo acelerado, podem ser adequadamente consideradas, como acentuam hoje, principalmente, os sociólogos e antropólogos anglo-americanos, sem nenhuma referência a alterações de ordem biológica. Particularmente destituída de base científica é a pretensão que, depois de ter animado o racismo nazista alemão, anima o Racismo melanista na União Sul-Africana, de ser a chamada pureza de raça o único caminho seguro para a cultura superior, tornando-se a capacidade para realizações culturais consequência ou função de hereditariedade étnica, biológica e não do que em ciência social se denomina herança social.

Mesmo admitindo-se correlações de traços de personalidade no homem com a estrutura biológica, não se admitiria que essas correlações importassem em correlação definitiva, absoluta, em que a subordinação dos mesmos traços à estrutura física devesse ser considerada invariável, certo, como é, que dentro das várias culturas históricas nossas conhecidas nem todos os homens de personalidade quixotesca, aventurosa, se apresentem magros, em contraste com os Sanchos, que seriam sempre gordos. Há traços de personalidade que se definem desigualmente, de acordo com situações sociais particulares. Há qualquer coisa de verdade sociológica no dito popular em língua portuguesa de que a ocasião faz o ladrão. Modernos sociólogos nos recordam que o comportamento corajoso não se apresenta absoluto com relação a todas as situações sociais, por mais que se associe a coragem no homem a glândulas a que também se associe a raiva. A experiência social do indivíduo – sua experiência de vida em grupo – poderia, e pode, modificar-lhe as atitudes de ser corajoso em face de situações específicas, sendo vários os casos de heróis de campo de batalha que se encolhem em atitudes de pânico diante de sogras ou esposas autoritárias, em consequência, em alguns casos, de episódios de medo de adolescente a mulher, de que não se libertaram nunca.

Considerável é a influência indireta do físico sobre a personalidade. Em sociedades ou, mais especificamente, grupos, de indivíduos geralmente altos, os indivíduos de estatura baixa se sentem tão desajustados à média dominante que tendem a buscar compensações noutras formas de afirmação, às vezes ásperas, agressivas, outras vezes, suaves e até melífluas de personalidade, dentro do mesmo grupo. O mesmo acontece com os indivíduos magros em sociedades ou grupos que supervalorizem esteticamente a gordura e até a obesidade nos seus membros, ligando nos homens a gordura à autoridade e à prosperidade. Daí fracassos nas curas puramente físico-químicas de obesidade, em que o fato psicossocial é esquecido por especialistas, simplistas antes em sua técnica que em sua ciência. Várias vezes os pacientes assim tratados têm tido de recorrer a psiquiatras, depois de vencida neles a obesidade ou a gordura excessiva que, inconveniente do ponto de vista da elegância de figura ou de corpo, e também do da higiene, dava-lhes, entretanto, nos grupos ou subgrupos sociais mais importantes para tais indivíduos, a impressão, psicologicamente importantíssima, de serem respeitados como pessoas prósperas e superiores, pelo fato mesmo de serem gordos, corpulentos, e, até – em certos grupos – obesos. Outros casos poderiam ser citados da influência do físico sobre a personalidade, do biológico sobre os aspectos psicológico e sociológico da personalidade. O próprio folclore agrário das várias regiões brasileiras fixa reações tradicionais do espírito das populações rurais a característicos hereditários ou étnicos de indivíduos: tamanho do nariz, das orelhas, das mãos; largura da testa; abundância ou escassez de cabelo. Um inquérito a ser realizado nas áreas agrárias do Brasil seria o que procurasse fixar tais em tais reações, pretendidas ou supostas correlações de característicos físicos com traços psicológicos e sociológicos, com relação a aptidões para a atividade agrária em várias sub-regiões. As reações, por exemplo, ainda hoje vivas em algumas dessas áreas, a negros, brancos, e caboclos ou ameríndios: homens de diferentes predominâncias de figura biofísica. As reações folclóricas a diferentes tipos de mestiços do ponto de vista de sua capacidade de trabalho e das suas constâncias de caráter, na vida em grupo. Pois o folclore agrário com relação a este e a outros pontos de vista não deve ser desprezado, não pelo que contenha de sabedoria, mas pelo que exprime de conhecimentos e de preconceitos acumulados que se refletem sobre as relações entre subgrupos regionais; sobre relações entre nativos e adventícios; sobre relações de grupos diferenciados pelo sexo e pela idade.

8. ORGANIZAÇÃO SOCIAL E CULTURA

A vida do ser humano chegam alguns sociólogos a defini-la como "um sistema de relações". É a definição apresentada por Queen, Bodenhafer e Harper.[58] Referem-se eles a relações entre parentes, amigos, amantes, sócios comerciais, concidadãos, colegas: também a relações entre comunidades, grupos, estados, seitas, raças, nações, associações, instituições. "Pessoas e grupos", são ainda palavras daqueles sociólogos, "são atraídos ou repelidos uns aos outros; dominam ou se submetem ao domínio de outro (ou de outros) ou vivem juntos como iguais".[59] Dessas relações, algumas se prolongam – no tempo – quase sem alteração; outras se alteram rapidamente ou se desajustam profundamente, exigindo reajustamentos imediatos ou difíceis. É esse não sabemos se "sistema de relações" que funciona por meio de grupos primários e secundários, de sociedades e de comunidades; e o processo pelo qual ele funciona ou opera, o processo pelo qual esses grupos, sociedades e comunidades se transformam ou modificam, é que resulta em *organização social*. Em *organização* ou em *desorganização*. Pois a dissolução de grupos, comunidades ou relações consideradas normais – consideradas normais às

---

[58] QUEEN, S. A.; BODENHAFER, W. B.; HARPER, E. B. *Social organization and disorganization*, New York, 1935, p. 3.

[59] Ibidem, p. 3.

vezes só pela sua permanência ou pela sua correspondência com situações econômicas, religiosas ou políticas que se impõem como normais – pode apresentar-se sob aspectos dramáticos de conflito e desajustamento, sendo então denominada por alguns sociólogos *patologia social*. Semelhante classificação importaria em julgamento moral e, por conseguinte, extracientífico, de situações sociais de desajustamento tais como as que se exprimem em divórcios, miséria, certas formas de loucura e de homossexualidade, alcoolismo, filhos naturais, prostituição, banditismo, desemprego, se não fosse feita em relação com normalidades espaciais e temporais, cujos valores e significados precisam de ser compreendidos e não apenas descritos pelo sociólogo.

Mesmo evitada a classificação "patologia social" seria, a nosso ver, um excesso de neutralidade científica diante das situações sociais repelirmos a expressão "desorganização", sob o pretexto de que as situações, para o sociólogo científico, simplesmente se alteram. Parece-nos que não: para o sociólogo – pelo menos para o sociólogo genético – há "normalidades" sociais e de cultura que sendo todas, ou quase todas, relativas, do ponto de vista cientificamente sociológico, todavia marcam "épocas", no desenvolvimento das sociedades, das comunidades ou das instituições, podendo ser vistas, em perspectiva histórica, nos seus começos, na sua maturidade e na sua não diremos decadência mas dissolução. Dentro dessas "normalidades" de desenvolvimento se apresentam situações de desajustamento ou de conflito que não ocorreriam talvez noutras "normalidades", sem que por isso repugne ao sociólogo mais moderado nos seus escrúpulos de neutralidade científica tratá-las como "desorganização", em contraste com as situações de "organização". Pode o sociólogo ir além e considerar um terceiro aspecto do problema – a reoganização social – embora seja essa uma zona muito mais para a Filosofia social e para a Arte Política ou a Engenharia social que para a Sociologia limitada pela condição de ciência. Condição ou aspiração.

À Sociologia científica falta capacidade para reconhecer ou fixar normalidades sociais absolutas. Normalidade absoluta pareceu a alguns historiadores a forma patriarcal de família na Europa cristã e nas suas colônias americanas: forma de família vinda de hebreus, gregos e romanos e identificada de tal modo com o cristianismo que se tornou uma de suas expressões sociais. Hoje, entretanto, vozes autorizadas da Igreja e do cristianismo repelem o conceito de normalidade absoluta da família patriarcal-cristã, considerando, como os dominicanos A. Lemonnyer e seus colaboradores J. Tonneau e R. Troude, que a extinção do patriarcalismo *"bien loin de la mutiler* [a família cristã], *la libère"*.[60] Assim, a desorganização do patriarcado (instituição – o patriarcado – que por tantos séculos pareceu instintiva, inseparável da sociedade cristã e até a única conforme a "natureza humana", no sentido de natureza original), é considerada agora, e com

---

[60] LEMONNYER, A.; TONNEAU, J.; TROUDE, R. *Précis de Sociologie* (op. cit.). Veja-se o cap. II.

bons fundamentos, como desejável: do ponto de vista da sociedade cristã, por teólogos e moralistas e, do ponto de vista da natureza humana, por psicólogos, psiquiatras e biólogos. O que se começa a admitir é que a forma patriarcal de família, por tanto tempo ligada à "normalidade" social do mundo cristão e da própria natureza humana, é anticristã e, sob vários aspectos, antinatural.

Como esse, outros conceitos de normalidade social se mostram flutuantes tornando difíceis, se não impossíveis, os critérios absolutos de normalidade no estudo sociológico dos fatos sociais. As normalidades sociais se apresentam ao sociólogo condicionadas por inter-relações sociais e de cultura que, por sua vez, se relacionam com peculiaridades de ambiente físico-químico, e essas inter-relações se alteram, dado o dinamismo social e de cultura que caracteriza o homem social.

Da organização social como "sistema de relações" pode-se passar quase sem esforço ao conceito sociológico de *cultura*, que se afasta, como se verá, do convencional. O estudo das relações sociais é um estudo que não pode perder de vista, quando as relações são inter-humanas e dos homens com o meio, suas expressões e seus fatores culturais.

Com as ideias, atitudes e hábitos comuns que se desenvolvem da interação social entre os homens, a tendência a estabelecer-se, nas sociedades ou comunidades, é aquela *continuidade* que o professor Kimball Young considera característico saliente da vida social humana. Continuidade de ideias, atividades, hábitos, métodos de lidar com problemas e situações sociais, que se exprime no "todo complexo de conhecimentos, de crenças, artes, moral, leis, costumes, e quaisquer outras capacidades e hábitos adquiridos pelo homem como membro da sociedade", da definição clássica, já referida, de Tylor: ou no ambiente "superorgânico" da terminologia um tanto arcaica de Spencer e dos de sua escola.

É certo que nem todos os hábitos, ideias e atitudes de homens em sociedade ou em comunidade são culturais. Alguns são elementarmente sociais ou biossociais pois são expressões de interação social independentes de cultura. Ou sejam: atitudes e tendências de caráter antes psicológico-social que sociológico. O apego do filho à mãe que, em geral, o amamenta e cria é o exemplo que primeiro ocorre ao sociólogo. Outros exemplos: as simpatias ou antipatias de homem para homem, semelhantes às surpreendidas entre macacos pelo professor Köhler,[61] o "domínio" e a "submissão" que o professor Kimball Young e outros sociólogos de hoje incluem entre as atitudes e tendências que consideram psíquicas e outros denominam instintivas, e, como tal, básicas da vida social entre os homens.

---

[61] KÖHLER, *The mentality of apes* (op. cit., p. 299).

Há atitudes e tendências sociais entre os homens dependentes de diferenças individuais no físico, na inteligência, no temperamento, na emoção, no sentimento de cada um. Essas diferenças tendem a formar, dentro de grupos, subgrupos conscientes de suas semelhanças especiais ou de especializações. O professor Kimball Young caracteriza aquelas atitudes e tendências pré-culturais como "pessoais-sociais",[62] expressão que, no caso, nos parece confusa dado o sentido especificamente sociológico – na Sociologia mais moderna – de "pessoa". Talvez fosse melhor denominá-las, como sugerimos, biossociais. No que estamos de acordo com Kimball Young é neste ponto: as próprias relações pré-culturais são afetadas pela cultura, como afetadas pela cultura são as principais atividades básicas ou instintivas do ser humano – as de procura de alimento, de abrigo, de satisfação do sexo – e não apenas as secundárias: artísticas, intelectuais, recreativas, etc. Pois o homem desde que começa a ser pessoa, ainda no ventre materno – e aqui o ponto de vista da Sociologia coincide com o da Teologia cristã – é afetado, quando não formado – às vezes deformado – pela cultura de que, antes de nascer, já participa. E da qual sua participação torna-se mais ativa ou mais passiva, conforme aquelas diferenças pré-culturais já assinaladas. De modo geral, porém, essa participação é formalmente a mesma para todos quanto a modos de pensar, proceder e fazer as coisas características da cultura regional à sombra da qual o indivíduo se torna pessoa, seja essa pessoa a de um chinês budista, a de um irlandês católico, a de um norte-americano metodista; ou – identificada ainda mais rigorosamente a *cultura* com a *comunidade* (grupo territorial, ecológico, regional) – a pessoa de um pescador de baleia da Paraíba do Norte, a de um lavrador do Minho, a de um sertanejo criador de gado da Bahia.

9. CONTATO E INTERAÇÃO SOCIAL

São expressões que neste capítulo já apareceram mais de uma vez, sem que lhes fosse dada a necessária caracterização sociológica: *contato* e *interação social*. Essa caracterização social se impõe nestas primeiras páginas pois não é possível exato conhecimento sociológico de *grupo* e de *cultura* à parte da compreensão do *processo social geral* (do qual teremos que distinguir os particulares) e o *processo social primário*. O processo social geral é a *interação*. O processo social primário é o *contato social*. Primário, este, porque dependem dele, como acentuam os professores Gregory e Bidgood, "todos os outros processos sociais e relações sociais".[63] Geral, aquele, porque os particulares são todos especializações das relações recíprocas entre indivíduos postos em contato. Relações que constituem o processo de interação social.

---

[62] YOUNG, K. *An Introductory Sociology*, New York, 1939, p. 19.

[63] GREGORY; BIDGOOD, *Introductory Sociology* (op. cit., p. 39).

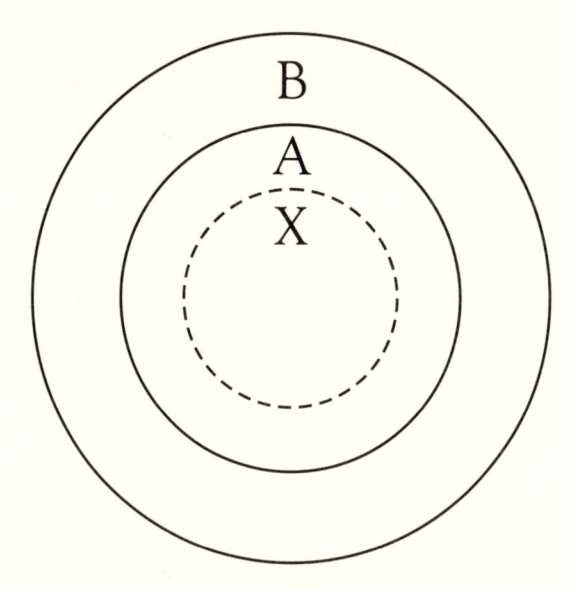

Grupos primários em relação com os secundários. A representa os grupos primários, tendo X como o grupo primário básico, a família. B representa os grupos secundários.

(De *Introductory Sociology*, de Edward W. Gregory e Lee Bidgood, New York, 1939, p. 48.)

É pelo *contato*, em geral, e pela *interação social*, em particular, que o indivíduo se torna pessoa, que a pessoa se alonga em personalidade excepcional ou se consolida em caráter. É pelo contato e pela interação que se desenvolvem características gerais de grupo. O contato social e a interação social tendem a tornar semelhantes os membros de uma comunidade ou os participantes de uma cultura pela pressão sobre todos eles da experiência social comum. Tendência no sentido de unidade e de continuidade contra a qual reagem, entretanto, diferenças de ordem psicológica e biológica de indivíduos ou de personalidades excepcionais. Pois essas diferenças não desaparecem de todo – repita-se aqui – sob a condição de pessoa que o indivíduo adquire e que a personalidade ultrapassa.

O *contato social* se baseia nos sentidos: vista, ouvido, tato, gosto, cheiro, para só falar nesses. Pois é sabido que hoje podemos falar em oito, nove e mais sentidos, entre os quais o de pressão, dor e temperatura separados do de tato, o de equilíbrio, o cinestético. Desenvolve-se o contato social sobre as extensões culturais dos sentidos, hoje consideráveis: moeda, crédito, música, carta, livro, disco, pintura, jornal, telefone, telégrafo, rádio, televisão, telescópio, microscópio etc. Os contatos são mais fáceis ou mais difíceis conforme as maiores ou menores facilidades de transporte que têm também se ampliado consideravelmente nos últimos tempos, pelo menos para membros de comunidades e participantes de culturas tecnicamente mais adiantadas. É grande a variedade de contatos do membro de uma comunidade dessas: o norte-americano, por exemplo.

Talvez nenhum sociólogo moderno verse o problema sociológico de contato com inteligência e objetividade iguais às do alemão von Wiese, professor da Universidade de Colônia e mestre que tem sabido conciliar as qualidades germânicas de cientista social com o aproveitamento das conquistas realizadas, nos últimos decênios, pela investigação sociológica norte-americana: tendência, também, nos seus trabalhos mais recentes, de outro europeu, mestre de mestres: o professor Georges Gurvitch, da Universidade de Paris. Para von Wiese os contatos são fatos físicos, psíquicos ou psicofísicos e objeto, como tais, de investigação antes de outras ciências (particularmente da Neurologia) que da Sociologia.[64] O sociólogo, porém, estuda-os sem dispensar o que sobre problemas de contatos lhe possam dizer o neurologista, o psicólogo, o fisiologista. Estudo para

---

[64] BECKER, H. *Systematic Sociology on the basis of the "Beziehungslehre" and "gebildelehre" of Leopold von Wiese*, New York, 1932, cap. IX. Veja-se de VON WIESE, *Allgemeine Soziologie*, Berlim, v. I, 1924, v. II, 1929, sobre a qual se baseia a sistematização do professor Howard Becker. O professor Becker apresenta sua sistematização autorizada pelo professor von Wiese, como obra binacional: "*The most marked tendency of the present volume, to be sure, is binational rather than international, for current German and American work receives most attention, but at the same time the signs of a growing consensus among sociologists of many nations are here apparent*" (*Systematic Sociology*, op. cit., p. VIII). Obras dessa índole nos parecem de importância extraordinária para o desenvolvimento das sociologias nacionais em plano transnacional, com evidente vantagem para a sua cientificação.
O mesmo rumo vêm tomando sociólogos europeus como o francês Georges Friedmann, o espanhol Francisco Ayala, além do alemão Leopold von Wiese. Segundo resumo das novas tendências na sociologia alemã, escrito por jovem sociólogo brasileiro recém-chegado da Alemanha, Vamireh Chacon, a atual situação dos estudos sociológicos naquele país e a seguinte:
"A influência empírica da Sociologia dos Estados Unidos marcou profundamente a formação intelectual da nova geração. Por outro lado, persistiu o grupo mais antigo no tradicional formalismo germânico, com algumas exceções. Várias obras surgiram. Segundo certos círculos, o livro de Helmut Schelsky e Arnold Gehlen, *Soziologie. Lehr-und Handbuch zur modernen Gesellschaftslehre*, marcou o início de um novo período nos estudos sociológicos alemães. De fato, o trabalho aborda problemas de modo quase inédito na Sociologia germânica acostumada ao formalismo que encontrava exceções num von Wiese ou num Horkheimer. A cerebração de gabinete, longe da pesquisa empírica, encontrou no escrito de Gehlen e Schelsky uma reação à altura. Temas como a Sociologia da Agricultura, da Grande Cidade, da Política, da Indústria, foram abordados de modo muito mais direto e prático. Todavia, não se exagere a importância da obra no sentido de a imaginarmos um marco, um divisor de águas, entre formalismo e empirismo, que, afinal de contas, não são compartimentos estanques e sim rumos e predominâncias em sentido lato. Já Horkheimer e Adorno trabalhavam com afinco em Frankfurt no seu Instituto, inclusive em 1952 publicando em Darmstadt os *Gemeindestudien des Instituts fuer sozialwissenschftliche Forschung*, dentro da tendência de pesquisa empírica, antes, portanto, de Gehlen e Schelsky.
Muito mais expressivo da distinção entre as duas tendências parece-nos o novo *Woerterbuch der Soziologie*, editado por Bernsdorf e Buelow, em 1955. Se o compararmos com o *Handwoerterbuch der Soziologie*, dirigido por Alfred Vierkandt, lançado em 1931, vemos a diferença de orientação. No de 1931, às vésperas da catástrofe nazista, que seriamente prejudicou a evolução dos estudos sociológicos alemães, estão representados quase todos os ilustres nomes da geração passada e hoje com alguns sobreviventes. Em geral, a tendência daqueles sociólogos tanto se separa da observação empírica que vários margeiam a Filosofia Social, longe dum campo mais estritamente sociológico. No de 1955 são publicados artigos como 'Sozialaekologie', 'International relations', 'Interview', 'Sample' etc., que denotam grande influência estadunidense. Não obstante tudo isto, os velhos mestres não são repudiados. Muito ao contrário. Geiger, Vierkandt e Thurnwald (mortos durante o preparo do dicionário), Alfred Weber, Nell-Breuning e von Martin também ali se apresentam, ao lado de Koenig, Schelsky, Stammer, Flechtheim.

Aliás, cumpre salientar que as duas orientações não se hostilizam. Preferem antes ajudarem-se e completarem-se. Mestres como Alfred Weber continuam a desempenhar papel importante. Sua *Kulturgeschichte als Kultursoziologie* permanece, em suas sucessivas edições, até a última em Munique, 1951, como obra respeitada. Sua *Einfuehrung in die Soziologie* denota que ele não se encontra sozinho, contando com seguidores fiéis em suas pegadas. A Universidade de Heidelberg pode ser mesmo apontada como a continuadora da tradição da Sociologia da Cultura, que encontra em Max Weber, Ernst Troeltsch, Karl Mannheim, Emil Lederer ancestrais ilustres e geniais, dotados de um equilíbrio que os atuais sucessores não conseguem, no velho dilema: teoretização e pesquisa. Alexander Ruestow, com *Ortbestimmung der Gegenwart*, continua a tradição da corrente, ao lado de Alfred Weber e discípulos. Frise-se de passagem que Weber repudia a impressão que a Sociologia da Cultura pretende interpretar os fatos com sentido preconcebido, afirmando que se trata de descrição da 'progressão gradual e empírica do decurso histórico'.

De qualquer forma, é certo que, paralelamente a tal tendência, desenvolveu-se outra, marcada por simpatias acentuadas pelas técnicas de pesquisa americanas. A diferença entre ambos os grupos salta aos olhos quando se compara o livro do professor Hans Freyer, *Theorie der gegenwaertigen Zeitalters*, ou *Kulturgeschichte als Kultursoziologie* de Alfred Weber, com o *Praktike Sozialforschung* de Koenig e colaboradores, ou com o *Wandlungen der deutschen Familie in der Gegenwart*, de Helmut Schelsky. Nos primeiros há o perigo de um formalismo que conduza a uma Filosofia Social, em vez de uma Sociologia autêntica, e nos segundos o risco de um empirismo que limite a ciência social a uma mera Sociografia. Haverá possibilidades da superação da antítese? Já estão procurando os sociólogos alemães a difícil síntese entre ambas as tendências?

Ainda é cedo para respondermos a essas perguntas. Antes, analisemos os principais trabalhos dos maiores sociólogos surgidos na Alemanha depois da Segunda Guerra Mundial.

A principal obra desta nova fase parece ser *Wandlungen der deutschen Familie in der Gegenwart*, de autoria de Helmut Schelsky e, até agora, com três edições, a última em Stuttgart em 1955. Vemos aí que a *Soziologie Lehr-und Handbuch zur modernen Gesellschaftskunde* e os estudos em equipe no Instituto de Horkheimer, em Frankfurt, ao lado de vários trabalhos do professor Koenig, apesar dos seus grandes méritos foram obras menos em evidência que a de Schelsky. Este último, professor em Hamburgo, tenta ali uma experiência no campo da Sociologia da Família com uma sistematização até agora quase inédita. Antes dele, o professor René Koenig tentara o mesmo com *Materialien zur Soziologie der Familie* (Berna, 1946) e no novo *Woerterbuch der Soziologie* experimenta uma interpretação sob o título 'Familie und Familien-soziologie'. Sem dúvida, os méritos do professor da Universidade de Colônia, Koenig, são enormes. Contudo a repercussão dos seus trabalhos foi menor que a do mestre de Hamburgo. O que, aliás, não impede René Koenig de ser atualmente um dos guias mais autênticos da nova tendência.

Entre os velhos mestres ainda vivos sobressai a grande figura do professor Leopold von Wiese na Universidade de Colônia. O professor Raymond Aron atesta como von Wiese preocupou-se depois da Segunda Guerra Mundial em tornar seu método mais preciso na aplicação aos variados casos particulares concretos. Seu labor na *Koelner Zeitschrift fuer Soziologie und Sozialpsychologie* representou uma autêntica mensagem de vitalidade da sociologia alemã, encontrando em Koenig um digno sucessor. A herança de von Wiese alargou-se, não se restringindo em intransigências de métodos. O contato de organizações alemãs de estudos sociais com suas congêneres dos Estados Unidos aumentou ainda mais a fecundidade dos estudos sociológicos. Em particular em Colônia observa-se a cooperação com o *Unesco-Institut fuer Sozialforschung*, hoje dirigido por Jans Schokking, professor de Ciências Políticas na Universidade. Outro suíço também em Colônia, Peter Heintz, dedica-se com particular atenção igualmente aos estudos políticos, como Otto Stammer em Berlim. A morte de Gerhard Mackenroth, em Kiel, cortou uma fecunda carreira na Demografia, em cujo ramo ele foi um grande representante em terras germânicas, ajudando a uma maior unidade e coordenação da Sociologia na Alemanha.

A chamada 'Sociologia da Empresa', *Betriebssoziologie*, encontrou grande êxito no após-guerra. Em quase todas as Universidades o interesse pela matéria mostrou-se intenso. O Instituto Joaquim Nabuco de Pesquisas Sociais, do Recife, está dando ao assunto especial atenção. Recentemente, por iniciativa do diretor do seu Departamento de Economia, Sérgio Guerra, e com o apoio do diretor executivo geral, Fernando Freyre, inaugurou-se no Instituto um Curso de Informática, em conjunto com o Centro das Indústrias de Pernambuco.

[...] O tema central de nosso século: a atitude do homem diante da técnica, encontra na *Betriebs* e *Industriesoziologie* um tratamento científico capaz de descortinar novos e magníficos horizontes. A máquina moderna passou de simples escrava a um pesadelo para o homem. A criatura ameaça voltar-se contra o criador e a escravização humana pelas modernas técnicas tornou-se um dos temas mais angustiantes de nossa era. O elogio da planificação feito por Mannheim e outros encontrou forte reação dos neoliberais, de Hayek, von Mises e Roepke. O controle rigoroso da vida econômica seria algo como o prolongamento da ameaça de escravização que a planificação apresenta, baseada nas energias extraordinárias desencadeadas pela máquina moderna, hoje centro de um mundo de problemas humanos e sociais. O conhecimento melhor da vida industrial será, ao que tudo indica, a porta por onde se poderá dirigir com mais eficiência a presença da técnica na sociedade. Essa preocupação contrasta com a tendência da Filosofia da Cultura, por exemplo, desenvolvida em Heidelberg sob o nome de Sociologia da Cultura. Conforme o professor René Koenig salienta em artigo para a *Koelner Zeitschrift fuer Soziologie und Sozialpsychologie*, a Sociologia Histórica de Alfred Weber desponta quase como uma 'Ciência antiquária', em que sua 'Constelação' de valores sociais é projetada de preferência no passado, enquanto o grupo mais jovem da Sociologia empírica prefere aplicá-la ao presente. O que não diminui o seu valor, aliás, pois as novas gerações ainda debatem-se numa imprecisão de termos e métodos, sem a sólida sistematização dos antigos. Exemplo disso é o novo *Woerterbuch der Soziologie* editado por Buelow e Bernsdorf, que não chega ao ponto do outro, de Vierkandt, que dispunha de muito mais unidade e segurança, chegando mesmo vários artigos seus a se afirmarem como trabalhos clássicos na Sociologia.

De qualquer forma, é certo que Alfred Weber e Alexander Ruestow, continuando a tradição de Max Weber, Mannheim, Troeltsch e Lederer, distanciaram-se do equilíbrio dos seus predecessores e enveredaram por caminhos que os aproximam muito mais de uma Filosofia da História que de uma Sociologia objetiva. Desvio que Leopold von Wiese não experimentou, servindo com seu livro *Soziologie. Geschichte und Hauptprobleme* de traço de união entre hoje e anteontem, entre passado e presente nos estudos sociológicos, segundo frisa o professor René Koenig. O equilíbrio da teoria das relações do mestre de Colônia contém elementos dinâmicos capazes de integrar muitas das modernas pesquisas sem ainda a unidade que se poderia desejar para uma sistematização mais segura. Inclusive a tendência empírica da chamada Sociologia experimental na Alemanha do após-guerra não representa uma quebra com a tradição sociológica germânica, embora essa tenda um pouco para o formalismo nos métodos, longe das pesquisas práticas. Entretanto, conforme afirma o sociólogo brasileiro professor Emílio Willems, a Sociologia experimental continua uma das tradições germânicas latentes nas obras de Max Weber e Sombart, por exemplo. A saber: o estudo objetivo e sistemático dos fatos, embora projetados muitas vezes no passado, mas controláveis através da análise de documentos históricos.

Mais adiante ainda na aproximação da Sociologia com a Filosofia Social vai o Jesuíta Oswald von Nell-Breuning, o maior pensador social católico no assunto. O mencionado filósofo apresenta um normativismo que ao analisar a realidade empírica preocupa-se em modificá-la dentro dos padrões católicos. Intenção, aliás, salutar, porém já no campo da Deontologia Social que no da Fenomenologia sociológica. Igual corrente, porém sem as observações empíricas de Nell-Breuning, seguem os outros jesuítas, Gundlach e Wetter, que partem da dedução dos princípios cristãos para a transformação da realidade empírica, caminho oposto ao percorrido pelo dominicano Lebret que induz dos fatos objetivos isolados as possíveis soluções cristãs, isso dentro de um rigoroso método experimental desenvolvido pelo seu grupo 'Economia e Humanismo' na França. Ao olharmos tantas orientações diversas e, às vezes, até mesmo em choque, não podemos deixar de admirar a magnífica renovação operada na Sociologia alemã após a Segunda Guerra Mundial.

Entrarão em síntese as chamadas Sociologia experimental e a da História ou da Cultura, hoje com inúmeras discordâncias internas e rumando por métodos em mais de um aspecto opostos? Essa é uma pergunta vital para o pensamento sociológico alemão. A propósito, repetiríamos uma opinião de Alfred von Martin a respeito. Para ele, a meta da Sociologia consiste num conhecimento geral e sistemático do social. Portanto, a Sociologia da História constitui apenas um elemento de integração e as observações sociográficas um meio a ser valorizado para um possível conhecimento geral e sistemático. O referido equilíbrio é difícil, mas encarna a meta para a qual marcham e pela qual lutam os autênticos sociólogos. Talvez a maior contribuição do atual pensamento sociológico germânico seja

o qual os métodos sociológicos podem ser considerados adequados. Dentro desse ponto de vista, os contatos interessam ao sociólogo só como ligações entre "a condição sociologicamente relevante de socialidade ou isolamento" e os processos que o professor von Wiese denomina de associação e que nós preferimos denominar, com os norte-americanos – de *interação*.

Os sociólogos modernos estão de acordo quanto à importância dos contatos de tato para as relações inter-humanas. São contatos dos chamados primários (por serem diretamente dos sentidos e pessoais) de que se destacam, nas atuais comunidades europeias ou de formação predominantemente europeia, a carícia, o beijo, o aperto de mão, o abraço, o beliscão. Outras comunidades desconhecem o beijo, o aperto de mão, o abraço mas têm formas de carícia e de contato de pele com pele igualmente intensas nas suas expressões, nos seus significados ou nas suas consequências de ordem social e cultural.

Nas comunidades como a brasileira, em que coexistem etnias diversas, agem como forças de repulsão e às vezes de atração entre brancos e pretos, ou entre nórdicos e judeus, os contatos inter-humanos de vista, de ouvido e principalmente de cheiro. As consequências sociais desses contatos também se manifestam aqui e, ainda mais, em comunidades de elementos socialmente mais diferenciados, entre classes, dadas as diferenças de hábitos de higiene, de convenções de voz e de pronúncia ou de simples sotaques, de uma classe para outra. Há quem não tolere "inhaca de negro"; quem não suporte cheiro de sujo; quem não queira saber de relações com gente que fale gritando ou pronuncie as palavras da língua comum, ou da predominante na região, com acentuação de sons considerada plebeia. Vê-se, assim, que dos simples contatos de cheiro, de vista, de ouvido resultam repulsões de ordem social e cultural, embora se apoiem em fatos fisiológicos, biológicos ou psicológicos; ou se verifiquem através de órgãos ou sentidos.

Daí, talvez, afirmar o professor von Wiese que o conceito de contato inclui numerosa série de "impressões sensoriais e derivadas", capazes de entrarem em "complexas interconexões". Sempre que se exprimem em repulsão e atração imediata, os *contatos primários* se apresentam de considerável importância sociológica, e, ao mesmo tempo, de difícil interpretação, dadas as "complexas interconexões" a que se refere o mestre alemão. Interconexões que parecem incluir às vezes a confusão de reações fisiológicas e psicológicas com reações sociais e de cultura, como no caso de brancos que não toleram senão com esforço ou repugnância a vista ou o cheiro de pessoa de cor.

---

adiantar a marcha para o equilíbrio ambicionado que já se prenuncia como um dos mais poderosos instrumentos para uma maior segurança científica da Sociologia, embora como ciência humana esta última tenha sempre de viver às voltas com renovações e choques inevitáveis."
Essas notas do jovem estudioso brasileiro de Ciências Sociais são incluídas nesta *Sociologia* graças a uma gentileza sua.

Há entretanto, nos contatos inter-humanos, repulsões e atrações imediatas, emocionais, independentes de causa social e de cultura ou de origem étnica. Daí alguns sociólogos lembrarem a distinção dos efeitos imediatos dos contatos entre *simpáticos* (ou *antipáticos*) e *categóricos*. Separação ou distinção que não seria, é claro, absoluta, mas de ordem típico-ideal. Depois do primeiro encontro com alguém – com pessoa que nos bata à porta, em inesperada visita, por exemplo – gostamos ou desgostamos do adventício por nos agradar ou desagradar à vista, ao ouvido, ao olfato etc., ou gostamos ou desgostamos dele pela categoria que sua presença, voz, indumentária, gesto, cheiro, imediatamente sugere: bispo, oficial de marinha, malandro de morro, vendedor a prestação.

Do contato – a comunicação da pessoa social com outra ou com algum grupo, por meio dos sentidos e de extensão dos sentidos – já se disse que era o *processo social primário*. E do contato é que se desenvolvem os processos sociais especiais de interação social, pela reciprocidade de reações que constitui o processo.

Admitida a interdependência da natureza humana, do grupo social e da cultura, em que insistem vários sociólogos modernos – alguns negligenciando e outros considerando implícita, como base da "natureza humana", a presença de elementos instintivos, genéticos, e, por conseguinte, biológicos e psicológicos, nas pessoas sociais estudadas pela Sociologia – está admitida também a importância do estudo dos processos de interação social – o geral e os especiais – por meio dos quais a natureza humana, sociologicamente compreendida, funciona e se afirma em pessoas e personalidades, em culturas e grupos. Os grupos e as pessoas sociais, as instituições e as personalidades se organizam ou se desorganizam e a cultura se conserva, se altera, se deteriora ou se desenvolve, através de *mores*, cujas formas mais do que os conteúdos, cujos significados mais do que os valores, cujos processos de interação mais do que os produtos de cultura, interessam ao sociólogo como objeto de estudo.

10. CULTURA, ORGANIZAÇÃO, ESPAÇO E TEMPO SOCIAIS

Para alguns cientistas sociais, como o professor Leslie White,[65] as culturas são, ou devem ser, objeto de estudo à parte das sociedades ou comunidades estudadas pelos sociólogos: as culturas seriam o objeto de estudo da Culturologia. Para outros, falta às ciências sociais uma ciência especial que tenha por objeto de estudo a região ou a ecologia social, considerada por sociólogos como o professor Becker objeto de estudo antes de geógrafos que de sociólogos. Dentro da orientação desta introdução ao estudo da Sociologia – dos seus Princípios – o estudo sociológico da região inclui-se

---

[65] Veja-se o seu *The science of culture* (New York, 1949).

no estudo sociológico do homem social; ao lado da análise das formas de comunidade impõe-se a das formas de cultura. Pois é – ou nos parece – possível um estudo sociológico das formas de uma região – ou de suas formas-conteúdos – separado do estudo geográfico dos seus conteúdos; ou das suas formas-conteúdos que se definam pelas suas substâncias geográficas.

Não que nos pareça possível a rígida separação do social, como objeto de estudo geral – e aqui voltamos em ponto já tocado no prefácio – em formas e substâncias, pretendida por alguns sociólogos alemães desde Simmel. A separação do social em substâncias, principalmente substâncias, e formas, principalmente formas, corresponde a necessidades de sistematização do mesmo estudo, para conveniências de análise de material imenso, de pontos de vista a um tempo especiais e convergentes, cabendo à Sociologia a análise de formas quanto possível desprendidas de substâncias: substâncias a serem consideradas por outras ciências sociais, de pontos de vista diversos. A substância etnográfica e geograficamente diversa nas culturas dos grupos humanos seria estudada pelo etnógrafo, pelo folclorista, pelo geógrafo especializado em Geografia cultural. Ao sociólogo – insistamos desde já neste ponto – toca estudar nas culturas, o que nelas é menos substância diferenciada de área para área, de grupo para grupo, do que as formas – ou as formas-conteúdos – gerais, dentro das quais se ajustam tais diferenciações, condicionadas, principalmente, mas não determinadas, por influências de meio físico, geográfico, geológico, e sim pelas de ambiente social e de distribuição ecológica de subgrupos no espaço, de inter-relações no espaço, de relações, que se exprimem em formas regionais, quer de convivência, quer de cultura, com o espaço e com o tempo. Donde se poder dizer que há uma Sociologia ecológica, interessada em formas de relações de grupos no espaço e com o espaço, e outra histórica, ou genética, interessada em formas de relações de grupos ou da pessoa, com o tempo – sociologias especiais auxiliares da geral ou do seu estudo geral de formas gerais de socialidade, de associação, de contato, de relações inter-humanas, quer interespaciais quer intertemporais, do ponto de vista do homem social condicionado ou situado: situado no espaço e situado no tempo.

Região é para o cientista social toda a vasta área que se distinga – e aqui resumimos pensar comum a numerosos sociólogos modernos – por numerosas semelhanças entre os habitantes de tal espaço: semelhanças que decorram de formas de cultura, de organização social, de comportamento de pessoa e grupo sociais inter-relacionadas – em cada região – numa espécie de bolo dos entre nós chamados de rolo-bolo socialmente ecológico. Partida qualquer fatia desse bolo complexo, ela nos comunicaria característicos dessas inter-relações e ao mesmo tempo particularidades que lhe compõem a totalidade inter-relacionada: inclusive a cultura.

Com os meios modernos de comunicação e transporte, a superação das simples áreas políticas ou administrativas, por um lado, e das naturais, por outro, pelas regiões assim socialmente consideradas – que compreendidas em sua complexidade sociocultural, superam as chamadas regiões naturais, delimitadas por montanhas, rios, água – vem se acentuando de tal modo que as regiões socioculturais são hoje realidades funcionais ao lado de Estados subnacionais e até de Estados nacionais. São Estados, estes, crescentemente arcaicos ou crescentemente decorativos nas paisagens: unidades administrativas e governamentais. Nos próprios Estados Unidos, onde a Constituição consagra de modo tão nítido os direitos dos Estados em relação com a soberania da União, a tendência vem sendo para as regiões se tornarem funcionais e para alguns dos Estados, pelo menos se no tocante a várias das suas atividades, se aquietarem em auxiliares das Regiões, maiúsculas e másculas. Vêm estas tornando-se dinâmicas em contraste com Estados estáticos e femininos, no sentido de passivos e necessitados de poder que os fecunde. Essa deveria ser a tendência no Brasil, se a ficção política não continuasse entre nós a contrariar em vários pontos a realidade social ou sociocultural, animada essa por transformações de ordem tecnológica que os políticos interessados em conservar prestígios estaduais à custa dos mitos de um estadualismo arcaico, fingem não enxergar. Mesmo assim, o critério de reorganização e de reinterpretação ecológico-social ou sociocultural da chamada realidade brasileira é um critério que se afirma e que já encontra apoio em alguns dos políticos nacionais mais esclarecidos de hoje, para os quais a palavra cultura, quando ligada a região subnacional, já se apresenta com significado ou sentido sociológico.

Se admitirmos que as formas de organização social e, principalmente, de cultura – e poderíamos acrescentar: as de pessoa ou personalidade situadas diversamente nas culturas – podem ser regionais, sub-regionais e transregionais, daí indo estabilizar-se em formas gerais ou universais tanto quanto essa estabilização e essa universalidade são possíveis, temos que admitir a conexão entre formas regionais de cultura e personalidade e formas transregionais. Houve, por exemplo, formas transnacionais de cultura e de personalidades a tornarem semelhantes regiões, como o antigo Sul – agrário e escravocrata – dos Estados Unidos e o Brasil agrário e escravocrata considerado em suas duas mais importantes sub-regiões – a do açúcar e a do café – às quais foram comuns formas regionais de comunidade e de cultura superiores às suas diferenças sub-regionais: aquelas que diferenciaram o paulista das fazendas escravocratas de café, do senhor de engenho pernambucano ou baiano, maranhense ou alagoano. Mas aquelas semelhanças transnacionais sociologicamente válidas, foram contrariadas por diferenças de substância geográfica, geológica, etnológica, cultural, que se refletiram nas próprias formas gerais, parecendo às vezes comprometê-las na validez das suas semelhanças sociológicas. Realmente não as comprometem quando se verifica que a despeito de diferenças de solo, de produção, de raça, de cultura substancial, inclusive de religião, houve no plantador das casas-grandes da Virgínia a mesma forma de personalidade de homem social, dominador de outros homens, distribuídos em espaço social no mesmo modo neofeudal que no Brasil agrário, patriarcal e escravocrata: neofeudalismo que vigorou por mais de três séculos no Brasil – primeiro com viço maior na sub-região do açúcar, depois com viço maior na sub-região do café, a qual apoderou-se dos ritos, das aparências, dos símbolos sociais já desenvolvidos e aperfeiçoados pelos aristocratas do Norte brasileiro. Temos aí exemplos de fato de que os tipos de comunidade e sobretudo as formas de cultura sub-regionais podem de regionais passar a transregionais, antes de atingirem sua máxima purificação sociológica em tipos e em formas universais. No caso, as formas de dominadores com relação a dominados e de dominados com relação a dominadores, ainda mais do que a de senhores com relação a escravos que representa condicionamento de tais relações pela especificação jurídica da condição de proprietário de homem como senhor e de escravo como ser possuído e dirigido pelo senhor: especificação em que já se refletem, através da expressão jurídica de culturas, tempo e espaços sociais e culturais definidos.

Pode-se afirmar essa universalidade com relação à capacidade de movimento do homem ou do grupo social tanto no espaço físico como no espaço social, tal capacidade importando também em movimento transregional de formas e até substâncias culturais. Esse movimento, no sentido horizontal tanto quanto no vertical de movimento. Pessoas e grupos sociais e as formas e substâncias de cultura de que são portadores, nunca são fixos de modo absoluto, nem mesmo quando estratificados em castas. Também as castas são sujeitas a deslocamentos no espaço físico e a adulterações que resultam de inconstâncias no espaço social. Pois o castiço pode perder a casta.

Tais inconstâncias e deslocamentos se acentuam quando as castas são apenas classes – que representam complexos socioculturais, em vez de serem apenas expressão de condição econômica. Verificam-se então degradações de condição sociocultural, ascensões socioculturais e transferências no mesmo plano sociocultural, que se processam ora pela mobilidade vertical, ora pela horizontal, dentro do mesmo espaço físico ou geométrico, isto é, sem que ao movimento social corresponda sempre deslocamento no espaço geométrico ou físico. Daí uma pessoa social poder na sua comunidade deixar de ser membro de uma associação esportiva para tornar-se membro de outra da mesma categoria – do Flamengo transferir-se para o Fluminense, no Rio, por exemplo – sem que para esse acontecimento de mobilidade social horizontal se verificar, seja necessário que a transferência de clube implique em transferência de residência ou em acesso ou declínio econômico, político ou cultural. Esse declínio ou aquele acesso verifica-se dentro do mesmo espaço físico ou com transferência em espaço apenas sociocultural: por exemplo quando um homem, como o brasileiro João Café Filho, nascido pobre e socialmente insignificante em bairro socialmente desprestigiado de pequena cidade do Norte do Brasil, torna-se, depois de vice-presidente da República, presidente, com residência oficial no Rio de Janeiro; e não só em área metropolitana como em palácios socialmente prestigiosos. Verifica-se a mobilidade vertical quando acontece, por exemplo, degradar-se, em comunidade britânica, em lavador de pratos de pensão barata de bairro, também socialmente degradado, um filho de milionário nobre nascido e criado em casa rica e fidalga, e educado por anglicanos ou jesuítas e em Oxford. Teríamos um caso completo de mobilidade vertical de cima para baixo, com repercussões da transferência de situação ocorrida no espaço social sobre alterações de posição no espaço físico. É que em geral há conexão entre espaço social, cultura e espaço físico. Socialmente valorizam-se como pontos de residência nobre os altos dos morros, em certos tipos de comunidades ou sob formas de ocupação de espaço por grupo humano, enquanto noutros tipos de comunidade e sob outras formas de ocupação de espaço por grupo acontece ser a planície sobre-estimada para ponto de residência nobre e se tornarem subestimadas as elevações. É o que vem acontecendo há anos com a maioria dos morros cariocas outrora sobrevalorizados como sedes de colégios de jesuítas, conventos e igrejas ilustres e pontos de residências nobres; e hoje degradados socialmente de tal modo que morar em morro no Rio quase significa morar em favela, em casebre, em cafua e, por conseguinte, em espaço físico caracterizado por degradação social de tipo de moradia e de formas de convivência e de cultura.

De algum modo é o que sucede modernamente em grande parte do Brasil entre o prestígio social que marca a residência de tipo socialmente médio em espaço fisicamente rural e o prestígio social que marca a residência do mesmo tipo em espaço fisicamente urbano: o maior prestígio vem sendo associado ao espaço fisicamente urbano. Consequência, ao que parece, da mística da industrialização e urbanização que no Brasil vem conferindo aos espaços fisicamente urbanos, isto é, às áreas ocupadas por populações, tipos de comunidades e formas de cultura urbanos, prestígio superior ao das áreas ocupadas por populações, tipos de comunidade e formas de cultura rurais, das quais é grande a transferência de indivíduos moços para as áreas urbanas em virtude da sedução como que carismática, e não apenas urbana, exercida pelas cidades e pelas ocupações industriais e urbanas sobre a população brasileira, em geral. Para essa população, em sua maioria, ser morador médio de espaço rural é ser arcaico, incapaz, doente ou cacogênico, ineficiente, bobo, matuto, tabaréu; e ser morador médio de espaço urbano, com possibilidades de elevar-se a morador superior do mesmo espaço, representa a plenitude de triunfo social aberto aos inteligentes, capazes, eugênicos, sabidos, progressistas. Verifica-se assim o contrário do que se verificou entre nós em outro tempo social quando o espaço físico mais valorizado para residência foi o rural, considerando-se feliz o moço de cidade brasileira ou portuguesa a quem o fato de ser branco ou instruído, entendido em escrituração mercantil, caixeiro, bacharel, doutor, técnico, proporcionava oportunidades de ascensão social, através do casamento com filha de agricultor grande ou médio, de fazendeiro, senhor de engenho, matuto ou roceiro rico. A mobilidade vertical verificou-se, nesses casos – que foram numerosos – no sentido de ascensão social, embora nem sempre – observe-se – totalmente cultural, de elementos vindos de espaços urbanos para rurais. Hoje a filha de agricultor aspira, em geral, ao casamento que a desloque – e possivelmente desloque a sua família – de espaço rural para espaço urbano, em que a moça matuta passe a ser senhora urbana de advogado, médico, engenheiro, farmacêutico, dentista, industrial, comerciante, desaparecendo para ela e às vezes para a família a inconveniência social de residentes de espaço socialmente e culturalmente desprestigiado, como é, em numerosas áreas brasileiras de agora, o espaço rural ocupado por indivíduo ou grupo socialmente e culturalmente médio ou socialmente e culturalmente inferior. Temos aí exemplo de mobilidade social a atingir um grupo inteiro de população.

Aliás, já o professor P. Sorokin, em livro que se tornou clássico sobre o assunto,[66] recorda o exemplo da casta Brahmin na Índia ter mudado de posição com relação à casta militar, de que foi outrora igual – isto há alguns séculos – e que hoje lhe é inferior, sendo a casta Brahmin a de sacerdotes e letrados. Na América Inglesa sabe-se que no primeiro século colonial os líderes religiosos, isto é, os membros do clero protestante, ocuparam no espaço social, ou sociocultural, situação superior à dos advogados, magistrados e políticos, que posteriormente os igualaram em prestígio, tendo entretanto esses dois grupos no século XVIII e principalmente no século XIX sido igualados, se não superados em importância no espaço social, no Norte, pelos príncipes do comércio, e no Sul agrário, pelos aristocratas donos de terras e de escravos, até se verificar, sobre esses grupos, a ascensão de ainda outro grupo: o dos chamados barões das finanças e das indústrias. Vê-se assim que as alterações na situação de grupos inteiros, membros de uma só comunidade ou sociedade nacional ou pré-nacional, se verificam à medida que os espaços sociais – ou socioculturais – se modificam sob alterações de tempos sociais, podendo-se alterar o prestígio de lavradores em face de comerciantes, de magistrados em face de sacerdotes, de sacerdotes em face de militares ou de militares em face de sacerdotes ou clérigos, como aconteceu na própria Índia estruturada em castas mais rígidas do que as classes ou os grupos culturais – e não apenas econômicos – do moderno mundo ocidental.

Modernos sociólogos anglo-americanos, aos quais se devem interessantes páginas de síntese sobre os fatos de distribuição de população em espaços sociais, ou socioculturais, destacam a possibilidade de indivíduos excepcionais serem capazes de mudar

---

[66] Cf. *Social Mobility* (New York, 1927).

de posição social no espaço, sem que essa alteração se verifique através de casamento vantajoso ou feito heroico em momento crítico para a vida de uma comunidade – e do que há vários exemplos; e sim em função do gênio militar, literário, científico, artístico, financeiro ou político; da superioridade em atividade esportiva; da superioridade de voz ou de talento histriônico ou coreográfico. São numerosos os exemplos: o de Napoleão Bonaparte, dentre os mais notáveis. O de Thomas Edison é outro. Ainda outro o do escocês Carnegie. No Brasil, há casos particularmente expressivos de rápida (em virtude de talento ou gênio individual) ascensão social, com tal mudança de situação do indivíduo no espaço social, ou sociocultural, que a sua própria condição étnica, tradicionalmente ligada a condição social inferior, é esquecida e o ex-negro, por exemplo, se torna tão socialmente e culturalmente branco quanto os brancos mais ortodoxamente brancos. O caso, entre outros, de Juliano Moreira, filho de quitandeira baiana, que chegou a ser no Rio de Janeiro uma das figuras máximas da medicina brasileira, com a casa frequentada por médicos, intelectuais, artistas, situados nos altos ou nos cumes do espaço social, ou sociocultural, metropolitano.

Em ensaio há anos publicado, e há pouco reeditado – *Sobrados e mucambos* – procuramos mostrar a intensidade com que se processou no Brasil a ascensão de indivíduos de classe e raça inferiores a classe e raça superiores – mobilidade vertical, por conseguinte – em virtude dos títulos eclesiásticos, militares, acadêmicos e de decorrências socioculturais e até sociopsicológicas desses títulos, que lhes garantiram transferências tais no espaço social que até filhos ou netos de escravos se tornaram equivalentes, quando não superiores, de filhos de nobres. A dignidade clerical operou aqui maravilhas de ascensão neste particular, e por pouco um arcebispo mineiro de cor preta não chegou entre nós à situação suprema de cardeal, isto é, de Príncipe da Igreja: Dom Silvério. Aliás, já se verificara na Europa toda uma série de ascensões semelhantes no espaço social, ou sociocultural, através da dignidade clerical: de Hobbon, que chegou a ser arcebispo de Reims, diz-se que foi escravo; o papa Gregório VII – uma das maiores figuras de líder na História da Igreja – nasceu filho de carpinteiro; Maurice de Sully, famoso arcebispo de Paris, nasceu filho de camponês humilde.

Não só pela dignidade eclesiástica: também através das profissões ou artes liberais e da formação acadêmica que lhes é própria têm se verificado casos numerosos de ascensões socioculturais de indivíduos, dessas ascensões individuais decorrendo alterações quanto a relações entre regiões e entre classes e as suas formas e mesmo substâncias de cultura. Isso porque frequentemente se verifica que a ascensão de um indivíduo se faz acompanhar de reivindicações de subgrupos definidos em situações de classe ou de região. A ascensão de Lloyd George na sociedade britânica, por exemplo, se fez acompanhar da ascensão de todo um subgrupo étnico-cultural-regional, por ele representado de modo quase teatral, o "Welsh", do mesmo modo que o triunfo político-social de Disraeli, na mesma sociedade, se refletira favoravelmente sobre as oportunidades de ascensão de todo outro subgrupo étnico-cultural, este fluido e quase sem raízes regionais: o israelita. Entre nós, brasileiros, a ascensão político-social de Getúlio Vargas significou a ascensão político-social de um subgrupo cultural-regional – o gaúcho – até então desprestigiado como ainda excessivamente rústico para as responsabilidades nacionais mais delicadas. Viu-se, entretanto, à sombra principalmente daquele triunfo individual, o gaúcho ganhar no espaço social, ou sociocultural, brasileiro, vantagens de situação e de responsabilidade político-social, que pareciam privilégios de subgrupos mais antigos, como o baiano ou o paulista: inclusive a responsabilidade de exercer cargos diplomáticos delicadíssimos.

Não podemos considerar em Sociologia o problema de diferenças culturais e, ao mesmo tempo, psicossociais – as que se exprimem nos tipos dominantes ou consagrados de personalidade humana, em certos espaços socioculturais, em contraste com os consagrados ou dominantes noutros – sem considerar o problema dessas diferenças em relação com tempos sociais ou socioculturais desigualmente vividos por subgrupos dentro de uma comunidade só ou por comunidades, sociedades e culturas separadas no espaço sociocultural quando não também no físico, como a China, por exemplo, em relação com a Europa Ocidental, o Paraguai da época do Dr. Francia em relação com os Estados Unidos da mesma época, e, hoje, no próprio Brasil servido por adiantado sistema de transporte aéreo, subáreas pastoris ou agrárias em relação com áreas metropolitanas ou superindustrializadas como a do Rio de Janeiro e a de São Paulo. Também as diferenças de tempo social – ou sociocultural – em que vivem grupos ou subgrupos se projetam em suas relações intrarregionais e inter-regionais de modo a criarem o que em Sociologia se denomina distância social: a qual pode se verificar no espaço social, ou sociocultural, independente de situações de espaço físico. A distância social pode separar em senhor e servo, indivíduos moradores na mesma casa, do mesmo modo que, em consequência de diferenças de tempo social, ou sociocultural, vivido desigualmente por dois indivíduos, podem separar-se em quase inimigos pai e filho, marido e mulher, mesmo moradores da mesma casa ou do mesmo quarto ou do mesmo leito. De tal modo separa um grupo de outro, diferente sentido de tempo, que torna não só certas culturas regionais ou nacionais absolutamente lentas no caminhar, no trabalhar, nos gestos, nos atos, em contraste com outras, ágeis em seus gestos de trabalho e em suas realizações industriais e econômicas, que essas diferenças têm sido folcloricamente consagradas, todos nós conhecendo o contraste entre "hora de brasileiro" e "hora de inglês". Contraste que se estende a toda a América Latina em relação com a "hora de inglês" e hoje, principalmente, com a do anglo-americano. O fato inglês ou do anglo-americano ser, ou parecer ser, mais exato ou preciso em seu modo de contar horas, minutos e segundos que o latino, em geral, corresponde a diferenças de tempo social, ou sociocultural, entre essas duas grandes culturas modernas, a anglo-saxônia e a latina, das quais a primeira vive, desde a Revolução Industrial, mais consciente do futuro que a latina, apegada em sua maioria, a um passado que se confunde, para muitos latinos, com o presente. Dizemos em sua maioria porque há exceções como Buenos Aires e São Paulo, que são sub-regiões urbanas latino-americanas, em que o tempo social, ou sociocultural, dominante entre seus habitantes coincide com o das áreas industrialmente mais adiantadas, em suas articulações do presente com o futuro, da moderna comunidade anglo-saxônica. Também para esses subgrupos regionais de cultura neolatina "tempo é dinheiro", como diz expressivo ditado em língua inglesa.

Tais diferenças de tempo social, ou sociocultural, dificultam as relações inter-regionais ou intrarregionais, inclusive as relações entre os subgrupos urbanos e os subgrupos rurais de uma mesma comunidade: entre as suas culturas. Pois a tendência é para os subgrupos rurais viverem, agirem e trabalharem em ritmo mais lento que os subgrupos urbanos. O que causa às vezes irritações e conflitos intrarregionais, que para ser evitados ou atenuados, exigem de governantes, líderes industriais, líderes de produção agrária, que acrescentem um pouco de psicologia social aos seus conhecimentos concretos de administração, de comércio e de indústria. Não se deve esperar de subgrupos que vivam, de modo geral, não só em espaços físicos como em espaços socioculturais diversos, e não só em espaços físico-sociais e físico-culturais diversos como até em tempos sociais, ou socioculturais, diferentes, que sejam indivíduos ou subgrupos que reajam exatamente do mesmo modo aos mesmos estímulos.

II. POSIÇÃO DA SOCIOLOGIA

1. POSIÇÃO DA SOCIOLOGIA ENTRE OS ESTUDOS DO HOMEM CONSIDERADO UNIDADE BIOSSOCIAL

Não é só no campo vasto do todo *social* que a Sociologia participa, com a Biologia e a Psicologia, por um lado, e, por outro, com a Filosofia e principalmente com as hoje chamadas ciências sociais ou culturais e, outrora, morais ou políticas, da mesma matéria de estudo; também, no campo, menos extenso, do *cultural*.

Em relação com as ciências sociais pode-se dizer que a Sociologia, mesmo quando sociologia especial, mesmo quando *uma* das sociologias e não *a* Sociologia, está interessada de modo particular no que há de geral – vá o paradoxo – nos fatos de *contato* e de *interação*: principalmente nos seus *processos*, *formas* e *agentes* propriamente *sociais*: o *grupo*, a *pessoa*, a *instituição*. Tanto nos fatos *sociais* – de que o economista, o estudioso de ciência política, o jurista, procuram isolar aspectos ou conteúdos especiais: o aspecto ou o conteúdo econômico, o aspecto ou o conteúdo político, o aspecto ou o conteúdo legal – como nos fatos *culturais* – em que o antropólogo cultural, o historiador social e cultural, o geógrafo cultural procuram estudar os produtos, as substâncias e os membros de determinada cultura, área ou região – interessam ao sociólogo os aspectos funcionais, dinâmicos, recorrentes: o *processo*, os *processos*, as *formas sociais*, a *organização* e a *desorganização social*, as atividades do *socius* ou da pessoa ou do grupo social consideradas em si mesmas: em sua sequência, variedade e conflitos de *situações* e *funções sociais*; em sua complexidade de interação entre elementos materiais e imateriais de socialidade e de cultura de que resultem situações sociais também complexas, como a de membro de uma comunidade que reúna vários grupos e ponha o participante de sua vida em várias situações: a de lavrador, a de Adventista do Sétimo Dia, a de homem, a de velho, a de morador de casa coberta de palha, a de vegetariano.

É claro que em estudos analíticos e principalmente nos sintéticos de *comunidades* e mesmo de *instituições*, mais de uma vez se confundem ou interpenetram os objetos de estudo: o do sociólogo com o do antropólogo social e cultural; ou com o do geógrafo humano e cultural, com o do economista ou com o do jurista. Mas sem que deixe de haver um critério especificamente sociológico de análise e interpretação da organização social, diretamente atento aos seus processos e recorrências, às suas funções e formas, aos seus agentes humanos ou socialmente pessoais; às situações sociais; e só indiretamente interessado na substância ou conteúdo de todo esse conjunto. O conteúdo – numa imagem imprecisa – seria antes a carne e as vísceras que os ossos, ou a estrutura óssea, do conjunto social. A parte mais plástica, mais perecível e mais variável no tempo e no espaço físico e social do mesmo conjunto que nos ossos – as formas sociais, meios de expressão dos processos e das funções sociais – se exprimiria menos individualmente, menos plasticamente e menos perecivelmente. Mas sem que ossos ou carne, independentes, constituam o conjunto social, que só pode ser estudado compreensivamente pelo sociólogo nas suas formas, processos e funções, animadas por conteúdos: como vida inteira e como conjunto.

À parte dos conteúdos vivos – atual ou historicamente vivos – podem aquelas formas ser estudadas apenas imaginativamente ou descritivamente, fazendo-se então uma espécie de obra sociológica de "paleontologia" ou "arqueologia". A decomposição do todo social em *conteúdos* e *formas* – segundo Simmel – e segundo o critério aqui adotado, em *conteúdos*, como matéria não sociológica, e *formas* e *processos*, *funções* e *situações*, como objeto de estudo sociológico – corresponde a conveniências pedagógicas. Não significa que o sociólogo, por amor a tais conveniências, procure sempre matar o todo social para estudar mais a cômodo a parte que lhe toca. Ao contrário: essa parte deve ele, a nosso ver, procurar estudá-la em relação viva com o todo também vivo, sem desgrudar os ossos da carne. Sem fazer sociologia apenas anatômica por amor excessivo ao purismo sociológico.

A verdade é que definida a pessoa social como "o indivíduo com *status*" e, por conseguinte, relacionado horizontal e verticalmente com o espaço e o tempo sociais ou qualitativos, tornam-se de interesse fundamental, em Sociologia, a família – grupo como que literalmente de carne – a comunidade, a região, a área, a profissão ou a classe em que se acham situados os indivíduos ou grupos: sua distribuição no espaço, se não sempre físico ou geométrico, social – se é que em estudos de Sociologia aplicada se possa distinguir sempre, nitidamente, um do outro. E também sua relação com o tempo: com o tempo qualitativo e com o quantitativo. Daí muitas vezes confundir-se a Sociologia, quando particularmente atenta ao espaço e ao tempo, com a Antropologia social ou cultural, com a Geografia cultural, com a História social ou cultural. A Sociologia, porém, está sempre à procura, por meio de comparação entre as comunidades, as regiões ou as épocas sociologicamente compreendidas, do que é menos da época, do meio ou da individualidade que do *socius* ou da *pessoa social*, das *formas* e das recorrências das *situações* ou das *relações sociais*, em geral; à procura de tendências à uniformidade que se repitam no comportamento da pessoa, considerada unidade biossocial e cultural de que interessem ao sociólogo as funções de relação e as formas, processos e situações sociais em que se manifesta. Entre os estudos que tratam do ser humano como unidade biossocial e cultural, a posição da Sociologia, quer como Sociologia geral e ciência social especial, quer como qualquer das sociologias especiais, parece-nos ser a de estudo de coordenação. Coordenação, primeiro, do orgânico com o social e cultural, para que a totalidade humano-social não sofra sob nenhum dos extremos: nem de naturalismo, nem de culturalismo; e coordenação, também, das sociologias especiais.

2. CIÊNCIA NATURAL E CIÊNCIA CULTURAL

É que a Sociologia vem sendo ao mesmo tempo ciência *natural* e, com outras das ciências chamadas sociais, ciência *cultural*, segundo a substituição – que se deve ao neokantismo germânico, nesse ponto seguido pelo neofichteanismo e, principalmente, pelo neo-hegelianismo – de ciências do espírito por ciências de *cultura*, em oposição – oposição lógica – às da *natureza*.

A separação não é absoluta: donde nos aventuramos a chamar de ciência mista ou anfíbia à Sociologia. É um dos expoentes mais altos do neokantismo e, ao mesmo tempo, do neofichteanismo, o professor Rickert, que em ensaio sobre a separação das ciências em naturais e culturais observa: "sem dúvida, o método naturalista se prolonga pela esfera da cultura [...]. Reciprocamente pode, em certo sentido, falar-se de um proceder histórico dentro da ciência natural; de sorte que para consideração lógica aparecem, em consequência disto, territórios intermédios, nos quais se acham estreitamente unidas investigações, quer culturais, pelo seu conteúdo, e naturalista, no método; quer naturalistas, no conteúdo, e históricas, no método".[1] Nesse território intermédio é que nos parece achar-se a Sociologia, que o professor Rickert não menciona em seu estudo.

De toda a importância para o presente estudo é a distinção que dentro de algumas das correntes de filosofia social alemã vem sendo estabelecida entre *natureza* e *cultura*. Entre o conjunto do nascido por si e entregue ao seu próprio crescimento e o produzido diretamente pelo homem, segundo fins valorados; ou – se existe antes a coisa – entre coisas cultivadas intencionalmente pelo homem, em atenção a valores que nelas residem, e aquele primeiro conjunto. O nascido e crescido por si é por muitos considerado sem referência a valor algum; o objeto cultural é sempre valorado; e se dele se retira o valor, ele, quando coisa cultivada, se reduz à natureza. Se no processo social ou cultural prescindimos do valor – ou do significado – torna-se processo de natureza, e não mais de cultura. Por outro lado, a religião, o Estado, a linguagem,

---

[1] De H. Rickert vejam-se *Die Grenzen der naturiois-senschaftlichen Begriffsbildung* (Leipzig, 1909), e especialmente, *Kulturioissenschaft und Naturioissenschaft* (Leipzig, 1926, p. 22). Rickert desenvolve critério já esboçado por Wilhelm Windelband no seu ensaio *Geschichte und Naturioissenschaft* (Estrasburgo, 1900).

a arte, os meios técnicos necessários para seu cultivo, são objetos de cultura, no sentido de que o valor neles residente é reconhecido pelos membros de uma comunidade ou de que esse reconhecimento é exigido deles, por aquela pressão do social sobre o individual assinalada por Durkheim.[2]

O valor, assim considerado, muitas vezes limita no espaço social, e vamos procurar indicar mais adiante que até regionaliza no espaço físico-social, os objetos de cultura, que são os objetos de estudo das ciências culturais e, em grande parte, das que denominamos híbridas, mistas ou anfíbias: a Sociologia, por exemplo. Enquanto nas ciências naturais, não havendo valor, ou não sendo o valor preponderante como nas ciências culturais, não há os mesmos limites de espaço e de tempo sobre os objetos, que são estudados atemporalmente ou com referência ao universal.

No presente estudo aceitamos, até certo ponto, a classificação neokantiana, neofichtiana das ciências, desenvolvida pelo professor Heinrich Rickert – ciências naturais, ciências culturais – de preferência à de Wilhelm Dilthey.[3] Ciências generalizadoras, ciências individualizadoras, como veremos a propósito das relações da Sociologia com a História e, principalmente, ao nos defrontarmos, em estudo próximo, com a questão do método nas ciências, em geral, e nas culturais e na Sociologia, em particular.

Até certo ponto, porque para a Sociologia nos parece necessário abandonar a dualidade – ciência natural, ciência de cultura – diante de uma vida ou realidade – a social – mista. Pois sendo os chamados fatos sociais – preferimos falar menos de fatos que de processos, formas e situações sociais como objeto principal de estudo sociológico – expressão de herança e constituição biológica e de influências de meio físico, e sendo o homem – coloquemo-nos do ponto de vista sociológico antropocêntrico – animal em parte irracional, nem por isso são aqueles fatos puramente naturais. A natureza humana define-se, como sugerimos em capítulo anterior, por processos não só naturais como de cultura; e esses escapam à Biologia e à Física. Daí o fracasso – é claro que não estético – de sistemas sociológicos como em nossos dias o *behaviorista*, desenvolvido nos Estados Unidos sobre sugestões russas, e o *fisicalista*, que culminou na "sociologia empírica", traçada pelo professor Otto Neurath e, no fim do século XIX, se exprimira na Sociologia chamada biológica. O que não significa que repudiando tal "naturalismo", aceitemos como sistema messiânico, o "culturalista", proposto desde 1947, pelo professor L. A. White, com seu estudo *Culturological vs psychological interpretation of human behavior*, publicado no nº XII daquele ano da *American Sociological Review* e

---

[2] E. Durkheim desenvolve esse critério em vários trabalhos e o expõe principalmente em *Les règles de la méthode sociologique* (Paris, 1897).

[3] W. Dilthey, *Einleitung in die Geistesioissenschaften*, Leipzig, 1914. Da classificação de Dilthey decorre o desprezo da parte de alguns cientistas e filósofos sociais modernos pela Sociologia como ciência social ou ciência social autônoma.

principalmente desde 1949 com o seu *The science of culture: a study of man and civilization*, (Nova York, 1949).[4]

Inegável como é, escreve o professor Echavarria, um dos mais lúcidos sociólogos de hoje, que "o homem esteja unido à sua animalidade" – à sua condição física e biológica, diria, talvez, mais compreensivamente – o mesmo homem, "para seu bem ou para seu mal, segundo a posição metafísica que se tenha [...] perturba [...] seu estado natural".[5] Perturba-o com "seu querer" e "sua inteligência", diz o professor Echavarria. Com a sua "cultura" (de que sua personalidade é uma expressão), preferimos nós dizer. E nisso está "o especificamente humano" de que se ocupa a Sociologia como ciência – uma das ciências – do homem considerado na sua unidade biossocial e de cultura. Como ciência ao mesmo tempo natural e cultural, ou antes social, sustentamos nós, considerando o seu caráter de ciência do social, voltada para o estudo do processo ou dos processos sociais de interação, das formas sociais e das situações sociais de organização e desorganização. Ciência situada na zona de ligação do estudo do natural com o estudo do cultural. Ciência mista ou anfíbia, é o que nos parece vir sendo a Sociologia em suas realizações em torno de uma realidade igualmente mista como é o seu objeto de estudo. Mista sem que o "natural" e o "cultural" sejam necessariamente antagônicos. Ao contrário: complementares. Todos, aliás, sabemos que o antigo dualismo na filosofia das ciências vem se reduzindo ao mínimo, com o relevo atribuído por pensadores modernos – um deles A. N. Whitehead, cujos livros *Process and reality* (Londres, 1929) e *Nature and life* (Londres, 1934) devem ser considerados, juntamente com o seu *Adventure of ideas*

---

[4] NEURATH, O. *Empirische Soziologie*, 1931. Como se sabe, a chamada Escola de Viena, "neopositivista", procura a construção de uma ciência unitária ou de um "edifício fisicalista", do qual a Sociologia faria parte como "ciência real" em relações entre "formas espaciais-temporais". Quanto ao *behaviorismo* sociológico vai da pretendida redução de fenômenos psíquicos a *"electron-proton aggregations"* (WEISS, A. P. *A theoretical basis of human behavior*, Columbus, 1925) à pretensão de J. B. Watson e outros extremistas de conseguirem descrever em "terminologia transubjetiva" até as experiências psíquicas mais íntimas do homem ("Experimental studies of the growth of emotions", *Psychologies of 1925*, New York, 1925). A conciliação do método *behaviorista* com o introspectivo é admitida pelo professor Floyd H. Allport (*Social Psychology*, New York, 1924) e outros, havendo os que consideraram o *behaviorismo* tão "fantástico" quanto o instrospectivismo e oponham contra eles "*straight psychology*" (DUNLAP, K. *Civilized Life*, Baltimore, 1935, p. 18). Parece que das experiências de Ivã Pavlov em torno do processo de nutrição podem aplicar-se alguns resultados, dentro de um *behaviorismo* sociológico moderado, ao comportamento humano. É o que indicam trabalhos como o do professor P. Sorokin sobre a influência da inanição no comportamento humano, organização social e vida social (veja-se o resumo da obra original escrita em russo, que o autor declara ter sido destruída, quando ainda em impressão, pelo governo soviético, em *Contemporary Sociological Theories* (New York, 1928, p. 628, nota)). O professor Sorokin é dos que admitem a conciliação do método *behaviorista* com o introspectivo (ibidem, p. 619-25). O mesmo Sorokin no seu estudo *Contemporary sociological theories* (cap. IV a VIII), estuda como as principais correntes da Sociologia biológica: (1) a bio-organicista: (2) a antroporracial; (3) a escola darwiniana de luta pela vida; (4) a escola instintivista.

[5] ECHAVARRIA, J. M. *Sociologia: teoría y prática*, México, 1941, p. 43.

(Londres, 1933), capitais do ponto de vista da aproximação das ciências umas das outras, em torno da unidade de processos fundamentais – ao que em inglês vem se tornando conhecido como *prehension*.

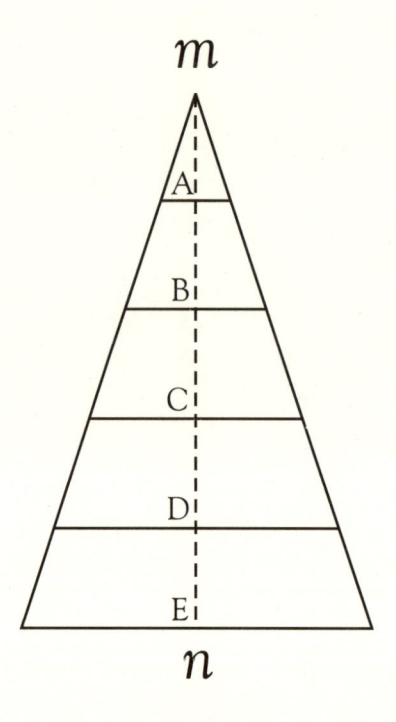

m

```
    A
    B
    C
    D
    E
```

n

A – Filosofia.
B – Ciências gerais abstratas: Sociologia, Biologia etc.
C – Ramos mais concretos ou mais especiais do Grupo B: Química Orgânica, Sociologia Jurídica, ou do Direito etc.
D – Ciências especiais mais gerais: Direito em geral, química das fermentações etc.
E – Ciências especiais particulares: Direito Penal de determinado Estado, Direito Constitucional, química do açúcar etc.

(Adaptação por G. F. da "pirâmide de Chalupny" – *Précis d'un système de Sociologie*, Paris, 1930, p. 30).

Deste capítulo repetimos que o objetivo é esboçar a posição singular da Sociologia no conjunto das ciências interessadas no homem como unidade biossocial e cultural e indicar suas relações com os estudos que se ocupam dos processos de contato e interação, sejam esses estudos científicos, ou filosóficos. Com os de Filosofia, em primeiro lugar; que dela é que saiu a Sociologia para aos poucos ir se definindo em ciência.

3. SOCIOLOGIA E FILOSOFIA SOCIAL

Retificando, em certos pontos, Comte e a sua classificação das ciências,[6] o professor Chalupny, que é um dos maiores sociólogos europeus dos nossos dias, sugere o agrupamento da Filosofia e das ciências em pirâmide, segundo o grau de abstração e de generalização das ciências. Resumindo o mestre de Praga, teremos:

A – Filosofia.

B – Ciências gerais abstratas: Sociologia, Biologia etc.

C – Ramos mais concretos ou mais especiais do Grupo B: Química Orgânica, Sociologia Jurídica, ou do Direito etc.

D – Ciências especiais mais gerais: Direito em geral, química das fermentações etc.

E – Ciências especiais particulares: Direito Penal de determinado Estado, Direito Constitucional, química do açúcar etc.[7]

Na pirâmide, a linha *mn* divide as ciências em dois grupos. Das ciências particulares e especiais passamos às ciências mais abstratas; e dessas à Filosofia.

Haverá, entretanto, uma Sociologia rigorosamente geral e abstrata, diversa da Filosofia social? O professor Kralyevitch é dos que pensam que não: como não há ciência natural geral, também não há ciência da vida social geral, pela ausência de uma realidade social homogênea. Com o professor Chalupny estão porém vários sociólogos modernos, especialmente alemães. Assim o professor Franz Oppenheimer, para quem, como ciência geral da vida social, a Sociologia teria por objeto separar das ciências sociais particulares as inter-relações, na medida em que se inter-relacionam. Pois a Sociologia não seria a *descrição* e sim a *teoria*[8] *das inter-relações*.

Vê-se que estamos naquela zona indecisa que já fez alguém dizer da Sociologia em geral – quando na verdade quis referir-se à "sociologia geral" da concepção de alguns mestres alemães – que para os filósofos não é suficientemente filosófica e para os empiristas científicos não é suficientemente científica. O estudo dos fatos *separado* do dos *valores* aconselhado pelo professor Morris Ginsberg para distinguir-se o estudo sociológico do filosófico social seria o ideal se fosse possível segui-lo nos trabalhos de Sociologia aplicada em que os autores pretendem chegar à compreensão e à síntese de algum aspecto da realidade social. Mas o próprio Ginsberg reconhece que "um estudo

---

[6] *Cours de philosophie positive* (Paris, 1824-1842) e, principalmente, *Système de politique positive* (Paris, 1851-1854).

[7] CHALUPNY, E. *Précis d'un système de sociologie*, Paris, 1930, p. 29-31.

[8] OPPENHEIMER, F. O. *System der Soziologie*, Jena, 1922, v. I, p. 110.

completo da vida humana" implica "síntese" em que "devem unir-se os dois tipos de investigação social" embora não "fundir-se".⁹

A pirâmide de Chalupny mostra, como ele próprio salienta, que a Sociologia geral – que também admitimos – está próxima da Filosofia; e que, na realidade, não há fronteiras, entre uma e outra, absolutas: "[...] não traçamos limites senão para tornar a representação mais compreensível e a orientação mais fácil". Toda ciência "apresenta nos seus começos o caráter de ciência geral filosófica": é aos poucos que ela se especializa; que ela se individualiza em ciência propriamente dita.

É o caso da Sociologia, que depois de surgir ciência social geral e de se extremar em ciência geral única vem se moderando em ciência social especial e se afirmando em sociologias especiais (sociologia ecológica ou regional, sociologia genética ou histórica, sociologia da cultura, sociologia psicológica etc.) e, dentro de cada uma dessas, em sociologias especialíssimas (sociologia da Economia, sociologia da Religião, sociologia do Direito, etc.), sem ter perdido de todo sua ligação com a Filosofia, em geral e com a Filosofia social, em particular. E sem deixar de ser Sociologia geral: pelo menos em potencial.

É claro que a tendência atual para que a Sociologia se especialize em pequenas ciências quanto possível objetivas, ramos da geral, não visa senão eficiência de método de estudo; semelhante pragmatismo, mais ao sabor dos chamados anglo-saxões que dos franceses ou dos italianos, russos ou alemães, não implica o desconhecimento de problemas subjetivos de totalidade social relacionados da maneira mais íntima com os de cultura e de personalidade, estudados pela Sociologia; nem violência à integridade do saber humano, dentro do qual o subjetivo e o objetivo, o filosófico e o científico se completam num todo, do qual as ciências retiram exteriorizações suscetíveis de serem estudadas nas suas uniformidades e repetições, ou antes, – tratando-se de ciências sociais – nas suas tendências a uniformidades e repetições.

E já que falamos em todo – o todo de vida de que as ciências têm de se contentar em retirar regularidades ou tendências a regularidades para estudos especiais – convém reconhecermos humildemente, com o professor Novitza Kralyevitch, em comentário recente às ideias de G.. Lehmann sobre a cientifização da Sociologia, que a totalidade da vida mostra sempre, e necessariamente, "incompatibilidades com o método científico positivo".¹⁰ Há zonas misteriosas nessa totalidade. Zonas rebeldes

---

⁹ GINSBERG, M. Manual de Sociología. Trad. José Medina Echavarria. Buenos Aires, 1942, p. 36.

¹⁰ KRALYEVITCH, N. La portée theorique du glissement du droit vers la Sociologie, Paris, 1937, p. 219. Aqui é oportuno recordarmos (antecipando-nos ao desenvolvimento que pretendemos dar ao assunto em estudo especial sobre os métodos sociológicos) que "a aguda consciência de irracionalidades e antinomias" a que Arthur Liebert (Die geistige Krisis der Gegenwart) se refere, como característico da filosofia alemã moderna (a de antes do domínio nazista na Alemanha) reflete-se sobre as relações das ciências sociais, principalmente da Sociologia, com a filosofia das ciências e com a filosofia so-

aos métodos científicos de exploração e reconhecimento. E "realmente" – acrescenta Kralyevitch – "o todo da vida social é assunto da Filosofia e da Poesia tanto quanto da ciência". Da Filosofia, da Poesia, da própria Teologia, com a Filosofia social como zona de ligação.

Daí compreender-se que até teorias de estudo científico da vida social considerada em algum aspecto ou processo especial se transformem, aprofundadas ou alongadas em teorias religiosas: "*c'est ce que nous montre l'exemple de l'institution de* Hauriou, *qui est, chez son disciple* G. Rennard, *devenue une théorie religieuse et Catholique*".[11] Por outro lado, de um excelente método científico de análise e explicação de aspectos especiais da vida social do Ocidente, como o marxismo, tem-se feito, ou procurado fazer, uma teoria pansocial tão rígida e com tamanhas pretensões a universalidade e a infalibilidade que às vezes custa a crer no que há, incontestavelmente, de científico, na sua base. É que a nossa ânsia, em Sociologia, é alcançarmos quanto antes o todo social, que entretanto

---

cial. Com a crescente penetração da vida histórica e social pelas ciências sociais, vem acentuando-se a impossibilidade de se reduzirem a "formas inflexíveis de concepções abstratas" as contradições aí encontradas, sem que a filosofia das ciências sociais possa depender, para sua metafísica, só das "intuições irracionais" ou da "experiência direta da vida". Pretendendo ser conhecimento e ser reconhecida como tal, a filosofia das ciências sociais precisa ligar-se ao mundo de conceitos, formas e categorias. Daí utilizar-se, como o professor Liebert salienta, daquela forma particular de racionalismo dialético que Georg Simmel desenvolve em *Lebensanschauung – Vier Metaphysische Kapitel* (Leipzig, 1918) e em que se reconhecem as relações recíprocas entre a vida e o conhecimento. Daí também parece-nos desenvolver-se a concepção da Sociologia como conhecimento e penetração da realidade social, concepção ligada principalmente ao nome de Hans Freyer (*Soziologie als Wirklichkeitswissenschaft*) (*Logische Grundlegung des Systems der Soziologie*, Leipzig; Berlim, 1930). Sobre Simmel e suas ideias das relações da Sociologia com a filosofia das ciências e com a Filosofia em geral, veja-se "Il relativismo critico e l'intuizione filosofica della vita nel pensiero di G. Simmel", introdução de A. Banfi à tradução italiana da obra mais filosófica do sociólogo alemão sob o título *I problemi fondamentali della Filosofia* (s. d.).

Sobre o assunto – teorias modernas de conhecimento que interessam as relações da Sociologia com a filosofia das ciências –, vejam-se também, dentre os alemães, os trabalhos de WINDELBAND, W. *Praeludien*, Fraiburg, 1921; HUSSERL, E. *Logische Untersuchungen*, Halle, 1900, 1907, 1913, 1921; RICKERT, H. *Gegenstand der Erkenntnis*; VON ASTER, E. *Prinzipen der Erkenntnislehre*, Leipzig, 1913; HARTMANN, N. *Grundzüge einer Metaphysik der Erkenntnis*, Berlim, 1925. Dentre os franceses, os trabalhos de DU SABLON, L. *L'unité de la science*, Paris, 1919; LAMOUCHE, R. *La méthode générale des sciences pures et appliquées*, Paris, 1924; MEYERSON, E. *L'explication dans les sciences*, Paris, 1921; RUEFF, A. *Des sciences physiques aux sciences morales*, Paris, 1922. Dentre os norte-americanos e ingleses, os trabalhos de JAMES, W. *Pragmatism*, New York, 1907; DEWEY, J. *Experience and Nature*, New York, 1925; WEISS, A. P. *A theoretical basis of human behavior*, Columbus, 1925; PEARSON, K. *Grammar of science*, London, 1900; RITCHIE, A. D. *Scientific method*, New York, 1923; RUSSELL, B. *Scientific method in Philosophy*, London, 1915; WHITEHEAD, A. N. *Principles of natural knowledge*, New York, 1919 e *Science and the modern world*, New York, 1925; MORGAN, L. *Emergent Evolution*, New York, 1925. Veja-se também o tomo II ("Sistema de la Sociología") do excelente *Tratado de Sociología*, do sociólogo espanhol Francisco Ayala (Buenos Aires, 1947).

Note-se que das relações do Direito com a Sociologia tem-se ocupado, no Brasil, além do pioneiro magistral Prof. Pontes de Miranda, vários estudiosos ou mestres de Direito, salientando-se, dentre os do Recife, os Profs. Pinto Ferreira, Cláudio Souto, Lourival Vilanova, Gláucio Veiga, e dentre os de São Paulo, de modo brilhante, Miguel Reale.

[11] KRALYEVITCH, op. cit., p. 220, nota.

escapa – ou tem escapado até hoje – às possibilidades da explicação científica e da própria compreensão filosófica.

A Sociologia – vaga, sem nome nem sistematização – foi por muito tempo – como veremos com mais vagar em estudo especial sobre sua história – estudo filosófico, subjetivo e normativo e até religioso ou finalista; sua cientifização é recente e ainda incompleta; sua autonomia como ciência social e cultural, recentíssima; e, dos nossos dias, sua tendência para ciência principalmente objetiva. Tendência que a tem às vezes afastado da Filosofia, da Teleologia e da Ética, como de inimigos capitais.

Entretanto, foi israelitamente espalhada pela Filosofia, pela Ética, pela Teleologia, depois pela Ciência Política, pela Economia e pela Geografia, que a Sociologia viveu até ser proclamada sua independência por Auguste Comte. Essa independência lhe assegurou nome e território próprios, embora as questões de limites ou fronteiras durem até hoje, entre a Sociologia e as ciências sociais mais antigas; e entre a Sociologia geral ou a teoria sociológica e a Filosofia; e a própria Sociologia geral e as sociologias especiais. Lutas, estas últimas, por assim dizer de família: entre mãe e filhas.

Aos filósofos da Antiguidade e depois aos da Idade Média faltou, em geral, a concepção naturalista – para não falar da objetivamente cultural – da sociedade, que daria possibilidades e condições de estudo científico à Sociologia. Tiveram-na, entretanto, embora imprecisa, os gregos Platão e principalmente Aristóteles,[12] e, segundo o professor Sorokin, velhos filósofos indianos.[13] Os gregos não estabeleceram, é certo, distinção nítida entre *Sociedade* e *Cidade* ou *Sociedade* e *Estado*; mas abriram o caminho ao estudo científico da vida social. Abriu-o Aristóteles através do conceito do "animal político", no qual já se surpreende a sugestão de um estudo da cultura política ao mesmo tempo que da natureza (animalidade), reunidas num quase *socius*, *indivíduo social* ou *pessoa social* dos modernos conceitos sociológicos.

Quando um sociólogo de hoje como o alemão L. von Wiese esquiva-se ao emprego da expressão "conduta dos seres humanos", por só se referir a ações conscientes e emprega em seu lugar a palavra "comportamento",[14] não se entrega aos tropismos dos *behavioristas* norte-americanos com o furor neófilo de um adolescente: reata um

---

[12] PLATÃO, *Republic*. Trad. inglêsa de B. Jowett. London, 1908; BARKER, E. *The political thought of Plato and Aristoteles*, London, 1906. Embora arranhando o grego, sentimo-nos mais à vontade lendo os filósofos, poetas e dramaturgos gregos em traduções inglesas que, além de confortáveis, inspiram inteira confiança como as de Benjamin Jowett. O mesmo poderíamos dizer quanto ao alemão, idioma de que, entretanto, são ainda relativamente poucos os trabalhos de Sociologia e Filosofia social vertidos para o inglês, francês e espanhol. O que é pena, pois são quase sempre extraordinariamente ricos de sugestões.

[13] SOROKIN, op. cit., cap. VIII.

[14] VON WIESE, L. *Allgemeine Beziehungslehre*, Leipzig, 1923, v. I, p. 33. Veja-se também a excelente apresentação em língua inglesa da sociologia de von Wiese, *Systematic Sociology on the Basis of the "Beziehungslehre" and "Gebildelehre" of Leopold von Wiese*, por Howard Becker (New York, 1932).

pensamento que vem de Aristóteles. Já o filósofo grego dava ao ser político base animal ou biológica, antecipando-se, por um lado, ao naturalismo sociológico dos nossos dias; por outro lado, ao culturalismo que não separa o indivíduo da cidade (*polis*), da comunidade, da área em que ele se forma, onde está situado, onde atua e a que reage diretamente. Em mais de um ponto, a Filosofia tem-se antecipado à Sociologia; em mais de um ponto podem hoje completar-se.

Reconhecermos na Sociologia independência de objetivo e de método e a capacidade de investigar cientificamente objetos ou fatos definidos como sociais ou culturais, não importa em desconhecermos, na Filosofia social, a capacidade de sobrepor-se à investigação sociológica em explicar ou interpretar a personalidade humana, sociologicamente definida. As culturas nacionais do nosso tempo são talvez as que mais exigem do sociólogo que se alongue, quando empenhado em estudos de sociologia de cultura ou genética, em filósofo social para interpretá-las em sua totalidade de comunidades e de culturas com aspectos que exprimem relações de objetos ou fatos particulares com o todo social, o todo humano, o Cosmos. É quase impossível, atualmente, um estudo de sociologia de uma comunidade nacional, de um sistema ou de um problema na sua totalidade social – o patriarcado rural no Brasil, por exemplo – que não se prolongue em estudo filosófico; que seja castiçamente sociológico; que seja rigorosamente objetivo.

O professor Kyung Durk Har destaca que, do ponto de vista de método – assunto do nosso estudo próximo e evitado neste, quanto possível – podemos nos aproximar hoje de um problema social por três caminhos: o da ciência, o da História, o da Filosofia, sendo que o da Filosofia nos permite examinar os outros dois quanto à sua maior ou menor validade.[15] A aproximação só pela ciência seria incompleta, pela falta, atualmente, de leis sociológicas. Com efeito, não há leis sociológicas que deem à Sociologia qualidade de ciência castiça ou completa. Somos dos que pensam que existem em Sociologia "leis" de validade relativa ou limitada, inclusive algumas das estabelecidas por Marx e Engels para a moderna sociedade capitalista. Mas não leis puras, como as físicas ou as astronômicas. Entretanto, há sociólogos que julgam haver leis sociológicas já definidas e de vigor ou validade universal iguais à das leis físicas ou naturais.

Tanto Har como Sorokin acreditam que a Sociologia tende a fortalecer-se cientificamente com o provável desenvolvimento de leis psicológicas – básicas para a explicação do comportamento humano considerado nas suas uniformidades e repetições. E o professor Lundberg vai mais longe: aceitando a lei científica, tal como existe nas ciências naturais, como relativa – "nem absoluta nem exata" – salienta que a falta de "uniformidade de reação" que Kozlowski, do mesmo modo que Har, considera obstáculo insuperável para a formulação de leis sociológicas, poderia ser alegada também nas

---

[15] HAR, K. D. *Social laws, a study of the validity of sociological generalizations*, Chapel Hill, 1930, p. 21.

ciências naturais, onde as leis têm sido formuladas, diz ele, sujeitando-se os fenômenos a condições rigorosamente controladas; e por isso artificiais.[16]

Há, estabelecidos, princípios sociofilosóficos ou sociológico-históricos, dos quais é possível que se desenvolvam princípios puramente sociológicos. A Sociologia começa a distinguir o "culturalmente objetivo" do "sensorialmente objetivo" para agir em zona especificamente sua, de objetividade. Tem destacado tendências e probabilidades na vida social e no comportamento do homem como pessoa social e criador e conservador de culturas. Mas não leis sociológicas que correspondam às leis das ciências naturais puras. Essa sua incapacidade para estabelecer leis que tenham de início a validade universal daquelas em que se apoiam as ciências naturais talvez seja, ao contrário do que pensa Lundberg, insuperável: uma condição do seu caráter – pelo menos atual – de ciência mista: natural e cultural.

Embora o método científico, em Sociologia análogo mas não idêntico ao das ciências naturais, venha ganhando em pureza e vigor nos últimos anos – o método "culturalmente objetivo" é uma de suas expressões mais recentes – e libertando-se da Filosofia e da História, a Sociologia tornar-se-ia mera colheita de fatos ou simples arremedo de "clínica" para desajustados sociais,[17] se pela extrema reação, dentro dela, do critério científico – em que, de fato, se baseia a sua autonomia – contra o filosófico – dentro do qual, ou à margem do qual, ela se formou como uma colônia com relação à metrópole – os sociólogos, curvados sobre problemas em que se manifesta a totalidade social,

---

[16] LUNDBERG, G. A. The logic of Sociology and social research, in: *Trends in American Sociology*, New York, 1929, cap. X. Refere-se ao estudo de KOZLOWSKI, W. M. The Logic of Sociology, *American Journal of Sociology*, v. XXXIII, 1928. Lundberg acredita que a psicologia behaviorista – que de modo nenhum pode ser desprezada – "tem reduzido em parte aspectos de consciência e mentais a um processo compreensível de causa e efeito, em terreno filosófico" e tanto quanto L. L. Bernard em seu estudo "Scientific Method and Social Progress" (*American Journal of Sociology*, v. XXXI, 1925, p. 1-18), Lundberg em "The Objective Viewpoint in Sociology" (*Am. Journal of Sociology*, v. XXV, 1919, p. 307), procura defender a inclusão da Sociologia entre as ciências naturais, salientando não só que nessas as leis nunca implicam absoluta "uniformidade de reação", como o fato de se referirem a certas condições, ordinariamente artificiais, de comportamento dos fenômenos, e não a qualquer condições.

[17] Mais de um sociólogo moderno se mostra alarmado com a tendência, em certos meios, para reduzir-se a Sociologia a simples colheita de fatos ou a puro arremedo de "clínica sociológica". O professor P. Sorokin é dos que mais se insurgem contra essa deformação da Sociologia pelos simplistas aos quais repugnam questões de teoria, Lógica e Filosofia (veja-se o capítulo I, de *Contemporary social theories*, op. cit.). Também o professor Lundberg refere-se a "*a distinct tendency to scoff at all scholarship which does not solve practical problems, get "results", "make the world better" or serve other religioethical ends which have nothing to do with science*" (The logic of Sociology and social research, op. cit., p. 394). E é ele quem nos recorda estas palavras de John Dewey, em artigo em *The Philosophical Review*, v. XXXVI, sobre "The role of philosophy in the history of civilization": "*We forget that facts are only data; that is, are only fragmentary, incomplete means, and unless they are rounded out into complete ideas – work which can only be done by hypotheses, by a free imagination of intellectual possibilities – they are as helpless as are all maimed things and as repellent as are needlessly twarted ones*" (ibidem, p. 394, nota).

voltassem inteiramente as costas à Filosofia. Pois os fatos suscetíveis de escrutínio ou de investigação científica são apenas fragmentos daquela totalidade. É necessário que o cientista – o natural e mais ainda o social ou cultural – diante da totalidade social humana opere sob hipóteses: sob aquela "livre imaginação de possibilidades"[18] com que a Filosofia ilumina a pesquisa científica, em geral, e a sociológica, em particular. É essencial que a ciência em que se desenvolve a Sociologia não se submeta à Filosofia; mas é sempre uma pobre Sociologia aquela que hoje despreza o contato com a Filosofia, receosa de tornar-se simples anexo da Filosofia social.

4. SOCIOLOGIA E HISTÓRIA

O critério histórico distingue-se do sociológico por ser, na sua pureza, o critério do fato único, inédito, ostensivamente dramático. O critério do fato que não se repete na vida humana – a Revolução Francesa, a independência das colônias inglesas da América, a abolição dos escravos no Brasil. Pois a História não se repete: em sua pureza, o fato histórico é singular. O fato sociológico, ao contrário, é aquele que se repete ou aquele em que se encontra a tendência a repetir-se. É plural: revoluções, emancipações de colônias, emancipações de escravos. O que sucede é que no fato aparentemente só histórico pode encontrar-se o fato sociológico, isto é, a repetição ou a tendência à repetição, já característica do *processo social*: as revoluções não são senão expressões de um *processo social especial* – o de *competição*. As emancipações de grupos ou indivíduos sociais, expressões de outro processo social especial: o de *diferenciação*.

A Revolução Russa é, ao mesmo tempo, um fato histórico, único, inédito, ostensivamente dramático – a Revolução Russa – e um fato sociológico: *uma* revolução com tendência à recorrência ou à repetição. O historiador pode apresentá-la e descrevê-la só, isolada; e pode compará-la com revoluções semelhantes e filiá-la a outras revoluções e outros fatos, situá-la como estímulo e até causa de outras revoluções e de outros fatos de desorganização e de reorganização social. Neste último caso – comparação, filiação, ligação de causa a efeito – já o seu critério será híbrido: histórico-sociológico. Ou institucional, como dizem alguns historiadores-sociólogos.

Por sua vez, o sociólogo pode apresentar tal ou qual instituição social, geneticamente, isto é, historicamente, com muita prudência destacando do particular ou mesmo do único, o geral, o suscetível de repetir-se funcional ou formalmente, ou em processo, e de enquadrar-se em tendências a uniformidade. Corresponde essa repetição, ou essa tendência à repetição, a um processo social geral e, dentro deste, a processos especiais: o de competição ou de conflito, o de subordinação ou de acomodação, por exemplo.

---

[18] J. Dewey apud Lundberg, op. cit., p. 394.

A distinção que aqui oferecemos de *fato histórico* de *fato social* enquadra-se, nos seus traços principais, na distinção geralmente admitida: a de que o primeiro se distingue por sua *singularidade*, em contraste com a *generalidade* do segundo. Isso quando puros. Sucede, porém, que quase nunca se encontram puros. Num fato histórico há quase sempre a expressão de um processo social. De modo que o fato histórico com essa expressão pode ser considerado, pelo historiador social, objeto de estudo não só histórico como sociológico e, pelo sociólogo, objeto de estudo sociológico, dada neste caso atenção máxima ao processo e mínima ao conteúdo.

Embora não interesse ao sociólogo a cronologia, como ao historiador, interessa-lhe a origem e formação, a organização ou desorganização do grupo, da instituição ou da pessoa social. A História social, e mesmo a cultural, sem orientação sociológica, mas puramente descritiva ou anedótica, oferece material interessante ao sociólogo; mas não destaca no desenvolvimento – desenvolvimento e não evolução – de um grupo social ou na origem e na formação de uma instituição ou de uma pessoa ou grupo social, a tendência para a repetição ou a semelhança com o desenvolvimento de instituição, pessoa ou grupo social de mesma categoria. O estudo histórico-social dos fatos sob critério sociológico é que indica que os processos e as formas de competição ou de conflito, de acomodação, de subordinação, de diferenciação etc. são funcionalmente os mesmos. Estudadas na história social da escravidão em Roma e na história social da escravidão no Brasil, no Sul dos Estados Unidos e em Cuba, as relações entre senhores e escravos exprimem os mesmos processos de interação social. O patriarca e o escravo são funcional e formalmente os mesmos, como pessoas sociais, nesses vários espaços físicos e sociais e nesses diferentes tempos históricos que qualitativamente podem ser comparados.

O professor Rickert salienta que "o conceito de História, no mais amplo sentido formal da palavra, é o conceito do *suceder singular*, em sua peculiaridade e individualidade". A História se propõe a expor da realidade o que nunca é geral "mas caracteristicamente individual [...]".[19] É individualizadora no seu objeto e no seu processo. Essa individuação vai ao máximo na Biografia e ao mínimo na História social e cultural.

O contrário acontece com a Sociologia: ela é generalizadora. Mas entre o seu extremo de generalidade e o de individualidade, da Biografia, há uma sucessão de planos em que o critério individualizador e o generalizador se interpenetram: na Sociologia genética, na Sociologia histórica, na História sociológica, na História social e cultural, na História simples.

O aspecto de individualização da história humana é justamente o desprezível para o cientista natural; e o processo individualizador da Biografia e da História o

---

[19] RICKERT, op. cit., p. 22.

oposto do seu, que é o generalizador. Mas para o cientista cultural, nem a individuação do objeto nem o processo individualizador de estudo deixam de ser científicos, contanto que o que o sociólogo-biógrafo ou o sociólogo-historiador examine no objeto particular de estudo seja material já transformado em *atos, formas, funções e relações sociais*, e condicionado por *situações sociais* e estilizado em *manifestações de cultura*. Assim, se estudarmos a personalidade do comendador Breves sob o aspecto de sua situação social predominante de senhor de escravos, na província do Rio de Janeiro durante o século XIX, através de atos, funções e relações que caracterizaram nele o dominador de homens e o conservador de estilos de vida e de cultura correspondentes à sua principal situação social, teremos num estudo de extrema individuação – o de um homem – um estudo também de generalização: o de um processo, o de uma repetição, o de uma semelhança.

Voltando ao professor Rickert, poderemos recordar a comparação que ele estabelece entre a exposição de von Baer do desenvolvimento do pinto no ovo e a de Ranke, da sucessão dos papas romanos, nos séculos XVI e XVII. No primeiro caso – observa Rickert – uma multidão de objetos em número incalculável reduz-se a um sistema de conceitos *universais* que se propõem valer para qualquer exemplar dessa multidão; no segundo, temos uma sucessão de singularidades; de particularidades; de individualidades. Cada papa, um papa diverso, embora todos papas. Donde concluir Rickert que "toda atividade científica que quer conhecer o real elabora conceitos universais ou conceitos individuais, ou contém uma mescla das duas espécies de conceitos".[20] O caso – acrescentemos a Rickert, que não cogita da Sociologia – da Sociologia. Tornando-se genética, ou simplesmente histórica, no estudo dos papas ela procuraria expor o desenvolvimento impessoal e traçar tanto quanto possível a história que alguns historiadores e sociólogos chama "natural" da instituição – o papado – durante aquele período; compará-lo com instituições semelhantes de outras épocas e de outras civilizações e regiões; e chegar a generalizações de validade universal. O que seria uma individuação do objeto, do ponto de vista das ciências naturais; mas uma generalização do mesmo objeto, do ponto de vista da História e, mais ainda, da Biografia – essa ainda muito rebelde à cientifização, de que é, entretanto, suscetível, dentro da cientifização da História e com o avanço científico, tão acentuado, em nossos dias, da Psicologia e da Psiquiatria aplicadas ao estudo das relações da personalidade humana com o meio social e cultural.

O professor Ritchie dá como extracientífico tudo o que é único. Se é único, não se repete e escapa tanto à curiosidade científica como aos métodos que ele denomina "ordinários" da ciência.[21] Assim à ciência interessa a morte de qualquer um – vítima

---

[20] Ibidem, p. 30.

[21] RITCHIE, A. D. *Scientific method – An inquiry into the character and validity of natural laws*, London, 1923, cap. VII. Veja-se também o livro coletivo *The study of society, methods and problems* (London,

de arsênico; pois a morte por arsênico pode repetir-se. Mas não – segundo Ritchie – a morte de Júlio César; pois Júlio César "só morreu uma vez". Nem – podemos acrescentar a Ritchie, dentro de sua lógica – a vida de Júlio César; pois Júlio César só viveu uma vez. Sua morte, entretanto – sugere Ritchie –, começa a ter interesse científico quando a classificamos entre "mortes por violência" ou "assassinatos de tiranos", ou "últimos momentos de grandes homens" – que aliás seria um estudo antes de vida nos seus extremos que propriamente de morte.

A vida de Júlio César – única como vida de Júlio César – não apresenta, entretanto, o mesmo interesse científico que a morte de qualquer um, por arsênico, mesmo quando não classificamos aquela vida entre "vidas de tiranos", "vidas de grandes homens", "vidas de políticos romanos", mas, de modo mais amplamente sociológico, em vidas de homens de ação dominadora? Ou em vidas de personalidades dominadoras? A vida do próprio patrono do professor Ritchie, Leonardo da Vinci – única como vida de Leonardo da Vinci – não adquire interesse científico igual ao da morte de qualquer um por arsênico, quando um estudo psicanalítico – exagerado e parcial, decerto, mas científico na sua técnica ou seu método – no-la apresenta como vítima de complexos psicológicos e de influências sociais que podem repetir-se ainda hoje e se têm repetido na formação – ou deformação – de numerosas outras personalidades: personalidades do passado e dos nossos dias? O mesmo não poderá dizer-se, um tanto contra o professor Ritchie, sobre a personalidade de El Greco, de quem se supõe que certas características especialíssimas de estilo de expressão artística resultaram, não de capricho singular de gênio esotérico, mas de uma condição patológica – a chamada hoje *grecoide* – que pode repetir-se noutras personalidades, com efeitos semelhantes de estilo de criação ou produção artística? É que o aparentemente único no comportamento humano raro é de todo único quando são considerados processos e formas de desenvolvimento de personalidade e de ação e não suas substâncias perecíveis.

No possível estudo do papado sob o critério de história social – de homens sujeitos a condições semelhantes de experiência e de vida, como componentes de uma instituição e em função de um processo social especial, o de dominação – pode ver-se até onde vão possibilidades de estudar-se cientificamente, isto é, sociologicamente, a história social e o próprio material biográfico. A Sociologia se revelaria, no estudo daquela instituição, a híbrida que nos parece ser: natural até certo ponto; cultural de certa altura em diante. Mas sem fronteiras nítidas entre a sua condição de ciência *cultural* e a sua condição de ciência *natural*. As duas condições interpenetram-se.

Aliás não deixa de nos interessar de perto a classificação da História: ciência ou arte? A nosso ver, ciência: quando história social e cultural diversa da crônica, dos

1946), organizado por Bartlett, F. C. et al.

registros, do anedotário do passado; ciência predominantemente cultural, é claro. Embora o historiador social e cultural possa valer-se de recursos artísticos para a reconstituição do passado, limitada, é claro, sua liberdade artística pela necessidade de basear-se aquela reconstituição sobre documentos e evidências de ordem científica, sua história é, em grande parte, uma história natural: de instituições ou de pessoas sociais. Mesmo o biógrafo não dispõe, dentro do critério científico de biografia, senão de um mínimo de liberdade artística: porque seus retratos, em vez de interpretações mais ou menos arbitrárias, como os retratos do artista puro, têm que ser parecidos com as realidades individuais que os documentos e as evidências, diretas ou indiretas, lhe apresentem.

Daí poder dizer-se da hoje clássica biografia do Dr. Johnson pelo seu compatriota Boswell que apresenta qualidades científicas de exposição e de descrição. Sobretudo a qualidade, destacada por um estudioso moderno da técnica biográfica, de apresentar o biografado em todas, ou quase todas, as suas reações de temperamento e em muitas circunstâncias diferentes.[22] Nós diríamos: em muitas de suas reações de temperamento e em muitas ou mesmo quase todas as situações sociais diversas que a condicionaram. Entretanto, é um trabalho, o de Boswell, de qualidades artísticas e não apenas científicas; e tão sem cientificismo que parece apenas literário.

Mas é na moderna biografia, com o critério de descrever e explicar a personalidade em seu ajustamento ao meio, ou em seu conflito com ele, em sua expressão de situações sociais que tendem a igualá-la a outras personalidades e em subordiná-la a tipos como que ideais de personalidade – para isso apoiando-se na História, na Sociologia, na Psicologia, na Psiquiatria, na Neurologia[23] –, que vamos encontrar melhor expressão

---

[22] BURDETT, O. Experiment in biography, in: *Tradition and experiment in present day literature*, London, 1929. Veja-se na mesma coletânea, o estudo de A. J. A. Symons, "Tradition in biography", que destaca ser a biografia "*a life story*" e que "*the biographer must observe the boundary of fact*".

[23] Symons, no trabalho citado em nota anterior, propõe um critério sociológico de biografia quando sugere: "*Modern science has shown that our surroundings exercise on influence not only on our minds but on our bodies also; that the coalheaver, by dint of carrying heavy sacks upon his back, experiences a hardening of the spine, so that the soft parts between certain vertebras become ossified into one solid bone. How far, we may ask ourselves, does a similar process result in the brain as the result of the lifelong practice of an art or science!*" (op. cit., p. 154). Critério sob o qual nem todos podem escrever suas autobiografias como *formações* (exemplo: *Minha formação*, de Joaquim Nabuco); muitos o terão que fazer como *deformações*. O mesmo quanto a biografias. Rara aquela que traçada objetivamente não nos revele endurecimentos de partes do corpo ou da personalidade humana impostos ao indivíduo pelo meio: educação, profissão, classe, opressão religiosa ou política. Do assunto nos ocuparemos com mais pormenor em trabalho especialmente consagrado ao estudo dos métodos sociológicos. Neste apenas pretendemos estabelecer o contato, que nos parece indispensável, entre a Biografia e a Sociologia. Apenas de passagem, desejamos salientar a utilização que se vem fazendo em Sociologia do estudo ou análise das preferências, em certos grupos e épocas, por este ou aquele tipo de herói de biografia, para daí se retirarem conclusões ou sugestões de interesse sociológico. É de 1943 a tentativa do professor L. Lowenthal, nos Estados Unidos – em capítulo no livro *Radio research 1942-43* (New York, 1943) – para elucidar alterações de ordem cultural na sociedade norte-americana, por meio da análise de biografias aparecidas em revistas das intituladas "populares" do país – revistas do tipo de

das possibilidades científicas desse tipo de estudo, nada desprezível para o sociólogo sob a forma de *"life history"*, como procuraremos indicar em estudo próximo: sobre os métodos sociológicos.

Não saberíamos concluir esta seção de capítulo, sem destacar o critério há pouco esboçado pelo antropólogo inglês Evans-Pritchard, em artigo publicado em 1950 na revista *Man* (L), de Londres, de ser a Antropologia social *"a kind of historiography"* que procura *"patterns and not scientific laws"*. O antropólogo inglês, para chegar à sua caracterização da Antropologia social como História e como História ou Historiografia antes humanística do que científica, baseia-se na ideia do professor Kroeber de que o característico fundamental do método histórico, com o qual se

---

Saturday Evening Post – do começo do século ao ano de 1941. Análise menos psicológica que estatística de tais biografias em relação com o gosto do norte-americano médio. Realizou-se essa indagação pela enumeração e confronto das profissões dos biografados, isto é, dos heróis de sucessivas épocas compreendidas nos quatro primeiros decênios do século. Verificou-se por meio dessa indagação que, de 1901 a 1914, publicaram-se nas mesmas revistas 46 biografias de políticos, 28 de homens de negócios e de profissões liberais, 26 de artistas de teatro, ópera, cinema etc. De 1922 a 1930, o número de biografias de políticos desceu para 28, o de homens de negócios e de profissões liberais, para 18, o de artistas de teatro, ópera e cinema, elevou-se para 54. De 1930 a 1934, os homens da primeira categoria surgiram glorificados em 31 biografias, os da segunda em apenas 14, os da terceira em 55. De 1940 a 1941, os da primeira categoria foram consagrados por 25 biografias, os da segunda – recuperando grande parte do prestígio perdido – em 20, os da terceira, em 55: estacionários, por conseguinte, os artistas de teatro, operários, cinema, etc., em seu domínio sobre a imaginação ou a sensibilidade popular, desde 1922.

Ligam-se as tentativas de biografia por assim dizer sociológica com aqueles estudos de Psicologia que do estudo da personalidade se estendem, por sua vez, aos das situações, exteriorizações e produtos sociais e de cultura, como a Psicologia chamada *Gestalt* (W. Köhler, K. Koffka e outros); a psicologia especializada (com E. R. Jaensch, O. Kroh e outros) na pesquisa dos fenômenos denominados "eidéticos" em torno de um tipo, o eidético, particularmente capaz de investigação objetiva e de "pensamento pictórico"; a psicologia das diferenças individuais desenvolvidas por W. Stern, com repercussões imediatas sobre a Pedagogia, a Medicina, o Direito, a Sociologia, e, é evidente, a História e a Biografia; a chamada psicologia intuitiva baseada na teoria de compreensão de W. Dilthey (que a nosso ver se estende aos fenômenos sociais humanos) e associada, por meio da compreensão "estática", ao método fenomenológico, com M. Scheler, A. Pfander, P. Haeberlin e outros, e por outro lado desenvolvida na psicologia de "formas de vida" de E. Spranger, para quem a estrutura da personalidade se exprime em termos das tendências de valoração predominantes (Ciência, Arte, Religião, Indústria, o Estado, a Sociedade), na "psicologia das filosofias" de K. Jaspers (para quem filosofia e avaliação se fundem sob a força da influência da necessidade histórica) e no estudo dos tipos de personalidade (*coerente, caótico e demoníaco*) e dos métodos de sua determinação, de O. Felz e no de F. Mentré. Em Sociologia, História e biografia sociológica as tendências no sentido de tipificação refletem-se principalmente nos trabalhos de M. Weber. Também vêm refletindo-se nos mesmos estudos tendências no sentido de tipificação menos cultural que biológica da personalidade, como as psicanalíticas, as da classificação de C. G. Jung, as desenvolvidas de pontos de partida psicopatológicos por Kretschmer (ciclotímicos e esquizotímicos) e de manifestações características como o talho da letra ou a grafia, por Klages.

Do ponto de vista situacionista psicossociológico, é de considerável interesse a obra autobiográfica do escritor André Gide, que segue Montaigne quando esse diz: *"Je ne peints pas l'être. Je peints le passage"*. Daí observar Klaus Mann que o *Journal*, de Gide, apresenta "uma inteligência criadora" [diria talvez melhor uma inteligência] "no próprio ato de correr, lutar, extraviar-se, procurar, indagar, criar" (A *vida de André Gide*, Rio de Janeiro, 1944, p. 169). Em outras palavras: em situação de estar sendo.

identificaria o antropológico social, não é a relação cronológica dos acontecimentos mas o que chama a sua "*descriptive integration*". As diferenças entre a Historiografia assim compreendida e a Antropologia social seriam apenas de técnica, de ênfase e de perspectiva; e não de método, fundamentalmente o mesmo. O que tornaria também a biografia histórica e a biografia antropológica ou sociológica expressões do mesmo método.

5. SOCIOLOGIA E BIOLOGIA

No extremo oposto à Biografia e à sua individuação máxima da realidade humana, sem completo afastamento do método científico ou do método sociológico combinado com o psicológico e mesmo com o biológico, está a Biologia; a qual, mais que qualquer outra ciência, vizinha da Sociologia, se ocupa do indivíduo ou do ser humano com referência ao universal. A Biologia moderna se aproxima do homem através de várias técnicas de estudo: Genética, Biometria, Embriologia, Paleontologia, Anatomia e Fisiologia gerais, Osteologia, Endocrinologia, Serologia, estudo de caracteres exteriores. São estudos aos resultados dos quais o sociólogo precisa de estar atento, embora seu ponto de vista seja diverso do biológico.

A Sociologia, no seu primeiro esforço para firmar *status* de ciência, baseou-se quase exclusivamente sobre a Biologia, adotando-lhe a terminologia (*organismo social, evolução, sobrevivência do mais apto*) e por tal modo identificando o social com o biológico ou com o sociobiológico que acabou por não restar quase lugar nenhum, em tal sociologia biológica, para o cultural, muito menos, dentro do cultural, para o elemento histórico-biográfico a que acabamos de nos referir. Tentou-se a explicação do fato sociológico pelo fato biológico: do processo sociológico pelo processo biológico.

A princípio, a Sociologia, sob a influência da Biologia, foi principalmente darwiniana. Depois o dogma biológico da não-transmissão de caracteres adquiridos tornou-se dogma sociológico. Pretendeu-se que a Sociologia dispunha de uma capacidade de generalização – e, portanto, de uma aptidão para formular leis universais – idêntica à da Biologia.

Transferida da Biologia para a Sociologia, a teoria da evolução unilinear, considerada definitiva em sua expressão darwiniana, resultou daí um falso progresso da Sociologia como ciência. Da Sociologia e de outras ciências culturais ou mistas, então consideradas naturais por muitos dos seus campeões. Em todas, a teoria da evolução tomou o ar de lei, sob a figura de evolução unilinear da cultura humana.

Aos poucos, entretanto, foi-se fazendo a reação da Sociologia ao predomínio biológico que a vinha reduzindo a uma caricatura de ciência natural. Essa caricatura –

observe-se – mais sobre a base da Filosofia evolucionista desenvolvida por Herbert Spencer[24] que sobre a própria Biologia.

A reação contra aquele predomínio não nos deve de modo nenhum levar à renúncia da base cientificamente biológica do estudo sociológico dos processos sociais. Pois sem essa base a Sociologia voltaria provavelmente à sua condição de ciência errante entre os estudos chamados sociais: pretendendo ser puramente natural, só por convicção filosófica; fazendo-se quase carnavalescamente de rainha das ciências sem antes firmar-se como simples ciência autônoma.

O indivíduo tornado *pessoa social* pela vida em comum e pela cultura não cessa de ser aquela "*natureza original*"[25] que a Biologia estuda no indivíduo pelo processo generalizador; nem sua vida deixa de ser um processo puramente individual, e por conseguinte biológico – no sentido de referir-se ao indivíduo, ao animal, ao biomo e não à pessoa – para tornar-se completamente um processo social e cultural. As exigências metabólicas, por exemplo, fazem-no precisar de alimentar-se – processo individual, universal, biológico: a satisfação dessas exigências é que, depois do período do aleitamento, passa a realizar-se por meio de refeições mais ou menos regulares quase sempre em grupo e por meio de alimentos mais ou menos peculiares ao grupo e em alguns grupos obtidos e preparados pela cooperação econômica entre os sexos e subgrupos: processo social e cultural. São, portanto, processos que se interpenetram e se completam – o biológico e individual e o social e cultural – tornando-se difícil, em casos mais complexos que o da alimentação, separar rigorosamente as expressões do processo biológico das do social e do cultural. Do uso de temperos na comida, pode-se dizer, por exemplo, que nem todo ele é simplesmente expressão social e de cultura mas algumas vezes será, sob essa forma aparentemente só social e cultural de "afrodisíaco do paladar", parte essencial da alimentação humana em diferentes circunstâncias de espaço físico e de vida. Outras vezes, é que será pura expressão de processo social, concorrendo para aumentar o gosto com que um grupo participa da mesma comida, e com esse gosto, a sociabilidade.

Deve ficar claro que há uma hereditariedade específica do indivíduo, contra a qual parece nada poderem o meio e os processos sociais e de cultura. A hereditariedade age sobre a família "*on family lines*", como costumava dizer Franz Boas aos

---

[24] *First principles* (London, 1862), *Principles of Sociology* (London, 1876, 1882, 1896).

[25] Impõe-se a definição da expressão "natureza original", empregada por cientistas modernos para significar as células-germes do homem, nas quais se contêm "numerosas e bem definidas tendências do seu futuro comportamento". Comportamento não no sentido que possa dar à palavra qualquer seita psicológica, mas no que inclui "atividades de pensamento, sentimento e conduta no sentido mais largo que um animal – nesse caso, o homem – exibe", incluindo "a vida consciente" (THORNDIKE, E. L. *Original nature of man*, New York, 1926, p. 2, nota). Vejam-se também "Biological premises", por Franz Boas (com a colaboração de Ruth Benedict, Ruth Bunzel, Julius E. Lips, Robert H. Lowie, N. C. Nelson, Cladys A. Reichard), em *General Anthropology* (New York, 1938); *The Biological Basis of Human Nature*, por H. S. Jennings (New York, 1930).

seus discípulos de Antropologia da Universidade de Colúmbia. O meio, porém, e os processos sociais e de cultura, são capazes de afetar indiretamente os determinantes biológicos nos diferentes indivíduos que o compõem, por meio de seleção ou de direção social. O meio é também capaz de afetar o indivíduo em formação, através do alcoolismo e da sífilis dos pais. Quanto ao crescimento e desenvolvimento – processos metabólicos – o indivíduo sofre a influência do meio, através da assimilação de materiais que o mesmo meio lhe fornece.

De modo que, antes mesmo de nascer, o indivíduo já é, de algum modo, *pessoa social*; já tem situação social de filho sujeito a herdar dos pais ou da mãe e dos tios, em particular, ou – generalizando – de antepassados, aquisições sociais realizadas pelos mesmos; já sofre influências exteriores, físicas umas e outras sociais e culturais. Não deixa, porém, quando envolvido de modo mais direto por essas influências, de ser uma expressão de condições orgânicas e hereditárias que não se deixam alterar nos seus pontos irredutíveis pelo meio nem por processos sociais e, muito menos, pelos produtos e agentes culturais.

Dada essa interpenetração e, ao mesmo tempo, independência, dos processos individual-biológico e sociocultural, através da vida humana, a Sociologia não pode prescindir da cooperação da Biologia para conhecimento integral dos fatos que acusam dependência do indivíduo (biológico), da organização social e da cultural; e dependência da organização social e da cultural, do indivíduo (biológico). O indivíduo biológico – repita-se ainda uma vez – subsiste na pessoa social, condicionando-lhe através do sexo, da raça, da constituição, do temperamento, a socialização, a personalização, o *status*, as situações sociais. De modo que não pode ser ignorado pelo sociólogo, embora o objeto particular de estudo sociológico seja a *pessoa social* e não o *indivíduo biológico*. Aqui nos encontramos em plena aplicação aos estudos científicos do homem social – antropológicos, sociológicos, psicológicos, econômicos, históricos – de princípio semelhante ao que modernos pensadores como Whitehead, voltados para o problema da unidade das ciências, denominam em inglês de "*prehension*", isto é, "*the capacity for appropriating experiences into a unity*".

Ainda que sejam diversos os objetivos imediatos e os métodos dos dois estudos da vida humana – o do biólogo e o do sociólogo –, um deve estar atento ao outro; e – sejamos humildes – a Sociologia, principalmente, deve estar atenta à Biologia. Mas sem se deixar deslumbrar por aqueles filósofos da Biologia empenhados em exercer verdadeiro imperialismo biológico sobre as ciências sociais através da teoria de evolução unilinear e de outros "universalismos" prematuros, quando não precários.

Lembremo-nos de que hoje, em Biologia, se é certo que a maior parte dos biólogos concorda em que a evolução orgânica e a seleção natural sejam fatos, há, ao mesmo tempo, acordo quase universal, entre eles, quanto aos processos da primeira não serem explicados pela segunda. A seleção natural é considerada já por biólogos um tipo definido de particularismo biológico. Foram precipitados os que pretenderam filiar a seus processos fatos sociais e de cultura.

Quase o mesmo parece aplicar-se ao dogma biológico da não transmissão de caracteres adquiridos. As evidências em sentido contrário à sua infalibilidade reunidas até hoje não bastam para assegurar a desuniversalização, já pretendida por alguns, de lei tão arrogante; mas parecem ir adquirindo forças cada dia maiores para fazê-la voltar ao estado fluido de questão aberta, no qual, lógica e filosoficamente, já se encontra. Forças que não tiveram as primeiras afoitezas do neolamarckismo.[26]

6. SOCIOLOGIA E PSICOLOGIA

Quase o mesmo que se disse das relações da Sociologia com a Biologia, pode-se dizer das relações da Sociologia com a Psicologia. Alguns sociólogos chegam mesmo a tratar de tais relações de modo geral, sem discriminar a Psicologia da Biologia, mas apenas os *variáveis psíquicos* dos *somáticos*. O todo seria o psicofísico. Na verdade, a Psicologia se acha condicionada pela Biologia; mas nos parece da maior conveniência, não só lógica como pedagógica, dedicar atenção especial às relações da Sociologia com a Psicologia.

Se o indivíduo de que a organização social e a cultura fazem *pessoa* – *pessoa social* – conserva-se *indivíduo*, isto é, "*natureza original*", através de característicos físicos exteriores – cor, quantidade e qualidade de cabelo, de barba e de pelo, traços do rosto, formas e proporções de outras partes musculares e do esqueleto, tendência para engordar, voz, diferenças que, como salienta o professor Hayes, desempenham papel importante no condicionamento de resultados sociais tais como o sucesso ou poder de atores, cantores, oradores, chefes militares e sociais, união de sexos, relações entre as raças –

---

[26] Vejam-se a respeito, CUNNINGHAM, J. T. *Modern Biology – A Review of the Principal Phenomena of Animal Life in Relation to Modern Concepts and Theories*, London, 1928 (espec. cap. V e VII); MAC DOUGALL, W. An experiment for the testing of the hypothesis of Lamarck, *British Journal of Psychology*, v. XVII, 1927; NORDENSKIÖLD, E. *The History of Biology – A survey*, London, 1929. Nordenskiöld, no capítulo XVIII de sua obra, refere entre experiências favoráveis ao neolamarckismo, as de Little e Bragg. Destacando o fato, desejamos sugerir que o problema de transmissão de caracteres adquiridos está entre as questões abertas na Biologia moderna, embora os antilamarckistas presumam ter feito desaparecer seus adversários. Em Sociologia não podemos nos desinteressar do assunto, pois, como diz o professor Mac Dougall – com quem se mostra de acordo, nesse ponto, o professor Cunningham – "[...] *an answer to the question: Does Lamarckian transmission occur? is imperatively needed by biology and by all social sciences*" (*Modern Biology*, op. cit., p. 81).
Sobre o assunto, veja-se, dentre numerosos livros de publicação recente que o versam de vários pontos de vista, em geral extrassociológicos, *Marxism and contemporary science* (London, 1949), por Jack Lindsay. Também *The new genetics in the Soviet Union* (London, 1946), por P. S. Hudson e R. H. Rickens; e *Heredity and its variability* (New York, 1946), por T. D. Lisenko.

é certo, também, que caracterizam o indivíduo, através da vida social, variáveis psíquicos e, portanto, interiores, hereditários, também condicionando resultados sociais ou de ajustamento ou desajustamento do indivíduo ao grupo. Os de desajustamento lembraremos de passagem que são, do ponto de vista do indivíduo, a especialidade do estudo e da clínica do neurologista e do psiquiatra; e do ponto de vista da pessoa social, a especialidade de estudo e de clínica do psiquiatra social e do higienista mental. A Psicologia social e a Psiquiatria social partindo daqueles variáveis psíquicos hereditários se estendem ao estudo das relações da pessoa social – com o meio; e nesse estudo, tão próximo ao da Sociologia, muitas vezes desaparecem as fronteiras entre a Psicologia e a Sociologia; entre a própria Psiquiatria social e a Sociologia.

É hoje principalmente sobre a Psicologia que se apoia a Sociologia no que ela tem de ciência natural e generalizadora, com possibilidades de desenvolver leis de validade universal sobre aspectos de interesse sociológico do comportamento do indivíduo; enquanto, por outro lado, a Antropologia e a História sociais e culturais são o melhor apoio para sua situação de ciência também cultural. Esse apoio tem permitido à Sociologia resistir à subordinação absoluta à Psicologia, que importaria – sob a Psicologia *behaviorista*, por exemplo, ou sob qualquer psicologia fisiológica – na animalização da pessoa humana com sacrifício do estudo da realidade social-cultural na sua integralidade e no que suas manifestações têm de específico: de fora do alcance da pura Psicologia. De fora do alcance do *behaviorismo* e de correntes semelhantes de Psicologia. Mesmo sob jugo psicológico mais suave, a Sociologia correria o perigo de sacrificar ao estudo das disposições que fazem agir os homens em grupo – objeto de estudo psicológico – o estudo das mesmas disposições sob diferentes estilos de cultura e tipos de organização social.

O professor Abel,[27] apoiado no antropólogo e sociólogo Wallis,[28] mostra integrar-se em Sociologia autônoma aquela parte dos estudos sociológicos que Alfred Vierkandt[29] pretendera reduzir a simples auxiliar da Psicologia. E sabe-se hoje que as circunstâncias –

---

[27] ABEL, T. *Systematic Sociology in Germany – A critical analysis of some attempts to establish Sociology as an independent science*, New York, 1929, p. 50-67

[28] WALLIS, W. D. *An introduction to Sociology*, New York, 1927.

[29] VIERKANDT, A. *Gesellschaftslehre, Hauptprobleme der philosophischen Soziologie*, Stuttgart, 1923. Para Vierkandt, a Sociologia deve ser "abstrata, sistemática, formal", despreocupada de "mudanças históricas". Não se satisfaz nem com a interpretação naturalista, nem com a interpretação culturalista da sociedade. Essa seria um domínio com qualidades próprias, diferentes das da esfera biológica e das da esfera cultural. Nesse ponto nos encontramos de acordo com Vierkandt. Para ele, porém, as "qualidades próprias" da sociedade seriam "estados mentais", "ligações interiores" entre indivíduos, "os aspectos últimos e imutáveis" da sociedade. Tanto os complexos de cultura – particularmente estimados pelos sociólogos-antropólogos – como as exterioridades de comportamento social – superestimados talvez pelos sociólogos *behavioristas* – seriam simples "segmentos" das "forças de interação", consideradas, segundo nos parece, sob critério psicológico e não sociológico. Por conseguinte, uma Sociologia subordinada à Psicologia (op. cit., p. 6-8 e *Jahrbuch f. Soziologie*, v. II, p. 83-84, Karlsruhe, 1926).

Foi na primeira edição desta *Sociologia* que sugerimos a conveniência para os estudos sociais inter-relacionados de ser ampliado, ainda mais do que por Thomas, o sentido sociológico de "situação" em psicossociológico. Esforço que foi mais bem compreendido no estrangeiro que no Brasil.

Essa contribuição brasileira parece ter-se antecipado em corresponder ao apelo do inglês Harry Slochower: o de ser necessária uma sociologia da vida psíquica ao lado de uma psicologia da vida política ou social. Pois, segundo Slochower, foi a análise científica do fascismo – fenômeno aparentemente só de sociologia política – que veio mostrar a necessidade de se considerarem as chamadas condições objetivas ao lado das chamadas ilusões subjetivas, como partes de situações totais, tornando-se, assim, possível o que ele denomina a congruência entre marxismo e freudismo, julgados outrora inconciliáveis.

Verificou-se com relação ao fascismo, como se poderia verificar com relação ao patriarcalismo escravocrata brasileiro ou ao moderno industrialismo anglo-americano, que, sem se deixar explicar de todo em termos psicológicos de complexos e traumas, resultava igualmente incompreensível, quando apresentado apenas como produto de condições sociais, isto é, externas. O que nos leva a antecipações de Schopenhauer e de Nietzsche a respeito da lógica do ilógico – ou do psicológico – na interpretação do comportamento humano. Apenas esses campeões do psicologismo extremaram-se de tal modo em sua valorização do ilógico e do psicológico, contra as convenções clássicas em torno do lógico, que não ajustaram essa sua nova e necessária visão do humano à nova e necessária consideração histórico-sociológica do mesmo humano: nem todo ele natural, animal ou psíquico. Crítica que alguns aplicam ao moderno conceito existencialista de "Sorge" ou inquietação.

Os atuais psicanalistas, porém, e alguns dos existencialistas, procuram dar tal importância ao que é local ou específico no humano, que chegam a valorizar a situação social, encontrando-se, então, no meio do caminho com sociólogos de hoje que partem do específico, do local, do situado, do condicionado e experimentam, a certa altura, a necessidade de se deixarem esclarecer pelo conhecimento psicológico do que no homem se apresente mais geral, através do particular, que é, em grande parte, o sociológico.

Do que mais se sente hoje a necessidade é, como diz Slochower, do estudo da constante psicológica em sua interação com variação sociológica: estudo para o qual vêm contribuindo, em língua inglesa, psicólogos sistemáticos com o sentido sociológico da Psicologia, como Karem Horney, e romancistas psicológicos como Foster em sua análise de contatos de brancos com homens de cor, e Greene em suas análises do homem religioso; e, em língua portuguesa, sociólogos, antropólogos e biógrafos com o sentido psicológico da Sociologia, da Antropologia, da História e da Biografia. Entre esses, a Sra. Lúcia Miguel Pereira, os Srs. Otávio Tarquínio, Luís Viana, Francisco de Assis Barbosa, João Gaspar Simões, R. Magalhães Júnior.

Mais do que isso: é o próprio Slochower que nos recorda já se manifestar a interação Marx-Freud na literatura moderna, isto é, em romances como o de Joseph Freeman, *Never call retreat* – um desses romances em que se refletem, como no *The last puritan*, de George Santayana, inquietações e preocupações em torno de sínteses, esboçadas por pensadores e cientistas que são, em geral, o sexo forte intelectual de uma época, completado pelo belo sexo que são, no mesmo plano, os beletristas não de todo abstratos.

O inter-relacionismo necessário à compreensão e interpretação científico-filosófica do homem se estende à literatura de imaginação que pode contribuir, e tem contribuído, através dos Shakespeare, dos Cervantes, dos trágicos gregos, dos Defor, dos Tolstói, dos Balzac, dos Stendhal, dos Mann, dos Malraux, dos Faulkner, dos Dos Passos, para aquela compreensão e interpretação, indo a regiões ou zonas que as outras análises não têm meios de atingir. Veja-se a esse respeito o sugestivo estudo de Harry Slochower, *No voice is wholly lost* (London, 1946), especialmente o capítulo "Toward a dialectic humanism". Importante é a generalização de Slochower de que "*in contrast to "essential" Aristotelian laws, modern psycho-analysis seeks out the specific, the local and (in the case of Horney Fromm and others) the social situation. In place of an abstract average, its laws are derived from an examination of the total concreteness in the particular situation*" (ibidem, p. 255). Tal critério, dominante na moderna Psicanálise, parece resultar da sua crescente penetração por estudos de Antropologia social e de Sociologia histórica e cultural: penetração que faltou à Psicanálise de Freud, baseada principalmente no conhecimento de Freud da burguesia europeia do século XIX. Por conseguinte, em base precária para as generalizações e abstrações em que se precipitou e que só parecem poder ser corrigidas por estudos em que o conceito de situação e de sua "*total concreteness*" seja o psicossocial.

circunstâncias, dizem alguns, como Wallis – ou as *situações sociais* – como diriam os professores von Wiese, Thomas, Mannheim – sob as quais os homens combatem, variam: "as condições que estimulam simpatia num grupo" – diz o professor Wallis – "não a estimulam noutro"; o "instinto" maternal ou paternal se manifesta de modo diferente – se é que se manifesta sempre – em vários grupos e em culturas sucessivas. O que nos interessa principalmente, em Sociologia, são essas "manifestações específicas".[30] Essas "manifestações específicas" e os fatores de vida em grupo e de cultura que condicionam as disposições psicológicas, ou as chamadas tendências nativas ou instintivas – a combativa, a gregária, a paternal, a dominadora ou o seu contrário e outras – fazendo-as apresentarem-se sob formas divergentes. De tais divergências poderiam, talvez, separar-se tendências a uniformidades e mesmo uniformidades de comportamento do ser humano, contra as quais não atuassem senão insignificantemente, os referidos fatores de vida em grupo e de cultura (circunstâncias, condições, situações sociais) e sobre os quais a Psicologia controlada pela verificação sociológica pudesse estabelecer leis de validade universal. Para tanto, porém, seria necessário sujeitar seres humanos a condições de laboratório, praticamente impossíveis.

Boas e outros da corrente histórico-cultural de antropólogos e sociólogos levantaram contra o *behaviorismo* aplicado à vida social – isto é, contra a doutrina extremista do professor Watson de que o comportamento dos homens deve ser considerado pelo psicólogo no mesmo plano que o dos animais – a objeção de que o estudo do que se apresenta de meramente objetivo no comportamento humano, através das chamadas "situações concretas", não basta para explicar situações culturais. Para vários sociólogos e antropólogos são extremamente frequentes os casos em que falha por completo a correlação do comportamento externo com atitudes subjetivas predominantes nos grupos sob estudo. E numerosas pesquisas sobre grupos ou culturas regionais indicam não ser possível ao sociólogo guiar-se apenas, na exploração de fatos sociais e de manifestações de cultura, pelo que revela o comportamento externo dos *socii*: há que tomar em consideração o que há de "consciente" nessas relações; o que há nelas de especificamente humano e, ao mesmo tempo, de significativamente social e historicamente cultural. E mais ainda: o que há nelas de "situação" e de "vital" dentro do conceito funcional de "estar em", mediante o qual o professor Nicol dá novo desenvolvimento à ideia de Dilthey da biografia ser "o caminho da vida para chegar a ser *uma* vida".[31]

---

[30] WALLIS, op. cit., p. 146.

[31] BARNES, H. E. *The new history and the social studies*, New York, 1925, cap. III; NICOL, E. *Psicologia de las situaciones vitales*, México, 1941, p. 110-11. Sobre o assunto, parece-nos excelente a crítica que o professor Paul Radin em *The method and theory of Ethnology* (New York, 1933) faz ao extremo *naturalismo* como ao extremo *historismo* no estudo da Etnologia. Entretanto, parece-nos ele próprio extremamente simplificador quando apresenta o critério sociológico como necessariamente a-histórico (ibidem, p. 18). A nosso ver, duas citações que Radin faz de F. Boas como afirmativas

Objeção semelhante à que se levanta contra os *behavioristas* da parte dos que, através do próprio conceito funcional, de situações, ou histórico, de relações sociais do homem, chegam à chamada "humanização da vida biológica", poderá ser feita contra a aplicação maciça da Psicologia do inconsciente, principalmente da Psicanálise, à vida social e às relações do indivíduo social ou da pessoa social com a cultura. Nas suas relações com a Psicologia especializada no estudo do inconsciente – que vem concorrendo para explicar aspectos importantes nas relações entre o indivíduo social e a organização social e a cultura – o sociólogo precisa de conservar-se o mais possível sociológico no seu ponto de vista e no seu método, sem resvalar em passiva submissão ao que a Psicanálise e o *behaviorismo* apresentam de aplicável ao estudo de fatos sociais ou de processos de integração.

Dos lógicos e pensadores que primeiro se ocuparam das relações da Sociologia com a Psicologia, destaca-se um, J. S. Mill,[32] de quem Gabriel Tarde pôde escrever: *"il conçoit la Sociologie comme la Psychologie appliquée"*.[33] Sob igual panpsicologismo se colocaria, aliás, a própria sociologia de Tarde. É ainda hoje o caso da sociologia de Vierkandt, da sociologia dos *behavioristas*, e da sociologia de alguns psicanalistas desgarrados nos estudos sociológicos: antes Psicologia aplicada que Sociologia.

Para o professor Carli há nos psicólogos que negam a Sociologia ou a querem reduzida a simples ancila da Psicologia, uma como vingança contra Auguste Comte, que desprezou, como se sabe, a Psicologia, como ciência autônoma. Ou antes: uma como vingança da parte de psicólogos ansiosos de reduzirem a Sociologia a Psicologia social

---

contraditórias são afirmativas conciliáveis. A primeira seria, segundo o professor Radin, rigorosamente sociológica: *"We refrain from attempting to solve the fundamental problem of the general development of civilization until we have been able to unravel the processes that are going on under our eyes"*. A segunda seria, segundo ainda o professor Radin, puramente histórica: *"Each cultural group has its own unique history, dependent partly upon the peculiar inner development of the social group and partly upon the foreign influences to which it has been subjected"*. E tivesse o professor Radin citado de Boas ou de outro antropólogo cultural ou sociólogo que não despreze o estudo genético dos grupos e instituições a terceira afirmativa no sentido de ser necessário ao sociólogo empregar métodos psicológicos ou recorrer à Psicologia para a compreensão, e não apenas para a descrição, do comportamento de pessoas sociais e grupos e o ecletismo nada teria de alarmante, uma vez que o nosso propósito, no estudo das ciências sociais, é a explicação daquele "homem social total" a que ainda há pouco se referiu o professor Pierre Monbeig, na sua *Crise des sciences de l'homme* (Rio de Janeiro, 1943). Uma coisa é esse ecletismo e outra a subordinação da Sociologia à História ou à Psicologia, como se não fosse possível descrever um fenômeno social e cultural sob critério principalmente sociológico e em termos predominantemente sociológicos. Exemplo excelente das possibilidades de associação da Sociologia à História, sem inteira subordinação de uma a outra, é a *History of American Life*, publicada nos Estados Unidos sob a direção dos professores Arthur M. Schlesinger e Dixon Ryan Fox. Essa iniciativa, ou antes, realização, considera-a o crítico Bernard De Voto *"an achievement of American culture in absolute and final terms"*. Quanto à obra de O. B. Phillips, *Plantation and Frontier – Documentary history of American industrial society* (Cleveland, 1910) é antes histórica que sociológica nos seus propósitos, sem deixar de apresentar considerável interesse para os sociólogos e economistas.

[32] MILL, J. S., *A system of logic, principles of political economy*, London, 1848.

[33] TARDE, G. *Les lois sociales*, Paris, 1898, p. 45.

contra o que se pode denominar "imperialismo sociológico": o "imperialismo sociológico" dos grandes sociólogos do século XIX. Quando, na verdade, consideradas autônomas a Sociologia e a Psicologia, *"l'autonomia dell'una non intacca affatto l'autonomia dell'altra"*.[34] As duas se completam sem haver necessidade de sacrificar-se o que é especificamente sociológico ao que a Psicologia apresenta hoje de mais desenvolvido no sentido de estabelecer leis de validade universal.

Na consideração e no estudo de problemas de correlação entre o chamado aspecto objetivo – comportamento externo – e o chamado subjetivo – atitudes, valores, passado – da interação entre seres humanos e do que há de consciente e de inconsciente nessa interação e nas relações de pessoas sociais com a organização social e a cultura, a Sociologia e a Psicologia social pisam muitas vezes o mesmo território, não se sabendo bem o que é Psicologia social e o que é Sociologia psicológica. O que se pode afirmar é que o contato do sociólogo com os estudos de Psicologia é um contato necessário. Talvez se possa mesmo dizer, indispensável.

7. SOCIOLOGIA E ANTROPOLOGIA

As relações da Sociologia com a Antropologia são as mais estreitas. São estudos, como os de Psicologia e Sociologia, interdependentes. Se essas relações, no que se refere à parte física da Antropologia, podem ser consideradas, como quer o professor Ellwood,[35] dentro das relações gerais da Sociologia com a Biologia, há que considerá-las de modo especial no que se refere à parte cultural da Antropologia. A Srª Dorothy P. Gary observa, em ensaio recente, que depois de terem tido como centro de interesse comum o estudo das origens sociais, a Sociologia e a Antropologia têm agora por *rendez-vous* o estudo da cultura[36] que – acrescentemos – as aproxima ainda mais.

A Sociologia deve principalmente à Antropologia cultural a continência ou moderação em que, nos últimos trinta anos, se vem abrandando o furor de generalização dos sociólogos do século XIX. Furor que se desenvolveu sob a influência da teoria de evolução e se exprimiu principalmente em supostas "leis" universais da evolução unilinear

---

[34] CARLI, F. *Introduzione alla Sociologia Generale*, Bologna, s. d., parte II, cap. I.

[35] ELLWOOD, C. A. Recent developments in Sociology, in: *Recent developments in the social sciences*, Philadelphia, 1925.

[36] GARY, D. P. The developing study of culture in: *Trends in American Sociology*, New York; London, 1929, p. 173. Vejam-se também REDFIELD, R. Relations of Anthropology to the Social Sciences and the Humanities, in: KROEBER, A. L. (org.) *Anthropology today*, Chicago, 1953; KROEBER, A. L. *An appraisal of Anthropology today*, Chicago, 1953; GILLIN, J. et al. *For a science of social man*, New York, 1954.

dos povos.[37] É à Antropologia social e cultural e à História social e cultural – aos seus estudos regionais ou de áreas – que se pode atribuir o deslocamento de interesse sociológico da "sociedade", do "organismo social", da "evolução social" para o "grupo", para a "instituição", para a "pessoa social", para a "cultura", para a relação do fato sociológico com os antecedentes e com as condições ecológicas. Para um situacionismo sociológico de "estar em", mais complexo que o psicológico, do professor Nicol, que tem tido em estudos brasileiros de Sociologia auxiliada pela Antropologia, pela Psicologia, pela Ecologia e pela História, um dos seus mais ousados desenvolvimentos modernos. Pois "estar em" implica situação não só formal como empática (palavra de origem grega que cremos ter sido o primeiro a empregar em língua portuguesa), da qual não se pode separar a "consciência de espécie" do situado que às vezes se torna consciência de "ser" e não apenas de "estar em": em ambos os casos com repercussões sociais da situação empática não só sobre o situado como sobre aqueles entre os quais ele se situa.

A importância que hoje se dá, nos estudos sociológicos, ao que há de especial – de ecológica e historicamente especial – em cada grupo social e em cada cultura vem, em grande parte, do emprego, na investigação sociológica, de métodos desenvolvidos pelos antropólogos culturais e sociais em pesquisas regionais de campo. Veremos mais adiante que alguns desses métodos depois de empregados entre grupos de cultura chamada *primitiva* vêm sendo aplicados a comunidades denominadas *civilizadas* ou em que coexistem as duas culturas: a "literária" e a "não literária". Desde já destaquemos o estudo do casal Lynd sobre *Middletown* e o do professor Conrad M. Arensberg sobre o camponês da Irlanda como exemplos da vantagem com que os métodos da Antropologia social podem ser estendidos ao estudo de grupos "civilizados". Antes desses antropólogos, tentáramos rudemente, e a nosso modo, quase o mesmo, com relação à

---

[37] Para uma crítica interessante e em parte justa, embora às vezes mais de panfletário que de cientista, aos exageros de generalização na Sociologia, nos fins do século XIX e nos começos do atual, do biologismo evolucionista e do predomínio, na mesma Sociologia, do critério de evolução unilinear, veja-se o livrinho do Rev. Albert Muntsch, *Evolution and culture – Their relation in the light of modern Ethnology* (Saint Louis; London, 1923). O autor, que usa a expressão "Etnologia" por "Antropologia Cultural" é dos que pouco caso fazem da busca de "leis psicológicas" que "determinem" a cultura. Baseado em Fr. Schmidt, o grande mestre de *Anthropos*, faz um apelo aos cultores da Sociologia, ou antes, aos estudiosos dos problemas sociais, para tratarem mais de "realidades" que de teorias gerais. O sociólogo que ataca com maior vigor é Franklin Giddings, estendendo seus ataques aos professores Ross, Blackmar, Gillin, Dow e ao antropólogo J. G. Frazer.
O critério evolucionista tem, porém, defensores entre alguns dos mais novos e vigorosos sociólogos e antropólogos sociais e culturais, um deles a Srª Dorothy P. Gary que escreve sobre o antievolucionismo nas modernas ciências sociais: "[...] *In part, at least, it is based on false assumptions and leaves itself open to a most serious indictment – that of thawing out the baby with the bath. To put it more scientifically, these iconoclasts have not bothered to separate the essence of the theory from the untruths and misinterpretations which have clustered around it*" (ibidem, p. 206). Sobre o assunto, vejam-se também dentre as obras de publicação mais recente: *The science of culture: a study man and civilization* (New York, 1949), por L. A. White; *Configurations of culture Growth* (Berkeley, 1944), por A. L. Kroeber, e *Theoretical Anthropology* (New York, 1953), por David Bidney.

comunidade mista que é o Brasil das áreas mais antigas: espécie de bolo sociocultural em que se interpenetram, não só as duas culturas, a "primitiva" e a "civilizada", como formas às vezes desarmônicas de socialidade, correspondentes a essa dualidade de culturas, divididas em várias subculturas, umas acessíveis ao estudo histórico, outras só ao antropológico.

É claro que a individuação, para o antropólogo cultural ou social ou para o sociólogo, não vai aos mesmos extremos de particularização da pessoa social em individualidade, que para o historiador propriamente dito e para o biógrafo. Para o antropólogo ela chega à tentativa ou ao esboço de configuração psicocultural – ao lado da somática – do grupo, dentro das sequências de tempo e espaço; para o sociólogo, à caracterização psicossocial e cultural da pessoa ou do grupo social, área, região, comunidade, época, instituição. O estudo antropológico se baseia na distribuição no espaço (distribuição geográfica) e no tempo (distribuição histórica), seja do traço somático, seja do traço de cultura. Como observa o professor Wissler, tanto mais fortemente localizado seja o traço, mais específicas parecem ser sua origem e suas funções. Mas não se deve concluir daí que o desenvolvimento mais forte do mesmo traço indique seu lugar de origem. Contra esse erro de alguns etnólogos ou antropólogos culturais F. Boas nos adverte em seu excelente "Methods of Research", que é uma espécie de breviário para os modernos estudiosos de Antropologia.[38]

Para o sociólogo é de todo o interesse a classificação ou o esboço geral de classificação somática da humanidade que a Antropologia física lhe oferece, baseada naqueles estudos de distribuição de traços físicos. Também tem importância para ele a classificação linguística. Mas é de principal importância, para o sociólogo, a classificação ou tentativa de classificação cultural que lhe apresente a Antropologia cultural.

Deve-se notar que a distribuição de traços de cultura – por difusão, imitação, tradição – parece tender a realizar-se da mesma forma que a distribuição de traços físicos – cujos processos biológicos (hereditariedade e fecundação) são, entretanto, diferentes dos sociais. A semelhança de forma de distribuição parece indicar, segundo o professor Wissler, que ambos se baseiam "sobre um fenômeno básico"; ou que são ambos formas de "transmissão no espaço", conforme sugere o professor Hayes.[39] Deve-se, entretanto, ter sempre em consideração que *espaço físico* e *espaço social*

---

[38] WISSLER, C. *Man and culture*, New York, 1923, p. 62. Leia-se do mesmo livro o cap. VIII, sobre difusão. BOAS, F. Methods of research, in: *General Anthropology* (op. cit.). Diz Boas: "[...] Many ethnologists hold to the opinion that wherever a certain cultural feature shows its strongest development decreasing in complexity and importance as distance from its center increases, there must be its origin. It does not require much thought to recognize that, while this may be the case, it is not by any means a necessary conclusion to be derived from the facts" (ibidem, p. 670).

[39] HAYES, E. C. *Introduction to the study of Sociology*, New York, 1915, p. 76. Veja-se também seu "Some social relations restated", *American Journal of Sociology*, v. XXI, 1925-1926.

não são exatamente os mesmos, como não são exatamente os mesmos o *tempo geológico*, o *tempo histórico* e o *tempo social*. O *espaço social* e o *tempo social* – insistamos neste ponto – nem sempre coincidem, para efeitos de estudo de situações sociais, com o *espaço físico* e com o *tempo histórico* ou *geológico*, pois aqueles são qualitativos e não quantitativos.[40]

Para o antropólogo social ou cultural, como para o sociólogo, o estudo da cultura – comum à Sociologia e à Antropologia social ou cultural, embora os pontos de vista do sociólogo e do antropólogo sejam diferentes – é um estudo de *convenções*. Mas essas convenções derivam-se de *invenções*. O processo inventivo sendo talvez função principal de organismos individuais – embora sob estímulos culturais e sociais – não nos deve surpreender que os limites fundamentais na distribuição de um traço cultural, como na de um traço físico, sejam dados, em certos casos, por condições biológicas, sob estímulos sociais diversos. Entre os estímulos sociais à invenção – coincidindo possivelmente com os biológicos – parecem-nos estar os da mestiçagem, paralelos aos de interpenetração de culturas ou compreendendo esses de modo quase imperceptível, desde que, segundo o biólogo francês Charles Nicolle em estudo sobre a biologia da invenção, é entre os híbridos que se encontram, de preferência, "os cérebros predestinados à invenção". E a propósito da pobreza da "raça" judaica, dos chineses, dos japoneses, dos turcos, dos povos das Índias orientais, dos negros africanos, em inventores ou em inteligências ou gênios criadores, o mesmo biólogo sugere que talvez o fato se relacione com a oposição dos preconceitos de casta à mistura de sangue, entre esses mesmos povos.[41] Mistura de sangue, diz ele; quando a segregação biológica talvez seja apenas o aspecto mais ostensivo da pouca ou quase nenhuma interpenetração de grupos e de culturas: de "raças" entre si ou de classes entre si. De qualquer modo, temos que admitir a possibilidade da correlação do fato sociológico e cultural da invenção com o biológico, da capacidade para a invenção ou criação intelectual científica, artística, através da proliferação ou sucessão de indivíduos predispostos ou estimulados à invenção por exogamia ou por

---

[40] Do espaço social, além dos autores previamente citados, Simmel se ocupa magistralmente em *Soziologie* (op. cit., cap. IX, p. 616-708). Também A. Menzel, em *Introducción a la Sociologia* (op. cit., cap. XVIII), destacando o primeiro que a interação entre seres humanos só pode ser concebida e experimentada como ocupação de espaço. Insistimos em lembrar, dentre os trabalhos brasileiros sobre o assunto, o de. Lins, M. *Espaço, tempo e relações sociais*, Rio de Janeiro, 1940.

[41] Nicolle, C. *Biologie de l'invention*, Paris, 1932, p. 16. Vejam-se também p. 17, 18 e 22-26.
Do ponto de vista psicológico e sociológico, ninguém até hoje contribuiu mais para esclarecer o fenômeno da invenção em face da tendência geral para a imitação que Gabriel Tarde, no seu *Les lois de l'imitation* (Paris, 1890). Para Tarde, os dois conceitos – o de invenção e de imitação – são complementares. Foi também esse sociólogo que desenvolveu a ideia de que no conjunto de nações ou povos existe em cada período histórico uma nação ou povo *modelo*, que é seguido pelos demais, *imitadores*, enquanto dentro de cada nação ou povo existe também uma classe *modelo*, mas opõe às suas inovações e modas resistência passiva ou certa inércia: a antimoda.

mestiçagem; ou por endogamia relativa, completada por estímulos e vantagens de ordem social e cultural, como no caso de certas famílias.[42]

As criações ou invenções – manifestações culturais, embora a cultura em si nada tenha de biológico nem se explique biologicamente – têm, entretanto, sua base biológica ou psicológica pois a capacidade do indivíduo para inventar parece ser, em parte, biologicamente condicionada. Sendo assim, as culturas se apoiam de modo particular na capacidade especial para criar ou inventar de certos indivíduos sociais que seriam também os aperfeiçoadores de instrumentos ou de coisas de cultura. Essa capacidade especial é às vezes exibida através de gerações sucessivas por famílias superiores como a dos Bach, na Alemanha, ou os Darwin, na Inglaterra. Não parece, entretanto, estar ligada de modo particular a qualquer "raça" estável, como "raça", isto é, independente de situações sociais especialmente favoráveis à invenção, e sim, segundo alguns estudiosos do assunto, a meias-raças, sem que se possa separar em tais casos, com precisão, a expressão do processo biológico, do social.

É claro que o inventor, em comunidade civilizada, leva vantagens consideráveis sobre o inventor em comunidades primitivas. Vantagens de ordem técnica e social. Mas como observa o professor Goldenweiser, trate-se de grupo primitivo ou civilizado, nem todos os seus componentes são inventores. Não há razões para duvidar-se de que a variabilidade individual com relação a essa capacidade seja um fato universal, independentemente de tempo, lugar ou fase cultural.[43] Não há evidências que nos autorizem a concluir pela ausência de inventores nas culturas chamadas primitivas. Ao contrário: as evidências indicam que eles existem.

Há uma semelhança básica entre as culturas, que o professor Goldenweiser salienta; e cujas raízes, diz ele, são psicológicas. Daí ter escrito que toda cultura primitiva é, em certos respeitos, como todas as culturas; em outros, como todas as culturas

---

[42] Veja-se a respeito de famílias superiores o estudo de CECIL, W. et al. *The family and the nation – A study in natural inheritance and social responsability*, London, 1909. Leiam-se também os trabalhos, hoje clássicos, de GALTON, F. *Hereditary genius* e *natural inheritance*, London, 1869. Entre os casos mais salientes estudados por esses pesquisadores estão os das famílias Bach, com notáveis talentos musicais em sucessivas gerações, Wesley, Darwin, Wedgwood, Lister. Os Whetham lamentam que a condição de celibato imposta até 1882 aos "*fellows*" de Oxford e Cambridge – sobrevivência da tradição monástica nas universidades inglesas – tenha roubado à Inglaterra altos valores descendentes de indivíduos ou membros de famílias biologicamente superiores, forçando-os à esterilidade. Lapouge já observara o mesmo com relação ao celibato imposto aos sacerdotes pela Igreja católica de Roma, observação aplicada ao Brasil pelo Sr. Alfredo Ellis Júnior em *Raça de gigantes* (São Paulo, 1928). Contra essa tentativa de aplicação ao Brasil da observação de Lapouge levantamos objeções em *Casa grande & senzala* (Rio de Janeiro, 1933), que nos parecem invalidá-la. Procuramos mostrar que o celibato clerical entre nós não foi tão severamente cumprido a ponto de perturbar a "relação sexual ideal", mas que, ao contrário, os descendentes de padres são relativamente numerosos entre os nossos grandes homens, parecendo geralmente favorecidos por vantagens de educação superior à da maioria.

[43] GOLDENWEISER, A. *Anthopology – An introduction to primitive culture*, New York, 1937, p. 463.

primitivas; ainda em outros, como as culturas de certas áreas geográficas vastíssimas; e, dentro destas, como as culturas de alguma área restrita; e finalmente, em certas peculiaridades locais, é individual e única. A essas peculiaridades locais pode ligar-se a presença de maior ou menor número de indivíduos sociais ou famílias com a capacidade de inventar ou criar. Talvez deva atribuir-se a superioridade dos guaranis sobre os tupis, entre as culturas primitivas da América – sua superioridade como senhores de conhecimentos botânicos, tanto técnico-botânicos (inclusive hibridação de plantas) como médico-botânicos – à presença, entre os guaranis, de maior número de indivíduos sociais dotados de capacidade inventiva ou criadora. Pois seria erro supor que entre grupos primitivos – em geral mais comunários que os civilizados na sua organização social e de cultura – deixem de atuar indivíduos superiores não só pela bravura como pela inteligência ou saber. Fato que o Rev. Albert Muntsch, destaca quanto a indivíduos notáveis entre grupos primitivos norte-americanos, um deles Sequoya, inventor do alfabeto cherokee.[44]

Entre os guaranis conserva-se o nome de indivíduo tão notável que alguns jesuítas o consideraram demoníaco: Guyrá Verá. Em sua luta contra os padres da S. J. deu mais de uma prova de inteligência inventiva, em face de situações inteiramente novas para um cacique ou chefe ameríndio. E o sociólogo paraguaio J. Natalício Gonzalez escreve em penetrante ensaio sobre o processo de formação de cultura paraguaia: "*Individualidads como Guyrá Verá no escaseaban entre los Guaranís*". Destaca Nezú.[45] Sobre a capacidade criadora de indivíduos, entre os guaranis antigos, parece ter-se desenvolvido com particular vigor o que o Sr. J. Natalício Gonzalez chama "*el genio inventivo de los paraguayos*", isto é, dos modernos paraguaios, que biologicamente poderiam ser caracterizados como moderadamente endogâmicos, pois a essa sua moderada endogamia temos que juntar a mestiçagem hispano-guarani. Acrescenta o Sr. J. Natalício Gonzalez que "*los viajeros que visitaran el Paraguay bajo el dominio de los Lopez ponderaran la vocación de este pueblo para la mecánica, y quedan recuerdos de algunos curiosos inventos de la época como el telégrafo de Saturio Rios [...]. En la vida familiar de la gente del agro es facil descubrir infinitos rasgos del genio inventivo que por falta de adistramiento técnico y de preparación científica quedan en esbozos o no pasan de los juegos infantiles en que se distrae la imaginación en los momentos de ocio*".[46]

Contra a tendência que, exceção feita da Antropologia, vem dominando as demais ciências sociais no sentido de basearem pretendidas leis universais sobre aquela

---

[44] MUNTSCH, *op. cit.*, capítulo XVI. Muntsch cita observação idêntica à sua, de Stephan, entre grupos primitivos da Nova Pomerânia, no antigo Arquipélago de Bismarck.

[45] GONZALEZ, J. N. *Proceso y formación de la cultura paraguaya*, Assunción-Buenos Aires, 1938, t. I, 3ª parte, cap. VI.

[46] Ibidem, 1ª parte, introdução.

"pequena parte da humanidade" a que se refere o professor Wissler – a civilização da Europa ocidental e da América mais europeia – impõe-se o desenvolvimento de tendência contrária: no sentido do estudo sociológico de comunidades primitivas e das civilizadas, ou semicivilizadas, de cultura extraeuropeia ou apenas semieuropeia. Insistamos neste ponto: o estudo do *regional* torna-se necessário nas ciências culturais e mistas para purificação científica do próprio *universal* – universal por antecipação – tão comum na Sociologia dos fins do século XIX e dos começos do XX. E essa vem sendo a orientação da Antropologia, embora dedicada principalmente ao estudo de culturas ou populações primitivas. Só agora ela se volta para as civilizações literalmente históricas, conservando diante delas o critério regional (áreas, regiões) ou de grupos ("raças", classes, profissões) ou biológico-histórico: aquela "história biológica das populações" que Wissler considera o "grande campo novo que se abre diante de nós". História biológica que se liga ao problema, de interesse tão grande para o antropólogo, para o psicólogo, para o historiador, para o sociólogo, de amalgamento de raças e de contatos e choques entre culturas porventura condicionados pela situação biológica dos portadores dos complexos que se encontrem em choque ou em contato.

Esse problema, circunstâncias peculiares à época moderna – facilidade e rapidez nas relações inter-humanas, inter-regionais, desenvolvimento intenso da colonização pelo imperialismo e de autocolonização por organizações supranacionais como a União das Repúblicas Socialistas Soviéticas – situam-no entre as questões dos nossos dias que, pela importância prática, mais exigem explicação e, quanto possível, solução científica.[47]

---

[47] Para essa explicação científica os antropólogos modernos têm concorrido largamente, destacando-se dentre eles Frobenius, Graebner, Foy, E. von Nordenskiöld, F. Boas, Paul Rivet, Pitt-rivers, Lowie, Goldenweiser, Wissler, Kroeber, Hooton, R. Verneau, R. Métraux, Manuel Gamio, Paul Radin, o padre Wilhelm Schmidt (especializado no estudo comparativo de religiões, em que também se tem salientado o padre Pinard de la Boullaye) e no Brasil, Roquette-Pinto, Nina Rodrigues, Artur Ramos, Fróis da Fonseca, Ulisses Pernambucano, Álvaro Ferraz, Bastos de Ávila, René Ribeiro, Gonçalves Fernandes, alguns dos quais, sem serem cientistas de formação rigorosamente antropológica porém médica, têm feito obra valiosa de Para-antropologia e mesmo de Antropologia.
Notável é o desenvolvimento dos estudos de Antropologia aplicada na Rússia, onde se ligam diretamente a problemas de mestiçagem e de coexistência de culturas *civilizadas* e *bárbaras*: daí o especial interesse que os resultados desses estudos oferecem aos povos americanos com problemas semelhantes aos da Rússia. A Academia de Ciências russa sabe-se que tem dedicado atenção particular ao estudo antropológico das populações russas. Vários institutos se especializam nesse estudo e nos de biologia de raça, incluindo a investigação de aptidões intelectuais em diferentes grupos étnicos. Ao estudo puramente científico das condições étnico-sociais e culturais das populações das várias regiões ou repúblicas juntam-se ousadas iniciativas de Antropologia aplicada como o esforço no sentido de estabilizar povos nômades e de transferir judeus, do comércio para a agricultura. Daí poder dizer da Rússia um etnólogo ou antropólogo da autoridade do professor Paul Rivet: "*Aucun pays n'a, jusqu'ici, utilisé aussi complètement et aussi heureusement l'ethnologie comme moyen de pénétration et de civilisation*" (L'espèce humaine, in: *Encyclopedie Française*, Paris, t. VII, p. 16).

Os trabalhos de Franz Boas – antropólogo ao mesmo tempo físico e cultural – e os dos seus discípulos e colaboradores, como os estudos de Antropologia cultural ou de Etnologia do padre Wilhelm Schmidt e da chamada *escola alemã*, e hoje os dos russos e franceses, indicam não haver prova científica para a doutrina de que as realizações culturais correspondam constante e rigorosamente a determinações biológicas de aptidão mental de raças, sendo as variações e diferenças de cultura devidas a causas antes históricas do que biológicas; e essas, expressões de hereditariedade mais de família do que de raça. Nenhuma prova científica existe, oferecida pela biologia de raças de modo definitivo ou irrecusável, em que se apoie a teoria de ser a "raça" branca a mais altamente desenvolvida, biologicamente; ou a mais bem dotada, psicologicamente. Em face disso, Boas e outros antropólogos da corrente histórico-cultural apresentam a interpretação de que as diferenças de cultura sejam devidas a diferenças de oportunidade para desenvolvimento, não havendo uma chave única ou universal de explicação para os paralelismos culturais.

As dessemelhanças entre as civilizações, ou antes, entre as culturas, resultariam de antecedentes diversos, sendo necessário estudar as várias culturas nos seus antecedentes regionais e as várias populações, na sua história cultural e na sua história biológica. Mas sem o preconceito de que os fenômenos sociais sejam determinados pelos biológicos, embora a coincidência de distribuição, traços somáticos e de cultura observada pelo professor Wissler nos possa inclinar a aceitar tendências a correlações ou, mesmo, correlações.

O desenvolvimento cultural, porém, não se processa em sequência lógica análoga à do desenvolvimento biológico, como supôs Morgan: sofre diferenças de região para região, de uma época a outra, não se podendo concluir nem mesmo de semelhanças de antecedentes da cultura entre dois grupos que resulte idêntico desenvolvimento cultural. Simplificando-se as culturas em "relações de produtos mentais com o tempo e com o espaço", temos, com o próprio professor Wissler, de rejeitar a ideia de que elas, as culturas, sejam predeterminadas pelos mecanismos psicofísicos que as produzem. Tais mecanismos são biológicos e inatos e constituem o equipamento do homem para a produção de culturas. Mas sobre esses mecanismos reagem, limitando-os, condições de espaço e de tempo que resultam em culturas particulares.

A teoria biológica da evolução pode ser aplicada, segundo a Antropologia orientada pela concepção histórica ou cultural, aos mecanismos físico-psíquicos que produzem as culturas; mas não aos produtos e aos seus desenvolvimentos condicionados pelas relações com o espaço e o tempo. Nem aos processos sociais em si.

Sobre a situação desses mesmos estudos naquele país, vejam-se as informações de Demitri B. Shimkin e Nicholas De Witt no *International Directory of Anthropological Institutions* (New York, 1953) organizado por William Thomas, Jr. e Anna M. Pikelis.

Se é certo que os traços de cultura resultam, muitos deles, de invenções, e que estas são, como já notamos baseados no mesmo professor Wissler, "um processo mental" e, ao mesmo tempo, expressão cultural em que se refletem, ao que parece, estímulos sociais biossociais como o da mestiçagem, seu desenvolvimento é histórico, ao mesmo tempo que psicológico. Mas de Psicologia social, isto é, refletindo relações do produto biológico com o tempo e o espaço não só físico como social. Relações que importam em individuação e, por conseguinte, em problemas não já de ordem biológica pura, que exijam ou tolerem o ponto de vista e o método puramente generalizador do estudo, mas mistos e culturais. Problemas sociológicos.

Porque se problema psicológico quer dizer problema, em última análise, biológico ou de ciência natural, convém nos recordarmos mais uma vez – convém nos recordarmos sempre – de que a explicação psicológica, ou biológica, sozinha não basta para explicar fenômenos sociais e de cultura. Esclarece-os, mas não os explica completamente. Mesmo considerados nos seus aspectos subjetivos – lembra um dos maiores mestres de Antropologia, o professor Robert H. Lowie – os fatos culturais não são fatos psicológicos, os princípios psicológicos sendo tão insuficientes para explicar os fenômenos de cultura como os da lei de gravidade para explicar os estilos de arquitetura. Pois não são os mesmos fenômenos "simples fatos psicológicos" mas "fatos psicológicos socialmente determinados",[48] diz o professor Lowie; condicionados, teríamos nós preferido dizer. O mesmo é certo de processos sociais que precisam de ser explicados sociologicamente e não biologicamente, embora possa se admitir a possibilidade dos processos sociais básicos e dos biológicos serem expressão de processos de interação ao mesmo tempo biológicos e sociais.

Pelo professor Lowie se exprime uma das correntes mais consideráveis na Antropologia social ou cultural moderna: a que segue exclusiva ou principalmente o método histórico-cultural. Alguns antropólogos sociais e sociólogos mais novos, sob o encanto político da doutrina marxista – segundo a qual o novo sistema social de que nos aproximamos será o reaparecimento de "tipo social arcaico (comunismo) sob sua forma mais alta" – insistem, porém, na revivescência de certos aspectos da teoria de evolução unilinear, que favoreceria a ideia de ter sido o comunismo a primeira fase no desenvolvimento social. Salientam-se nesse esforço os antropólogos da Academia de Ciências da U.R.S.S., a um dos quais, o professor Kagarov, deve-se notável estudo histórico sobre os trabalhos de Antropologia na Rússia pós-revolucionária. Nem todos, porém, acreditam ter sido o comunismo, de modo absoluto, aquela "primeira fase de desenvolvimento social" a que estaríamos próximos a voltar "sob forma mais

---

[48] LOWIE, R. H. *Primitive society*, London, 1929, p. 92. É também o professor Lowie quem salienta: "[...] *every human being has a social and a racial (biological) inheritance. The two may be in some measure related, but they are different*" (*An introduction to cultural anthropology*, London, 1934, p. 4).

alta": o professor P. Kushner, por exemplo, não vê evidências da ação do princípio de distribuição comunista de alimento entre as comunidades da Austrália. A teoria evolucionista e de comunismo primitivo absoluto é hoje defendida principalmente pelos antropólogos russos Tolstov e Zolotarev.[49]

Tudo indica, porém, que os estudos, verdadeiramente notáveis, de Antropologia social e cultural na Rússia soviética vêm-se desenvolvendo em ambiente de relativa liberdade de critério científico. Situação, por conseguinte, diversa da que caracteriza a Alemanha atual. Aí antropólogos oficializados pela doutrina política dominante – um deles o professor Guenther[50] – fazem da *cultura* expressão absoluta de *raça* ou têm realizado seus estudos sob hipóteses de trabalho que tornam possível a oficialização política dessa correlação rígida, ou antes, subordinação absoluta da cultura à "raça".

Deve ficar bem nítido que, identificado com o ramo norte-americano da chamada *escola histórico-cultural*, cuja origem é germânica – do tempo de uma Alemanha ativamente criadora na zona de estudos antropológicos – o professor Lowie representa – como Boas, como Kroeber, como Goldenweiser, como Sapir, devendo Wissler ser considerado dissidente[51] – um critério e um método antropológicos em desacordo com a chamada Antropologia clássica e com o seu método quase exclusivamente psicológico e evolucionista, de que a antropologia do professor Guenther não deixa de ser uma tentativa de revivescência utilizada pela política do chamado III Reich.

Divergem também, em certos pontos, os professores Goldenweiser e Lowie, Boas e o padre Schmidt e os demais antropólogos da corrente histórico-cultural do critério e do método chamados *funcionais*, desenvolvidos principalmente por Bronislaw Malinowski[52] e nos quais se procura estudar uma sociedade, comunidade ou cultura, considerados em particular todos os seus fatores e desses mesmos fatores consideradas todas as inter-relações. Aliás, como o próprio Malinowski já salientou, os dois métodos – o histórico-cultural e o funcional – podem ser conciliados. É o que temos tentado, aliás, em nossas incursões pelo estudo de problemas brasileiros de Antropologia social e cultural, vizinhos dos de Sociologia. Acrescente-se o seguinte: que as três escolas –

---

[49] Veja-se sobre o assunto, PENNIMAN, T. K. *A hundred years of Anthropology*, London, 1935. Os antropólogos sociais soviéticos vêm estudando o chamado "comunismo primitivo" por meio de sobrevivências entre as atuais populações "primitivas" do território soviético. Dos antropólogos clássicos prezam com particular estima o norte-americano L. H. Morgan, autor de *Ancient society*. Penniman salienta que ainda que a maioria dos antropólogos soviéticos considerem provado o comunismo primitivo, alguns negam sua existência.

[50] Veja-se GUENTHER, H. *Rassenkunde Europas*, Munch, 1926.

[51] GUENTHER, op. cit.

[52] Bronislaw Malinowski, "Antropology", v. I, volume suplementar da XIII edição da *Encyclopedia Britannica* (1926). Vejam-se também de Malinowski, *Methods of Study of Culture Contact in Africa*, Memorandum XV, *International Institute of African Languages and Cultures* (London, 1938, p. XVIII) e *Contrapunteo cubano del tabaco y el azucar*, de Fernando Ortiz, Introdução (Havana, 1940).

a clássica ou evolucionista, a histórico-cultural e a funcional – podem ser consideradas como desenvolvidas, nas suas principais tendências, sobre a mesma ideia básica da unidade psíquica do homem, embora haja dentro delas subescolas que sustentam a profunda desigualdade fundamental de uma para outra das chamadas "raças" humanas, do ponto de vista de suas aptidões gerais e não apenas do seu temperamento e de suas aptidões especiais.

Se alguns dos antropólogos orientados pelo critério e pelo método histórico-cultural tendem a desprezar o critério e método de outras escolas, julgando os seus suficientes, outros antropólogos e vários dos sociólogos mais próximos da Antropologia e da Psicologia social procuram realizar suas pesquisas sem exclusividade de método ou de escola.[53] Parece que é a orientação mais favorável à realização de estudos de campo.

A tendência antidarwinista ou antievolucionista entre os antropólogos mais jovens, alguns dos quais vêm realizando obra notável de Antropologia aplicada, é, sob vários aspectos, significativa. Essa tendência se esboça também entre antropólogos e sociólogos soviéticos. Dela é possível que resulte o reaparecimento, na Rússia, de uma sociologia ativamente criadora, há anos adormecida naquele país.

Era natural que a Antropologia cultural sofresse nos seus começos a influência do darwinismo. Numa sociedade já industrializada como a da Europa e a da Nova Inglaterra do meado do século XIX "eram patentes" – a expressão é de um antropólogo inglês, T. K. Penniman – "a luta pela existência" e "o progresso de certos elementos da comunidade". E sob a ideia da "sociedade como organismo" e de processos sociais iguais aos biológicos, cresceu a Antropologia evolucionista. Até que a ação das pesquisas antropológicas de campo sobre os estudos só de gabinete, abriu para as ciências sociais mais dominadas, através de Herbert Spencer, pela Biologia como por uma governante inglesa, o período que o professor Marett chama "crítico", em contraste com o primeiro, "construtivo". Viria a crise afetar principalmente a noção de evolução unilinear desenvolvida pelos filósofos do darwinismo. E com a crise acentuada dessa noção é que

---

[53] Entre outros, o antropólogo e sociólogo cubano Fernando Ortiz, ainda que B. Malinowski o classifique de funcionalista (*Contrapunteo cubano del tabaco y el azucar*, op. cit., Introdução, p. XXI). Também tem sido nossa orientação, em estudos sobre o Brasil patriarcal e agrário, classificados, entretanto, frequentemente, como histórico-culturais, quando são resultado não só de combinações de métodos – o histórico-social e o funcionalista, principalmente – como de aproximações diversas do assunto: a Antropológica-social, a sociológica, a histórica, a psicológica. O critério unificador das várias aproximações e métodos foi o do espaço social mais do que o de área ou região geográfica. Esse critério – nem sempre bem apreendido pelos especialistas mais convencionais dessas várias ciências – é também o que agora nos orienta ao propor, dentro de uma possível Tropicologia, uma Hispanotropicologia e ainda mais particularizada, uma Luso-tropicologia sistematizada no estudo em conjunto das constantes de adaptação de homens e principalmente de culturas de origem principalmente ou decisivamente portuguesa a ambientes tropicais. Critério que já marca o nosso artigo sobre "o Brasil em perspectiva", para a próxima edição de *The Encyclopedia Americana*; e que foi objeto de conferências por nós proferidas em 1956 em Londres, no Real Instituto dos Trópicos, (Amsterdã) e na Universidade do Escorial, na Espanha.

se definiria o desenvolvimento da já referida corrente histórica, ou histórico-cultural, dentro da Antropologia, em oposição à Antropologia clássica: a evolucionista. Esta tornou-se desde então uma das escolas antropológicas; e não mais a Antropologia.[54]

De todo o interesse para os estudiosos da Sociologia é o fato de que a Antropologia vem ultimamente abandonando, como já observamos de passagem, o que já se tem qualificado de "barbarologia", isto é, o estudo quase exclusivo de populações e de culturas chamadas primitivas ou pré-literárias. Estendem-se hoje o critério e o método da Antropologia social ao estudo de populações e culturas civilizadas. Nessa extensão de campo, confunde-se a Antropologia social com a Sociologia ou antes, com as sociologias especiais mais objetivas. Nessa extensão de atividade e alongamento de método, a Antropologia social ou cultural tem-se tornado, na verdade, quase o mesmo que Sociologia, da mesma forma que a Sociologia mais receosa de generalizações tem-se apoiado de tal modo na Antropologia ou na Psicologia a ponto de tornar-se, às vezes, Antropologia social ou Psicologia social. Daí, talvez, alguns antropólogos sociais ingleses e norte-americanos desdenharem da Sociologia; ou julgarem-na supérflua. Boas, porém, pensa de modo diverso. Embora o seu grande amor seja a Antropologia, salienta que a vida biológica e cultural do homem formando, como forma, um todo, precisamos procurar compreendê-la como um todo. Para essa compreensão total, a Antropologia liga-se à História – e cremos que à Geografia – quando o que se procura é elucidar a ordem dos fenômenos culturais no espaço e no tempo; ou à Sociologia, quando o que se tem por objeto é a procura de "leis de sequência" e a investigação de "relações dinâmicas". Mesmo alcançados esses objetivos restaria o problema da compreensão da cultura como um todo que Boas considera "essencialmente psicológico",[55] quando na verdade parece exceder a capacidade de explicação da Psicologia para tornar-se problema filosófico. E com efeito, em obra recente, o professor David Bidney sugere que assim como há uma Metafísica, uma Metabiologia etc., se estabeleça uma meta-antropologia, que se ocupe dos "problemas de realidade cultural e da natureza do homem". Em outras palavras, o critério anfíbio de Sociologia – e de Antropologia social – por nós esboçado desde 1933 e com o qual também coincide em vários pontos o de J. Lindsay quando em seu recente *Marxism and contemporary science* (Londres, 1949), no capítulo "The status of Anthropology", reclama para esta a posição de "Ciência de Cultura", através do que chama "metodologia unitária" ("*unitary*

---

[54] Vejam-se a respeito HADDON, A. C. *History of Anthropology*, London, 1934; MARETT, R. R. The growth and tendency of Anthropological and Ethnological studies, in: *First International Congress of Anthropological and Ethnological Studies*, London, 1934; PENNIMAN, T. K. *A hundred years of Anthropology*, London, 1935; e LOWIE, R. H. *The History of Ethnological Theory*, New York, 1937.

[55] BOAS, *General Anthropology* (op. cit., Introdução, p. 5-6). Veja-se o capítulo "Metanthropology and Anthropological Science", no livro do professor David Bidney, *Theoretical Anthropology* (New York, 1953).

methodology") que lhe permitisse lidar com "a totalidade dos elementos que se juntam nos movimentos, nas transformações da História". Mesmo sem ter-se desenvolvido até a maturidade essa "metodologia unitária", parece ao ensaísta inglês vir a Antropologia – com a qual ele identifica, à maneira inglesa, a Sociologia – auxiliando poetas, artistas, compositores no sentido de "uma mais ampla compreensão de suas artes e da relação entre arte e vida". Da relação, também – de que já se apercebiam pré-antropológica, ou pré-sociologicamente, os gregos – entre Natureza e Sociedade; ou entre sociedade "natural" e sociedade "artificial" – relação, às vezes pungentemente dramática, como viria a senti-la e a observá-la, quase nos nossos dias, primeiro principalmente como poeta, depois principalmente como antropólogo – pois antropólogo foi, nos seus dias de comerciante na África – o francês de gênio Arthur Rimbaud.

Daí ser inexato dizer-se que, nos nossos dias, o espanhol Pablo Picasso apenas tem estudado a arte de negros africanos e de polinésios, pelas sugestões de forma plástica que são capazes de oferecer tais artes ao europeu. Para Lindsay, o "abstracionismo" de Picasso é mais complexo do que pode parecer à primeira vista; e representa esforço simultâneo para dominar, em arte, ao mesmo tempo que "as forças analíticas dissociativas" da nossa época – no que sua obra se mostra de acordo com a generalização e a dissecção científicas – "as bases orgânicas da forma em toda a possível simplicidade" – no que a arte picassiana de inspiração "negra" ou "polinésia", através de estudo antropológico e sociológico de fontes, se associa com a moderna revolta até de ocidentais contra vários aspectos da ciência moderna (ocidental). O escultor e pintor, o seu tanto antropólogo ou sociólogo, que é Pablo Picasso estaria tentando, do mesmo modo que hoje, no Brasil, o compositor Heitor Villa-Lobos com igual intuição e menos ciência, mas ambos através de uma atividade criadora sob vários aspectos, unificada, exprimir certas "potencialidades novas de integração que virão superar contradições e dualismos atuais". Outro não é o rumo que vêm tomando há anos, em estudos pioneiramente inter-relacionistas de Sociologia e Antropologia aplicadas, e correlacionados "integrativamente" com outras ciências e até com as chamadas "humanidades", sociólogos e antropólogos para quem é possível superar-se, através de conciliações semelhantes às empreendidas em escultura, pintura e cerâmica por Picasso – e em pintura, também pelo nosso compatriota e hoje discípulo de Picasso depois de ter sido "telúrico" e "regional" no Brasil, Cícero Dias – e pelo igualmente brasileiro H. Villa-Lobos, em composições ou expressões musicais, o antigo dualismo rígido "ciência da natureza" e "ciência da cultura", assim como o ainda vivo dualismo "essencialismo" (ou abstracionismo) e "existencialismo", suscetíveis de ser presentemente dominados em várias das suas contradições por uma concepção anfíbia da Sociologia, assim como da Antropologia Social quando compreendida como quase-sociologia e não apenas como história feita além dos arquivos.

8. SOCIOLOGIA E GEOGRAFIA CULTURAL

Dentro da orientação de Sociologia, ciência mista, parte natural, parte cultural, e não exclusivamente natural ou exclusivamente cultural, como pretendem os dualistas – orientação seguida talvez contraditoriamente neste ensaio e, principalmente, em relação com os estudos de Sociologia regional (Ecologia social ou humana), a que atribuímos grande importância – a Geografia Humana, ou antes, a Geografia cultural, se apresenta como uma das ciências sociais relacionadas de maneira mais direta e mais íntima com a Sociologia. Tanto que em certos pontos é difícil de separar uma da outra.

Na verdade a Geografia Cultural, libertando-se do determinismo geográfico que a Antropogeografia pretendera, com Ratzel[56] e outros mestres, impor à Geografia, veio colocar-se entre as ciências que enxergam nas relações entre o meio físico e o homem, reciprocidades de influências, em vez de influências num sentido exclusivo: no natural ou no cultural. É claro que a hipótese de reciprocidades de influências entre o natural e o cultural não basta para dar à Geografia objeto específico. E pode resultar no absurdo, salientado por Michotte, de estudar-se, em Geografia, o que não é geográfico, só por importar em relação ou conexão com os chamados fatos de superfície da terra.[57] Além do que, como observa outro geógrafo moderno, o professor Carl O. Sauer, não se define uma ciência em termos de uma hipótese de conexão, mas em termos de material, isto é, estabelecendo-se como material de estudo da mesma ciência certa categoria de fatos ou certa seção da realidade.[58]

Libertada do determinismo antropogeográfico, a Geografia cultural experimentou a necessidade de estabelecer essa categoria de fatos especificamente seus: geográficos ao mesmo tempo que culturais. Para corresponder a tal necessidade é que se desenvolveu o estudo geográfico baseado na *área*, através do qual se procura fixar a individualidade da área, entrando o homem nessa individualidade com aqueles aspectos de sua presença e de sua ação que tenham significação direta para a caracterização da mesma área.

Dentro da orientação ou do critério geral de ciências mistas, aqui seguido, semelhante critério particular e seu respectivo método – *"géographie régionale"* dos franceses ou *"Länderkunde"* dos alemães – representa a individuação da matéria, a que tendem as ciências culturais: no caso, *corologia*. Enquanto a integração de fenômenos de superfície

---

[56] RATZEL, F. *Anthropogeographie*, Stuttgart, 1882-1891.

[57] Critério desenvolvido por P. L. Michotte em L'orientation nouvelle en Géographie, *Bulletin, Société Royale Belge de Géographie*, v. XLV, 1921.

[58] É a tese defendida por Carl O. Sauer em Recent Developments in Cultural Geography, in: *Recent developments in the Social Sciences*, Philadelphia; London, 1925.

da terra em leis naturais gerais, ou *cosmologia*, representa a tendência para a generalização da matéria geográfica do ponto de vista da Geografia como ciência natural.

Do primeiro aspecto dos fatos da superfície da terra, é que se ocupa a hoje chamada Geografia cultural que, para alguns geógrafos, se identifica com a Ecologia humana, vindo a ser o estudo da área cultural superposta à natural. Corologia significa, na realidade, "ciência da região"; e tanto pode ser corologia a Geografia como a Sociologia. O professor Sapir recorda que a Geografia orientada para o estudo da diferenciação da superfície da terra em regiões ou em áreas tem o seu clássico em Estrabão, para quem a Geografia era já um estudo realista e de observação direta: estudo antropocêntrico e que culminasse no estudo da região como ambiente doméstico (*eco*) dos homens.[59]

Talvez o maior avanço nos últimos anos, nos estudos de Geografia, seja precisamente o da Geografia corológica, isto é, o estudo das regiões. Estudo que interessa de perto à Sociologia regional. Esta, em certos pontos, confraterniza de maneira tão íntima com a Geografia cultural como com a Antropologia cultural.

Na França, com Vidal de la Blache, Brunhes, Vallaux, Blanchard; na Alemanha, com Richthofen, Hettner, Schluter e Gradmann; nos Estados Unidos, com os professores J. Russell Smith, Preston James e Carl O. Sauer;[60] na Argentina, com o professor Romualdo Ardissone; no Brasil, com os professores Brandt – que parece ter sido o iniciador dos estudos de Geografia cultural do Brasil sob sistemática moderna e dentro de técnica alemã – Quelle, Maack, C. Delgado de Carvalho, Deffontaines, A. Azevedo, Pierre Monbeig, Preston James, o avanço desse critério e desse método tem resultado em obras da maior importância para o sociólogo pelo que apresenta de sólido e de definido sobre paisagens regionais. Paisagens feitas pela ação, através do tempo e sobre solo ou espaço físico definido, de formas de cultura: tipo e distribuição de habitação, modo de utilização da terra e de trabalho, densidade regional de população e técnica de intercomunicação e de transporte. Formas de cultura sobre que agem, por sua vez, as

---

[59] SAPIR, Karl. Economic Geography, *Encyclopedia of the Social Sciences*, v. VI.

[60] Vejam-se dentre outros trabalhos representativos do critério de área, os seguintes: DE LA BLACHE, V. *Principes de Géographie Humaine*, Paris, 1923; BRUNHES, J. *Géographie Humaine*, Paris, 1910-1925; SCHLUTER, Otto *Die Ziele der Geographie des Menscher*, Munch, 1906; ARDISSONE, R. *La instalación humana en el Valle de Catamarca*, La Plata, 1941; SAUER, C. O. Morphology of landscape, *University of California Publications* (Geography), v. II, n. 2, 1925. Aliás, um dos grandes desejos do professor Sauer – a quem se deve o conceito de "geografia cultural" – desejo que ele próprio nos comunicou na Universidade de Michigan em 1939, quando tivemos a honra de ser seu colega na congregação de uma das faculdades, é vir ao Brasil e estudar, pelo critério geográfico de área, os nossos sertões do Nordeste. Deve-se salientar o interesse para os estudiosos de Sociologia dos trabalhos de geografia regional que vêm sendo realizados nos últimos anos no Brasil pelo professor Pierre Monbeig, da Universidade de São Paulo, e por seus discípulos, pelos geógrafos associados ao Instituto Brasileiro de Geografia e Estatística, entre os quais o professor Delgado de Carvalho e o Sr. Cristóvão Leite de Castro, e pelos geógrafos militares, principalmente o coronel Mário Travassos, autor de *Geografia de Comunicações no Brasil* (Rio de Janeiro, 1942).

regiões ou as *áreas naturais*. Essas condicionam as influências que recebem das formas de cultura, sem de modo nenhum as determinarem. Daí a reciprocidade de influências.

Há quem compare a Geografia cultural com a Antropologia cultural para destacar as semelhanças que o desenvolvimento recente de uma apresenta com o desenvolvimento da outra. A Antropologia cultural desenvolveu-se, libertada a Antropologia do determinismo de raça; a Geografia cultural vem-se desenvolvendo, depois de desembaraçada a Geografia do determinismo do meio físico.

Para a Sociologia – acrescente-se – tanto um determinismo como o outro era a limitação da dinâmica social e cultural pela ação que se supunha absoluta ou decisiva em todos os pontos, da natureza sobre o homem. A ideia de uniformidade na conformação do grupo social e das formas de cultura a imposições de "raça" e meio físico não tem hoje senão raros adeptos entre os estudiosos de ciências sociais.

Como a Antropologia e como a Sociologia, a Geografia é – destaque-se mais uma vez – uma daquelas ciências que denominamos através deste estudo, de mistas; e sendo em parte cultural, é também, quando voltada para as formas de cultura limitadas ou condicionadas, mas de modo nenhum causadas, pelas diferenças de meio físico, antropocêntrica. E sendo antropocêntrica, considera nos fatos de modificação de superfície da terra pelo homem valores em relação com o homem: pelo menos com o homem regional. Assim, a conhecida classificação de Jean Brunhes dos atos humanos que se imprimem sobre a face da terra de maneira visível e tangível, oferecendo matéria de estudo ao geógrafo, importa em valoração, desde que aqueles atos vão da ocupação chamada *improdutiva* do solo (casas e estradas) à conquista chamada vegetal e animal (cultivo da terra, criação de animais); e desta, à economia *destrutiva*.[61] O que faz que a Geografia cultural nos apresente o problema que Sapir formula da maneira seguinte: até onde o homem, como agente terrestre, isto é, pela sua expressão de cultura em áreas, está vivendo em harmonia ou simbioticamente com a natureza?[62] Em essência,

---

[61] BRUNHES, op. cit., p. 52.

[62] SAPIR, op. cit. Desde já salientemos o sentido particular de Ecologia social desenvolvido por sociólogos norte-americanos de Chicago, que concebem a Ecologia como o estudo de distribuição e de movimentos no espaço de seres humanos, grupos e instituições, desinteressando-se do aspecto biossocial de interação entre o homem, o grupo e as instituições e o ambiente natural e social. O critério dos sociólogos de Chicago é apresentado por R. D. McKenzie em seu "The Ecological Study of the Human Community", in: *The City*, Chicago, 1925, cap. III.
É claro que não é sob esse critério particularíssimo, mas sob o de ecologia social esboçado pelo professor Mukerjee, que tentamos desenvolver uma ciência especial, a luso-tropicologia, que, dentro de ciência mais ampla – também a ser desenvolvida de tentativas ainda fragmentárias no sentido do estudo de populações e culturas tropicais em relação com meios ou condições tropicais de vida e que poderia denominar-se tropicologia – buscasse estudar sistematicamente a simbiose luso-trópico que há séculos vem se definindo como uma especial adaptação por motivos culturais e possivelmente biológicos do português a espaços tropicais no Oriente, na África e na América onde se encontram hoje, com substâncias étnicas às vezes diversas, comunidades semelhantes em suas formas de cultura, a ponto de poderem ser consideradas uma comunidade luso-tropical.

é o problema central de Ecologia Humana, quer nos aproximemos dele pela Geografia quer pela Sociologia. E também a base mais objetiva sobre que o sociólogo possa estabelecer conceitos de normalidades regionais de organização social e de cultura e, talvez, o de uma possível normalidade universal, conciliada com a regional. Uma normalidade ecologicamente federativa, se assim se pode dizer, e, por conseguinte, antes flexível que inflexível, ainda que a crescente facilidade e a rapidez de comunicações inter-regionais e de domínio científico pelo homem dos extremos de calor e de frio tendam a favorecer, do ponto de vista da Geografia cultural, a normalidade universal de formas de organização social e de cultura, contra as normalidades regionais.

9. SOCIOLOGIA E ECONOMIA

A Economia é, talvez, das chamadas ciências sociais, aquela com que a Sociologia tem tido mais frequentemente conflitos de jurisdição ou questões de fronteiras. O imperialismo de uma tem se chocado mais de uma vez com o da outra: o pansociologismo com o pan-economismo. Alguns economistas, ainda hoje, não reconhecem à Sociologia nem independência de objetivo nem autonomia de território: a Sociologia seria uma parte da ciência econômica. O fato econômico seria o imperial; e o sociológico, projeção ou sombra do econômico.

A verdade, entretanto, é que o fato econômico é um aspecto da organização social e da cultura: um elemento variável em importância e influência, dentro da realidade social; e não o sempre mais importante, que prime constante ou invariavelmente sobre os demais. O que hoje sabemos da vida social em diversas regiões e em relação com várias culturas não nos permite seguir o simplismo dos deterministas econômicos segundo os quais tudo é consequência da técnica de produção econômica.

A natureza humana que é, como já destacamos, resultado e expressão da vida em grupo, é, em grande parte, resultado e expressão de processos sociais de ação principal em esfera econômica, e de instituições sociais, principalmente econômicas. Tanto na cultura, em geral, como na personalidade, em particular, está impressa a influência econômica. A ação dos processos sociais de influência principal em esfera econômica e das instituições sociais principalmente econômicas varia, porém, em sua maior ou menor influência sobre os processos de influência principal em esferas diversas e sobre outras instituições sociais, e, portanto, sobre o conjunto da vida social e cultural ou sobre o conjunto que é a personalidade socialmente e culturalmente condicionada. Duas faces da totalidade humana sociocultural. Verifica-se, pelo estudo das organizações sociais, das culturas ou das personalidades, que uns processos e instituições condicionam os outros, com alternativas de primado ou hegemonia, segundo facilidades ou dificuldades de ordem geográfica ou conforme condições de desenvolvimento histórico. É indispensável ao sociólogo o conhecimento da Economia: grande parte da atividade humana, através de modos diversos de cooperação ou competição, é absorvida pelas necessidades de subsistência; a luta da técnica humana com a natureza quase não tem obedecido a outra necessidade senão a de subsistência e a outro desejo senão o de fazer a natureza – mineral, vegetal, animal – suprir o grupo social de comodidades e serviços. Aquela necessidade e aqueles desejos exigem formas de interação ou resultam em formas de organização social e de cultura com um aspecto geral, social, e, outro particular, sociológico, no seu processo de cristalização dos meios de satisfação de necessidades econômicas e de desejos econômicos, em instituições. Esses dois aspectos – o social e o sociológico – são inseparáveis do particularmente econômico, que distinga ou caracterize essas necessidades, desejos, formas de organização social e de cultura e instituições, como predominantemente econômicas.

Assim se explica que o fato econômico seja muitas vezes um fato também sociológico, sua caracterização em fato econômico ou em fato sociológico variando dentro da realidade social ou do todo cultural, segundo o ponto de vista do observador ou o método de aproximação do estudioso. O fator econômico, ou melhor, o ato econômico contínuo, não resulta senão ficticiamente no homem econômico inventado pelos economistas ortodoxos: um "homem econômico" de que dependesse constante ou invariavelmente tudo o mais na pessoa humana ou social ou no grupo – a Religião como a Arte, a forma de governo como a organização da família. Os atos econômicos concorrem com os outros atos sociais do homem – quase sempre mais que os outros, mas às vezes menos, sendo até mesmo condicionados por tabus – para a cristalização da atividade social em cultura e em personalidade. Cristalização que se verifica de modo diferente, nas culturas, e dentro das culturas, nas personalidades, segundo fatores psicofísicos – ou biofísicos e bioquímicos – e condições geográficas ou ecológicas e de desenvolvimento histórico.

Essas condições não reagem de modo invariável aos estímulos ou pressões das necessidades e desejos econômicos. Aliás, dos chamados materialistas históricos nem todos atribuem ao fator econômico caráter determinista rígido na organização de comunidades e culturas mas aceitam a interdependência das várias fases da vida social e dos diversos aspectos da cultura, atribuindo ao fator econômico e ao seu concomitante, a expressão política, apenas influência "mais básica" que a de outros fatores. Mas não absoluta. Não com o caráter determinista, muito menos mecanicista contra o qual Bureau levantou a "sociologia da liberdade". Mesmo assim, o estudo das comunidades e culturas pré-capitalistas nos impede de aceitar a generalização, além dos limites alcançados pela Sociologia rigorosamente histórica, da influência do fator econômico ser sempre "a mais básica". Válida para as diversas expressões da sociedade capitalista, divididas em classes antagônicas e que podem ser estudadas pela Sociologia histórica, a generalização perde o vigor quando tentamos aplicá-la ao conjunto de comunidades e culturas pré-capitalistas; quando tentamos engrandecê-la em lei sociológica em vez de nos contentarmos em aceitá-la como uma das "leis" da moderna sociedade capitalista. Desta é que não se pode negar que resulta mais bem esclarecida pelo estudo que se tem feito dela sob o critério do materialismo histórico – principalmente quando o critério de Marx e Engels é completado pelo de Veblen – que sob outro qualquer critério isolado.

Quanto às comunidades e culturas chamadas primitivas, é certo, como observa o professor Lowie, que o estudo de suas atividades parece demonstrar a dependência, em última análise, dos aspectos materiais de cultura da atividade de subsistência, que seria invariavelmente a básica. Mas a realidade é outra. É extraordinária a diversidade na interdependência entre os vários fatores, isto é, os chamados materiais e os chamados imateriais. A probabilidade ou possibilidade, entrevista por Paul Bureau, de alterar-se em comunidades modernas a inter-relação de fatores, em sentido contrário ao do determinismo econômico – ideia que no seu trabalho *Introduction à la Méthode Sociologique* (Paris, 1923) serve de base a verdadeira revolta metodológica contra o materialismo marxista, o socialismo durkheimiano e a própria Escola de Le Play no sentido de não serem as circunstâncias materiais de lugar, técnica de produção ou de trabalho e sistema de propriedade, causas que necessariamente produzam os fenômenos sociais e suficientemente os explique, porém situações que estimulam ou condições que permitam os mesmos fenômenos; a probabilidade ou possibilidade entrevista por Bureau de alterar-se a atividade econômica dos camponeses da Noruega – objeto de paciente pesquisa sociológica de sua parte – uma vez alterado o sistema calvinista de religião do mesmo grupo, encontra confirmações no estudo, sociologicamente mais fácil, das interdependências que constituem a vida social e a cultura de comunidades denominadas primitivas. Daí antropólogos sociais da extrema prudência científica do professor Lowie não hesitarem em escrever que pelo estudo das mesmas comunidades e culturas "*we are driven to the conclusion not that economic conditions determine the rest of culture out rather that between the economic and all other phases of communal life there are functional relations, in which noneconomic may play the active and the economic the passive role*". E acrescenta: "*Economic, like geographical determinism, is part of that rationalistic philosophy which has so often obscured an understanding of human history. Social phenomenon is never so simple, and, accordingly, the same condition, owing to an indefinite number of unknown concommitants, will produce quite different results in different areas*".[63] À Filosofia

---

[63] LOWIE, R. H. Subsistence, in: *General Anthropology* (op. cit., cap. VII, p. 318 e 320). Vejam-se no mesmo livro, sobre o assunto, os estudos de Ruth Bunzel, "Economic organization of primitive peoples", e F. Boas, "Methods of research". Leia-se também a crítica que Rudolf Stammler desenvolve contra o marxismo, sustentando em vários dos seus livros ser a doutrina de Marx incompleta por não chegar logicamente à ideia de "a vida social está sujeita ao Direito", isto é, ao condicionamento por

racionalista, como base de generalizações sobre os fenômenos sociais, o estudo tanto quanto possível completo das culturas regionalmente diversas opõe resultados que nem sempre se conformam com as mesmas generalizações.

É dentro de um complexo social que inclui fatores não somente econômicos, mas psicológicos e sociológicos, que se desenvolvem a cultura e a personalidade humana; e tais fatores, como observa o professor Barnes, "muitas vezes mudam de maneira radical a natureza e o funcionamento dos elementos econômicos na sociedade" (*"often change in a radical manner the nature and functioning of the economic elements in the society"*).[64] Aqui é oportuno recordarmos a observação de Durkheim quanto às "propriedades objetivas das coisas" serem alteradas pela "opinião religiosa" nas comunidades civilizadas e não apenas por tabus, nas primitivas. *"Que l'opinion religieuse"* – escreve ele – *"proscrive telle boison, le vin, par exemple, telle viande (de porc), et voilà le vin et le porc qui perdent, pour totalité ou partie, leur valeur d'échange"*.[65] Depois de Durkheim, e em trabalho memorável, o sociólogo indiano R. Mukerjee mostraria que na Índia as chamadas leis econômicas não regulam o mercado mas que este é combinado por influências psicológicas ou sociológicas: costumes, tabus, valores de cultura diversos de um grupo para outro.[66] Ao que se pode acrescentar o comentário do professor Carli de que tal extensão de fenômeno econômico em fenômeno sociológico ou psicológico vem de *"giudizi colletivi di valore I quali si impongono all'individuo con forza costritiva, cosicchè il prezzo non serà altro che una funzione di questa costrizione psicologica"*. E sob essa *"costrizione"* deixam de esperar *"le grandi legge della natura"*[67] imaginadas pelo naturalismo sociológico ou pelo determinismo econômico.

---

outro fator social, esse com prioridade lógica sobre o econômico ("Materialistische Geschichtsauffassung", in: *Handwörterbuch der Staatswissenschaften*, resumida por S. Bovensiepen em seu estudo "Legal and Political Philosophy", in: *Philosophy Today*, London, 1928, p. 473-8).

[64] BARNES, H. E. *The new history and the social studies*, New York, 1925, cap. VII.

[65] DURKHEIM, E. Du rôle de l'economie dans l'ensemble des Sciences Sociales", *Journal des Economistes*, Paris, t. XVIII, 1908.

[66] MUKERJEE, R. *Comparative economics*, London, 1920, p. 114.

[67] CARLI, op. cit., parte II, cap. I. Sobre o assunto, vejam-se, além dos estudos já citados, *Patterns of culture*, de Ruth Benedict (op. cit.); *Habitat, economy and society*, de C. D. Forde (London, 1934); *The material culture and social institutions of the simpler peoples*, de L. T. Hobhouse, G. C. Wheeler e M. Ginsberg (London, 1930); *Economics in primitive communities*, de R. Thurnwald (Oxford, 1932); *Competition and cooperation among primitive communities*, de M. Mead (New York, 1937); *Völker und Kulturen*, de W. Schmidt e W. P. Koppers (Regensburg, 1924); *The economic life of primitive peoples*, de Melville J. Herskovits (New York, 1940). As seguintes palavras do professor Lowie, no mesmo sentido das de Durkheim e do professor Mukerjee, citadas no texto, podem ser consideradas como decisivas, do ponto de vista da Sociologia tanto quanto possível científica, contra o simplismo das generalizações filosófico-racionalistas que uma vez por outra a invadem, pretendendo impor-lhe chaves únicas de interpretação dos fenômenos sociais: *"It is possible to turn the tables on economic determinism and to show how largely economic life is affected by considerations that, although irrelevant from our point of view, are for the utmost importance to the people concerned. Religious ideas, political ideology, notions of prestige intrude*

As pesquisas sociológicas como as antropológicas vêm indicando que as condições idênticas de economia ou de técnica não produzem sempre o mesmo tipo de cultura ou sociedade. Podem ser perturbadas de modo profundo por outros fatores. Em outras palavras: tais pesquisas não favorecem as pretensões do determinismo econômico, hoje em crise tanto quanto o determinismo geográfico ou o determinismo geográfico ou o determinismo biológico.

Não há dúvida nenhuma, para o historiador como para o sociólogo, para o antropólogo como para o psicólogo social, de que a forma de atividade econômica afeta profundamente a sociedade dentro da qual a encontramos; mas, como salienta o referido professor Barnes, "decerto que não afetará todas as sociedades do mesmo modo" ("*it will certainly not affect all societies in the same way*").[68] Varia sua ação tanto em extensão como em intensidade; e a essa variação na influência do fator econômico sobre os demais elementos de organização social, da cultura e da personalidade humanas, o sociólogo precisa de estar atento, sem resvalar nunca no simplismo de apoiar-se no primado invariável ou constante de qualquer fator.

Ciência mista – a Economia – tanto quanto a Sociologia – isto é, parte natural, parte cultural – às chamadas "leis econômicas" falta a validade universal das leis das ciências naturais. Também nessa esfera da vida humana a tendência é para os fenômenos não se repetirem integralmente mas sofrerem, na sua expressão social e cultural, a ação modificadora de outros fatores que às vezes alteram as formas econômicas de maneira profunda. A mesma irregularidade se tem observado, através dos estudos antropológicos em regiões diversas, na sucessão ou sequência de fases econômicas que a generalização precipitada da parte de alguns economistas pretendeu que seguissem sempre a mesma ordem absoluta.

O caso da Economia é o de outras ciências mistas: não é ciência natural absoluta, nem o processo econômico, é um processo puramente natural e unilinear. O estudo comparado da vida econômica em várias regiões indica, é certo, tendências à repetição e à uniformidade. Mas sem que nos aspectos econômicos as civilizações ou as culturas deixem de apresentar as peculiaridades regionais salientadas pelo professor Goldenweiser.

Assim a escravidão, sob o patriarcalismo, se apresenta com aspectos semelhantes no Brasil colonial e no do tempo do Império; e em Roma, nas Antilhas, em Cuba, na Rússia, no Peru. Nesses diferentes espaços físicos e sociais e nessas épocas diversas, o sistema de trabalho escravo, ao lado da família patriarcal, produziu mais de um efeito semelhante. Sobre a chamada psicologia de invenção, por exemplo, tão sensível, ao

---

where an economist expects nothing out the creation and exchange of economic values, together with their practical correlates" (Subsistence, in: *General Anthropology*, op. cit., p. 321).

[68] BARNES, op. cit., cap. VII.

que parece, a estímulos ao mesmo tempo biológicos e sociais, como a miscigenação, como a obstáculos da mesma ordem biológico-social como a segregação de subgrupos em castas contrárias à intercomunicação dentro da comunidade. Em todos aqueles ambientes – Roma, Antilhas, Brasil, Rússia, Cuba – essa forma de criatividade parece ter sido abafada, por falta do estímulo social que lhe teria vindo de um sistema de trabalho livre em face de dificuldades de mão de obra ou de produção econômica. Também sobre outros aspectos de interação social o sistema escravocrata de trabalho, ao lado da organização patriarcal, parece ter-se exprimido em processos e formas não diremos idênticas, porém semelhantes: o sadismo-masoquismo nas relações de senhores com escravos e semiescravos seria outro exemplo.

Mas, por sua vez, aquele sistema econômico de trabalho e sociológico, de relações entre raças e classes, foi condicionado quer na sua eficiência econômica, de produção, quer na eficiência sociológica de divisão de cada uma daquelas sociedades em classes, pela psicologia e pela herança de cultura, de cada um dos povos dominadores e das classes ou "raças" dominadas, apresentando-se, sob esse aspecto, diverso em Roma do que foi no Peru, diferente no Brasil do que foi nas Antilhas inglesas e mesmo nas francesas e espanholas.

Para essas diferenças contribuem poderosamente os motivos de ação predominante em diversos espaços e épocas. A professora Ruth Benedict surpreendeu como motivo principal das instituições sociais dos Kwakiutl a rivalidade, semelhante à que anima as principais instituições características de nossa civilização capitalista. Entre os Kwakiutl, como entre os povos modernos de organização capitalista, o sucesso de uns significa a ruína de outros. Se "o desejo de vencer fosse eliminado da vida econômica, como sucede entre os Zuñi" pensa Benedict que "a distribuição e o consumo de riqueza seguiriam "leis" bem diversas".[69]

Esses motivos de ação, que se fazem sentir sobre a vida econômica de uma comunidade, parecem resultar de diferentes modos de se combinarem, num espaço físico-social ou época por eles caracterizada, predominâncias psíquicas – principalmente as dos dirigentes – com o conjunto da cultura e com as condições físicas do meio. Um pan-economista dirá que os motivos de ação resultam da própria técnica de produção econômica, mas a verdade é que essa não parece ser sempre o característico inicial de uma cultura. O fato de poder aplicar-se com justeza o economismo às comunidades capitalistas modernas não deve afastar-nos da complexidade que o problema da interpretação de culturas toma quando alargada a perspectiva do seu sentido, de modo a incluir comunidades ou culturas pré-capitalistas que tanto se aproximam das nossas – como é o caso dos Kwakiutl – como delas se afastam radicalmente.

---

[69] BENEDICT, *Patterns of culture* (op. cit., p. 248).

Se é certo, como pretende J. Lindsay em seu *Marxism and contemporary science* (Londres, 1949) – no capítulo dedicado à Psicologia – que todas as situações temporárias (e o capitalismo burguês-liberal parece ser uma delas), bem analisadas, revelam uma situação eterna, isto é, uma situação que se deixa identificar como humana, seja qual for a fase de desenvolvimento (cultural) em que se encontre, e, ainda, que é perigoso pôr-se demasiada ênfase como Heidegger (e outros existencialistas) no imediato das situações, o problema, em face de situações como o capitalismo, peculiar, em suas formas-conteúdos caracterizadas por Karl Marx, à Europa ocidental em sua fase burguesa-liberal e industrial (imediatamente após a Revolução Industrial, sobretudo), continua a ser, nas ciências chamadas sociais – inclusive na Economia – aquele que o próprio Lindsay reconhece permanecer aberto: o lançado por Nietzsche como problema de união da "filosofia do desenvolvimento" com a de "valores existenciais".

A necessidade dessa união, raramente a reconhecem os marxistas puros, ávidos de, em estudos de Economia relacionada com a Sociologia, encontrarem situações eternas ou humanas, no sentido de universais, em situações provisórias encontradas só no desenvolvimento de certas sociedades e de certas culturas; e não no desenvolvimento de todas que tenham sido já estudadas antropológica ou sociologicamente como todos ou complexos socioculturais. Mas é um encanto para o estudante de tais assuntos, esquivo a sectarismos, encontrar em pós-marxistas como é, evidentemente, o mesmo J. Lindsay, advertências como a que vem à página 207 do seu sugestivo ensaio, contra o uso do que chama o "*economic isolate*". Nada de fazer-se do "*economic isolate*" – adverte o pensador inglês – "*a* deus ex machina". Pois "*in order to grasp the full nexus of cause and effect we must go on and attempt to relate the economic findings with the full stream of internal transformations grasped in their unity with environment (nature)*". Trata-se, para J. Lindsay, de "*a crucial point, which Marxism needs to develop and reformulate in a thorough way*" – pós-Marxismo, portanto – embora seja possível – mas não certo, a nosso ver – que "*the key to the fuller understanding can be found in Marx and not in his critics...*". Só, porém, um pós-marxista inglês como Lindsay admitiria que um crítico inteligente como R. Popper – autor de *The open society* (Londres, 1945) – "*is of value in illuminating the points at issue and clarifying the lines along which a further development is required*".

10. SOCIOLOGIA E CIÊNCIA POLÍTICA; SOCIOLOGIA E DIREITO

O aspecto político e o aspecto jurídico da organização social e da cultura, tratados pelos antigos de ponto de vista exclusivamente filosófico ou ético, são hoje considerados por estudiosos da Ciência Política e do Direito em relação com os complexos sociais, biossociais e psicoculturais de que fazem parte. Como o aspecto religioso, como o artístico, como o econômico são aspectos especiais da atividade do homem social visto como unidade biossocial ou totalidade psicocultural.

Para o professor Merrian o que se pode considerar a cientifização do estudo do que ele denomina "processo político", isto é, o aspecto político da interação social, vem-se verificando através do tratamento psicológico (talvez dissesse melhor: principalmente psicológico) dos problemas políticos.[70] O Direito, porém, como estudo social, vem ganhando em objetividade, principalmente sob a influência da Sociologia.

Com von Ihering, Berolzheimer, Duguit, Pound, Geny, Jellineck, Müller-Erzbacher, Radbruch,[71] a cientifização do Direito – que não deve ser confundido com a jurisprudência – vem correndo paralela à sua quase completa absorção; pela Sociologia. Novitza Kralyevitch, salientando que a Filosofia continua à base da investigação científica do Direito, pensa, entretanto, que a Sociologia tendo apresentado nova concepção do Direito em conjunto, deslocou a problemática jurídica. E recorda que há quem vá mais longe e não separe mais, no estudo do Direito, o aspecto jurídico

---

[70] MERRIAN, C. E. Recent developments in political science, in: *Recent developments in the social sciences* (op. cit.).

[71] VON IHERING, R. *Evolution du Droit*, Paris, 1901; SCHIATTARELLA, R. *I presupposti del Diritto Scientifico*, Palermo, 1885, e *L'idea del Diritto nell'Antropologia, nella Storia e nella Filosofia*, Firenze, 1878; DAVY, G. *Le Droit, L'idéalisme et l'experience*, Paris, 1922; *Éléments de Sociologie Politique*, Paris, 1923; *La foi jurée*, Paris, 1922; LASKI, H. J. *A grammar of politics*, London, 1929; VINOGRADOFF, P. *Principes historiques du Droit*, Paris, 1924; JERUSALEM, F. W. *Soziologie der Rechts*, Jena, 1925; PUGLIA, F. *L'evoluzione storica e scientifica del Diritto e della procedura penale*, Messina, 1882; GURVITCH, G. *L'idée du Droit Social*, Paris, 1932; FOULLÉE, A. *L'idée moderne du Droit*, Paris, 1913; SAUERMANN, H. Soziologie des rechts, in; *Lehrbuch der Soziologie und Sozialphilosophie*, de Karl Dunkmann, Berlim, 1931; DUGUIT, L. *Leçons de Droit Public Général*, Paris, 1926; CHARMONT, J. *Les transformations du Droit Civil*, Paris, 1921; POUND, R. The scope and purpose of sociological jurisprudence, *Harvard Law Review*, v. XXV, 1911-1912; BROWN, W. J. *The underlying principles of modern legislation*, London, 1920; ROLLIN, H. *Prolegomènes à la Science du Droit*, Brussel, 1911; HAURIOU, M. *Précis de Droit Constitutionnel*, Paris, 1924; ROGUIN, E. *La science juridique pure*, Paris, 1923; LÉVY-ULLMANN, *Introduction générale à l'étude des Sciences Juridiques*, Paris, 1917; JELLINECK, G. *Allgemeine Staatslehre*, Berlim, 1922; TIMASHEFF, N. S. *An introduction to the Sociology of Law*, Cambridge, Mass., 1939; KOCOURCEK A.; WIGMORE, J. *Sources of ancient and primitive law*, Boston, 1915; DIAMOND, A. S. *Primitive law*, New York, 1935; VINOGRADOFF, P. *Outlines of historical jurisprudence*, London; New York, 1920; HOGBIN, H. J. *Law and order in Polynesia: a study of primitive legal institutions*, London, 1934. De toda importância nos parece do ponto de vista sociológico – que condiciona nosso critério de seleção de obras de Direito e de Ciência Política, como também de Economia, de Geografia etc., que vimos destacando nesse esboço de relações da Sociologia com ciências ou estudos vizinhos – a obra do professor Rudolf Stammler, *Lehrbuch der Rechtsphilosophie* (Berlim, 1923). Sobre o assunto, vejam-se ainda CAPITANT, H. *Introduction à l'étude du Droit Civil*, Paris, 1912; RUYSSEN, T. *De la guerre au Droit*, Paris, 1908; SCHMITT, C, *Die Diktatur*, Berlim, 1921; NOURAÏ, H. C. *Recherches sur la conception nationale-socialiste du Droit des gens*, Paris, 1939; HAURIOU, M. *Aux sources du Droit*, Paris, 1933; DABIN, J. *Doctrine générale de l'État*, Paris, 1939; DELOS, J. T. *La société internationale et les principes du Droit Publique*, Paris, 1929; PRÉLOT, M. *L'empire fasciste*, Paris, 1936; BONNARD, R. *Le Droit et l'État dans la doctrine nationale-socialiste*, Paris, 1936; COT, M. *La conception hitlèrienne du Droit*, Paris 1938; FOURNIER, J, *La conception nationale-socialiste du Droit des gens*, Paris, 1939.

do sociológico: *"en droit il n'y a que de la sociologie"*. E Rudolf Stammler, ainda que negue ser o Direito "objeto na ordem espacial" e seja até acusado de sustentar a "primazia temporal do Direito sobre a ordem econômica", o que realmente procura demonstrar é que a ordem econômica é conteúdo cujo fluxo o Direito regula. O conteúdo não só da ordem econômica como da vida social seria um "eterno fluxo", nenhum estilo legal podendo pretender validade absoluta ou incondicional de conteúdo. De modo que o suposto inimigo da sociologia do Direito que é Stammler é, na realidade, um sociólogo do Direito para quem o primado do Direito sobre a vida social é apenas "lógico" ou "sistemático". No mais, reconhece a importância decisiva dos fatores sociais sobre os estilos de cultura. Reconhece a importância da Sociologia, que Kralyevitch destaca.[72]

Isso apesar de haver mais de um R. Aron para nos recordar que a oposição de sociólogos a juristas – e de juristas a sociólogos que não sejam eles próprios, juristas, sociólogos, acrescentamos nós a Aron – continua violenta,[73] de tal modo estranhas à ciência social tanto quanto possível objetiva parecem aos sociólogos as teorias e doutrinas formuladas como que *in vacuo* por juristas. Principalmente – poderia acrescentar alguém – as teorias jurídicas com pretensões a sociológicas. As constituições em que se confundem soluções jurídicas com soluções sociológicas, por exemplo.

Os conflitos de jurisdição entre os sociólogos e os juristas e constitucionalistas apresentam-se mais ásperos que as questões de fronteiras entre a Sociologia e a Psicologia ou a Sociologia e a Antropologia, talvez por haver maior desembaraço da parte dos juristas e constitucionalistas em tomarem o nome da Sociologia em vão; e darem como soluções sociológicas, soluções apenas de legistas ou políticos doutrinários, sem base cientificamente sociológica. Os conflitos de jurisdição entre a Sociologia e o Direito e a Ciência Política, em torno de problemas sociais que não são exclusividade de nenhum desses estudos, são inevitáveis. Vários problemas se apresentam aos sociólogos e juristas que se distinguem menos pelo objeto de cada um, que pelo ponto de vista de Sociologia ou de Direito, de Sociologia e de Ciência Política, por que forem encarados.

O que nos parece evitável é o desembaraço de juristas, constitucionalistas, professores de Direito Público em considerarem sociológicas construções ou soluções a que chegam sob a influência da Sociologia, é certo, mas sem controle cientificamente sociológico de suas generalizações ou adaptações de leis de um povo a outro. Aqui nos referimos principalmente a adaptações, de uma área a outra, de leis e de constituições.

---

[72] KRALYEVITCH, op. cit., conclusões.

[73] ARON, R. *La Sociologie dans les Sciences Sociales en France*, Paris, 1927. Palavras do próprio R. Aron: *"Entre juristes et sociologues, l'opposition a été et est encore à la fois violente et complexe. L'étude des lois et de leur interprétation, la théorie juridique, telle que la construit le juriste ou le professeur, paraissent au sociologue presque étrangère à la science positive que, par définition, porte sur les faits et les causes"* (ibidem, p. 37-8).

Adaptações em que juristas apenas de gabinete pretendem fazer obra de Sociologia, quando sua pretendida solução de problemas de relações inter-humanas é apenas a tecnicamente jurídica. Não correspondem suas sínteses de gabinete a condições de espaço físico e social diversas das do espaço físico e social da constituição original ou copiada. Ou das constituições copiadas, pois os copistas dão-se às vezes ao luxo intelectual de preparar o que o professor Karl Loewenstein chama pitorescamente "*constitutional cocktails*". O Brasil, tendo sido vítima dessa invasão de terreno sociológico pelo tecnicismo político-jurídico no Império e na primeira República, continua a sofrer hoje do mesmo mal em alguns aspectos de sua legislação, com perturbação séria para sua atividade econômica e para o desenvolvimento de sua cultura regionalmente diversa e graves consequências de insatisfação de natureza psicológica entre sua gente. Entre a mais esclarecida e capaz e entre a mais simples ou primitiva.

A verdade, entretanto, é que as pesquisas de juristas e estudiosos da Ciência Política, os estudos dos Geny e dos Pound, os próprios arrojos de inovação e as próprias aventuras de experimentação de alguns autores modernos de constituições e códigos, interessam o estudioso de Sociologia empenhado em obras de investigação de problemas sociológicos que se cruzem com os políticos e jurídicos; ou voltado para a generalização sociológica. O sociólogo reconhece na matéria de que se ocupa zonas ou aspectos em que se impõe sua confraternização com o jurista, com o criminalista, com o estudioso de problemas políticos. Zonas e aspectos que para o jurista são antes de "ordenação efetiva" ou de "regulamentação" mais ou menos arbitrária da vida social – como pretende Kralyevitch[74] – do que de pura organização e desorganização social: o ponto de vista dominante no sociólogo.

Quanto ao estudo científico das instituições sociais principalmente jurídicas e do Estado, pertence, como o estudo científico das instituições sociais em geral, ao sociólogo, que lhes examina as origens e formação, o desenvolvimento, as formas, as inter-relações, em função da vida social ou da totalidade cultural. Admite-se, é claro, uma Sociologia jurídica, ou do Direito, ou uma Sociologia política, ou das instituições principalmente políticas, na qual o jurista ou o cientista político se prolongue em sociólogo para o estudo das instituições políticas ou jurídicas em vigor. Estudo que conduza ao das regularidades ou tendências a regularidades das instituições sociais principalmente

---

[74] KRALYEVITCH, N. *La portée théorique du glissement du Droit vers la Sociologie* (Parte I, cap. I). O mesmo ponto de vista de Francis Geny em *Science et Technique en Droit Privé Positif* (Paris, 1913, t. I). Por outro lado, há juristas cuja "mentalidade legal" com tendência a legalista ("*legal mind*") torna-os incapazes de "análise sociológica" de instituições sociais principalmente jurídicas. O caso, ao que parece, do professor Karl Loewenstein, cujo livro *Brazil under Vargas* (New York, 1943), tão interessante como análise da superestrutura jurídica do Brasil atual, revela-nos um observador incapaz de compreender a nossa estrutura social. Veja-se sobre o ensaio do professor Loewenstein a excelente crítica feita pelo professor J. F. Normano (*The Hisp. Am. Hist. Review*, v. XXIII, n. 2).

políticas ou jurídicas em sua substância: ao estudo de suas *formas* e *funções* e aos *processos sociais* a que correspondem.

A verdade é que grande parte do que há de suscetível de tratamento científico no Direito e na Ciência Política confunde-se com objetos de estudo sociológico. Nas comunidades ou culturas chamadas primitivas, ainda mais do que nas civilizadas, é quase impossível desgrudar os conteúdos políticos das formas sociais e estilos legais dos demais aspectos e conteúdos da vida social e da cultura.[75]

As instituições principalmente jurídicas e o Estado – instituição principalmente política – não podem ser estudadas cientificamente senão em relação com outros fatores de ordem social, outras formas de coação e constrangimento: desde a moral ou a religião, às modas e ao bom-tom. Todos esses fatores – moral, modas, bom-tom etc. – e não apenas o Direito, são, como diz Kralyevitch, "fatores de ordem social".[76]

Dentro da relatividade com que esses fatores são considerados pelo sociólogo, os aspectos jurídico e político das instituições e dos processos sociais são especializações de formas sociais que tendem a repetir-se em espaços e épocas diversas como formas, mas com substâncias desiguais, com conteúdos diferentes, com significados éticos, religiosos, ideológicos, econômicos vários. A monarquia é um aspecto especialmente político e tecnicamente jurídico de uma instituição social – a de chefe – e de um processo social – o de dominação – que pode ser encontrada com os mais diversos conteúdos econômicos, políticos, religiosos, éticos, em diferentes épocas e espaços sociais. Tende, como instituição social, a repetir-se, embora com diferentes conteúdos políticos e diversos estilos legais. Monárquico é hoje o governo soviético. Monárquico é atualmente o governo dos Estados Unidos: monarquia eletiva, é certo, o que mostra que entre os norte-americanos os nervos de democracia política estão vivos. Sociologicamente monárquico o atual regime francês. Monárquico é também o governo considerado cinzento, em que faz as vezes de trono um como mocho alto de guarda-livros, há anos ocupado por um financista e economista genial – o em pessoa nada monárquico professor Oliveira Salazar; mas sociologicamente, monarquia. Monarquias, mas não eletivas, são também hoje várias das chamadas Repúblicas das Américas do Sul e do Centro, de uma delas tendo escrito um inglês irredutivelmente humorista, que o seu presidente era Sua Majestade o Presidente: o que lhe valeu ter sido considerado *"persona non grata"* para

---

[75] Sobre a identificação da lei com todos os aspectos da organização social entre primitivos, vejam-se HERTZLER, J. O. *Social institutions*, New York; London, 1929, p. 82; e HARTLAND, E. S. *Primitive law*, London, 1921, p. 1-2.

[76] KRALYEVITCH, op. cit. *"La sociologie"* – diz ele – *"est une science de la vie sociale, le droit est une ordre effectif de cette vie"* (ibidem, p. 232). Há, entretanto, quem pretenda estabelecer a "ciência jurídica" como "ciência real", igual às naturais. O caso de Franz Sommer, em *Das Reale und der Gegenstand der Rechtswissenschaft* (Leipzig, 1929). Também Hans Kelsen pretende opor à absorção da parte da ciência jurídica suscetível de tratamento científico, pela Sociologia, uma ciência puramente jurídica (KELSEN, H. *Hauptprobleme der Staatsrechtslehre*, apud KRALYEVITCH, op. cit., p. 9).

o exercício de funções semioficiais junto ao governo republicano por ele considerado de fato monárquico.

Porque com relação às chamadas ciências política e jurídica deve-se acentuar que à proporção que a Antropologia cultural ou social e a Sociologia vêm aproximando-se delas, ou mesmo absorvendo-lhes a parte suscetível de tratamento científico e transformando-a em sociologia da Política e em sociologia do Direito, o resultado tem sido principalmente no sentido do maior estudo sociológico e antropológico-cultural entre europeus e americanos, das instituições sociais principalmente políticas ou jurídicas, denominadas exóticas.[77] Toma-se assim em consideração o fato, de importância capital, de que tais instituições, em vez de objeto de puras abstrações, devem ser estudadas em suas relações funcionais com as demais instituições que constituem um todo cultural primitivo ou civilizado; pois como salienta o professor Julius E. Lips deve-se ter em conta o fato de que "os termos legais" tanto quanto "os conteúdos dos estilos legais" têm desenvolvimento histórico e são "expressão de estrutura cultural".[78] Cita o professor Lips o exemplo do termo "indivíduo" e do seu conceito legal, para acentuar que "no mundo do homem primitivo não existe tal coisa como um indivíduo no nosso sentido legal […]. A concepção individualista de Direito como assunto que interesse o indivíduo isolado e não o indivíduo como membro da sociedade foi estabelecida em sua forma extrema pelo Direito Privado da civilização moderna". Daí a precariedade, do ponto de vista científico, de quase todo o Direito comparado, desenvolvido extrassociologicamente e sob a presunção das formas primitivas de Direito poderem ser traçadas por meio de pura dedução: de que existe semelhança de formas e normas legais em todas as culturas; de que o indivíduo sempre existiu como unidade legal. São conceitos válidos – comenta ainda o professor Lips – para os povos altamente civilizados e para tribos de agricultura avançada;[79] mas não para outras comunidades e culturas. E com o professor Lips estão de acordo Boas[80] e Malinowski[81] em que as definições rígidas de nossas instituições modernas, sejam elas principalmente jurídicas ou políticas, principalmente religiosas ou econômicas, não podem ser usadas senão

---

[77] "[…] *to bring the study of exotic law into the field of consideration in comparative law*", foi uma das resoluções do Congresso Internacional de Direito Comparado, Haia, 1932 (*Tulane Law Review*, v. 7, 1932, p. 50).

[78] LIPS, J. E. Government, in: *General Anthropology* (op. cit., p. 488, cap. X).

[79] LIPS, op. cit., p. 489; *The Individual in East and West* (organizado por Ernest Richard Hughes, London, 1937); ALLPORT, F. *Institutional Behavior: essays toward a reinterpreting of contemporary of social organization*, Chapel Hill, 1933.

[80] BOAS, F. *The mind of primitive man*, New York, 1921, cap. VIII.

[81] B. Malinowski, Introdução à obra de HOGBIN, H. J. *Law and order in Polynesia*: a study of primitive legal institutions, London, 1934. Sobre o assunto, veja-se também, de Malinowski, *Crime and custom in savage society* (London, 1926).

através de equivalentes. As definições rígidas têm que sofrer restrições. Restrições impostas pelo tempo e restrições impostas pelo espaço físico e social.

Entre nós, foi o critério defendido do ponto de vista da Antropologia aplicada e do Direito Penal pelo professor da Faculdade de Medicina da Bahia Nina Rodrigues[82] que, sob esse aspecto, teve seu melhor continuador não num jurista nem mesmo num médico legista mas num psiquiatra social, o professor Ulisses Pernambucano. Esse conseguiu durante alguns anos garantir liberdade de expressão às chamadas "seitas" ou "religiões" africanas de negros ou descendentes de negros, de Pernambuco, antes e depois dele, Ulisses Pernambucano, perseguidas brutalmente pela polícia do Estado sob o pretexto, ou pelo motivo, de ofenderem estilos legais literalmente europeus, seguidos com maior facilidade noutras esferas ou espaços sociais da população. José Veríssimo surpreendeu situação idêntica na Amazônia:[83] uma população à qual parecia-lhe injusta e impossível a imposição de normas jurídicas europeias em sua pureza absoluta. E nós próprio nos referimos recentemente a diferenças regionais de comportamento na gente brasileira, às quais correspondem diferenças na conduta ou no comportamento tido por criminoso, de modo absoluto, pelos juristas que fazem jurisprudência *in vacuo*.[84]

O professor Horwath nos parece ter posto o assunto em pratos limpos ao reconhecer que o Direito depende da vida social. E ao salientar que a investigação dessa dependência é o objeto da Sociologia que chama jurídica, isto é, do Direito.[85] Ou da Sociologia da vida política. Em qualquer caso, da Sociologia em sua fronteira com o Direito e com a Ciência Política.

O estudo abstrato e estético, ou apenas tecnicamente jurídico, das doutrinas jurídicas do Estado é que cabe principalmente às *Staatswissenschaften*. Aí podem expandir-se os pendores ideológicos daqueles que procuram desenvolver, aperfeiçoar e justificar teorias de fusão do *Estado* com o *Direito* – esquecida a comunidade ou a cultura – e desenvolver métodos e técnicas de regulamentação da vida social que como tal – e não como estudo rigoroso ou principalmente científico – interessam ao psicólogo social, ao economista e ao sociólogo, do mesmo modo que lhes interessam os métodos e técnicas

---

[82] RODRIGUES, R. N. Ilusões da catequese no Brasil, *Revista Brasileira*, Rio de Janeiro, 15 de março de 1897. Já então destacava o antropólogo maranhense que entre "os instintos da população [brasileira] e a essência das leis que observamos há, na quadra que atravessamos, uma desproporção real, profunda, irremediável [...]. A lei do casamento civil só na alta sociedade é observada". Veja-se também de Nina Rodrigues, *As raças humanas e a responsabilidade penal no Brasil* (Bahia, 1894).

[83] VERÍSSIMO, J. *Cenas da vida amazônica com um estudo sobre as populações indígenas e mestiças da Amazônia*, Lisboa, 1887. Critica aí Veríssimo, à p. 374, a "estúpida lei brasileira, gerada da concepção falsíssima do velho espírito jurídico [...] tratando, segundo sua maneira absoluta, todos os fenômenos sociais como se fossem um só [...]".

[84] FREYRE, G. *Problemas brasileiros de Antropologia*, Rio e Janeiro, 1943, p. 165-72.

[85] Horwath apud KRALYEVITCH, op. cit., parte II, cap. I, p. 249.

de regulamentação da vida social desenvolvidos, ora em acordo, ora em desacordo com as do Estado, pelas religiões organizadas em igrejas.

Ainda que Montesquieu tenha pretendido, no seu estudo clássico sobre o "espírito das leis", haver fixado uniformidades sob a variedade das formas do Direito[86] – que seriam, afinal, uniformidades sociológicas – e a escola histórica de Savigny e a de Ihering tenham desenvolvido com rigor germânico, mas sem critério ecológico ou antropológico-social, o estudo das instituições principalmente jurídicas, procurando descobrir por dedução as condições primitivas do Direito, a pretendida sistematização em ciências, tanto da "ciência política" como da "jurídica", apresenta-se ainda difícil de ser aceita pelo cientista social ou cultural. Reduzida a parte desses estudos suscetível de tratamento científico a sociologias especiais – sociologia da vida política, sociologia jurídica ou do Direito, sociologia do crime – não lhes resta senão a parte técnica, filosófica e ética. O próprio conteúdo do Direito é apresentado pelos cultores mais avançados dessas novas sociologias especiais ou pelos juristas mais em simpatia com elas – F. Oppenheimer em *Der Staat*, o professor Adolf Menzel em sua *Griechische Soziologie*, Ehrlich em seus *Grundlegung der Soziologie des Rechts*, Max Weber em seu *Wirtschaft und Gesellschaft*, Georges Gurvitch em *Sociology of Law*, L. Petraschitzki na Rússia, Henry Maine na Inglaterra, Beard, Roscoe Pound e Oliver Wendel Holmes nos Estados Unidos, Geny na França, Jimenez Asua na Espanha, Clóvis Beviláqua, Gilberto Amado, Pontes de Miranda, Hermes Lima, Nestor Duarte, Pinto Ferreira e outros no Brasil – como condicionado de tal modo pelos fatores sociais – inclusive os econômicos – de modo a constituir matéria de estudo sociológico ou econômico. O professor Menzel recorda, que segundo Platão, a ordem jurídica já aparece definida como serva da classe dominante por alguns sofistas gregos, que teriam assim se antecipado a Marx, Gumplowicz e Oppenheimer.

Entretanto, o chamado Direito Natural ou a noção dele, cujas "origens sociológicas" são estudadas pelo professor René Hubert no seu "Les origines sociologiques de la notion du Droit Naturel" (*Arch. Phil. Droit*, 1934) não está de modo nenhum morto. Seus adeptos pretendem que ele flua da razão humana. Por muito que se estime o valor histórico-cultural dessa doutrina entendem os sociólogos que ela escapa à competência da Sociologia, embora, do ponto de vista sociológico, deva conceder-se ao Direito natural a validez a que se refere o professor Menzel, isto é, a que decorra de "motivação psicológica" que faça os indivíduos (sociais) submetidos ao Direito (Natural) e convencidos da existência de uma norma, comportarem-se de certa maneira. Desse modo, normas que se supõem deduzidas da razão podem ter na prática efeito psicológico análogo ao da lei positiva e ao do costume. Se se *crê* na existência de normas de Direito

---

[86] SECONDAT, C. L. de (Baron de Montesquieu), *L'esprit des lois*, Paris, 1748.

natural como força obrigatória, observa Menzel que essas normas produzem sobre o que crê o mesmo efeito que o mandato do legislador ou que um preceito de Direito consuetudinário. Voltaremos a este ponto mais adiante para insistirmos na importância sociológica daquilo em que muitos ou alguns creem, independente de ser ou não sua crença realidade biológica, econômica ou histórica. Aqui apenas desejamos salientar as relações da Sociologia com o Direito e com a Ciência Política: com o Direito e a Ciência Política suscetíveis de tratamento científico, no sentido de absorvê-las, reduzidas a sociologias especiais; com o Direito e com a política extracientíficos, como formas de experiência psicossocial semelhantes à religiosa e cujos efeitos não podem ser ignorados pelo sociólogo embora o seu conteúdo escape ao estudo sociológico.

Também se deve ter conta, sob o mesmo critério, a transposição do existencialismo filosófico de Heidegger para o plano jurídico. É a obra realizada por Carl Schmitt, que pretende que o Direito dependa sempre da situação extraordinária em que as necessidades de existência parecem exigir o desprezo pela justiça abstrata e pelo Direito positivo existente. Aliás, o problema inteiro da natureza do Direito como

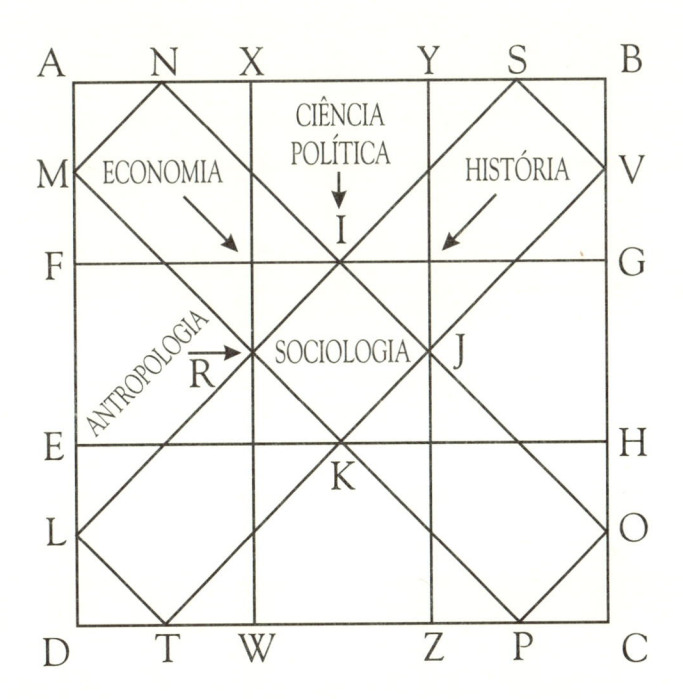

O retângulo ABCD representa todos os possíveis fenômenos sociais. EFGH, os fenômenos sociais estudados pela Antropologia particularmente; MNOP, os estudados pela Economia; XYZW, os estudados pela Ciência Política; SVTL, os estudados pela História. Os fenômenos tendem a transbordar do campo de uma ciência ou estudo social no outro. Cada estudo social, porém, tem seus limites.

(Adaptação do diagrama de F. W. BLACKMAR e J. L. GILLIN, *Outlines of Sociology*, New York, 1917, p. 26.)

processo de controle social é estudado por Paul W. Tappan. Enquanto as relações do desenvolvimento do Direito considerado ou não natural com ideias religiosas são analisadas em trabalhos que se impõem à atenção do sociólogo, como os de Robson e de Ryan e Boland.[87]

Blackmar e o professor Gillin pretendem ilustrar em diagrama, hoje célebre, a penetração de um domínio de estudo social pelo outro, todos se cruzando e interpenetrando no domínio sociológico sem que isso importe em violência à autonomia de território de qualquer deles; nem no império da Sociologia sobre as demais ciências sociais.[88] Cremos, entretanto, que o Direito e a Ciência Política sofrem, como estudos sociais, esse império da Sociologia científica, dada a sua precariedade de condições para se desenvolverem em ciências sociais autônomas. Parece-nos que o seu destino é serem absorvidas como ciências pela Sociologia embora assegurado seu desenvolvimento próprio como artes e técnicas, por um lado, e como filosofias, por outro. Nisto aliás não há desdouro para o Direito nem para a jurisprudência: em se desenvolverem como artes e técnicas ou "disciplinas práticas" necessárias e mesmo essenciais à ordenação da vida social. Kralyevitch recorda de Hauriou – do seu estudo "Les Facultés de Droit et la Sociologie" – palavras que nos parecem refletir a dignidade do Direito como arte: *"Or, le droit est un art [...]. Il ne faut pas s'exagérer l'importance de la science; elle est moins eminente que l'art. Elle nous apprend comme nous vivons, mais c'est de l'art que nous vivons. Or, primum vivere"*. E já G. Rennard dissera: *"Juristes, nous sommes des artistes"*.[89]

---

[87] SCHMITT, C. *Der Begriff des Politischen*, Hamburgo, 1933, p. 18. Sobre a filosofia existencial em geral, representada principalmente por Heidegger e Jaspers, veja-se o interessante livro do Sr. Euríalo Canabrava, *Seis temas do espírito moderno* (São Paulo, s. d., p. 161-218). O livro de C. Schmitt parece ser desconhecido no Brasil. Entretanto, os teóricos do golpe de Estado de 1937 como que chegaram, por derivação, talvez, do *existencialismo* extremo, à noção de "situação extraordinária" como justificativa de desprezo pela "justiça abstrata" e pelo "Direito positivo existente". Sobre o assunto vejam-se também "El Derecho Vital – Incitaciones para una Teoría de lo Social Jurídico", por José Mingarro y San Martin, *Revista Mexicana de Sociología*, v. V, n. 3 e n. 4. Sobre o Direito como processo de controle social, veja-se o estudo do professor TAPPAN, P. W. The nature of law as a process of social control, in: GURVITCH, G. (org.) *Planned economy and law*, New York, 1944. Das relações do Direito com ideias religiosas ocupam-se ROBSON, W. A. *Civilization and the growth of law*, New York, 1935; RYAN, J. A.; BOLAND, F. J. *Catholic principles of politics*, New York, 1940. Vejam-se também o ensaio de VON GIERKE, O. *Natural law and the theory of society*, Cambridge, 1934.

[88] BLACKMAR F. W.; GILLIN, J. L. *Outlines of Sociology*, New York, 1917, p. 26.

[89] KRALYEVITCH, op. cit., p. 209. Note-se que ultimamente, no Brasil, vem se acentuando a influência da Sociologia sobre estudos de Direito, em seus aspectos sociais, inclusive sobre estudos de Direito Rural, como os que vêm sendo realizados pelo Sr. Péricles Madureira de Pinho, para efeitos de aplicação, e sobre estudos de Direito do Trabalho e como os realizados por vários outros juristas, um dos quais o professor Gentil Mendonça, da Faculdade de Direito do Recife.
O perigo dessas aplicações está no cientificismo a que tendem alguns juristas sob a influência de uma Sociologia ou de uma Economia que eles considerem mais "científicas" que a "Ciência Política".
Como exemplos de cientificismo estendido à política internacional, vejam-se não só recentes tentativas de aplicação da chamada geopolítica à política internacional, como, num plano mais elevado, os também recentes ensaios de Hans J. Morgenthal – *In defense of the national interest* (New York, 1951) – e George F. Kennan – *American diplomacy* (Chicago, 1951) – o último dos quais se insurge

contra o que denomina *"the legalistic-moralistic approach to international problems"*. Aos novos aspectos da *"realpolitick"* que se manifesta nesse e noutros ensaios, internacionalistas de igual autoridade opõem reafirmações de critério ético-político, admitindo que *"this may not be "science"*, isto é, *"science"* farpeada de aspas. Entre esses internacionalistas, o professor da Faculdade de Ciências Políticas da Universidade de Colúmbia, Frank Tannenbaum, no seu The American tradition in foreign policy (Norman, 1955), em que submete os "determinismos" políticos, sobre o qual se vem desenvolvendo aquele cientificismo, a inteligente análise crítica. Veja-se também, em ligação com o assunto, o livro coletivo editado pelos professores Karl de Schweinitz, Jr. e Kenneth W. Thompson, com a colaboração do professor Paul K. Hatt, Man and modern society, conflict and choice in the Industrial Era (New York, 1953). E, ainda, o nosso "Slavery, monarchy and modern Brazil", no número de julho, 1955, da revista especializada em assuntos de Direito e Política Internacionais, Foreign Affairs, de Nova York, onde pretendemos sugerir que a política internacional de um Estado nacional é condicionada pela tradição política, quando representada por um sistema de governo estável como tende a ser o monárquico hereditário, e não apenas pelas condições sócioeconômicas e ecológicas do mesmo Estado, por aí se explicando, em parte, pelo menos, que a política internacional do Brasil venha sendo, por influência da Monarquia durante quase um século em vigor na América Portuguesa e continuada na República pelo barão do Rio Branco, uma política de feitio "clássico", em contraste com a "romântica", das Repúblicas bolivarianas da América Espanhola e da própria Argentina.

Sobre o assunto, o professor Afonso Arinos de Melo Franco, na introdução ao seu excelente estudo biográfico ao mesmo tempo que histórico e sociológico, Um estadista da República (Rio de Janeiro, 1955), escreve, à p. XXV, que conversando com o autor desta Sociologia, e comunicando-lhe que o livro de Joaquim Nabuco, Um estadista do Império, lhe parecia "predominantemente clássico", enquanto o seu seria "um livro barroco", nós lhe declaráramos considerar "o Império (no Brasil) [...] clássico e a República, barroca". Contraste que nos parece explicar o fato de a política exterior do Brasil se apresentar predominantemente clássica, mesmo na República – pelo menos através das sobrevivências do sistema Rio Branco: sistema imperial conservado pela República – enquanto a política exterior das Repúblicas bolivarianas se vem apresentando às vezes bizarramente barroca.

Aliás, nos últimos anos, mesmo na ação ou no comportamento diplomático de Estados-nações da Europa, se vêm manifestando tendências no sentido barroco que começaram a caracterizar as atitudes, nesse particular, da Alemanha, desde os dias de Guilherme II: Hitler só viria acentuá-las. O barroquismo na política internacional resultaria do dualismo, admitido por vários internacionalistas modernos e que pretende dar ao Direito Internacional ação restrita ao plano internacional, enquanto os Direitos nacionais se exerceriam em espaços jurídicos nacionais. Esse dualismo ou pluralismo, em oposição à crescente tendência para o monismo jurídico-político, que considera os dois Direitos como um todo; *"an integrated whole"*, escreve o professor Pitman Potter à p. 302 do seu estudo sobre Direito Internacional na obra coletiva Twentieth Century Political Thought, organizada pelo professor Joseph S. Roucek e publicada em Nova York em 1946. Liga-se ao conflito entre as duas tendências o debate que vem se travando recentemente entre os juristas e internacionalistas da Organização das Nações Unidas, em Genebra, em torno do problema de soberania nacional sobre águas oceânicas, debate em que se tem salientado pela lucidez das suas sugestões o professor Gilberto Amado, do Brasil. Sobre o conflito entre as duas tendências, a monista e a pluralista ou dualista, a respeito das relações entre o Direito Internacional e o Direito ou os Direitos nacionais, ora em fase de exacerbação romântica ou – segundo sugestão nossa – barroca, leiam-se os estudos The Law of Nations (New York, 1938), do professor H. W. Briggs, W. R. Sharp e G. Kirk, Contemporary international politics (New York, 1940), H. Lanterpacht, The function of law in the international community (Oxford, 1933). O assunto se liga de modo intenso ao desenvolvimento de comunicações em seus aspectos técnicos e em suas consequências de ordem sociológica, que tornam precárias, aliás, várias das pretensões dos chamados geopolíticos alemães, cujas teorias vêm resumidas no livro Generals and geographers (New York, 1942), de H. W. Weigert, e baseadas na consideração de condições pré-atômicas de relações internacionais. Sobre o conceito, sociologicamente significativo, de "pan-regiões", adotado por alguns geopolíticos alemães, veja-se o livro de Derwent Whittlesey, German strategy of world conquest (New York, 1942), segundo o qual a Alemanha dominaria a pan-região Euráfrica enquanto os Estados Unidos dominariam a pan-América e o Japão, pan-Ásia. Não devem ser confundidas com as pretensões pseudocientíficas dos geopolíticos alemães, as sugestões de outros modernos cientistas sociais, inclusive sociólogos da política, no sentido de concentrações transregionais baseadas não em

11. RELAÇÕES COM OUTRAS CIÊNCIAS

A Sociologia entra em relações com outras ciências, em torno do estudo do homem – ou principalmente do homem – como unidade biossocial e cultural. Dessas outras ciências mencionaremos: a Psiquiatria, a Eugenia, a Neurologia, a Endocrinologia, a Bioquímica, a Eletrofisiologia. E os problemas de nutrição, de metabolismo e de anatomia cerebral não podem deixar de interessar ao sociólogo moderno, dada sua repercussão sobre os problemas eminentemente sociológicos das situações sociais e de cultura.

---

místicas de "terra" e "sangue", mas em afinidades culturais e psíquicas correspondentes a condições ecológicas semelhantes – o meio tropical, por exemplo – e que se definem por amalgamações de regiões em áreas totais aparentemente semelhantes às chamadas panregiões.

Ainda se prende aos conflitos entre as duas tendências no Direito moderno – a monista e a dualista ou pluralista – o problema dos chamados bolsões minoritários, e dos chamados direitos de minorias – direitos a princípio só a liberdade religiosa e a outras expressões culturais, mas que têm se expandido em direitos políticos, como que subnacionais sob a proteção de um Direito Internacional que nesse particular sustentaria liberdades subnacionais contra a soberania nacional. Também com relação a esse problema é justo salientar-se ter um jurista e internacionalista brasileiro, como agora o professor Gilberto Amado com relação ao problema de domínio nacional sobre águas oceânicas, se destacado de modo notável em trabalhos realizados em conferências internacionais: trabalhos que sendo principalmente jurídicos e políticos não deixam de ter importância sociológica. Referimo-nos aos trabalhos do brasileiro Afrânio de Melo Franco que desde a Conferência Internacional do Trabalho de Washington, de 1919, situou "a repulsa dos países de imigração, como o nosso, ao disfarçado propósito das grandes potências, as quais, através de uma suposta fiscalização internacional do trabalho, desejavam no fundo estabelecer em terras da América o reconhecimento de uma espécie de estatuto internacional das minorias", doutrina que viria a expandir na Liga das Nações em 1924, ao sustentar que "a simples coexistência de grupos humanos formando entidades coletivas etnicamente diferenciadas no território e sob a jurisdição de um Estado, não é suficiente para que seja obrigado a reconhecer, nesse Estado, ao lado da maioria da população, uma minoria cuja proteção seja confiada aos cuidados da Liga das Nações". Vejam-se a propósito, além dos comentários ao assunto do professor Afonso Arinos de Melo Franco no seu *Um estadista da República* – t. I, cap. XX, e t. III, cap. XXVII – a obra capital sobre a matéria, *The international guaranties of minority rights* (London, 1932); *The protection of minorities* (London, 1928), por L. P. Mair.

Note-se ainda que foi baseado em princípio idêntico ao que aquele internacionalista brasileiro desenvolveu em seus aspectos político-jurídicos que em nosso ensaio *O mundo que o português criou* (Rio de Janeiro, 1939) e na conferência *Uma cultura ameaçada* (Recife, 1940) procuramos fixar o problema em seus aspectos político-sociológicos, em face das pretensões nazistas de se firmar no Brasil o direito de minoria étnico-cultural – a teuto-brasileira – de constituir-se em quase-Estado nacional oposto ao Estado Nacional brasileiro, que passaria a ser considerado simplesmente luso-brasileiro. Contra as alegações dos teóricos sociológicos desse suposto direito de minoria – um deles o distinto geógrafo professor R. Maack – é que cremos ter mostrado desde aqueles ensaios ser a condição luso-brasileira do Brasil uma condição cultural nacional, à qual não há motivo sociológico ou político-sociológico para ser oposta em pé de igualdade ou sequer de quase-igualdade, nenhuma minoria étnico-cultural em sua fase de transição para tornar-se brasileira, adquirindo os estados ou as formas gerais nacionais de convivência brasileira, que são os de origem principalmente lusitana, embora enriquecendo-os com novos conteúdos não só étnicos como de substância cultural. Cremos que a doutrina político-jurídica Melo Franco e a esboçada por nós, de caráter político-sociológico, se completam, tendo ambas por precursores, antigos publicistas brasileiros que como José Bonifácio, Abreu e Lima, e Sílvio Romero tiveram a intuição do problema, em alguns, pelo menos, dos seus aspectos mais significativos para o desenvolvimento nacional do Brasil.

O interesse do sociólogo de hoje por tantas especialidades não deve ser tomado por diletantismo no mau sentido. Nem por enciclopedismo, de resto impossível nos dias de especialização intensa que atravessamos. A verdade, porém, é que ao sociólogo faz falta, e grande, o contato – de modo nenhum com pretensões a onisciência – com aqueles estudos científicos mais capazes de lhe completarem ou alargarem o conhecimento do homem – ou principalmente do homem – como unidade biossocial e cultural, orientado esse conhecimento pela unificação de princípios que a Filosofia, em geral, e a Filosofia social, em particular, buscam para o conjunto das mesmas ciências especiais; e para as relações entre esse conjunto e cosmos. Pois são muitos os fatores chamados interativos que formam aquela unidade com suas complexas e íntimas inter-relações. Tão íntimas que tornam quase sem sentido os exageros de dicotomia em que se extremaram filósofos e homens de ciência dos fins do século XIX e dos começos do XX. De tais exageros o mais perturbador do desenvolvimento da cooperação entre as ciências interessadas no estudo da referida unidade biossocial e cultural foi talvez o de procurar-se opor simplistamente o indivíduo biológico ao grupo social.

Com relação à Sociologia, em particular, a tendência para a sua unificação em estudo do processo de interação social e das formas de organização social e de cultura, estudo através da pessoa (orgânico-social) e dos processos, situações e instituições por meio das quais ela se realiza e se manifesta, continua a ser principalmente perturbada, a nosso ver – insistamos neste ponto – pelos que pretendem colocar rigidamente a Sociologia, ou entre as ciências naturais, ou entre as chamadas culturais e até morais, fechadas as comunicações de um extremo com outro. Quando o certo parece ser o indefinido da realidade social do ponto de vista de tais categorias. Diante dos chefes de partidos científicos e das facções filosóficas que lhe gritam como reis Canutos que pare e se defina – natureza ou cultura – a realidade social continua inalterável na sua complexidade. Inalterável diante do antagonismo *indivíduo-grupo*. Inalterável diante do antagonismo *natureza-cultura*.

Temos que aceitá-la complexa e dinâmica como é. Não será ela que se simplificará ou se tornará estática para comodidade dos que escrevem compêndios, tratados, sistemas, manuais; ou dos que têm de prestar exames ou concursos no fim do ano ou no princípio dos cursos acadêmicos. Nem ela que se deixará partir em metades antagônicas para que fiquem satisfeitos naturalistas e culturalistas, tardistas e durkheimistas, universalistas e regionalistas. Daí nos parecer que a dificuldade do problema é melhor dominada pelos que, como Freyer, Simmel e o professor Hans e até certo ponto os *existencialistas*, veem nos fenômenos sociais função de numerosos variáveis e no presente, um tanto à maneira hegeliana, não "a Ideia que se desenvolve" mas a Vida mesma, a expressão filosófica de um ponto de vista histórico, genético, funcional. Daí considerar

Freyer a Sociologia, ciência não do espírito, nem da natureza, mas da realidade: da "realidade de nossa vida". Critério de que o nosso se aproxima e ao qual se antecipou nossa aplicação da Sociologia à História.

12. RELAÇÕES COM A RELIGIÃO E COM A ÉTICA

Veremos em capítulo seguinte que entre as sociologias especiais ou especialíssimas está a sociologia da Religião. Como salienta um especialista no assunto – o sociólogo francês, que foi professor da Universidade de São Paulo, Roger Bastide – o fato religioso é por natureza social: não só os "fenômenos religiosos, mitos e ritos subsistem de algum modo independentemente dos indivíduos" como não há "religião pessoal que seja de todo original".[90] Sob esse critério, é que no Instituto Joaquim Nabuco de Pesquisas

---

[90] BASTIDE, R. *Éléments de Sociologie Religieuse*, Paris, 1935, p. 5. Sobre o assunto, vejam-se também DURKHEIM, E. *Les formes élémentaires de la vie religieuse*, Paris, 1912; LOISY, A. *La religion*, Paris, 1924; BENEDICT, R. Religion, in: *General Anthropology* (op. cit.); WEBER, M. *Gesammelte Aufsätze zur Religions-Soziologie*, Tübingen, 1920-1921, 3v.; DUNKMAN, K. *Lehrbuch der Soziologie und Sozialphilosophie*, Berlim, p. 285-307; EUBANK, E. E. The fields and problems of the Sociology of Religion, in: BERNARD, L. L. (org.) *The fields and methods of Sociology*, New York, 1934, cap. XII; LOWIE, R. *Primitive religion*, New York, 1924; JAMES, E. O. *The social function of religion*, Nashville, 1940; WACH, J. *Sociology of Religion*, Chicago, 1944; RADIN, P. *Primitive religion*, New York, 1937. O professor Eubank critica a expressão "sociologia religiosa", parecendo-lhe a expressão certa: "sociologia da religião". Escreve ele: "*We must protest against such misuse of terms whose adjectives imply that there are several brands of the science of which this is but one. Any science may be relied to any field to which its method and content are appropriate, but in every case is casually the same in character and its nature, does not change when it moves from one field to another [...]. Therefore in speaking of the Sociology of Religion we are simply dealing with Sociology (as defined) applied to the particular field of Religion (as defined)*" (op. cit., p. 164-5).
Aqui nos referimos às relações da Sociologia com a Religião. Em capítulo próximo incluímos a sociologia da Religião na sociologia da cultura. Desde já, porém, manifestamo-nos de acordo com o professor Earle E. Eubank quanto à expressão "sociologia da religião" de preferência à "sociologia religiosa", do mesmo modo que preferimos dizer "sociologia da cultura", "sociologia da Educação", "sociologia do Direito" etc., embora nos pareçam justas as expressões "sociologia biológica", "sociologia ecológica", "sociologia psicológica" e "sociologia genética ou histórica" em que há interpenetração de matéria e de métodos de estudo: o sociológico com o biológico, com o ecológico, com o psicológico, com o genético ou histórico. Nesse ponto, afastamo-nos do professor Eubank, a quem, entretanto, nos antecipamos em dizer, antes de conhecermos seu estudo, na lição inaugural do curso de Sociologia que em 1935 dirigimos na Faculdade de Direito do Recife: "Não há sociologia educacional, e sim sociologia da Educação; nem sociologia jurídica e sim sociologia do Direito; nem sociologia religiosa e sim da Religião". Devemos também dizer que pretendemos ter nos antecipado, no uso da expressão "imperialismo sociológico", ao professor Daniel Essetier (*Philosophies et savants français du XX siècle, V Sociologie*, Paris, 1930, p. 248; a ideia de semelhante imperialismo e talvez a própria expressão vêm, entretanto, de RICHARD, G. Le conflit de la morale et de la Sociologie, *Revue Philosophique*, Paris, 1911). Acreditamos tê-la usado, antes por coincidência com os dois ilustres sociólogos franceses, do que por inspiração direta de qualquer deles.
O estudo sociológico da religião é, ao lado do psicológico, particularmente favorável ao esclarecimento dos fenômenos religiosos em relação com os sociais, esclarecimento que tem sido retardado pelo simplismo e unilateralismo, tanto da parte de teólogos como de cientistas. Em seu livro, o

Sociais vêm sendo realizados os estudos de Sociologia da Religião, do Prof. Renato Campos. Também os do antropólogo Valdemar Valente.

Além do que a religião organizada constrange os que lhe são fiéis ou nascem dentro dela a normas de conduta e a ritos; desenvolve em alguns casos dogmas e castas, cujo desenvolvimento ou conservação envolve processos sociais e é condicionado por tipos de personalidade que, por sua vez, são por ela estimulados. Aquela relativa independência dos fenômenos religiosos, da originalidade individual e esse constrangimento (que pode chegar e tem chegado a formas de dominação teocrática, cujo estudo a sociologia da Religião e a da Política têm de fazer reunidas) se exprimem em processos, formas e recorrências sociais e de cultura: matéria da Sociologia científica. Manifestações de interação e de cultura através de situações sociais suscetíveis de estudo científico.

Desejamos, entretanto, antes de findar este capítulo, dizer que somos daqueles para quem o estudo científico da sociologia da Religião de modo nenhum importa em hostilidade à Religião: a sobrenatural ou a simplesmente ética. São formas da experiência humana diante dos conteúdos absolutos das quais o cientista social, como cientista social, conserva-se, ou procura conservar-se, neutro, sem que seu esforço no sentido dessa neutralidade para efeito de estudo científico de formas, processos e conteúdos importe em hostilidade ou indiferença à Religião, em geral, ou a qualquer religião, em particular.

---

professor Julian Huxley teve ocasião de salientar que "*the so called conflict between science and religion has been a conflict between one aspect of science and one aspect of religion*" (Religions as an objective problem, in: *Man stands alone*, New York; London, 1941). Ainda mais largas foram as conclusões a que chegaram além de Julian Huxley, B. Malinowski, Arthur Eddington, J. S. Haldane e outros cientistas ingleses que juntamente com humanistas e teólogos se manifestaram sobre os problemas das relações da ciência moderna com a religião (*Science and religion: a Symposium*, London, 1931), conclusões resumidas assim por Evelyn Underhill: "*All emphasize the failure of determinism, the growing sense of mystery, the increased humility of the scientific mind*" ("Beautiful Essencies", The Spectator, 30 de maio de 1931). Sobre o assunto vejam-se também A *plea for religion*, de Lawrence Hyde (London, 1931); *Religion and human affairs*, de Clifford Kirkpatrick (New York, 1929); *Religion and the modern world*, de John Herman Randall e John Herman Randall Jr. (New York, 1929); *Theism and humanism*, de A. Balfour (New York, 1915); *Le culte des héros et ses conditions sociales*, de M. Czarnowski (Paris, 1919); *Christianity and social science*, de C. A. Ellwood (New York, 1923); *The idea of a christian society*, de T. S. Eliot (New York, 1940); *God, man, society*, de V. A. Demant (London, 1939); *A catholic looks at his world: an aApproach to christian sociology*, de B. I. Bell (New York, 1936); *Faith and society*, de Maurice B. Reckitt (New York, 1932); *The varieties of religious experience*, de William James (London; New York, 1929); *Religion in various cultures*, de Horace L. Friess e Herbert W. Schneider (New York, 1932); *Religion in essence and manifestation* (trad.), de Gerardus van der Leeuw (London, 1938); *American faith*, de Ernest Sutherland Bates (New York, 1940); *The interpretation of religion*, de John Baillie (New York, 1933); *L'étude comparée des religions*, de Henri Pinard de la Boullaye (Paris, 1922); *Liturgy and society*, de Arthur Gabriel Hebert (London, 1935); *The church, catholic and protestant*, de William Adams Brown (New York; London, 1935); *Rasse und Religion*, de Christel Mathias Schroeder (Munch, 1937); *The martyr: a study in social control*, de Donald Wayne Riddle (Chicago, 1931); *Histoire littéraire du sentiment religieux en France*, de Henri Bremond (Paris, 1924); *La religion des tupinamba et ses rapports avec celle des autres tribus tupi-guarani*, de Alfred Métraux (Paris, 1928) e *The religious situation*, de Paul Tillich (New York, 1932).

As duas formas de experiência – a científica e a religiosa – podem completar-se no homem conciliando-se através da Filosofia; e dessa conciliação a Filosofia social pode participar ativamente. A cientifização da Sociologia não importa em negação pelo sociólogo da validade do conteúdo da experiência religiosa, à parte da experimentação ou do estudo científico de suas formas, dos seus processos e dos conteúdos relativos.

O próprio processo de conversão deixa às vezes de ser puramente místico ou mesmo individualmente psicológico para tornar-se também sociológico: subordinação, acomodação, assimilação, diferenciação, imitação. Quando Pascal nos aconselha a praticar o catolicismo, que com a prática dos ritos pode vir, ou vem, a fé, mostra-se apercebido da força dos processos sociais sobre o interior do indivíduo social. Mais do que isso: revela-se um precursor daquela "lei de assimilação cultural" há pouco destacada pelo professor Roger Bastide no seu estudo sobre *A poesia afro-brasileira*,[91] segundo a qual a assimilação processa-se do exterior (comportamento material, atitudes) para o interior (transformação da mentalidade). E de um grande convertido brasileiro, Joaquim Nabuco, é a confissão de que o seu "regresso para a multidão católica" – segundo palavras de sua própria filha, Carolina Nabuco[92] – não foi "por tendências místicas, mas por horror do isolamento, pelo sentido da vida ameaçada". Nas palavras mesmas do convertido citadas pela filha: "A morte poderia chegar no correr da noite e eu tinha medo de continuar a dormir fora do rebanho [...]".[93] Uma conversão eminentemente sociológica. É ainda a Sr.ª Carolina Nabuco quem nos dá, sem querer, informações de interesse sociológico sobre o modo pascaliano por que seu Pai regressou à multidão católica: "[...] começou a assistir à missa cantada das dez horas como um observador leigo e poético [...]". Adquiriu "o hábito de preferir nos domingos a missa solene, o sacrifício sagrado em toda a extensão do cerimonial simbólico [...]". O catolicismo apelava "para o que havia em seu temperamento de respeito pela tradição aceita, pelas tendências gerais".[94] E através

---

[91] BASTIDE, R. *A poesia afro-brasileira*, São Paulo, s. d., p. 149.

[92] NABUCO, C. *A vida de Joaquim Nabuco*, 3.ed., Rio de Janeiro, s. d., II, p. 62.

[93] Ibidem, II, p. 62.

[94] Ibidem, II, p. 62. Sobre a Sociologia da conversão e da vida religiosa oferece-nos material interessante o estudo de BURR, A. R. *Religious confessions and confessants*, Boston; New York, 1914. Vê-se pela análise de Rousseau que aí se faz que também o grande intelectual francês (cujas *Confissões* – notemos de passagem – poderiam ter-se intitulado, não *Minha formação*, como as de Nabuco, mas *Minha deformação*) reconheceu-se produto de forças "sociológicas" em conflito com um indivíduo social atípico: "He knew that he was neurotic and saw what early conditions had caused the neurosis" (p. 125). Do ponto de vista sociológico por que podem ser encaradas as conversões ou as revoltas de caráter religioso ou em parte, religioso ou místico – integração, reintegração, ou diferenciação social do indivíduo (social) em relação com o grupo – oferecem também interesse, dentre outros, os seguintes depoimentos: diários, testamentos, ou confissões de Santo Agostinho, São Boaventura, Amiel, Uriel da Costa, Pascal, *Lord* Byron, John Bunyan, Benvenuto Cellini, Jonathan Edwards, Emerson, São Jerônimo, cardeal Newman, Santo Inácio de Loyola, Nietzsche, Novalis, Oscar Wilde, Trotsky, Santa Teresa de Ávila, Tolstói, André Gide, John Wesley, Jacques Rivière, Jules Renard, Katherine Mansfield, Havelock Ellis, H. G. Wells, Paulo Setúbal. Ainda

sobre a psicossociologia da conversão, vejam-se: ALLIER, R. *La psychologie de la conversion chez les peuples non-civilisés*, Paris, 1925; BRADEN, C. S. *Religious aspect of the conquest of Mexico*, Durham, N. C., 1930; DUBOIS H. et al. *Autour du problème de l'adaptation*, Louvain, 19331; HERNANDEZ, P. *Organización social de las doctrinas guaranies de la Compañia de Jesus*, Barcelona, 1913; MAZÉ P. B. et al. *Les conversions*, Louvain, 1930; NOCK, A. D. *Conversion*, London; New York, 1933; WHITEHEAD, A. N. *Religion in the making*, New York, 1930; HOBAN, J. H. *The thomistic conception of person and some of its social implications*, Washington, 1939.

Dos estudos relativos ao tema, leia-se ainda a *Histoire du protestantisme* (Paris, 1950), do professor Emile G. Léonard, que vem também estudando do ponto de vista histórico-sociológico aspectos do protestantismo no Brasil, em trabalhos como *L'illuminisme dans un protestantisme de constitution récente (Brésil)* (Paris, 1953). Sobre aspectos do mesmo assunto – protestantismo no Brasil – prepara interessante trabalho do ponto de vista psicossociológico, e na parte psiquiátrico-social orientado por um mestre na matéria como é o professor Gonçalves Fernandes, o pesquisador Renato Carneiro Campos, do Instituto Joaquim Nabuco de Pesquisas Sociais. Continua a fazer falta aos estudos histórico-sociológicos no Brasil um bom trabalho sobre a personalidade e as atividades religiosas do padre Ibiapina e do seu sistema regional de "casas de caridade".

Para quem se dedique ao estudo da sociologia da religião, um dos aspectos mais interessantes de reação antipaternalista que há cerca de meio século se vem acentuando no Brasil – nos meios urbanos de maior pauperização de vida e também nos rurais: naqueles em que tem sido maior a desintegração do sistema patriarcal sob o impacto das usinas de feitio patronal-comercial ou, como dizem alguns sociólogos modernos, "contratual" – é o desenvolvimento de várias formas de protestantismo e espiritismo evangélico ou fraternalista. É assunto sobre o qual escasseiam estudos sociológicos e psicossociológicos: mas assunto digno da nossa maior atenção. Um dos auxiliares de pesquisa do Instituto Joaquim Nabuco de Pesquisas Sociais, o Sr. Renato Carneiro Campos, está empenhado em analisá-lo sob a forma do que vem ocorrendo em subáreas rurais brasileiras, das mais coloridas por influências protestantes. Em algumas dessas subáreas já se pode falar em sucessão ecológica de católicos por protestantes – ou espiritistas evangélicos – havendo assim base para conclusões quanto ao que tais influências vêm representando para a população, a cultura, a convivência, a economia e o *"ethos"* da subárea; as relações entre trabalhadores e proprietários agrários; a substituição de atitudes com tendência ou à subordinação quase filial de operários a patrões, ou à rebeldia violenta daqueles contra estes, por novas atitudes da parte de conjuntos fraternalistas para com o patrão tratado como simples superior econômico. Contra aquela subordinação, da parte de trabalhadores em face de proprietários – até onde vem se mostrando válida a substituição do antigo paternalismo encarnado em figuras concretas de senhores, que eram também patronos de santos ou santas locais com eles identificados, por um paternalismo apenas abstrato como o representado pelo "Deus o Pai", da sociologia protestante de relações dos homens com o sobrenatural? É uma sociologia em que se junta a Deus o Pai o igualmente abstrato Cristo simbolicamente "capitão de almas", "senhor das vidas", orientador de relações fraternais e até igualitárias entre os homens, desde que todos seriam iguais perante Deus e todos igualmente suscetíveis de redenção pelo sangue do mesmo Cristo Salvador.

Nos meios urbanos brasileiros vem se fazendo sentir, nos últimos decênios em sentido às vezes fraternalista, entre as populações mais pauperizadas, a ação do comunismo marxista. Mas com frequentes apelos à propaganda de muitos paternalistas como a extrema idealização da figura do "marechal Stalin" e da do "capitão Prestes": muitos paternalistas que podem ser considerados quase de todo ausentes da propaganda protestante, muito mais coerentemente fraternalista. Também mitos paternalistas parecem ocorrer com significativa constância entre adeptos das seitas afrobrasileiras cujos centros ecológicos parecem ser hoje nos grandes complexos sub-regionais brasileiros urbanos e não rurais, e dentro dos centros urbanos em subáreas nitidamente diferenciadas das demais subáreas urbanas: tendência que esperamos ver um dia analisada e explicada pelo consagrado especialista no assunto que é o professor René Ribeiro, chefe do Departamento de Antropologia do Instituto Joaquim Nabuco de Pesquisas Sociais. Conhecemos na intimidade antigo babalorixá do Fundão, o famoso Pai Adão, cuja biografia pretendíamos escrever com intenções sociológicas, quando a morte inesperadamente o levou. Nascido no Brasil, estudara para o sacerdócio de sua seita na África, falava nagô e deliciava-se com as revistas africanas que lhe mostrávamos, sem que, entretanto, esse seu africanismo prejudicasse o seu brasileirismo: era tão brasileiro quanto quem mais o fosse. E o mais curioso em sua personalidade era o feitio autoritário, paternal, patriarcal de chefe religioso desdobrado em chefe como que de tribo: de toda uma parte numerosa de população recifense, principalmente do Fundão, que não tomava iniciativas em plano algum – nem econômico, nem político, nem doméstico – sem antes o ouvir tão filialmente que para ouvi-lo não só lhe tomavam a bênção como se ajoelhavam a seus pés. Poderia esse babalorixá ter sido dentro dos seus limites um Rasputine ou um Antônio Conselheiro de subúrbio: se deu outro sentido ao seu paternalismo é que nele se juntava ao ortodoxo de sua seita, que era, em assuntos de liturgia e o ritual religiosos, o africano aculturado em brasileiro, que se sentia substituto de pais que faltavam a numerosos elementos da população recifense: pais quanto a assuntos de vida cotidiana e não apenas quanto a relações com o sobrenatural. Ninguém mais efetivamente pai sociológico, nestes últimos decênios do Recife, do que o preto meio gigante, afidalgado, hospitaleiro, autoritário sem rispidez, cuja mesa de jantar lembrava a das casas grandes dos engenhos patriarcais e cujos gastos eram também os de um senhor pernambucano de tipo mais nobre que ele assimilara numa substituição que nada tinha de ridículo nem de grotesco.

É também digno de estudo sociológico, sob o mesmo critério, o contato do judaísmo ortodoxo com o meio brasileiro e as alterações que vem sofrendo nesse contato. Do assunto vêm se ocupando, em pesquisas preliminares, dois pesquisadores, Srs. Vamireh Chacon e Marco Aurélio de Alcântara, também associados ao Instituto Joaquim Nabuco de Pesquisas Sociais do Recife. O problema deve ser também estudado no Rio, em São Paulo e em Belém do Pará: esta última cidade reduto ainda considerável, ao que parece, de sefardins.

São investigações, essas, que podem ser realizadas, em parte, pelo menos, sociometricamente, segundo a técnica desenvolvida pelo professor J. L. Moreno, desde que têm por objeto a análise e interpretação de pequenos grupos chamados "átomos sociais" em suas relações dramáticas com outros grupos ou com sociedades globais. Sociólogos como o professor Moreno e o professor Georges Gurvitch atribuem hoje grande importância a essa microssociologia, aliás já esboçada em trabalhos brasileiros. Do estudo sistemático de "átomos sociais" que vem causando fecunda cooperação de sociólogos europeus com sociólogos americanos, o crítico Alexandre Vexliard acaba de dar lúcido resumo, com a nitidez de que os críticos franceses são mestres, em *Combat* (Paris), de 8 e 9 de julho de 1955, sob o título "La sociométrie ou la révolution des petits groupes", resumo do qual são os seguintes trechos: "*Les désirs et les aspirations des individus, s'expriment dans le cadre de ces unites de la microsociologie. C'est là que se manifestent les attractions et les répulsions inter-individuelles. Le test sociométrique consiste essentiellement à établir le diagramme des attractions et répulsions de ce genre, des choix et des rejets individuels. A l'intérieur des atomes sociaux, chaque individu possède un statut et y joue un rôle déterminé. Les malaises aussi bien d'ordre individuel que social, proviennent essentiellement de ce que les status de certains individus, sont incompatibles avec leurs désirs. Ces Discordances conduisent à l'établissement de nouvelles relations réciproques, elles font naître de nouvelles situations sociales et conduisent à de nouveaux modes d'attractions et de répulsions. L'issue de ces conflits peut être la migration partielle et à la limite, on verra s'établir une situation 'révolutionnaire' tendant vers une transformation radicale et violente du groupe, par une modification profonde des rapports existants entre ses membres.*

J. L. Moreno *propose une théorie de la révolution sociale expérimentale qui, tentée au niveau des petits groupes conduirait à une transformation de la société humaine dans son ensemble selon les principes sociométriques.*

L'auteur pense que les grandes révolutions réussies du passé se sont déroulées d'une façon plus ou moins inconsciente pour leurs auteurs dans le cadre des atomes sociaux. Il est possible, dit-il, de tracer des diagrammes sociométriques d'attractions et de répulsions interpersonnelles et de directions de forces qui s'entrecroisaient entre les personnages impliqués par exemple, dans les débuts de la révolution chrétienne. Il ne serait de même des révolutions, américaine, française ou russe".

E quanto à sociometria como Sociologia reformadora das relações entre pessoas e entre pequenos grupos:

"*Dans sa première phase, l'individu est invité à s'exprimer, soit seul, soit en groupe, en choisissant son rôle ainsi que ses répliques, comme dans une sorte de 'commedia dell'arte'. Au cours de cette phase de catharsis, il se libère de ses conflits intimes, de ses difficultés intérieures. En se livrant, il se donne le moyen de résoudre son conflit en même temps que de réaliser sa personnalité, dans ce qu'elle a de caché, de secret, d'inexprimé.*

Dans la seconde phase, il doit agir 'en situation', c'est-à-dire trouver des solutions à des conflits extérieurs, 'dramatiques', dont les difficultés et les niveaux d'intégration vont en croissant."

da sociabilidade e da prática de ritos seguidos por numerosos outros contemporâneos e antepassados, Joaquim Nabuco voltou à fé há longo tempo perdida.

Os sociólogos que negam a validade da experiência religiosa como tal estão no seu direito; mas sem que sejam por isto os sociologicamente ortodoxos; ou os verdadeiramente científicos. Os ortodoxamente sociológicos ou verdadeiramente científicos podem ser, como homens, pessoas profundamente religiosas: o caso de Paul Bureau. Como cientistas é que não é da conta deles entrar na consideração dos conteúdos religiosos absolutos das formas sociais que estudem. Nem das religiosas nem das políticas, nem das jurídicas nem das artísticas.

Quanto à Ética considerada à parte da Religião, com ela as relações científicas da Sociologia são igualmente de interesse por aquelas suas exteriorizações suscetíveis de estudo científico; e não de tentativa de domínio – o domínio da Ética pela Sociologia – segundo a pretensão de alguns sociólogos do século XIX e mesmo do XX, principalmente franceses. Trata-se de uma tradição na Sociologia tal como vem sendo cultivada na França, desde A. Comte e do próprio Saint-Simon; mas que dentro da própria França tem encontrado opositores vigorosos. Emile Durkheim ocupou-se do assunto em seu estudo *La détermination du fait moral* e depois no seu *Education morale* onde se defende o critério de ser possível desenvolver um sistema ético ou moral, secular, puramente racionalista. Em vez de orientada pela "consciência", a educação moral obedeceria à "sociedade" e se realizaria através de meios puramente racionais e sociológicos. Critério semelhante seria desenvolvido por Lévy-Bruhl no seu *La morale et la science des moeurs*, enquanto outro discípulo de Durkheim, Albert Bayet, procuraria levantar ao lado da Sociologia uma ciência arbitrariamente denominada "etologia", que estudaria os "fatos morais" independente de qualquer tendência normativa que pudesse perturbar seu esclarecimento científico.

Os extremos de racionalismo dentro e à margem da Sociologia preocupada com problemas de conduta, apresentados por Lapie, Loisy e outros, acabariam provocando na França e noutros países reação no sentido irracionalista, representada pela obra de Jules de Gautier – principalmente pelo seu ensaio *La sensibilité metaphysique* – e pela obra extraordinária de Henri Bergson. O bergsonianismo se juntaria ao pragmatismo, desenvolvido nos Estados Unidos por um homem de gênio, William James, para constituir poderosa resistência àquela filosofia estreitamente racionalista que aqui nos interessa apenas sob o aspecto de sua influência na Sociologia e nas relações desta com os problemas de religião e de ética. Influência quase toda no sentido de desviar sociólogos do estudo científico – até onde esse estudo é possível – das manifestações religiosas e éticas para atirá-los a aventuras extrassociológicas, com a aparência apenas de sociológicas, de cientifização da Ética e de suposta explicação dos conteúdos absolutos das expressões sociais de religião em termos não tanto sociológicos quanto psicológicos e filosóficos.

Do ponto de vista bergsoniano-católico e católico-neotomista as tendências de alguns sociólogos para fazerem da Ética puro domínio psicológico-social ou sociológico, através do racionalismo filosófico ou a serviço deste, têm sido criticadas com vigor em obras como a de monsenhor Deploige, *Le conflit de la morale et de la Sociologie*, a de M. R. P. Gillet, *La morale et les morales*, a de Paul Bureau, *La crise morale des temps nouveaux*. É claro que a esta altura o conflito torna-se também político. Além do que os fundamentos da argumentação católica são não apenas extrassociológicos como extrafilosóficos: místicos e teológicos.

Aqui apenas pretendemos salientar o fato de que as relações da Sociologia com a Ética, como com a Religião, limitam-se à parte científica, encontrando-se também em zonas filosóficas e históricas de interesse comum. Os conteúdos absolutos dos sistemas religiosos e éticos escapam, porém, à competência da análise ou explicação sociológica.

SOCIOLOGIAS E SOCIOLOGIA

III. SOCIOLOGIAS ESPECIAIS

1. SOCIOLOGIA E SOCIOLOGIA

Chegados ao meio deste ensaio, podemos falar das *sociologias* – as sociologias especiais – como companheiras mais novas, porém, sob alguns aspectos, cientificamente mais maduras do que a *Sociologia* – a geral, a sintética ou a pura – sem parecer que procuramos diminuir a última – a clássica – para exaltar as primeiras: em certo sentido, as românticas. Pois o romantismo compreendido como revolta contra o geral e a favor do particular, em sua influência sobre os estudos da vida social e da atividade cultural do homem, teve isso de comum com o historismo: dividiu-os, quebrando a grandiosidade imperial de objeto ou de domínio de estudo pretendida por algumas das ciências sociais, inclusive pela Sociologia. À Sociologia antecipara-se a Economia nessa espécie de imperialismo. Mas nenhuma ciência social foi até hoje mais longe em suas pretensões imperiais que a sociologia de A. Comte.

Procuramos, nestas páginas, fugir, quanto possível, ao simplismo dos que, ainda hoje, se consideram sociólogos puros – que seriam os cultores da Sociologia geral – com a superioridade de sacerdotes de um culto de que os cultores da indistintamente denominada "sociologia aplicada" – na verdade, em grande número de casos, as sociologias especiais e não apenas a engenharia, a arte ou o serviço social – seriam uma espécie de irmãos leigos, em contato mais com o mercado, com o foro e com o campo do que com o *sanctum sanctorum* da ciência.

Essa superioridade, de fato, não existe. Ao contrário: as obras que na Sociologia do último meio século mais exprimem viço criador ou que ostentam melhores qualidades de permanência são antes as que em rigor se classificariam entre as sociologias especiais. É possível que o tratado de Pareto, inteligente como é como esforço de generalização e sistematização da Sociologia, perca toda a sua mocidade dentro de poucos decênios mais – o que já vai acontecendo à *suma sociológica* que o professor Sorokin pretendeu escrever e aos *Principles of Sociology* de Giddings. Enquanto o trabalho de Sociologia psicológica e, ao mesmo tempo, de cultura, ou antropológica, dos professores Thomas e Znaniecki, *The polish peasant in Europe and America*, publicado em 1927, conserva o mesmo viço de há vinte e tantos anos; e tendo sido nitidamente obra de sociologia especial e, em certo sentido, aplicada, suas contribuições à Sociologia psicológica – que é, para alguns, quase a Sociologia geral – e à lógica e à metodologia gerais da Sociologia, dão-lhe uma importância no desenvolvimento da Sociologia total, da Sociologia geral, da Sociologia sistemática, da Sociologia considerada ciência pura, maior que a dos tratados e sistemas que têm aparecido neste mesmo meio século com a pretensão de estabelecer de vez a Sociologia como ciência geral ou como ciência pura, com maior ou menor desprezo pelas manifestações de sociologia aplicada ou de sociologia especial.

O mesmo contraste poderia estabelecer-se entre o *Social mobility* (Sociologia geral, pura, sistemática). No caso dos maiores sociólogos gerais de hoje – que são talvez os alemães, bastando recordar Max e Alfred Weber, Werner Sombart, Tönnies, Georg Simmel, o professor von Wiese – o esforço de construir sociologia geral se completa pelo de fazer sociologia especial que em Max Weber, principalmente, se exprimiu em duas obras notáveis, uma de sociologia da Economia, outra de sociologia da Religião. Dos mestres de sociologia norte-americana nenhum excede, em nossos dias, ao professor Park em autoridade; e o professor Park é outro cujas contribuições à Sociologia geral se têm feito principalmente através de obras de sociologia especial (sociologia da região ou da vida urbana e sociologia do contato entre "raças"). O mesmo poderá dizer-se do mestre francês René Maunier,[1] do mestre indiano Mukerjee, dos mestres britânicos Patrick Geddes[2] e Sidney e Beatrice Webb,[3] dos mestres brasileiros Roquette-Pinto, Oliveira Viana, Artur Ramos, Fernando de Azevedo, Pontes de Miranda – com estudos de Sociologia psicológica, da cultura, biológica, histórica, ecológica, do Direito, que importam em contribuições nada desprezíveis para o desenvolvimento da Sociologia geral. A esses estudos se vêm juntando nos últimos anos, com o mesmo caráter de Sociologia especial ou aplicada, ou nas fronteiras desta com a Antropologia ou a História social, trabalhos dos professores Florestan Fernandes, Antonio Candido, Tales de Azevedo, Emílio Willems, Eduardo Galvão, Lopes de Andrade, René Ribeiro, Diegues Júnior, Guerreiro Ramos, Almir de Andrade, alguns dos quais também capazes de contribuir para o desenvolvimento da Sociologia geral.

Aceito como objeto da Sociologia o estudo das formas e situações de convivência e dos processos pelos quais essas operam e aquelas se realizam, organizando-se e desorganizando-se constantemente através de pessoas, personalidades e grupos múltiplos, diferentes em seus motivos e funções e em suas condições de extensão (espacialidade) e de desenvolvimento (temporalidade), vê-se que a Sociologia assim compreendida não só admite como exige, ao lado do esforço no sentido da generalização ou da síntese, o esforço no sentido da análise especializada e mesmo particularizada e sob pontos de vista vários. Pontos de vista vários cuja diversidade não importe em sacrifício nenhum para a unidade. Como que se repete aqui o fenômeno de unidade

---

[1] Referimo-nos principalmente à sua *Sociologic coloniale, introduction à l'étude du contact des races* (Paris, 1932-1936, 2 v.). O 2º volume tem por subtítulo *Psychologie des expansions*.

[2] Referimo-nos principalmente à sua obra *Cities in evolution* (London, 1915).

[3] Referimo-nos principalmente a *Industrial democracy*, London, 1897.

e de diversidade do culto da Virgem na religião católica: sendo uma só, a Virgem é também múltipla, conforme necessidades e interesses dos devotos – Nossa Senhora dos Navegantes, Nossa Senhora do Rosário, Nossa Senhora do Bom Parto. É certo que na Espanha os devotos de uma Nossa Senhora às vezes agridem os devotos de outra, esquecidos de serem todas as nossas senhoras a mesma e uma só. Podem ocorrer e têm ocorrido excessos semelhantes de especialismo dentro da Sociologia. Há devotos da Sociologia psicológica que não compreendem outra; e são capazes de agredir os da histórica quando muito salientes. A tendência, porém, é no sentido da variedade antes favorecer que prejudicar a unidade de um estudo por natureza complexo, como todo estudo do Homem.

Daí compreender-se que venha se acentuando o aparecimento dessas sociologias especiais, sendo recentes e já valiosas uma Sociologia da Literatura ao lado da Sociologia da Arte, uma Sociologia do Lazer ao lado da do Desenvolvimento e esboçando-se já uma Sociologia do Tempo – segundo o Prof. Roger Bastide sugerida pelo que se encontra em obras de sociólogo brasileiro, uma delas, *Ordem e progresso* – e uma Sociologia do Cotidiano, segundo o Prof. George Balandier, implícita em sugestões do mesmo sociólogo brasileiro, que também vem contribuindo para a possível constituição de uma Sociologia de Futuros (Sociais) possíveis. Isto sem nos referirmos a microssociologias também valiosas, como a que no Brasil já foi denominada pelo seu sistematizador de "Microssociologia dos anúncios de jornais".

2. SOCIOLOGIA BIOLÓGICA

a) O organismo como condição de comportamento social

O professor Stockard inicia seu estudo *The physical basis of personality*, falando na "personalidade" não só dos animais como das coisas.[4] É que há uma "personalidade" até para as coisas, dependente de sua composição química sob as condições físicas de sua existência. Nesse esboço de personalidade, nessa dependência de cada coisa de sua composição química e de suas condições físicas de existência – composição e condições nem sempre as mesmas – como que se antecipa a personalidade humana considerada sociologicamente, que só se realiza integralmente quando o indivíduo deixa de ser não só simples coisa como mero indivíduo biológico, para adquirir *status*, sob condições não apenas físicas porém sociais e culturais de existência; e essas condições ainda mais mutáveis que as físicas e químicas. Quando o indivíduo torna-se personalidade, isto é, um conjunto biossocial de heranças, característicos

---
[4], C, R. *The physical basis of personality*, London, 1931, p. 21.

e situações que vão se harmonizando e alterando pelo tempo adentro, torna-se não entidade completamente à parte do todo biossocial – embora cada personalidade seja sob vários aspectos única – mas expressão de condições especiais de espaço e tempo comuns a várias outras personalidades e de condições gerais, universais, de vida humana.

Voltemos ao professor Stockard. As palavras quase de sociólogo com que ele salienta que a interação entre o indivíduo e o ambiente é contínua, do começo germinal ao fim da vida, pode acrescentar o sociólogo que no estudo dessa interação em que a personalidade é agente e produto ao mesmo tempo, a análise da personalidade como agente é um dos objetos da Sociologia. A interação é contínua e mútua: um modifica e afeta o outro.

Sobre essa constância de interação entre indivíduo e ambiente não só físico e químico como social e cultural, de que emerge para o sociólogo a personalidade, como síntese de heranças, situações e pessoas sociais; sobre essa reciprocidade de influências – agente e produto – e sobre o fato de serem inseparáveis *indivíduo* e *ambiente*, *indivíduo* e *personalidade*, baseia-se aquela sociologia que se especializa em procurar estabelecer correlações entre o organismo ou sistema fisiológico e o comportamento social, dando o máximo de atenção ao organismo ou ao sistema fisiológico como base ou condição de comportamento social. Os sociólogos mais exagerados dessa corrente – os chamados bio-organicistas – vão ao extremo de querer submeter a totalidade de fenômenos sociológicos e de cultura a processos biológicos e a leis naturais. Confundem-se nesse afã com os extremistas *behavioristas* e os sociólogos psicológicos de tendências "instintivistas". Interpretam alguns "a sociedade" como variedade específica do organismo biológico; atribuem à "sociedade humana" como organismo, realidade física e não apenas psicossocial. Para outros "a sociedade" seria "uma unidade viva" no sentido de organismo e não no de organização, que é hoje o conceito predominante de sociedade entre os sociólogos.

b) Reação ao "organicismo"

Na sua fase de expansão no século XIX, a Sociologia tomou da Biologia, então triunfante com Darwin e seus intérpretes, não só a terminologia – organismo, seleção, variação etc. – como a filosofia predominante entre os biólogos: a evolucionista. Paul von Lilienfeld tornou-se um dos intérpretes mais lógicos e exatos da tendência exageradamente biológica em sociologia: a de fazer-se da Sociologia simples extensão da Biologia. É dele o conceito de sociedade como "organismo natural", "[...] continuação da Natureza", "manifestação mais alta das mesmas forças que se encontram à base de todos os fenômenos naturais".⁵ E em latim de herege para a maioria dos sociólogos de hoje: *Sociologus nemo, nisi biologus*. Pois *nihil est in societatequod non prius fuerit in natura*.

Sobre esse latim, hoje quase de herege, repousou, entretanto, por longos anos, a ortodoxia sociológica, embora as discordâncias e os protestos não faltassem contra ela. Até mesmo os protestos extremos: *Não há sociologia!* Gritos em alemão – o de Treitschke, por exemplo – que seriam repetidos em português asperamente zangado pelo nosso Tobias Barreto,⁶ nesse ponto refutado com inteligência e até equilíbrio por

---

⁵ VON LILIENFELD, P. *Gedanken über die Sozialwissenschaft der Zukunft*, Mitou, 1872-1881, Berlin, 1901. Também *Die Menschliche Gesellschaft als Realer Organismus*, (Berlim, 1898, espec. v. I, p. 58-68). Outros trabalhos fortemente característicos do critério bioorganicista em Sociologia, critério que, na sua forma extrema, importaria na redução da Sociologia biológica: os de SCHÄFFLE, A. *Bau und Leben des Sozialen Körpers*, Berlim, 1875-1876; VACHER DE LAPOUGE, G. *Les sélections sociales*, Paris, 1896; WORMS, R. *Organisme et société*, Paris, 1896, e *La Sociologie, sa nature, son contenue, ses attaches*, Paris, 1921; e sob critério diverso, os de NOVICOW, J. *La Théorie organique des sociétés*, Paris, 1889, e *Les luttes entre les sociétés humaines*, Paris, 1893. A teoria de seleção natural ou de "darwinismo social" reflete-se nos trabalhos sociológicos de BAGEHOT, Walter *Physics and Politics*, New York, 1884; GUMPLOWICZ, L. *Ausgewählte Werke*, Innsbruck, 1926; e RATZENHOFER, G. *Soziologic*, Leipzig, 1908. Das obras escritas do ponto de vista dos biólogos alongados em sociólogos, destacam-se as de GALTON, F. *Hereditary genius*, London, 1869; CONKLIN, E. G. *Heredity and Environment*, New York, 1930; HERTWIG, O. *Allgemeine Biologie*, Jena, 1906; JENNINGS, H. S. *The biological basis of human nature*, New York, 1930; PEARSON, K. *The scope and importance to the state of the science of national eugenics*, London, 1909; DAMPIER WHETHAM, W. C.; WHETHAM, C. D. *The family and the nation*, London, 1909; CHILD, C. M. *Psysiological foundations of behavior*, New York, 1924; PEARL, R. *Biology of population growth*, New York, 1925; LORIMER, F.; OSBORN, F. *Dynamics of population*, New York, 1935; AMMON, O. *Anthropologische Untersuchungen der Wehrpflichtigen in Baden*, Hamburgo, 1890; DENDY, A. *The biological foundations of society*, London, 1924; DAVENPORT, C. B. *Heredity in relation to eugenics*, New York, 1911.

Não será demais insistirmos no fato de a Biologia, quando humana, ter como objeto de estudo as *estruturas físicas* e as *funções* do homem, objeto que, por meio da Biologia social, se estende aos *efeitos* sobre as mesmas estruturas e funções, do *ambiente social*, relacionando-se então com a Sociologia biológica que, definida pelos professores Wright e Elmer, ocupa-se dos *efeitos* das estruturas físicas e funções sobre a *vida social* do homem (*General Sociology: an introductory book*, New York, 1938, p. 8). Sob esse ponto de vista é que o estudo das raças, dos sexos, das glândulas de secreção interna interessa ao sociólogo. Vejam-se a respeito MONTANDON, G. *La race, les races*, Paris, 1933; KEITH, A. *The differentiation of mankind into racial types*, *Presidential address, British Association, Section H*, 1919; THOMAS, W. I. *Sex and society*, Chicago, 1913; LIPCHÜTZ, A. *Las secreciones internas de las glândulas sexuales*, Madrid, MCMXXVIII; BAKER, J. R. *Sex in man and animals*, London, 1926.

⁶ Cf. *Variações antissociológicas*, *Estudos Alemães*, Rio de Janeiro, 1892, p. 600-662. Sustenta aí Tobias Barreto que "a Sociologia é apenas o nome de uma aspiração tão pouco elevada quão pouco realizável" (ibidem, p. 600). Confundindo talvez "sociologia" com a "sociologia positiva" dos positivistas, escreve mais: "Em geral, os sociólogos não são homens com quem se possa falar sério; são espíritos incompletos ou doentes. Não é em vão que esta nova raça de filosofastros tem tido maior incremento nos países atrasados como o Brasil, Portugal e outros, diminuindo o seu número na razão inversa da cultura dos povos, entre os quais eles aparecem" (ibidem, p. 640). E defendendo-se inteligentemente contra o naturalismo sociológico de Lilienfeld, confundido pelo ilustre professor de Direito de Recife com a Sociologia científica: "[...] estou agarrado ao manto de Kant, para quem, como já vimos anteriormente, em relação à forma dos organismos, há sempre um resto que a mecânica não explica, aumentando essa inexplicabilidade na medida do maior desenvolvimento dos mesmos organismos e maior complexidade de suas funções" (ibidem, p. 644).

Sílvio Romero. E aqui nos seja permitido nos antecipar a volume próximo, fazendo um pouco de história da Sociologia a propósito da Sociologia biológica. Um pouco de história da Sociologia no Brasil, onde, em grande parte devido aos exageros dos sectários de uma Sociologia biológica ou mecânica, a nova ciência chegou a ser negada por um intelectual e jurista do prestígio de Tobias e, até os nossos dias, por um dos nossos mais lúcidos humanistas: João Ribeiro. Se é certo o que sustenta o professor Carl L. Becker – que por História deve estender-se antes um "método de acesso" que "campo especial de estudo" –, a História nunca é intrusa; nem se afasta nunca do assunto científico ou artístico que apresente ou discuta quem se julgue obrigado a fazer-lhe a história de algum aspecto, para esclarecer princípios, métodos, relações de uma ciência ou arte com outra, peculiaridades de sua situação regional e temporal. Precisamente o nosso caso.

Sem deixar de considerar "o mestre" e "amigo" – o autor de *Estudos alemães* – "o mais significativo desses impugnadores (da Sociologia), o mais esforçado, o de mais merecimento não no Brasil mas em qualquer parte" – o que representa talvez uma injustiça a Treitschke e J. Froebel –, Sílvio Romero combateu-lhe com vantagens os argumentos antissociológicos. Argumentos que eram menos contra a Sociologia em si – observemos à distância de mais de meio século da publicação dos *Estudos alemães* – do que contra a ortodoxia sociológica da época, para Tobias encarnada principalmente por Lilienfeld.

A favor de Tobias Barreto, destaque-se que ele se insurgiu principalmente contra as "explicações mecânicas" do Homem, da Família, do Estado, da Sociedade, em geral; contra a pretensão da Sociologia de incorporar-se às ciências naturais "mediante os mesmos métodos" (das ciências naturais); contra as pretendidas leis sociológicas; contra a Sociologia reduzida a seita sociolátrica pelos positivistas; contra a ortodoxia biossociológica dos hoje chamados bio-organicistas.

Tobias Barreto não chegou a conhecer a Sociologia desembaraçada de "explicações mecânicas" ou de predeterminações biológicas, por um lado; e da subordinação à Ética, ou à Filosofia, por outro. Sílvio Romero, porém, andou tão próximo de concepções atuais de Sociologia científica, inclusive da de ciência híbrida que procuramos, nestas páginas, opor às dos biossociólogos e à dos naturalistas absolutos tanto quanto à dos culturalistas puros, que não hesitamos um instante em reconhecer um precursor brasileiro, embora vago e nada coerente, da concepção de Sociologia aqui esboçada, no sergipano que escrevia em 1895, referindo-se aos então triunfais Lombroso, Ferri, von Ihering, Post: "No afã de ver leis mecânicas por toda parte chegaram ao ponto de desconhecer, muitos deles, os fatores psíquicos, sociais e históricos que não se deixam explorar pelas leis vulgares do momento." É que para o Sílvio Romero de 1895 podia harmonizar-se *natura* com *cultura*; o homem sendo um "ente cultural" era também um "ser natural"; e as "chamadas escolas naturalista e social", julgava-se "exclusivistas": "consideram natureza e cultura, ou como duas coisas inteiramente autonômicas e irredutíveis, pontos de vista de todo errôneos". E revelando uma visão da Sociologia nem passivamente biológica, nem arbitrariamente filosófica: "A verdadeira escola do Direito, da Moral, da Estética, da História, da Crítica, da Sociologia, da atividade humana, em suma, será aquela que reunir os fatores da natureza e os da civilização, os fatores fisiológicos e os psicológicos, os biológicos e os sociais".[7] Palavras que surpreendem, vindo de um brasileiro do fim do século XIX.

No seu conjunto, a apologética sociológica que Sílvio Romero opõe ao antissociologismo de Tobias Barreto apresenta-se animada por um antibiologismo salutar, que merece ser destacado aqui, ao lado das primeiras repercussões de biologismo sociológico entre nós: uma delas a hoje bizarra *Concepção Monística do Universo*[8] em que Fausto Cardoso pretendeu "haver descoberto a lei fundamental da Sociogenia", sendo acompanhado nessa tentativa de contribuição brasileira ao conjunto de supostas leis sociológicas do século XX sobre base biológica, por Graça Aranha e Estelita Tapajós. Salientando a precariedade da pretendida lei, Sílvio Romero escreveu que mesmo tratando-se de animais sociáveis, uma cousa é sua biologia, outra a sua sociologia; que um dos domínios de estudo (a Biologia) é capaz de ser pesquisado experimentalmente e o outro é muito mais complexo, suscetível da interferência de outros fatores, que devem ter sua explicação; mas essa já não é a explicação biológica nem de coisa que vise apenas parodiar os processos da Biologia.[9]

---

[7] ROMERO, S. *Ensaios de Filosofia do Direito*, Rio de Janeiro, 1895, p. 166. Vejam-se também MARTINS JR., J. I. Sociologia e sociófobos, in: *Fragmentos jurídico-filosóficos*, Rio de Janeiro, 1891; ORLANDO, A. *Ensaios de crítica*, Recife, 1904, espec. p. 147-235; BEVILÁQUA, C. *Juristas filósofos*, Bahia, 1897, espec. p. 107-43. Alguns críticos como o professor Gláucio Veiga, da Universidade do Recife, ao que parece de acordo, nesse ponto, com os também professores da mesma Universidade Sílvio Rabelo – autor de interessante ensaio sobre Sílvio Romero – e Pinto Ferreira – jurista-sociólogo hoje de renome nacional – que em vez de considerarmos Sílvio Romero nosso precursor, devemos nos considerar seu continuador e talvez seu repetidor. Questão de ponto de vista.

[8] Formulada no opúsculo "A verdade", de Estelita Tapajós, citado e resumido por ROMERO, op. cit., cap. IV, e no livro *Concepção monástica do universo*, de Fausto Cardoso (Rio de Janeiro; São Paulo, 1894).

[9] ROMERO, op. cit., cap. IV. Sobre as ideias de Sílvio Romero a respeito do estudo científico dos fenômenos sociais – ideias que contrastam com as de Tobias –, veja-se o ensaio de Artur Orlando, "Estudo sobre o autor da *História da Literatura Brasileira*", que aparece como introdução a Martins Pena, *Ensaio crítico*, de Sílvio Romero (Porto, 1901, p. 5-47), incluído no livro *Ensaios de crítica*, op. cit. "É estranhável – escreve aí Artur Orlando – que a um espírito tão lúcido e penetrante como o de Tobias Barreto, houvesse escapado que o estudo de certas instituições jurídicas foi em seus resultados muito além da esfera propriamente jurídica" (ibidem, p. 32). Admitindo que o Direito abranja a "integralidade dos fenômenos sociais" especifica a condição em que isso se verifica: "sob a condição de que, dadas certas circunstâncias especiais os fatos por ele regulados possam ser exigidos coativamente". Pois "o traço característico, a necessidade conceitual do Direito, é a coação" (ibidem, p. 33). Daí "fenômenos morais, econômicos, genésicos, estéticos, políticos, religiosos", todos poderem "revestir a forma jurídica, desde que a coletividade esteja de acordo em exigi-las coativamente" (ibidem, p. 34). Para o jurista chegar a essa concepção do Direito tem de necessariamente encará-lo de ponto

Sílvio Romero tivera aliás quem se antecipasse a ele nesse ponto de vista: o esquecido Aprígio Guimarães que escrevendo em 1879 já distinguia na "realidade" que nós chamaríamos hoje social, "duas ordens distintas": a "natureza" e a "humanidade". O homem "pela natureza do seu ser, participa das duas esferas de realidade [...] e tem conseguintemente duas espécies de vida".[10] Divulgando no Brasil ideias de Ott e Fred List, economistas novos que eram antes sociólogos que economistas, Aprígio Guimarães parece ter exercido uma influência sobre os jovens da futura "Escola do Recife" que ainda não foi estudada por nenhum dos historiadores daquele movimento renovador.

Invadindo assunto que pretendemos estudar em trabalho próximo, repetimos que nos adiantamos, nestas páginas, em algumas considerações de ordem histórica em torno da Sociologia biológica para acentuar a importância que essa chegou a ter, sob a pretensão de ser Sociologia geral ou total; também para salientar o fato de que desde os fins do século XIX – na verdade desde 1879, com Aprígio Guimarães – a Sociologia, ou a ciência social, encontrou no Brasil quem procurasse defendê-la do imperialismo biológico: e antevisse, embora vagamente, a possibilidade de desenvolvimento de um estudo sociológico de processos sociais e de cultura, ao lado do estudo dos processos naturais ou biológicos. Estudo em cooperação – diríamos hoje – com o estudo biológico de fatos de comportamento humano de interesse comum: sociológico tanto quanto biológico.

Com todas as suas incoerências Sílvio Romero – como antes dele Aprígio Guimarães – teve, nesse particular, a sabedoria de refugir aos exageros de interpretação das pesquisas biológicas de Darwin e de sua aplicação à Filosofia, à História, ao Direito, à Sociologia, à Criminologia. Romero, para tanto, se apoiou principalmente sobre ingleses: Bagehot, Maine, Spencer, menos brilhantes, talvez e decerto menos afirmativos que os alemães e italianos e que os próprios franceses em suas obras de Filosofia ou de

---

de vista sociológico. Foi a orientação entre nós, de Sílvio Romero, Artur Orlando, Clóvis Beviláqua, Gumercindo Bessa, Martins Júnior e outros renovadores do estudo do Direito, em contraste com o antissociologismo de Tobias Barreto – aspecto do seu antipositivismo.

Destaque-se, entretanto, de Sílvio Romero que, a várias de suas posições de sociólogo com alguma coisa do antropólogo, faltou coerência, como um exemplo diante do fenômeno da mestiçagem e da figura do mestiço e do negro que ora lhe pareceram avultar pelos aspectos, do ponto de vista brasileiro, negativos – como aliás a Nina Rodrigues e a Euclides da Cunha –, ora se recomendar, por aspectos negativos. Mais inclinados a ser coerentes quanto aos aspectos positivos de tais fenômenos se revelaram, no Brasil do século XIX e do começo do XX, como parassociólogos apenas, José Veríssimo e Alberto Tôrres, seguidos pelos antropólogos Roquette-Pinto e Fróes da Fonseca e pelo ensaísta Gilberto Amado; e dos quais divergiu fortemente, nesse particular, Oliveira Viana. Pode o primeiro autor desta *Sociologia* ufanar-se de ter dado rumos decisivos, nos setores da Antropologia e da Sociologia, à interpretação do negro e do mestiço como elementos positivos na formação brasileira.

[10] GUIMARÃES, A. *Estudos de economia política* (1879), Recife, 1902, p. 83. Também Clóvis Beviláqua escrevia em 1897 entender que "o estudo do fenômeno jurídico" constitui "uma verdadeira ciência subordinada à Sociologia" (op. cit., p. 27).

sistematização das ciências; porém, quase sempre, mais equilibrados. Flutuantes, indecisos, esquivos às conclusões enfáticas, por gosto e tradição de equilíbrio intelectual.

Tal o caso do próprio biossociólogo Walter Bagehot, autor de *Physics and politics*, a quem se atribui a primeira sistematização sociológica do chamado Darwinismo; e cuja influência sobre Joaquim Nabuco sabe-se ter sido considerável. A palavra "física", por ele empregada, deve ser entendida como sinônimo de "ciência natural" (incluindo a Biologia); e a palavra "política", devendo ser considerada equivalente de Sociologia. Nem todas as ideias desenvolvidas por Bagehot são originais ou baseadas diretamente na teoria do mecanismo de evolução orgânica; algumas ele as desenvolveu de outro inglês: Henry S. Maine.[11] O que se procura mostrar em *Physics and politics* é que o progresso se opera por meio de *competição* e de *seleção* de grupos, embora também surja claramente nesse livro inglês de 1872 o conceito de *imitação*, sobre o qual Tarde anos depois levantaria seu sistema de sociologia antes psicológica do que biológica.

A ideia de Sociologia biológica, moderada em Bagehot, em Kidd[12] e o próprio Spencer, teria seu lógico absoluto em Gumplowicz, para quem o *conflito* é que devia ser considerado o processo social fundamental identificados os processos sociais com os naturais. A Gumplowicz não faltariam continuadores igualmente fervorosos na ideia de considerarem os processos sociais predeterminados pelos biológicos: Ratzenhofer, para quem todos os contatos sociais seriam expressão de instintos, Novicow tão apegado quanto Ratzenhofer ao processo de conflito (e também ao de equilíbrio de tendências sociais opostas), como processo social fundamental, Lilienfeld, René Worms. Os três últimos levaram a extremos a chamada analogia orgânica ou o bio-organicismo sociológico, extremos de que se guardou Spencer ao desenvolver a mesma analogia. Mas como o professor House observa, a analogia orgânica foi útil à Sociologia numa fase em que esta não dispunha de terminologia própria. E o é ainda hoje, acrescenta ele, através do uso sociológico da expressão biológica "ecologia"[13] que corresponde a uma

---

[11] De Maine. vejam-se *Ancient law* (1861), *Village communities* (1871), *Lectures on the early history of institutions* (1875), *Dissertations on early law and custom* (1882), obras que o colocam entre os precursores da moderna Sociologia genética aplicada ao estudo das instituições principalmente jurídicas. Não são poucos os ingleses cujas obras escritas nos séculos XVIII e XIX constituem verdadeiros fundamentos da Sociologia científica, por eles alcançada com o mínimo de cientificismo. Werner Sombart destaca a importância da atuação do pensamento inglês na cientifização do estudo dos fenômenos sociais, recordando os trabalhos de Buckle (*History of civilization in England*), John Miller (*Observations concerning the distinction of ranks in society*), que segundo Sombart, "é uma autêntica sociologia das formas de dominação" e conforme o professor Echavarria, "formula claramente a problemática depois popularizada pelo marxismo", Ferguson (*Essay on the history of civil society*), Mandeville e Shaftesbury (teorias psicológicas da vida ou do desenvolvimento social). Sobre o assunto, veja-se José Medina Echavarria, *Panorama de la Sociologia Contemporanea* (cap. I).

[12] KIDD, B. *Social evolution*, New York, 1894.

[13] HOUSE, F. N. *The development of Sociology*, New York; London, 1936, p. 130. Destaca o professor House que Lilienfeld e Worms exageraram a redução de diferenças entre *sociedades* e *organismos*, ao contrário de Spencer que deu relevo às mesmas diferenças (ibidem, p. 131).

das tendências mais recentes em Sociologia: o estudo biossocial da interação entre o homem e o ambiente (Mukerjee, Bews, Sand), limitado pela escola norte-americana de sociólogos ecologistas à análise quase exclusiva de distribuições e movimentos no espaço de seres humanos, grupos humanos e instituições.

Se no seu aspecto rigidamente organicista e mecanicista de simples extensão da Biologia aos fenômenos de interação humana, a Sociologia biológica considerada Sociologia total, é daquelas ciências que hoje se guardam dentro de vidros protetores – tal a sua precariedade – no museu, imaginado por alguém, de teorias "cientificamente patológicas", nem por isso deixa de haver entre as modernas sociologias especiais lugar para uma Sociologia que se denomine biológica. Biológica por estudar correlações possíveis entre o comportamento social humano e o de plantas e animais, o ambiente, o espaço físico-social, como na ecologia social; ou por estudar correlações possíveis entre o mesmo comportamento e o organismo humano: a constituição, a "raça", a família, o sexo, a idade, a "base fisiológica" de que fala o professor Child.[14]

c) As relações inter-raciais e de populações entre si como problema sociobiológico

Por simples conveniência de ordem na apresentação do material, reservamos para outras seções o estudo da Sociologia ecológica; enquanto o da família e do sexo socialmente e culturalmente considerados, nos parece tocar tanto à Sociologia da cultura como à biológica. Agora, porém, nos ocuparemos somente daquela especialização de estudo sociológico que se correlaciona com a Biologia através da análise de relações inter-raciais e de populações.

É certo que para os metodologistas de ciências sociais mais empenhados em limitar o território sociológico, o estudo de populações e de raças é antes de Antropologia, ou de Geografia Humana, que de Sociologia: outros chegam a querer incluí-lo numa ciência toda especial, que não tivesse com a Sociologia senão remotas fronteiras: a Biologia Humana. Somos dos que se inclinam a enxergar em tal estudo legítima matéria sociológica: um dos objetos da *sociologia biológica*.

A expressão *sociologia biológica* – acentue-se bem – não significa aqui submissão passiva da Sociologia às concepções e aos métodos predominantes na Biologia. Embora o sociólogo moderno recolha do biólogo as informações sobre biologia que lhe

---

[14] CHILD, op. cit. O ponto de vista biossociológico do autor é revelado por estas suas palavras: "*The incursion into the sociological field is the result of the belief that the consideration of the organism as a process of integration and development of pattern on the basis of behavior affords a more adequate formulation for biological approach to sociology than mere morphological or functional analogies between an organism and society*" (ibidem, p. 299).

são necessárias, não se sente obrigado a estender à Sociologia nenhuma concepção biológica como a mecanicista (Loeb) nem os métodos biológicos.

Quando os sociólogos procuram destacar o fato de que a *seleção natural*, que opera sobre a espécie humana como sobre os organismos infra-humanos, é condicionada, no seu modo de operar sobre a espécie humana, pela qualidade ou tipo de cultura ou civilização que se desenvolve em dado lugar ou tempo, pretendem que exista uma zona de estudo biológico, por métodos biológicos de análise, que seja também de estudo sociológico, por método sociológico. É claro que diversidade de métodos dentro da unidade essencial do método científico. Essa zona de cooperação do sociólogo com o biólogo tanto poderá ser *biologia social* como *sociologia biológica*, conforme a predominância do ponto de vista orientador do emprego convergente de critérios e métodos das duas ciências em face de problemas de interesse comum.

O professor Holmes recorda que para alguns analistas dos resultados do condicionamento da seleção natural (*processo biológico*, note-se bem) pelos progressos médicos e sanitários protetores de fracos e doentes (processo social e cultural, lembraremos a meia voz) a conclusão é a de que a seleção natural tem sido quase abolida sob os mesmos progressos.[15] Mas ele próprio salienta que a eliminação por seleção continua a operar entre os homens, como, por exemplo, entre os predispostos à tuberculose. Dos fatores culturais ou sociais de seleção – estudados por Lapouge em obra célebre, aplicada ao Brasil pelo Sr. Alfredo Ellis Júnior num dos seus ensaios de história da população paulista, por nós impugnado neste ponto: na estimativa dos efeitos do celibato clerical católico sobre a formação social brasileira[16] – Holmes destaca a guerra: fator importante, quer do ponto de vista biológico, quer do sociológico. É que como organizações de *proteção* e de *ataque*, as sociedades humanas parecem guardar alguma coisa de "instinto social", sendo assim biossociais em vez de puramente sociais ou culturais.

Entretanto, vem-nos de biólogos como o mesmo Holmes advertências no sentido de não oferecer a Biologia aos estudiosos de Sociologia as desejadas "leis naturais". Ela própria, Biologia, não consegue definir os limites da saúde, por exemplo, sem referência a padrões não biológicos de equilíbrio: padrões sociológicos e extrassociológicos.

Daí, igualmente, a relatividade do conceito de saúde social, ou de normalidade social, a que nos referimos em capítulo anterior. Esse conceito apresenta-se condicionado pelo estado ou pela situação biológica e psicológica do indivíduo ou do grupo (sexo, idade, "raça", constituição, família), mas principalmente pelo seu estado ou situação histórica: pela sua formação ou desenvolvimento e pelos ideais e as normas de conduta em grande parte daí decorrentes, com variações regionais, às vezes consideráveis, à

---

[15] HOLMES, S. J. Biology, in: *Encyclopedia of the Social Sciences* (op. cit., p. 550-557).

[16] *Casa grande & senzala*, 4.ed., Rio de Janeiro, 1943, p. 676.

universalidade de ideais e normas estabelecida ou procurada pela razão humana em face de semelhanças de situações biossociais e contra as dessemelhanças apenas culturais. Donde a dificuldade encontrada pelos eugenistas para resolverem o problema do homem eugênico em oposição absoluta ao cacogênico: do homem eugênico que reunisse totalidade de sufrágios ou das aspirações humanas.

Como Franz Boas observa num dos seus ensaios, o naturalista em ciência – o caso do biólogo – é racionalista; enquanto o antropólogo social – ou do sociólogo – tem que admitir a impossibilidade de problemas como o da procriação serem tratados na sociedade humana de ponto de vista puramente racionalista ou naturalista. Não se nega a possibilidade de aperfeiçoamento de determinado impulso hereditário por meios eugênicos. A questão é sabermos o que fazer com esse impulso em face de alteração que sofra o ideal social sob que ele foi selecionado. Salienta Boas que com relação às galinhas, sabemos o que queremos quando selecionamos o *breed* a aperfeiçoar. Mas com relação aos homens – que tipo de homem é desejado universalmente como o melhor? Considerando – diz ele – as diferenças fundamentais de ideais de distintos tipos de civilização, temos o direito de dar aos nossos ideais modernos o cunho de finalidade e de suprimir o que não se ajuste à nossa vida? Há pouca dúvida sobre esse ponto: que atualmente damos menor importância à beleza do que à lógica. Procuraremos então criar "uma geração de lógicos, suprimindo aqueles cuja vida emotiva é vigorosa, para que a razão reine suprema e as atividades humanas sejam realizadas com a precisão dos relógios?".[17]

Por seleção orgânica seria possível, ao que parece, modificar, dentro de certos limites, o caráter de nações inteiras. Mas seria desejável – aqui trata-se de matéria menos sociológica que de Filosofia social – que um ou outro tipo de caráter dominasse absoluto, o lógico com sacrifício do emotivo, de acordo com o ideal social de uma maioria, de um partido ou da maioria ou da quase totalidade de uma geração? O problema parece só de Filosofia social. Na realidade, é também de Sociologia biológica pelas suas muitas relações com o conceito de saúde social ou de normalidade social, com o qual o sociológico, dentro da Sociologia biológica, está sempre a lidar.

O critério sociológico em face do assunto é antes o de relatividade que o de universalidade, dadas as alterações de ideal social ou de normalidade social de uma sociedade para outra, de uma cultura para outra, de uma geração para outra. Tudo parece indicar, porém, que as alterações tendem a diminuir de importância de uma cultura para outra. Torna-se assim o problema de chegar-se a acordo universal quanto ao tipo

---

[17] BOAS, F. *Anthropology and modern life*, London, 1929, p. 111-14. Destaca ainda: "*Eugenics alone cannot solve the problem. It requires much more an amelioration of the social conditions of the poor which would also raise many of the apparently defective to higher levels*" (ibidem, p. 116).

mais desejável de caráter biossocial entre os homens mais fácil de resolver-se com relação ao espaço do que outrora.

Outro aspecto do problema é o que se prolonga da Biologia humana, pela Sociologia biológica para ir, como o primeiro, juntar-se às muitas questões abertas que agitam a Filosofia social: o das relações da média social com os cacogênicos. Sabe-se que muitas famílias cacogênicas têm dado altos valores à civilização. A música de Beethoven é exemplo ilustre. Entretanto, "os eugenistas poderiam ter impedido o pai de Beethoven de ter filhos".[18]

Embora o organicismo extremo tenha se aquietado a tal ponto que suas teorias mais enfáticas dormem entre as curiosidades de história da Sociologia um sono tão longo que talvez seja o último, permanece viva sua tradição: o extremo biologismo na Sociologia científica. E em certos meios pseudossociológicos cresceu nos últimos anos a confusão entre Biologia e Sociologia. Ninguém ignora o furor de certo biologismo político que às vezes se intitula de sociologia ou de ciência.

Do seu aspecto político não nos cabe falar nestas páginas; do ponto de vista sociológico, porém, a experiência nazista na Alemanha representa o aproveitamento de teorias desenvolvidas à sombra da Sociologia biológica. Dessas teorias, a mais digna de atenção é a de Lapouge: a de *seleção social*.

Lapouge iniciou com a sua teoria de seleção social uma corrente de indagação ou pesquisa, dentro da Sociologia biológica, que ainda hoje tem vida científica e não apenas política. Pois compreende-se que se procure estudar, dentro da Sociologia biológica, por um lado, e da Biologia social, por outro, a possível correlação entre a "ordem social" – como a chamou Ammon – e a hereditariedade se não de raça, de família: a possível correlação, ainda, entre diferenças de indivíduo para indivíduo e a ordem social, como ainda em nossos dias Karl Pearson e seus discípulos, entre os quais os Whetham, continuadores principais de Francis Galton. Compreende-se que para alguns sociólogos mais presos à Biologia as chamadas diferenças individuais resultem os dois fatores principais – o *ambiente* e a *hereditariedade* – com a constante predominância do fator *hereditariedade* sobre o fator *ambiente*. Segundo a interpretação galtoniana das relações entre os dois fatores – interpretação a nosso ver exagerada – o talento e o gênio seriam herdados dentro dos mesmos limites que as formas e os aspectos físicos da personalidade; e as capacidades específicas – a do matemático, a do músico e até a do juiz ou a do

---

[18] BOAS, op. cit., p. 116. Boas escreve: "*Eugenists might have prevented Beethoven's father from having children. Would they willingly take the responsibility of having mankind deprived of the genius of Beethoven?*". O professor MacIver insurge-se tanto quanto Bertrand Russell contra as leis de esterilização de Idaho que, segundo Russell, teriam atingido Sócrates e Platão como "pervertidos sexuais", São Paulo como "epiléptico". (MACIVER, R. M. *Society*, apud THORNDIKE, E. L. *Human nature and the social order*, New York, 1940, p. 455, que considera injustas as objeções de Bertrand Russell e do professor MacIver às leis eugenistas de Idaho.)

estadista – seriam igualmente herdadas dentro de condições rigorosamente biológicas. O ambiente não faria de medíocre nenhum homem de gênio. Quando desfavorável, porém, seria o ambiente vencido pelo homem de talento ou de gênio.

Estendendo a classes e raças sua interpretação das relações entre a hereditariedade e o ambiente, evidenciada em diferenças entre indivíduos e famílias, Galton lançou-se numa aventura tão cheia de sugestões perigosas para os políticos ansiosos de místicas de domínio – domínio de raça, ou domínio de classe – como a de Lapouge. Alguns dos seus discípulos, acentuando esse critério biológico de análise de diferenças não só entre indivíduos e famílias como entre classes e "raças", consideram os fatores biológicos, os dominantes na "evolução da humanidade" e os únicos que nos podem explicar a ascensão ou o declínio de nações. E vem contribuindo, ao lado dos poucos sociólogos modernos que não hesitam em apresentar a distribuição mental e a social dos indivíduos como positivamente correlacionadas – baseada generalização tão afoita principalmente em *tests* mentais de duvidosa segurança científica – para conservar dentro da Sociologia a tradição que denominamos de biologismo extremista. Embora falte hoje a essa corrente o prestígio dos grandes dias das teorias organicistas, as sobrevivências do biologismo extremista se fazem ainda sentir na Sociologia: na geral e especialmente na biológica.

Nesta, particularmente na análise dos fatos de miscigenação, isto é, de suas extensões sociais e culturais. Pois sendo os fatos de miscigenação fundamentalmente biológicos (hibridação ou hibridização), de certa altura em diante tornam-se predominantemente sociológicos pelos efeitos de interpenetração de culturas diversas ou de conflito entre classes, economias ou castas de que quase sempre se fazem acompanhar. Pelo que deixa de explicá-los o determinismo biológico. Navegando em águas alheias – as de domínio sociológico – assume, o biologismo sociológico, em alguns casos, forma ou caráter político, sob aparência científica.

Os biólogos sociais admitem que se verifique, com a hibridização, em vários casos, o chamado vigor híbrido (*heterosis*) ou a "luxurização", embora noutros casos os resultados mais evidentes seriam os de enfraquecimento de resistência de populações híbridas a doenças: à tuberculose, por exemplo. Pauperização biológica em vez de "luxurização".[19]

---

[19] "*When parts of individuals or the individuals as a whole become larger or stronger in consequence of hybridization, we speak of the phenomenon as "luxurization"*. Por outro lado: "*Injury to the constitution may also result from hybridization* [...] *Cross-breeds between Scandinavian and Lapps* [...] *seem more liable to tuberculosis than the parent stocks*" do mesmo modo – Segundo parece a alguns – que os mulatos (FISCHER, E. Racial differences in mankind, in: *Human heredity*, trad. Erwin Baur, Eugen Fischer e Fritz Lentz, London, 1931, p. 177). Diz também Fischer: "[...] *the racial composition of a people is, in all circumstances, decisive (in conjunction of with other conditions) as to its cultural and mental functional efficiency*" (ibidem, p. 181). Sob critério ainda mais etnocêntrico, Lentz analisa o problema da psicologia de "raça" para salientar dos russos que, como outros europeus com forte infusão de sangue mongólico ou mongoloide, são inferiores aos nórdicos "puros" em "sentido de beleza natural" e em "aptidão para a adoção dos métodos técnicos adiantados" (LENTZ, F. The inheritance of intellectual

gifts, op. cit., p. 639). Diz ainda Lentz: "Os russos [...] destacam-se antes pelo sofrimento e pela resistência que pela ação que resulte em sofrimento e pela resistência que pela ação que resulte em liberdade. Sua natureza é ciclotímica (no sentido de Kretschmer) com um tom fundamentalmente melancólico". E baseado em F. R. Radosawyewitsch (Eugenic problems of the Slavic race, in: *Eugenics in race and State*, Baltimore, 1923) atribui à gente do povo russo "falta de ambição de domínio, temperamento passivo, dócil, pronto a obedecer – antes feminino que masculino em caráter". E dos escritores russos diz que se distinguem antes por "penetração psicológica" do que por "poder de configuração" (ibidem, p. 639).

Outros biólogos sociais alongados em sociólogos, quase sempre enfáticos em suas generalizações sobre os efeitos da hibridização, que nem sempre separam dos de desenvolvimento social ou dos de antecedentes culturais de situação, são J. A. Majöen (Harmonische und unharmonische Kreuzungen, *Zeitschr. Ethnol.*, LII, 1920-1921), e H. Lundborg (Rassen und Gesellschaftsprobleme in genetischer und medizinischer Betrachtung, *Hereditas*, v. I, 1920). Por outro lado, o professor Lars Ringbom, em seu *The renewal of culture* (London, 1929), embora considere as "raças" etnicamente caracterizadas – a ponto de comparar os grupos dominadores de situações físicas e notáveis pelo individualismo (como os suecos) com o sexo masculino e os grupos dominadores de situações psíquicas e notáveis, segundo ele, pelo coletivismo (como os russos), com o sexo feminino – e destaque o fato de não se apresentarem os russos (1929) com o mesmo número de engenheiros que os suecos, excedendo-os no número e na qualidade de psicólogos e diplomatas, vê na síntese, ou antes, na "proveitosa interação antagônica" das duas capacidades e tendências, o ideal para cultura humana. Ideal que na Finlândia – a pátria de Ringbom – se exprimiria na harmonização dos dois extremos, a nosso ver antes de cultura que de raça, ali tão evidentes: o oriental e o ocidental. Segundo Ringbom, a mestiçagem resultaria em "*fruitful antagonistic interaction*" (ibidem, p. 215).

A interpretação favorável que pretendemos oferecer da tão caluniada mestiçagem brasileira (mestiçagem acompanhada de interpenetração de culturas e dela inseparável) aproxima-se da de Ringbom com relação ao povo finlandês, excedendo-a porém quanto ao número de variedade de antagonismos, proveitosamente ou não postos em interação entre nós pela hibridização (processo biológico) e por processos sociais: competição ou dominação neutralizada por acomodação. Esses antagonismos são, a nosso ver, numerosos e vários, no vaso brasileiro, como procuramos indicar em trabalho anterior (*Casa grande & senzala*, op. cit., cap. II). Entre nós, antropólogos como os professores Roquette-Pinto (*Ensaios brasilianos de Antropologia*, São Paulo, 1936). Artur Ramos (*Introdução à Antropologia brasileira*, Rio de Janeiro, 1944). A. Fróis da Fonseca (Os grandes problemas da Antropologia, *Atas e Trabalhos*, 1º Congresso Brasileiro de Eugenia, Rio de Janeiro, 1929) vêm se ocupando do problema da hibridização, considerado ao lado do de interpenetração de culturas. É problema de considerável importância para o Brasil que pelo menos no mestiço bandeirante (hispano + ameríndio) ofereceu aos demais povos exemplo de vigor socialmente híbrido. A propósito escreveu-nos em 1937 o professor E. A. Hooton, catedrático da Universidade de Harvard: "*It has seemed to me for a long time that your country is one of the areas which ought to be made the subject of an intensive scientific survey particularly relative to the effects of hybridization. I have been, for example, enormously interested in the history of the Paulistas, although I fear that it is too late to investigate that famous example of hybridization*" (Carta datada de 4 de janeiro de 1937). Sobre o assunto, veja-se nosso pequeno estudo "A propósito de paulistas", em *Problemas brasileiros de Antropologia* (Rio de Janeiro, 1943) e também a pequena bibliografia que no mesmo livro juntamos às notas "A propósito de algumas tendências atuais da Antropologia" (p. 36-7) e a bibliografia que "sobre o mestiço, especialmente no Brasil durante o século XIX", publicamos em *Sobrados e mucambos* (São Paulo, 1936, p. 400-5). Dentre os trabalhos sobre o assunto que não vêm ali mencionados, vejam-se os de WIDNEY, J. *Mankind: racial values and racial prospects*, New York, 1917; MENDES CORREIA, A. A. *Da raça e do espírito*, Porto, 1940; CASTLE, W. R. Biological and social consequences of race crossing, *Amer. J. Phys. Anthrop.*, 1926; SILVA CORREIA, *Os luso-descendentes de Angola*, Nova Goa, 1930; CÂMARA, A. de L. Incompatibilidade étnica?, *Rev. Im. e Colonização*, Rio de Janeiro, ano I, n. 4; SHAPIRO, H. L. *Descendants of the mutineers of the bounty*, Honolulu, 1929; MONET, P. *Français et annamites*, Paris, 1925; CONDLIFFE, J. B. *New Zeeland in the making*, London, 1930, parece-nos de especial interesse do ponto de vista da Sociologia biológica. Também os de JENNINGS H. S. et al. *Scientific aspects of the race problem*, Toronto; London; New York, 1941; NEUVILLE, H. *L'espère, la race et le métissage en Anthropologie*, Paris, 1933; HERSKOVITS, M. J. *The American negro*, New York, 1928; FINCH, E. "The Effects of Racial Miscegenation",

Entretanto, separar de modo absoluto os fatores de seleção biológica ou orgânica que operariam sobre as populações, de modo favorável sobre as populações consideradas puras, de modo desfavorável sobre as ostensivamente híbridas, dos fatores de seleção de ordem social, apresenta-se tarefa quase impossível de ser realizada em condições que satisfaçam às exigências de uma indagação rigorosamente científica, nas fronteiras da Sociologia com a Biologia. Daí a maioria dos sociólogos e antropólogos sociais de hoje, mais conhecidos pela segurança de sua ciência, resistirem vigorosamente às tentativas de invasão de seu domínio de estudo por alguns biólogos especializados na chamada biologia de raça: biólogos certos de que essa especialização lhes dá direito a generalizações sociológicas, sem exame dos fatores de ordem social e cultural entrelaçados com os de estrutura física e composição étnica. Certos de que a composição étnica de um povo é, em todas as circunstâncias, decisiva ("em conjugação com outras "condições", admitem alguns) quanto à eficiência funcional, mental e de cultura do mesmo povo.

Não há, entretanto, evidências que nos autorizem a essa certeza toda quanto à invariável preponderância – invariável e decisiva – do fator étnico sobre os fatores de eficiência funcional, mental e de cultura de um grupo. Ao contrário: as evidências em sentido contrário parecem tomar cada dia maior vigor, embora não sejam decisivas nem definitivas. A possibilidade de diferenças mentais entre as raças é admitida pelos antropólogos que não vão ao extremo oposto ao biologismo: o determinismo cultural ou econômico. Mas sem que se conheçam provas absolutas dessas diferenças. Para o professor Hooton – cuja especialidade, a Antropologia física e cultural, se alonga pela biologia de raça – a maioria das grandes civilizações têm resultado "não só do contato de culturas

---

Papers on Inter-Racial Problems, London, 1911; HUXLEY, J. Race, in: *Europe*, Oxford, 1939; DAVENPORT C. B.; STEGGERDA, M. *Race crossing in Jamaica*, Washington, 1929; DAVENPORT, C. B. The effect of race intermingling, *Proceedings, Amer. Phil. Soc.*, LVI; PRENANT, M. *Raza y racismo*, México, 1939; STOCKARD, C. R. *The genetic and endocrine basis for differences in forms and behavior*, Philadephia, 1941; ORTIZ, F. *Los factores humanos de la cubanidad*, Havana, 1940; RODENWALT, E. *Die Mestizen auf Kisar*, Batávia, 1927; FISCHER, E. *Die Rehobother Bastards*, Jena, 1913; MENDES CORREIA, A. A. *O mestiçamento nas colônias portuguesas*, Lisboa, 1940; DOVER, C. *Half-caste*, London, 1937; REUTER, E. B. *The American race problem*, New York, 1927; MAUNIER, R. Le mélange des races dans les colonies, *Annales*, Université de Paris, v. VI; SNYDER, L. L. *Race: a history of modern ethnic theories*, New York; Toronto, 1939; JENNINGS H. S. (org), *Scientific aspects of the race problem*, Washington, 1941; ASHLEY, M. M. F. *Man's most dangerous myth*, New York, 1942. Do mesmo Ashley é o estudo-síntese "The Creative Power of Ethnic Mixture" (*Psychiatry*, v. 5, n. 4, 1942), que assim resume do ponto de vista da Sociologia biológica, a sondagem do assunto: "[...] *such evidence as we have indicates very strongly that the hybrids and mixed breeds resulting from these mixtures are in everyway satisfactory types*" (ibidem, p. 534). E mais: "*The truth is that ethnic group mixture constitutes one of the greatest creative powers in the progress of mankind*". Veja-se, ainda, a propósito nosso "A consideration of the problem of Brazilian culture" (*Phil. And Phenom. Research*, v. IV, n. 2), seguido de comentário pelo professor Glenn R. Morrow, "Discursion of Dr. Gilberto Freyre's paper", que, ao contrário do professor Ashley Montagu, pensa que "*we really know too little as yet regarding the processes and effects of race mixture in general and for especific peoples*", embora lhe pareça do maior interesse "*the unique experiment in racial tolerance being carried on in the great Republic of Brazil*" e elogie "*the spirit and methods exemplified in the studies*" de pesquisadores brasileiros voltados para esse problema de Sociologia biológica (ibidem, p. 177).

diferentes, como também da fusão de povos e raças, cada uma trazendo, sem dúvida, sua quota de talento e essa sendo distribuída entre os produtos mestiços do cruzamento de maneira a enriquecer grandemente sua capacidade criadora e construtora".[20] E um dos maiores sociólogos biológicos do nosso tempo, o professor Hankins, não hesita em escrever que das "infinitas combinações" (étnicas) a serem ainda feitas podem resultar grupos misturados tão bons quanto o que produziu a Era de Péricles, o século XIII, a Renascença ou a Era atual de civilização europeia.[21]

O que acontece muitas vezes é que o estudioso da miscigenação confunde os efeitos biológicos desse processo biossocial com os de conflito entre classes e culturas que os acompanham quase sempre. Daí a identificação de eficiência funcional não só mental como de cultura com o fato biológico da "raça pura" ou da "raça superior" (*arianismo* ou *nordicismo*, em particular, *etnocentrismo*, em geral) por parte de biólogos de raça e de antropólogos e até de sociólogos que da Sociologia biológica têm-se espalhado por outras sociologias especiais e pela geral com teorias de "conflito [biológico] entre raças" ou de "determinismo étnico". Contra tais teorias o iniciando em estudos antropológicos e sociológicos deve acautelar-se, tão sugestivos são alguns dos seus aspectos. Teoria nenhuma deve nos fazer esquecer os fatos crus, que não foram ao fogo de nenhuma deformação doutrinária. É assim que com relação à miscigenação – processo biológico – não devemos perder nunca de vista as condições ou situações sociais e de cultura dentro das quais opere o mesmo processo. Sabemos que essas condições são quase sempre de antagonismo ou desigualdade, resultando do intercurso sexual entre "superiores" e "inferiores", "senhores" e "servos" ou "escravos" produtos socialmente estigmatizados e que correspondem, em sua grande maioria, à classificação do professor Hooton: "irregulares, clandestinos, ilegais".[22]

---

[20] HOOTON, E. A. *Up from the ape*, New York, 1932, p. 587. Hooton cita Thurston com relação à experiência feita por um comandante britânico na Índia que procurou melhorar o físico e a eficiência militar do soldado indiano de Madras promovendo, ou favorecendo, o intercurso sexual de escoceses com mulheres nativas. Daí resultaram, passados anos, os híbridos que se tornaram os "Highlanders" de Madras notáveis por sua estatura e vigor híbrido. O plano eugênico dera o resultado esperado (ibidem, p. 470). Experiências semelhantes foram feitas pelos beneditinos no Brasil com seus escravos em fazendas ou engenhos – experiências por nós reveladas em estudo anterior (*Sobrados e mucambos*, São Paulo, 1936, p. 341), embora tenham fracassado nossas pesquisas de campo na Baixada Fluminense no sentido de localizar de modo definido e estudar do ponto de vista sociobiológico grupos ou sobrevivências de população que representassem a descendência direta dos negros experimentalmente cruzados com brancos ou com índios, nesses lugares e noutros conservados "puros", pelos beneditinos, dados, ainda nos tempos coloniais, a estudos tão interessantes de genética e de biologia de raça em nosso país. A propósito, convém, entretanto, nos lembrarmos da advertência de um biólogo: "*So far as a biologist can see, human race problems are not biological problems any more than rabbit crosses are social problems*" (CASTLE, op. cit., p. 147). Mas – perguntamos nós – não constituíram os indianos e os escravos um meio-termo entre homens e coelhos, dada a facilidade com que seus senhores podiam sujeitá-los a experiências ou experimentos?

[21] HANKINS, F. H. *The racial basis of civilization*, New York, 1931, p. 351.

[22] HOOTON, op. cit., p. 588.

Opor ao determinismo biológico ou étnico o determinismo cultural seria, porém, opor um simplismo a outro. Desconhecer motivos e fundamentos para uma sociologia biológica dentro da total seria exagero de culturalismo sociológico. Bem que há matéria sobre que desenvolver-se uma sociologia especial inteira em Sociologia biológica; e dentro dela, outra ainda mais particular dedicada ao estudo das relações dos fatos de organização social e de cultura com os de personalidade étnica, em que as diferenças de temperamento entre as raças e possíveis diferenças mentais entre grupos étnicos (que se contrabalancem ou não) sejam consideradas com atenção especialíssima do ponto de vista não da Biologia social mas da Sociologia biológica. Tais diferenças, separadas das culturais e de formação histórica, importariam em repercussões, favorecidas ou contrariadas por outros fatores, sobre a plástica social: sobre os produtos estéticos de determinada cultura predominantemente temporal (a Renascença, por exemplo) ou de determinado espaço físico e ao mesmo tempo sociocultural: a Alemanha, por exemplo. Tudo parece indicar, contra o determinismo cultural absoluto – para não falarmos do econômico ou do geográfico – que postos sob as mesmas oportunidades de ambiente e de cultura, grupos de "raças" diversas desenvolveriam culturas diferentes, de acordo com diferenças de temperamento e, possivelmente, mentais. Mesmo assim, as sugestões do determinismo cultural ou do econômico, sozinho – ainda as mais simplistas – se apresentam mais aceitáveis que as do biológico ou étnico ou que as do geográfico a quem procure ver o problema das várias expressões de desenvolvimento da energia humana na sua totalidade social. É que cresce o nosso conhecimento da força e da capacidade de penetração das influências de cultura e de formação histórica sobre a plástica social e o *ethos* de um grupo. Daí podermos quase sorrir hoje dos sociólogos extremados no seu biologismo que até ontem consideravam o russo, por exemplo, "raça" por natureza especializada no domínio de situações psíquicas com desprezo, por incapacidade natural, pelo domínio de situações físicas; como "raça" por natureza feminina, em contraste com os nórdicos, etnicamente masculinos; como "raça" de psicólogos e diplomatas mas não de engenheiros capazes de rivalizar com os suecos; e, ainda, como "raça" sofredora, ou, bio ou psicossocialmente masoquista, em contraste com as "raças" que fazem sofrer as demais e são, do ponto de vista antes sociológico – a nosso ver – que sexológico ou etnológico, sadistas. Do masoquismo do povo russo já nos afoitamos a sugerir que existindo, como existe, parece, entretanto, explicar-se, como o masoquismo do povo do Brasil – "Rússia americana" pelo seu passado patriarcal-escravocrata – por situações sociais dominantes no desenvolvimento histórico e cultural dos dois povos: situações sociais dominantes – a de escravo, a de servo, a de pária, a de agregado, a de filho de Deus confundida com o filho da Igreja às vezes absorventemente paternal ou maternal – que explicariam também, no russo pré-soviético e um pouco no de hoje e no brasileiro, ainda hoje, o gosto que sentem, a necessidade que experimentam em sua maioria rústica, de governo paternal ou "Estado forte", de homens chamados de "aço" ou de "ferro".[23]

Ambos os problemas – o de raças puras ou superiores e o da miscigenação, considerados em suas relações com manifestações de cultura e configurações sociais – se apresentam ao sociólogo biologista ligados a terceiro problema, igualmente de Biologia humana e social ao mesmo tempo que de Sociologia e de Psicologia: o dos chamados indivíduos superiores, o dos gênios, o das *élites* em relação com as raças, os grupos, as comunidades. Há hoje, entre os estudiosos das três especialidades, pouca discordância quanto aos avanços em cultura, seja qual for seu aspecto – utilitário, científico, literário, filosófico –, se realizarem, em grande parte, pela ação dos chamados indivíduos sociais superiores, isto é, altamente dotados de inteligência e de poder de compreensão, interpretação e invenção. Indivíduos raríssimos, quando gênios; e sempre em minoria. Daí o professor Fischer não conceber uma "nação" sem essa minoria de gênios nas esferas econômica, política, artística. *Leaders* de gênio cujas aptidões tomem a forma de intensificações, se não totais, parciais, das qualidades definidas e apresentadas pela maioria: doutro modo não haveria compreensão mútua.[24]

Os que veem na superioridade dos brancos sobre os pretos expressões de superioridade biológica valem-se do fato de ser maior o número de "indivíduos superiores" entre os brancos do que entre os pretos "puros" como de uma evidência a seu favor. A maior frequência de gênios entre os brancos explicaria os avanços de cultura que dão a esses povos absoluta supremacia técnica sobre os de cor –

---

[23] Do assunto temos nos ocupado em outros estudos (*Casa grande & Senzala*, op. cit., p. 171, *Perfil de Euclides e outros perfis*, Rio de Janeiro, 1943, p. 133). No primeiro, procuramos destacar a influência que teria exercido o complexo psicossocial sadismo-masoquismo sobre a vida e o caráter (*ethos*) do brasileiro, por meio do sistema da escravidão, dentro do patriarcado que condicionou nossa formação. Coincidem com a sugestão ali esboçada recentes observações da Sra. Rebecca West (*Black lamb and grey falcon*, London, 1941) sobre o *ethos* iugoslavo. Observações que a escritora inglesa não hesita em desenvolver numa quase teoria de interpretação da história: "dança alternada de sadismo e masoquismo". Na ênfase dada pelo marechal Pétain à necessidade de "regeneração pelo sofrimento", iríamos encontrar, dentro da teoria da Sra. West, "sobrevivência da fé pagã na magia" (regeneração pelo sangue). No brasileiro ainda hoje, como outrora no russo, se encontra quase sempre – na gente do povo – a tendência para a exaltação do sofrimento ou da passividade. Parece tratar-se principalmente de resíduo masoquista deixado em nossa gente pelo patriarcalismo escravocrata que lhe condicionou o desenvolvimento (FREYRE, G. Sadismo e masoquismo na vida pública, *O Jornal*, Rio de Janeiro, 23 de janeiro de 1943.)

[24] FISCHER, op. cit., p. 182. Aos *leaders* Fischer chama "*hereditary carriers of the requisite gifts*" (ibidem, p. 183). A seu ver, sucumbe a nação a que faltem tais *leaders* em momentos de crise, o que parecer ser confirmado por casos como da França em contraste com a Grã-Bretanha, também técnica e psicologicamente desorganizada em face da possante combinação germano-italiana, mas que encontrou *leaders* capazes de organizarem sua resistência ao inimigo.

excetuados hoje os japoneses. E supremacia científica e intelectual sobre os pretos considerados puros.²⁵

Mas essa generalização talvez seja alcançada com desprezo quase completo pelo fato de que os povos negros "puros" do nosso conhecimento histórico ou etnológico têm-se conformado, por temperamento ou por força das circunstâncias de meio físico, ou pela combinação dos dois fatores, com formas de cultura menos favoráveis que os dos povos brancos à expressão ou afirmação ostensivamente individual de talento, embora essa afirmação de modo nenhum deixe de existir entre os povos primitivos – entre a maioria deles, pelo menos – por mais comunários (e nunca o são de modo absoluto) que se apresentem sua organização social e sua cultura.

Pode-se generalizar a numerosas sociedades ou culturas primitivas o reparo do professor Faris sobre os bântus: que sendo pré-individualistas – e também pré-científicos, pré-letrados, pré-industriais – grande parte das suas ações se produz dentro de rotina prescrita pela tradição do grupo, com a "pessoa" ou o chamado indivíduo quase dissolvido sob as "representações culturais". Os costumes, isto é, *mores* e as influências

---

²⁵ O professor Hooton recorda que recentes pesquisas arqueológicas na África Ocidental, no vale do Nilo e na Rodésia vêm revelando restos de monumentos de grandes civilizações remotas que parecem ter sido negras ou, pelo menos, negroides. O talento de negros da África em trabalhos de ferro, bronze, madeira, marfim não deve de modo nenhum ser desprezado, tal a qualidade dos produtos. Nem seu talento musical e coreográfico subestimado. É considerável a variedade de instrumentos musicais inventados por negros. Tampouco deve ser esquecido o elemento negroide na população da Índia, cuja cultura se apresenta com relevos monumentais e abundantes em "indivíduos superiores" ou de gênio; e na opinião de Hooton, ninguém pode provar serem as excelências da mesma cultura, criação de povo mestiço, devidas total ou principalmente ao elemento branco, e não ao negroide, da população (op. cit., p. 592). Deve-se, ao mesmo tempo, notar que a tendência do negro africano para perder sua individualidade, ou pelo menos o excesso de individualidade, na comunidade, talvez seja traço condicionado pelas situações sociais predominantes no seu desenvolvimento histórico em contraste com as situações predominantes no desenvolvimento histórico dos nórdicos. Na predominância de situações através de longo passado talvez esteja a principal explicação de chamados "instintos individualistas" e de "independência" que o professor Fritz Lents exalta nos nórdicos (op. cit., p. 659).
A favor da sugestão que aqui esboçamos contra a ideia de Lentz e de quantos associam de modo absoluto "instintos individualistas" e capacidade de direção aos brancos ou nórdicos e "instintos coletivistas", gosto de submissão e incapacidade de direção a negros e amarelos, parece-nos que pode ser invocada a experiência brasileira de miscigenação, com relativa liberdade concedida ao negro africano para manifestar seu talento, suas aptidões e seus "instintos" dentro de um tipo de cultura e de organização social mais individualista que coletivista. O resultado é que de nossa história podem ser retirados exemplos numerosos de negros africanos, ou de descendentes de negros africanos "puros" ou quase "puros", que figuram ao lado dos nossos brancos "puros", brancosos e mestiços mais notáveis pelo talento criador e organizador, inclusive a capacidade de direção: Henrique Dias, Zumbi de Palmares, padre José Maurício, Natividade Saldanha, A. P. de Figueiredo, Saldanha Marinho, Luís Gama, os Rebouças, Cruz e Sousa, Tito Lívio de Castro, o juiz Dacia, o parlamentar Clodoaldo Lopes, o arcebispo Dom Silvério, Teodoro Sampaio, Anselmo da Fonseca, Juliano Moreira. Por outro lado, o Japão, a China e a Índia vêm, nos últimos decênios, competindo, em várias esferas, com as potências individualistas e predominantemente branca mediante esforços de organização de suas massas humanas e de seus recursos naturais desenvolvidos por indivíduos altamente capazes de direção, de comando e de iniciativa naquelas várias esferas.

de cultura é que definem as situações para os indivíduos sociais.[26] Mas sem que deixe de haver inteligência individual e estima pela inteligência do "indivíduo" ou da pessoa diante de problemas novos para o grupo. Mesmo assim parece que são bem menores as oportunidades de afirmação de talento individual em sociedades ou culturas pré-individualistas que nas individualistas, não havendo base segura para a comparação exata de maior ou menor frequência de uma forma de superioridade mental cuja expressão não deixa de estar condicionada – favorecida ou contrariada – pelas formas de cultura e de organização social predominantes.

Quase o mesmo pode dizer-se das diferenças na frequência de indivíduos de gênio e talento nas classes chamadas "inferiores", "baixas" ou pobres quando comparadas com as chamadas "superiores", "altas" ou ricas. É certo que os talentos associados a temperamentos excepcionalmente enérgicos vencem, por força de uma superioridade cuja base biológica dificilmente pode ser negada, as dificuldades de ordem social que se levantam diante deles. Mas são numerosas as evidências no sentido contrário: as de gênios e talentos que parecem não se ter realizado completamente por falta de estímulos e facilidades sociais – particularmente econômicas – para a inteira expressão ou afirmação de sua força criadora. Donde se poder concluir com o professor Hankins, contra os possíveis exageros antibiológicos do professor Pearl, por um lado, e os biológicos de Galton e de seus discípulos, por outro lado, que o maior desenvolvimento possível das potencialidades de qualquer indivíduo depende de receber ele, mesmo quando indivíduo superior, os necessários estímulos do ambiente: é o ambiente que lhe dá oportunidade de desenvolver aquelas potencialidades.[27]

Os trabalhos de discriminação entre a plasticidade orgânica e a reação orgânica do indivíduo ao meio só poderão se desenvolver em estudos integralmente científicos se se realizarem pela cooperação dos sociólogos com os biólogos, naquela zona nem puramente sociológica nem exclusivamente biológica em que as pesquisas de Biologia humana e social se encontram com as de Sociologia biológica. Até que se desenvolvam tais trabalhos em conjunto, a suposta desigualdade constitucional das classes sociais permanece questão aberta em Sociologia. Para o professor René Sand as supostas diferenças rigidamente biológicas entre as classes sociais se alteram com as reformas sociais como o indicam, em vários países, mensurações de escolares das classes pagantes e das gratuitas, estatísticas de mortalidade geral, de mortalidade infantil, de mortalidade por tuberculose nos vários bairros das mesmas cidades e, ainda, estatísticas da Metropolitan Life Insurance Company, segundo as quais a longevidade dos operários americanos

---

[26] Faris, E. *The nature of human nature*, New York, London, 1937, p. 284-5.

[27] Hankins, F. H, *An introduction to the study of society*, New York, 1939, p. 25.

se vem aproximando da longevidade da população em geral com o melhoramento das condições de vida dos mesmos operários.[28]

Há, a favor do otimismo antes eutênico que eugênico dos René Sand, experiências sociais de interesse científico para a Sociologia biológica como as de Margaret Mac Millan, que recolheu do bairro mais pobre de Londres crianças raquíticas, colocando-as em escolas do tipo chamado maternal, ao ar livre, fundadas e mantidas pela mesma senhora: dentro de alguns anos crianças pobres tornaram-se iguais física e mentalmente às das classes abastadas. Evidências semelhantes a favor da possibilidade de aperfeiçoamento, por meio científico, de indivíduos dados por cacogênicos só pelo fato de pertencerem a classe inferior ou pobre são oferecidas pelos estudos experimentais de Hetzer e Wolf, em Viena, Helen T. Wooley, em Detroit, e Kiribara, com crianças japonesas.[29] O que parece é que fatores vários – vegetações adenoides, cárie dentária, anemia – refletem-se sobre a condição mental das crianças pobres, sendo essa condição suscetível de alteração, juntamente com a estatura e a própria forma de crânio; juntamente com característicos por algum tempo dados como fixos: a baixa estatura e a braquicefalia. As situações sociais – materiais e imateriais – tendem a refletir-se sobre a capacidade de direção ou o gosto de subordinação que distingam os adultos criados como "pobres" ou "inferiores", quer essa inferioridade seja de "raça" quer de classe. Daí nos parecerem precipitadas conclusões como as de R. M. Yerkes de que os negros americanos, estudados psicologicamente como soldados durante a guerra de 1914-1918, revelaram-se sempre alegres, bem dispostos, obedientes, porém sem iniciativa ou capacidade de dirigir.[30] Capacidade que alguns supõem acompanhar, como se fosse aptidão biológica,

---

[28] SAND, R. *L'economie humaine par la Médecine Sociale*, Paris, MCMXXXIV, p. 118.

[29] Experiências referidas por SAND, op. cit., cap. VI.

[30] YERKES, R. M. *Psychological examining in the United States Army*, New York, 1916. Talvez Yerkes chegasse à mesma conclusão se suas observações tivessem sido feitas não sobre negros, mas sobre alguma população branca nas mesmas condições sociais da preta, nos Estados Unidos: com a mesma herança de quase três séculos de escravidão e a mesma situação de raça degradada a condicionar-lhe o comportamento. Não nos esqueçamos de que "*although a larger percentage of superior offspring arise from distinguished parents than from the mass of mediocre parents, geniuses do not always produce geniuses and sometimes superior offspring may come from inferior parents*" (THADEN, J. F. Leadership biological foundations, in: *Society under analysis*, Lancaster, 1942, p. 648. Também JENNINGS, H. S. *The biological basis of human nature*, op. cit., p. 247-8). Salientemos que a capacidade de direção tem sua base no sistema nervoso e nas glândulas endócrinas, o primeiro, regulador dos órgãos e processos vitais – ritmo do coração, respiração, digestão, atividade básico-neural – órgãos e processos cujo funcionamento se relaciona com a conservação de traços de personalidade socialmente aprovados ou estimados. As glândulas endócrinas, pela produção de hormônios, contribuem para regular no mesmo sentido qualidades de energia, domínio de si próprio e resistência característicos da personalidade do *leader*, sendo então seu funcionamento considerado normal: normal em relação com as qualidades socialmente estimáveis ou desejáveis. De outro modo, podem contribuir para irritação, fraqueza, nervosismo, letargia. Em alguns casos, é hoje possível corrigir o funcionamento das glândulas no sentido social que se deseje; ou no sentido da personalidade de *leader*, para nos fixarmos nesse ponto. (Vejam-se, sobre o assunto, THADEN, op. cit., p. 648-9; SHARPEY-SCHAFER, E. *The endocrine organs*, London, 1924-1926; BERMAN, L. *The glands regulating personality*, New York,

os membros de classes superiores. Esquecem-se tais intérpretes, ou fantasistas, da profunda repercussão no sentido de passividade, e até no de masoquismo, que pode ter o longo passado de submissão a "superiores" de "raças" e classes conservadas como inferiores e sem que seus membros mesmo quando biologicamente, "indivíduos superiores" possam se revelar *leaders* ou homens de gênio, a não ser excepcionalmente.

Ligam-se ao assunto pesquisas antropológicas do professor Keith, com relação a raças e classes consideradas ou denominadas inferiores. Segundo essas pesquisas, observa-se nos ingleses dos fins do século XVIII aos nossos dias, um estreitamento progressivo da face e do palato (céu da boca), devido, talvez, a condições novas criadas pela Revolução Industrial na vida ou no ambiente de grande parte da população inglesa.[31] O aumento da estatura nos filhos de japoneses criados nos Estados Unidos, devido – supõe-se – à influência do leite, é indicado por outras pesquisas de interesse sociobiológico.[32] E não precisamos recordar as célebres pesquisas de Boas, sobre alterações de forma de crânio nas crianças de origem europeia nascidas e criadas nos Estados Unidos.[33]

De toda a importância para a Sociologia biológica são as pesquisas sobre a condição das populações nos aspectos em que parecem vir sendo afetadas pelas condições novas criadas pelas indústrias, principalmente através da desvalorização – pelo

---

1928; HERRICH, C. J. *Neurological foundations of animal behavior*, New York, 1924; GOWIN, E. B. *The executive and his control of men*, New York, 1921).

Em torno do problema dos indivíduos sociais superiores vê-se de modo particular quanto é difícil separar o homem social ou cultural do homem ou ser biológico, de tal modo estão integrados: "*thoroughly integrated*", como diz o professor Thaden (op. cit., p. 649), que destaca: "*social influences tend to stimulate the development of inherited aptitudes. As a rule children with musical ability are given more musical training than those with a deficiency of this talent*". E os exemplos nesse sentido podem ser recolhidos noutras esferas, como na da educação militar dada, em geral, aos indivíduos sociais com aptidões e condições militares de estatura, vigor físico, coragem, embora não sejam raros os casos de compensação: indivíduos sociais que forçam sua entrada no Exército, como compensação à sua baixa estatura, por exemplo, ou a deficiências menos visíveis. Para o professor Gowin, em geral, dos indivíduos de estatura elevada esperam os demais que se tornem *leaders*, chefes, generais, estando essa condição de físico particularmente ligada, entre várias culturas, à ideia de direção, mando, superioridade executiva. Daí, talvez, os homens baixos em que o "mecanismo de compensação" age no sentido de tudo fazerem para atingir aquelas situações, compensando-se pelo desenvolvimento de outras aptidões de direção, da deficiência da condição mais ostensiva.

[33] BOAS, F. Changes in bodily form of descendants of immigrants, in: *The immigration com.*, Washington, 1910. Também, Materials for the study of inheritance in man, Columbia Univ., *Cont. to Anthropology*, v. VI, New York, 1929.

[32] SAND, R. *L'economie humaine par la Médecine Sociale* (op. cit., p. 124). O professor Sand, comentando a teoria dos que sugerem que as classes sociais, não sendo fixas, tenderiam a recrutar constantemente elementos novos, os biologicamente fortes indo para as classes superiores e os biologicamente inferiores para as classes inferiores, escreve: "*Il y a naturellement une part de verité dans cette théorie; toutefois, elle ne serait exact que dans une société où régnerait une egalité parfaite du point de départ, de l'éducation, des opportunités*" (ibidem, p. 123).

[33] BOAS, F. Changes in bodily form of descendants of immigrants, in: *The immigration com.*, Washington, 1910. Também, Materials for the study of inheritance in man, Columbia Univ., *Cont. to Anthropology*, v. VI, New York, 1929.

aperfeiçoamento de fabrico, do ponto de vista industrial e às vezes estético, porém não higiênico, de pão, bolacha, arroz, açúcar etc. – de alimentos tradicionais.[34] E aqui convém nos lembrarmos da opinião de alguns fisiólogos de que não só as doenças infecciosas, como as intoxicações e provavelmente também as carências alimentares (pelagra, beribéri), de que sofrem populações vítimas da monocultura – conforme sugestão nossa derivada do estudo das zonas ou áreas brasileiras mais intensamente monocultoras – ou de condições artificiais de vida criadas em algumas regiões pela Revolução Industrial, podem alterar de tal modo a situação física das populações, que os seus efeitos podem confundir-se com os de herança biológica de sentido cacogênico; com os dos fatores hereditários de sentido patológico. Pode verificar-se até por efeito de contaminação do filho pela mãe, à deterioração de células sexuais chamada blastotoxia.[35] Sobre a mulher grávida é considerável o efeito da subalimentação, enquanto a sífilis pode comunicar-se dela à criança no decorrer da vida intrauterina. E estes são talvez apenas alguns aspectos da interpenetração de influências hereditárias e de meio ou de ambiente.

O ambiente, começando pessoalmente para a criança ainda na vida intrauterina e biossocial e socialmente, antes dessa fase, é uma influência que se antecipa à participação ativa e ostensivamente pessoal do ser humano na vida social. Essa antecipação de influência do ambiente não deve ser esquecida.

Daí, talvez, a sugestão ou a aspiração de eugenistas puros ou alongados em eutenistas, de intervir o Estado na atividade procriadora daquelas famílias cujas qualidades hereditárias sejam consideradas nitidamente inferiores à média e de aumentar-se a fecundidade da massa de famílias cujas qualidades sejam nitidamente superiores à média. Problema de interesse para a Sociologia biológica, contanto que às pretensões dos eugenistas partidários do intervencionismo do Estado na atividade procriadora das pessoas (intervencionismo do ponto de vista exclusivamente biossocial) oponha o sociólogo aspectos sociais de problema, que dificilmente podem ser esquecidos, tratando-se não apenas de animais, mas de pessoas humanas. Pois não é demasia insistirmos na impossibilidade de simplificação de problemas sociais humanos em problemas fácil e puramente biológicos.

É certo que se apresenta com aspectos socialmente inquietantes o fato de vir diminuindo a natalidade entre certas "raças" e classes em face de outras. Mas socialmente inquietantes, acentue-se bem; ou antes, politicamente inquietantes. O primado europeu de economia, de política, de cultura, por exemplo, parece ir entrar em crise profunda.

---

[34] Sobre o assunto, vejam-se de MELO, S. Problemas de alimentação, *Brasil Médico*, Rio de Janeiro, n. 34, p. 3, e *Alimentação, instinto,cCultura*, Rio de Janeiro, 1943. Também o nosso *Problemas brasileiros de Antropologia* (op. cit., p. 12-19).

[35] SAND, op. cit., p. 137. Veja-se também, DENDY, A. *The biological foundations of society*, London, 1924, cap. II.

E quem diz primado europeu diz quase primado da chamada "raça" branca. Não estando demonstrada cientificamente a superioridade absoluta da "raça" branca sobre as outras "raças" que hoje se julgam capazes, como a amarela do Japão e a euro-asiática que constitui a maioria de algumas Repúblicas Soviéticas Russas, de tratar política e economicamente com os brancos como iguais com iguais, não podemos confundir, em estudos científicos de Sociologia, em geral, e de Sociologia biológica, em particular, os motivos sociais de inquietação que possam ter brancos ou pseudobrancos em torno da crise de primado ou de hegemonia europeia que parece aproximar-se de nós, com motivos de inquietação biossocial. Pois não é a espécie humana ou a sociedade humana que está ameaçada em suas condições de domínio sobre as demais pela catástrofe política, mas a "raça" ou a sociedade europeia, isto é, o conjunto "raças" e "sociedades" da Europa ocidental, habituadas ao primado econômico, técnico e político sobre as demais "raças" sociedades e culturas.

Também o primado da chamada burguesia – tal como veio a definir-se no século XIX, com o liberalismo econômico e o capitalismo ortodoxo – parece estar em crise tão profunda que talvez o fim da guerra atual seja também o seu fim. Ou o começo do seu fim, ou o fim desse começo, como diria um discípulo de *Sir* Winston Churchill em assuntos de precisão ou cautela verbal. Mas desde quando está demonstrada cientificamente a superioridade da burguesia como grupo biossocial sobre outros grupos biossociais? Existem opiniões e sentimentos a favor dessa pretendida superioridade e à sombra deles é que principalmente se desenvolve a atividade pseudocientífica, mas na realidade política, consciente ou inconscientemente política, de alguns dos eugenistas mais exaltados na defesa da tese de que à classe burguesa corresponde nítida superioridade de constituição genética. Existem evidências a favor de uma era geralmente apresentada como burguesa – a era vitoriana, na Inglaterra do século XIX – comparável, na verdade, sob mais de um aspecto, a alguns períodos de maior fulgor na história da sociedade e da cultura humana. Mas o que há de cientificamente válido nessas evidências parece reverter antes a favor das aristocracias democráticas – democráticas no sentido de aristocracias que se deixem fecundar pela penetração de sangue, energia e talento vindos, através de formas democráticas de seleção, de todos os grupos nacionais ou regionais – que a favor da burguesia em si: da burguesia como classe dominante, cujo poder se baseie na capacidade de conservação e aumento de riqueza pela posse exclusiva por ela, classe burguesa, das principais fontes e meios de produção, considerados antes bens de classe que públicos ou mesmo nacionais ou regionais.

Se amanhã vier a desaparecer o domínio da burguesia tal como o conhecemos hoje – e nada indica que esse desaparecimento se produza com maiores violências do que aquelas a que nos vimos habituando desde 1914 – não há aí motivo de inquietação sobre base científica mas só de inquietação política e sentimental. Pode o enfraquecimento da burguesia nas suas formas ortodoxas de domínio estar nos trazendo o desconforto das eras de grandes instabilidades sociais e das transições profundas: desconforto que já experimentamos há anos. Mas desconforto político e econômico. E não a dor de nos encontrarmos à beira de perigos tremendos para a raça, para a sociedade e para a cultura humanas, nenhuma das quais está identificada de modo tal com uma "raça", com uma classe ou com um povo, que perdida a hegemonia econômica e política desfrutada ou exercida por esse povo, ou por essa "raça" ou por essa classe, a espécie humana, em geral, sofra consequências de ordem biológica irremediavelmente desfavoráveis à sua saúde social.

Não que não seja em parte de ordem biológica o problema, hoje tão discutido, de decréscimo de natalidade entre as populações de "raça" branca, enquanto populações de "raça" amarela e de "raça" negra vêm aumentando de número (embora especialistas em questões de população como o professor Wolfe não se mostrem inclinados a considerar a chamada "balança de poder" entre as raças e povos condicionada principalmente pela relação de número).[36] Admitidas essas relações e a tendência de caminharmos para a absoluta superioridade de número, de povos de raça amarela, é provável que um mundo dominado por amarelos – ou negros – viesse a refletir em sua organização social, em sua cultura e em seus produtos estéticos, influências condicionadas pela situação bioquímica e étnica de constituição, de temperamento e de aptidões especiais de seus dominadores novos. Mas nada indica que o patrimônio de cultura imaterial e material greco-romana, hebreia e hispano-árabe, de que os europeus e americanos vêm desenvolvendo combinações novas com os valores de outras culturas, até hoje ancilares, seria desprezado por um mundo dominado econômica e politicamente por populações que não fossem predominantemente europeias na sua etnia e na sua cultura: desprezado a ponto de tornarem-se a cruz, o presunto, a Bíblia, o vinho do Porto, o arranha-céu, simples curiosidades de museus ou de compêndios de Arqueologia.

O aspecto malthusiano do problema social – ao mesmo tempo que biológico – de populações é assunto nitidamente sociobiológico, e não apenas biossocial. Supõem alguns estudiosos do problema, empolgados pelo alarme de Malthus, que a população, em geral, tende a exceder a subsistência, se não for moderada nessa tendência pelas guerras, fomes, doenças e miséria. Teoria dos fins do século XVIII que ganhou novo interesse um século depois, com a controvérsia alemã, *Agrar versus Industriestaat*, isto é, com as preocupações em torno do futuro dos recursos europeus de alimentação e do declínio da natalidade na Europa.

Karl Marx, analisando a teoria malthusiana menos do estreito ponto de vista do determinismo econômico – que por coerência doutrinária marxista devia ser sempre

---

[36] WOLFE, A. B. Population, *Enc. of the Soc. Sciences*, v. XII, p. 248-53. Wolfe distingue, no estudo da população, o aspecto biossocial do socioeconômico.

o seu – do que do da complexidade social (que é o ponto de vista da Sociologia – a ciência), pôs em relevo o fato de a superpopulação de certas áreas resultar, ou parecer resultar, da distribuição inadequada de rendas, peculiar ao capitalismo; e não da limitada capacidade de produção humana. Para o professor Wolfe, o critério de Marx se apresenta hoje pragmaticamente mais aplicável ao problema de populações em relação com os meios de subsistência do que o critério malthusiano, embora da teoria malthusiana permaneça sem contestação ponderável esse ponto: o de não se poder contar com o infinito aumento dos meios de subsistência.[37]

Nunca será demais insistir, com relação a esse problema de Sociologia biológica, que o critério de abordá-lo não poderá nunca ser o exclusiva ou predominantemente biológico, sob pena de sacrificar-se a semelhante exclusividade ou quase exclusividade o que há em tais problemas de complexamente humano, social e telúrico. Não nos esqueçamos de que o ser humano, unidade da população como da raça, em vez de simples animal, é animal se não sempre conscientemente social, inseparável de sua condição social e cultural; e das suas várias situações sociais: desde a biossocial (sexo, idade, "raça"), e da ecossocial (situação no espaço físico-social, relações com os meios de subsistência) às puramente ou quase puramente sociais e modificadoras das demais.

Já há quem insista em substituir a expressão *raça* por *complexo racial* para que se subentendam o sentido geográfico e o sentido social (efeito de segregação geográfica) unidos ao hereditário. No que diz respeito ao sentido racial-hereditário não nos esqueçamos de que o choque entre as influências de herança e de vida social que tornam dinâmico e de modo nenhum estático o conceito de "raça", parecem colocar o indivíduo étnico em situação de adjetivo com relação à realidade básica para o sociólogo, que é a personalidade humana, formada por uma constelação de situações pura ou predominantemente sociais. Para o sociólogo, o estudo sociológico completo da realidade social é o que se realiza em torno da personalidade formada de pessoas ou de situações sociais integradas ou não: às vezes coexistentes sem integração. Aí é que encontramos as próprias bases físicas da realidade social fixadas desde a fecundação quanto aos limites físicos e psíquicos de cada homem. Limites que serão ou não alcançados. Limites modificados, depois de definido o indivíduo biológico em pessoa social, por influências físico-químicas de meio e pelas sociais e de cultura.

---

[37] Ibidem, p. 151. Vejam-se também SAUNDERS, C. *The population problem*, Oxford, 1922; NITTI, F. S. *La popolazione e il sistema sociale*, Torino, 1894; VIRGILII, F. *Il problema della popolazione*, Milano, 1924; MARX, K. *Das Kapital*, Hamburgo, 1890, cap. XXIII-XXV; PEARL, R. *The biology of population growth*, New York, 1925; WOLFE, A. B. Is there a biological law of human population growth, *Quarterly Journal of Economics*, v. XLI. Também o ensaio clássico de MALTHUS, T. R. *An essay on the principle of population* (1798), ed. de 1914, com introdução de W. T. Layton.

d) Sociologia biológica e biotipologia

Sob esse critério é que se apresenta de interesse sociológico a possível intervenção dos fatores endócrinos na diferenciação de tipos étnicos; também a intervenção dos mesmos fatores, que cada dia vai sendo melhor esclarecida, na diferenciação do homem e de populações regionais em dois tipos principais, que existiriam em todas as raças: o longilíneo e o brevilíneo. O longilíneo, dolicocéfalo, de *habitat* ordinariamente oceânico e de tiroide mais ativa; o brevilíneo, braquicéfalo, de *habitat* ordinariamente continental ou mediterrâneo.

A moderna Sociologia biológica – do mesmo modo que a ecológica, em que a biológica de algum modo se prolonga – conserva-se em íntimo contato com os estudos de biotipologia. A ecológica, veremos mais adiante por que; a biológica, pela possível relação ou correlação entre tipos e subtipos e suas aptidões sociais. E, através da Psicologia, é possível que a biotipologia venha a fornecer à Engenharia social, por meio da Sociologia científica, pontos de apoio para o desenvolvimento de formas de convivência pacífica entre grupos humanos e populações hoje antagônicas, por motivos que nem sempre parecem ser exclusivamente econômicos. Admitido, é claro, que essa convivência constantemente pacífica seja desejável: questão mais de Filosofia social que de Sociologia.

Extrassociológica apresenta-se também a atitude oposta: a dos cientificistas sociais que, julgando-se apoiados na Biologia, se opõem a tendências de paz eterna, ou pelo menos longa, entre os grupos humanos, por considerarem tais tendências contrárias aos meios ou processos da natureza. A Biologia não nos impõe tal atitude; nem a Sociologia nos autoriza a desenvolvê-la sob forma de teoria biossociológica. Antropólogos como o professor Keith, fantasistas como Gobineau, pensadores-poetas como Nietzsche é que têm pretendido dar colorido biológico ou biossociológico a suas concepções do homem superior como eterno guerreiro.

O professor Keith chega a dizer que "os preconceitos humanos têm de ordinário significação biológica".[38] Um desses preconceitos seria o de "raça", que defenderia a humanidade do perigo da "derracilização", da domesticação e da uniformização. Quando a verdade – que o diga um antropólogo da autoridade do professor Henri Neuville – é que a miscigenação, em vez de conduzir as populações à uniformização temida por Keith "determina sempre variações individuais".[39] E admitida a guerra como "necessidade vital", o professor Neuville tem muito em que se apoiar para a afirmação de que os motivos de guerras são menos os ódios ou aversões, de fundo principalmente

---

[38] KEITH, *Ethnos* (op. cit., p. 73).

[39] NEUVILLE, H. *L'espèce, la race et le métissage en Anthropologie* (op. cit., p. 364).

biológico, entre "raças", do que a "competição econômica" e "os ódios entre castas".[40] As guerras que por muito tempo dividiram os portugueses dos espanhóis, com repercussões sobre a América hispânica, são exemplo do que a "competição econômica", ou antes, social, pode realizar, no sentido de lançar um grupo humano contra o outro, por mais étnica ou biologicamente semelhantes. E quanto aos ódios entre castas que sirvam de demonstração de sua força as lutas entre indianos que explicam e até certo ponto justificam o domínio imperial exercido ali pelos britânicos.

O professor Cannon, em estudos de Fisiologia sobre a função da excitação emocional, refere-se aos argumentos biológicos desenvolvidos pelos militaristas, segundo os quais o "instinto combativo" corresponderia a uma "necessidade natural". Argumentos que até certo ponto encontram apoio nas pesquisas fisiológicas, verificando-se nos seres humanos provisões fisiológicas para as lutas ásperas (*"physiological provisions for fierce struggle"*),[41] embora de modo nenhum sob a forma ou sob o estímulo de preconceitos de "significação biológica" como os de raça, da teoria do professor Keith. O que temos que reconhecer são tensões nervosas no homem, exigindo desforço ou alívio que os militaristas afirmam dever ser sempre a atividade bélica, mas que os antigos, pela boca de Aristóteles, já supunham poder ser a música ou a tragédia, e alguns povos modernos – principalmente os anglo-saxões e os escandinavos – supõem poder ser o esporte: mesmo sob a forma crua de touradas sangrentas, como entre os espanhóis.

William James, propondo um *"moral equivalent for war"*, antecipou-se aos fisiólogos modernos em reconhecer que a tensão nervosa no sentido de expressões que, em termos convencionalmente sociais, corresponderiam à atividade bélica, existe no homem; e ao seu ver há um "tipo marcial de caráter" – expressão daquela tensão nervosa – que pode ser desenvolvido fora da atividade convencionalmente guerreira.[42] Aproveitar-se-ia noutras atividades a combatividade que parece ser necessária

---

[40] Ibidem, p. 364-6.

[41] CANNON, W. B. *Bodily changes in pain, hunger, fear and rage*, New York, 1915, cap. XX, "Alternative satisfaction for the fighting emotions".

[42] JAMES, W. *Memories and studies*, New York, 1911, p. 287. Ideia também de Pierre Bovet, que formula meios de substituição da atividade guerreira por outras (sublimação, platonização etc.), mencionando entre os exemplos de sublimação a Companhia de Jesus, o Exército de Salvação e os *Boy Scouts* (veja-se *L'instinct combatif*, Paris, 1928, cap. IX). Entretanto, há sociólogos que pensam como o professor Karl Mannheim, que as "atitudes pacíficas estão mais de acordo com os estilos de vida de uma sociedade industrializada"; donde lhe parecer contra a natureza (social) comportarem-se os membros de tais sociedades como soldados, e não como cidadãos, tanto mais quanto é tão difícil e custoso, ao seu ver, desenvolver nos homens atitudes belicosas quanto atitudes pacíficas (*Man and Society in an Age or Reconstruction, Studies in Modern Social Structure*, New York, 1940, p. 123). Para o professor Mannheim o equipamento biológico do homem torna possível desenvolvê-lo tanto em ser pacífico como em ser belicoso, dependendo das instituições sociais o desenvolvimento de um tipo ou de outro. Se são mais numerosos os povos belicosos que os pacíficos, a simples existência dos pacíficos, como em nossa época o holandês, é indicação suficiente, segundo o professor Mannheim, de que a natureza humana pode realizar-se ou desenvolver-se sem guerra (op. cit., p. 124). Vejam-

à harmonia ou ao equilíbrio da personalidade físico-química-social do homem. Esse aproveitamento de combatividade ou de "marcialidade" fisiológica inata poderia tomar formas de vida humana ativa, dura e simples, diversas daquelas a que tendem o individualismo, o confortismo e o pacifismo da civilização burguesa, há um século predominante na Europa, nos Estados Unidos e na América chamada Latina, célebre por sibaristas de dedos cheios de anéis, mãos de mulher, bigodes perfumados em que se extremam muitos dos seus bacharéis e filhos de pais alcaides e alguns dos seus próprios *caudilhos* que, quando ricos, deixam de ser os revolucionários brigões da mocidade, os *gaúchos* guerreiros dos dias de pobreza.

Sem a reversão ao militarismo guerreiro que os teóricos do militarismo identificam como "necessidades vitais" e "fatalidades biológicas", com o desenvolvimento da ideia de James daríamos expressão, não destruidora, porém criadora, à tensão nervosa até hoje associada só ou principalmente à atividade guerreira, quando tudo parece indicar que esta pode ser substituída pela ação religiosa militante (como na Companhia de Jesus dos católicos e no Exército da Salvação e nos Boy Scouts dos protestantes: exemplos destacados pelo professor Bovet), pelo atletismo (competições olímpicas) e um dia, talvez, pela reorganização de vida social em base menos individual que social, sem que essa signifique ausência de esforço, de luta ou de tragédia no sentido grego. As chamadas virtudes marciais se tornariam então principalmente artísticas, atléticas e esportivas; ou se associariam a esforços ou sacrifícios de indivíduos e grupos, a favor do bem ou do aperfeiçoamento da comunidade. A consagração desses esforços e sacrifícios, através do culto religioso ou social de heróis e mártires não só da religião como da ciência e da política, da arte e do atletismo, criaria para a adolescência e a massa, porventura necessitadas sempre de heróis e de mártires para estímulo de suas melhores emoções de significação social, figuras de sugestão tão forte quanto para os nossos avós católicos as dos santos guerreiros (São Jorge, Santo Antônio, Santo Inácio, para falarmos apenas de santos guerreiros mais populares no Brasil católico).[43]

---

se também sobre o assunto *Sociology and the study of international relations*, de L. L. e I. B. Bernard (Saint Louis, 1934) e *A study of war*, por Quincy Wright (Chicago, 1942) e *Tensions that cause wars* (Urbana, 1950), por Gordon W. Allport, Gilberto Freyre, Georges Gurvitch et al.

[43] Sobre os santos guerreiros em geral, veja-se o estudo do padre Delehaye, *Les légendes grecques des saints militaires* (Paris, 1909), para quem essa sublimação se fez em base antes histórica do que psicológica. Pode-se talvez acrescentar ao padre Delehaye que a sublimação das virtudes marciais em virtudes cristãs ("Soldados de Cristo", "guerreiros da Cruz" etc.) se fez, na Europa, principalmente na Península Ibérica, onde os santos mais populares, como em Portugal o pacífico e imensamente gordo Santo Antônio (veja-se MACEDO SOARES, J. C. de. *Santo Antônio de Lisboa militar no Brasil*, Rio de Janeiro, 1942, p. XVI, onde se lê do famoso Santo: "no fim da vida, homem exageradamente gordo, afrontado na obesidade"), tornaram-se para a imaginação popular guerreiros, militares, vencedores de inimigos nos campos de batalha. O Brasil herdaria dos portugueses as "lutas" ou os "combates" entre "mouros e cristãos", por muito tempo o prato de resistência de que se nutriu entre nós o gosto da adolescência e da massa se não pela luta em si, pela representação da luta, luta em tal caso sublimada em defesa da religião tradicional

contra a heresia dos invasores. Esse desafogo de gosto de luta, ao que parece de fundo biológico (condicionado, porém, pelas experiências históricas de cada grupo, que o aumentam ou o diminuem), é hoje proporcionado ao adolescente brasileiro e à massa brasileira principalmente pelos jogos de futebol, com particularidade aqueles em que brasileiros encontram-se com estrangeiros para a disputa de taças internacionais. Sobre o chamado "instinto" de combate, de agressão, de luta, e sua sublimação ou utilização no serviço de causas religiosas, nacionais, etc., vejam-se também os estudos de GLOVER, E. *War sadism and pacifism*, London, 1933; WILLIAMS, F. E. *Soviet Russia fights neurosis*, London, 1934; JOLY, H. S. *Ignace de Loyola*, Paris, 1899; POWELL, B. *Scouting for boys*, London, 1908; ROSINSKI, H. *The German Army*, London, 1939; CAMPANEO, *Essai de psychologie militaire*, Paris, 1902; MUNSON, E. L. *The management of men*, London; New York, 1921; MILLER, H. A. Races, nations and classes, in: *The psychology of domination and freedom*, Philadelphia, 1924. Também alguns aspectos dos antagonismos sociais, simplificados pelos marxistas em "luta de classes" – que certamente existe – tomam aspectos guerreiros ou combativos que a nosso ver têm sido pouco estudados desse ponto de vista: contrabando, sabotagem, boicote, greve, terrorismo, cangaceirismo, gangsterismo, eleições disputadas à bala, partidos organizados militarmente: "soldados da Liberdade" contra os "novos cruzados da Ordem", por exemplo. Sobre o assunto, vejam-se *Strike strategy*, de W. Z. Foster (Chicago, 1924); *Boycott, Sperre und Ausperrung*, de R. Maschke (Jena, 1911); *Sabotage*, de E. Pouget, (Chicago, 1913). Sobre o contrabando como satisfação psicológica e social do gosto de luta ou combate, nada conhecemos: nenhum estudo que mesmo de modo indireto (como os estudos citados acima sobre greve, boicotagem e sabotagem) trate do assunto. Convém, entretanto, ler com atenção as páginas que um observador arguto e homem profundamente de bem – o que talvez explique seu afastamento de cargos públicos de relevo no Brasil – consagra ao contrabando no Sul do Brasil, do ponto de vista dos que lutam contra os contrabandistas e parecem derivar daí prazer psicológico e social igual ao derivado pelos contrabandistas de suas lutas contra as autoridades fiscais mais rigorosas ou escrupulosas. Referimo-nos a *A fronteira do Sul*, de J. Resende Silva (Rio de Janeiro, 1922). São sociologicamente significativos os reparos do autor sobre a participação de grande número de habitantes das fronteiras na luta entre autoridades fiscais e contrabandistas, do lado dos últimos: [...] são muito afeiçoados ao contrabando com o qual se familiarizam desde a infância e o consideram como uma verdadeira instituição útil ao povo e, nessas condições, dispensam todo o auxílio possível aos contrabandistas, ao passo que olham os representantes do fisco como verdadeiros inimigos da sociedade [...]" (ibidem, p. 657). Para Resende Silva representa o contrabando "meio de subsistência de uma enorme caudal de desocupados que leva vida nômade e incerta [...] vida de aventura [...]" e obriga as autoridades fiscais a vida de luta e perigo, pois travam-se combates (situação de 1922 que não sabemos até que ponto persiste) "onde muitas vezes caem [as autoridades] vitimadas no cumprimento do dever" (ibidem, p. 658). Cremos que a situação aí caracterizada se enquadra entre aquelas que representam deformação, do ponto de vista social, do chamado "instinto" de combate, que talvez venha se manifestando desse modo, no Sul, e por meio do cangaço, no Norte do Brasil, por falta de canalização da mesma energia no serviço de instituições socialmente estimáveis ou estimadas e, ao mesmo tempo, belicosas, militares, marciais. Sob a sugestão de exemplos como o de Anchieta, o de Caxias, o de Mauá, o de Osório, o de Ibiapina, e de Delmiro Gouveia, é possível que valentes contrabandistas e bravos cangaceiros do Norte e do Sul do Brasil, dotados porventura de maior agressividade ou belicosidade que os demais homens ou com a aptidão comum para a agressividade ou para a belicosidade desenvolvida neles de modo particular por experiências decisivas da infância ou por fracassos dramáticos na adolescência ou na mocidade, tivessem se tornado outros tantos Osórios, Caxias, Mauás, Ibiapinas, Pedros Ivos, Delmiros Gouveias, Dantas Barretos, capazes de dar feição construtora ao seu gosto especial para a luta, para a agressão, para o combate.

Sobre as relações dos chamados "pendores fisiológicos" com as condições de cultura, leia-se o que dizem B. Malinowski em *The Dynamics of Culture Change* (New Haven, 1945) e Clyde Kluckhohn, em *Mirror for Man* (New York, 1949). Em colaboração com Henry A. Murray, organizou o mesmo Clyde Kluckhohn o livro coletivo *Personality in Nature, Society and Culture* (New York, 1948), rico ao mesmo tempo de informações e sugestões sobre o assunto.

Para James, todos nós poderíamos pertencer a organizações disciplinadoras como o soldado pertence ao Exército; e como o soldado – o verdadeiro soldado, é claro – seríamos todos pobres sem que houvesse humilhação na pobreza; como o soldado nos sentiríamos com obrigação de serviços desinteressados e arriscados. Em certas zonas se sentem hoje obrigados a prestar tais serviços ao próximo missionários, engenheiros, médicos, enfermeiras da Cruz Vermelha, aviadores, telegrafistas e radiotelegrafistas, irmãs de caridade.

Poderia ser oferecido como exemplo não só de simples aproveitamento mas de calculada sistematização das chamadas virtudes marciais ou "instinto combativo" do homem, a República de "índios domesticados para Jesus" fundada pelos jesuítas no Paraguai. Um exemplo atual da mesma sistematização seria a Alemanha nazista, com sua subordinação da cultura à "raça", e essa uma "raça" de guerreiros, e do social ao biológico (compreendido neste o "instinto combativo"), do humano ao nacional (identificada a condição nacional com a capacidade de agressão e conquista). Já não estamos, porém, em território da Sociologia biológica, mas no da Filosofia social, tantas vezes invadido por biólogos puros ou fantasiados de sociólogos.

Um desses invasores é o autor do notável estudo, escrito em catalão, *La raça*: Rossel i Vilar. Para ele só a noção de "raça" permite a fundação de uma política, de uma economia social, de uma filosofia, de uma moral e naturalmente – pode-se acrescentar ao ilustre etnocentrista ou etnomaníaco – de uma Sociologia. Por esse critério de extremo biologismo – de interpretação biológica da própria cultura intelectual – se explicaria talvez – se fosse possível tomar inteiramente a sério a teoria de Vilar – o fato de, escrevendo no Brasil e sob a influência da formação mestiça do brasileiro, sugerirmos – em coincidência, aliás, com um alemão ariano cuja obra só ultimamente viemos a conhecer, o professor Hans Freyer – a possibilidade de uma sociologia mista ou mestiça: natural e cultural ao mesmo tempo. Uma sociologia impura que Vilar provavelmente não consideraria Sociologia por não ser toda ou predominantemente natural ou biológica em suas pretensões. Mas não resvalemos em trocadilhos de duvidoso humor.

e) Resumo

O estudo sociológico dos problemas de desenvolvimento das relações sociais entre os grupos étnicos mais diferenciados – desenvolvimento considerado nos últimos anos, com a grande facilidade de contato entre "raças" diversas e acentuada tendência no sentido de *outbreeding* a ponto de serem hoje raros os grupos importantes caracterizados pela política sociobiológica no sentido contrário, isto é, *inbreeding* –

vem tornando evidente que, biologicamente, as "raças" humanas – se não todas, as "menos diferentes" no sentido genético destacado por East e Jones[44] – são bastante semelhantes para o cruzamento entre elas resultar mais eugenicamente vantajoso que o *inbreeding*; e todas para serem capazes de adotar e seguir com proveito formas comuns ou semelhantes de organização social e de cultura, com variantes antes regionais ou

---

[44] Ainda que desaconselhando o cruzamento entre "raças" demasiado à parte – o "nórdico" e o negro "puro", por exemplo – East e Jones em estudo, hoje clássico, sobre *outbreeding* e *inbreeding* mostram-se rasgadamente a favor do cruzamento entre raças pouco diferenciadas. Escrevem eles: *"There must be racial mixture to induce variability, but these racial crosses must not be too wide else the chances are too few and the time required is too great for the proper recombinations making for inherent capacity to occur. Further there must be periods of more or less inbreeding following racial mixtures, if there is to be any high probability of isolating desirable extremes"* (EAST E. M.; JONES, D. F. *Inbreeding and Outbreeding*, London, 1919, p. 55). Note-se de passagem que nós, no Brasil, estamos no período de necessitar de *inbreeding*, durante o qual se isolem os "extremos desejáveis" de que nos dotou o intenso *outbreeding*, em nosso meio de raças mais diferenciadas do que teriam desejado East e Jones.
É também de interesse para a Sociologia biológica o fato destacado pelos mesmos biólogos sociais da moderna história etnológica ou antropológica do Ocidente – o atraso irlandês, o arcaísmo espanhol em relação com a França e Inglaterra e outros países da Europa – com esta interrogação sugestiva: *"Is it not a fair assumption that the backwardness of Spain and Ireland is due to their relative isolation?"* (ibidem, p. 56.) Referem-se à isolação acompanhada de *inbreeding*: o processo social acompanhado do biológico. E contrastam o grande número de indivíduos sociais de alta capacidade criadora produzidos pela Inglaterra, Escócia e França modernas (considerável *outbreeding* e grande interação social e cultural, acentue-se bem) com os poucos produzidos pela Irlanda (*inbreeding* e fraca interação social e cultural). Quanto aos judeus, East e Jones não os consideram – no que estão de acordo com a maioria dos biólogos sociais e sociólogos biológicos – "raça pura", caracterizada pela pouca variabilidade e muita fixidez de traços encontrados nas "raças" quase puras. Com efeito, resultado de cruzamentos inicialmente complexos – árabes, assirioides, amoritas, arianos – os judeus vêm se misturando biológica e socialmente com os povos no meio dos quais vêm vivendo, ainda que conservando o "ideal religioso de pureza da raça" que constitui a base do seu etnocentrismo às vezes perigoso para os outros povos e antecessor do etnocentrismo germânico. Ainda com referência ao Brasil, convém destacar o fato de que as regiões ou áreas mais fecundas em homens de capacidade criadora vêm sendo, ao que parece, as de *outbreeding* seguido de relativo *inbreeding*: Bahia, Rio de Janeiro, São Paulo, Pernambuco, com Paraíba, Alagoas, Rio Grande do Norte, Minas, Ceará. O Maranhão é, entre nós, exemplo da pobreza em grandes homens para que resvalam nas áreas de excessivo *inbreeding* e ainda maior isolamento social e cultural. O mesmo vinha sucedendo a Pernambuco, ultimamente despertado por seu contato com militares norte-americanos. Do Rio Grande do Sul, do Paraná e de Santa Catarina pode-se esperar produção considerável de indivíduos sociais criadores quando se verificar maior hibridização e maior intercomunicação (*outbreeding* e interação social e cultural) nessas áreas, entre brasileiros velhos e novos; e entre os vários subgrupos (alemães, italianos, poloneses etc.) de neobrasileiros. Mais: contra a exceção aberta por East e Jones para o cruzamento entre raças demasiado à parte, por eles considerado indesejável do ponto de vista biossocial, lembremo-nos de que a experiência brasileira (amalgamento de "raças" fortemente diferenciadas – brancos, pretos e amarelos ou vermelhos – embora nossos brancos venham sendo principalmente os hispanos e os italianos, mais próximos biológica ou etnicamente da África do que os nórdicos) indica ser considerável o número de híbridos eugênicos e moral e intelectualmente capazes de rivalizar com os membros de raças "puras". O mesmo é certo da Rússia, isto é, da parte mestiça da população russa: representa o cruzamento entre raças fortemente diferenciadas, a branca e a mongólica. Entretanto é uma população que vem se revelando apta a competir com as brancas "puras" em várias esferas: não apenas na artística, mas na de eficiência militar e industrial.

ecológicas e em consequência de desenvolvimento histórico, que impostas por inaptidões inextinguíveis de caráter étnico no sentido de adoção perfeita das formas importadas ou imitadas. A consciência de *status* ético vem sendo sobrepujada em quase todas as regiões e entre quase todas as populações pela consciência simplesmente de condição humana ou de espécie humana.

Os antropólogos sociais ou etnólogos vêm reunindo fortes evidências no sentido de indicar que essa consciência de espécie humana se apoia em aptidões e tendências gerais, comuns a todos os grupos humanos independentes da condição ou situação simplesmente étnica. São aptidões e tendências no sentido de desenvolver em grupos étnicos diversos formas semelhantes de organização social e de cultura quando comuns ou semelhantes a sugestões de meio e de circunstâncias e os materiais oferecidos pelas diversas regiões. Daí, talvez, a universalidade do uso do fogo na culinária, da domesticação de animais, do armazenamento de alimentos, da magia, da dança, da recreação, do adorno pessoal, do casamento, da família. Encontradas, sob estilos culturais diversos, entre grupos de diferentes "raças", algumas dessas formas de vida social não podem ser consideradas senão expressões, ou satisfações culturalmente diversas, de necessidades e desejos de "natureza comum"; e esta, a humana, ao lado da qual as diferenças de "raça" se apresentam secundárias e mesmo superficiais e, segundo alguns, extremistas do antropocentrismo em oposição ao etnocentrismo, insignificantes. Diferenças de ordem biológica mais profundas que as de "raça" são, segundo parece, as que dividem os homens pela idade e pelo sexo.

Universal entre os homens e não peculiar a "raça" nenhuma, é o longo período de infância que dá extraordinária significação sociológica ao primeiro *status* do indivíduo ou do animal humano como pessoa: o *status* biossocial de filho. Filho de alguém ou filho biológico de mãe e apenas sociológico do pai, isto é, afilhado, sobrinho ou órfão em relação de dependência equivalente à de filho com certos adultos (tios, padrinhos, diretores de orfanatos ou outros adultos ou velhos prestigiosos da comunidade em que se eduque). A longa infância do homem, a reprodução normalmente singular, raramente plural, entre os seres humanos e a precocidade da condição estéril na mulher-mãe, são limites biológicos maiores ou menores à reprodução humana que condicionam as várias formas de família entre os grupos humanos; a infância longa é a principal base biológica da família – ou das várias formas, mais ou menos estáveis de família – entre os grupos humanos. À infância longa junta-se a condição catabólica da mulher-mãe que a torna o centro natural de sedentariedade e da criatividade biológica e cultural da família. Também da mulher se derivariam as primeiras linhas de parentesco (família matronímica), baseadas na sua produção, biologicamente mais ostensiva que a do homem e mais fácil de identificar, de filhos. E algumas sociedades, em torno da importância biológica da mulher ou principalmente do seu prestígio econômico, desenvolveram vagas tendências matriarcais.[45]

Universal entre os homens a condição biológica de disparidade dos sexos – anabólico, e por conseguinte, conservador de energia e antes sedentário que móvel, antes estático que dinâmico, o sexo feminino e catabólico ou dissipador de energia, o masculino – parece-nos que depois da infância longa do ser humano, essa é a condição biológica mais importante de desenvolvimento social e de convivência humana. A predisposição e capacidade do ser humano para o brinquedo, para o jogo, para a recreação, maior entre os homens que nos demais animais que brincam na infância ou a vida toda, é outra condição biológica de desenvolvimento social entre os homens, que têm nas mãos capazes de fabricar instrumentos necessários à vida em grupo e nos pés capazes de longas caminhadas e ascensões, duas importantes condições biológicas de atividade social e sociocultural.

As condições biológicas de atividade social refletem-se sobre formas de organização e processos de interação estudados entre os grupos humanos pela Sociologia, em geral, e pela Sociologia biológica, em particular, sem que essas formas e as expressões culturais desse processo sejam sempre, e rigidamente, as mesmas: determinadas de modo igual pelas condições biológicas. São as mesmas as disposições e aptidões gerais

---

[45] Sobre a importância da mulher, especialmente da mulher-mãe, na vida social humana, veja-se o trabalho, sob certos aspectos monumental, de BRIFFAULT, R. *The mothers, a study of the origins of sentiments and institutions*, London; New York, 1927. A obra de Briffault é escrita sob o critério, talvez exagerado, de que "the social characters of the human mind are one and all, traceable to the operation of instincts that are related to the functions of the female and not to those of the male" (ibidem, v. I, p. V). Defendendo um *maternismo* que de biológico se tornaria sociológico, o mesmo antropólogo se insurge contra os teóricos que concebem a sociedade humana como associação de indivíduos, de classes, de governantes, e governados, de ricos e pobres, de operários e capitalistas, para sustentar que no seu caráter biológico primário a sociedade humana não é nada disto e sim "uma associação de homens e mulheres". Ou: "Biologically human society is a group of males and females: all else is superstructure" (ibidem, v. III, p. 512). Vejam-se mais sobre o assunto: BLOSS, H. et al. *Das Weib in der Natur und Völkerkunde*, Berlim, 1927; THOMAS, W. I. et al. *Sex in society*, cit.; CALVERTON, V. F. et al. *Sex in civilization*, London, 1929; WEININGER, O. *Sex & character*, London; New York, s. d.; ELLIS, H. *Man and woman*, London, 1914; BACHOFEN, J. J. *Das Mutterrecht*, Stuttgart, 1861; ENGELS, F. *Der Ursprung, der Familie, des Privateigentums und des Staates*, Zurich, 1884; MAC LENNAN, J. F. *Primitive marriage*, Edimburgo, 1865; MÜLLER-LYER, F. C. *Die Familie*, Munch, 1912; WESTERMARCK, E. A. *The history of human marriage*, London, 1921; MASON, O. T. *Woman's share in primitive culture*, New York; London, 1910; FLÜGEL, J. C. *The psycho-analytical study of the family*, London, 1929; CROWLEY, E. *The mystic rose*, New York, 1927; MALINOWSKI, B. *The father in primitive psychology*, London, 1927; DEALEY, J. Q. *The family in its sociological aspects*, Boston, 1912; MORGAN, L. H. *Ancient society*, New York, 1877; HOWARD, G. E. *Matrimonial institutions*, Chicago, 1904; LAPIE, P. *La femme dans la famille*, Paris, 1908; HARTLAND, E. S. *Primitive paternity*, London, 1909-1910; RICHARD, G. *La femme dans l'histoire et chez les divers peuples*, Paris, 1907; MILLER, N. *The child in primitive society*, New York, 1908; GIDE, P. *Étude sur la condition privée de la femme*, Paris, 1867; KOLNAI, A. *Psychoanalysis and Sociology*, London, 1921; NEVILLE, E. *La condition sociale des femmes*, Paris, 1891; CASTRO, T. L. de *A mulher e a sociogenia*, Rio de Janeiro, s. d. Veja-se também nosso *Casa grande & senzala*, capítulo "O indígena na formação da família brasileira", onde procuramos salientar a importância da mulher indígena na formação social e cultural do Brasil, considerando sua contribuição superior à do homem indígena.

da espécie humana para a formação de hábitos que se transmitem de uma geração a outra, para a vida em grupo, para a comunicação verbal – de que resultam as várias línguas – e para a cultura. Variam, porém, dentro dessas disposições e aptidões gerais, aptidões especiais condicionadas não só pelas situações biológicas particulares – sexo, idade, raça – como pelas situações de espaço físico e físico-social em que se encontre cada grupo e cada cultura.

3. SOCIOLOGIA PSICOLÓGICA

a) Ciência especial de ligação da Sociologia com a Psicologia e com a Biologia

Não é corrente na moderna terminologia sociológica a expressão "sociologia psicológica". Entretanto, como sociologia, se não explícita, implicitamente psicológica, é que nos parece justo classificar grande número de obras de Sociologia especial, entre as quais se encontram algumas daquelas mais características da Sociologia como ciência mais natural que cultural, por parecerem apoiar-se em uniformidades de comportamento do ser humano suscetíveis de controle científico por meios já conhecidos ou empregados nas ciências experimentais mais velhas e na própria Psicologia; e constituírem, sob esse aspecto, base ou ponto de partida para generalizações ou sínteses sociológicas o mais possível independentes de diferenças no espaço e no tempo. Diferenças tão perturbadoras não do estudo científico particular das culturas e das situações sociais mas da generalização científica sobre as mesmas culturas e situações.

Ciência de ligação – a Psicologia – da Sociologia com a Biologia, decorre daí que a Sociologia psicológica como ciência especial de ligação da Sociologia com a Psicologia é a que mais se tem aproveitado dos desenvolvimentos não só da Psicologia fisiológica como da Neurologia, da Psiquiatria, da Fisiologia para o estudo de uniformidades de ordem biológica e psicológica no comportamento do ser humano como ser social. Outra coisa não fizera antes da Sociologia psicológica a Sociologia clássica senão procurar aproveitar-se o mais possível daqueles desenvolvimentos para sobre um como parasitismo de ciência sobre ciência levantar, por sua vez, seu domínio imperial sobre as ciências sociais mais arredias dos laboratórios e dos métodos experimentais.

Ao parasitismo da Sociologia clássica – como da Antropologia – com relação à Biologia, na sua fase darwiniana, deve-se, em grande parte, a presunção de unidade psíquica do homem, que não só resistiu à crítica da Sociologia e da Antropologia especializadas no estudo de culturas e de áreas e, ultimamente, de configurações de culturas, como vem emergindo dessa fase nova e mais rigorosamente científica que as anteriores, de estudos sociológicos e antropológicos, reforçada e apurada. Sem ser ponto inteiramente tranquilo na Sociologia ou na Antropologia moderna – dado o fato de haver ainda antropólogos e sociólogos que consideram satisfatórias as evidências de desigualdade mental entre as raças, entre primitivos e civilizados e até, como Galton, até certa altura acompanhado pelo professor Sorokin, entre as classes[46] – a unidade psíquica do homem, seja qual for sua "raça" ou condição social e de cultura, é geralmente aceita nas ciências sociais; e as evidências a favor dessa unidade, consideráveis: tanto as reunidas pelos antropólogos culturais ou sociais em estudos sobre as culturas e as comunidades chamadas primitivas comparadas com as civilizadas, como pela Psicologia, em seus estudos de comparação de habilidade mental ou inteligência de grupos étnicos diversos e em estados de cultura e de condição econômica vários, sempre que se tenha evitado, nessas comparações, o simplismo dos *tests* alheios às diferenças de ambiente cultural e, particularmente, de situação econômica.

Potencialmente – é o que nos indicam tais pesquisas – o homem primitivo e o homem civilizado ou o homem moderno são o mesmo homem. Do professor Goldenweiser é a afirmativa, baseada nos resultados das já numerosas investigações de diferenças somáticas e de suas problemáticas correlações mentais, de que "*all the fundamental traits of psychic make-up of man anywhere are present everywhere*".[47] O homem primitivo e o homem moderno são assim "estritamente comparáveis" – a expressão é do mesmo Goldenweiser – quanto à tendência para a emoção religiosa e o impulso artístico, por exemplo; e onde quer que haja homens, modernos ou primitivos, brancos ou pretos, encontram-se sociedade e organização social; e dentro de organização, alguma forma de pena sob a forma de tradição ou lei (direito penal). Aquela organização e essas formas variam a olhos vistos de uma cultura para outra; mas acusam todas a existência de traços psíquicos fundamentalmente os mesmos entre os homens de grupos étnicos e de culturas diversas.

---

[46] Vejam-se GALTON, F. *Hereditary Genius*, London, 1892; PEARSON, Karl *The scope and importance to the State of the science of national eugenics*, London, 1909; AMMON, O. "Histoire d'une idée. L'Anthroposociologie, *Revue Internationale de Sociologie*, v. VI; NICEFORO, A. *Les classes pauvres*, Paris, 1905. O professor Sorokin afirma que "*social classes of the same society differ considerably in their physical, vital and mental characteristics* (*Contemporary Social Theories*, op. cit., p. 279) sem tomar em consideração a igualdade ou não de oportunidade de educação e expressão que exista na mesma sociedade para as diferentes classes. Mesmo assim, Sorokin é de opinião que os chamados *selecionistas* ou *hereditistas* parecem subestimar a importância do fator ambiente e precisam ser corrigidos nesse ponto (ibidem, p. 291). É claro que não se pode levar a oposição ao *hereditismo* a ponto de negar o fato de que os homens nascem desiguais em suas aptidões especiais, especialmente com relação à capacidade de dirigir e ao gosto de uns pela iniciativa em contraste com o gosto de outros para o trabalho de rotina e para a obediência (veja-se sobre esse assunto THORNDIKE, E. L. *Human nature and the social order*, New York, 1940, p. 727-30). O que negamos é que essa capacidade esteja rigidamente determinada pela *raça* ou pela *classe*.

[47] GOLDENWEISER, *Anthropology* (op. cit., p. 32).

Todo ser humano fisiologicamente normal nasce equipado com tendências e capacidades que não variam senão em aptidões especiais de indivíduo para indivíduo, de "raça" para "raça", de família para família. No que diz respeito a tendências e capacidades gerais, todo ser humano que corresponda àquele critério de normalidade nasce com apetite para o alimento e para o sexo, com desejo e gosto de convivência, com curiosidade, suscetibilidade a enraivecer-se e a reagir a hostilidades, capacidade de fazer, fabricar, criar, manipular, acumular coisas ou valores, embora as coisas criadas, fabricadas, acumuladas não sejam sempre as mesmas, mas variem muitas, ou algumas, com o tempo ou de um espaço a outro; e também com os meios às vezes diferentes de resolverem os grupos humanos problemas semelhantes ou de se situarem, como grupos, em face de crises ou de ambientes também semelhantes. É entretanto, universal, como já vimos: alguma forma de família. Também o são alguma forma de convivência (comunidade), alguma forma de colheita de alimento, alguma forma de proteção e abrigo do corpo (incluída a pintura com urucu por alguns dos indígenas do Brasil e compreendida a habitação ou casa cuja primeira função parecer ser a de servir de segunda pele ao corpo do homem).

Essas e outras formas de vida social e cultural correspondem a "desejos" que os professores Thomas e Znaniecki, um tanto arbitrariamente, simplificam em quatro, estendendo-os a todos os homens sociais: desejo de *experiência nova*; desejo de *consideração* ("*recognition*"); desejo de *dominação*; desejo de *segurança*. O desejo de consideração incluiria o gosto de aventura. O desejo de consideração incluiria "correspondência sexual e apreciação social geral", estendendo-se seus meios de satisfação "da exibição de ornamentos à demonstração de valor através do sucesso científico"; o desejo de dominação seria exemplificado principalmente pela "propriedade, tirania doméstica, despotismo político" e se basearia no "instinto" de ódio, sendo capaz, entretanto, de "sublimar-se em ambição louvável"; o desejo de *segurança* ou de *estabilidade* se apoiaria no "instinto do medo".[48]

---

[48] THOMAS, W. I.; ZNANIECKI, F. *The polish peasant in Europe and América*, New York, 1927, v. II, p. 1158-97 e principalmente a nota metodológica, v. I. Aí dizem os autores: "*Every individual has a vast variety of wishes which can be satisfied only by his incorporation in a society. Among his general patterns of wishes we may enumerate* [o que indica que a extrema simplificação de desejos oferecida pelos dois ilustres sociólogos não importa em simplismo de sua parte]: 1. *The desire for new experience, for fresh stimulations*; 2. *the desire for recognition, including, for example, sexual response and general social appreciation, and secured by devices ranging from the display of ornament to the demonstration of worth thorough scientific attainment*; 3. *the desire for mastery, or the "will to power", exemplified by ownership, domestic tyranny, political despotism, based on the instinct of hate, but capable of being sublimated to laudable ambition*; 4. *the desire for security, based on the instinct of fear and exemplified negatively by the wretchedness of the individual in perpetual solitude or under social taboo*" (ibidem, p. 73).
Carleton H. Parker, em estudo notável de Sociologia psicológica, estudo que é, a nosso ver, uma das obras-primas das ciências sociais norte-americanas – *The casual laborer*, New York, 1920, p. 31-5 – sugere classificação bem mais longa e compreensiva de tendências humanas que considera inatas e irreprimíveis. Estariam entre elas: tender o homem a ser sexual e a satisfazer esse desejo sob estí-

Procurando os professores Thomas e Znaniecki explicar o comportamento humano, os processos sociais de interação e as situações sociais a eles ligadas pelos quatro desejos considerados básicos, diga-se de passagem que fazem sociologia psicológica antes por introspecção que baseados no estudo experimentalmente objetivo dos "instintos" e do "comportamento", embora não se possa classificar sua orientação ou seu método como pura ou rigorosamente introspectivo. A conclusão a que chegam de que a personalidade humana é determinada – condicionada, talvez devessem dizer – pela organização de seus desejos baseia-se em concepção instintivista ou biologista do

---

mulos estereotipados segundo método universalmente seguido; sentir fome; pensar; experimentar amor de mãe; ser gregário; ser curioso; ter medo; colecionar, adquirir, manter propriedade; migrar, ser móvel; revoltar-se contra limites rígidos (donde a psicose da prisão), mas ao mesmo tempo não gostar do ilimitado ou do desmedido nem de dormir ou morrer ao ar livre; combater, ser pugnaz, ser cruel; dirigir algum grupo; seguir um *leader*; ostentar-se ou exibir-se, ao ponto de ultrapassar as convenções de vestuário; mostrar harmonia em sua expressão ou gosto de qualidade em suas obras; caçar ou perseguir (inclusive a dom-juanismo, perseguição ao mais fraco, a intimidação), vocalizar (*"to vocalize"*). Essas tendências e seus meios de expressão corresponderiam a pessoas normal e vigorosamente biológicas. Parece ser pensamento de Carleton H. Parker que, negados às mesmas tendências os meios de expressão biologicamente "normais", desenvolvem-se as aproximações, as contemporizações, as sublimações, as compensações ou substituições de acordo com "normalidades" antes socioculturais que biossociais. Daí a importância que atribui ao medo no desenvolvimento de obsessões que perturbam a normalidade psíquica do indivíduo social, crescido e permanentemente situado entre forças repressivas de várias de suas tendências. Seriam as principais dessas forças a mãe, o pai, os mestres, os companheiros de brinquedo, os padres ou diretores espirituais, os críticos de rua, enfim o "censor social" (Trotter) que se aproxima do censor da teoria de Freud de repressão das tendências sexuais. O medo do indivíduo social sob censor ou os censores sociais se exprimiria em medo de ser punido pela mãe, ou mestre, de ser desdenhado pelo público, ridicularizado pelos camaradas. Outros medos: o da polícia, o de ser surpreendido beijando a mãe, o de não ser convidado para alguma festa ou solenidade, o de estar fora da moda, o do desconhecido, o do ilimitado etc. Sob a pressão excessiva de tais repressões e medos é opinião de Carleton que o indivíduo social tende a tornar-se ou submisso passivo e plástico, ou, por meio de compensações, agressivo, intransigente, otimista. Entre as compensações estariam a fanfarronada do tímido, a ostentação de coragem do indivíduo fisicamente miúdo ou baixo, o otimismo dos doentes graves (*tuberculosis psychosis*), o excessivo asseio do imoral, o esforço dos Carnegies a favor da paz internacional em contraste com sua belicosidade nas relações entre as classes etc.

Sobre o assunto, vejam-se também: TROTTER, W. *Instincts of the herd in peace and in war*, London, 1916; TUGWELL, R. G. Human nature in economic theory, *Journal of Political Economy*, v. XXX; WATSON, J. B. *Psychology from the standpoint of a behaviorist*, London, 1919; COOLEY, C. H. *Human nature and the social order*, New York, 1902; THORNDIKE, E. L. *The original nature of man*, New York, 1913; OGBURN, W. F. The psychological basis for the economic interpretation of history, *American Economic Review*, v. IX, n. 1; VEBLEN, T. *The instinct of workmanship*, New York, 1918; WALLAS, G. *Human Nature in Politics*, Londres, 1919; HOLT, E. B. *The freudian wish and its place in ethics*, New York, 1915; TOZZER, A. M. *Social origins and social continuities*, New York, 1928.

Vejam-se ainda as teorias de "desejos", "interesses" ou "forças" sociais em que essas forças ou interesses correspondem aos desejos da classificação de Thomas e Znaniecki: a teoria de forças sociais, ontogenéticas e sociogenéticas, de WARD, L. F. *Pure Sociology*, New York, 1903, p. 261, a de "fatores psíquicos" de ELLWOOD, C. A. *Introduction to social psychology*, New York, 1917, p. 75-7, a de "desejos naturais" de Ross, E. A. *Principles of Sociology*, New York, 1930, cap. IV-VIII, a de "interesses" de SMALL, A. *General Sociology*, New York, 1905, cap. XIII, e que se aproxima da de Gustav Ratzenhofer, também de "interesses", *Die Soziologische Erkenntnis* (Leipzig, 1898, p. 55-66), a de "desejos" de PARK, R.; BURGESS, E. *Introduction to the science of Sociology*, Chicago, 1924, cap. VII.

comportamento humano, sujeito, porém, este ao jogo de situações sociais. Os desejos se desenvolveriam de "instintos" ou de tendências biológicas; mas seriam condicionados em seu desenvolvimento pelas situações sociais ou pelo ambiente, de modo a poder "um mesmo desejo conduzir a comportamentos completamente diversos", como observa o professor J. H. Meireles Teixeira em seus inteligentes comentários à teoria de Thomas e Znaniecki.[49] Precisamente no "instintivismo" parece estar, porém, a fraqueza principal da "teoria dos quatro desejos": um "instintivismo" ao qual se pode opor o exagero, em sentido contrário, do professor John Dewey, citado por Teixeira no referido estudo de que "os instintos não fazem as instituições, mas são estas que criam os instintos". Os estudos científicos mais recentes do comportamento humano, embora não nos autorizem a chegar a tal extremo de institucionalismo criador, advertem-nos contra todo instintivismo substantivo, dada a extrema plasticidade que se observa no mesmo comportamento. O professor Allport nos lembra mesmo que os chamados instintos de paternidade ou maternidade, de pugnacidade, de criatividade etc. "podem estar ausentes em certos indivíduos [...]".[50] Não estão presentes em todos. Entretanto, há quem associe o chamado instinto maternal a agentes químicos, dos quais dependeria: agentes que simultaneamente estimulariam as glândulas mamárias e a tendência da mãe para cuidar do filho.[51]

Não devemos esquecer à tendência de todo, ou de quase todo homem social, para ver seu comportamento aprovado pelo grupo, pelos grupos, ou por um dos grupos a que pertença: tendência que não sendo um instinto, pode ser instintiva.[52] Confunde-se de qualquer modo com aquela consciência de *status* que todos os psicólogos e sociólogos

---

[49] MEIRELES TEIXEIRA, J. H. A teoria dos quatro desejos fundamentais, de W. I. Thomas, *Revista do Arquivo Municipal*, São Paulo, v. LXXXVI, p. 63. Trata-se de penetrante análise da "teoria dos desejos" de Thomas, análise que completa ou amplia, em vários pontos, a crítica feita à mesma teoria, por E. Faris, em *The Nature of the Human Nature* (op. cit.)

[50] ALLPORT, G. W. *Personality, a psychological interpretation* (1937), citado por MEIRELES TEIXEIRA (op. cit., p. 56).

[51] Às mudanças químicas que se verificam no corpo humano sob a tensão da fome, da sede, do apetite sexual, da fadiga etc., "*some psychologists add a maternal drive, popularly called "maternal instinct", said to depend on chemical agents which simultaneously stimulate the mammary glands and a tendency to care for offspring [...]. The powerful emotional drives, suchs as fear, anger, rage, and love are aroused by both internal and external stimuli, dependent very largely upon experience*" (HANKINS, op. cit., p. 332). Deve-se salientar que as tendências se alongam em *atitudes* definidas pelo professor Hankins como "tendências para reagir [o indivíduo social] por modos preestabelecidos a dados estímulos ou situações" (ibidem, p. 342).

[52] Como é sabido, há hoje entre os sociólogos tanto quanto entre os psicólogos grande reserva no uso da palavra *instinto*. Entretanto, há comportamento que todos concordam ser instintivo, em contraste com o que é inteligente ou uma mistura: instintivo e inteligente. Como diz ainda o professor Hankins, "*there is behavior that is wholly innate or due solely to hereditary factors (such as a reflex), while at the opposite end of the scale there is behavior due solely to memory and learning (such as adding and multipying)*" (ibidem, p. 326). Veja-se também o estudo de BERNARD, L. L. *Instinct: a study in Social Psychology*, New York, 1924.

mais ou menos situacionistas consideramos de grande importância no estudo do comportamento humano ou da personalidade humana: por perda de *status* ou de situação decisiva, a personalidade corre o risco de desorganizar-se. Por outro lado, a ostentação de *status* – como procuramos indicar em páginas com pretensões à originalidade e tendo como ponto de partida a sociedade patriarcal brasileira – parece ser uma das fontes principais de satisfação psicológica do homem social, que por métodos que variam com fases de cultura diferentes, ostenta situações de "raça", casta, idade, sexo, poder, saber, talento, através do uso ou abuso de cores, anéis, jóias, ouro, prata, no próprio corpo e no das amantes, no dos escravos e animais de sua propriedade, nas imagens de deuses, santos, nossas senhoras de sua devoção – e não apenas nas "respectivas esposas", segundo a sugestão de Veblen;[53] através do uso ou abuso de pintura do cabelo e das faces, aquele oxigenado para parecer ruivo ou escurecido para parecer de jovem, essas embranquecidas e coloridas com *rouge* para parecerem de bigodes, de barba, dos pés ou das mãos grandes, dos pés ou das mãos pequenas, dos ombros largos, da cintura estreita, dos seios grandes; do uso e abuso, pelo brasileiro, em particular, e pelo sul-americano, em geral, da língua francesa na convivência mundana e das línguas alemã e latina na convivência acadêmica; do uso e do abuso, hoje particularmente pelos chineses, de óculos (ostentação de saber) e pelos portugueses, de monóculo (ostentação de argúcia, de elegância e de dom-juanismo); por vários, do uso e do abuso de plumas, de punhos de seda ou de gravata (cujo simples uso tem se tornado em certas fases de cultura, insígnia de burguesia em face do proletariado como na Espanha durante a última guerra civil e cujo abuso pode requintar-se no *esnobismo* das "*old school ties*" dos ingleses formados em escolas aristocráticas), de bengala, de guarda-sol, de galões, de cavalo, de *limousine*, de turbante, de tatuagens, de cicatrizes de duelo e até de sífilis (sinal, em certos meios brasileiros, de experiência dom-juanesca "*sans peur et sans reproche*"); do uso e abuso de unhas compridas e de perfumes no corpo ou no lenço, como sinais de refinamento aristocrático e alheamento a tarefas vis e sórdidas, de ostentação de membro viril volumoso (anúncio de virilidade superior).

Tais ostentações – é bom repetir – variam com a idade e com o sexo – condições biológicas ou biopsíquicas – e também como situações sociais de cultura dos grupos e dos indivíduos sociais dentro dos grupos. Os valores dominantes entre os primitivos não são todos idênticos aos dominantes entre os civilizados, resultando daí aqueles

---

[53] Para verificar-se em que nossa sugestão, aqui esboçada, se diferencia da teoria de "*conspicuous waste*" de Veblen, que se limita a considerar a ostentação de gasto por intermédio da mulher, ou com a mulher, da parte do homem próspero, ou com pretensões a próspero, na moderna sociedade capitalista – ainda que se refira também à ostentação semelhante da parte do patriarca, por meio de escravos – leia-se do sociólogo norte-americano *The theory of the leisure class* (New York, 1899). Veblen sustenta que "*conspicuous waste and conspicuous leisure are reputable because they are evidence of pecuniary strenght; pecuniary strenght is reputable or honorific because, in the last analysis, it argues success and superior force*".

ostentarem o número de mulheres ou de filhos quando estes ostentam o de roupas ou de galões. Entretanto, buscam todos a mesma satisfação psicológica para a mesma tendência, ao que parece instintiva, do ser humano alongado em pessoa social: a tendência para anunciar ou ostentar *status*, mesmo que seja o simplesmente biossocial de sexo – forte ou belo – ou de idade: mocidade (estimada por certas culturas mais que a velhice); ou velhice (estimada no homem acima de qualquer outra idade pelas culturas de configuração patriarcal).

Por algum tempo, os psicólogos sociais, acompanhando os gerais, falaram muito em "instintos", aos quais corresponderiam com maior ou menor rigidez formas de comportamento e de vida do ser humano. Como já observamos, a tendência entre os psicólogos é hoje no sentido de considerarem os chamados instintos gerais, reações específicas que ocorrem diante de situações específicas. Reações que nunca seriam rigorosamente iguais desde que tudo parece indicar que nenhum organismo animal é exatamente o mesmo quanto às suas condições físico-químicas em dois momentos ou em duas épocas diversas. Mas para admitirmos o situacionalismo em Psicologia, como em Sociologia – pois da pessoa social ou do grupo humano pode igualmente dizer-se que nunca é rigorosamente o mesmo em dois momentos ou épocas diversas e em face de estímulos semelhantes, entre uma época e outra agindo sobre a pessoa ou o grupo influências que lhe modificam a composição psicossocial – não precisamos de ir ao extremo de negar aos seres humanos tendências para agirem ou se comportarem de modo, senão idêntico, semelhante, sob circunstâncias recorrentes. São tendências, ou predisposições, de que se mostram equipados os seres humanos. A essas tendências chamam alguns psicólogos "originais" ou "natas", reconhecendo, porém, a dificuldade de separá-las das adquiridas. Pois várias tendências natas podem ser desde os primeiros dias de vida do ser humano modificadas ou alteradas, embora não eliminadas – de modo a se tornarem as reações adquiridas tão automáticas quanto as originais, diante de situações ou de estímulos semelhantes.

A esta altura merece ser considerado o fato de que as tendências instintivas com que nasce equipado o ser humano são-lhe de pouco uso se não se verificar auxílio de pais, de irmãos mais velhos ou de adultos no sentido de sua utilização adaptadas às formas sociais e aos estilos de cultura predominantes no grupo em que ele surja. Enquanto nos demais animais as mesmas tendências logo se exprimem em atividades, tornando-se cada pequeno ser capaz, em pouco tempo, de alimentar-se e abrigar-se, no caso dos seres humanos esse período de dependência é longo. As tendências instintivas do indivíduo tornado pessoa tomam, durante esse período de dependência e, ao mesmo tempo, de personalização, direções que variam com a experiência e a cultura do grupo dominante. As tendências instintivas confundem-se com as culturais do mesmo grupo e da época.

Essa condição, peculiar ao homem, está ligada à sua capacidade, também única, de aprender, e como observa o professor Irwin Edman, "aproveita-se da experiência dos outros e de ajustar-se a grande variedade e complexidade de situações".[54] É ainda o professor Edman que, apoiado no professor Dewey, destaca a importância do fato de que a infância humana, sua duração, está em proporção à complexidade de vida e organização social e de cultura em que nasça o indivíduo.[55] Com efeito, é mais curta entre os chamados primitivos e mais longa entre os civilizados. Entre estes, o período de infância no seu sentido sociológico mais largo, isto é, o de crescimento intelectual, o de plasticidade, o de aquisição de conhecimentos e de estabilização, estilização ou mesmo deformação de tendências instintivas em atividades, artes e ritos sociais – o comer com garfo à mesa, o comer certos alimentos com exclusão de outros, o dormir em cama ou rede, o calçar este ou aquele tipo de sapatos, o usar este ou aquele tipo de casaco e de chapéu, o falar e às vezes escrever línguas complexas – vai, ordinariamente, até aos vinte e cinco anos.

Período tão longo de infância, de plasticidade e de receptividade tem permitido aos seres humanos sua organização em grupos diversos uns dos outros não só por imposição de circunstâncias de situação ecogeográfica, como por deliberada educação ou formação das gerações novas no sentido do desenvolvimento de certas tendências instintivas com desprezo ou repressão de outras. Assim as tendências aquisitiva, pugnaz e para o domínio através da competição de um grupo com outro ou da intimidação de um grupo por outro, se apresentam juntas ou reunidas como característicos principais de certos tipos de organização social de grupos humanos que em várias épocas se têm destacado por um feitio que poderíamos denominar espartano. Em tais organizações, essas tendências instintivas são desenvolvidas como se fossem as únicas e reprimidas as tendências igualmente instintivas no sentido da cooperação e auxílio mútuo como indignas não só dos indivíduos como dos grupos "superiores".

Dos seres humanos já destacamos que, fisiologicamente normais, nascem todos não só com as mesmas aptidões gerais como com as mesmas tendências instintivas gerais, que o grupo e a época vão desenvolver ou reprimir, pôr em relevo ou desprezar, segundo critérios e normalidade que variam, em grande parte, com o espaço e com o tempo. Entretanto, esse equipamento biopsíquico não é decerto o mesmo em todos os indivíduos fisiologicamente normais, variando sob aspectos especiais, de indivíduo para indivíduo e de família para família e é possível que de "raça" para "raça". Diferenças de *grau*, dizem alguns psicólogos para distingui-las das de *qualidade*; mas

---

[54] EDMAN, E. *Human traits and their social significance*, New York, 1920, p. II.
[55] Ibidem, p. 10-11.

diferenças. Especializada no estudo delas chega a existir uma Psicologia – a *diferencial*[56] – a qual não pode conservar-se alheia à Sociologia psicológica.

À Sociologia psicológica interessam essas diferenças que não invalidando a unidade psíquica dos homens sob critério rigidamente étnico de diversidade ou pluralidade de aptidões gerais – tantas quantas forem as "raças" – indicam a impossibilidade de outra igualdade entre os seres humanos se não a de oportunidade: a única – seja dito de passagem – reclamada por aqueles adeptos de métodos democráticos de organização social que se apoiam no estudo científico da sociedade humana. À atenção do sociólogo se impõem aquelas diferenças, parece que de base instintiva o biopsíquica, dentro das quais certos seres humanos, independentes de sua condição étnica e até de sexo, se mostram propensos ao *domínio*, em contraste com outros, propensos à subordinação; ou propensos ao *nomadismo* e à *aventura*, uns, em contraste com os que se inclinam principalmente à *sedentariedade* e à *rotina*. Da identificação de qualquer dessas tendências – a pugnacidade, por exemplo – com a condição étnica, faltam evidências decisivas, de tal modo difícil se apresenta, em tais casos, a separação de predisposições de traços ou característicos adquiridos sob circunstâncias e necessidades peculiares à situação ecogeográfica e, principalmente, social de grupo nacional ou étnico, certo ou desejoso de encarnar como virtude biologicamente sua, aquela ou outra tendência. A tendência ao domínio em contraste com a tendência à subordinação, por exemplo. Essas parece se desenvolverem intensamente dentro de certos grupos sob a pressão de instituições dominantes na vida dos mesmos grupos, como – para voltar a exemplo previamente citado – a escravidão e o patriarcado agrário na vida dos russos e dos brasileiros, extremando-se tal desenvolvimento em sadismo da parte dos dominadores e masoquismo psicossocial da parte dos dominados. Sadismo e masoquismo que mesmo depois de extintas as instituições e substituídas as situações sociais que os condicionavam tendem a persistir no comportamento do grupo marcado pela interação de tais extremos, facilitando o aparecimento e o triunfo, no meio do mesmo grupo, de sistemas pedagógicos sadistas, por exemplo, ou de governos ditatoriais e mesmo despóticos.

As relações sadistas-masoquistas podem manifestar-se, sob cor sociológica e não apenas psicológica, de sexo para sexo, de geração para geração, de classe para classe, de "raça" para "raça", separadamente, ou em conjunto, como aconteceu no Brasil caracterizado pelo complexo casa grande – senzala. Partindo da revelação e do estudo desse complexo, aventuramo-nos, em trabalho anterior, a destacar a força de suas sobrevivências na vida e no *ethos* brasileiros, ainda hoje marcados particularmente pelas duas tendências aqui desenvolvidas sob a influência, talvez principal, do sistema econômico

---

[56] A respeito de Psicologia diferencial, escreve o professor Mehran K. Thomson, "Psychological regularities", cap. 8, p. 214, de *Society under Analysis* (op. cit.), que *"difference in degree is important in its own right and gives rise to numerous problems of a social nature as well as in personal behavior"*.

de produção: *subordinação* e *dominação*. A nosso ver, o desenvolvimento sociológico de tais tendências nem sempre se verificou em harmonia com as predisposições psicológicas dos elementos sociais que vieram a encarná-los, embora a mulher pareça biologicamente predisposta antes à subordinação que ao domínio, antes à rotina que à aventura. Do negro, porém, não nos parece exato dizer o mesmo, como tão insistentemente se tem afirmado. No trabalho já referido, procuramos mostrar, contra a opinião dominante, que a acomodação do negro trazido da África para o Brasil, à condição de escravo, em contraste com a inadaptação do ameríndio à mesma condição, não é fenômeno que se deixe explicar pela interpretação simplista de ter o ameríndio se revelado altivo, independente, altaneiro, a ponto de preferir o castigo ou a morte, à subordinação, enquanto o negro, sem altivez quase nenhuma e com a passividade de uma "raça" inferior, teria docemente se ajustado à vida de subordinação. A essa interpretação, que nos parece simplista, procuramos opor o fato de ter procedido a maioria dos africanos importados como escravos, para o Brasil, de culturas mais adiantadas que as da maioria dos indígenas, ainda nômades e simplesmente caçadores e pescadores. Dos africanos, com efeito, sabe-se que muitos vieram para o Brasil de culturas em fase já agrária e alguns, senhores da técnica da mineração e do pastoreio. De modo que não lhes foi tão penoso como para os ameríndios o esforço de se adaptarem à rotina da vida agrária e sedentária, numa parte do Brasil, e, noutra, à atividade da mineração.[57]

Sua adaptação mais fácil à condição de escravo parece-nos ter resultado não de predisposições biopsíquicas que os caracterizam rigidamente como "raça", a "raça inferior", "nascida para servir", nem mesmo a "raça-mulher" como se tem dito deles e também dos russos,[58] mas de uma experiência cultural mais rica ou adiantada que a

---

[57] *Casa grande & senzala* (op. cit., espec. cap. IV e V).

[58] É o professor Park quem escreve que o negro, como raça ou por temperamento, é *"primarily an artist, loving life for its own sake. His métier is expression rather than action. He is, so to speak, the lady among the races"* (PARK E BURGESS, *Introduction to the Science of Sociology*, op. cit., p. 139). E já vimos, em nota anterior, a ideia do professor Radosawyewitsch apoiada pelo professor Lentz a respeito dos russos como raça: "antes femininos que masculinos em caráter". Por "temperamento, passivos, dóceis, prontos a obedecer" ("Eugenic problems of the slavic race", *Eugenics in race and State*, Baltimore, 1923; e LENTZ, *Human heredity*, op. cit., p. 639). Renovamos aqui a objeção já feita à interpretação biológica ou étnico-psicológica de traços que nos parece terem se desenvolvido nos russos, como nos brasileiros e nos negros africanos, isto é, na gente do povo dessas "raças", sob a predominância longa e contínua de situações sociais criadoras de docilidade, obediência, feminilidade, masoquismo psicossocial. Cremos que as contraofensivas russas sobre o mais eficiente e másculo dos Exércitos, o Alemão, durante a Segunda Grande Guerra, demonstraram que a feminilidade observada nos russos, ou na "raça" mongoloide da Rússia, por sociólogos e psicólogos talvez precipitados em interpretar a mesma feminilidade como traço étnico inalterável, longe de ter tal fixidez, resultava de situações sociais já desaparecidas quase de todo da mesma Rússia e que não têm hoje efeito senão indireto, de repercussão, sobre as novas gerações. A "inaptidão para adotar métodos técnicos adiantados", atribuída também por Lentz à "raça" russa, é outro "traço étnico" que parece vir sendo substituído justamente pelo seu oposto: pela aptidão dos russos para adotarem aqueles métodos, dos norte-americanos e dos alemães. Por outro lado "o forte sentido de independência" atribuído pelo professor Lentz e por outros autores ao "nórdico" parece nos últimos cinquenta ou setenta anos vir deixando de ser "traço étnico inalterável" nos alemães que

do ameríndio ainda nômade. É claro que não repelimos a classificações das chamadas "raças", por predominâncias de temperamento que as caracterizam; ao que temos procurado nos opor, baseado principalmente no estudo da História social do Brasil, é à ideia de terem os negros importados para o nosso país se revelado bons escravos, em contraste com os indígenas, maus escravos, por trazerem aqueles na estrutura étnica a predisposição à subordinação e ao masoquismo em que muitos vieram, com efeito, a extremar-se. Parece-nos que a situação social continuada de escravo é que fixou neles os hábitos de subordinação e o próprio masoquismo que se transmitiriam a grande parte da massa brasileira, com resultados políticos que não precisamos de acentuar aqui. É assunto que já ferimos em capítulo anterior e a que voltaremos em capítulo próximo, incapazes de superar o defeito que os críticos mais acremente têm destacado em nossos trabalhos: o da repetição, ao lado de certo desleixo e muita falta de ordem na apresentação do material. Que nos perdoem os críticos.

Aqui desejamos apenas salientar a importância de, em estudos sociológicos, não perdermos de vista o fator psicológico ao lado do cultural: mas sem considerarmos o primeiro sempre dominante e o segundo sempre auxiliar e derivado. Acontece também o inverso: as culturas podem se não superar, deformar as tendências instintivas, substituindo-as por hábitos e desviando-as sob instituições de sua conveniência política ou econômica ou impostas por circunstâncias de sua situação ecogeográfica ou social.

A própria alimentação de um grupo desvia-se às vezes dos recursos e padrões considerados naturais para artificializar-se sob situações sociais imperiosas. Sociais e culturais: socioculturais.

Pode, com efeito, uma cultura reduzir ao mínimo o interesse de sua gente, ou de parte de sua gente, pelo alimento, fazendo da frugalidade não só uma virtude rara – como, à sombra da cultura cristã, certas comodidades ascéticas – como um hábito fácil: o caso dos japoneses em contraste com os europeus, para eles, glutões.[59] O mesmo

---

tendo se "revoltado contra o ponto de vista autoritário do catolicismo" (op. cit., p. 663) são, desde o governo central imposto aos povos germânicos pelo militarismo prussiano aliado a Bismarck, e, depois sob o Estado forte nazista, por um partido pequeno-burguês também aliado ao exército prussiano, exemplo de "raça" dócil, obediente, passiva *lady-like*". Sua docilidade e sua feminilidade contrastam com a masculinidade e a insubmissão dos negros de Palmares e de outros escravos africanos que no Brasil se revoltaram contra seus senhores. O próprio conde de Gobineau em comunicação ao ministro do Exterior do seu país, datada de 22 de setembro de 1869 e publicada em *Revue de l'Academie des Sciences Morales et Politiques* (1870) salienta o fato de se encontrarem então na Bahia negros "robustos, enérgicos e inteligentes", fiéis ao maometismo, estudantes de árabe e leitores do Corão "cujos exemplares compram muito caro e com sacrifício a uma livraria francesa do Rio de Janeiro". Negros que sabemos terem sido até recentemente um núcleo de insubmissão *masculina* e não de docilidade *feminina*, para usarmos os termos de caracterização biopsíquica de "raças" empregados por alguns biólogos e psicólogos sociais e sociólogos.

[59] Em *Casa grande & senzala* (op. cit.), sugerimos a possibilidade de os jejuns terem se desenvolvido na Espanha, em Portugal e no Brasil no interesse do equilíbrio entre os limitados meios de subsistência e os apetites e necessidades de alimentação da população (ibidem, v. I, p. 392).

pode verificar-se com relação ao sexo. Entre os civilizados o interesse pelo sexo é permanente; entre a maioria dos primitivos, necessita de ser despertado periodicamente por meio de danças: estímulos sociopsicológicos. Certos educadores procuram desenvolver nas crianças a curiosidade instintiva; outros, procuram substituí-la pelo desenvolvimento exclusivo da memória. Em culturas marcadas pelo domínio do elemento plutocrático sobre os demais, meninos e adolescentes desenvolvem-se sob o estímulo exagerado de desejos de aventuras de competição econômica e de aquisição e acumulação de capitais, dinheiro, coisas, com sacrifício ou desprezo de outras tendências igualmente instintivas, no sentido de solidariedade e cooperação. Tendências que estão sendo vigorosamente desenvolvidas na infância e na mocidade das Repúblicas russas pelos *leaders* soviéticos. Tendências presentes naqueles negros mina da Bahia elogiados por Gobineau.[60]

Por essas relações entre o homem, ser biopsíquico, e as situações sociais e de cultura que dão formas diversas às tendências instintivas, vê-se quanto se mostra acertado o professor Karl Mannheim ao insistir na necessidade de uma psicologia "histórica" ou "sociológica" como ainda não existe; necessidade a que corresponde a de uma Sociologia psicológica mais desenvolvida que a atual entre as sociologias especiais. Para o professor Mannheim o grande problema a ser defrontado pela psicologia que ele chama "histórica" é explicar como das faculdades gerais do homem vêm-se desenvolvendo tipos históricos, particulares de homens.[61] Problema que nos parece ser também um dos temas fundamentais tanto da Sociologia psicológica como da histórica.

---

[60] "[...] formam entre si sociedades de socorros com uma caixa comum, cujos fundos são empregados anualmente no resgate de um certo número deles. Livres, tratam uns de voltar à África e outros estabelecem-se no Brasil" (op. cit.). Sobre o sentido de cooperação fraterna que anima várias sociedades ou comunidades africanas e que entre algumas se afirma numa figura, a de *o melhor amigo* (*honto daho*), que é verdadeira instituição social, veja-se o estudo do professor M. J. Herskovits, "The Best Friend in Dahomey", in: *Negro*, antologia editada por Nancy Cunard (London, 1934, p. 627-33). Sobre o assunto, veja-se também "The solidarity of the African race", pelo príncipe A. Ademola (op. cit., p. 609-11). Interessantíssimos a respeito da solidariedade entre brasileiros que, de regresso à África, nos dias da escravidão ainda em vigor, constituíam-se em grupos à parte das comunidades africanas – as dos seus ancestrais – são os estudos de Pierre Verger.

[61] MANNHEIM, *Man and society in an age of reconstruction* (op. cit.). Diz Mannheim que vai se desenvolvendo no estudo não só da atualidade social, como da história, que não fala do "homem em geral" mas da mentalidade da criança ou do adolescente, por exemplo, e, até mais precisamente, da mentalidade do adolescente proletário, do desempregado etc. É que não se encontrando variação da mente humana em si, encontra-se variabilidade de suas manifestações, determinada – determinada segundo Mannheim: nós diríamos condicionada – pela "situação" ou por "certas situações", diz ele; (ibidem, p. 201) por situações principalmente sociais e de cultura, diríamos nós. Situações interdependentes e não dependentes todas, invariavelmente, da econômica. – Vejam-se também *The science of man in the world crisis* (organizado por Ralph Linton), 1945 e, do mesmo autor, *The study of man* (new York, 1936), livro de que, aliás, existe tradução portuguesa. Veja-se também o capítulo "La Sociología: su construcción como disciplina científica en el ambiente histórico-cultural de la crisis", no *Tratado de Sociología*, de Francisco

Mais de um sociólogo tem salientado a tendência de considerarmos a forma histórica de natureza humana predominante em nossa época como eterna. Essa tendência, observa-se que é maior nas épocas relativamente estáveis; menor, nas instáveis, como aquela que atravessamos. Mas está sempre presente sob alguma forma ou outra: por exemplo, sob a forma da concepção de constância do motivo "lucro individual" sobre a atividade humana.

Tanto a Psicologia como a Sociologia "situacionistas" nos defendem dos perigos de tal tendência, dada a importância, às vezes talvez excessiva, que atribuem às situações sociais: criadores ao mesmo tempo que resultados de aparentes uniformidades ou constâncias psicossociais que rigorosamente não existem, dado o fato de umas culturas ou época desenvolverem ou exagerarem tendências instintivas que não são as desenvolvidas ou exageradas por outras culturas ou época. As situações sociais – sociais, em geral, e não apenas econômicas, em particular – agem sobre as tendências instintivas do homem social quebrando-lhes a uniformidade de expressão.

b) Sociologia psicológica, *behaviorismo* e Endocrinologia

Da Sociologia psicológica – nem sempre fácil de separar da chamada psicologia social a expressão mais acentuadamente psicológica – tão acentuadamente psicológica que às vezes deixa de ser Sociologia – é a *behaviorista*, desenvolvida do estudo do comportamento do homem ou do animal "com referência a situações", que, entretanto, não têm a extensão de sentido que atribuímos às situações sociais e de cultura: são situações imediatas. Estudo a princípio só de fisiologistas, entre os quais Loeb e o professor Jennings, interessados nos chamados "tropismos" ou reações do organismo pequeno à luz, à eletricidade, ao calor, à gravidade, a substâncias duras, a ácidos, a alimento etc., desenvolveu-se em estudo psicológico com as experiências do Pavlov, Thorndike, Cannon, Yerkes, Watson, Köhler, com ratos, cachorros, macacos e crianças de peito, em face de situações semelhantes.

Dessas experiências é que se retiraram aplicações à vida social humana e infra-humana, a ponto de surgir uma Sociologia psicológica *behaviorista*, cujo método procuraremos expor e comentar em volume seguinte; e cujos princípios resumiremos aqui, esboçando também o que neles se apresenta de válido para os princípios sociológicos, em geral, e para os da Sociologia psicológica, em particular.

Ayala (Buenos Aires, 1947, t. II). São obras escritas sob um critério que tende a admitir em Sociologia, Antropologia social e Psicologia social um situacionismo concreto, e até específico, em oposição ao abstracionismo de outros autores.

Para a Sociologia psicológica *behaviorista*, a obra de Pavlov[62] e do professor Watson[63] é básica. Os chamados reflexos condicionados – isto é, reações associadas a estímulos como a do exemplo, já clássico, do som de uma campainha ligado numerosas vezes ao instante de ser dado alimento a um cachorro provocar depois, sozinho, sem a presença do alimento, o reflexo da abundância de saliva – vêm fornecendo ao sociólogo ponto de apoio fisiológico e psicológico para observações e experiências sobre a formação de traços da personalidade humana dependentes de situações sociais: isto é, daquelas situações sociais que não necessitem de ser compreendidas para ser reconhecidas como fatores de personalidade. Sendo assim o *behaviorismo* alcança apenas trechos da realidade social; e não essa realidade na sua complexidade.

É assim que a pesquisa de Krasnogorski,[64] colaborador de Pavlov – não já com cachorros, porém com crianças, nas quais foram igualmente estudados reflexos condicionados em relação com neuroses –, sugere-nos a possibilidade – entrevista pelo casal Thomas – do estudo sociopsicológico, pelo método *behaviorista* de grupos humanos, como o judeu: de sua personalidade.[65] Estudo que fosse uma tentativa de estabelecer-se num grupo de adultos nitidamente diferenciados dos demais no seu comportamento como o israelita, até que ponto a alta incidência de manifestações psicopáticas entre eles é devida a fatores étnicos e constitucionais e quanto as condições históricas têm concorrido para a formação, no judeu típico, de traços de personalidade que seriam dependentes de situações sociais que se vêm repetindo na vida ou na experiência histórica do mesmo grupo étnico-cultural. Semelhante tentativa, dentro de exclusivo

---

[62] Pavlov, I. *Conditioned reflexes*, Oxford, 1927.

[63] Watson, J. B. *Psychology from the standpoint of behaviorist*, Philadelphia, 1919, *Behaviour: an introduction to comparative psychology*, London; New York, 1925. De Sociologia psicológica exclusiva ou predominantemente *behaviorista* ou pelo menos *pseudobehaviorista* (segundo a discriminação de Sorokin, *Contemporary social theories*, op. cit., p. 620) em seus princípios ou métodos são exemplos os trabalhos de Waxweiler, E. *Esquisse de une Sociologie*, Brussel, 1906; Davis, J.; Barnes, H. E. *An introduction to Sociology*, Boston; New York, 1927; Bernard, L. L. *An introduction to Social Psychology*, New York, 1926. Veja-se também *The battle of behaviorism*, por J. B. Watson e W. Mac Dougall (New York, 1928), onde os dois pontos de vista são apresentados.

[64] Krasnogorski, N. I. The conditioned reflexes and children's neuroses, *Am. J. of Diseases of Children*, resumido por William I. Thomas e Dorothy Swaine Thomas, *The child in America, behavior problems and programs* (New York, MCMXXVIII, cap. XII).

[65] W. I. e D. Thomas, op. cit., p. 517. Referem-se os autores a condições históricas dos judeus que os teriam posto em suas atuais situações "*where discrimination forces them to try harder than others to gain and maintain status. They also are in the situation of Krasnogorski's children*". Evidentemente, um excesso de simplificação. Com razão, o professor Mannheim se insurge contra o *behaviorismo* aplicado à Sociologia psicológica, salientando que não é realmente sintético, como pretende, pois recusa-se a considerar o ambiente e o indivíduo "como um todo" (ibidem, p. 215); como um complexo biossocial, acrescente-se a Mannheim. Esse compara o *behaviorismo* como método de estudo sociopsicológico ao fascismo como método de governo total, para concluir pela extrema semelhança entre os dois: tentativas de fundir em unidades massas compostas de temperamentos, caracteres e capacidades que variam de indivíduo para indivíduo e têm que ser compreendidos em sua variedade" (ibidem, p. 315-17).

behaviorismo sociopsicológico, seria interessante mas incompleta: a variedade de significados sociais por trás de situações ou estímulos aparentemente idênticos deixaria de ser considerada, desde que tais significados têm de ser compreendidos; e os *behavioristas*, quando ortodoxos, fogem da psicologia de compreensão como diabos da cruz.

O Prof. Sorokin – cuja recente morte marcou perda considerável para os estudos sociais – chega a considerar estudos sociológicos *behavioristas* – difusamente *behavioristas* – aqueles em que se estabelece correlação de um fenômeno transubjetivo – de certa condição econômica, por exemplo, – como certa forma de culto religioso expressa em ações ostensivas.[66] É no sentido estreito de *behaviorismo* – dentro do qual se examinam estímulos e reações transubjetivas com eliminação de toda introspecção – que são raros os estudos de Sociologia psicológica rigorosa ou tecnicamente *behavioristas*. Muitos o são, diz o professor Sorokin, na parte crítica; mas não na construtiva.[67] Tornam-se então especulativos ou metafísicos: o pecado que seus autores mais condenam nos outros.

O que parece evidente é que a capacidade do *behaviorismo* aplicado ao estudo do comportamento social do homem ou do animal de concorrer para o desenvolvimento do que há de ciência natural na Sociologia é uma capacidade limitada. Não nos esqueçamos de que o próprio Köhler confessa que seria impossível descrever só *behavioristamente* o comportamento de um macaco.[68] Impossibilidade que tudo indica estender-se, e estender-se aumentada – se assim se pode dizer da impossibilidade – ao caso do homem, forçando o estudioso do seu comportamento a conciliar o critério *behaviorista* com outros.

Os significados de ações sociais não se deixam apreender pelo *behaviorismo* puro; e os significados são inevitáveis em sociologia e em psicologia do ser humano. Dos valores – inseparáveis, em sua relatividade, de significados – observa o professor Sorokin, em páginas de vigorosa crítica ao *behaviorismo* extremo, que não existindo para o *behaviorista* absoluto, este deixa de tomar conhecimento de complexos – complexos psicológicos e sociológicos, poderíamos acrescentar – como a bandeira de uma nação, como a *República* de Platão, como a Quinta Sinfonia.

Com todas essas insuficiências, há larga zona de sociologia psicológica onde expandir-se o *behaviorismo* aplicado ao estudo do comportamento social do homem e do animal como fenômeno transubjetivo. O próprio professor Sorokin empenhou-se nessa aplicação ao estudar – partindo da teoria do processo de nutrição sociológico de Pavlov –

---

[66] SOROKIN, op. cit., p. 621.

[67] Ibidem, p. 620.

[68] KÖHLER, Intelligence of the apes, apud SOROKIN, op. cit., p. 623. Vejam-se também *The social life of monkeys and apes* (London, 1932), e *Functional affinities of man, monkeys and apes* (London, 1933), por S. Zuckerman.

a correlação entre estímulos de alimentação e comportamento humano, psicologia, processos sociais e organização social.[69] Suas conclusões – entre as quais a de que "a inanição altera todo o comportamento humano" e a de que "sob o estímulo da falta de alimento os homens arriscam-se a ações perigosas que não praticariam sem estar famintos (repressão das reações protetoras pelas de fome)" – representam generalizações de interesse para a Sociologia, em geral. Também a conclusão de que "a alteração de comportamento humano (pela fome) torna compreensíveis as alterações que se observam no campo dos fenômenos sociais quando considerável parte de uma população começa a experimentar fome [...]" é generalização de interesse sociológicos alcançada por estudo de sociologia psicológica segundo método *behaviorista* moderado. Infelizmente os detalhes de método de estudo não nos são fornecidos pelo pesquisador russo.[70]

As contribuições para a cientifização da Sociologia em geral e da Sociologia psicológica em particular, dos sociólogos que seguem mais de perto as pesquisas sobre o mecanismo do comportamento humano realizadas por psicólogos-fisiologistas, por neurologistas e por fisiologistas especializados no estudo das glândulas de mais influência sobre a personalidade, estão mais em esboço do que em traços decisivos ou definitivos. Nem por isso são contribuições sem importância.

As repercussões dos resultados dos estudos experimentais de fisiologistas alongados em psicólogos e até em sociopsicólogos como W. B. Cannon, principalmente as daqueles estudos que se referem às relações entre reflexos condicionados e incondicionados, são já consideráveis, embora difusas, sobre estudos de Sociologia psicológica. O próprio professor Cannon, através do estudo do medo e a raiva no ser humano, chega ao problema sociológico da guerra à possibilidade da substituição da atividade bélica pelo atletismo internacional.[71]

Dos estudos de Endocrinologia – do que esses estudos nos revelam de repercussão, no comportamento psicossocial do homem, de característicos psíquicos associados a distúrbios de glândulas – pode-se talvez começar a concluir, passando do anormal ao normal, e mesmo ao subnormal, e tendo como base a atividade criadora das tiroides, o ímpeto agressivamente masculino dos adrenaloides e os característicos musicais ou matemáticos dos indivíduos com pituitárias bem desenvolvidas,[72] que o conhecimento dessas uniformidades psicológicas de base fisiológica vêm contribuir para a escolha mais segura de profissões entre adolescentes. Também parece possível a alguns estudiosos modernos de Endocrinologia a alteração de traços psíquicos do homem social pelo ambiente climático através das glândulas endócrinas; possível, ainda, que por

---

[69] Sorokin, op. cit., p. 625.

[70] Ibidem, p. 628.

[71] *Bodily changes in pain, hunger, fear and rage* (New York; London, 1929, cap. XX).

[72] Brown, W. L. *The endocrines in general Medicine*, London, 1927, p. 132.

condições endocrinológicas certo tipo de indivíduos desenvolva em clima quentes pigmento protetor que os de outros tipos não desenvolvam.[73]

Já há quem fale numa "interpretação fisiológica da História"[74] que incluiria a Endocrinologia, a Psicologia e a Biotipologia em suas relações com as "raças", os climas, os sistemas alimentares de várias regiões e também a oceanicidade ou continentalidade das mesmas regiões. Semelhante teoria teria na de Buckle (clima), na de Hegel (influência de ideias) e na de Marx (superioridade dos motivos e fatores econômicos) teorias complementares[75] e não antagônicas.

---

[73] LANGDON BROWN, op. cit., p. 104. O professor Langdon Brown escreve: "*The subnormal temperature of persons suffering from disease of the anterior lobe of the pituitary, and the febrile reaction induced in them by the injection of its extract, shows again that there is a close association between the heat producing glands and pigmentation. That blondes and albinos are ill-adapted to hot climates, is well known*". Também o professor Berman depois de caracterizar o camponês russo como subtiroide, o espanhol como adrenalcêntrico, o anglo-saxão como pituitário, conclui que "national resemblances, traceable to climatic influences being repeated from generation to generation, may be explained physiologically" (BERMAN, L. *The glands regulating personality, a study of the glands of internal secretion in relation to the type of human nature*, London, s. d., p. 287).

[74] BERMAN, op. cit., p. 287.

[75] Ibidem, p. 287. A necessidade da combinação da "interpretação fisiológica" e mesmo "psicofisiológica da história ou da natureza humana", com outras interpretações é indicada pelas conclusões a que chegou o professor Stockard nos seus estudos de tipos estruturais de personalidade: a de que o tipo hereditário é transmitido mas a expressão e o desenvolvimento do tipo dependem de "numerosas influências de ambiente" (STOCKARD, *The physical basis of personality*, op. cit., p. 291). De situações ecossociais, preferimos nós dizer. Para o professor Stockard, os únicos tipos humanos normais são o *linear* (longilíneo) e o *lateral* (brevilíneo), que ocorrem entre todas as "raças", algumas "raças" sendo, em sua maioria, de um tipo, outras, em sua maioria, de outro tipo: os ingleses, por exemplo em sua maioria, do tipo linear – que não é, observemos de passagem, o de John Bull e de *Sir* Winston Churchill, mas o de *Sir* Stafford Cripps ou de *Lord* Halifax – e os alemães, em sua maioria, do tipo lateral – grosso, sólido, braquicéfalo. Para o professor Stockard trata-se de "raças" de origem ou ancestralidade comum que, entretanto, desenvolveram-se em tipos diversos – física e psiquicamente diversos – por efeito mais do ambiente de cada uma do que de diferenças hereditárias (ibidem, p. 291). O mesmo autor salienta a distribuição geográfico-ecológica – ecogeográfica, diríamos nós – dos dois tipos: o linear geralmente se encontra em planícies de litoral e em climas marítimos, ricos em iodo, "ambientes nos quais a glândula tiroide é normalmente ativa e até superativa"; o lateral, geralmente se encontra no centro de continentes, longe do suprimento de iodo que vem do mar: em consequência, a glândula tiroide funciona mal (ibidem, p. 292). Por meio dessas diferenças de atividade de glândulas é que se desenvolveriam nos grupos humanos traços psíquicos levianamente considerados diferenças hereditárias de raça.
Sobre o assunto, vejam-se também VIOLA, G. *La costituzione individuale*, Bologna, 1932; BARBARA, M. *I fondamenti della biotipologia umana*, Milano, 1929; VIANA, O. *Raça e assimilação*, Rio de Janeiro, 1932; BERARDINELLI, W. *Biotipologia*, Rio de Janeiro, 1936; BOLDRINI, M. *Biometrica*, Padova, 1927; BROWN, I. *O normotipo brasileiro*, Rio de Janeiro, 1924; CANDIA, S. de. *Alimentazione e costituzione*, Bologna, 1931; COUTINHO, R. *Valor social da alimentação*, Rio de Janeiro, 1937; CASTRO, J. de. *Alimentação e raça*, Rio de Janeiro, 1936; PERNAMBUCANO, U. *As doenças mentais entre os negros de Pernambuco*, Estudos Afro-Brasileiros, Rio de Janeiro, 1935; RAMOS, A. *O negro brasileiro*, Rio de Janeiro, 1934; ROQUETTE-PINTO, *Ensaios de antropologia brasiliana*, São Paulo, 1933; FERRAZ, A.; LIMA JR., A. *A morfologia do homem do Nordeste*, Rio de Janeiro, 1939. O infelizmente falecido cap. Álvaro Ferraz, em trabalhos realizados no Nordeste, sobre material largamente representativo colhido entre os soldados da Brigada Policial e os detentos de Itamaracá, confirmou nossas sugestões sobre os tipos predominantes na população do Nordeste (*Nordeste*, Rio de Janeiro, 1936). Noutras pesquisas,

c) Sociologia psicológica e os estudos do inconsciente e da personalidade

Mais considerável que a utilização, pelo sociólogo, dos resultados de estudos sobre uniformidades de comportamento humano associadas pelos psicólogos-fisiologistas à interação entre glândulas e entre estas e o organismo e suas atividades sociais; ou que a utilização, em Sociologia, de estudos de uniformidades no mesmo comportamento, associadas pelos *behavioristas* a reflexos condicionados, é, talvez, o emprego, na moderna Sociologia psicológica, dos resultados dos estudos sobre o inconsciente. Esses estudos se acham ligados principalmente ao nome de Freud e aos seus trabalhos *Totem e Tabu* e *Imago*. Procura aí o mestre de Viena explicar o totemismo e a exogamia sob o critério de ambivalência (ódio e amor), já desenvolvido por ele em seus estudos de desajustamentos em neuróticos. A tentativa de extensão de método de estudo psicológico e psicopatológico à análise sociológica, sobre base psicológica, de instituições, de comunidades ou de culturas e de suas formas e processos de integração e desintegração, seria

---

o mesmo estudioso, em colaboração com o médico René Ribeiro, encontrou, entre aqueles elementos, evidências de causas sociais (repugnância pela escravidão ainda próxima) para o desprezo pelo trabalho agrário manifestado por gente de cor. Confirma-se assim velha sugestão nossa.

Ultimamente, em estudos em anúncios de jornais recolhidos de diários brasileiros de várias áreas, do Recife ao Rio Grande do Sul, vimos procurando estudar predominâncias de subgrupo étnico ou de tipo entre os escravos fugidos, parecendo-nos até agora que tais predominâncias são menos de grupo subétnico indicado pela denominação de tribo ou nação ou pelas tatuagens características desse *status* que pelo tipo biopsíquico: o linear ou longilíneo, o preto ou mulato "seco de corpo" ou de "pernas finas" e, ao mesmo tempo, ladino, quando preto, ou pachola, quando mulato; e em numerosos casos, com marcas de relho nas nádegas ou nas costas ou de lubambo nos pés. Raro o negro fugido, dentre os caracterizados pelos anúncios de jornal que se saliente pelo arredondado de formas (a não ser de nádegas: traço hereditário étnico). Essa escassez de gordos, redondos ou pícnicos contrasta com os muitos escravos fugidos que segundo os mesmos anúncios se destacavam pelo "corpo seco" e pelas "pernas finas" e, ao mesmo tempo, por característicos mentais e marcas de castigo que os identificam como escravos irregulares, inquietos e insubmissos; como homens andejos e amantes de aventura; como revolucionários, revoltosos, "cabras perigosos", "negros maus". Bem que Shakespeare, como recorda o professor Hooton (*Up from the ape*, op. cit., p. 474) antecipou-se à moderna ciência de tipo e constituição (com a qual a Sociologia psicológica tem tanto que ver) ao pôr na boca de Júlio César os agudos reparos:

"Let me have men about that are fat
Sleek-headed men, and such as sleep o'nights:
Yond'Cassius has a lean and hungry look:
He thinks too much: such men are dangerous."

Sobre o assunto, veja-se nossa introdução ao estudo de Ademar Vidal sobre escravos negros no Brasil, estudo a ser publicado. Veja-se também o estudo de Antropologia diferencial, *Os tipos humanos na vida e na arte*, do professor W. Berardinelli, do qual acaba de aparecer nova edição (Rio de Janeiro, 1954), e que contém interessantes páginas sobre aspectos brasileiros do assunto: inclusive sobre predominâncias de constituições ou tipos entre ameríndios e negros da população nacional. Trabalho que esclarece aspectos quase de todo ignorados do assunto é o nosso *O escravo nos anúncios de jornais brasileiros do século XIX*, publicado pela Imprensa da Universidade Federal de Pernambuco.

desenvolvida com maior rigor científico – do ponto de vista sociológico e antropológico social – por J. C. Flügel, em seus estudos sobre a família,[76] por Bronislaw Malinowski, em pesquisas sobre crime, sexo e costumes entre primitivos (nas quais retificou Freud em várias generalizações),[77] por Margaret Mead, Radcliffe-Brown e Van Gennep em pesquisas também entre primitivos.[78]

Do sucesso – pelo menos relativo – das aplicações, a comunidades primitivas, de observações sobre a influência do inconsciente no comportamento humano – observações desenvolvidas por psicólogos e psiquiatras entre pessoas sociais de comunidades sofisticadamente europeias – pode-se concluir, por um lado, com a professora Mead, que pelo menos os conflitos psicológicos da fase de puberdade, julgados por algum tempo universais e devidos à estrutura biológica do indivíduo, parecem ser peculiares às formas de cultura do nosso conhecimento histórico[79] e resultado, pode-se acentuar, de situações sociais que se vêm repetindo nessas culturas; por outro lado, com o antropólogo Penniman, que "a equação geral do primitivo, do neurótico e do imaturo" confirma as ideias de Tylor e Bastian – antropólogos sociais clássicos – sobre a unidade psíquica dos homens, quanto às tendências e aptidões gerais.[80] Entretanto são dos nossos dias os trabalhos em que Lévy-Bruhl procura mostrar precisamente o contrário: que os primitivos têm uma mentalidade *pré-lógica* que os distingue dos civilizados, cuja mentalidade seria *lógica*. Embora discordemos das conclusões a que chega Lévy-Bruhl, tal é a força de sua argumentação que consideramos suas obras leitura indispensável a todo iniciando nos estudos de Sociologia, em geral, e de Sociologia psicológica, em particular.[81]

---

[76] FLÜGEL, J. C. *The psycho-analytic study of the family*, London, 1929.

[77] MALINOWSKI, B. The father in primitive psychology, London, 1929; *The sexual life of savages in North-Western Melanésia*, London, 1929; *Crime and custom in savage society*, London, 1926.

[78] MEAD, M. *Coming of Age in Samoa*. New York, 1928; e *Sex and temperament in three primitive societies*, New York, 1935; RICHARDS, A. I. *Hunger and work in a savage tribe*, London, 1932 (que partindo do critério de que "*nutrition as a biological process is more fundamental than sex*", salienta (p. 2) que "*while sex is necessarily a disruptive force in any society [...] man's food-seeking activities not only necessitate cooperation, but definitely foster it*"); RADCLIFFE-BROWN, *The andamon islanders*, Cambridge, 1912; VAN GENNEP, A. *Les rites de passage*, Paris, s. d.

[79] MEAD, *Coming of Age in Samoa* (op. cit., cap. XI). Veja-se também de VAN GENNEP, *Les rites de passage* (op. cit.).

[80] PENNIMAN, T. K. *A hundred years of Anthropology*, London, 1935, p. 299.

[81] LÉVY-BRUHL, *Les fonctions mentales dans les sociétés inferieures*, Paris, 1910 ; *La mentalité primitive*, Paris, 1912. Quem nos parece esclarecer melhor o assunto é o professor Goldenweiser ao escrever que "em muitas situações a mente do primitivo comporta-se de modo diferente da mente do moderno". Mas se "a primitividade não é questão biológica, essas diferenças de operação mental devem ser redutíveis a condicionamento cultural" (*Anthropology*, op. cit., p. 407). Também aqui a interpretação mais adequada de diferenças – no caso, as de "operação mental" – parece ser a que siga critério situacionista.

À Psicanálise tem-se feito a crítica, não de todo injusta, de ter sido produto característico da época liberal-individualista de que vamos saindo: daí a tendência dos primeiros psicanalistas no sentido de simplificarem a relação do indivíduo social com o ambiente, em vez de procurarem reconhecer a complexa interdependência entre um e outro. Não há dúvida, porém, de que, ligada à Sociologia, através da importância que ocupa na Sociologia psicológica, a Psicanálise entrou em fase nova, menos individualista e mais inter-relacionista. E com outras escolas de Psiquiatria e de Psicologia não apenas individual mas social, vem servindo de ponto de apoio a estudos de Sociologia psicológica em que o indivíduo em vez de considerado *in vacuo* é visto em suas situações históricas e sociais, de classe, de condição econômica, de família. Psicanalistas e outros psiquiatras vêm reconhecendo os limites da terapêutica individual diante da força com que agem sobre personalidades, desorganizando-as, mecanismos sociais como o de competição que durante a época liberal-individualista tornou-se o "mecanismo" ou o processo social dominante na Europa ocidental e nos trechos dos outros continentes mais diretamente subordinados à influência da cultura europeia.

Os sociólogos vêm como que socializando a Psicanálise e outras técnicas de investigação psicológica como a de Shand.[82] Socializando-as e tornando seus objetos de estudo mais complexos ao mesmo tempo que mais concretos. E o que se vem verificando é que cada organização social e "as várias situações sociais especiais que a constituem" desenvolvem neuroses diversas que as mesmas "situações em parte reprimem, em parte desenvolvem".[83] Como observa o professor Mannheim, não é bastante, para estudar psicologicamente um indivíduo social, situá-lo na família, em geral, mas na família em determinada classe social e em determinada época.[84] E os estudos de Malinowski e Richards é o que mostram: que os complexos psicossociais são condicionados por situações sociais especiais.

d) Sociologia psicológica e processos sociais

Um dos objetos fundamentais de estudo sociopsicológico, em particular, e do sociológico, em geral, é o estudo dos *processos sociais*. Sendo processos de *interação social* são, ao mesmo tempo, de *interação psíquica*.

---

[82] SHAND, A. F. *The foundation of character*, London, 1930.

[83] MANNHEIM, op. cit., p. 219.

[84] Ibidem, p. 220. Semelhantemente – acrescentemos ao professor Mannheim – a situação social-religiosa de uma pessoa não é definida se simplesmente situamos essa pessoa na Igreja a que pertence – a católica de Roma, por exemplo – sem precisarmos a área ou o espaço físico-social. Pois o católico irlandês é diferente do católico inglês; este, do católico italiano ou do católico brasileiro.

Os *processos sociais* distinguem-se pela sua constância e universalidade: seus efeitos se repetem, ou tendem a repetir-se, independentes de espaço ou de tempo. Onde o processo de competição opera com vigor decisivo, aparecem situações e formas sociais que correspondem àquele mecanismo e superam, embora nem sempre façam desaparecer, as demais situações e formas, expressões de outros processos: o de cooperação, o de acomodação ou o de assimilação. O mesmo se dá em comunidades que sejam reguladas antes pelo processo de cooperação que pelo de competição, como várias das comunidades primitivas e a atual comunidade russa ou soviética: aparecem formas e situações sociais que correspondem principalmente ao processo dominante. Em vez de caracterizada por grandes edifícios de bancos e de fábricas particulares, a paisagem social da Europa cristã na Idade Média deixou-se principalmente marcar por catedrais, símbolos de formas de cooperação correspondentes ao relativo domínio desse processo sobre as atividades sociais dos europeus cristãos daquela época; enquanto das metrópoles modernas, os edifícios que mais se destacam são os dos grandes bancos e os das grandes fábricas particulares, expressões do domínio do processo de competição sobre a vida das respectivas comunidades.

Vários sociólogos distinguem do processo de *competição* o de *conflito*, identificado este com fenômenos considerados de ordem política e aquele com os de ordem social. Preferem o termo *conflito* à expressão *competição* para designar o processo pelo qual se resolvem entre pessoas sociais ou entre grupos sociais as "tensões acumuladas" de que falam os professores Dawson e Gettys.[85] E os professores Park e Burgess consideram o conflito aquele processo de luta e rivalidade entre indivíduos ou grupos em que o contato é indispensável; a competição o processo de luta em que os indivíduos ou grupos não se acham necessariamente em contato. O conflito seria consciente, a competição inconsciente.[86]

Para alguns sociólogos o processo de conflito ou competição é sempre o dominante: teoria que não é confirmada pelo estudo de todos os grupos sociais e de todas as formas de convivência em que se exprima o homem social havendo evidentemente no ser humano tendência tão instintiva para a cooperação como para a competição. A tendência para a cooperação, sob certas circunstâncias ou situações sociais, pode tornar-se a dominante em grupos ou comunidades: é o que se verifica, segundo as observações e a classificação da professora Margaret Mead, entre os iroqueses, samoanos, zuñis, bathongas, dakotas e maoris, em contraste com as comunidades ou grupos primitivos em cuja vida domina o processo de competição,

---

[85] Dawson, C. A.; Gettys, W. *An introduction to Sociology*, New York, 1939, p. 297. Veja-se também *Social problems and social processes*, de Read Bain (Chicago, 1933).

[86] Park e Burgess, op. cit., cap. VIII-X. Veja-se também Allport, *Social Psychology* (op. cit., p. 336-8), sobre o que há de social nos conflitos dentro de indivíduos sociais ou personalidades.

tornando-as semelhantes, sob vários aspectos, às comunidades civilizadas: os manus, os kwakiutl, os ifugao.[87]

Aliás os que apresentam o processo de competição como sempre dominante[88] e o consideram não só social como natural no sentido de vir da vida vegetal e da animal para a humana com o mesmo vigor decisivo, desprezam o fato de que a *simbiose* como aspecto biossocial do processo de cooperação e o *comensalismo*, que é outra expressão de auxílio mútuo entre seres ou formas de vida de algum modo sociais, encontram-se entre plantas e animais e entre animais em relação com plantas. É comum verificar-se entre animais da mesma espécie alguma forma de cooperação: na atividade sexual, na alimentação, na proteção e treino dos imaturos incapazes de se protegerem e de se alimentarem.

Entre os seres humanos, porém, o processo de *cooperação*, o de *competição*, o de *assimilação*, o de *acomodação*, o de *imitação*, o de *diferenciação*, o de *dominação*, o de *exploração*, o de *subordinação* e outros que possam ser destacados como *processos sociais especiais*, do básico, ou seja o de *contato* ou de *comunicação* – isto é, o processo ou "mecanismo" como o chama Cooley,[89] através do qual se desenvolvem as relações humanas por símbolos mentais e outros meios de se exprimirem (as mesmas relações) no espaço e de conservarem no tempo – e do *geral*, que é o de *interação*, ou seja, o processo de influência recíproca através do qual pessoas e grupos sociais estão constantemente agindo uns sobre os outros diretamente ou através de símbolos mentais ou dos meios de expressão e de conservação referidos por Cooley, são processos sociopsíquicos ou psicossociais, no sentido de não operarem fisiológica, biológica ou instintivamente ou só fisiológica, biológica ou instintivamente, mas socialmente, isto é, principalmente como processos sociais. Coloridos não só por sentimentos e emoções, como por ideias, propósitos e padrões sociais e de cultura peculiares a grupos ou épocas. Donde sua maior ou menor importância na vida de um grupo ou entre as tendências de uma época. A coloração ou intensidade diversa que adquirem sob condições especiais diferentes de

---

[87] MEAD, M. *Cooperation and competition among primitive peoples*, New York, 1937. Veja-se também BENEDICT, R. *Patterns of culture*, London, 1935, cap. VII.

[88] GUMPLOWICZ, *Der Rasenkampf* (op. cit.); NOVICOW, *Les luttes entre sociétés humaines* (op. cit.). O extremo oposto é representado por KROPOTKIN, P. *Mutual Aid*, New York, 1902. Segundo Kropotkin, a lei da natureza não é a da guerra de uns contra os outros, pois o auxílio mútuo é tão lei quanto o conflito (ibidem, p. 22).

[89] COOLEY, C. H. *Social organization*, New York, 1909; *Social process*, New York, 1918; *Sociological theory and social research* (obra póstuma), New York, 1930. É talvez Cooley quem melhor estuda e fixa o conceito, hoje predominante, de "processo social": "sequência de desenvolvimentos sociais suscetível de generalização". É talvez o conceito sociológico em que mais seguramente assentam as pretensões de generalização científica da Sociologia, pois o processo social geral e os processos sociais especiais são repetições comparáveis.
Sobre a importância do estudo dos processos sociais do ponto de vista da Sociologia aplicada, veja-se CARVALHO, D. de. *Sociologia Aplicada*, Rio de Janeiro, 1935, Parte I, cap. I.

espaço e de tempo não lhes afeta, porém, a capacidade de repetição sob condições gerais semelhantes.

Talvez as condições gerais que mais ocorram entre os grupos sociais são as que se exprimem principalmente pelo processo de cooperação acompanhado do seu oposto: o de competição. Para o professor Hiller, "a cooperação é que é o *sine qua non* da sociedade". Hiller está de acordo com a afirmativa de Dundas de que "onde finda a cooperação, finda também a sociedade".[90] Afirmativa a nosso ver exagerada, a não ser que se especifique, como o faz o professor Hiller, que a própria exploração "requer a cooperação tácita da vítima cuja dependência é necessária à continuação de tal relação". Sob esse critério, também a subordinação em relação com a exploração ou a dominação seria, quer considerada condição, quer processo, expressão, no primeiro caso, do processo de cooperação, e no segundo caso, processo idêntico ao de acomodação.

A verdade é que raramente um processo social de interação se apresenta puro ou simples aos olhos do sociólogo que o estude ao vivo e não academicamente. Daí a expressão empregada pelo professor Hiller, *cooperação competidora*, diante de situações sociais em que os dois processos se apresentam simultaneamente. O antagonismo de interesses entre pessoas ou grupos competidores pode levá-los a conflito puro – econômico ou político; mas pode também levá-los a combinações para o controle de preços e, por conseguinte, à cooperação ao lado da competição. Na ordem política, várias alianças entre potências se apresentam como exemplos de *cooperação competidora*, isto é, de ação simultânea de dois processos teoricamente contraditórios através da divisão, por exemplo, de "zonas de influência" em que se exerça o imperialismo de cada uma ou de acordos para a limitação de armamentos entre nações competidoras tornadas também cooperadoras por força de situações sociais especiais. O caso recente da aliança efêmera entre dois poderes nitidamente antagônicos e competidores como a Rússia soviética e a Alemanha nazista.

Aqui nos parece oportuno chamar a atenção do iniciando em estudos de Sociologia para duas expressões correntes nos mesmos estudos: "processo econômico" e "processo político". A inflação por exemplo, é frequentemente apresentada como "processo econômico"; o golpe de estado, como "processo político". Uma e outra são, a nosso ver, expressões de processo ou de processos sociais. A inflação, decorrendo de aumentos de produção ou de preços, é consequência nítida da ação do processo social de competição na esfera econômica, em particular e na vida social, em geral. O mesmo pode dizer-se do golpe de estado na esfera política, em particular e na vida social, em geral. O fato de um processo social manifestar-se nesta ou naquela esfera não nos autoriza a adjetivá-lo

---

[90] HILLER, E. T. *Principles of Sociology*, New York; London, 1933, p. 210.

segundo a esfera principal ou ostensiva de sua manifestação. Sendo esse o nosso critério de processo social, repelimos também a expressão "processo de conflito" para designar as manifestações do processo de competição na esfera política.

A imitação é outro processo social de interação do qual se tem querido fazer o processo social. É, na verdade, um dos mais ligados à vida social e de cultura do ser humano que, em grande parte, se socializa e se culturaliza, *imitando os atos e repetindo os símbolos* – inclusive a língua – do grupo em que se desenvolve. Aplicando o processo de imitação à vida moderna, com a maioria dos seus grupos mais poderosos definidos em nações, Gabriel Tarde deixou-nos, entre outras sugestões, a da *nação modelo* imitada pelas nações *imitadoras*, a da *classe modelo* imitada por classes também *imitadoras* ou *captadoras*, ainda que a imitação não seja em nenhum desses casos absoluta porém limitada pela resistência ou inércia, sob a forma de *oposição* – considerada por alguns um processo social com que as *nações* ou *classes*, os grupos ou indivíduos sociais não modelares se defendem dos tidos por modelares.[91] Entre as

---

[91] De Gabriel Tarde vejam-se principalmente, com relação a processos sociais, seus estudos *Les lois de l'imitation* (op. cit.), *L'opposition universelle* (Paris, 1897), *L'opinion et la foule* (Paris, 1901). Vejam-se também DUPRAT, G. L. *Etude prelative aux rapports entre la Psychologie et la Sociologie*, Paris, 1898; e RICHARD, G. *La Sociologie Générale et les lois sociologiques*, Paris, 1912. Deste é também o ensaio *Le conflict de l'autonomie nationale et de l'imperialisme* (Paris, 1916). É trabalho que se junta a "On the laws affecting the relations between ivilized and savage life" por H. Battle Frere (*J. Anth. of Gr. Britain*, v. XI); *The relations of the advanced and the backward races of mankind*, por James Bryce (London, 1902); *Les nègres et la civilisation européene*, por K. Rathgen (Brussel, 1909); *The modernizing of Orient*, por C. S. Cooper (New York, 1914); *The backward peoples and our relations with them*, de H. Johnston (New York, 1920); *The rising tide of colour against white world supremacy* (Lothrop Stoddard; London, 1920); *Races, nations and classes, The psychology of domination and freedom*, H. A. Miller (Philadelphia, 1924); *The clash of cultures and the contact of races*, G. Pitt-Rivers (London, 1927); *Le non-civilisé et nous*, por R. Allier (Paris, 1927) e a vários outros em que as condições criadas pelo imperialismo moderno em diferentes países ou áreas são estudadas sociologicamente e, em alguns, como efeitos de processos sociais: contato, associação, dominação, subordinação, oposição, assimilação, acomodação. Tais condições e alguns desses processos são estudados magistralmente pelo professor René Maunier na sua obra *Sociologie coloniale*, cujo primeiro volume tem por subtítulo "Introduction à l'étude du contact des races" (Paris, 1932). O segundo volume da obra de Maunier tem por subtítulo "Psychologie des expansions" (Paris, 1936).
O imperialismo moderno está evidentemente ligado à mística de grupo modelar ou que a si mesmo considera modelar, além de ser considerado modelar por outros: o caso do aristocrata britânico ou, particularmente, inglês, que encarna "*the gentleman ideal*" (veja-se "The gentleman ideal" por F. Mac Eachran, *Nineteenth Century*, dez., 1928) e do britânico ou inglês, em geral, que se vem considerando com deveres paternais para com os povos atrasados ("*the white man's burden*"). Isso para nos referirmos ao imperialismo moderno naquele seu aspecto em que o interesse de exploração do fraco pelo forte aparece melhor sublimado e justificado em teoria como na prática: o imperialismo britânico. Entretanto, mesmo esse tipo de imperialismo que nos parece superior aos seus competidores atuais (embora talvez inferior em criatividade ao português e ao espanhol), se apresenta, sob mais de um ponto de vista, como expressão de um complexo de povo-modelo que vem afetando a vida psicossocial dos grupos dominados, no sentido de revolta ou crispação do grupo dominador, no sentido de suficiência moral. No seu livro *Must England lose England?* o tenente-coronel Arthur Osburn, representante do ponto de vista inglês inteligentemente imperialista (pois enquanto houver outros imperialismos seria loucura da parte dos ingleses ou britânicos renunciar aos seus domínios imperiais), versa o problema do modelismo autoritário que se confunde com o do ideal de *gentleman* dominador

manifestações de oposição assim compreendida estaria a *antimoda*, em contraste com a *moda*,⁹² expressão extrema do processo de imitação. Cremos, entretanto, que essas manifestações chamadas de oposição – *antimoda*, arcaísmo, excentricidade de pessoas e subgrupos com relação aos padrões sociais dominantes – podem ser consideradas expressões do processo social de *diferenciação*.

É este definido pelos sociólogos como o processo através do qual se desenvolvem diferenças sociais. Juntas essas diferenças podem resultar naquele todo harmonioso como "uma orquestra com seus diversos instrumentos", da comparação do professor Lumley,⁹³ embora nem sempre seja esse o resultado da diferenciação: excessiva pode resultar em dissociação, desorganização ou desintegração. Diferenças de atitudes e até certo ponto de comportamento, condicionadas ou estimuladas por condições de idade, sexo, profissão, residência, "raça", classe, religião, podem ser harmonizadas ou equilibradas num grupo, ao qual o *processo de diferenciação*, conseguido esse especial equilíbrio, enriqueceria do ponto de vista cultural; mas em geral, esse equilíbrio tem sido obtido pelo processo de *subordinação*, algumas vezes pelo de *acomodação*. Submetidos vários grupos diferentes a um dominante, este pode tolerar diferenças e *antimodas* que não lhe comprometam o domínio político e econômico, como até hoje a Grã-Bretanha na Índia e como a Áustria com relação às "raças", regiões e "religiões"

---

tomado um tanto infantilmente como ideal sagrado pela maioria dos ingleses formados pelas "Public Schools" e Universidades. "*Young men who have recently left Public Schools and Universities* [escreve o tenente-coronel Osburn] *admitt that their outlook, and especially their attitude towards those they are afterwards called upon to govern, is influenced by that may be called the School-perfect mind – it is in fact cheek for anyone not of the same race and antecedents to question their opinion or action [...]. As a result of this early training, we have now got to the stage when we consider it to be cheek for a Belgian or a Hindu or a member of some weaker race than our own to demand social or economic equality or to argue against our decisions*" (apud GOLDENWEISER, *Anthropology*, op. cit., p. 431-2). Deve-se notar que o tenente-coronel Osburn atribui essa atitude de seus compatriotas – aristocratas, políticos, funcionários civis, bispos etc. – com relação aos povos subordinados política ou economicamente ao Império Inglês, ao complexo de domínio que neles vem desenvolvendo o sistema das "Public Schools", por meio de uma instituição de origem jesuítica, a dos adolescentes-prefeitos, isto é, colegiais investidos em período particularmente nevrótico e erótico da vida, da função de servir de modelo aos seus colegas mais jovens e armados do poder de castigá-los e açoitá-los. Daí resultariam o modelismo ostensivo – que não deve ser confundido com o que não é procurado pelo grupo ou pessoa modelar, como, por exemplo, o modo de falar do parlamentar inglês, o modo de trajar de Santos Dumont, o modo de escrever de Eça de Queirós –, o sadismo no exercício do mando e o perfeccionismo ingênuo em relação com ideias e costumes diferentes dos da aristocracia britânica das "Public Schools".

⁹² Sobre a Psicologia e a Sociologia da moda, veja-se Elizabeth B. Hurlock, *The psychology of dress, an analysis of fashion and its motive* (New York, 1922), onde vêm estudadas formas de imitação: a reverente, a competidora, a que decorre do receio de desaprovação social (cap. III). Segundo observações da autora, imitado pelos inferiores, o indivíduo social ou grupo social superior está sempre procurando tornar-se diferente dos que o imitam (ibidem, p. 45). O que indica a ligação do processo de diferenciação com o de imitação. Vejam-se também VEBLEN, *The theory of the leisure class* (op. cit.), WUNDT, W. *Elements of folk psychology*, New York, 1916.

⁹³ LUMLEY, *Principles of Sociology* (op. cit., p. 150). Sobre o processo social de diferenciação, veja-se NORTH, C. C. *Social differentiation*, North Carolina, 1926.

não-austríacas e não católico romanas que constituíram por algum tempo o Império chamado austro-húngaro; ou os Estados Unidos com relação às diferenças de costumes ou antes, de cultura, de restos de peles-vermelhas e dos numerosos descendentes de escravos negros e de mexicanos que habitam a mesma República. A diferenciação, quando de subgrupo poderoso por sua ligação a grupo materno com pretensões imperiais, pode constituir perigo para grupos ou organizações nacionais novas, com minorias étnicas constituídas por imigrantes recentes, isto é, de primeira ou segunda geração: o caso de descendentes de alemães que, no Sul do Brasil, vinham se conservando diferenciados da maioria brasileira, ou à margem da cultura brasileira de lastro português, indígena e africana,[94] por sistemática oposição aos padrões sociais brasileiros de origem principalmente lusitana.

Pode talvez dizer-se da comunidade brasileira considerada em conjunto, que é das que mais se ajustam à ideia das comunidades-orquestras, do professor Lumley, pela relativa harmonização de diferenças em sua cultura e em sua vida: diferenças desenvolvidas em suas várias regiões, quer naturais, quer culturais, por uma colonização de que vêm participando elementos diversos: portugueses, espanhóis, italianos, franceses, holandeses, alemães, ameríndios, negros, etc., descendentes de senhores, de escravos, de civilizados, de primitivos, de fidalgos, de artesãos, de capelães protestantes, maometanos, judeus, "fetichistas". É que, ao lado do processo social de *diferenciação*, por algum tempo contido nos seus excessos pelo de *subordinação* de não católicos ao católico, de não portugueses ao português, de mulheres a homens, vem principalmente atuando na formação social brasileira o processo de *acomodação*. Aliás, para alguns sociólogos não existe – como já vimos – processo de *subordinação* autônomo; a *subordinação* seria uma forma de *acomodação*.

Por *acomodação* devemos entender o processo de interação através do qual pessoas e grupos alteram-se, contemporizam, transigem para conseguir vantagens de convivência que, conservando-se eles imutáveis ou diferenciando-se por oposição franca e radical, não conseguiriam. Desenvolve-se sempre, em qualquer época ou espaço, uma situação social como que dominante ou básica, à qual outras situações tendem a acomodar-se, alterando-se, contemporizando, transigindo. Foi o que sucedeu em

---

[94] Sobre a marginalidade dessa população – dentro do conceito sociológico de marginalidade –, veja-se o interessante estudo do professor Emílio Willems, *Assimilação e populações marginais do Brasil*, São Paulo, 1940. O direito do subgrupo germânico, ou de origem germânica, no Brasil, conservar-se à parte da comunidade brasileira e diferenciado radicalmente dela, é reclamado por alguns alemães e brasileiros de origem alemã: um deles, o ilustre geógrafo professor MAACK, R. The Germans of South Brazil – a German view, *The Quarterly J. of Inter. Am. Relations*, Cambridge, United States, v. I, n. 3. Sobre o assunto vejam-se também o trabalho de ROMERO, S. *O alemanismo no Sul do Brasil*, Rio de Janeiro, 1905; *Os alemães em Santa Catarina*, de Manuel Duarte (Rio de Janeiro, 1917), e os nossos *Uma cultura ameaçada: a luso-brasileira* (Recife, 1940) e *O mundo que o português criou* (Rio de Janeiro, 1941, Introdução). Várias das ideias defendidas por Sílvio Romero desenvolveu-as ele de inteligentes sugestões do geógrafo E. Reclus sobre o assunto.

grande parte do Brasil e em grande parte dos grupos e pessoas sociais que formaram o Brasil em torno do patriarcado agrário, monocultor e escravocrata que aqui se desenvolveu desde o século XVI. As minorias que não se acomodavam como senhores, aderentes ou escravos a essa instituição dominante, em torno da qual o Brasil cresceu de colônia de plantação em subnação e em nação – ou quase nação –, diferenciaram-se em tipos extremos de *caboclos*, de *gaúchos*, de *quilombolas* e *sertanejos*, cuja extrema diferenciação dissociativa viria a perturbar mais de uma vez os processos de interação associativa, ou de integração, da comunidade. Sirvam de exemplo as "tapuiadas" e as "balaiadas", os excessos separatistas do movimento chamado "farroupilha", os dos quilombolas ou negros fugidos, concentrados em Palmares, o dos sertanejos de Canudos e, mais recentemente, o dos fanáticos do Contestado, com suas figuras não só pitorescas como, muitas delas, trágicas, de diferenciados dos padrões sociais de civilização dominante nos trechos de território brasileiro dominados pela monocultura e pelas casas-grandes dos engenhos e fazendas patriarcais e escravocratas; pelos sobrados e igrejas de Salvador, Recife, Ouro Preto, Porto Alegre, Belém, Florianópolis, Rio de Janeiro, São Paulo. Às vezes os diferenciados são pessoas ou grupos sociais que deixam de acompanhar o desenvolvimento da comunidade, parcial ou totalmente, e tornam-se arcaicos uns só pela indumentária – como no Rio, até há pouco, Raul Pederneiras com seu chapéu antigo e o caricaturista Calisto com seu fraque também fora da moda – outros, principalmente pelas ideias e motivos de vida: o caso dos retardatários da cavalaria feudal na Espanha que inspiraram a Cervantes o *Don Quixote*; o caso dos *gaúchos* ou dos "sertanejos" mais arcaicamente pastoris.

Assimilação é aquele processo social de interação através do qual um grupo ou pessoa social é absorvido por outro grupo ou por outra pessoa. Os professores Park e Burgess definem-no assim: "Assimilação é um processo de interpenetração e fusão pelo qual pessoas e grupos adquirem as memórias, sentimentos e atitudes de outras pessoas e grupos".[95] Não se trata de conformar-se a pessoa ou grupo – em geral adventício – com as memórias, os sentimentos e as atitudes dominantes mas de ser absorvido por eles, tornando-se íntimo participante não só de estilos como de motivos de vida novos para o adventício, o aderente ou o convertido. Pois a assimilação quase sempre subentende imigração, adesão ou conversão. O europeu que se americaniza nos seus motivos de vida e não apenas nas exterioridades a ponto de confundir-se com os americanos natos na personalidade que adquire; o protestante que se converte a Igreja católica de Roma, a ponto de tornar-se uma das expressões da ortodoxia católica romana como Manning, na Inglaterra; o liberal que, em política, lentamente adere aos conservadores – até tornar-se um deles – são casos de assimilação. É verdade que

---

[95] PARK E BURGESS, op. cit., p. 735.

há sociólogos que consideram a assimilação, em grande parte, um processo inconsciente, enquanto a acomodação seria processo quase sempre consciente. Mas aceita a generalização, teríamos de admitir casos de assimilação em que o processo é antes consciente que inconsciente: sirvam de exemplo os franceses que deliberadamente deixam-se ficar em trechos do Brasil ainda virgem da organização europeia no século XVI, para aí, em contato com os indígenas, sofrerem conscientemente a ação do processo de assimilação: desfrancesaram-se e indo-americanizaram-se. Em certo sentido foram eles e não os portugueses os primeiros brasileiros, considerada a diferenciação voluntária da Europa base principal de brasilidade.

Destacada a *subordinação* do processo geral de interação como processo especial à parte do de acomodação – com o qual realmente se assemelha sob mais de um aspecto – seu característico é ser mais que a acomodação um processo em que a pessoa ou o grupo que convive com outro, não só transige ou contemporiza com o outro, como se deixa dominar ou dirigir pelo mesmo. A mulher sob formas extremas de patriarcado é antes uma subordinada que uma acomodada ao regime de absoluto domínio masculino ou de jugo monossexual. O mesmo pode dizer-se de escravo, sob formas extremas de escravidão, em que sua condição é não só legal ou tecnicamente como quase efetivamente, antes a de coisa que a de pessoa; antes a de massa que a de grupo humano. Entretanto, mesmo entre subordinado e dominador há interação: o senhor absoluto é influenciado pelo escravo mais sem vontade própria. Daí poderem as relações entre eles ser consideradas expressão do processo de acomodação.

O processo de *coação* ou *dominação* seria o oposto do de subordinação. Seria, não a simples transigência do mais forte com o mais fraco, em torno de instituição comum, para propósitos ou vantagens de convivência – que é o característico das relações entre ingleses e canadenses, em torno do Império Britânico – mas essa transigência reduzida ao mínimo ou à insignificância da parte do forte com relação ao fraco e imposto ao fraco pelo forte um regime de convivência em que sua vida segue passivamente imposições do grupo ou da pessoa dominante. É o caso do sexo feminino ou "frágil" com relação ao masculino ou "forte" que em algumas épocas e regiões tem sido o grupo dominante de modo quase absoluto. O caso, em algumas épocas e regiões, do grupo clerical ou teocrático com relação aos leigos, reduzidos a estado de subordinação filial. O caso da "raça" branca com relação a alguns grupos de cor, na fase do ainda ativo mas nem sempre criador imperialismo europeu, que entretanto tem sido mais de uma vez expressão do processo de acomodação: entre os portugueses e os ameríndios, por exemplo, houve antes acomodação que relações de coação ou dominação e subordinação. Acomodação estimulada pelos próprios reis de Portugal, que em alguns casos entraram, por este motivo, em conflito com os jesuítas, apologistas e partidários dos processos de coação e dominação nas relações dos europeus com os indígenas da América e com os negros da África.[96]

Destacados os processos especiais de interação que nos parecem os principais, não se imagine que exista a respeito unanimidade de opinião entre os sociólogos. Alguns se levantariam contra nossa sugestão de serem considerados processos especiais, à parte do de acomodação, a subordinação, a dominação, a coação. Outros, seguindo Park e Burgess, limitariam os processos especiais a quatro: competição, conflito, acomodação e assimilação. Os sociólogos que se conservam devotos de Spencer se contentariam com integração e diferenciação. Os influenciados pelo professor Hayes, porém, não se satisfariam com menos de quatorze processos especiais de interação,[97] número que para o professor Ross se deve elevar a vinte e cinco.[98] Outro tanto parece necessário ao professor von Wiese.[99] O professor Maunier, mais modesto, contenta-se com seis: dominação, associação, emancipação, oposição, imitação, agregação.[100] Enquanto há quem não fale em *processos*, mas só em *formas* de interação, como o professor Hiller.[101]

e) Sociologia psicológica e as teorias *Gestalt* e de "situações vitais"

Para que se estabeleça cientificamente a unidade psíquica dos homens — base psicológica de generalizações sociológicas, talvez mesmo de leis, ou, pelo menos, de tendências de validade universal, e, com certeza, dos processos denominados sociais, de interação – vêm concorrendo os estudos de Psicologia experimental, contemporâneos dos de Psicanálise, que tornaram-se conhecidos sob a denominação de *Gestalt Theorie*. É uma revolução na Psicologia que se deve ao professor Wertheimer.[102] Colocando-se

---

[96] Veja-se *Casa grande & senzala*, op. cit., II, p. 616, onde se revela um caso de exclusão de pretos e pardos de escolas jesuíticas no Brasil colonial. Os jesuítas também tentaram a segregação dos indígenas para impedir seu contato com os colonos portugueses.
No Canadá, tanto quanto no Brasil, os jesuítas bateram-se pela segregação dos indígenas, fundando-se em que "a mentalidade do índio é incapaz de alto desenvolvimento", convindo-lhe assim um "sistema de perspectiva tutoria paternal" (WHETHAM, W. C. D.; WHETHAM, C. D. *The family and the nation*, London, 1909, p. 160). Como o governo português no Brasil, o francês no Canadá desejava criar uma "semicasta mestiça". Os jesuítas se opuseram ao plano, defendendo a política social de pureza de raça.

[97] HAYES, E. C. Some social relations restated, *Am. J. of Sociology*, v. 31, p. 3.

[98] ROSS, E. A. *Principles of Sociology*, p. 77 ss.

[99] VON WIESE E BECKER, *Systematic Sociology* (op. cit., cap. VII-XXXI).

[100] MAUNIER, *Sociologie coloniale* (op. cit.).

[101] HILLER, *Principles of Sociology* (op. cit., cap. VIII).

[102] WERTHEIMER M., Experimentelle studien über das Sehen von Bewegungen, *Zeitschrift Psychologie*, LXI.

contra a melhor escola associonista, isto é, contra a análise da percepção de movimento como associação ou combinação de percepções de espaço e de tempo, o professor Wertheimer propõe nova teoria: a da percepção da situação total ou da forma ou configuração (Gestalt). Teoria que seria confirmada, em vários pontos, por estudos experimentais de Psicologia cuja repercussão na análise da vida social já tivemos ocasião de salientar: os de Köhler aos quais devemos juntar agora os de Koffka.[103]

Da *Gestalt* há aplicações diretas à Sociologia ou ao estudo de grupos sociais e de culturas: trabalho da professora Ruth Benedict. Depois de *Patterns of culture* – a obra mais notável da professora Benedict – pode-se falar numa Sociologia psicológica e, ao mesmo tempo, cultural, de base nitidamente *gestaltiana*. Em seu estudo de três culturas – a dos pueblos, a dos dobus, a dos kwakiutl – Benedict procura mostrar que numa sociedade o todo não é simples soma de suas partes mas o resultado de um modo único de arranjo e inter-relação de partes de que resulta nova entidade. Daí a necessidade de descobrir o sociólogo psicológico as fontes emocionais e intelectuais da sociedade ou do grupo que estude, através de uma Sociologia fundamentalmente psicológica, isto é, especializada no estudo das formas sociais e de cultura identificadas com predominâncias psíquicas de temperamento ou comportamento. *Apolíneos* e *dionisíacos* – expressões de caracterização psicológica aplicadas por Benedict à caracterização de culturas – são hoje expressões sociológicas, às quais podem acomodar-se os resultados de análises de culturas, de pessoas e de grupos sociais não só primitivos como modernos. Foi pelo menos o que tentamos, ou antes, o que procuramos sugerir com relação a tipos nitidamente diversos de populações no Rio Grande do Sul, cujas danças de carnaval – expressão exagerada do seu comportamento de dias comuns ou normais[104] – nos parecem adaptar-se à classificação psicossociológica sugerida por Benedict.

Independente de Benedict, o professor Karl Goldstein, em suas conferências de 1938-1939 na Universidade de Harvard, sugerira, partindo de ponto de vista de estudos psicopatológicos que o levaram aos de Sociologia, que as diferenças entre grupos sociais e entre culturas constituem problema fundamental semelhante ao problema de diferenças de personalidade. Para ele a escala de variabilidade nos modos de comportamento humanos que acusem opção ou preferência ("*prefered ways*") deve ser considerado fator decisivo de variedade de estudos sociais e de cultura. Seria impossível sob esse critério de unidade psicossocial ou psicocultural, traçar linhas artificiais de separação, dividindo em A e B aquele autêntico "estado unitário de vida" – a expressão é de Goldstein – no qual o indivíduo e seu ambiente formam um todo indivisível.

Naquela variabilidade e na correspondente diversidade de formas sociais e produtos culturais, as pesquisas sociológicas e psicológicas viriam confirmar a presunção

---

[103] KOFFKA, *Zur Analise der Vorstellungen und ihren Gesetze*, Leipzig, 1912.

[104] *Problemas brasileiros de antropologia* (op. cit., p. 154-70).

de que o homem é, como espécie, dotado de potencialidades basicamente iguais. Diferentes como são os modos de vida e de pensamento entre os vários grupos e as várias culturas, ao transplantar-se a um grupo moderno o membro de um grupo primitivo, esse indivíduo, principalmente se ainda criança, pode ser treinado dentro dos estilos de vida e dos modos de pensar modernos. Se já formado, a adaptação será, na maioria dos casos, difícil desde que seus modos preferidos de comportamento já acharam correspondência, em grande número de casos, nos estilos da cultura em que se integrou como pessoa social.

Um *apolíneo* desgarrado de cultura *apolínea* não se transformará da noite para o dia um *dionisíaco* pela só pressão de uma cultura, de um meio social de uma reeducação intelectual e, quanto possível, emocional, sobre sua pessoa já definida. No Brasil, um *misionero* típico do Rio Grande do Sul, por exemplo – admitida a subárea *misionera* como distintamente apolínea, conforme nossa sugestão em trabalho já publicado – nunca será uma pessoa inteiramente à vontade entre baianos *dionisíacos*; e, já formados os seus hábitos de *apolíneo* em correspondência com disposições psicológicas, só por exceção ou fazendo violência a si mesmo se atualizará – a expressão é técnica, de psiquiatras sociais – num comedor alegre de vatapá, de moqueca, de doces de nomes afrodisíacos, a quem encantem também a companhia de mulheres elegantes nas confeitarias e nos salões, as festas de pátio de igreja, a constante conversa de rua ou de café com camaradas, as muitas relações mundanas, a música de pancadaria, os foguetes. Ocorre, é certo, a adaptação de danças ou jogos importados de um tipo de cultura à configuração psicossocial de tipo diverso. Mas sofrendo recriação ou deformação. O inglês dança a *rumba*, tornando-a antes *apolínea* que *dionisíaca*. O mestiço brasileiro, o baiano, o carioca, o mulato sacudido do litoral, joga um futebol que não é mais o jogo apolíneo dos britânicos mas uma quase dança dionisíaca.[105]

---

[105] Sobre o assunto escreveu o autor desta *Sociologia* nos *Diários Associados*, por ocasião da vitória de um time brasileiro de futebol na Europa, longo artigo (8 de junho de 1938) do qual convém transcrever aqui os seguintes trechos:
"Um repórter perguntou-me anteontem o que eu achava das "admiráveis *performances* brasileiras nos campos de Strasburgo e Bordeaux". Respondi ao repórter – que depois inventou ter conversado comigo em plena praça pública, entre solavancos da multidão patriótica na própria tarde da vitória dos brasileiros contra os tcheco-eslovacos – que uma das condições dos nossos triunfos, este ano, me parecia a coragem, que afinal tivéramos completa, de mandar à Europa um time fortemente afro-brasileiro. Brancos, alguns, é certo; mas grande número, pretalhões bem brasileiros e mulatos ainda mais brasileiros.
Porque a escolha de jogadores brasileiros para os encontros internacionais andou por algum tempo obedecendo ao mesmo critério do barão do Rio Branco quando senhor todo-poderoso do Itamarati: nada de pretos nem de mulatos chapados. Só brancos ou, então, mulatos tão claros que parecessem brancos ou, quando muito, caboclos, deviam ser enviados ao estrangeiro. Mulatos do tipo do ilustre Domício da Gama a quem o Eça de Queirós costumava chamar, na intimidade, de 'mulato cor-de-rosa'.
Morto Rio Branco, desapareceria o critério antibrasileiro do Brasil se fingir de República de arianos perante os estrangeiros distantes que só nos conhecessem através de ministros ruivos ou de

Tanto mais acentuada – acentuação que pode ir até a zona patológica – seja a configuração apolínea de determinada pessoa desgarrada de seu meio, maior será sua

> secretários de legação de olhos azuis. E de tal modo desapareceria o falso e injusto critério da seleção de louros que o próprio barão seria substituído no Itamarati por mulatos ilustres – um deles o grande brasileiro que foi Nilo Peçanha.
> Assistindo também anteontem à fita que reproduz o jogo dos brasileiros contra os poloneses, foi de quem principal me lembrei: de Nilo Peçanha. Porque o nosso estilo de futebol lembra o seu estilo político.
> O nosso estilo de jogar futebol me parece contrastar com o dos europeus por um conjunto de qualidades de surpresa, de manha, de astúcia, de ligeireza e ao mesmo tempo de brilho e de espontaneidade individual em que se exprime o mesmo *mulatismo* de que Nilo Peçanha foi até hoje a melhor afirmação na arte política. Os nossos passes, os nossos pitus, os nossos despistamentos, os nossos floreios com a bola, o alguma coisa de dança e de capoeiragem que marca o estilo brasileiro de jogar futebol, que arredonda e às vezes adoça o jogo inventado pelos ingleses e por eles e por outros europeus jogado tão angulosamente, tudo isso parece exprimir de modo interessantíssimo para os psicólogos e os sociólogos o *mulatismo flamboyant* e, ao mesmo tempo, malandro que está hoje em tudo que é afirmação verdadeira do Brasil.
> Acaba de se definir de maneira inconfundível um estilo brasileiro de futebol; e esse estilo é mais uma expressão do nosso *mulatismo* ágil em assimilar, dominar, amolecer em dança, em curvas ou em músicas, as técnicas europeias ou norte-americanas mais angulosas para o nosso gosto: sejam elas de jogo ou de arquitetura. Porque é um *mulatismo*, o nosso – psicologicamente, ser brasileiro é ser mulato – inimigo do formalismo *apolíneo* – para usarmos com alguma pedanteria a classificação de Benedict – e *dionisíaco* a seu jeito – o grande jeito mulato. Inimigo do formalismo apolíneo e amigo das variações; deliciando-se em manhas moleironas, mineiras, em doçuras baianas a que se sucedem surpresas cariocas de agilidade. A arte do songamonga. Uma arte que não se abandona nunca à disciplina do método científico, mas procura reunir ao suficiente de combinação de esforços e ao mínimo de efeitos em massa a liberdade para a variação, para o floreio, para o improviso. Até mesmo a liberdade para a ostentação ou para a exibição de talento individual num jogo de que os europeus têm procurado eliminar quase todo o floreio artístico, quase toda a variação individual, quase toda a espontaneidade pessoal para acentuar a beleza dos efeitos geométricos e a pureza de técnica científica. Sente-se nesse contraste o choque do *mulatismo* ou *melanismo* brasileiro com o *arianismo* ou *albinismo* europeu. É claro que *mulatismo* e *arianismo* considerados não como expressões étnicas, mas como expressões psicossociais condicionadas por influências de tempo e de espaço sociais.
> O contraste pode ser alongado: nosso futebol mulato, com seus floreios artísticos cuja eficiência – menos na defesa que no ataque – ficou demonstrada brilhantemente nos encontros deste ano com os poloneses e os tcheco-eslovacos, é uma expressão de nossa formação social, democrática como nenhuma e rebelde a excessos de ordenação interna e externa; a excessos de uniformização, de geometrização, de estandardização; a totalitarismos que façam desaparecer a variação individual ou espontaneidade pessoal.
> No futebol como na política, o mulatismo brasileiro se faz marcar por um gosto de flexão, de surpresa, de floreio que lembra passos de dança e de capoeiragem. Mas sobretudo de dança. Dança dionisíaca. Dança que permita o improviso, a diversidade, a espontaneidade individual. Dança lírica.
> Enquanto o futebol europeu é uma expressão apolínea de método científico e de esporte socialista em que a ação pessoal resulta mecanizada e subordinada à do todo – o brasileiro é uma forma de dança, em que a pessoa se destaca e brilha.
> O mulato brasileiro deseuropeizou o futebol dando-lhe curvas arredondadas e graças de dança. Foi precisamente o que sentiu o cronista europeu que chamou aos jogadores brasileiros de 'bailarinos da bola'. Nós dançamos com a bola."
> Havelock Ellis – que o meu amigo Agripino Grieco não sei por que supõe um simples Mantegazza inglês, quando Ellis é, na verdade, um dos pensadores mais lúcidos e um dos humanistas mais completos do nosso tempo – se visse o time brasileiro jogar futebol acrescentaria talvez um capítulo ao seu ensaio magnífico sobre a dança e a vida.
> "O estilo mulato, moreno, afro-brasileiro, de futebol é uma forma de dança dionisíaca."
> Leiam-se sobre as influências de afro-brasileirismos dionisíacos ou apolíneos sobre culturas e populações africanas da África os notáveis estudos do pesquisador Pierre Verger.

dificuldade de atualização ou de ajustamento a meio diverso: predominantemente *dionisíaco*, por exemplo. A mesma dificuldade experimentará a pessoa desgarrada de cultura chamada de *"folk"* – a das províncias agrárias portuguesas, por exemplo – no seu esforço de ajustar-se à civilização metropolitana e industrial de Nova York ou Chicago ou Buenos Aires ou São Paulo.

Essa atualização ou esse ajustamento ocorre decerto, embora sejam várias as reações chamadas catastróficas pelos psiquiatras. Mas quase sempre ocorre dolorosamente.

Ocorre através da capacidade de transmissão de costumes, capacidade que é hereditária e segundo alguns psicólogos deve denominar-se abstrata; e ser considerada faculdade exclusivamente humana. Pois não é observada em animais. Daí dizer o professor Goldstein que os costumes têm origem social; mas que sua transmissão depende da atitude abstrata dos indivíduos. O que indica que o processo de elaboração, diferenciação e difusão de cultura, que faz do homem *"the culture-making animal"* da frase de Benedict, sendo um processo à parte do biológico e distintamente social e cultural, opera, entretanto, sobre base psicológica e biológica: sobre capacidade peculiar ao homem e presente, potencialmente, em todos os homens. Capacidade que alguns psicólogos caracterizam como expressão do poder do homem de aprender o abstrato.

f) Resumo

É claro que o ponto de vista do sociólogo no estudo da relação do processo social ou dos processos sociais com o mecanismo psicológico não será o do indivíduo biológico mas o da unidade biossocial, ou biopsicossocial, que culmina na pessoa – a pessoa social – e na personalidade, sociologicamente considerada.

Um Kimball Young diria talvez que essa zona não é sociológica mas psicológica: o campo de estudo da Psicologia social. E o professor von Wiese concordaria com ele, considerando estranhos à Sociologia tanto os mecanismos psicológicos dos processos sociológicos como as exterioridades culturais resultantes desses processos.

Tais divergências e conflitos de jurisdição são inevitáveis no estado atual dos estudos sociais. A verdade, porém, é que os trabalhos que vão dando cor científica a uma zona até há pouco cientificamente indistinta como a da vizinhança da Sociologia com a Psicologia são antes trabalhos de antropólogos culturais e de sociólogos que de psicólogos: Boas, Cooley, Thomas, Lowie, Benedict, Bernard, Goldenweiser, o próprio Kimball Young. Embora como ciência natural experimental, a Psicologia deva talvez ser considerada mais desenvolvida que a Sociologia vista sob igual critério, o desenvolvimento da Sociologia psicológica ou da Psicologia social se vem fazendo principalmente sob critério sociológico.

Antropólogos sociais e sociólogos, utilizando-se de conceitos e experiências psicológicas, têm-se avantajado aos psicólogos puros em estudos sobre problemas de personalidade ou de pessoa social que representam antes absorção da Psicologia pela Sociologia do que o inverso. Sem continuarem ortodoxamente a tradição de psicologismo sociológico de Tarde – segundo o qual a dinâmica, as formas e os fatores da vida social seriam todos psicológicos: interação psíquica entre indivíduos – e dos primeiros mestres de Sociologia psicológica, os atuais sociólogos, voltados para o estudo da pessoa social, para as formas ou configurações de cultura, para a experiência psíquica de grupos, enriquecem a Sociologia, quer com a análise de fenômenos transubjetivos, quer com a interpretação introspectivista do que o professor Sorokin chama "o interior" dos processos sociais-psíquicos.

Justa nos parece a advertência do mesmo sociólogo contra o perigo de confusão de uma zona de estudo sociopsíquico com outra: a só acessível à introspecção com a suscetível de ser descrita objetivamente. E nada desprezível é o fato que ele recorda a favor da introspecção em Sociologia psicológica ou nas suas vizinhanças: o fato de haver em obras como as de Carlyle, Leontieff, Danilovisky – às quais poderia acrescentar as dos ensaístas espanhóis da marca de Angel Ganivet, de Costa, de Unamuno, de Ortega y Gasset, corajosamente introspectivos (quando impossível a objetividade) em sua análise às vezes quase sociológica, ao mesmo tempo que psicológica, da vida social e do *ethos* ibérico – interpretações mais profundas da intimidade psíquica de um grupo como grupo, que em trabalhos artificialmente *behavioristas* ou absurdamente quantitativos sobre assuntos semelhantes. Também entre nós Machado de Assis – em quem havia um exato observador, quase científico, do comportamento humano – nos dá, em romances, interpretações mais profundas, do ponto de vista sociopsíquico, do Rio de Janeiro do seu tempo que o professor Samuel Lowie, por exemplo, da São Paulo atual, em trabalhos que sendo rigorosamente transubjetivos (e sob esse aspecto, tecnicamente modelares) deixam, entretanto, de nos comunicar o menor esclarecimento sobre a história ou a atualidade íntima dos paulistas, nas quais só introspectiva ou empaticamente teria penetrado. Daí Cooley insistir, como veremos em estudo a respeito de métodos sociológicos, no "conhecimento dramático" (que vem a ser uma forma de introspecção); na necessidade de simpatia da parte do sociólogo pelo objeto de estudo, em cujas condições deve procurar situar-se para compreendê-las. Nós preferimos insistir na importância do conhecimento por empatia.

Aplicadas à análise da realidade ou da totalidade social, tanto a Psicologia introspectiva como a *behaviorista* concordam em que "viver é estar em situação". Situações vitais no sentido menos biológico ou fisiológico – que o *behaviorista* tende a acentuar – que no biográfico, destacado pelo professor Nicol em seus estudos sobre a psicologia das situações vitais. Biograficamente compreendidas, as situações vitais, apesar de sua contínua mudança, podem ser reduzidas, como o professor Nicol as reduz em estudo psicológico que se alonga pela Sociologia, em "classes ou tipos fundamentais".[106]

Pelo mesmo critério social-biográfico de *"temporalidad e acción"* chegaremos à técnica de análise e síntese de pessoas sociais desenvolvida à margem da Psicologia e da Sociologia por Marcel Proust. A recaptura proustiana do tempo perdido não é senão a reconstrução histórico-social e psicológica das relações de um ser social com outros e das várias situações daí resultantes para ele e para os outros e das quais resultam expressões diversas de sua personalidade. Aliás, já Michelet, em trabalho de História social, às vezes quase Sociologia psicológica, se aproximara tanto quanto Proust do conceito de temporalidade e ação, através de situações, pelo qual pode se explicar o contraste às vezes dramático entre fases da mesma pessoal social. O crítico norte-americano Edmund Wilson destaca o método de contraste empregado por Michelet em antecipação a Proust e que vem a ser nada menos, a nosso ver, que a antecipação das teorias sociológicas de "situações sociais" e da psicológica de "situações vitais".[107]

---

[106] NICOL, E. *Psicologia de las situaciones vitales*, México, 1941, espec. cap. 3 e 4. Também "La psicología de las situaciones vitales y el problema antropológico", *Phil. And Phenom. Research*, v. IV, n. 2.

[107] WILSON, E. *To the Finland Station*, New York, 1940, espec. p. 3-28. Veja-se também "The influence of social situations upon the behavior of children", de Louis Barclay Murphy e Gardner Murphy, in: *Handbook of Social Psychology* (Worcester, 1935, cap. 22). A conclusão dos dois pesquisadores é que os traços característicos que se encontram nas pessoas sociais – no caso, crianças – "estão não nas pessoas, mas na relação entre elas e o seu ambiente social" (ibidem, p. 1093). Pelo que os psicólogos sociais e os sociólogos psicólogos vão pondo menos ênfase nos estímulos e reações isolados e mais nas situações totais funcionalmente significativas. Veja-se no mesmo *Handbook*, cap. 23, "Experimental Studies of the Influence of Social Situations on the Behavior of Individual Human Adults", de J. F. Dashiell. Convém recordarmos o que diz o Prof. E. L. Thorndike sobre as situações sociais na vida (biografia) de um ser humano: que essa vida pode ser descrita por uma lista das situações que o mesmo encontrou e das reações que ofereceu a elas (*Human nature and the social order*, New York, 1940, p. 5 ss.). É claro que as situações não causam as mesmas reações em diferentes indivíduos, desiguais como são neles as disposições: a disposição para a dominação nuns corresponde noutros à disposição para a submissão, como já indicamos; a disposição para a aventura nuns parece corresponder à disposição para a rotina, noutros. Mas são as primeiras e decisivas situações na vida do ser humano que, em geral, acentuam disposições que se tornam características em relação com as situações posteriormente dominantes, integrando uns indivíduos no papel social de *leaders*, outros no de governados, uns no de conservadores, outros no de progressistas ou revolucionários.

IV. SOCIOLOGIAS ESPECIAIS
(CONTINUAÇÃO)

4. SOCIOLOGIA REGIONAL OU ECOLOGIA SOCIAL

a) Sociologia regional e Biologia

Sob mais de um aspecto, a Sociologia regional ou a Ecologia social – também chamada Ecologia humana – é uma expressão biológica em Sociologia: expressão de imperialismo biológico, até. Enquanto sob outros aspectos, tem isso de comum com as sociologias menos biológicas: acentua menos o estudo dos fatores hereditários que o das relações dos seres humanos entre si e com o ambiente, com o espaço, com a região, embora nessas relações se incluam para alguns ecologistas, as relações ainda obscuras, de caráter talvez principalmente biológico, da população com o meio natural. A verdade, entretanto, é que os ecologistas ou regionalistas, em Sociologia, tendem mais para o ambientismo que para o determinismo particularmente étnico ou puramente biológico.

Sabe-se que o geógrafo Ratzel, ao sugerir que "a Antropogeografia é Ecologia humana", baseou-se no uso biológico da expressão *ecologia*: o estudo das relações entre o animal e a planta e o meio: o estudo da vida no conjunto de suas inter-relações regionais. E foi com seu sabor biológico ainda quase virgem que a mesma expressão passou à Sociologia com os Mukerjee[1] e com os Bews[2], embora não tardasse a ser alterada de tal maneira pelos neoecologistas de Chicago a ponto de adquirir significado distintamente sociológico: o de estudo de distribuição e de movimento no espaço físico-social de seres, grupos e instituições humanas. Critério que coincide, em muitos pontos, com o de "situações sociais" e o de "processos sociais".

Ninguém nos dá com maior vigor de expressão que o mestre indiano Mukerjee – embora nem sempre a nitidez de palavra seja uma das suas virtudes – o sentido da Sociologia regional ou da Ecologia social, ou humana, mais próxima da Biologia: o seu sentido de sociologia especial com aspirações a tornar-se um dia a geral ou a contribuir para a geral com princípios de validade universal. Para estabelecer a Sociologia sobre a base de "classificação científica de tipos" é necessário, segundo Mukerjee, considerar-se "a matéria local ou regional", particularmente através de

---
[1] MUKERJEE, R. *Regional Sociology*, New York; London, 1926.
[2] BEWS, J. W. *Human ecology*, London, 1935.

"minuciosa observação de regiões econômicas contrastantes". Sobre essa base é que será possível – pensa ele – desenvolver-se um dia a Sociologia geral que formule "os princípios de esforço humano de ocupação e distribuição da terra independente de descrições locais ou regionais".[3]

Segundo métodos que o professor Mukerjee aproxima das experiências empregadas em Biologia, a Sociologia regional ou a Ecologia social, ou humana, selecionaria tipos de região que indicassem as relações entre fatos sociais essenciais e as condições físicas fundamentais com que se achassem associados os tipos de vegetação e de vida animal. E tão impregnado o sociólogo indiano se revela de biologismo que para ele a região é "um organismo vivo" em que "operam harmoniosamente vários sistemas vivos": o vegetal, o animal, o humano. Com algum esforço, o professor Sorokin poderia incluir Mukerjee entre os "organicistas", hoje arcaicos em Sociologia.[4]

Entretanto, o que há de arcaico nas ideias ou simplesmente na terminologia desse pioneiro da Sociologia regional ou de Ecologia social, ou humana, é compensado largamente pelos caminhos novos que ele já abriu para a Sociologia, a ponto de poder falar-se hoje do "complexo ecológico" com objeto de estudo da Sociologia inteira e até como base de toda uma filosofia social e de uma nova política internacional fundada em conhecimento mais exato das relações inter-regionais; e não apenas como o limitado assunto de uma das sociologias especiais. Pois a tanto importa essa concepção sociológica – que às vezes se confunde com a antropogeográfica, desenvolvida no mesmo sentido de que o homem e a região são entidades interdependentes. Interdependentes, porém plásticas e fluentes: plástica e fluência em que se exprime o dinamismo do ser humano como ser social. Por essa interdependência – quando livre das perturbações que podem se manifestar catastroficamente – se explicaria a balança ou o equilíbrio entre o ser humano ou o grupo social e aquelas formas regionais de vegetação e de vida animal que competem ou cooperam com eles no esforço de todos e de cada um – ser ou grupo humano, planta, vida animal – por uma posição no espaço, resultando às vezes esse esforço em simbiose.

Dentro do critério ecológico geral, de Sociologia, é que o professor Mukerjee acredita ser possível aplicar ao estudo da densidade de população humana e ao seu aumento ou decréscimo, em relação a "fatores naturais", métodos quantitativos aplicados à análise de distribuição de animais e de sucessão de plantas. Métodos através dos quais se verifique o equilíbrio ou a balança entre o homem e as demais formas de vida, em

---

[3] MUKERJEE, op. cit., p. 101 e p. 31, 75, 91, 94-95, 237, 263. Também Ecological contributions to Sociology, *The Sociological Review*, v. XXII, n. 4.

[4] Mukerjee seria o primeiro a repelir sua inclusão entre os bio-organicistas da Sociologia. Pois: "*Man builds up a race and culture environment which dominates the evolution of types and regions. The explanation of these in terms of biological processes accordingly becomes inadequate*" (*Regional Sociology*, op. cit., p. 233). Veja-se também SAUER, C. O. Morphology of landscape, *Univ. Calif. Pub. Geog.*, v. II, n. 2.

certo sentido social, da região. Tal equilíbrio ou balança, Mukerjee, falando pelos ecologistas mais próximos da Biologia e da Antropogeografia, pretende que se apresente com grande significação nos países antigos como a Índia e a China. Especialmente nas planícies maduras, densamente povoadas, da Índia e da China, seria possível observar "cada fase do processo pelo qual se conserva estável a balança regional" e "como é perturbada por flutuações naturais tais como os ciclos de chuvas ou alterações de paisagem ou águas de rio, ou por longa e contínua ação humana como a destruição de florestas, agricultura alheia à conservação [do solo] e interferência artificial na distribuição natural das águas".[5]

Aliás, a ação humana, sua influência sobre a chamada balança regional, é complexa: ela se exerce por vários meios de exploração do solo, inclusive a monocultura. Em áreas dominadas pela monocultura, desenvolvem-se insetos nocivos, parasitas, pragas, sobre as quais é às vezes impossível o controle humano. Também a introdução, intencional ou não, de seres humanos, plantas e animais exóticos pode afetar profundamente a vida e a economia regional, pelas novas associações que estabelece; essas novas associações podem, entretanto, resultar em equilíbrio de convivência regional, que se possa considerar saudável ou vantajoso do ponto de vista da população ou dos grupos humanos aí situados. Ou de um dos grupos: o *dominante* ou um dos *dominados*. A cana-de-açúcar, cuja cultura exclusiva tornou-se no Brasil a base natural de um tipo ecológico de sociedade patriarcal, latifundiária e escravocrata, em consequência do furor monocultor quebrou, em certas áreas, o equilíbrio na convivência regional; mas tornou possível a vida de conforto e às vezes até esplendor do grupo dominante. Por outro lado, um dos grupos dominados, importado para as áreas de cana como escravo – o africano – afastaria do mesmo espaço físico-social seus antigos dominadores – os ameríndios – para adaptar-se esplendidamente ao meio natural, a ponto de parecer mais nativo que o indígena e acomodar-se melhor que o indígena às exigências da nova sociedade – as de trabalho agrário, sedentário e constante – e às da nova situação ou posição: a de escravo agrário e doméstico.

São problemas, esses, que parecendo só de Geografia humana ou de Economia social, são, entretanto, sociológicos quando o que se estuda neles não são tanto os conteúdos ou as substâncias – a etnia ou a cultura particular do grupo humano adventício, o valor econômico do algodão ou da cana-de-açúcar importada ou transplantada em relação com o solo, com a paisagem ou com a subsistência de populações ou com os complexos regionais – mas os *processos* e as *formas* de vida regional em conjunto, de interação favorável ou desfavorável à vida social humana em dada

---

[5] MUKERJEE, *Regional Sociology* (op. cit., cap. VII). Por meio do seu trabalho Mukerjee salienta o contraste entre os efeitos sociais da cultura do arroz e os da cultura do trigo: a primeira tende a desenvolver sociedades regionais coletivistas, a segunda, sociedades individualistas (ver ibidem, p. 167.)

região, de distribuição, de situação e de movimento de populações ou só sociocultural. Fique claro, porém, que na prática os estudos ecológicos dificilmente podem limitar-se às fronteiras sociológicas: a invasão, por eles, da Geografia e da Economia é frequente e, em vários casos, inevitável. Daí, sob o critério de estudo regionalista seguido há anos, com relação a países da Europa, por mestres franceses, pelo "escocês peripatético" Patrick Geddes e hoje pelo professor Odum e outros pesquisadores modernos com relação aos Estados Unidos,[6] e, de forma modesta, por nós, há largos anos, com alguma independência dos primeiros e em antecipação aos segundos, com relação ao Brasil agrário-patriarcal-escravocrata – complexo ecológico que procuramos simbolizar na expressão por nós criada na Sociologia de região, *casa grande e senzala* – procurar o pesquisador reunir, para a análise de cada região, ecossociocultural, um conjunto de métodos gerais: o geográfico, o antropológico, o histórico, o econômico, o político, o sociológico. A análise que se empreende é complexa: da totalidade regional. Não particularmente geográfica, porém também antropológica, econômica, política e sociológica. Não só as formas como a substância da vida regional de tal modo grudada às formas que sem ela as mesmas formas como que se desmancham ou se desfazem em pó.

A *região natural* ou a de *cultura*, ou a *região natural-cultural*, uma vez fixada com maior ou menos rigor ou nitidez sob critério de tempo e espaço antes sociais que físicos ou apenas cronológicos ou, em vez de fixada apenas subentendida, pode ser retratada em todas ou quase todas as posições ou situações sociais – as básicas, pelo menos – e analisada em todas as suas inter-relações. Levado ao critério regional de estudo a esse extremo de complexidade e de totalidade, é claro que deixa de ser um estudo só ecológico para tornar-se ecossocial. Pode, entretanto, ser critério de estudo predominantemente sociológico.

---

[6] LE PLAY, F. *La feforme sociale en France*, Paris, 1864; BRUN, C. *Le régionalisme*, Paris, 1911; HENNESSY, J. *Régions de France*, Paris, 1916; PREVET, F. *Le régionalisme economique*, Paris, 1929; DELAISI, F. *Les deux Europes*, Paris, 1929; GOOCH, R. K. *Regionalism in France*, New York, 1931; HAUSER, H. *Le problème du régionalisme*, Paris, 1924; GEDDES, P. *Cities in evolution* (op. cit.); MUNFORD, L. *Technics and civilization*, New York, 1934; PEATE I. C. et al. *Studies in regional consciousness and environment*, London, 1930; WHITE, C. L.; RENNER, G. T. *Geography: an introduction to Human Ecology*, New York, 1936; COUCH W. T. (org.) *Culture in the South*, Chapel Hill, 1934; MOORE, H. E. *What is regionalism?* Chapel Hill, 1937; ODUM, H. W. *Southern regions of the United States*, Chapel Hill, 1936, e *American regionalism*, New York, 1938. Dentre as obras de publicação mais recente, vejam-se: MUKERJEE, R. *Social Ecology*. New York, 1945, e *Regionalism in America*, livro coletivo organizado por Merrill Jensen (Madison, 1952). Acaba de ser publicado interessante trabalho de investigação sub-regional empreendido em Pernambuco pelo conhecido pesquisador francês padre Lebret, com a colaboração do engenheiro Antônio Baltar, do especialista em Estatística Sousa Barros e de outros estudiosos de sub-região: trabalho que será utilizado pelo governo do Estado de Pernambuco para melhor articulação dos seus esforços de administração. Sob o assunto veja-se também nosso recente *Sugestões para uma nova política no Brasil: a rurbana* (Recife, 1956).

Considerada simples tendência sociológica, e não uma supersociologia que fosse também uma supergeografia e até uma Filosofia, a Ecologia social ou humana tal como é cultivada hoje dentro ou à margem da Sociologia tem que ser separada em duas, pelo menos: a que segue de modo geral o critério simbiótico de Mukerjee, conservando-se, como "ciência de região" entre a Geografia e a Sociologia, ora inclinando-se mais para os complexos biogeográficos, ora mais para os complexos de cultura; e a que se endureceu, com os ecologistas de Chicago, numa das escolas sociológicas mais ativas dos nossos dias, para a qual as relações simbióticas na sociedade humana representam – como acentua um dos mestres de Chicago – ajustamento às condições culturais tanto quanto às biogeográficas.[7] Ainda um terceiro critério ecológico seria o do professor René Sand, para quem "*dans le sillage de l'anthropologie et de la géographie humaine, l'ecologie humaine ou ethnogenie scrute l'action réciproque du milieu et des groupes en évolution, comme le font dans leur domaine l'ecologie animale et l'ecologie végétale*". Concorreria, assim, para se poder traçar uma "história natural do homem social".[8] Apenas essa "história natural do homem social" nunca poderá ser exclusivamente natural porém também cultural. Os próprios geógrafos reconhecem que a natureza não impõe ao homem formas de hábitat, nem cria o sentimento de harmonia entre essas formas e a paisagem ou o espaço regional: essas formas e esse sentimento se derivam da mente e da convenção humanas e são expressões culturais. Ainda mais humanas e culturais são a distribuição e – podemos acrescentar aos geógrafos – o movimento do ser humano, dos seus grupos e instituições, no espaço físico-social. De modo que "a história natural do homem social" a que se refere Sand é expressão que não pode ser aceita senão com restrições sérias. De modo absoluto não há história natural nem do homem social, nem de instituição humana, embora possamos usar tal expressão em sentido relativo que contraste com a da história convencional, ostensivamente ignorante ou desdenhosa de quanta situação biológica

---

[7] Vejam-se McKenzie, R. D. Human Ecology, *Encyclopedia of the Social Sciences* (op, cit., v. V, p. 314); Park, R. E. et al. *The City*, Chicago, 1925. Esses livros pode ser considerado, como já salientamos, o manifesto dos ecologistas de Chicago.

[8] Sand, op. cit., p. 10. Sand destaca a propósito que "*la science abandonne la notion abstraite de l'homme type pour s'attacher à l'étude des differences personnelles* [...]". "*Les cloisons tombent entre le physique et le mental, l'individuel et le collectif, le normal et l'anormal*", pois "*toute personnalité, toute situation est le resultante d'un complexe de facteurs biologiques, psychologiques et sociaux* [...]" (ibidem, p. 10-11). O complexo – podemos acrescentar a Sand – ecológico. Já Georges Gariel (apud por Mukerjee, op. cit., p. 132) se antecipara a Sand ao falar na necessidade de uma revisão de "todas as teorias sociológicas que especulam acerca de alguma espécie de homem abstrato". O professor Mukerjee é como apresenta a Sociologia regional ou a Ecologia social ou humana: como "*a corrective of abstract social theory*". A respeito vejam-se também Montadon, G. *L'ologenèse culturelle*, Paris, 1934 (escrito do ponto de vista das diferenças regionais de cultura), e Marett, J. R. de La H. *Race, sex and environment*, London, 1935 (do ponto de vista da influência do solo regional sobre diferenças não só de cultura, como de raça e de sexo). Assim a adaptação das raças ao ambiente bioquímico se processaria pela maior ou menor manifestação de caracteres sexuais femininos, resultando em raças femininas e raças masculinas, as primeiras mais econômicas de cálcio e talvez mais dissipadoras de iodo que, as masculinas.

ou geográfica condicione o *status* no espaço e o desenvolvimento no tempo, de um tipo social de homem ou de uma instituição.

A verdade é que a Ecologia chamada social ou humana – ou seja a Sociologia ecológica ou regional – não pode ser comparada com exatidão à Ecologia vegetal ou à Ecologia animal. O homem, como reconhecem os principais sociólogos ecologistas e os próprios ecologistas de Chicago, é capaz de agir em plano mais alto de comportamento que o animal no seu processo de adaptação. Enquanto os processos simbióticos são essencialmente os mesmos para todos os organismos, o modo de operarem na comunidade humana dificilmente pode ser comparado com os de "cadeias de alimento" e os de "controle do ambiente" que se verificam entre as comunidades vegetais e entre as de animais infra-humanos. A divisão de trabalho que o homem realiza com membros da espécie humana – observa o professor McKenzie – "determina" – "determina", diz ele; nós diríamos condiciona – "elementos básicos de sua maneira de viver em comunidade";[9] e desde que esse fenômeno é antes cultural que biológico está sujeito a constante alteração de forma. Donde as sequências na comunidade humana não serem comparáveis com as sequências nas comunidades vegetais e infra-humanas.

b) Organização, domínio e sucessão socioecológica

Em Sociologia ecológica, os sociólogos que se contentam com a sistematização da Escola de Chicago dividem sua matéria de estudo em *a) organização ecológica*, que representa os ajustamentos no espaço de população ou instituições em dado período e em dada localidade ou com referência a uma constelação de comunidades: *b) domínio ("dominance") ecológico* que representa os aspectos funcionais e dinâmicos das relações em espaço; *c) sucessão ecológica* que descreve alterações de tempo na comunidade humana.

A estabilidade de instituições estaria sempre dependente, em grande parte, da estabilidade de relações de espaço; e funcionaria sob estímulos de condições várias de competição entre os homens ou os grupos e de movimento de homens ou grupos. Alguns ecologistas de Chicago caracterizam a Ecologia humana como o estudo de relações entre seres humanos, de espaço e tempo, afetadas pela ação de chamadas "forças" de seleção, de distribuição e de acomodação ao ambiente.

Embora a adesão ao darwinismo filosófico dê aos ecologistas de Chicago – à sua insistência sobre uma "ciência natural" de instituições, sobre "áreas naturais" e sobre a importância do processo de "competição" entre homens sociais ou entre instituições –

---

[9] MACKENZIE, op. cit., p. 314.

aspecto de uma quase seita sociológica saída do calvinismo ou do determinismo biológico, suas contribuições à Sociologia no campo da investigação sociológica e da Sociologia aplicada obrigam-nos a destacar o fato de que não há hoje, nos Estados Unidos ou na Europa, grupo mais ativa e inteligentemente criador de sociólogos especializados no estudo da vida urbana que o dos "ecologistas". Os mais inteligentes vêm-se desembaraçando com maior desassombro dos conceitos biológicos, no seu contexto específico, para lhes dar significados distintamente sociológicos, em análises e pesquisas que representam obras autênticas de criação sociológica sobre hipóteses biológicas reduzidas a simples pontos de partida, cuja vantagem antes metodológica que teórica procuraremos destacar em estudo próximo. Alihan já salientou a modificação de sentido, efetuada pelos ecologistas de Chicago, de conceitos biológicos hoje também sociológicos como "competição", "domínio", "posição", "sucessão".[10] Assim, o termo "sucessão" que em Biologia se refere ao deslocamento de uma espécie de animais ou de uma forma de vida vegetal por outra espécie ou forma, é aplicada em Sociologia, pelos ecologistas de Chicago, ao deslocamento de grupos étnicos, econômicos, culturais, gerações, estilos de Arquitetura etc., sob a pressão de outros grupos, gerações ou estilos: de negros por brancos, de velhos por moços, de burgueses por proletários, de suíços católicos por suíços protestantes, de arquitetura Renascença pela chamada funcional. E quanto ao processo de "competição" – no qual tanto insistem os mesmos ecologistas, esquecidos de que o de cooperação age também entre os seres humanos, grupos e instituições – é evidente que em Ecologia humana o "determinante de distribuição" se adoça sob a ação de fator contrário: o de seleção pelo ambiente e seleção pelos seres humanos e por suas instituições.

Reconhecem-no os ecologistas de Chicago ao admitirem – a contragosto, é certo, pois pela sua vontade a Sociologia seria ao mesmo tempo biológica e geométrica – que a comunidade humana difere da vegetal nos dois característicos dominantes de mobilidade e propósito, isto é, no poder de escolher o hábitat (seleção) e na capacidade de controlar e modificar as condições do hábitat. O que faz que o conceito de *área natural*, tão caro aos ecologistas, sofra refrações sob o de *área cultural*. De qualquer modo, insistindo no conceito de área – especialmente de área urbana – os ecologistas de Chicago vêm realizando pesquisas de sociologia urbana, em particular, e regional, em geral, superiores às dos demais na maneira de apresentarem descritiva, geométrica e graficamente a complexidade de fatores responsáveis pela configuração ou organização social de comunidades modernas.[11]

---

[10] ALIHAN, M. A. *Social Ecology – a critical analysis*, New York, 1938, cap. 9.

[11] Dentre as obras de sociologia da vida urbana realizadas dentro do critério ecológico dos mestres de Chicago, destacam-se: SHAW C. R. et al. *Delinquency areas: a study of the geographic distribution of School Truants, juvenile delinquents and adult offenders in Chicago*, Chicago, 1929; WEAVER, W. W. *West Philadelphia: a study of Natural Social Áreas*, Philadelphia, 1930; ZORBOUGH, H. W. *The gold coast*

Para a harmonização de sua teoria com seus métodos surpreende que os mesmos ecologistas não se tenham posto em maior contato com outras tendências sociológicas, das quais poderiam retirar sugestões valiosas do seu ponto de vista. Parecem pecar por uma espécie de provincialismo intelectual que seria uma como aplicação exagerada do seu conceito de *área* de estudo à sua atividade sociológica. Não se compreende, por exemplo, que nenhum dos seus teóricos se tenha aproximado de um Chalupny, em quem há, por vezes, um sentido ecológico dos processos sociais dos sociólogos, em suas

---

and the slum, Chicago, 1929; YOUNG, E. F.; CONGMOOR, E. S. Ecological interrelationships of juvenile delinquency, dependency and population mobility: a cartographic analysis of data from Long Beach, California, *The American Journal of Sociology* v. XLI, n. 5.

Desde o curso de Sociologia que em 1935 o autor de *Sociologia* iniciou na Faculdade de Direito do Recife e continuou, no mesmo ano, na Faculdade de Economia e Direito da Universidade do Distrito Federal, tenho procurado destacar a importância dos estudos sociológicos realizados sob critério ecológico, em geral, e ecológico à maneira da Escola de Chicago, em particular. Aliás, em 1929, em curso dado na Escola Normal do Estado de Pernambuco, tentara já realizar pesquisas ecossociais. Embora tentadas mais como exercício pedagógico para as normalistas, estudantes de Sociologia, do que como estudo científico de áreas urbanas, as mesmas pesquisas (cujos resultados infelizmente se perderam em consequência da Revolução de 1930) serviram para indicar diferenças de algum interesse sociológico entre ruas típicas das três principais áreas de residência das alunas (Boa Vista, São José, e os subúrbios de Casa Amarela, Beberibe, Caxangá etc.) e tiveram até consequência prática: a de constituírem base para a transformação de alguns jardins da cidade, até então apenas decorativos, em *playgrounds* para as crianças. Pois da tentativa de pesquisa ecológica resultara a conclusão de que com o desenvolvimento urbano do Recife e consequente valorização de terrenos para edificação vinham desaparecendo as casas com sítios e mesmo com quintais, aumentando o número já grande, na mesma cidade, de crianças sem outro espaço para jogos, brinquedos e recreação ao ar livre senão ruas, às vezes estreitas ou de tráfego intenso. Já era crescido esse número devido às muitas crianças recifenses moradoras de primeiros, segundos e terceiros andares de sobrados; ou de casas térreas sem nenhum oitão livre nem área interna. Recorde-se aqui que os resultados da pesquisa realizada pelas normalistas do Recife de 1929 foram tomadas a sério pelo então prefeito da cidade, que não era nenhum engenheiro novo com espírito naturalmente neófilo, mas antigo juiz da Monarquia, Francisco da Costa Maia, no notável governo Estácio Coimbra. É da mesma época a iniciativa, de interesse socioecológico, daquele que foi no governo de um Estado e na vice-presidência da República, verdadeiro estadista, no sentido de zoneamento de larga área do Estado em que vinham se aguçando os conflitos entre a atividade agrária e a pastoril por competição de espaço. No caso a atividade pastoril era a imperial em relação com a agrária, isto é, pequena lavoura do sertão, principalmente a de pé de serra. O assunto é versado pelo engenheiro Moreira Reis, em artigo "O Valado do Araripe e o problema de sua restauração" (*Boletim da Secretaria de Agricultura, Indústria e Comércio*, Pernambuco, v. I, n. 2). Destaca o engenheiro Moreira Reis que "como obra pública de grande porte é [o valado] quase inteiramente desconhecido do público que, de um modo geral, não faz a mais longínqua ideia da sua importância e do seu alcance social, como serviço de proteção e de assistência ao agricultor anônimo dos confins do Estado". Tempo de seca, o criador de gado, mais poderoso que seu vizinho lavrador, fazia "a solta do seu gado faminto nos roçados do plantador humilde e desprotegido [...]. Sempre que havia escassez ou falta de pasto, era o fruto do labor do pobre que proporcionava ao gado faminto do grande o lenitivo de que tinha necessidade". Pelo que o engenheiro Moreira Reis considera a obra de zoneamento realizada por Estácio Coimbra "suficiente pelos efeitos econômicos que pode produzir para recomendar uma administração". Na época da administração Estácio Coimbra ainda não havia no Brasil departamento de imprensa e propaganda: sua iniciativa de "alcance social" passou despercebida. Entretanto, ainda hoje ela se impõe à atenção de quantos estudam problemas brasileiros de Ecologia social. Veja-se, sobre o assunto, *Perfil de Euclides e outros perfis*, Rio de Janeiro, 1944, p. 193-6.

coincidências com os sociais, dos biólogos, de cujo conhecimento a Escola de Chicago poderia beneficiar-se largamente. E o mesmo poderíamos dizer da "sociologia colonial" do professor Maunier. Sem se apresentarem como ecologistas sociais ou sociólogos regionais, os professores Chalupny e Maunier vêm contribuindo poderosamente para a cientifização do estudo sociológico de regiões e de áreas de cultura em relação com áreas naturais, sem que os ecologistas norte-americanos se apercebam de sua existência e de sua criatividade. Cremos, entretanto, que o lugar dos dois é ao lado de Le Play, Geddes, Mukerjee, Bews, Park, McKenzie: ao lado dos sociólogos que com mais vigor têm desenvolvido o critério e o método ecológico nos estudos sociológicos.

É assim que para o professor Chalupny a Sociologia é independente, como ciência, da Biologia desde que a "estrutura de civilização" se apresenta "no seu todo e nas suas frações [...] independente e diferente dos organismos biológicos". As "relações biológicas" são, porém, "auxiliares preciosos para a ilustração, a compreensão e a exposição de muitos fatos sociológicos", parecendo ao mestre de Praga mais cômodo comparar os processos de civilização aos de vida vegetal que aos de vida animal. Pois a comparação com os processos de vida vegetal exprimiria melhor *"le rapport entre la civilisation et la nature; de même que la plante qui pousse du sol, la culture vient aussi du sol et de la nature en general et se trouve étroitement liée avec celle-ci"*.[12]

c) Isolação ou diferenciação

Esse aparente teluricismo não conduz o que a sociologia de Chalupny apresenta de ecológico a nenhuma forma de determinismo geográfico ou biológico, embora pareça ao mesmo sociólogo que "as leis específicas de desenvolvimento da isolação" existam tanto em Biologia como em Sociologia. Em Biologia ela se faria notar principalmente como lei botânica: a de "variação antitética das espécies" (Celakovsky), isto é, a sucessão dos protófitos e dos antífitos entre as plantas. O desenvolvimento sociológico correspondente seria mais livre e mais variado, porém, em essência, o mesmo processo. O professor Chalupny não hesita em falar em lei sociológica: a da *isolação*[13] (por separação, emancipação, exclusão, eliminação etc.) que explicaria o fato de terem se isolado, separado ou emancipado das relações entre os sexos, por exemplo, várias formas de casamento e de família. Seu conceito de isolação corresponde ao já esboçado por

---

[12] Chalupny, *Précis d'um Système de Sociologie* (op. cit., p. 102).

[13] Ibidem, p. 105. Compare-se o que escreve Chalupny sobre *isolação* com o estudo e a classificação de René Maunier de colônias ou de "raças" subjugadas segundo o processo de interação dominante sobre elas e as metrópoles: dominação, associação, oposição, imitação, agregação; segundo também, a maior ou menor tendência para emancipação (Maunier, *Sociologie coloniale*, op. cit., v. I).

vários sociólogos e aceito por nós no presente trabalho com o nome de diferenciação: processo de diferenciação.

É claro que cada uma das formas filiais de vida social separadas das relações maternas que Chalupny destaca e Maunier estuda,[14] teria de conquistar seu *status* ou sua posição no espaço social. Por si mesma, a isolação – ou diferenciação – representaria enfraquecimento; levada ao extremo, resultaria catastrófico esse enfraquecimento, se a ele não se opusesse alguma reação ou contrapeso. Assim, a aglomeração de capital por isolação resultaria, segundo Chalupny, catastrófica, se não se opusesse a ele a aglomeração de operários, inimigos do capital e seu contrapeso.[15]

Na história do parlamentarismo inglês, o poder dos Liberais alternaria com o dos conservadores através da conquista de posição, segundo o ritmo: *isolação, reação* ou *oposição, contrapeso*. Uma geração seria contrapeso dinâmico a outra através do processo geral que Chalupny considera, a nosso ver inadequadamente, "evolucionista", pois ele próprio reconhece a relatividade do progresso.[16] Uma tendência seria contrapeso a outra. E teríamos que considerar, entre as reações e contrapesos, os frequentes regressos ou regressões, na vida social e cultural dos grupos humanos: o regresso ou a regressão a Kant, em Filosofia, por exemplo, como contrapeso a tendências antikantianas; o regresso ou a regressão a Mozart, em Música, como contrapeso a tendências exageradamente românticas; o regresso ou a regressão à família patriarcal como contrapeso a tendências exageradamente antipatriarcais na vida de família. Talvez o regresso ou a regressão mais frequente seja o regresso ou a regressão à monarquia notado por Simmel ao escrever que tanto o cônsul romano como o presidente dos Estados Unidos, criados por situações antimonárquicas, representam, entretanto, em seus característicos principais, reações a favor da monarquia.[17]

O processo de avanço e regressão chamado por Chalupny um tanto arbitrariamente "evolucionista", quando pode ser considerado ecológico ou social, na parte em que se refere a alterações de domínio ou de posição de dadas tendências ou instituições no espaço social ou no plano cultural, estaria condicionado pela "lei de limitação" a que

---

[14] MAUNIER, op. cit. Também nos seus ensaios: *Essais sur les groupements Sociaux* (Paris, 1929) e *Mélanges de Sociologie Nord-Africaine* (Paris, 1931), *La construction collective de la maison en Kabylie – Étude sur la cooperation économique chez les Berbères du Djurjura* (Paris, 1926). De Maunier existem traduções inglesas parciais: uma delas "The City", tradução de L. L. Bernard, *Amer. J. Sociol.*, XV, de interesse socioecológico.

[15] CHALUPNY, op. cit., p. 111.

[16] Ibidem, p. 113.

[17] Ibidem. SIMMEL, G. *Soziologie*, Leipzig, 1908, cap. III. Simmel destaca aí que as relações entre superiores e inferiores sociais assumem muitas vezes o aspecto de operação unilateral; entretanto o inferior social nunca é agente passivo. O subordinado recebe influência do dominador mas exerce sobre este influência.

G. de Greef vê submetidas todas as relações entre grupos, gerações, instituições.[18] Uma grande faculdade de adaptação da parte do homem lhe permitiria dar elasticidade a essa limitação, sem entretanto aboli-la: a civilização ou a cultura alteraria sem cessar a delimitação primitiva da vida humana, deslocando-lhe sempre o centro de gravidade; mas sem abolir nunca a limitação. Ao enriquecimento de certas faculdades humanas sob a civilização corresponderia o empobrecimento de outras, como a sutileza de faro dos primitivos, por exemplo. Desse modo a vida se manteria dentro de limites e na mediania que Chalupny acredita ser-lhe favorável no plano social e cultural como no biológico e no físico parece ser-lhe favorável a variabilidade de capacidade de visão, de temperatura, de caracteres, de peso do cérebro, e do ângulo facial dentro de limites que não são nunca excedidos com proveito social.[19]

E aí pode-se surpreender correlação de caráter ecológico entre o comportamento biológico e o comportamento social do homem (completado pelos grupos, instituições em que ele se objetiva e se estende); a correspondência desse comportamento com limites físicos, biológicos e sociais que lhe impõem não só sua constituição como o meio em que se move ou se fixa: o meio físico e o social. Donde a relatividade de progresso poder ser aceita como a "lei sociológica" de que fala o professor Chalupny, fazendo, em tantas de suas páginas, ecologia social como Mr. Jourdain fazia prosa: sem o saber. Pois sua ideia de progresso relativo é sociologicamente ecológica pelo menos neste ponto: em considerar o progresso uma sucessão de deslocamentos de centros de gravidade da cultura no espaço sociocultural e às vezes no físico-social, no tempo social e às vezes no cronológico sem que esses deslocamentos importem em aperfeiçoamento absoluto ou universal da cultura. Essa se conformaria, afinal, à tendência para a mediania, que pode ser uma "lei sociológica", isto é, uma condição dominante ou frequente de vida e organização sociais.

No que esses deslocamentos importariam sempre seria em compensações: o aperfeiçoamento num domínio seria acompanhado de decadência noutro. A negação da ideia de progresso absoluto.[20] Já entre os gregos, o professor Chalupny nos recorda que

---

[18] DE GREEF, G. *As leis sociológicas*, Lisboa, s. d. De Greef salienta que os regressos ou as regressões sociais "podem ser vivas ou lentas, regulares ou quase repentinas" (ibidem, p. 150). Dá como exemplo a contração social que se observa em tempo de guerra quando "o direito volta a ser antigo comando, *jus jussus*" (ibidem, p. 151). Veja-se também PALANTE, G. *Sociologia*, Lisboa, 1909, livro V, cap. 2.

[19] CHALUPNY, op. cit., p. 112.

[20] "*La vie des sociétés humaines avance et progrèsse ainsi au prix de beaucoup des pertes [...]*" (MARITAIN, J. *Les droits de l'homme et la loi naturelle*, New York, 1942, p. 45). Entretanto *"elle avance et progrèsse grâce à cette surelevation de l'énergie de l'histoire due à l'esprit et à la liberté, et grâce aux perfectionnements techniques qui sont parfois en avance sur l'esprit (d'où des catastrophes) mais qui demandent par nature à être des instruments de l'esprit. Telle est l'idée du progrès qui doit à mon avis se substituer à la notion illusoire du progrès nécessaire conçu à la façon de Condorcet, et à cette négation ou aversion du progrès qui prévaut aujourd'hui chez eux qui désespèrent de l'homme et de la liberté, et qui est en elle même un principe de suicide historique*" (ibidem, p. 46). Essas palavras do professor Maritain, que aí se exprime antes

a ideia, que em Sociologia podemos considerar ecológica, de sucessão (no tempo) de sistemas políticos diferentes, era hipótese sociológica, ou quase sociológica, dentro da qual a Democracia não seria *absolutamente* melhor, como sistema político, do que a Monarquia, nem a Monarquia *absolutamente* melhor que a *aristocracia*.[21] A relatividade corresponderia – é nossa interpretação – à posição do sistema político que fosse puramente isto ou aquilo – monárquico ou republicano, aristocrático ou democrático – na vida social de certa época (tempo) e também de certo meio (espaço); ao centro de gravidade de cultura, A ou B. Se a alguns de nós o regime mais conveniente à condição humana tal como ela se apresenta hoje, na maioria das regiões – naquelas de vida social e cultura complexa – é o democrático-aristocrático, em que a seleção dos mais capazes para os postos de direção se faça desembaraçada de privilégios de castas, raças ou classes, é precisamente por parecer combinar tal sistema num espaço físico-social-geral menos diferenciado em espaços particulares que os de outrora, as vantagens de duas grandes experiências dos nossos antepassados sociais, às quais se poderia juntar mesmo terceira, sob a forma de monarquia eletiva, sujeita em pontos essenciais a controle democrático da massa e, em pontos técnicos, ao controle da *élite* ou aristocracia dos intelectual e tecnicamente mais capazes. Teríamos assim uma democracia ou um regime predominantemente democrático que assimilasse vantagens da experiência monárquica e da experiência aristocrática, numa combinação de experiências que até hoje só têm se realizado puras ou quase puras, dando os extremos a que chegam, quando puras ou quase puras, ocasião a que reaja contra cada uma, seu contrapeso. Estamos aqui admitindo – repita-se – a menor diferenciação em espaços particulares do espaço físico-social geral da época atual, caracterizada por uma interação ou intercomunicação no espaço físico-social como nunca se verificou antes; e, ao mesmo tempo, maior diferenciação da "sociedade humana" em grupos secundários de que a pessoa social possa fazer parte, independente ou quase independente de sua cultura regional: o cristianismo ou a cristandade, o proletariado, associações e instituições internacionais de caráter científico, político, artístico, esportivo etc. Com esta última diferenciação, estaria sendo assegurado o sucesso das "ideias igualitárias" ou democráticas a que Bouglé se refere, ao ligar a expansão do "democratismo" ou do "igualitarismo" à extensão dos

---

filosófica que sociologicamente, são postas em relevo pelo pesquisador mexicano Sílvio Zavala ao concluir seu recente estudo "Origenes coloniales del Peonage en México" (separata de *El Trimestre Económico*, v. X, nº 4). Por sua vez, Zavala escreve: "*La historia de esta institución (peonage) debe ponernos en guardia contra la tendencia a razonar la idea del progreso a la inversa, o sea, considerar que si la situación del peón en el siglo XIX fué dura, qual no sería en los tiempos más 'atrasados' del periodo colonial! Nuestro relato no autoriza esas construciones lineales de avance o retroceso, sino más bien, como quiere un historiador eminente de nuestros dias refiriéndose a otra historia, abona la idea de un "interminable proceso de diferenciación, de descogimiento, de malogro y reparación*".

[21] CHALUPNY, op. cit., p. 113.

grupos sociais.²² Estamos admitindo mais: um centro de gravidade de cultura suprarregional, alheio, para fins essenciais – religiosos, econômicos e políticos – de organização social humana, a particularidades regionais de cultura que não sejam, entretanto, desprezadas sob outros aspectos. É o que já sucede na Rússia Soviética e, até certo ponto, na Comunidade Britânica, onde o centro de gravidade de cultura para aqueles fins essenciais já deixou de ser o estreitamente nacional ou regional, para ser suprarregional e, sob alguns aspectos, supranacional. Estaríamos, assim, a caminho de um progresso que parece exceder à "lei de limitação" de De Greef no sentido dos ganhos poderem exceder as perdas. Confirmar-se-ia, com relação a essa "lei", a ideia dos que consideram, como Bouglé, a Sociologia ciência mas não de leis imutáveis e sim de "tendências e influências".²³ Tendências e influências que se repitam.

Não é sem significação o fato de que se pode comparar hoje o critério dos filósofos gregos de relatividade dos sistemas políticos com o critério de relatividade dos programas de partidos políticos do moderno eleitor inglês que hoje vota com os conservadores ou os trabalhistas, tendo votado ontem com os liberais. Reflexo – podemos dizer, desenvolvendo o que nos parece o potencial ecológico das sugestões do mestre de Praga – do deslocamento do centro de gravidade da cultura britânica, cujos grupos, instituições e pessoas sociais não se apresentam hoje relacionadas umas com as outras no espaço social e no próprio espaço geométrico do mesmo modo que nos dias de Gladstone ou de Lloyd George.

Pois a instituição do Parlamento não ocupa atualmente, em qualquer dos dois espaços, a mesma *posição* que há trinta anos; nem o rei o mesmo *status*; nem a metrópole a mesma *situação* em face das antigas colônias, agora, na maior parte, *domínios*, isto é, antes grupos associados do grupo materno que seus subordinados; nem o trabalhador ocupa hoje o mesmo *lugar* em face do capitalista; nem a esquadra britânica exerce o mesmo domínio sobre o mundo em relação com outras esquadras e outras técnicas de domínio militar e político que há vinte ou trinta anos; nem a "raça" branca, ou a Europa ocidental, o mesmo império sobre as demais "raças" e continentes e sobre seus recursos humanos, animais, minerais e vegetais. Na verdade, não foi só o centro de gravidade da cultura britânica que se deslocou, mas o centro de gravidade da cultura humana ou da vida social dos homens, das suas relações com os recursos de natureza e de alimentação das várias regiões e continentes. Recursos até ontem considerados propriedade ou privilégio de grupos capitalistas ou de nações favorecidas e hoje, cada vez mais, considerados bens comuns, já se falando num "comunismo de reservas".

---

²² BOUGLÉ, C. *Les idées égalitaires*, Paris, 1899; *La democracie devant la Science. Études critiques sur l'hérédité, la concurrence et la différenciation*, Paris, 1903. Veja-se também seu *Essai sur le regime des castes* (Paris, 1908).

²³ BOUGLÉ, *Les idées égalitaires* (op. cit., p. 87).

d) Influência inversa

A "lei da influência inversa" seria outra, das formuladas por Chalupny, que corresponderia à classificação das relações entre pessoas, grupos e instituições umas com as outras e todas com o meio físico e com o espaço geométrico, sob a forma de *dominação*, sob a de *reação a domínio* e sob a de *regressão*.[24] Formas ou processos que os ecologistas vêm se especializando em estudar. O próprio "contrato social", segundo o qual um povo elege um soberano e este, por sua vez, age sobre o povo cuja soberania o sagrou chefe ou senhor – estaria aí incluído, como exemplo típico de influência inversa; a dos discípulos que agem sobre ou contra os mestres que o formaram, seria outro exemplo. Ainda outro exemplo nos oferecem, frequentes vezes, gerações inteiras com relação às gerações imediatamente anteriores e de influência mais incisiva sobre a formação das suas ideias e maneiras: as gerações novas tendem a reagir contra as gerações imediatamente anteriores e a regressarem a alguma das remotas. Outros exemplos de influência inversa no espaço social, semelhantes aos que se verificam no tempo: o de colônias sobre metrópoles; o das variações religiosas sobre as ortodoxias; o dos escravos sobre os senhores. Ainda outro: o das criações sociais sobre os elementos criadores: o caso da influência do sistema econômico capitalista sobre a civilização que o criou. Mostra-se essa civilização – como Chalupny salienta – de tal modo influenciada pelo mesmo sistema que os marxistas não deixam de ter razão quando fazem da criação a influência criadora. Também no Brasil, a civilização patriarcal, ou antes, a sociedade agrária, escravocrata e latifundiária (cujo estudo histórico-social acreditamos ter iniciado e, de algum modo, desenvolvido sob a designação simbólica de *casa grande e senzala* que vai rapidamente se tornando não só comum mas anônima, sendo hoje necessário ao autor destacar um tanto deselegantemente o fato de a ter criado para não parecer que apenas repete ideia e expressão alheias sem mencionar-lhes a procedência) acabou de tal modo influenciada pelo escravo africano que se pode hoje falar, se não com os discípulos de Gobineau, de uma deformação étnica, pela preponderância da "raça" "inferior" sobre a "superior", com Simmel, de uma formação social brasileira em que o domínio do senhor lusitano, ou do patriarca da origem europeia, sob mais de um aspecto se apresenta comprometido, amolecido e em algumas de suas zonas até neutralizado pela "influência inversa" do escravo; ou do "inferior" sobre o "superior".[25]

---

[24] CHALUPNY, op. cit.

[25] SIMMEL, op. cit., cap. III. Veja-se também MAUNIER, *Sociologie coloniale* (op. cit.). Destaca ele o que chama *"effects de l'imprégnation des européens [superiores] par les indigènes [inferiores] [...] dans différents plans de vie: économique, éthique, juridique, linguistique, esthétique et liturgique"* (ibidem, I, p. 172). Sobre a influência da Índia, subordinada à Inglaterra e considerada "inferior" social e culturalmente com relação à Europa, veja-se MAINE, H. S. *Lectures on the Early History of institutions*, London, 1875,

No espaço social que aqui se abriu sobre o físico – excedendo-o às vezes – sobre o massapê, sobre a terra roxa, sobre as terras mais favoráveis à cultura da cana-de-açúcar e depois do café, a posição do escravo não foi fixa nem passiva de modo absoluto, mas elevou-se sob a forma de malungo, sob a de mãe negra, sob a de negra Mina ou mulata, amante de branco fino e às vezes mãe, por ele reconhecida, de filhos educados como brancos, à situação de elemento ativo e quase tão criador de maneiras, de estilos de vida, de palavras de sentido doméstico e econômico, de símbolos e de característicos da nossa civilização patriarcal, como o senhor. Mas, nesse caso, a favor da ascensão do escravo negro a cooperador e a competidor do branco em mais de um domínio de vida social e cultural parece ter operado seu poder de adaptação porventura maior que o do branco, ao meio tropical e subtropical do Brasil: ao meio ou ao espaço físico e bioquímico a que tiveram de adaptar-se os dois adventícios – o senhor europeu e o escravo africano – com suas predisposições ou indisposições de ordem biológica e de cunho social.

Essas predisposições e indisposições concorreriam decerto para a posição de cada um, como ser humano, e como portador de cultura, em face do meio americano e afetariam a posição de escravo, do negro, e a de senhor, do branco, em relação um com o outro e as relações de ambos com o mesmo meio: o americano. E o problema sociológico que aí se apresenta nos parece principalmente ecológico ao mesmo tempo que biossocial: de acomodação, de competição e de cooperação condicionadas até certo ponto pela adaptação.

Aliás, essas relações do ser humano, das formas de cultura, das instituições com o meio físico e com o espaço geométrico, parecem estar sempre sujeitas à influência ou à interdependência que Chalupny considera "lei sociológica", de "influência inversa", e a que Simmel se refere ao estudar as relações entre "superiores" e "inferiores" sociais. Seria, nesse caso, "lei ecossociológica" ou socioecológica. Pois nenhum problema é mais profundamente ecológico – e ao mesmo tempo sociológico – que o da adaptação do homem ao meio físico, ao conjunto de condições de solo, de vegetação e de vida animal dentro do qual vai estabelecer sua posição, seu *status*, sua situação de homem social e não apenas de indivíduo biológico: de portador, transplantador, deformador ou renovador de cultura, de instituições, de formas de vida social. É problema meio esquecido pelos sociólogos ecologistas de Chicago ou por eles abandonado aos geógrafos; mas não por Mukerjee e seus discípulos indianos de Sociologia regional; nem por Geddes e

---

e *Dissertations on Early Law and custom*, London, 1882. Também o erudito ensaio do professor Afonso Arinos de Melo Franco, *O índio brasileiro e a Revolução Francesa* (Rio de Janeiro, 1939), destaca influência do "inferior" sobre o "superior". É ainda Maunier quem salienta que há hoje muçulmanos europeus; que a seita "Babista" tem adeptos na Alemanha, na Inglaterra e nos Estados Unidos; e que Rimbaud na Abissínia e Gauguin na Oceania foram casos de descivilização: casos de europeus de gênio que se deixaram vencer pela atração de valores bárbaros (op. cit., p. 177).

seus discípulos; nem por Bews; nem pelos regionalistas norte-americanos e franceses, indefinidos entre a Sociologia e outras ciências sociais e a geográfica.

Cremos encontrar ainda o professor Chalupny na situação flagrante de ecologista à Mr. Jourdain, quando observa que o homem, opondo-se ao domínio absoluto da influência que recebe a natureza, age não só sobre o natural do seu próprio ser – quer de maneira favorável como, por exemplo, pela ginástica, quer de maneira nefasta, como pelo conforto excessivo e malsão de que se cerca ou pela vida de cidade, contrária à natureza, que vive – como também sobre o meio natural da região que habita, pela regularização de curso de rios, esgotamento de pântanos, cultura de desertos, destruição da natureza pela civilização urbana etc.[26] Estamos diante da teia de interpenetração de influências que constituem a vida social e de cultura dos homens em suas relações ativas com condições físicas, químicas e biológicas de existência no espaço. Condições que por sua vez atuam sobre a personalidade humana até ao ponto, segundo parece, de as glândulas endócrinas – cujas manifestações sociais já destacamos – estarem correlacionadas com o conteúdo mineral do solo. Conteúdo cuja composição regional se refletiria na vegetação, nas formas de vida animal e nas próprias atividades sociais da população das várias regiões.[27] Uma sociedade predominantemente de brevilíneos ou de longilíneos parece refletir um equilíbrio ecológico, embora a esse equilíbrio não seja estranha a seleção social através das formas sociais e de cultura dominantes.

É claro que os problemas de relação entre tais predominâncias e a bioquímica regional são antes de Geografia ou de Biologia humana que de Sociologia geral ou ecológica: mas é muitas vezes impraticável a discriminação ou a separação absoluta entre elementos biológicos e sociológicos, geográficos e culturais, no estudo das regiões, de tal modo entrelaçados se apresentam aqueles elementos no que alguns sociólogos chamam com rigor terminológico "estrutura" de comunidade, que não deve ser confundida com o societal.[28] Brevilíneos e longilíneos são, bem sabemos, antes expressões biológicas que realidades sociológicas; mas como ignorá-las o sociólogo para quem a *pessoa social* é o indivíduo biológico com *status* e a conquista desse *status* o resultado de um processo que por ser social e cultural não deixa de ter sido ou de continuar sendo condicionado

---

[26] CHALUPNY, op. cit., p. 115.

[27] Veja-se MARETT, *Race, sex and environment, study of mineral deficiency* (op. cit.).

[28] COOLEY, *Social process* (op. cit., p. 46), que chega a considerar os efeitos do clima de uma região, "instituição social"; HILLER, *Principles of Sociology* (op. cit., p. 26). Também W. G. Sumner, para quem as relações entre os homens são "relações mútuas (antagonismos, rivalidades, alianças, coações e cooperações) de que resultam [...] posições mais ou menos fixas de indivíduos e subgrupos" e "modos estáveis de interação [...]". "A estrutura assim construída não é física mas societal ou institucional, isto é, pertence a uma categoria que deve ser definida e estudada em si mesma" (*Folkways*, Boston, 1913, p. 34-5). Enquanto a estrutura da comunidade não pode ser separada do espaço físico nem das condições físicas e bioquímicas de socialidade.

pelas relações do indivíduo com a bioquímica regional e com o solo? Relações de competição ou de cooperação com o mesmo solo, com a vegetação, com a maior ou menor presença de água na região, com tipos de terra favoráveis ou antagônicos aos tipos dos povoadores (brevilíneos ou longilíneos), com formas de vida animal perturbadoras ou auxiliares das atividades de cada *socius* e da sociedade regional em conjunto, da sua maior ou menor permanência no tempo, de sua maior ou menor mobilidade no espaço. Pois a tanto nos parece estender-se o domínio da Sociologia ecológica no seu interesse pelos fatos e problemas sociais de posição ou pelos efeitos dos fatos sociais de posição sobre o comportamento humano e sobre as instituições sociais. Que haja confusão de análise sociológica com a biológica ou com a investigação geográfica em volta de problemas tão complexos. Paciência. Tais confusões são inevitáveis.

e) Atração e repulsão, comunicação e distanciação

Para os sociólogos ecologistas norte-americanos, já vimos que os problemas ecológicos apresentam-se como problemas de espaço social e de espaço físico, em que o físico é só o geométrico. No estudo de comunidades, ou de sociedades regionais, o que lhes interessa é a distribuição de pessoas, grupos e instituições, a *atração* e *repulsão* entre pessoas e grupos, a *comunicação* entre os mesmos, a *distanciação* de pessoa para pessoa ou de grupo para grupo. Tais comunidades sempre se apresentam com uma *periferia* e com um *centro*, este podendo tomar a forma de vila, cidade, metrópole; e aquela de adjacências, subúrbio, vila ou cidade satélite. Entre centro e periferia desenvolvem-se relações de influência mútua ou de influência inversa; e no caso das comunidades metropolitanas, encontram-se em torno do centro dezenas, centenas e até milhares de pequenas constelações com seus respectivos centros e suas respectivas periferias. É assim que no Rio de Janeiro, o centro ecológico é constituído pela Avenida Rio Branco, pela Rua do Ouvidor e pelas ruas conexas; mas Copacabana, que é periférica e ao mesmo tempo constelação, tem por sua vez seu centro no Lido e nas ruas conexas; e Niterói se apresenta, com relação ao Rio, como a típica *cidade satélite*. A dominação do centro ecológico sobre a periferia – processo social que pode ser também considerado ecológico – pode ser de base política ou de base econômica (o controle de conexões comerciais ou de operações financeiras: o caso de Londres e Nova York, ou antes, da City e de Wall Street); ou simplesmente cultural (no sentido restrito da palavra cultural): o caso, durante cerca de três séculos, de Paris.

Paris como centro ditatorial de modas ocidentais de mulher e Londres como centro ditatorial de modas ocidentais de homem representam centros ecológicos de espaços sociais e culturais que vão até pontos avançados do interior da China ou da África.

A configuração dos espaços sociais e culturais apresenta-se por vezes caprichosa. Também os centros podem ser diversos e até contraditórios: o mesmo espaço social pode ter um centro religioso – Roma, por exemplo – e um centro político; ou um centro ao mesmo tempo intelectual, artístico, financeiro: Londres, digamos.[29] Ou Nova York.

É numa cidade que melhor se pode observar além da reciprocidade de influências entre centro e periferia ecológica, o jogo de competições pela posição vantajosa ou prestigiosa de pessoa, grupo ou instituição. A vantagem ou o prestígio pode ter base ou razão de ordem física ou natural: beira de rio, lago, mar ou mata, lugar alto ou lugar plano, zona seca ou alagadiça; acesso mais forte ou mais difícil e artérias de comunicação. Ou pode ter base psíquica: o prestígio ou o desprestígio atribuído a determinado bairro, por ser, devido a circunstâncias favoráveis de caráter físico ou sob o império de moda ou de pura convenção, o elegante ou o deselegante para residência, o próprio ou o impróprio para o alto comércio ou para o comércio de artigos finos. Nos países de civilização ocidental e de economia individualista e capitalista verifica-se, nos casos de áreas prestigiosas, grande valorização de terras por efeito de competição. Esta se manifestou sob forma diversa na Europa medieval, quando as profissões e os ofícios se distribuíam como que hierarquicamente em bairros ou ruas certas (do que tivemos repercussão, embora vaga, no próprio Brasil, anunciada por nomes de ruas: Ferreiros, Ourives, Funileiros); e quando mouros e judeus eram obrigados a se isolar em bairros

---

[29] Aliás Londres é chamada por alguns ecologistas sociais "centro dos centros" ("*center of centers*"), dado o fato de que para grande parte da população humana essa cidade é há dezenas de anos o centro não só financeiro, como econômico, político, religioso, intelectual, de modas masculinas e, em grande parte, científico e artístico. A situação única ocupada por Londres parece ligar-se ao fato de ser a capital da Comunidade Britânica o centro do mais completo e complexo sistema de comunicações que o mundo já viu: comunicação ferroviária (urbana, interurbana, inter-regional), marítima (internacional), aérea e postal, telegráfica, radiofônica, televisual (internacional). De modo que a cidade atual nenhuma – nem mesmo Nova York – corresponde com a exatidão de Londres ao conceito sociológico de centro de domínio sobre espaço social que se possa chamar transregional; ou ao conceito ecológico de centro de domínio da organização social mundial exposto por R. D. McKenzie em seu "The concept of dominance and World-Organization" e resumido por Carl A. Dawson e Warner E. Gettys (*An Introduction to Sociology*, New York, 1935, p. 172). Os mesmos autores escrevem: "*Dominance in the ancient empires of China and Rome, being military and political, centered in fortified cities. Tribute rather than trade defined the relation of subordinate territory to the dominant center. Modern centers of dominance have grown up in relation to trade and commerce, and present-day political organization is an adjustment to this newer type of dominance. The shift came with the rise of trade centers on the Mediterranean, Baltic and other European seabords. Each was successful in so far as it was able to maintain efficient lines of communication with other ports of the world. Spanish, Portuguese, Dutch, French and English strove to extend their commercial relations with Asia, Africa and America. England became supreme because she succeeded in developing the most efficient system of communication between her home and foreign ports*" (ibidem, p. 173). Esse sucesso, em grande parte, devido ao desenvolvimento da navegação a vapor, favorecida na Inglaterra pelo fato de ser o seu solo rico em ferro e carvão. (Vejam-se também sobre o assunto: GRAS, N. S. B. *An Introduction to Economic History*, New York, 1922; recentemente traduzido para o português e publicado em São Paulo por iniciativa do professor Donald Pierson; KNOWLES, L. C. *The industrial and commercial revolution in Great Britain during the Nineteenth Century*, New York, 1921, e *The economic development of the overseas empire*. London, s. d.; WOOLF, S. L. *Imperialism and civilization*, London, 1928).

exclusivamente deles – Mourarias, Judiarias, *Ghettos*, do que haveria igualmente continuação, sob forma talvez menos cristã, na América inglesa da nossa época com relação a negros e outras populações de cor, e, sob a forma vaga de mucambarias e favelas, no próprio Brasil de hoje, com relação a populações pobres ou miseráveis, na maioria mestiças: descendentes de escravos ou pessoas expulsas, por competição social, particularmente econômica, de áreas prestigiosas.

f) Segregação e relações no espaço ecossocial

Da *segregação*, considerada ecologicamente, diz-nos o professor Hiller que, podendo ser imposta por meios legais, parece ter sempre como fator principal, a competição por espaço e a distanciação social que resulta daí.[30] No Rio de Janeiro é a competição por espaço que expulsa, repele ou simplesmente distancia de Botafogo ou do Flamengo pessoas, grupos e instituições menos favorecidos de fortuna para fazê-los procurar, uns, nos subúrbios do tipo de Cascadura, outros, nos morros do tipo do da Mangueira, os lugares de residência apropriados à sua condição econômica nem sempre ligada à sua condição étnica ou à sua origem social. Por sua vez, os subúrbios pobres e os morros miseráveis conseguem adaptar a grande maioria dos seus moradores aos seus característicos naturais, sociais e de cultura de áreas desprestigiadas, marcando-os, com suas próprias doenças (que até época relativamente recente foram as próprias marcas de bexiga), com seus gestos característicos, com seu modo ou jeito de andar (deformação não só de ordem física, devido ao descer e subir quotidiano de ladeiras, como de ordem social psíquica, pois o andar da pessoa parece corresponder ao seu grupo ou à sua situação social, não só por influência psíquica como cultural da situação sobre a pessoa: sobre o ritmo, a maior ou menor firmeza, a maior ou menor rapidez do andar). E ainda, com seus vícios de linguagem e com seus arcaísmos ou exotismos de cultura e até de odor.

João do Rio, arguto observador da vida carioca, diz-nos em livro publicado em 1908: "Vós todos deveis ter ouvido ou dito aquela frase:

"– Como estas meninas cheiram a Cidade-Nova!

"Não é só a Cidade-Nova, sejam louvados os deuses! Há meninas que cheiram a Botafogo, a Haddock Lobo, a Vila Isabel como há velhas em idênticas condições, como há homens também".[31]

---

[30] HILLER, *Principles of Sociology* (op. cit., p. 256).
[31] JOÃO DO RIO, *A alma encantadora das ruas*, Rio de Janeiro, 1908. Esse livro de João do Rio (Paulo Barreto), do mesmo modo que seu *As religiões no Rio* (Rio de Janeiro, 1906), pertence ao gênero de literatura quase sociológica particularmente valiosa para o estudo sociológico da vida urbana e de que *A thousand and one afternoons in Chicago*, por Ben Hecht (Chicago, 1922) é exemplo saliente.

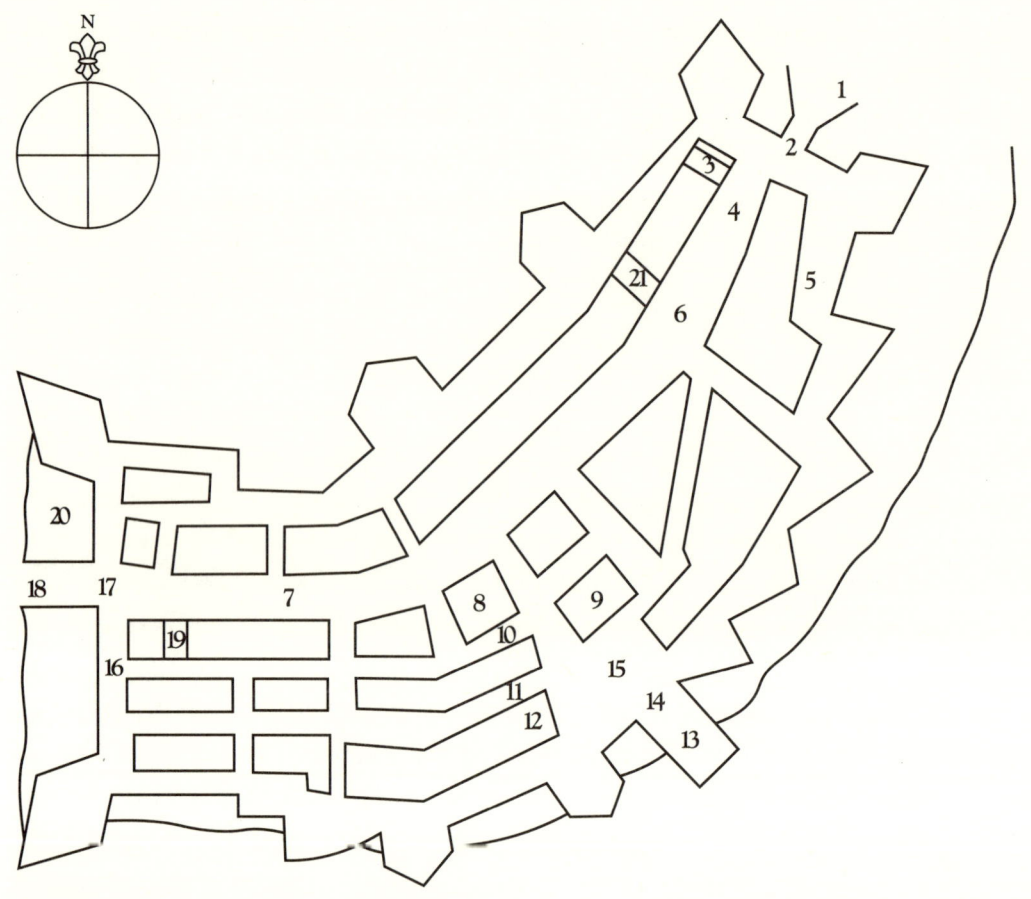

RECIFE
1 – Mercado de peixe no Istmo (1636-1647).
2 – Porta de terra: *Lantpoort*.
3 – Casa da Pólvora.
4 – Rua do Bode (depois dos judeus): *Bockestraet*.
5 – Rua do Vinho: *Wijnstraet*.
6 – Mercado (de escravos? 1635).
7 – Rua da Balsa: *Pontstraet*.
8 – Igreja do Corpo Santo, em frente à qual esteve situado o primitivo mercado; o local era conhecido como o Mercado Velho.
9 – Palácio do Alto Conselho (1636).
10 – Rua do Senhor: *Heerestraet*.
11 – Rua do Mar: *Seestraet*.
12 – Balança.
13 – Desembarcadouro (1638).
14 – Porta do Mar: *Waterpoort*.
15 – Local onde eram depositadas as caixas de açúcar.
16 – Rua do Carcereiro: *Geweldigers Straet*.
17 – Porta da Balsa: *Pontpoort*.
18 – Ponte do Recife (1644).
19 – Cadeia.
20 – Mercado de peixe (1648).
21 – Sinagoga (1636), local aproximado.

Ecologia social do Recife holandês.

(Do livro de José Antônio Gonsalves de Melo, *Tempo dos Flamengos*.)

Em sentido inverso, a procura de posição ou de espaço prestigioso induz pessoas, grupos e instituições desejosas ou necessitadas de prestígio a residirem ou a se instalarem nas áreas elegantes e de terra a alto preço. O jornal londrino cujo endereço não for Fleet Street,[32] ou a modista parisiense cujo endereço não for Rue de la Paix revelam-se inicialmente fracos na competição por espaço apropriado à sua função.

Fica assim estabelecida a distância social entre pessoas, grupos, instituições de uma cidade, pelo lugar – bairro, quarteirão e até rua – de residência e de sede de atividade comercial e profissional, escola frequentada pelas crianças, igreja frequentada pelas mulheres, café ou bar frequentado pelos homens, cinema e jardim frequentados pela família inteira. É a distância entre os vários Saint-Germains e as várias favelas, bairros e subúrbios de residentes pobres ou de pequenos-burgueses, com suas coincidências de classe, de cultura, de religião e às vezes de "raça" com a zona de residência: com a posição da pessoa, do grupo, da instituição no espaço físico submetido ao social.

As zonas de residência de prestígio ou de desprestígio máximo têm variado através do tempo sendo ora os altos ora os baixos do espaço urbano ou da "região natural". Na Roma antiga, os palácios estavam nos altos; os cortiços, nos vales. No Rio de Janeiro dos primeiros tempos coloniais verificou-se o mesmo: as melhores casas de residência, sobrados, igrejas, conventos de jesuítas, beneditinos e franciscanos, nos morros; os casebres, nos vales e nas praias. No Recife, durante séculos foram às margens dos rios as áreas ou zonas prestigiosas, hoje desprestigiadas em zonas de mucambos ou palhoças. Aliás, a história ecológico-social do Recife – cidade por algum tempo holando-judaica mais que portuguesa – é particularmente interessante, em conexão com o estudo socioecológico do processo de competição: de sua ação sobre a repentina valorização de espaço físico-social. Embora não nos entreguemos ao determinismo ecológico dos ecologistas de Chicago, para os quais a geografia, a ocupação da terra e outros fatores físicos "determinam a distribuição da população", "determinando", ao mesmo tempo, irresistível e fatalmente o lugar, o grupo, os associados com quem (a pessoa) tem que viver, tendo, assim, as "relações no espaço" importância capital para o estudo da sociedade e da natureza humanas, somos dos que reconhecem essa importância. Inclusive a importância dos valores de terra[33] como índice da força com que a geografia de uma área e o modo de sua ocupação física agem sobre a distribuição da população e sobre a personalidade ou o *ethos* dessa população. Seria, entretanto, um erro, negligenciar o pesquisador os fatores psicológicos, econômicos, políticos que concorrem para que os

---

[32] Ivor Thomas (*The Newspaper*, London, 1943, p. 6) escreve: "*So magical is the name Fleet Street that even newspapers printed only a few yards feel it necessary to have advertisement offices with a Fleet Street frontage*".

[33] HURD, R. M. *Principles of city, Land, Values*, New York, 1924. Vejam-se também: MAREHEAD E. W.; ELY, R. T. *Elements of land economics*, New York, 1924; MCMICHAEL S. L.; BINGHAM, R. F. *City, growth and values*, Cleveland, 1923.

valores de terra se elevem ou rebaixem, a favor ou contra os fatores físicos. O próprio professor Park, ecologista até à alma, reconhece as "influências sutis" que sobre a distribuição da população exerce "a simpatia",[34] à parte dos fatores simplesmente físicos ou geográficos. E Hurd nota que escolhidos pelos ricos, numa área urbana, os locais de residência mais do seu agrado – ou simpatia – a gente menos rica procura residir nas proximidades, ficando para a pobre as adjacências de fábricas, caminhos de ferro, docas, etc.[35] O que faria os valores de terra ou os preços de terreno dependerem de uma procura não só do melhor espaço físico ou geográfico escolhido pelos ricos, pelos nobres, pela classe ou grupo modelar, mas também de uma procura do melhor espaço social: melhor do ponto de vista de prestígio social; do ponto de vista da melhor situação social (e até da moda), de que a situação física seria o reflexo. No caso de escolha de sítios ou locais para estabelecimentos comerciais ou industriais é que as considerações de situação física estrategicamente econômica – às vezes econômica e militar a um tempo – como a proximidade do porto, das docas, do mar, de rio ou lago, de estrada de ferro etc., fazem o espaço social coincidir com mais frequência com o espaço físico. Foi o que sucedeu no Recife, preferido a Olinda pelos invasores holandeses e por seus colaboradores israelitas, para sede do seu império colonial no Norte do Brasil, pois segundo conclui o Sr. José Antônio Gonsalves de Melo, de suas pesquisas sobre o domínio holandês nesta parte da América – as pesquisas mais profundas e minuciosas que já se fizeram no Brasil ou na Europa sobre o assunto – "aí deveriam se sentir os holandeses mais garantidos, junto ao mar, perto dos seus navios [...]".[36] Mas a preferência era definida: pelo Recife bairro, península, quase ilha istmo. Essa limitadíssima mas prestigiosa área é que se tornou, além de bairro de residência, "principal centro abastecedor de todo o interior [de Pernambuco], das demais capitanias conquistadas e das colônias holandesas da África". Um centro de domínio transregional. Tornou-se também o centro religioso do Brasil holando-judaico: tanto do culto reformado como da religião de Israel. Entretanto, do espaço físico dessa área de prestígio, diz-nos um mestre no assunto, o historiador Gonsalves de Melo: "quem puser os olhos no mapa poderá verificar que o Recife, no século XVII, representa ⅓ do atual bairro": uns "10.000 metros quadrados". Isto para uma população de 5.000 pessoas "sem contar os soldados e marinheiros, com os quais o número talvez se elevasse a 8.000": "um índice de 37 pessoas por km^2".

Daí a competição intensa por espaço. "Em outubro de 1638" – informa-nos o meticuloso estudioso de fase sociológica e ecologicamente tão interessante da vida do Recife – "levou-se

---

[34] PARK, R. E. The City: suggestions for the investigation of human behavior in the urban area, in: *The city* (op. cit., p. 5).

[35] HURD, op. cit.

[36] MELO, J. A. G. de. *Tempo dos flamengos; aspectos da influência holandesa na vida e na cultura do Norte do Brasil*, Rio de Janeiro, 1946.

a efeito uma taxação de todos os terrenos ocupados por particulares, no Recife, devendo-se pagar um imposto correspondente à área e à situação, melhor ou pior, do terreno." Melhor ou pior, do ponto de vista social: entre as ruas nobres estaria *Seestraet*, ou "rua do mar".[37]

As pesquisas do historiador Gonsalves de Melo revelam que da intensa competição por espaço – espaço estrategicamente econômico e economicamente prestigioso, podemos dizer – aproveitou-se a Companhia das Índias "sempre ávida por dinheiro". Concorreu essa poderosa organização comercial, entrando no negócio de venda de terrenos, para a elevação dos preços de terra. Os documentos da época de ocupação holando-judaica estudados pelo Sr. Gonsalves de Melo indicam que os preços de casas no Recife de então chegaram a ser altíssimos: "em média de 5.000 a 6.000 florins, tendo atingido uma o preço de 14.300 florins." E conclui o mesmo pesquisador, firmado em documentação inédita e opulenta, confirmando o perfil já levantado por nós do tipo urbano de colonização holando-judaica do Brasil,[38] "a solução para tal problema de habitação parece ter sido desde o início o sobrado." Sobrados de um, dois, três andares. E como nos antecipáramos a dizer interpretando a tradição de sobrado alto e magro conservada pelo Recife, em contraste com a tradição de sobrado antes gordo que magro das demais cidades do Brasil: "[...] pela lista dos terrenos e casas vendidas vê-se que, na maioria, os sobrados mediam de frente, 20 pés que correspondem a 7m,42. Muitos, porém, com 16 pés ou 5m,93. Os menores com 13 pés ou 4m,82". É que como na Holanda, que tivera de enfrentar e resolver o mesmo problema de escassez de espaço físico em relação com as necessidades das zonas de centralização e de prestígio do espaço social, os sobrados do Recife holando-judaico eram "alongados no sentido frente-fundo". Peculiaridade que seria também observada nos sobrados do Recife da segunda metade do século XIX – conservadores dos característicos dos sobrados holandeses – pelo arquiteto francês L. L. Vauthier;[39]

---

[37] Ibidem.

[38] *Sobrados e mucambos* (op. cit., cap. V).

[39] VAUTHIER, L. L. Des maisons d'habitation au Brésil, *Revue Générale de l'Architecture et des Travaux Publics*, Paris, 1854. "*Maintenant que sont ces longues maisons que ne prennent l'air et le jour que par les deux bouts?*" pergunta Vauthier, impressionado com os altos e estreitos prédios urbanos do Recife (Carta I). Chama também aos sobrados recifenses "*longs rectangles, parallelogrammes ou trapèses*". Sobre o assunto veja-se também nosso *Um engenheiro francês no Brasil* (1940), onde procuramos salientar o critério paraecológico que caracteriza várias das observações de Vauthier sobre a vida urbana do Recife e a paisagem rural do Brasil que ele conheceu.
Sobre a casa ou o tipo de habitação como objeto de estudo literalmente ecossocial vejam-se FOVILLE, A. de. *Enquête sur les conditions de l'habitation en France: les maisons types*, Paris, 1894-1899 (o tomo II com um estudo histórico por Jacques Flach); MEITZEN, A. *Siedlung und Agrarwesen*, Berlim, 1895; MUKERJEE, R. *Man and his habitation*, London, 1940; FORDE, C. D. *Habitat, economy and society: a geographical introduction to economy*, London, 1934; e em plano modestíssimo, o nosso "Sugestões para o estudo histórico-social do sobrado no Rio Grande do Sul", em *Problemas brasileiros de antropologia* (op. cit.). Sobre a casa em relação com os estudos histórico-sociais e de sociologia da região ou da vida rural, vejam-se VOGT, P. L. *Introduction to rural sociology*, New York, 1928, espec. cap. VIII; SOROKIN, P.; NIMMERMAN, C. C. *Principles of rural-urban sociology*, New York, 1929, e *Systematic source book in rural sociology*, University of Minnesota, 1928-1932; GILLETTE, J. M. *Constructive rural*

e posteriormente assinalada por Alfredo de Carvalho,[40] ao destacar que aos holandeses deve-se "a disposição topográfica especial" do Recife e "a característica arquitetônica dos seus prédios alterosos [...]".

Essa peculiar verticalidade por motivos de ordem predominantemente ecológica já era o característico das construções holandesas na Holanda velha, segundo observação do professor Thomas Jefferson Westenbaker que, publicada em livro em 1938, coincide com o que disséramos das construções holandesas no Brasil e com a explicação socioecológica que sugeríamos para a concentração vertical de população e de habitações no Recife. Esta velha cidade brasileira é, aliás, do ponto de vista dos ecologistas à maneira de Chicago, exemplo ideal dos processos de organização ecológica. Tendo existido (sob a forma de povoação insignificante de pescadores luso-brasileiros) antes da ocupação holandesa, o Recife experimentou com essa ocupação, *invasão*, seguida de *sucessão* – pois a ocupação holandesa e judaica afastou com seu comércio da área urbana os antigos habitantes com seus barcos pequenos e suas redes e substituiu o centro religioso católico romano pelos centros religiosos protestante e israelita – e, ainda, *centralização* (congregação para satisfazer interesses específicos), *concentração*, isto é, agregação simples na península e *dispersão* na ilha de Antônio

---

sociology, New York, 1924, espec. cap. XIII e XIV; SANDERSON, D. *The rural community*, Boston, 1932, espec. p. 38, 49, 61-79, 102, 105, 202, 204; POWELL, B. H. B. *The indian village community*, London, 1896; BLEICHER, G. *Les Vosges: le sol et les habitants*, Paris, 1890; NASH, R. *The conquest of Brazil*, New York, 1926; BRUNHES, J.; GIRARDIN, P. Les groupes d'habitations du Val d'Anvers comme types d'établissements humains, *Annales de Géographie*, v. XV; DEMANGEON, A. L'habitation rurale en France, *Annales de Géographie*, v. XXIX; VON HAXTHAUSEN, A. *Étude sur la situation interieure, la vie nationale et les institutions rurales de la Russie*, Hanover, 1847-1855; LEFÈVRE, M. A. *L'habitat rural en Belgique*, Liége, 1926; ABREU, C. de. *Caminhos antigos e povoamento do Brasil*, Rio de Janeiro, 1930; CARNEIRO LEÃO, A. *A sociedade rural*, Rio de Janeiro, 1939. ELLIS JR., A. *Raça de gigantes*, São Paulo, 1936; BARROSO, G. *Terra de Sol*, Rio de Janeiro, s. d.; ALCÂNTARA MACHADO, *Vida e morte do bandeirante*, Rio de Janeiro, 1929; MONBEIG, P. *Ensaios de Geografia Humana brasileira*, São Paulo, 1940; MILLIET, S. *Roteiro do café*, São Paulo, 1939; TAVARES DE ALMEIDA, A. *Oeste paulista*, Rio de Janeiro, 1943; HOLANDA, S. B. de. *Raízes do Brasil*, Rio de Janeiro, 1937, e os nossos *Casa grande & senzala* (op. cit.), *Sobrados e mucambos* (op. cit.) e *Mucambos do Nordeste*, Rio de Janeiro, 1937. Sobre a casa em relação com estudos histórico-sociais e de sociologia da região urbana, vejam-se BURGESS E. W. (org,) *The trban community*, Chicago, 1926; ANDERSON N.; LINDEMAN, E. C. *Urban sociology*, New York, 1928; BOGLE, J. M. L. *Town planning in India*, London, 1929, espec. cap. IX; MUMFORD, L. *Sticks and stones*, New York, 1925; DOUGLAS, H. P. *The suburban trend*, New York, 1925. Vejam-se também BARROS LATIF, M. M. de. *As Minas Gerais*, Rio de Janeiro, s. d.; LIMA JR., A. de *A Capitania de Minas Gerais*, Lisboa, 1941; SEVERO, R. *A arte rradicional no Brasil*, São Paulo, 1916; LAMEGO FILHO, *A planície do solar e da senzala*, Rio de Janeiro, 1933; MOTA, O. *Do rancho ao palácio*, São Paulo, 1941.

[40] CARVALHO, A. de. *Frases e palavras, problemas histórico-etimológicos*, Recife, 1906, p. 54. Talvez a palavra mais autorizada sobre o assunto deva ser considerada a do geógrafo cultural alemão B. Brandt que na sua obra *Geografia cultural do Brasil* (em alemão: *Kulturgeographie von Brasilien*), publicada no Rio de Janeiro em 1945 (trad. do professor Rodolfo Coutinho), destaca a paisagem do Recife ("edifícios altos e estreitos, "casas nórdicas" etc.) como "incomum para o Brasil": "lembra as cidades portuárias baixo-alemãs e holandesas" (ibidem, p. 79). Sobre o mesmo assunto, é também o recente e sugestivo estudo especializado do professor Aderbal Jurema, *O sobrado na paisagem recifense*, Recife, 1953.

Vaz e *segregação*, pela separação de católicos, de israelitas e protestantes, e de judeus, de portugueses, por um lado, e de holandeses, por outro, de brancos, de gente de cor. Tudo isso se processou no Recife do século XVII para afinal verificar-se seu *regresso* ou *regressão* às origens sociais portuguesas ou luso-brasileiras, embora com vestígios ou sobrevivências da dominação holandesa que escapam aos olhos dos leigos, mas não aos do arquiteto ou aos do sociólogo.

Em suas relações com as principais cidades brasileiras do litoral os ingleses são outro povo que se tem caracterizado pela *invasão* não de áreas urbanas inteiras, mas de zonas de comércio ou de zonas de residência, nas quais sua tendência, não tanto hoje, como nos princípios do século XIX até os princípios do XX, tem sido no sentido de *segregação*, de *concentração* e *centralização*. No Rio de Janeiro do tempo colonial e do Império, a Rua Direita tornou-se rua dominada pelo comércio inglês, do mesmo modo que a Rua do Ouvidor pelo comércio francês.[41] Não só a Rua Direita, porém, foi rua dominada pelo comércio inglês ou britânico: o domínio se estendeu a todas as ruas em volta à Alfândega, explicando-se nesse caso o fenômeno ecológico pelo processo de competição em torno do espaço físico mais conveniente à atividade econômica dos mesmos ingleses; e ao gênero dessa atividade: o comércio pesado – fazenda, ferro, máquinas, carruagens, pianos. Tanto que através da relação minuciosa de ruas do Rio de Janeiro dos primeiros anos do Império que nos é oferecida pelo Rev. Walsh – tão minuciosa que registra o comprimento e o número de casas de cada rua[42] – pode-se tentar uma reconstituição socioecológica do espaço geométrico em relação com o espaço social do Rio daquela época. Essa relação acusa a tendência do comércio inglês para assenhorear-se não só das ruas mais estrategicamente próximas da Alfândega e do porto como das menos estreitas. As menos estreitas por serem aquelas onde mais facilmente podia fazer-se o tráfego das peças de pano grosso e das mercadorias pesadas, características do comércio britânico: comércio masculino; comércio "feio e forte". Enquanto ao comércio francês de perfumistas, cabeleireiros, modistas, chapeleiros, livreiros convinham as ruas estreitas do tipo da do Ouvidor.[43]

---

[41] F. Denis chega a comparar a Rua do Ouvidor do Rio que ele conheceu (1828) à Rue Vivienne de Paris. (*Le Brésil*, Paris, MDCCCXXXIX, p. 112.)

[42] WALSH, R. *Notices of Brazil in 1828 and 1829*, Boston, 1831, v. II, apêndice V. Walsh registra a expansão de área do Rio de Janeiro durante os primeiros anos do século XIX: "*The influx of new inhabitants, in consequence of the increase of commercial enterprise, has been very great, and the town has, in consequence, expanded in all directions. The old city was almost exclusively confined to the narrow space between the hills, extending from the Rua Direita to the Campo de Santa Anna*" (ibidem, v. I, p. 253). Veja-se também nosso "Traços de influência inglesa sobre a vida brasileira na primeira metade do século XIX revelados pelos anúncios de jornal", *Revista da Sociedade Brasileira de Cultura Inglesa*, n. 2, janeiro, 1939.

[43] Veja-se mais sobre o assunto, SENA, E. *O velho comércio do Rio de Janeiro*, Rio de Janeiro, Paris, s. d. Ernesto Sena salienta que "as primeiras grandes casas comerciais europeias [refere-se evidentemente às não portuguesas] foram inglesas, que se apoderaram em pouco tempo do comércio internacional

Dos ingleses sabe-se também que pela sua tendência à segregação valorizaram, em torno às principais cidades brasileiras do litoral, espaços suburbanos antes deles abandonados ou degradados. É que utilizaram-se para residências de sítios à beira-mar como os de Botafogo ou entre as matas, e nos altos, como os da Tijuca, no Rio e como os de Monteiro, Casa Forte e Apipucos, no Recife; como os da Vitória na capital da Bahia. Acreditamos mesmo que tenham contribuído decisivamente para a valorização das praias no Brasil, como lugares de residência nobre: inovação contrária ao velho hábito brasileiro de considerar-se a beira do mar depósito de imundície e cemitério de negros pagãos.

Em anúncios de casas por nós examinados nos jornais brasileiros dos últimos anos do regime colonial e dos primeiros do Império surpreendemos os começos da valorização da proximidade do mar como espaço ideal para residência no Rio de Janeiro; e esses anúncios são, na sua maior parte, de casas de ingleses, uma delas a de Diogo Ganibier, chácara em Botafogo (Bota-Fogo, diz o anúncio, que é de 1811). O anúncio inteiro é uma apologia caracteristicamente britânica de um elemento: a água. Destaca "a agoa de beber", "o banho de agoa doce" e, além de "outras muitas comodidades" da casa, o fato de "ser tudo situado em hum bello terreno fertil, espaçoso, bem cercado, regado com agoa doce, arvores, fructas e jardim de recreio, assim como mui conveniente por ser junto á pequena enseada de Bota-Fogo, para os banhos de mar, tendo demais sido benignamente servido S. A. R. ordenar que as ditas Casas e Chacaras, não terão em tempo algum aposentadoria, seja quem for que venha a ser seu possuidor, assim como a ceder o direito de décima sobre ella".[44]

Aliás a água vem sendo através da história social do homem, um centro de concentração de população e de valorização de espaço a cujas repercussões sobre o conjunto de vida social estudioso nenhum de Ecologia social ou de Sociologia regional pode

---

desalojando os negociantes luso-brasileiros" (ibidem, p. 3). Sobre as ruas e a expansão da área urbana do Rio de Janeiro, considerada do ponto de vista socioecológico, vejam-se também: LISBOA, B. da S. *Anais do Rio de Janeiro*, Rio de Janeiro, 1834-1835; PIZANO, J. de S. A. *Memórias históricas do Rio de Janeiro*, Rio de Janeiro, 1820-1822; *Guia das ruas, morros e praias da cidade*, Rio de Janeiro, 1856; *Guia do Rio de Janeiro ou indicação alfabética da morada dos seus principais habitantes*, Rio de Janeiro, 1874; PIMENTEL, A. *Subsídio para o estudo de higiene da cidade do Rio de Janeiro*, Rio de Janeiro, 1890; *Guia do viajante no Rio de Janeiro*, Rio de Janeiro, 1884; PESSOA, P. *Guia da cidade*, Rio de Janeiro, 1905; GEORLETTE, G. A. *Les travaux de transformation de la ville de Rio de Janeiro*, Anvers, 1905; CARVALHO, D. de. *História da cidade do Rio de Janeiro*, Rio de Janeiro, 1926 (escrita do ponto de vista de um geógrafo que é também ecologista social e sociólogo); FERREIRA, J. da C. *A cidade do Rio de Janeiro e seu termo, Ensaios urbanológico*, Rio de Janeiro, s. d.; *Cidade do Rio de Janeiro [...] Organizações Projetadas pela Administração Antônio Prado Júnior sob a Direção Geral de Alfred Agache*, Paris, s. d., obra monumental que contém excelente "análise geral da situação urbana" (1ª parte, cap. II). Destaca-se aí que "uma vez assegurada a posse da região aos portugueses, a Cidade principiou a descer do morro para o porto [...]" (ibidem, p. 51). Sobre o assunto vejam-se nossos *Sobrados e mucambos* (op. cit., cap. I e II) e *Olinda* (Recife, 1939), e Donald Pierson, *Negroes in Brazil* (Chicago, 1942, p. 15-25), que estuda a ecologia da cidade do Salvador, principalmente do ponto de vista de residência de brancos e gente de cor.

[44] *Gazeta do Rio de Janeiro*, 16 de maio de 1811.

ser estranho. Mesmo aqui, o determinismo geográfico sofre uma restrição profunda: a atitude das populações para com a água não é sempre de extrema ou total valorização desse elemento ou de sua presença na vida social e na paisagem, alguns grupos ou épocas contentando-se com a água para beber ou para beber e cozinhar e a outros repugnando a vizinhança da água do mar, embora agrade a da água dos rios: a vizinhança e também os banhos, se não higiênicos, recreativos e diários durante o verão, profiláticos e tomados com cautela e pelos-sinais, durante as epidemias. Os banhos de rio, talvez por influência cultural do ameríndio, foram, em algumas áreas, muito apreciados pela gente luso-brasileira. Os lugares elegantes de "passamento de festa" da burguesia rica entre nós, conservaram-se, durante largos anos, nos subúrbios à margem de rios. Enquanto os engenhos e as fazendas patriarcais ostentavam os banhos de rio, de bica, de queda de água entre seus melhores atrativos. Mas só dos princípios do século XIX para cá veio se verificando a valorização da beira do mar, como local de residência, e do banho de mar, como banho higiênico e de regalo entre as populações brasileiras.

A Sociologia regional ou ecológica, dentro do estudo da região, considerada em conjunto, tem suas especializações principais no estudo da região ou da vida *urbana*, ou da cidade, e da região ou da vida *rural*, ou da roça; e sua especialização particular, literalmente ecológica, no estudo da casa ou da habitação humana. Não nos esqueçamos, porém, de que entre a sociologia da comunidade urbana, em geral, e o da casa, em particular, está o estudo do rio, do lago, do porto de mar, da estrada, da rua, incluídos aqueles veículos e meios de comunicação que são, como os veículos particulares e pertencentes a residências, uns como tentáculos das casas: um dos seus meios de comunicação com as outras casas, com outras áreas de residência ou de atividade urbana e rural, através de ruas e estradas. Daí estar incompleto o estudo ecossocial de uma cidade como o Rio de Janeiro sem a contribuição que lhe trouxe Noronha Santos: o estudo dos meios de transporte de que se têm servido a sociedade e a sociabilidade dos cariocas.[45] O sentido do desenvolvimento dos meios de transporte liga-se de modo íntimo com a topografia da área urbana, ou da área rural, ou, antes, da região: assunto de interesse especial para o sociólogo regional ou para o ecologista social. Entretanto, a influência da topografia não é absoluta ou todo-poderosa.

As casas grandes dos engenhos de açúcar do Norte do Brasil eram quase sempre levantadas em lugares altos, dominando várzeas; as casas grandes do Sul agrário do Brasil – de São Paulo, pelo menos – eram edificadas, quase sempre, nos vales. Por onde se vê

---

[45] NORONHA SANTOS, *Meios de transporte no Rio de Janeiro, História e legislação*, Rio de Janeiro, 1934. Vejam-se também: TRAVASSOS, M. *Introdução à geografia das comunicações brasileiras*, Rio de Janeiro, 1942, e LEFÈVRE DES NOETTES, *La force animale à travers les ages*, Nanci e Paris, 1924 e *L'attelage, le cheval de selle à travers les ages, Contribution à l'histoire de l'esclavage*, Paris, 1933. Sustenta esse autor que "*tant que les animaux de trait importés ou nés dans le Nouveau Monde furent em nombre insuffisant; tant que la force animale motrice fit défaut, l'esclavage fut maintenu [...]*" (ibidem, I, 180).

que não há uma influência constante de topografia sobre a distribuição de residências e sedes de grupos e instituições: motivos sociais – econômicos, principalmente – fazem que essa distribuição se modifique às vezes em sentido inverso do inicial, na história social e natural de uma área. Embora sempre a modificação corresponda ao domínio dos sítios considerados mais vantajosos das áreas ou das regiões, pelos elementos mais ricos ou poderosos, essa modificação segue às vezes caprichos de moda: a moda de residir à beira-mar, por exemplo.

g) Impérios e regiões naturais básicas

O que se verifica com as áreas urbanas parece verificar-se, de modo geral, com os grandes espaços suscetíveis de análise ecológica sob critério sociológico não só particular, como geral: as zonas de clima, de vegetação e de solo e subsolo diversos em sua composição; os continentes; os impérios; as chamadas zonas de influência das grandes potências. Por todos esses espaços dão-se hoje conflitos e ajustamentos entre povos imperiais, sob a pressão de competição pelo domínio de áreas de residência ou de influência. Estas, não sendo sempre áreas de clima e paisagem atraentes para a residência de adventícios, o são pelos recursos minerais, vegetais, animais, águas e até braços humanos indispensáveis ou essenciais às indústrias metropolitanas das potências; ou por sua estratégia geográfica. Donde os grandes conflitos entre os povos imperiais mais favorecidos e os menos favorecidos, todos pretendentes ao domínio de áreas de matérias-primas e principalmente de fontes de alimentação. O chamado "comunismo de reservas" ou de recursos naturais, sugerido por alguns dos modernos estudiosos dos problemas de população em relação com as regiões naturais básicas do ponto de vista da alimentação humana e de outras necessidades – vestuário, material de construção de casas e veículos e de fabrico de utensílios – visa a solução supranacional desse problema ecológico de competição em torno de matérias-primas, localizadas em áreas às vezes limitadíssimas.

Dentro de tal critério, o direito de nação ou império a um *standard* rigidamente nacional ou imperial de vida baseado na exploração de recursos naturais, considerados exclusivamente nacionais ou imperiais, desapareceria para ser substituído pela tendência no sentido da uniformização de *standard* de vida de todos os povos e em todas as regiões, através do uso regulado, segundo as necessidades de cada povo e de cada região, de reservas que se tornassem comuns. Já não se trata, porém, de problema de Sociologia ecológica ou mesmo geral, mas de Filosofia social.

Aliás a Ecologia social ou humana se alonga ela própria de critério científico de estudos das relações dos seres humanos no espaço uns com os outros e de todos e cada um com outras formas regionais de vida e com os recursos chamados naturais do solo e do subsolo, em critério filosófico[46] e em técnica de engenharia social. Um ensaio de Sociologia regional ou ecológica pode ser escrito sob alongamento de um critério no outro: o caso de mais de um trabalho de Patrick Geddes, por exemplo, e de seus discípulos.[47] Ou da maioria dos trabalhos de Sociologia aplicada – sob critério regional – dos continuadores de Le Play.[48] E mesmo dos trabalhos de Bews e dos de Mukerjee e seus discípulos, quase todos pesquisadores – estes últimos – que na Índia e noutras regiões do Oriente e na África têm se encontrado face a face com problemas dramáticos de desajustamento entre populações e recursos regionais de alimentação.

De Mukerjee repetiremos que é hoje o sociólogo mais ligado ao desenvolvimento da Sociologia ecológica ou regional mais complexa em contraste com os limites que se impõem os sociólogos ecologistas de Chicago. É que Mukerjee – sem esquecermos de Bews – é dos que atribuem à ecologia das comunidades humanas o objetivo de considerar nas grandes regiões climático-botânicas, não só a forma ou as formas de vida dominantes e seus característicos especiais em relação com as condições naturais

---

[46] BEWS, op. cit., cap. XII. Bews escreve que *"the ecological viewpoint regards life as an interaction between the environment itself, sometimes on man himself, sometimes on the interaction of the two* [o ponto de vista característico, a nosso ver do sociólogo ecologista], *but finally it always endeavours to view the environment-function-organism triad as one definitely integrated whole. The result is a habit of mind, a mode of thinking, a general philosophy of mind"* (ibidem, p. 284).

[47] GEDDES, *Cities in evolution* (op. cit.). Também *Town Planning in Colombo*, Ceilão, 1921. Vejam-se também: MUMFORD, L. *The culture of cities*, New York, 1938; LYND, R. S.; LYND, H. M. *Middletown*, New York, 1924; MCCONNEL, J. W. *Social cleavages in Texas*, New York, 1925; OGBURN, W. F. *Social characteristics of cities*, Chicago, 1937.

[48] LE PLAY, F. *Ouvrieurs européens*, Paris, 1855, e *La reforme sociale en France* (op. cit.). O primeiro trabalho é, como se sabe, uma coleção de 26 monografias de famílias de operários: estudo dentro do critério de que o meio geográfico exerce preponderância na formação familial, econômica e mesmo política das sociedades. A estepe asiática não se prestando senão a atividade pastoril nômade explicaria a sociedade comunitária enquanto o *fjord* favorecendo a pesca por meio de barcos pequenos teria criado as sociedades anglo-saxônicas. Quando demos no Brasil – a pedido de estudantes da Faculdade de Direito do Recife: pedido atendido pelo Ministro da Educação – o primeiro curso de Ecologia social que aqui se professou, houve quem comentasse não se tratar de novidade nenhuma: a Ecologia estava em Le Play. Engano. A Ecologia social moderna não pode nem deve ser confundida com o simplismo sociológico de Le Play prejudicado pela sua tendência ao determinismo geográfico. Dos discípulos de Le Play se alguns como Henri de Tourville (*Historie de la formation particulariste*, Paris, 1886) o seguiram sem se afastarem notavelmente do simplismo sociológico e do determinismo geográfico do grande mestre – grande por suas obras de sociologia criadora mas deficiente nas de teoria sociológica – outros lhe acrescentaram critérios, considerações e extensão de técnica de pesquisa que aproximam a chamada "escola de ciência social" da moderna Ecologia social e da atual Sociologia regional. Estão nesse caso Paul Descamps com seus vários estudos, entre os quais *La formation sociale d'un anglais moderne* (Paris, 1914) e *Le Portugal* (Paris, 1935); Edmond Demolins (de todos o mais conhecido e o mais influente no Brasil) com seu *Comment la route crée le type sociale* (Paris, 1911); Paul Bureau com *Introduction à la méthode sociologique* (Paris, 1923); POINSARD, L. *Le Portugal inconnu*, Paris, 1910. De Paul Descamps é também *La sociologie expérimentale* (Paris, 1933), que desenvolve critério e método da *Esquisse d'une Sociologie*, relevo ao paraecologismo vindo de Le Play.

dominantes (clima, temperatura, ventos) na região, como a densidade da população, a distribuição de terras, as ocupações, as formas de governo etc. Procura estudar ainda nos seres humanos e os grupos e instituições regionais, além da influência sobre eles e seu comportamento, do clima, da luz, dos ventos, da temperatura, a influência da natureza dos alimentos que consomem e da abundância ou da escassez do mesmo alimento e da água, a das plantas e animais de que se utilizam ou que conservam ou cultivam, às vezes quase exclusivamente para exportação de produtos.[49] Daí essa utilização, conservação ou cultivo quase exclusivo implicar, em mais de um caso, a deterioração de conjuntos de vida vegetal e animal e conflitos de atividade agrária com a pastoril ou da pastoril com a agrária, grandemente perturbadores da harmonia ou do equilíbrio de economia, de vida e de cultura regional. Deterioração e conflitos tão salientes na história social do Brasil que a monocultura talvez seja a chave principal para o estudo e compreensão dessa história e da nossa paisagem, em muitos trechos da qual parece que a lavoura tem passado com a fúria de um exército conquistador. Quando os ecologistas se referem à desarmonia entre a terra e as formas da sua ocupação pelos homens, o Brasil, em muitos trechos do seu território devastado pela erosão, se impõe como exemplo dramático daquela desarmonia. Como observa o professor Guenther, a natureza é múltipla: a exclusividade de uma planta sobre vastas áreas de terra perturba-lhe o equilíbrio.[50] É evidente que assim considerada a Sociologia ecológica correrá sempre o risco, como já procuramos salientar, de tornar-se antes Geografia ou Biologia humana que Sociologia. Mas, ao mesmo tempo, a Sociologia regional deve aos sociólogos ecologistas desse tipo trabalhos que vêm dando amplitude e vigor ao iniciado por Le Play no sentido de principiar-se a cientifização tanto quanto possível rigorosa do estudo sociológico complexo das formas, dos processos e dos problemas sociais pelas suas manifestações regionais de organização de vida social ou de cultura: de *sucessão*, de *simbiose*, de *competição*, diria um ecologista ortodoxo.

---

[49] *Regional Sociology* (op. cit., cap. III e IV, espec. p. 83). Para Mukerjee "*the human mind play a greater role, and the region a lesser as society advances* [...]" (ibidem, p. 95). Ao mesmo tempo, salienta que "*the waste of soil resources by the one-crop systems has led to the atavism of nomadic habits*" (ibidem, p. 170), tendência que se tem feito sentir no desenvolvimento antes em superfície que em cultura intensiva e amorosa da terra. (Veja-se nosso *Casa grande & senzala*, op. cit., I, p. 120.)
Destaca ainda o professor Mukerjee que "*there is also a progressive exhaustion of the soil owning to continuous cultivation of a single crop*" e que "*the one-crop system in Africa and Asia has been a fruitful cause of agricultural depression* [...]" (ibidem, p. 203). Vejam-se também: RAMAN, E. *The evolution and classification of soils*, Cambridge, 1928; MARTIN LEAKE H. *Land tenure and agricultural production in the Tropics*, Cambridge, 1927; BEWS, J. W. *The worlds grasses – Their differentiation, distribution and ecology*, London; New York; Toronto, 1929; BRYAN, P. W. *Man's adaptation to Nature – Studies of the cultural landscape*, London, 1933, e WISSLER, C. *The relation of nature to man in aboriginal America*, New York, 1926 (com um estudo sobre a base ecológica das várias culturas ameríndias); HAVEMEYER, L. *Conservation of our natural resources*, New York, 1930.
[50] GUENTHER, K. *A naturalist in Brazil – The flora and fauna and the people of Brasil*, London, 1931, p. 153.

h) Formas sociais de vida e recursos naturais de região

Mukerjee, baseado em pesquisas na Índia e em estudos de comunidades chinesas, vem procurando estabelecer, por exemplo, correlação entre formas de vida regional e a relativa escassez e a relativa facilidade de alimento: a relativa escassez de alimento desenvolveria a disparidade de riqueza e de oportunidade de mobilidade social na população regional e quase determinaria a gradação social de seus elementos baseada no poder econômico; a relativa facilidade de alimento desenvolveria formas comunais de vida e de economia. A água se apresentaria constantemente como um elemento cuja escassez em relação com as culturas exigentes de irrigação como a do arroz, na Índia, na China, no Japão, estimularia, com a regulamentação coletiva do seu uso para rega de terras, formas comunárias de economia e de vida. Mukerjee atribui o desenvolvimento de tais formas sociais à cultura do arroz: principalmente ao fato de exigir ela irrigação das terras em países de água escassa. Daí teria resultado o desenvolvimento, em regiões asiáticas, de formas de cooperação econômica que se refletem sobre outros aspectos da vida social. Sabe-se, com efeito, que os diques e canais de irrigação no Japão são obra de cooperativas de pequenos lavradores de arroz. As formas comunárias ou cooperativistas de vida e de organização dos lavradores de arroz em regiões de água escassa contrasta-as Mukerjee com as individualistas dos agricultores de trigo em regiões de água abundante, que são, por isso mesmo, antes de competição que de cooperação.[51] Tão individualistas – poderemos acrescentar – quanto as de vida e de organização dos monocultores de cana-de-açúcar nas terras de massapé do Brasil, por algum tempo donos de rios exclusivamente seus. Essas formas por sua vez contrastam com as formas menos individualistas de atividade agrária dos pequenos lavradores de regiões brasileiras de água menos abundante, entre os quais se encontram tradições de cooperação ou de trabalho em comum. Sirva de exemplo o *mutirão* ou *muxirão*, que sobrevive em Mato Grosso, em Goiás e no Maranhão, e com o nome de "adjunto" no Nordeste do Brasil: tanto nos "sertões criadores" como nas terras agrícolas isoladas dos centros consumidores. Dessa prática cooperativista de trabalho não remunerado informa o observador cearense J. Figueiredo Filho, que a supõe de origem ameríndia ou antes, indo-jesuítica – talvez, sugere ele, reminiscência do sistema de colonização jesuítica dos indígenas para o trabalho em comum – ser encontrada em obras de abertura e limpa de roças de maior vulto e entre fiandeiras de rede quando uma delas recebe encomenda grande – bastando então a comida para recompensar a cooperação das demais – em obras de conserto de açudes arrombados ou de paredes ameaçadas de arrombar e na cobertura de casas de

---
[51] MUKERJEE, op. cit., cap. VII.

palha, aos domingos.⁵² Não nos esqueçamos, porém, de que métodos semelhantes ao "adjunto" nordestino de trabalho em comum e de auxílio mútuo teriam sido trazidos por escravos africanos ao Brasil;⁵³ nem do fato de ter tido Portugal um regime agrário comunalista de que se encontram ainda vestígios. Rocha Peixoto nos fala de "adjuntos minhotos" que tinham por motivo "a repartição das águas às sementeiras, os reparos na igreja, a substituição de um touro local [...]". É ainda Rocha Peixoto quem descreve as *vezenas*, com a apascentação "sob a guarda, à vez, de um montanheiro" e revezamento dos sítios de pasto: outra expressão portuguesa, de que se conhecem sobrevivências, de um "comunismo silvícola e agrário" que se estendeu ao pastoreio. Incluiu também semelhante "comunismo" a regra para as searas e para os pastios, os chamados 'moinhos do povo" ou "moinhos comuns" e o "forno do povo".⁵⁴ Essas formas de cooperação é claro que não puderam resistir em Portugal aos excessos de privativismo em que a nobreza semifeudal ali se especializou. Além do que, suas sobrevivências encontrariam no Brasil, na aristocracia das casas-grandes, seu maior inimigo. Daí terem se refugiado nos sertões, no Brasil Central e entre grupos mais compactos de descendentes de escravos africanos, como no Maranhão.

Essa distribuição, no espaço brasileiro, de formas de cooperação opostas às de competição, dominantes com os latifúndios, nos faz pensar noutra distribuição de interesse ecológico que aqui se verificou com nitidez: a separação da área pastoril, da agrária. A agrária foi a área senhorial por excelência, com casas grandes situadas quase sempre em lugares altos de onde os senhores, com o olhar e com a voz, dominavam a população escrava instalada nas senzalas e nas palhoças rasteiras. À dominação dos senhores correspondia, em tal espaço físico-social, a subordinação não só dos escravos como dos lavradores ou aderentes. Na área pastoril, outro foi o sistema de relações entre pessoas sociais e entre grupos sociais: um sistema favorável à sobrevivência (ao lado de um Brasil agrário que reviveu na América, do século XVI ao princípio do XIX, formas quase feudais de vida social) das próprias práticas comunárias a que já nos referimos. Permitiu-as a ausência de distância social entre os habitantes de vastos espaços físicos: desertos, desertões, sertões. Entre as duas áreas ou espaços se desenvolveria um antagonismo aguçado por conflitos econômicos de fronteiras que ainda hoje se observa e que

---

⁵² FIGUEIREDO FILHO, J. Mutirão, o adjunto do Nordeste, *Sul América*, Rio de Janeiro, dezembro de 1942, n. 91.

⁵³ Convém nos recordarmos de que também entre sociedades africanas encontram-se formas de cooperação que incluem a construção de casas. Maunir define-as como "[...] *une assistance obrigatoire et réciproque entre voisins pour que soient executes certains travaux*" (*La construction collective de la maison en Kabylie*, op. cit., p. 1). Maunier acrescenta: "*Il est surtout chez les Berbères villageois, et notamment chez des Kabyles montagnards, une operation collective typique. C'est la construction des maisons*" (ibidem, p. 14).

⁵⁴ ROCHA PEIXOTO, Formas de vida comunária em Portugal, in: *Notas sobre Portugal*, Lisboa, 1908, v. I, p. 74.

foi objeto, há dezesseis anos, de interessante iniciativa da parte de um governador de Estado do Norte, no sentido da regulamentação das relações entre as atividades pastoris de uma área e as agrárias, da outra: iniciativa a que já fizemos referência.

Otto Maria Carpeaux – um mestre –, à procura de "tipos ideais" (no sentido da tipologia de M. Weber) para classificação de escritores brasileiros, colocou recentemente o *latifundiário* pastoril ao lado do *latifundiário sedentário*, considerando José de Alencar, do primeiro tipo e Joaquim Nabuco, do segundo e destacando neles como nos representantes dos demais tipos (pequena aristocracia rural, *semiaburguesada* e *pequena burguesia urbana*) um traço comum – o de exprimirem "literariamente estados de alma correspondentes à situação social de seus pais"[55] que aproxima essa classificação social-literária da social-ecológica que esboçamos aqui e já sugerimos em trabalhos anteriores: a de que sociologicamente somos sempre filhos, se não d'algo, de algum complexo ecológico-social: no Brasil, o engenho, a fazenda, o sertão, a cidade, o pampa, a praia, para nos referirmos às regiões mais antigas, mais nitidamente caracterizadas e mais capazes de se anunciarem no físico, no modo de andar, na pele mais queimada ou menos queimada, na voz, nas tendências psicossociais de seus filhos. Em Portugal, o professor Oliveira Salazar soube salientar o fato sociológico, de base ecológica e de significação não só econômica como política de que "a propriedade – a forma de propriedade, talvez fosse preferível dizer – é, quase sempre, um "produto" natural derivado das condições do meio geológico e climático, da sua aptidão cultural, do seu aproveitamento pelo trabalho humano ou pelo esforço da máquina".[56] A favor da relação que estabelece entre a forma de propriedade e as condições físicas de meio, o professor Salazar poderia ter destacado, da experiência social norte-africana, o fato de, em regiões áridas, parentas das do Sul de Portugal, ter-se observado a pessoa tornar-se proprietária de terra pelo fato de plantar árvores de fruto: em geral, tamareiras. E nessas regiões quem domina a

---

[55] CARPEAUX, O. M. Aspectos sociais da história literária brasileira, *Rumo*, n. 2, v. 1, p. 20. Trata-se de trabalho que pode ser considerado pioneiro da Sociologia da Literatura em língua portuguesa.

[56] FERRO, A. *Salazar, o homem e sua obra*, Lisboa, s. d. (publicação oficial, p. 60). Em seus planos de regulamentação da água o Sr. Oliveira Salazar parece esquecer as palavras da Comissão do Vale de Mississipi recordadas por Jawaharlal Nehru no seu *The Unity of India* (New York, 1942): "*It is of little use to control rivers unless we also master the conditions which make for the security and freedom of human life*" (ibidem, p. 177). Sobre as relações da água com a economia regional, recordaremos também as observações do Sr. Artur Castilho, baseadas em estudo de baldios portugueses: "[...] em certos casos, nem a situação ou posição nem a qualidade são primaciais. O pior terreno, quanto à qualidade, e o mais inclinado, por exemplo, podem ser não só agricultáveis, como colonizáveis, desde que possuam água para os animar". E mais: "Não só no Minho, mas também em certas zonas transmontanas (Alvão, Marão, etc.), é a água que decide da utilização dos terrenos [...]" ("Revisão de Reserva de Baldios de Viana do Castelo, Vila Real, Bragança e Aveiro", separata de *Reconhecimentos dos Baldios do Continente*, Lisboa, 1940, p. 56). Veja-se também o recente ensaio do Sr. Antônio Sérgio, *Cartas do Terceiro Homem* (Lisboa, 1954), no qual se acentua o caráter "unitário e humanístico" das obras da TVA: caráter que infelizmente vem faltando no Brasil às obras do Vale do São Francisco.

água – sua distribuição – tende a dominar as populações.⁵⁷ Assim seriam geralmente as condições naturais de produção que explicariam o fenômeno da grande propriedade, embora o professor Salazar admitisse que, "às vezes, causas históricas" expliquem, em parte, a constância desse tipo de larga ocupação individualista de espaço. Os fatores chamados naturais seriam suscetíveis de alteração pelo homem no sentido de favorecer-se a pequena ou grande propriedade; ou no sentido de favorecer-se a posse ou utilização social comum não só de terras como de águas, quando necessárias às obras de adubação, de irrigação e de eletrificação por energia hidráulica acima das possibilidades de pequenos proprietários. Das obras de irrigação por esforço comum, se sabe que são geralmente seguidas pela tendência à cultura intensiva das terras, vindo-nos das populações mais antigas do extremo Oriente e dos próprios árabes exemplos numerosos do emprego da política da rega. Menos em obediência absoluta, essa política, às condições naturais das regiões que como expressão de simbiose como a compreende a Sociologia regional ou a Ecologia social: a harmonização não muçulmanamente passiva mas ativa – através principalmente de cooperação entre pessoas e grupos humanos – de comunidades inteiras – com a vegetação, com as formas animais de vida, com o solo, o subsolo, até estabelecer-se equilíbrio entre a população, sua densidade, seus estilos de vida, seu caráter, sua personalidade, seu próprio tipo físico e as condições naturais do espaço por ela ocupado.

Se fatos como os da política, ou antes, os da economia de rega – esforço de cooperação que tem evitado a monocultura latifundiária em regiões do Oriente há muito tempo ocupadas por orientais – têm passado despercebidos aos sociólogos e economistas europeus é que desses sociólogos e economistas – de gabinete, quase todos – muitos vêm seguindo aquele monoeuropeísmo ou pan-europeísmo sociológico ou econômico, contra o qual a sociologia regional de Mukerjee constitui reação vigorosa. Ela dá um sentido político à Sociologia que não nos cabe comentar aqui: alerta-nos contra a suposta superioridade absoluta de formas de vida e de organização sociais como a democrática à maneira anglo-saxônica, na política, e a industrialista-capitalista, na

---

⁵⁷ MARBUT, "Soils", *Encyclopedia of the Social Sciences* (op. cit., v. XIV, p. 251). Diz aí Marbut: "*The individual without assistance and without capital is unable to bring water on to such land and to control its distribution. Whoever controls the distribution of water has absolute command over the conditions of the population concerned*". Observa ainda o autor que o estudo dos solos no desenvolvimento e na conservação da antiga civilização romana está ainda para ser feita. E acrescenta: "*The economic and social foundations of the Roman Empire rested on slave labor, which natural conditions, especially the soil, tended to favor*" (ibidem, p. 252). Vários historiadores têm atribuído o declínio do Império Romano ao solo gasto da região mediterrânea, condição que vem se verificando também nos Estados do Oeste dos Estados Unidos. Além dos estudos sobre o solo, em geral, já citados, vejam-se WHITNEY, M. *Soil and civilization*, New York, 1925, e *Soil: its Influence on the History of the United States*, New Haven, 1930. Sobre aspectos gerais das relações da água e do solo (massapé) do Brasil mais profundamente agrário com as formas sociais de vida material e imaterial, vejam-se as sugestões que esboçamos em *Nordeste* (Rio de Janeiro, 1937).

economia, atingidas pelos povos hoje técnica e militarmente mais fortes da Europa, sem que essa superioridade se estenda a outras zonas de cultura e de vida. Alerta-nos, por outro lado, acerca da pretendida inferioridade absoluta daquelas formas extraeuropeias de vida e de organização sociais que representam talvez harmonização mais completa de povos extraeuropeus, em particular, e de grupos humanos, em geral, com seus ambientes, do que a da maioria dos europeus de hoje com os ambientes europeus; do que a dos norte-americanos com o seu.

Dessas formas extraeuropeias de vida e de organização sociais, sabemos que a sociologia ou a economia monoeuropeia, considerando-as arbitrariamente "pré-econômicas", "comunárias", "teocráticas", vinha também tratando-as de resto: como "inferiores", "anormais", ou "instáveis" em relação com as da democracia anglo-saxônica e as do industrialismo capitalista ocidental que seriam as formas sociais "normais", "estáveis" e "definitivas". Sabe-se que Bagehot chegou a considerar as sociedades que não estivessem sob o pálio da civilização ocidental *uneconomic*. E a verdade posta em relevo pelos estudos de Mukerjee é a de que no desenvolvimento agrário da Índia, da China, do Japão, da Sibéria há aspectos que não se ajustam às categorias econômicas, ou às categorias da história econômica da Europa ocidental.[58]

Hoje, vamos descobrindo em algumas das formas extraeuropeias de vida e organização sociais simbiose ou correspondência harmoniosa com os ambientes regionais. Representam elas expressões de ajustamento humano ao espaço físico e social merecedoras de estudo atento, tais as vantagens de organização social e também de satisfação psicológica de pessoas e de grupos que parecem apresentar, em contraste com formas de dominação doutros espaços físicos e sociais por europeus que procuram manter-se sempre europeus e estender seu individualismo capitalista à Ásia e à África com um simplismo às vezes brutal.

Aqui, não por sentimentalismo, mas diante da crescente desproporção entre os recursos de alimentação e a maioria das populações, por um lado, e por outro, em face do aumento de distúrbios neuróticos entre as populações do Ocidente devido em grande parte ao domínio quase absoluto do processo de competição sobre sua vida,[59] encontramo-nos de acordo com o já citado professor Salazar quando diz que

---

[58] MUKERJEE, op. cit., p. 261.

[59] HORNEY, K. *The neurotic personality of our time*, New York, 1937. Veja-se também KNIGHT, F. *Ethics of competition*, New York, 1936. O professor Mannheim considera a liberdade "essencialmente, a oportunidade para iniciativa espontânea" (op. cit., p. 160), o que importaria na redução ao mínimo, ou só o estritamente necessário, dos meios e aparatos de coação que nos regimes chamados totalitários, ou autoritários, e nos seus semelhantes, tendem a perturbar a saúde psíquica se não de todos os elementos da população, dos mais criadores: o povo e os inventores, intelectuais e artistas.

De passagem seja dito que nos parece digna de ser salientada a ideia de Mannheim, que aliás coincide com a nossa, de que como processo, a competição "não se limita à esfera econômica" (op. cit., p. 282).

a vida social do homem não se reduz à "produção e utilização de riquezas", embora sejam "absolutamente necessárias [...] estas materialidades da vida", mas inclui "outras realidades" que um tanto sentimental ou subjetivamente ele resume em "a paz, a alegria, a felicidade, a beleza da vida familiar".[60] Não nos diz se da "paz", da "alegria" ou da "felicidade" fazem parte aquela "espontaneidade" e aquela "relativa liberdade do medo de punição" que outro professor, Mannheim, considera associada à "tensão criadora" de um povo.[61] Evidentemente a base de prestígio social pode deslocar-se, num grupo humano, da posse de terras ou de prédios para outras formas de satisfação psíquica e, ao mesmo tempo, de identificação das pessoas com as coisas regionais; mas essa transição não se opera sob coação policial ou só sob coação policial, mas sob a influência de vigorosa educação das crianças e reeducação dos adultos no sentido de novas valorações.

A extensão e intensificação de pesquisas de Sociologia regional ou de Ecologia social em áreas de cultura ou em regiões extraeuropeias podem trazer à reconstrução social das sociedades ocidentais mais perturbadas por excessos de competição, sugestões valiosas. São pesquisas para as quais poderão colaborar ativamente estudiosos de problemas sociais daqueles países da América que tendo sido colonizados principalmente por povos europeus, deles receberam instituições europeias de vida e de organização sociais que nem sempre correspondem às condições americanas de espaço físico nem as que decorrem da formação social das Américas e de sua herança de cultura, em parte extraeuropeia. Algumas dessas instituições são postiças e mal-ajustadas: de funcionamento social e pessoalmente doloroso. Já estamos, porém, resvalando para a Filosofia ou a crítica social.

Quando nos ocuparmos da história da Sociologia e dos problemas de Filosofia social teremos que voltar ao assunto: nessa ocasião, mais a cômodo para encará-lo sob aspectos subjetivos.

Sobre o assunto – coação social – vejam-se também KOSOK, P. *Modern Germany: a Study of conflicting loyalties*, Chicago, 1933; NICHOLSON, H. *The meaning of prestige*, Cambridge, 1937; LASSWELL, H. D. *World politics and personal insecurity*, New York, 1935; BALBÉSE, R. *La neurasthenie rurale*, Paris, 1911.

[60] FERRO, *Salazar* (op. cit., p. 161).

[61] MANNHEIM, op. cit., p. 281-2.

V. SOCIOLOGIAS ESPECIAIS
(CONCLUSÃO)

5. SOCIOLOGIA GENÉTICA OU HISTÓRICA

a) Relação da Sociologia Genética ou Histórica com outras sociologias

O próprio Mukerjee, parecendo identificar o estudo da Sociologia com o da Ecologia humana sob critério quase principalmente biológico, reconhece a necessidade de uma Sociologia Genética, por ele elevada a uma como Sociologia Geral (ou como aqui é considerada, coordenadora),[1] cujo S devesse ser sempre o maiúsculo. Essa Sociologia

---

[1] MUKERJEE, *Regional Sociology* (op. cit.). Nas palavras do professor indiano: "*Human geography with its distinctive geographical realms, physical anthropology with its permanent anatomical types, ethnology with its zones of ethnic culture, technology with its stick, stone and bronze ages, economic history with its hunting, pastoral, agricultural and manufacturing stages, the philosophy of history with its law of three or more stages of thought – it is time that all these should cease to purse their especialism disconnectedly. Their conflicting voices should be harmonized into a Genetic Sociology will base its generalizations on the data gathered from all the sciences which cover society's evolutionary groundwork [...]*" (ibidem, p. 262). "*Thus comparative Sociology will broaden into Historical Sociology even as the morphology and physiology of animal and vegetable forms expand into the study of the general laws of organic evolution. But this is possible only when the divergent and peculiar lines of evolution of every distinctive region which involves some special conditions are carefully studied and then compared one with another. Systematization at this stage is apt to be void of content and barren of results*" (ibidem, p. 270). Note-se que neste ponto o critério do professor Mukerjee coincide com o de Simmel, que um dos seus melhores intérpretes e críticos, o professor Nicholas J. Spykman, assim resume: "*Simmel believed that a systematic presentation of sociology would be possible only in the distant future, and that for the time being the workers in the field would have to content themselves with isolated contributions. He explicity states that ever his great volume on sociology is not a systematic presentation, but merely an illustration of the application of its method to different phenomena within the field*" (*The social theory of Georg Simmel*, Chicago, 1925). Opondo-se ao critério unilinear de evolução, o professor Mukerjee desenvolve ideias semelhantes às de Simmel, destacando a precariedade das atuais "leis" econômicas baseadas sobre a experiência única do industrialismo ocidental, esquecida a história agrária do Oriente (op. cit., p. 260). Acrescentemos a Mukerjee que tudo parece indicar o seguinte: que a Rússia atual, com seu passado misto, metade ocidental, metade oriental, constitui excelente laboratório para o estudo comparativo dos dois passados e de sua possível correlação, se não síntese, num novo tipo de economia de base democrática suscetível de transnacionalizar-se sem prejuízo de diversidade de expressão e de especialização de outros aspectos de organização social e de cultura. Pois como o próprio Mukerjee procura demonstrar noutro dos seus estudos, *Democracies of the East: a study in comparative politics* (London, 1923), o passado e a atualidade de formas orientais de organização política não se enquadram em leis de evolução unilinear baseadas sobre a experiência única do Ocidente. A democracia varia: a nosso ver, extrassociologicamente, de conteúdo, do que sociologicamente, de forma e de função; porém também de forma e de função. E temos que admitir sua variedade tanto de conteúdo quanto de forma e função, embora atentos contra pretensões como a do atual "Estado Novo" de Portugal de

Geral, é certo, só seria possível sobre a base de larga revisão da classificação de formas sociais a ser procedida por meio de extensa série de estudos ecológicos: tão extensa que incluísse todas as seções da vida social humana e todas as regiões em que ela se manifesta. Todas as formas sociais influenciadas por condições que diferem no espaço em qualidade, quantidade e ordem de sucessão. A Sociologia Genética dependeria assim, para tornar-se a Sociologia Geral imaginada por Mukerjee, da Sociologia Ecológica, por ele próprio reduzida, com relação à Genética, a uma espécie de João Batista que preparasse o caminho para o Senhor e lhe anunciasse a vinda e o reinado.

Ao contrário do professor da Universidade de Lucknow, preferimos considerar a Sociologia Genética ou Histórica, Sociologia Especial e não Geral. Pois a genuína ou completa Sociologia Geral, ou Pura, parece-nos que deve ser supra-histórica tanto quanto supraecológica: em relação com o tempo cronológico e o espaço físico ou quantitativo.

O professor von Wiese, embora pouco inclinado à Sociologia Histórica, adverte que entre a Sociologia que ele chama Sistemática – a denominada aqui pura ou geral – e a Histórica, não se trata de escolher uma ou outra, como se fossem entidades antagônicas. São elas dois critérios ou pontos de vista que se completam.[2]

Uma das deficiências, até agora – começa a haver uma transformação –, da sociologia norte-americana parece-nos vir precisamente daí: do desprezo dos seus sociólogos pela "perspectiva histórica" que nos transmite o estudo das origens, dos antecedentes e do desenvolvimento das formas sociais presentes em nossa vida e em nossa cultura ou na vida e na cultura dos povos nossos contemporâneos. Ao contrário do que se supõe no Brasil, excetuado um ou outro ensaio como o de Phillips, *Plantation and frontier*, o de Turner, *The frontier in American history* ou o de Calhoun, sobre a história social das famílias nos Estados Unidos – estes mesmos, com exceção do de Turner, antes de História ainda convencionalmente cronológica que de Sociologia Histórica – ou compilações como a de Giddings, *Descriptive and Historical Sociology*, a sociologia norte-americana

---

ser aceito como expressão politicamente democrática, quando sua virtude está em ser moderno sem ser politicamente democrático, por evitar de modo absoluto a competição de subgrupos políticos. O processo social de democratização é que nos parece invariável, isto é, cooperação-competidora que admite o máximo de diversidade de expressões competidoras, dentro da cooperação básica. Essa não existindo, não existe democracia; mas sem competição, também deixa de existir, a nosso ver, democracia. Por outro lado, a democracia quase nunca se apresenta pura, mas aristocrática, monárquica, demagógica, plutocrática, aristocrática-monárquica e, idealmente, anárquica. A composição monárquica aristocrático-monárquica – que é a da Rússia atual com seu "monarca" chefe de partido único e sua aristocracia técnica e ideológica e não apenas a da Comunidade Britânica com seu primeiro ministro metropolitano monárquico pelo poder que exerce e sua aristocracia em parte ainda convencional – talvez seja a expressão mais feliz de democracia realizada na fase atual de transição que atravessa o Ocidente.

[2] Von Wiese, *Systematic Sociology on the basis of the Beziehungslehre and Gebildelehre* (adapt. por Howard Becker) (op. cit., p. 676). "*Yet after all it is not a question of either-or, but of the complementary function of two different viewpoints.*"

pouco oferece de importante como obras de Sociologia Histórica ou genética. O professor MacIver salilenta o fato. E sugere que talvez se relacione com a fase de "rápidas transições" que a sociedade norte-americana atravessa.[3]

Não se esquece o professor MacIver de destacar a tendência em sentido contrário ao dos sociólogos norte-americanos, dos sociólogos sul-americanos: estes se interessam principalmente pelo estudo sociológico do material histórico. E esse nosso interesse é possível que venha refletir-se sobre jovens sociólogos e historiadores norte-americanos, dos quais um, pelo menos nascido à sombra do velho sistema escravocrata e aristocrático do Sul de antes da Guerra Civil, – o professor Francis Beitler Simkens –, vem dedicando-se a estudos se não de Sociologia Histórica, de história social, de aspectos do mesmo sistema, sob a influência de orientação sociológica brasileira.

Tais divergências de interesse e interpenetrações de influência, procuraremos estudar e explicar em trabalho próximo, de História da Sociologia. Agora é da Sociologia Histórica ou Genética que estamos empenhados em esboçar o perfil de Sociologia Especial.

A observação direta do fenômeno social em estado por assim dizer de repouso em que o surpreenda um de nós não é considerada pela Sociologia Moderna base que satisfaça o sociólogo na sua procura de fundamentos para a determinação do que haja de universal na vida social. Tal observação direta precisa de ser completada pelo estudo de grupos semelhantes em épocas diversas e sob grande variedade de condições ou situações dinâmicas. O que já foi dito, em capítulo anterior sobre a importância dos estudos de Sociologia Ecológica com relação às várias condições de *espaço* em que se estude a vida, as formas, o funcionamento de instituições semelhantes – a organização da família agrária, por exemplo – pode dizer-se acerca da importância dos estudos de Sociologia Genética ou da História – das origens a formações no tempo histórico – com relação às várias condições de *desenvolvimento* de instituições ou grupos semelhantes: aos aspectos dinâmicos e recorrentes que esse desenvolvimento apresente.

---

[3] MacIver, "Sociology", *Enc. of the Soc. Sciences*, v. XIV. Escreve o professor MacIver: "*While the sociologists of North America have tended to neglect historical materials, these have been perhaps been the main interest of the sociologists of South America*" (ibidem, p. 246). Observara antes: "*It is noteworthy that although, and possibly because, American society is itself characterized by rapid transitions, its students have been little concerned with historical perspective*" (ibidem, p. 245). Alguns sociólogos norte-americanos fazem gala de sua indiferença pelo material histórico (SMALL, A. W. Fifty years of Sociology in the United States, *Am. J. Sociol.*, v. XXI), atitude que coincide com a de alguns sociólogos franceses (WORMS, R. *La Sociologie, sa nature, son contenu, ses attaches*, Paris, 1921), pois, segundo Worms, "o presente é diretamente inteligível" (ibidem, p. 32). O maior desenvolvimento da Sociologia da História tem sido, segundo nos parece, na Rússia (veja-se HECKER J. F., *Russian Sociology*, London, 1934), na Alemanha (onde a obra de Max Weber deu relevo monumental à Sociologia da História tanto quanto à da cultura) e na América Latina. Convém, entretanto, destacar-se o fato de que ultimamente vêm aparecendo nos Estados Unidos obras de Sociologia histórica de considerável interesse como *The Pioneer Fringe*, de Isaiah Bowman (New York, 1931), *Human factors in cotton culture*, de Rupert B. Vance (Chapel Hill, 1929); *The Free Negro Family*, de E. F. Frazer (Nashville, 1932).

Giddings como que fez da experiência histórica de sociedades diversas um laboratório de material histórico de interesse ou expressão sociológica quando procurou estudar nessa diversidade de experiência, fenômenos de composição de população por idade, sexo, raça; de amalgamento de raças; de concorrência de espécie; de organização social; de personalidade social.[4] Para isso valeu-se de seleções de numerosos estudos e documentos históricos aos quais deu vida sociológica pela comparação de vários aspectos do mesmo fenômeno em tempos e espaços diversos: de várias expressões de "sociedade despótica". Por exemplo: conquista dos Cananitas (*Juízes*, cap. I), Israel sob os Juízes (*Juízes*, caps. II e III), o Império Romano sob Constantino. Fê-lo o sociólogo, valendo-se de Gibbon e do seu *Decline and fall of the Roman Empire*, e de T. P. Taswell-Langmead e de sua *English constitucional history*. Trata-se de uma aventura de método, perigosa na prática, mas que importa no reconhecimento da importância da Sociologia Histórica em relação com a Sociologia Pura e com a própria Sociologia Aplicada que Giddings denominava Sociologia da Probabilidade. Em iniciativas como a de Giddings é que pensava talvez Hertzler ao considerar o passado um grande laboratório experimental, embora seja para estranhar que destaque a ausência de qualquer realização ou esforço especial para tornar o material histórico acessível a propósitos sociológicos e saliente "*the general ahistoricity of American thinking*".[5] Esquece o trabalho nada desprezível de Giddings.

b) Sociologia da História ou Histórica e História

Embora o sociólogo possa se utilizar do material que o historiador convencional interessado nos fatos principalmente como *acontecimentos* apresenta em seus livros ou monografias, a Sociologia Histórica procura realizar pesquisas e interpretações próprias das chamadas fontes históricas vendo nelas elementos para uma história tanto quanto possível natural de instituições, grupos e pessoas sociais. Ou antes, de instituição, grupo ou pessoa situada em determinado espaço ou época social e estudada nas suas relações

---

[4] GIDDINGS, F. *Readings in descriptive and Historical Sociology*, New York, 1923. Veja-se também do professor inglês Frank Granger, *Historical Sociology* (London, 1911), que tem o curioso subtítulo: "A text-book of politics". Como se sabe, os ingleses não se mostram simpáticos à Sociologia. "*For a combination of reasons*" – escreve o professor House – "*sociology has never been popular in Great Britain [...]*" (HOUSE, *The development of Sociology*, op. cit., p. 141). Entretanto, cultivam e honram a Sociologia da História sob o nome de "história de instituições". Nos Estados Unidos, chega a ser ridículo o desdém que alguns historiadores, antropólogos e economistas mais convencionais se julgam obrigados a manter não só com relação aos sociólogos – que naquele país, como em toda parte, incluem muito aventureiro – como com relação à Sociologia.

[5] HERTZLER, J. O. Historical Sociology, in: *The fields and methods of Sociology*. org. por L. L. Bernard, New York, 1934, p. 32.

de origem e desenvolvimento com outras instituições, grupos ou pessoas sociais. É o gênero de estudo que vem sendo ultimamente cultivado entre nós por historiadores que são também um tanto sociólogos: Sérgio Buarque de Holanda, Caio Prado Júnior, Otávio Tarquínio de Sousa, Sérgio Milliet, Luís Viana Filho.

Mais de uma vez nos esquivamos, através destas páginas, a aceitar a expressão "história natural" de pessoa, grupo ou instituição, no sentido absoluto que alguns atribuem à mesma expressão. É em sentido relativo que a empregamos. Reconhecemos que possa haver uma história quase natural de instituições, grupos e de pessoas sociais diversa não só da que se limita à crônica, à apologética ou ao desenvolvimento de "legendas negras" como da que se baseia nas chamadas "verdades histórico-individuais". Mas o critério natural de estudo histórico da sociedade humana não poderá nunca ser absoluto, pelo fato da sociedade humana não ser apenas natureza, mas natureza humana.

A sociedade, disse Dilthey em trabalho que fez época, é uma corrente de ocorrências sócio-históricas, constituída pela interação entre indivíduos. Os fenômenos de interação social seriam conhecidos pelo indivíduo, participante deles, por direta percepção íntima. A natureza, escreve mais Dilthey, nós a compreendemos até certo limite e por meio do poder da imaginação. Enquanto a sociedade humana seria o nosso mundo: "o mundo da nossa compreensão".[6]

Os demais indivíduos sociais são, na verdade, fundamentalmente iguais a cada um de nós e podem assim ser compreendidos, como pessoas e como grupos, pelo estudioso da História humana: pelo estudioso da História social – e não apenas "natural" – do homem e de suas instituições.

Assim considerada, a história social da pessoa, do grupo ou da instituição, em vez de descrição em que os documentos – muitas vezes simples apologias ou negações sistemáticas, conforme os interesses de momento que os deformem – vindos de épocas desfeitas tenham voz definitiva ou soberana é matéria sujeita a ser examinada, compreendida e interpretada pelo estudioso sociológico munido daqueles meios de controle de que fala Paul Bureau em sua notável *Introduction à la méthode sociologique*: meios que "só o estudo das sociedades atuais pode pôr à disposição do sociólogo [...]".

Meios de controle que implicam compreensão ativa – ou tentativa de compreensão ativa, pelo menos – das origens e do desenvolvimento da pessoa, do grupo ou da instituição social que se estude sociologicamente. A aceitação passiva dos documentos convencionalmente históricos que constituam história oficial de grupo, pessoa ou instituição social obrigaria o sociólogo a abdicar das vantagens que a capacidade de

---

[6] DILTHEY, W. *Gesammelte Schriften*, Leipzig, 1921-1931. Em Sociologia, na orientação e nos métodos de Max Weber, Werner Sombart e Hans Freyer, reflete-se a influência imediata de Dilthey, que também se encontra na Sociologia do Direito de Stammler e na quase-sociologia de J. Ortega y Gasset.

compreensão da social pelo sociólogo lhe oferece. Vantagens, é certo, acompanhadas de riscos para a condição científica do estudo genético-histórico que se empreender, dentro de critério sociológico de grupo, pessoa ou instituição social. Mas tais riscos são numerosos do outro lado: no lado daquela História em que o historiador muçulmanamente aceita tudo o que encontra escrito nos documentos. Está escrito! Quando Masaryk, desenvolvendo uma das sugestões do materialismo histórico, destaca que "os fins conscientemente procurados pelos indivíduos não são as causas suficientes de evolução social" faz uma afirmativa que pode ser, talvez, alongada nesta outra: as causas da evolução – conservemos a expressão de Masaryk – não são explicadas suficientemente pelos fins alegados conscientemente pelos indivíduos sociais. Estende-se às origens sociais o que Durkheim escreveu a propósito da atualidade, ou antes, da vida social: que é "fecunda" a ideia de que a vida social não se explica pela concepção que dela formam os que nela participam mas por causas profundas que escapam à consciência dos participantes. Ou como diz Bouglé, citado, como os dois primeiros, pelo professor Cuvillier em sua inteligente defesa, sob o ponto de vista sociológico, do "materialismo histórico": "[...] as razões que o homem arranja para explicar sua conduta raramente exprimem as verdadeiras causas das instituições, é um ponto sobre que chegariam a acordo a maior parte dos sociólogos".[7] "Contra os *historiadores horizontais* mantêm eles que a desconfiança a respeito dos motivos confessados – ainda que estejam explicitamente formulados em vinte documentos – é uma precaução de método que se impõe."[8]

---

[7] CUVILLIER, A. *Introdução à Sociologia*, São Paulo, 1940, p. 91. Cuvillier recorda estas palavras de Karl Marx: "A História nada faz. É o homem, o homem real, o homem vivo que faz [...]" (ibidem, p. 92).

[8] Ibidem, p. 91. Muito significativa nos parece, a esse respeito, à conclusão a que chegou no fim da vida o almirante Artur Jaceguai, que tendo participado, quando moço, de combates, na guerra do Brasil com o Paraguai, tornou-se, mais tarde, historiador naval: "A experiência fez-me pessimista com relação a todas as peças congêneres de procedência *burocrática*. *Menteur comme un bulletin* era um provérbio muito em voga na França durante o reinado de Napoleão I [...]". "Necessidades da política, interna e externa, podiam em muitos casos motivar a deturpação intencional da verdade [...]." "Por isso só desdém me causam os pretensos historiadores que julgam poder retificar vitoriosamente incidentes históricos, quando têm à mão para invocar relatórios ou partes oficiais, sem produzirem, ao mesmo tempo, provas irrecusáveis da seriedade e isenção de ânimo de quem as subscrevia" (*De aspirante a almirante, 1858 a 1902*, Rio de Janeiro, 1909, t. I, p. VIII). No mesmo sentido é o testemunho de Dom Francisco Alexandre Lobo, bispo de Viseu, acerca de cronistas ou historiadores religiosos, tanto quanto os políticos influenciados por "necessidades da política, interna e externa" de suas ordens e pelo sentimento, equivalente ao de patriotismo napoleônico, que os anima e marca os "documentos oficiais" acumulados pelas mesmas ordens. Escreve o bispo de Viseu, depois de salientar que (a história) "não pode aproveitar a muitos": "Neste último caso estariam as [histórias] das corporações religiosas, ainda quando fossem escritas por cronistas de grande habilidade e empenhados em alargar o interesse muito apoquentado da matéria. Quanto mais que estes cronistas quase nunca são muito hábeis, e raramente podem, ou se atrevem a sair da esfera que o costume, a autoridade dos superiores e as ideias na corporação dominante lhes têm assinado. A fundação dos seus conventos ou mosteiros, o descaimento e reformas, as vidas espirituais e prodigiosas dos alunos enchem totalmente a dita esfera [...]" (*Obras*, Lisboa, 1849, p. 151-152, apud AGROBOM, G. de.

A reação contra a passiva aceitação dos motivos confessados pelos participantes de grupos ou instituições dominantes, cujo desenvolvimento se estude sociologicamente, pode nos levar àquele excesso de naturalismo que consiste em nos satisfazermos com a simples colheita no monturo, ou no lixo histórico, de pequenos atos que encerrem motivos inconfessados para a retificação ou compreensão dos confessados. Entretanto, o conhecimento do passado social do homem vem se aprofundando e estendendo, com relação àquelas épocas mais compreensíveis, não só através da colheita de pequenos

---

As contradições do padre Antônio Vieira, Rio de Janeiro, 1943, p. 132). O autor de *As contradições do padre Antônio Vieira* recolhe de outro eclesiástico consciencioso, o historiador e geógrafo Manuel Aires de Casal, as seguintes palavras: "As exagerações com que os inacistas nos relatariam os seus trabalhos e progressos na redução dos índios e o silêncio em que sepultavam os dos que trabalhavam igualmente com eles, dão lugar aos de curta notícia a crer que só a eles Jesuítas se deve a conversão dos povos desta vasta região" (*Corografia brasília ou Relação histórico-geográfica do Reino do Brasil*, Rio de Janeiro, 1817, t. II, p. 295). Por outro lado, nem todos os documentos contra os Jesuítas só por serem documentos ou depoimentos escritos têm valor probatório. Parecem estar neste caso os "adrede forjados para servirem às maquinações de Pombal" a que se refere frei Basílio Rower em suas eruditas *Páginas de história franciscana no Brasil* (Petrópolis, 1941, p. 639), obra que marca um começo de esforço honesto no sentido de dar-se à ação missionária franciscana no passado do nosso país o relevo ou a importância que merece: importância bem maior que a admitida pelos jesuítas. Dos franciscanos escrevemos nós que, um tanto boêmios – em contraste com os nada boêmios jesuítas – escreveram sua história com água; ou na areia. Enquanto os jesuítas não só registram burocraticamente seus feitos mas o registram com exageros (diminuindo ao mesmo tempo o esforço das demais ordens e até forjando contra elas denúncias e processos – método ou feitiço jesuítico depois empregado contra eles próprios por Pombal) com tinta da melhor e em pergaminho duradouro.
Sobre o assunto – história simplesmente baseada em documentação oficial, sem confirmação vinda de outras fontes e sem controle sociopsicológico – vejam-se também o sugestivo trabalho de Alcides Arguedas, intitulado "Las fuentes de información histórica en período de anormalidad política" (in: *II Congreso Internacional de Historia de America*, Buenos Aires, 1938, t. I), acerca de serem ou não os documentos de origem ilegal e a imprensa clandestina "instrumento histórico", e o recente *Los fundamentos de la Historia Americana* (Buenos Aires, s. d.) de Luís Alberto Sanchez. Diz o professor Sanchez, referindo-se principalmente à situação atual da Europa e da América hispânica, em vários trechos submetida a ditaduras que forjam com maior desembaraço que os governos normais documentos sobre política interna e externa e procuram torná-los "realidades" por meio de seus departamentos de propaganda e também da imprensa rigorosamente censurada: "*Este problema tieve significado particular, especialmente en nuestros dias, ya que la experiencia que vivimos demuestra la impossibilidad absoluta de valerse de solo las informaciones oficiales se uno pretende alcanzar una imagen real de la situación de muchos paises, sobre todo aquellos cuyos regimens, por su índole autoritaria y unilateral, no permiten el ejercicio de ningun criterio, aparte del suyo propio. Concretando, si alguién quisiera escribir un estúdio concienzudo y a fondo sobre el Tercer Reich, la Italia fascista, la misma Russia zarista o soviética, la España de Franco, Brasil desde 1930, Peru desde 1920, Polonia etc., y quisiera valerse unicamente de los documentos oficiales, no podria exigir crédito a sus lectores, puesto que buena parte de los informes acerca de dichos paises corren impresos por prensa clandestina, circulan merced a radios secretos, se filtran a través de narración oficial*" (ibídem, p. 118). Com razão o professor Sanches critica nos historiadores do nosso continente a tendência para só se apoiarem em elementos de informação "*estrictamente oficiales, impresos y de facil acceso*" (ibidem, p. 119), tendência contra a qual vimos procurando reagir desde nossa tese apresentada à Universidade de Colúmbia em 1922 (*Social life in Brazil in the Middle of the 19th Century*), na qual nos propusemos a iniciar o esboço da história íntima, ao lado da pública, do Brasil, recorrendo a diários manuscritos, cartas, depoimentos de viajantes etc. Destacamos esse pequeno fato, por ter recentemente o ilustre crítico que é o professor Sérgio Milliet, em introdução à 2ª edição de *Vida e morte do bandeirante* de Alcântara Machado, atribuído ao mesmo ensaio, cuja primeira edição é de 1929, o começo daquele gênero de história em nosso país.

nadas históricos sociologicamente significativos, como através de uma mais ativa compreensão do mecanismo de sofisticação pelos homens e pelos grupos dominantes de motivos dos seus atos, no interesse de iludirem os que muito dominam aos muito dominados, os muito dominados aos que muito dominam.

c) História "natural" de grupos, pessoas e instituições

É uma história, a do homem, impossível de reduzir-se a simples história natural. Tanto mais quanto o sociólogo é capaz de percepção íntima e de especial compreensão dessa história, como participante efetivo de suas sobrevivências e empático, dos antecedentes ou das situações básicas.

Aliás, com relação à história humana, um pensador alemão cujas ideias teriam influência decisiva sobre o desenvolvimento da Sociologia, Rickert, distinguindo, como já lembramos em capítulo anterior, a realidade com referência ao *individual* (que seria propriamente a história), da realidade com relação ao *geral*, que seria o domínio da natureza, deixara a sugestão para uma Sociologia como aquela que procuramos desenvolver neste ensaio: uma Sociologia mista, ao mesmo tempo interessada no *individual* e no *geral*; na *história* e na *natureza*. Sociologia que é, em grande parte, a do professor Hans Freyer; e, até certo ponto, a de Simmel, a de Max Weber, a de Sombart. No primeiro, porém, é que se encontra principalmente o reconhecimento da condição híbrida da *realidade social*, para o qual sempre nos inclinamos – mesmo antes de conhecer a obra do professor Freyer.[9]

Condição híbrida que se manifesta particularmente na Sociologia especial de que agora nos ocupamos: a histórica ou genética. Aquela Sociologia cuja história de grupos, instituições e pessoas sendo, quanto possível, *história natural*, torna-se, de certa altura em diante, peculiarmente *humana, social* e *cultural* através não da simples descrição mas também da compreensão, pelo sociólogo, dos fenômenos sociais, pessoais e de cultura. Semelhante compreensão não implica em adesão a qualquer sistema particular de valores (critério de Rickert, neste ponto oposto ao de Dilthey e ao seu *Geisteswissenschaft*); pois a adesão a sistema particular de valores importaria na inteira subordinação da Sociologia, em geral, e da histórica, em particular, à ética, à Filosofia ou à Teologia dominante em época ou espaço particular.

Diverso critério de adesão, é o de compreensão. Dentro deste, o comportamento dos seres humanos em sociedades só pode ser compreendido em relação com os significados dos atos que constituem o mesmo comportamento, quer os consideremos

---

[9] FREYER, H. *Soziologie als Wirklichkeitswissenschaft, Logische Grundlegung des Systems der Soziologie*, Leipzig; Berlim, 1930.

ações como o professor Znaniecki, quer *coisas* como Durkheim ou *Sinn* como o próprio Rickert.[10]

Estudando grupo, instituição ou pessoas sociais em determinada época – a Igreja Anglicana durante a era vitoriana na Inglaterra, por exemplo – ou através de seu desenvolvimento ou do seu funcionamento total – o sistema patriarcal, latifundiário e escravocrata no Brasil, desde suas origens principalmente hispânicas aos nossos dias, ainda marcados por sobrevivências do mesmo sistema – o sociólogo não tem que aceitar como válidos, absoluta ou universalmente válidos, os valores pelos quais as pessoas ou os grupos se dirigiram ou dos quais se nutriram nas épocas e nas regiões estudadas: a ortodoxia cristã da Igreja Anglicana em oposição à de Roma ou à dos evangélicos, a legitimidade moral do patriarcalismo ou da escravidão, o "direito divino" dos reis. Precisa, porém, como historiador sociopsicológico e cultural, e não apenas natural, de conhecer e compreender os valores aceitos como válidos pelos grupos e pessoas sociais que estuda: pelas maiorias ou pelos elementos predominantes. Precisa de aproximar-se deles com simpatia e até com empatia.

Daí já termos dito, de acordo com Rickert e até certo ponto com Dilthey, que em Sociologia as chamadas *coisas* (Durkheim) se alongam em *valores*, em coisas *boas* e *más*, ou *ricas* e *pobres*, embora sejam os seus valores quase todos relativos a certos espaços e a certas épocas. Raramente absolutos.

Quando os consideramos absolutos, é em relação não com a natureza em geral, que não distingue o *bem* do *mal*, mas com a natureza humana, em particular, à qual o que há de comum na experiência histórica do homem sobre base, igualmente comum, de disposições gerais peculiares ao homem, dotou de preferências e aversões expressas em termos com que coincidem os éticos, jurídicos e filosóficos, de julgamento e avaliação do comportamento humano e da natureza predominantes na maioria dos espaços e das épocas de maior influência sobre o desenvolvimento cultural da sociedade humana: o julgamento de certos climas como *benignos*, de certos solos como *ricos*, de certas práticas humanas como *justas* ou *boas*.

Daí o sociólogo poder aceitar como bom ou rico um solo – o das regiões do Norte de África e o da Sicília conquistados aos cartaginenses pelo Império Romano, por exemplo – e como mau e pobre, outro – o da Europa ocidental, até o começo da agricultura moderna – conforme as facilidades ou dificuldades que ofereça tal ou qual solo à ocupação e utilização humana sem nos esquecermos, porém, de que, mesmo nesses casos a "terra pobre" pode dar o "vinho nobre" de que falam os portugueses. De onde termos de especificar que o *bom* e o *mau*, o *rico* e o *pobre* de coisas naturais estão em relação com os interesses predominantes de maiorias, e às vezes com os de minorias

---

[10] RICKERT, H. *Kulturwissenschaft und Naturwissenschaft*, Leipzig, 1926, p. 17-18. Idem, *Die Grenzen der naturwissenschaftlichen Begrifsbildung*, Tübingen, 1929.

sociais, dos grupos humanos regionais – minorias decisivas ou dominadoras em relação com maiorias inermes ou acomodatícias – cuja riqueza e poder de exploradores de terras, minerais e animais se tornam representativos de uma comunidade ou de uma região inteira: o caso dos plantadores de uva e fabricantes de vinho do Douro com relação à comunidade portuguesa durante o tempo em que o vinho foi a base principal de prestígio lusitano na economia europeia. O caso dos plantadores da cana e fabricantes de açúcar com relação à comunidade luso-americana, durante período decisivo de nossa formação social.

É precisamente nos sociólogos mais influenciados por Dilthey e Rickert que encontramos a tendência sociológica moderna mais notável pela profundidade de análise de fenômenos sociais considerados em sua perspectiva histórica: as obras dos já citados Sombart e Simmel e principalmente as de Max Weber, em relação a quem Rickert é o primeiro a reclamar a glória de lhe ter fornecido às realizações e aos métodos os fundamentos teóricos.[11] A sermos justos, teríamos de ir buscar os começos desses fundamentos em Windelband e Hezel[12] sem que a influência das teorias de Dilthey, Windelband e Rickert – destacada recentemente pelo professor House, em Sombart e Max Weber[13] – diminua o que há de poderosamente original e de assombrosamente denso nas realizações de Sociologia genética daquele que talvez tenha sido o maior sociólogo-historiador de sua época: Max Weber. Como densidade e como exemplo de método chegam suas realizações a ser monumentais. Do método nos ocuparemos em estudo próximo. Das realizações, salientaremos aqui a importância para a Sociologia histórica.

Escreveu recentemente o Sr. Otto Maria Carpeaux que com Max Weber uma nova ciência se fundou – a Sociologia da Religião – embora de tentativa tão ousada no sentido de fazer das organizações sociais desenvolvidas em torno do capitalismo moderno meros reflexos da vida religiosa (o Protestantismo) pareça ao crítico austríaco que só sobreviva o método de estudo histórico-sociológico. Pois por "uma ironia da história", o crítico mais devastador da obra de Max Weber, o jesuíta P. J. B. Kraus, teria conseguido essa devastação apoiando-se, contra Weber, sobre o ponto de vista marxista: o de que "a Religião e todas as obras do espírito não são mais que reflexos ideológicos da organização social".[14]

---

[11] RICKERT, op. cit., p. 262-3.

[12] WINDERBAND, W. *Geschichte und Naturwissenschaft*, Estrasburgo, 1900. Veja-se de Wilhelm Hegel e resumo de sua filosofia apresentado por William Wallace em *Hegel's philosophy of mind* (Oxford, 1894).

[13] HOUSE, op. cit., p. 123.

[14] CARPEAUX, O. M. *A cinza do purgatório*, Rio de Janeiro, 1942, p. 308-9.
Sobre o assunto, vejam-se também FANFANI, A. *Catholicism, protestantism, capitalism*, London, 1935; ROBERTSON, H. M. *Aspects of the rise of economic individualism*: a criticism of Max Weber and his school, Cambridge, 1933; HYMA, A. *Christianity, capitalism and communism*, Ann Arbor, Michigan, 1937; STURZO, L. *Church and State*, London, 1939; FINKELSTEIN, L. *The pharisees: the sociological background*

d) Sociologia da História ou Histórica e materialismo histórico

Não nos parece que o materialismo histórico de Marx com que se identifica – segundo o Sr. Otto Maria Carpeaux – o padre Kraus, S. J. para sua crítica, em grande parte justa, a uma das obras mestras de Weber, possa ser aceito como princípio ou lei de Sociologia histórica ou geral, complexa como são as interpenetrações de influências com que ordinariamente se defronta o estudioso da história natural – ao mesmo tempo que social e cultural – das instituições, dos grupos e das pessoas sociais entre primitivos e notadamente entre civilizados.

Simmel é, a nosso ver, quem, do ponto de vista sociológico, melhor fere o assunto. Observa ele que não se pode traçar a História da arte, por exemplo, desenvolvendo-se uma forma artística da precedente, sem se considerarem outros fatores: relações sociais, religião, níveis intelectuais, predileções individuais. O mesmo se verifica com o desenvolvimento histórico da vida econômica. Os fenômenos observados em sequência podem ser puramente econômicos mas as energias e fatores que causam a mudança de forma, ou técnica, de produção de modo nenhum são puramente econômicos.[15]

Fatores físicos, culturais, pessoais concorrem para as transformações ao lado dos econômicos, às vezes superando-os. A transformação, no Brasil, da técnica de produção, de escravocrata em livre, que sirva de exemplo. Em vez da sociedade brasileira ter passado de uma técnica a outra de produção, como resultado da operação de influências apenas ou sempre soberanamente econômicas, estas tiveram sua ação acelerada de tal modo por outros fatores sociais que a solução dada ao problema da dificuldade de braços, confundido com o da necessidade de substituir por braços livres os braços escravos, foi antes política que econômica. Resultou, em grande parte,

---

of their faith, Philadelphia, 1938; TAWNEY, R. H. *Religion and the rise of capitalism*, London, 1926. Para o professor Wach – neste ponto mais de acordo com Max Weber que com seus críticos demasiadamente inclinados à interpretação chamada materialista das religiões –, "*a through examination of the effects of religion on the social life of mankind and of the influence of the religion on the cohesion of groups, on the development and differentiation of social attitudes and patterns, and on the growth and decline of social institutions is likely to yield results of the utmost importance*" (WACH, J. *Sociology of Religion*, Chicago, 1944, p. 13).

[15] SIMMEL, *Die Probleme der Geschichtsphilosophie*, Leipzig, 1892, p. 94-101. veja-se também HILLER, *Principles of Sociology* (op. cit.). Hiller observa: "*Although the way in which people get their living exercises an immense influence on their other institutions, it does not determine all their ideas of right or wrong, for the 'mores of maintenance' (those practices and beliefs which are an expression of the 'struggle for subsistence') are not imposed solely by the material surroundings, but are subjected to various other cultural factors*" (ibidem, p. 238). E ainda: "*The naïve economic determinism contained in such statements as 'We have not made America: America has made us', overlooks not only the functional relation between environment and culture but also the fact that the geographic conditions are usually permissive rather than mandatory*" (ibidem, p. 239). Outro não foi o critério que nos orientou nos estudos de Sociologia genética de que resultaram nossos *Casa grande & senzala* e *Sobrados e mucambos*.

da competição complexamente social e principalmente político-econômica, entre o Sul e o Norte do Império. Em viagem ao Sul do Império, meticuloso observador holandês recolhera, em 1883, a informação de que temia-se entre os brasileiros da região meridional fosse plano das províncias do Norte transferirem seus escravos às do Sul, para então insistirem, sem que prejuízo considerável atingisse os senhores de engenho, na emancipação.[16] Verdadeiro ou falso o plano nortista, o certo é que desde 1880, sob pressão principalmente paulista no Parlamento do Império, foi sendo dificultado o tráfico interprovincial ou inter-regional de escravos no Brasil, enquanto paulistas do prestígio de Antônio Prado foram procurando intensificar a imigração de europeus para São Paulo, que assim toleraria sem grande choque o golpe abolicionista de 88. A mesma ideia tivera o barão de Lucena com relação a Pernambuco, sem contar, entretanto, a favor do seu regionalismo político-econômico, com o fator clima.[17] De modo que a competição de que resultou no Brasil a emancipação precipitada de escravos, a mudança da técnica de produção, de escravocrata em livre, em vez de estritamente econômica, parece ter sido complexamente social e ecológica, em consequência da rivalidade entre dois grupos poderosos em torno do *status* de grupo *leader* ou dominador do espaço físico e social brasileiro; em torno do domínio dos negócios não só econômicos como políticos do Império. Complexa essa rivalidade, seu verdadeiro estudo só pode ser feito sociologicamente: considerada expressão de um processo social, e não apenas econômico, mesmo que se admita a preponderância do motivo econômico sobre os demais motivos de competição. É onde alguns marxistas sectários se revelam às vezes lamentavelmente estreitos: em pretenderem a absorção do social pelo econômico. Em considerarem a competição "processo econômico", por exemplo, em vez de social, isto é, competição por *status*, pela conservação ou elevação de *status* da parte de pessoas ou grupos.

Mas chegaremos a Marx a seu tempo: principalmente ao nos ocuparmos, como pretendemos, da História da Sociologia e das doutrinas sociológicas e das relações da

---

[16] LAERNE, C. F. van D. *Brasil and Java, report on coffee-culture in America, Asia and Africa*, London, 1885, cap. IV, espec. p. 85-6. Veja-se também *Le budget du Brésil* (Paris, 1854), do conde A. van Der Straten-Ponthoz, onde a situação econômica e financeira do Brasil durante os dias de esplendor da escravidão é estudada minuciosamente (trata-se de obra em três volumes) em relação com as demais situações sociais do Império.

[17] NETO CAMPELO, *Barão de Lucena, esboço biográfico*, Recife, 1904. Inclui extensa carta do biografado, de 26 de maio de 1903, sobre seu passado público, da qual transcrevemos: "O Sr. Conselheiro Prado poderá também atestar o esforço que empreguei para a aquisição da propriedade 'Engenho Suassuna' no sentido de estabelecer-se nela o primeiro núcleo de imigrantes e a ninguém é estranho que na qualidade de ministro da Agricultura decretei a desapropriação de diversas outras propriedades para o aumento da área a povoar, conseguindo que algumas famílias suecas se fossem estabelecer ali aguardando outras levas de diversas nacionalidades, as quais não deviam tardar" (ibidem, p. 39). E ainda: "[...] até hoje os que nos governam não compreenderam que só o braço estrangeiro, localizado como proprietário, e não alugado para trabalhar nos latifúndios, nos pode dar riqueza e prosperidade" (ibidem).

Sociologia científica com a Filosofia social e com a Engenharia social. A importância de Karl Marx como filósofo social é ainda maior que sua importância como sociólogo.

A Max Weber pode-se fazer reparo semelhante: sua sociologia geral transborda em filosofia social. Sua sociologia histórica é que, mais que a de Marx, se desenvolveu dentro de concepção científica de hipóteses de trabalho – os *tipos sociais* – e através de métodos científicos particularmente adequados ao estudo de fenômenos sociais e do comportamento humano. Fazendo das leis, em Sociologia, *meio* apenas de se descobrirem inter-relações de causa de fenômenos históricos – e não *fim*, como nas ciências naturais – Max Weber foge do naturalismo sem aderir ao historicismo absoluto. Talvez pudesse subscrever a generalização célebre de Berr e Febvre: *há História na natureza; há natureza na História*.

Com efeito, o grupo e a instituição que podemos considerar básicos da organização social – a família e o casamento, tal sua correspondência com expressões naturais ou fisiológicas da vida humana: o sexo e a infância longa do ser humano – deixam-se retratar em história natural em que a natureza começa por estar mais na História do que a História na natureza. À proporção, porém, que tal grupo e tal instituição se relacionam com outros, sua história natural empalidece para tomar maior relevo sua história social e cultural. Mas uma história se alonga na outra, sem se poder determinar sempre, de modo absoluto, onde a história social de uma instituição, grupo ou pessoa social – a mulher com *status* de mãe, por exemplo – começa a absorver a história natural da mesma pessoa social. Essa discriminação pouco interessa, aliás, à Sociologia genética ou histórica, para a qual é histórico tanto o que a natureza chamada original do homem possa oferecer como repetição no comportamento do homem social – união entre os sexos, a infância longa, por exemplo – como o que a "natureza humana", isto é, principalmente social, do homem, possa oferecer, sob diferentes condições de espaço e de tempo, como tendências à repetição ou à uniformidade de comportamento ou de reação a estímulos semelhantes: revoluções contra o despotismo, por exemplo; fugas de escravos ao regime de trabalho imposto por vencedores a vencidos de guerra; emancipação de colônias exploradas ou abandonadas por metrópoles distantes. É claro que cada revolução dessas, cada série de fugas de escravos, cada emancipação de colônia se apresenta como um fato único e portanto convencionalmente histórico; mas o que há neles de reação nítida ou remotamente semelhantes a estímulo nítida ou remotamente semelhante – e que se preste assim a comparação – é objeto de estudo da Sociologia histórica, quando de *descritiva* passa a *comparativa*. Descritiva e comparativa antes de *formas, processos, funções* – e em funções incluímos, sem nenhuma concessão ao "funcionalismo" sectário ou apenas sistemático, os chamados "*roles*" no moderno vocabulário sociológico e antropológico-social em língua inglesa – do que de fatos: antes das estruturas que das substâncias.

Sombart, por exemplo, é o rumo que nos parece dar a seus estudos sobre os judeus-capitalistas:[18] a análise histórico-sociológica de um grupo humano especializado em *funções* e *formas* de vida social que se repetiram durante séculos, em espaços vários, não como expressão absoluta de pendores de raça, mas por desabafo e desforço de povo perseguido pela Europa cristã e por suas colônias da América, da Ásia e da África e, ao mesmo tempo, tolerado e desejado pelos cristãos nas atividades de usura e de corretagem. Ao mesmo tempo, o judeu capitalista vem, como nenhum outro grupo transregional ou supranacional, ilustrando o vigor do processo de *competição*, quando o grupo competidor se lança à competição com grupos estranhos, achando-se interna e endogamicamente fortalecido em sua integridade social e cultural pela ação do *processo* de *cooperação*.

De Max Weber – dos seus estudos sobre a origem e o desenvolvimento de instituições tanto do Ocidente como do Oriente (instituições agrárias, econômicas, legais e não apenas religiosas) através dos chamados *tipos ideais*, isto é, de padrões constituídos com partículas de realidade, selecionadas e combinadas racionalmente pelo sociólogo para lhe servirem de hipóteses de trabalho, é dos fatos de que se serve: dos suscetíveis, através dos processos e formas que encarnam, de comparação no espaço e no tempo. Estariam nessa categoria o conservantismo religioso e, concomitantemente, político, do camponês, quer na antiguidade ocidental e oriental, quer na Europa moderna e a relação entre o tipo de organização econômica de uma época e suas ideias éticas, relação, segundo ele, responsável pelas diferenças entre o moderno protestantismo associado à organização capitalista e o confucionismo e o judaísmo e as organizações econômicas a que correspondem.[19]

As comparações assim estabelecidas baseiam-se, é certo, em formulação das regularidades do comportamento humano em situações ideal-típicas que são arrojos de racionalização de matéria nem toda ela racional: parte irracional. Formulação, porém, só para servir de instrumento a comparações e explicação de ocorrências concretas. Pois na sociologia histórica e pura de Max Weber, como na filosofia de Kant, a formulação de conceitos constitui meios heurísticos de organização da realidade empírica, resultando daí um processo de concentração de tal modo "elástico" – a expressão é de um crítico de Weber, o professor Abel[20] – que pode acomodar-se às exigências de situações diversas. O critério de Max Weber diante da realidade empírica não pode ser mais relativista: o objeto da investigação sociológica, até sob

---

[18] SOMBART, *Die Juden und das Wirtschaftsleben* (op. cit.). Veja-se também MILLER, *Races, nations and classes* (op. cit., espec. cap. IX).

[19] WEBER, M. *Wirtschaft und Gesellschaft*, Tübingen, 1925.

[20] ABEL, T. *Systematic Sociolgy in Germany*, New York, 1929.
"*Elastic and adaptive*", diz Abel (op. cit. p. 147).

a forma de uma ocorrência única, estaria sempre se oferecendo a pontos de vista diversos, novos, contraditórios até, de análise e, consequentemente, de explicação. Pois a não ser que se admita uma "ossificação chinesa da vida mental da humanidade" – a expressão é do próprio Max Weber – os homens se farão sempre perguntas novas sobre a vida que vivem e sobre a vida que têm vivido. Não há – podemos acrescentar a Max Weber – problema de Sociologia histórica definitivamente resolvido em todos os seus aspectos: nem ocorrência história da qual um de nós possa dizer-se senhor de todas as suas complexas conexões de causa por tê-la estudado exaustivamente sob critério a que a geração seguinte pode acrescentar pontos de vista novos. Empregando sua terminologia de conceitos, Max Weber salienta que a mesma ocorrência histórica pode ser, para o sociólogo, numas partes, *feudal* e noutras *patrimonial* ou *burocrática*, ainda noutras *carismática*.[21] Daí sua insistência no *Idealtypus* construído sobre a intensificação de um ou vários aspectos da ocorrência concreta, que correspondam aos vários pontos de vista de que a mesma ocorrência possa ser analisada. Não que esses *tipos ideais* representem o verdadeiro conteúdo, a essência da realidade histórica; nem que o adjetivo "ideal" implique, nesse caso, avaliação. Trata-se simplesmente de expedientes lógicos que se conformam com o que for objetivamente provável mas que se antecipem ao historicamente provado. Pois a Sociologia histórica, cujos horizontes Max Weber alargou como ninguém, pode ser considerada uma antecipação da própria História, pela claridade que a construção ideal-típica de dada situação – a transformação, por exemplo, de uma economia artesã em economia capitalista – projeta sobre os motivos e condições que teriam determinado a mesma situação. Condições e motivos que, comparados com os registrados pela História convencional ou que esta possa vir a registrar, podem apresentar traços que necessitem de retificação e excessos que necessitem de apara, sem ter, entretanto, deixado de haver antecipação do *Idealtypus* sobre a representação puramente histórica.

e) A Sociologia histórica como antecipação da História pura

De modo geral é o que ocorre com quase toda a Sociologia histórica em relação com a História pura: antecipa-se a esta, não sem provocar fúrias às vezes homicidas da parte dos historiadores convencionais contra sociólogos empenhados tão ousadamente em estudos de origens e de desenvolvimento de instituições, pessoas e grupos sociais. Estudos em que os caminhos são abertos pelos sociólogos a poder de

---

[21] WEBER, op. cit., p. 9.

construções principalmente lógicas semelhantes às de Max Weber ou de penetrações psicológicas semelhantes às de Vierkandt e às do professor Hans Freyer.

Sombart é dos que se têm excedido nesse abrir de caminhos psicossociológicos, históricos ou para-históricos, que mais de uma vez tem feito empalidecer de horror os ortodoxos da História pura. De horror e principalmente de indignação; pois são mais de indignação que de horror os ataques que os estudos de Sociologia histórica de Sombart têm recebido de grandes ortodoxos como Brodmitz, como Dopsch, como G. von Bellow. A reação oposta sempre pelo herege aos mais sérios desses ataques é característica do extremismo sociológico dos discípulos, ou quase discípulos, de Dilthey diante da História pura: mostrar-se preocupado antes com *o que pode ter sido* – com o que provavelmente foi – do que com o que as crônicas dizem ter sido. Extremismo contra o qual Max Weber guardou-se por uma capacidade de investigação minuciosa do material histórico, ausente de Sombart, embora não se deva desprezar nesse o critério do *pode ter sido*: o sociólogo é capaz, por esse meio, de fecundar o conhecimento da história de uma instituição cuja história oficial seja vítima de documentação apologética. E a verdade é que em Sombart temos que considerar um renovador corajoso do conceito da História sob a influência das ideias sociológicas de Dilthey e das filosóficas de Hegel. Sua história de instituições feita sob hipóteses que lhe parecem verossímeis – história que ele revê, corrige e retifica sem cessar, à luz de elementos novos – representa o que ele próprio reconhece ser uma aventura. Mas uma aventura fecunda, é justo que se destaque. Tanto quanto os Weber (Max e Alfred), Hans Freyer e outros sociólogos modernos, ele se apoia sobre a ideia da identidade fundamental da natureza humana em todos os indivíduos para, por empatia – digamos assim – entrar o sociólogo na experiência alheia ou na intimidade do passado de um grupo.

Essa identidade constitui um dos pontos de contato não só da Sociologia histórica como da Antropologia social com a Sociologia psicológica. Veem-se as duas primeiras frequentemente obrigadas, em face de problemas comuns, a se apoiarem sobre observações de traços da realidade humana se não independentes de configurações especiais ou temporais de cultura, comuns, sob aspectos diversos, a todas ou quase todas. Observações acumuladas principalmente pelos sociopsicólogos.

Há necessidades básicas comuns a todos os homens em todas as épocas e áreas – as de alimento, de abrigo, de sexo – assim como, ao que parece, disposições ou tendências como que instintivas – como a pugnacidade – que, entretanto, se tornam de tal modo condicionadas ou reguladas pelas influências históricas de cultura – como o reconhecem os próprios psicólogos – a ponto de ser difícil separar nelas do que é universal e básico, o apenas temporal ou especial.

f) Sociologia histórica e uniformidades psicológicas

Foi precisamente diante da deficiência das teorias que procuram estabelecer dimensões uniformes de caráter estritamente mental ou psicológico para os motivos humanos, que o professor Allport procurou desenvolver sua teoria de "autonomia funcional". Teoria de todo interesse para aquela Sociologia histórica sujeita a facilmente tomar a nuvem por Juno em assuntos de "motivos universais" de ação ou comportamento humano. O professor Allport dá a variedade de motivos de ação ou de comportamento de adultos como suscetível de ser explicada pelo fato de que o comportamento desenvolvido de necessidades básicas ou natas do ser humano pode tornar-se funcionalmente independente de suas origens e adquirir uma qualidade dinâmica própria.[22] Qualidade, por conseguinte, principalmente social ou cultural; e não rigorosamente biológica.

O professor Cantril vai além do professor Allport: para ele os motivos de ação ou comportamento humano tornam-se autônomos de suas origens básicas ou "instintos" – mas não autônomos do *ego* de cada pessoa social, isto é, aquele conjunto de valores de cultura que o indivíduo de alguma forma interioriza como parte do seu eu.[23] Esse *ego* só se explicaria inteiramente pelo conjunto de antecedentes de personalidade de cada pessoal social.

Aceita a teoria de Cantril não será um simples esforço de empatia projetar-se um indivíduo de hoje nos motivos de ação e de comportamento de um indivíduo de área e época de cultura diversas da sua, mas um esforço em que a empatia precisará de ser acompanhada o mais possível de conhecimento dos antecedentes e valores de cultura que, na pessoa remota ou distante que se procure estudar sociologicamente – um Antônio Conselheiro, por exemplo – tenham se interiorizado se não no seu eu – o que tenderia a particularizar todo esforço de compreensão de tal pessoa em biografias – no seu "nós" psicocultural e histórico-regional: no caso do Conselheiro, o sertanejo do Nordeste do Brasil do século XIX, quase exclusivamente pastoral, deformado por

---

[22] G. W. Allport (não confundir com F. H.), *Personality: a psychological interpretation* (New York, 1937, cap. 7). Para esclarecer distúrbios de ordem emotiva em conseqüência de conflitos de funções diversas esperadas ou exigidas de uma pessoa social dentro de um mesmo sistema, o sociólogo J. L. Moreno vem desenvolvendo a técnica denominada de sociodrama, de possível utilização terapêutica em vários casos. Leia-se de J. L. Moreno seu *Sociodrama, a method for the analysis of social conflicts* (New York, 1944).

[23] CANTRIL, H. *The psychology of social movements*, New York, 1941, cap. 2. O professor Cantril desenvolve a teoria de "*display*" de Veblen como ostentação de *status* (por nós ampliada a nosso modo e com acréscimos que supomos originais), lembrando que é motivo de irritação para o *ego* de uma pessoa não ver seu *status* ou seus valores devidamente considerados ou reconhecidos pelas demais pessoas (ibidem, p. 49). Daí a ostentação desse *status*, de modo a não haver dúvidas quanto a ele, por vários meios: ser a pessoa vista em lugares elegantes, guiando automóveis de luxo, frequentando escolas caras, usando unhas compridas etc.

séculos de isolamento e de estagnação de cultura.[24] Seriam considerados, portanto, ao mesmo tempo, "instintos", valores suscetíveis de interiorização e variação individual e normas do grupo ou da época inteira. Que todos formam o "nós" de um grupo ou de uma época, não havendo quase membro de um grupo ou figura de uma geração que não se avalie a si próprio – e aja dentro dessa autoavaliação – tendo por ponto de referência as normas de sua sociedade particular ou de seu tempo.

Daí não ser nunca demasiada a insistência neste ponto: é sempre arriscado, em Sociologia histórica, a generalização que se baseia apenas *no que se deve ter sido* sobre base exclusivamente psicológica. A Psicologia é indispensável ao sociólogo que se dedicar a estudos de História humana; mas consideradas sempre as evidências propriamente históricas e culturais. E não só as evidências da História oficial como as da História íntima: documentos aparentemente sem importância dos quais muitas vezes nos vêm os melhores esclarecimentos sobre a exata configuração da época que se procure compreender nas suas relações com outras épocas: inclusive com a atual, isto é, a do observador ou pesquisador. Relações históricas e de cultura e relações psicológicas.

Pois a Sociologia genética ou histórica – ou genético-histórica – é tanto mais científica quanto mais comparativa ou mais relacionista – talvez fosse preferível dizer. Assim a compreenderam ou praticaram o meio esquecido Buckle, Mc Lenan, Morgan, Waitz, Bastian, Spencer, Tylor e Maine, comprometido embora o historismo dos três primeiros pelo evolucionismo unilinear mais de uma vez imposto prematura e arbitrariamente por eles, e sobre a base antropológica dos estudos de Morgan, por Karl Marx, às diversas formações sociais e de cultura de primitivos e civilizados. Formações ainda incompletamente estudadas nas suas variações, na época em que aqueles antropólogos e sociólogos publicaram ensaios, hoje clássicos.

Mais cautelosos se revelaram não só o referido Maine e o próprio Tylor como Comte e o sociólogo russo Kovalevsky, a quem poderíamos denominar de eminentemente relacionista ou inter-relacionista: não só no tocante às relações da Sociologia com a Psicologia, a Antropologia, a História, a Economia como de modo ainda mais preciso: segundo o antigo professor da Universidade de Moscou, todo fato social se apresentaria ao psicólogo ligado a uma série de outros fatos, condicionado por eles e por sua vez condicionando-lhes o desenvolvimento.[25] Daí o método histórico-comparativo lhe ter parecido o mais adequado ao estudo sociológico: especialmente ao estudo dos fatos ou das instituições sociais russas, de uma riqueza de substância etnográfica e folclórica ("histórico-legendária") de que se aproxima, por vezes – note-se de passagem –

---

[24] Desse critério aproximaram-se, sem se aprofundarem na sua realização tanto quanto desejaríamos hoje, os dois principais estudiosos da personalidade sertaneja do Conselheiro: Euclides da Cunha, em *Os sertões* (Rio de Janeiro, 1902) e Cunningham Graham em *The brazilian mystic* (New York, 1925).

[25] M. M. Kovalevsky desenvolveu em seus estudos de Sociologia o aspecto genético-histórico. Veja-se o resumo de sua obra em HECKER, J. F. *Russian Sociology*, London, 1934, p. 200-5.

a complexidade dos fatos sociais brasileiros, com a sua mistura de tradição europeia às tradições africanas e indígenas.

Compreende-se que na Rússia, do mesmo modo que no Brasil, na Espanha, em Portugal, no México, no Paraguai, na China, na Irlanda, a Sociologia genética se apoie de modo particular em pesquisas de caráter antropológico-social e folclórico que completem as históricas propriamente ditas.[26] E que a tradição sociológica ou parassociologia russa, e a tradição sociológica ou parassociologia espanhola sejam principalmente genéticas e ecológicas, dado o caráter especial que a mestiçagem e o território bicontinental dos dois povos deram às coisas sociais russas, espanholas e mexicanas. Do mesmo modo, no Brasil, as coisas sociais brasileiras se apresentam com caráter especialmente seu devido aos mesmos fatores de ordem ecológica e genético-histórica. Inclusive a bicontinentalidade, estando o Brasil, ou grande parte do Brasil, tanto quanto Portugal e parte da Espanha num Sul da Europa que já é, sob vários aspectos, África, numa parte da América como que indecisa, na sua ecologia vegetal, pelo menos – é a lição do botânico e ecologista alemão Konrad Guenther – entre o continente americano e a África.[27]

g) Outra vez a Sociologia histórica como história "natural" de grupos

Dentro da tendência inter-relacionista nas ciências sociais, em oposição à separatista, que insiste em fazer de cada especialidade uma ilha, a Sociologia genético-histórica mais de uma vez se confunde com a Antropologia ou a História social, embora nestas o critério predominante seja o da *substância* enquanto em toda a Sociologia propriamente dita pode-se dizer que é o da *forma* (sem para isso ser necessário estar o diferenciador filiado à escola de Simmel), o da *função*, o do *processo*.

Também se faz hoje sociologia genético-histórica sob o nome de "história natural" de instituições, de grupos ou de pessoas sociais – tendência a que já nos referimos. "História natural" – repitamos – que a rigor não existe e que bem considerada seria antes um ramo de Sociologia genético-histórica que história completa ou inteira.

---

[26] Veja-se o prefácio que escrevemos a pedido dos editores para a segunda edição em espanhol do nosso ensaio *Casa grande & senzala* (Buenos Aires, 1943), onde procuramos destacar o fato de que a situação brasileira conforma-se com a situação russa fixada por outro sociólogo russo, Chernishevsky, neste ponto: em terem ambas conservado arcaicamente instituições que em alguns outros países desapareceram sob o progresso do capitalismo industrialista e burguês (I, p. XLIX).

[27] GUENTHER, *A Naturalist in Brazil* (op. cit.): "*We speak of America as a continent, but in reality there are two continents and North America is more closely related to Europe than to South America. This is proved by the vegetation alone*" (ibidem, p. 158). "*Recently the opinion has emerged that South America may, so to speak, have broken away from Africa* [...]" (ibidem, p. 160).

Pois a Sociologia genético-histórica, para ser fiel ao seu caráter de sociologia especial, tende a subordinar a substância histórica dos fatos que reúne ou estuda ao esforço de redução dos mesmos fatos a *formas, funções, processos* e até *coisas* de validade universal, sacrificando-se nessa operação o elemento puramente histórico ao quanto possível transregional e supra-histórico, capaz de repetir-se em espaço e época diversos daqueles em que primeiro o colheu ou observou o pesquisador. É que ao contrário do que diz o conhecido lugar-comum, o fato histórico não se repete: é único, singular. Repetem-se as formas, as funções, os processos que neles se encarnam. Repetem-se as revoluções como *formas* e *processos*. Sob esse aspecto, são elas, até certo ponto, suscetíveis de previsão quanto à sua repetição, dada a relação que apresentam com circunstância ou estímulos capazes de lhes provocar a eclosão; e dado o fato de se encontrarem hoje, no Peru, por exemplo, circunstâncias e estímulos favoráveis ao processo de competição ou conflito que se resolve por violência e sob a forma de revolução: circunstâncias e estímulos semelhantes às circunstâncias e estímulos que precederam a Revolução Mexicana e mesmo a Russa. Mas a Revolução Mexicana não se repete como fato puramente histórico. Nem a mexicana, nem a francesa, nem a russa, nem a chinesa.

A expressão "história *natural* de instituição" é hoje empregada por alguns sociólogos mais rigorosos em questões de terminologia para distinguir o estudo sociológico, sob critério genético-histórico, de uma instituição social, do seu estudo puramente histórico. Há, entretanto, entre os dois tipos de estudo, aquele que se poderia denominar marginal e de que podem ser dados como exemplo os excelentes trabalhos de história social da Política e do Direito de *Sir* Henry Summer Maine; e entre nós, os de Tavares Bastos, Joaquim Nabuco, Martins Júnior, Aurelino Leal, Felisbelo Freire e dos professores Clóvis Beviláqua, Aníbal Freire, Gilberto Amado, Pontes de Miranda, Miguel Reale, Afonso Arinos de Melo Franco, Pinto Ferreira, Hermes Lima, Gláucio Veiga, Murilo Guimarães e Nestor Duarte.

Do estudo de uma instituição sob critério e pelo método da história chamada natural pode ser aceita a definição do professor House: a de que se trata de estudo do desenvolvimento de dada instituição considerado como exemplo concreto da operação de um processo que ele chama "natural" e que nós denominaríamos social, em que certa espécie de coisa social passa por transformações características.[28] Para ser história rigorosamente natural é evidente que semelhante estudo genético teria que ser *descritivo, comparativo* e *estatístico*, dada à estatística social a importância entrevista por Kant; e absolutamente objetivo. Teria que renunciar qualquer pretensão à compreensão do passado da instituição e dos valores mais característicos ou significativos para os que participaram do desenvolvimento institucional.

---

[28] HOUSE, *The development of Sociology* (op. cit., p. 141).

O que dificilmente sucede. Nunca é demais insistirmos na conveniência da aplicação da ideia de Dilthey aos estudos sobre o homem como pessoa social, estudo de que o das instituições é prolongamento: a ideia de que se trata antes de estudo de *compreensão* do que de pura *descrição* dos fatos e de seu desenvolvimento, como nas ciências naturais. Nenhum dos critérios das ciências naturais ou físicas – descrição ou mensuração – basta ao estudo histórico-científico da coisa social humana – por mais próxima de coisa impessoal que possa tornar-se um fato humano-sociológico. Nenhum dos dois critérios é possível na prática, tais os obstáculos à objetividade quando o pesquisador se defronta com instituições de cuja atualidade ou de cujas sobrevivências ele participe ativa ou passivamente. De Lecky pode dizer um crítico que o historiador irlandês alcançara "certo grau de objetividade" num estudo genético-histórico e quase sociológico dificílimo: o seu *History of european morals from Augustus to Charlemagne*. Mas é do mesmo crítico o reparo de só ter sido possível a Lecky esse pouco de objetividade em relação com as regras e práticas morais da Europa por se tratar de período remotamente distante do vivido pelo historiador, de quem não se deveria esquecer, por outro lado, a condição de irlandês protestante.[29] Condição que lhe assegurava a proximidade e o conhecimento da Europa continental cristã sem o comprometer de modo particular com os valores morais considerados sagrados pela Igreja católica romana nem com as sobrevivências diretas do elemento romano na política ou na moralidade continental.

Do sociólogo ou historiador que se ocupa da "história natural", ou simplesmente social, de uma instituição – instituição principalmente religiosa ou principalmente política, principalmente jurídica ou principalmente econômica – é de toda a importância, para a estimativa de sua obra como estudo científico, conhecermos a exata biografia, isto é, a história o mais possível "natural" da personalidade do historiador ou do sociólogo: seus antecedentes, seu temperamento, sua formação, seu desenvolvimento moral, intelectual e até físico, para que se faça ideia se não justa, aproximada, dos preconceitos de maior atuação sobre ele, historiador ou sociólogo, por mais objetivo que se apresente; por mais imparcial ou sincero que pretenda ser.

Da história de uma instituição como o Estado Soviético ou a Companhia de Jesus dificilmente se pode esperar senão um mínimo de objetividade ou de imparcialidade, se escrita, a da primeira, por um colaborador ativo de Stalin, a da segunda, por um jesuíta militante, ainda que um e outro possam trazer, principalmente se forem indivíduos de formação científica, contribuições de importância sociológica para a história social das duas instituições, como participantes íntimos de sua vida e de suas atividades. É oportuno repetirmos aqui que não sendo dos que consideram as ciências sociais, puras ciências de descrição e mensuração, mas também de compreensão, inclinamo-nos a

---

[29] Ibidem, p. 146.

aceitar como depoimentos de importância ou significação sociológica os testemunhos de participantes da experiência que se procure estudar na sua totalidade de aspectos. Principalmente dos participantes que se apresentarem como pessoas de formação científica. O caso de um padre Serafim Leite com relação à Companhia de Jesus, por exemplo. Descontados pela crítica tanto quanto possível científica, seus preconceitos, sentimentos e interesses de jesuíta militante e apologético, o Sr. Serafim Leite permanece um historiador autêntico, do mesmo modo que o monarquista Joaquim Nabuco com relação ao Império Brasileiro, descontados seus preconceitos, sentimentos e interesses de monarquista por algum tempo militante e apologético, permanece um historiador social resistente às diminuições que a crítica tanto quanto possível científica precise de fazer aos seus exageros ou às suas deformações dos fatos, por idealismo ou por mística política e de classe.

Aliás, da Companhia de Jesus como instituição moral, intelectual e social pode-se dizer que do seu conflito com o jansenismo, particularmente com Pascal, emergiu com uma cicatriz na face, que desde o século XVII torna-a repugnante aos olhos dos leitores de *Les provinciales* ou dos simples admiradores do grande pensador. Quando na realidade – como já sugeriu um crítico francês, Rémy de Gourmont,[30] nesse ponto acompanhado por Havelock Ellis – no conflito dos jesuítas com Pascal, este, talvez superior àqueles em sentimentos de dignidade humana – ponto que não nos cabe apurar aqui – parece ter-se comportado como um duro geômetra diante da realidade humana – das complexidades "variáveis, instáveis e obscuras" – os adjetivos são de Havelock Ellis – do comportamento humano; e a Companhia, embora de modo nenhum libertada em sua filosofia social da submissão a regras de organização e a pontos de doutrina jesuítico-católica, teria se revelado mais sensível que o matemático-filósofo à conveniência de se ajustarem as regras de moral às variações se não de situações de necessidades humanas básicas, de conveniências sociais diversas no tempo e no espaço. Ponto de vista, o dos jesuítas, caracteristicamente sociológico ou, antes, genético-histórico, e por isso

---

[30] GOURMONT, R. de. *Le Chémin de velours*, Paris, s. d. Segundo Havelock Ellis, ainda que Pascal tenha escrito em *Pensées* que "não há regras gerais", pretendeu, ao contrário dos jesuítas, tratar as complexidades da ação humana como se fossem problemas de matemática. Os jesuítas "*while it is true that they still accepted the existence of absolute rules, realized that rules must be made adjustable to the varying needs of life. They thus became the pioneers of many conceptions which are accepted in modern practice*" (*The dance of life*, Boston; New York, 1923, p. 304). A casuística sociológica ("*case study*"), embora do tipo naturalista e científico que Ellis considerava necessário aos estudos de Psicologia (*Studies in the Psychology of Sex*, Philadelphia, 1929, int., v. I), não deixa de ter afinidades de princípio e de método com a jesuítica. Como observa Félix S. Cohen "*the methodology of casuistry has commended itself to modern law teachers and sociologists as in other centuries to the Jesuits and Talmudists, because of the case with which concrets problems are assimilated and vitalized in the student's experience. The difficulties of all scientific method*" ("Casuistry", *Enc. of the Soc. Sciences*, op. cit., v. III, p. 266). Vejam-se também Case study method, *Pub. of the Am.Sociol. Society*, XXI; Round table on the case-study of sociological research, *Pub. of the Am.Sociol. Society*, XXII; GIDDINGS, F. H. *The scientific study of human society*, Chapel Hill, 1924, p. 95-9.

destacado aqui. Em estudo próximo, a respeito de métodos sociológicos, pretendemos comentar o reparo de Havelock Ellis ao método casuístico, encarnado, a seu modo, pelos jesuítas, e baseado no que Ellis sugere a necessidade de uma casuística científica nos estudos psicológicos.[31] Aliás, com relação à projeção no método casuístico dos jesuítas nos estudos sociológicos, já nos aventuramos, em trabalho anterior, a uma sugestão ousada, lucidamente impugnada pelo professor Arbousse-Bastide: a de que aos métodos atuais de "*case-history*" se anteciparam os dos Jesuítas,[32] dentro – acrescentamos agora – de sua moral relativista, em contraste com uma teologia absolutista. Do relativismo moral dos jesuítas como técnicos de indagação da realidade humana para fins não só teológicos como sociais – de dominação social – é que se aproxima o relativismo genético-histórico e sociopsicológico em Sociologia, com a sua insistência em estudar o mais possível, através da História e da própria Biologia, o variável, para mais seguramente chegar ao conhecimento do invariável a suscetível de ser reduzido, se não a lei, pelo menos a princípio ou tendência sociológica universal.

h) Sociologia da História ou Histórica: seu relativismo

Por isso é que se pode dizer que a Sociologia da História ou Histórica ou Genética é a mais relativista das sociologias especiais: por ser a que mais opõe a relatividade dos fatos sociais de comportamento humano ao afã de se fazer sociologia pura, geométrica, matemática. Pascaliana, poderia talvez dizer-se.

Não é desprezível o fato de que os jesuítas pendam, em estudos sociológicos, para os de Sociologia histórica; nem que os ingleses – gente antes realista no pensamento e na ação do que rigidamente lógica, intelectual ou doutrinária – prefiram aos estudos rigorosamente sociológicos os de história chamada natural, das instituições. Nada mais

---

[31] Havelock Ellis (op. cit., p. 305) chega a considerar a casuística desenvolvida pelos jesuítas "*an example of the effort to liberate men from the burden of a subservience to rigid little rules [...]*". Compara, sob esse critério, os mesmos padres com o filósofo social Bertrand Russell, ainda que "*he [...] might scarcely desire to be associated with the jesuits*".

[32] Escrevêramos do método casuístico em Sociologia: "É, de resto, uma especialização moderna do método casuístico empregado há tanto tempo – e com tamanho sucesso – pelos mestres magníficos de análise não só dos motivos como dos atos humanos que foram sempre os padres Jesuítas" (*Um engenheiro francês no Brasil*, Rio de Janeiro, 1940, p. 17-18). No prefácio ao mesmo estudo, escreveu o professor Arbousse-Bastide: "*Je me permettrai de faire quelques reserves sur ce rapprochement ingénieux. Tandis que le 'cas' pour le sociologue est un point de départ qui lui permet d'arriver, au 'type', symbole de la loi, pour le moraliste théologien, même jésuite, le 'cas' est un point d'arrivée, c'est 'un problème de détail qui résulte de l'application des règles éthiques à chaques circonstances particulières'*" (LALANDE, *Voc. de la Philosophie*, t. I, p. 97). "*Dans la mesure où le théologien moraliste se laisse aller à faire du cas un point de départ qui sert à reconstruire la règle éthique, il tombe dans le travers SI âprement dénoncé par Pascal. Si la 'casuistique' sociologique rappelle la casuistique jésuite, ce ne peut être que dans ce qu'elle a de plus 'jésuite', au sens pascalien*" (ibidem, p. XXVIII).

significativo, em conexão com este ponto, que a oposição dos Webb, por exemplo, à ideia de Rickert de uma *Kulturwissenchaft* distinta da *Naturwissenschaft*; ou sua insistência não só no estudo das origens e do desenvolvimento de instituições inglesas, como no modo tanto quanto possível científico de procurarem unir o historicismo sociológico ao naturalismo, por meio da redução do fato histórico e local, quando julgado completamente maduro para estudo sociológico, a coisa sociológica.[33] A coisa sociológica seria, em relação ao fato histórico, a simples semente, sem sabor nem qualidades de fruto, é certo, mas capaz de reproduzir-se, pelo menos no mesmo solo: no caso, a terra da Grã-Bretanha. Pois há alguma coisa se não de telúrico, de ecológico, na sociologia histórica dos Webb: são instituições inglesas que eles invariavelmente procuram estudar como coisas, libertados pela sua condição de socialistas menos doutrinários que experimentais, dos preconceitos do patriotismo e do burguesismo convencionais, sem, entretanto, perderem o contato com a terra inglesa e o ambiente inglês; nem a noção de valores, para a gente inglesa, particularmente para a burguesia ainda dominante, das instituições que procuram estudar o mais possível como coisas. Coisas regionais, mas coisas. E desse critério e método de Sociologia histórica e regional pode-se dizer, com o professor House, que é meio caminho andado para o tratamento sociológico de instituições como "tipos de coisas que funcionem e se transformem de acordo com leis".[34] "Leis" a serem estabelecidas um dia em termos gerais e supra-históricos. "Leis" é a expressão empregada pelo professor House para essa generalização de processos históricos em supra-históricos. Tendências, preferimos nós dizer, no atual estado dos estudos sociológicos e em face de suas possibilidades imediatas.

Westermarck, tendo pendido um tanto prematuramente, nos seus primeiros trabalhos de Sociologia histórica, para a subordinação do material histórico ao critério de "coisas" sociológicas sujeitas a leis gerais – a tendência do seu tratado de Sociologia genética *Origin and development of the moral ideas* e também a do estudo monumental que é *History of human marriage*, baseados, em grande parte, em pesquisas de campo entre os mouros – reagiu depois, vigorosamente, contra esse pecado de mocidade. Não se reconciliando com o critério de subordinar a Sociologia genética à Filosofia estreitamente moral mas, ao contrário, extremando-se em melindres objetivistas – regionais e históricos – e esquivando-se a generalizações prematuras.[35] Desse melindre e desse retraimento, dois dos melhores exemplos nos vêm, um tanto paradoxalmente, da França: do estudo histórico-sociológico da cidade antiga feito por Faustel de Coulanges; dos estudos histórico-regionais da vida e da economia sociais, empreendidos por Le Play. Numerosos bons exemplos no mesmo sentido nos vêm da Alemanha. Aliás, na

---

[33] WEBB, S.; WEBB, B. *Methods of social study*, London; New York, 1932.

[34] HOUSE, op. cit., p. 151.

[35] WESTERMARCK, E. *Memoirs of my life*, New York, 1929, p. 68, 100-2.

Alemanha é talvez a sociologia que mais se tem desenvolvido ao lado da sistemática: a histórica ou genética. Às vezes, identifica-se até, de certo modo, com a sistemática, como na obra de Georg Simmel (em que a dimensão histórica não ocupa senão papel secundário), na de Max Weber, na de Alfred Weber, na do professor Karl Mannheim e na do professor Hans Freyer.

O professor Freyer sustenta, sob critério com o qual coincidiu sempre, sem lhe conhecermos ainda a teoria, nossa prática de Sociologia histórica ou genética com material brasileiro e coincide hoje, em vários pontos, nossa tentativa de fundamentação teórica (desenvolvida, como a de Freyer, de sugestões de Dilthey e da nossa prática e do nosso modo de ser sociológico) que a Sociologia não é ciência nem da *natureza*, nem do *logos*, mas da *realidade*, isto é, da *realidade de nossa vida*.[36] Da realidade vital ou existencial. Há na sua teoria sociológica muito de *existencialismo*, isto é, de filosofia chamada *existencial*: inclusive na caracterização das formas sociais de que se ocupa a Sociologia como vitais, temporais e existenciais. Ou existenciais tão somente, se aceitarmos o critério dos filósofos *existencialistas* de darem como elementos essenciais da estrutura da vida humana sua *historicidade* e seu *caráter social*. Mas não se pode dizer da sociologia de Freyer que seja ortodoxamente *existencial*.

A realidade social, considerada *natureza* e *espírito* ao mesmo tempo, isto é, natureza física e biológica e "natureza" de "cultura" (peculiarmente humana e social), cujas formas de vida ou de cultura – entenda-se por essa o que o homem acrescenta à natureza sem prescindir dela, como nas harmonizações ou simbioses ecossociais – constituíram para Freyer os fenômenos sociológicos, isto é, o objeto de estudos de Sociologia.

Como repara o professor Echavarria, já Max Weber tivera a ideia da Sociologia como ciência da realidade ao escrever ser pretensão dos cientistas sociais "compreender a realidade da vida que nos rodeia e na qual achamos imersos em sua peculiaridade".[37] Ideia, acrescentemos ao professor Echavarria, que se encontra também em Georg Simmel. Ao mesmo tempo é deles e também de Tönnies e Oppenheimer a tendência para unir, em Sociologia, às "categorias de caráter histórico, um quadro de conceitos analíticos".[38] No professor Freyer é, porém, mais acentuado que em qualquer outro o desenvolvimento dado às categorias sociológicas de caráter histórico. Para ele, o pensamento sociológico parte do caráter histórico dos fenômenos

---

[36] FREYER, *Soziologie* (op. cit., espec. cap. I, seção 4). O professor Freyer, a propósito da "sociologia da história" de Alfred Weber, salienta que a Sociologia é "ciência existencial". Por meio do "conhecimento histórico" obtém-se "uma visão dinâmica da situação presente". De modo que "a análise particular dos convívios sociais deve ser reconhecida como parte da Sociologia" (ibidem, p. 135 ss).

[37] WEBER, *Gesammelte Aufsätze zur Wissenschaftslehre* (p. 170), citado por José ECHAVARRIA, M. *Sociologia: teoría y técnica*, México, 1941, p. 62.

[38] SIMMEL, *Soziologie* (op. cit.); TÖNNIES, *Gemeinschaft und Gesellschaft* (op. cit.); OPPENHEIMER, F. *System der Soziologie*, Berlim, 1924.

sociais, não sendo a Sociologia vista por Freyer, tanto a multiplicidade das formas de relação e formação sociais, que se repitam sem cessar, como "sucessão irreversível de situações históricas totais". Posição que ao professor Menzel parece de extremismo: no caso, extremismo histórico. Pois "considerada a vida social como fenômeno que não se repete, não pode ser objeto senão da ciências histórica", parecendo-lhe "impossível", sobre tal base, "uma doutrina de tipos sociais", isto é, uma Sociologia.[39]

Essa Sociologia é possível tanto quanto qualquer outra, desde que não há separação rígida entre presente e passado, sociologicamente considerados, como não há entre pessoa social e a coisa social e de cultura em que se estenda e prolongue, em grande parte, a pessoa; e de que seja, em parte, prolongamento. Passado e presente social humano são situações sociais: momentos do estar sendo que é a vida de cada ser social. Vida de modo nenhum individual e separada do todo sociocultural. Daí poder dizer-se com Ortega y Gasset "*el hombre es lo que le ha pasado [...]*". E com o professor Echavarria que "*las situaciones del pasado, penetrándose unas a otras, vienen a desembocar en la situación de nuestro presente y a refleyarse, al fin, en el juego de posibilidades que es nuestro futuro. Em consecuencia, nuestra situación sociológica es, en su parte central, un sistema de las grandes estructuras sociales que se han sucedido historicamente*".[40]

Toda pessoa, grupo, instituição social ou comunidade é uma sucessão histórica. A situação atual de cada um vem de situações sucessivas que, como formas ou tipos sociais, se têm repetido e se repetem – família patriarcal, filho, monarca, monarquia, nação, casamento, religião, rebelde ou revolucionário – embora cada qual seja único como substância ou como combinação especial de substância com forma. No último caso, será antes Antropologia ou História social e cultural que Sociologia genética ou histórica; mas com fronteiras indecisas entre umas e outras. Que sirva de exemplo *A study of History*, do professor Arnold G. Toynbee, com seu estudo histórico-comparativo de vinte e uma civilizações.[41] Ou mesmo aquela sociologia formal proposta e praticada por Alfred Weber em que aceita como ponto de partida o dado histórico específico relativo à cultura peculiar a cada grupo ou povo, de vários que se estudem comparativamente, torna-se tarefa do sociólogo da História – ou da cultura – descobrir os elementos que se apresentam constantes no meio das particularidades da História singular de cada um desses povos.[42] Tais elementos seriam os componentes estruturais

---

[39] MENZEL, A. *Introducción a la Sociologia*, México, 1940, p. 70.

[40] ORTEGA Y GASSET, J. *Historia como systema y del Imperio Romano*, Madrid, 1941, p. 63; ECHAVARRIA, M. *Panorama de la Sociología contemporânea*, México, 1940, p. 213.

[41] TOYNBEE, A. G. *A study of History*, London, 1935. A publicação dessa obra monumental, que já está no 6º volume, constitui um dos acontecimentos intelectuais mais importantes da nossa época.

[42] WEBER, A. *Historia de la cultura como sociología de la cultura*, México, 1941. Veja-se também o resumo da sociologia de Alfred Weber oferecido pelo professor Freyer em sua *Soziologie* (op. cit., p. 135-44).

de *processos*, segundo Alfred Weber; de *formas sociais*, poderiam outros dizer. Nós diríamos que de *processos* e *formas*.

O professor Karl Mannheim insistindo em que se procure compreender o passado social pelo presente é outro que está entre os que admitem não só a História em *statu nascendi* contra a *post mortem* como a Sociologia da História com possibilidades, se não condições, de Sociologia especial. Para o professor Mannheim, compreendemos situações passadas por meio de formas análogas ou contraditórias que ocorram em nosso mundo contemporâneo. Esse sentido de atualidade que "vê a vida *in actu* e dá, portanto, atualidade ao passado, permanece o *nervus rerum* de todo conhecimento histórico e social."[43] Uma das vantagens de ordem científica do estudo da Sociologia genética assim praticada seria o de não confundir o triunfo ostensivo de um fator (dos numerosos que concorrem para uma situação social histórica) com a destruição dos demais fatores, como tantas vezes faz o historiador que segue simplesmente os documentos oficiais relativos ao objeto particular do seu estudo. É que "a repentina emergência de novas e surpreendentes situações resulta muitas vezes do fato de virem à tona os fatores suprimidos ou obscurecidos".[44] O caso, na História social do Brasil, do fator africano no condicionamento da situação ou das situações sociais, do brasileiro. Fator por muito tempo quase suprimido pela História oficial da nação, mas que vem emergindo ultimamente com notável vigor e manifestando-se em novas situações que não teriam explicação nenhuma se aceitássemos a tese do seu aniquilamento pelo fator europeu unido ao ameríndio.

i) Sociologia histórica na América Latina

Nos países da América Latina, ao pendor acentuado pelos estudos de Sociologia histórica e, ao mesmo tempo, de Sociologia regional, sob o rótulo de "sociologia nacional" (nem sempre só o rótulo: às vezes se verifica o sacrifício da ciência inteira a exigências de ordem patriótica ou a melindres ou desencantos de caráter político ou nacionalista) raramente tem correspondido, ou corresponde hoje, cautela nas conclusões ou modéstia nas generalizações. O gosto pela frase redonda prejudica alguns dos nossos melhores clássicos de Sociologia, ou de Parassociologia, genético-histórica: "*el gaúcho es un vagabundo a caballo*", grita Sarmiento em *Facundo*, com evidente exagero. E o nosso Euclides da Cunha, não se deixando superar pelo vizinho de fala espanhola, brada por sua vez com exagero igual de generalização e talvez maior vigor

---

[43] MANNHEIM, K. *Man and society in an age of reconstruction*, New York, 1940, p. 188.

[44] Ibidem, p. 189.

latino de eloquência, em *Os sertões*: "o sertanejo [brasileiro] é antes de tudo um forte". Exagero de otimismo.

Esse mesmo Euclides, porém, é dos que se entregam a generalizações de um pessimismo doloroso sobre a mestiçagem: característica da formação social latino-americana que só ultimamente vem sendo estudada com alguma ciência no México, no Brasil, em Cuba. São de ontem os livros antes de Patologia social do que de Sociologia histórica em que o boliviano César Zumeta (*El continente enfermo*), tanto quanto o mexicano Francisco Bulnes (*El porvenir de las naciones hispano-americanas*), junta ao horror à miscigenação a afirmativa enfática de que o mal da América hispânica está em que "*es una zona tropical y en estas zonas tórridas no pueden abundar naciones industriales e civilizadoras*". O argentino Bunge (*Nuestra América*) reage contra a história apologética, outrora dominante entre os hispano-americanos, extremando-se numa semissociologia histórica enfaticamente negativista. Ele e o brasileiro Manuel Bonfim, em *América Latina*, investem com um furor de panfletários desvairados contra Espanha e Portugal, considerando os dois povos peninsulares responsáveis pelos males sociais dos países latino-americanos. Para o primeiro, a miscigenação seria um dos maiores desses males. O próprio Sílvio Romero, contraditório como ninguém, desfaz com os pés o que constrói com as mãos no campo da Sociologia, ou da Parassociologia histórica do Brasil: exalta num dia a "mestiçagem" e a "democracia" na formação brasileira para no outro gritar com toda a força de sua voz malcriada: "Como a democracia ('a mistura das raças') é uma coisa fatal e irremediável, mas é em grande parte um mal [...] os mestiços tomados em totalidade são fundamentalmente inferiores [...]". São "uma desvantagem". E essa desvantagem, irremediável: "provém da *fraqueza* do produto, da *inferioridade* do resultado [...]. Os mestiços, tomados em totalidade, são fundamentalmente inferiores, como robustez, ao negro e ao branco como inteligência e caráter, sem a menor dúvida.". E desencantado com a preponderância democrática da maioria e também com a do Exército: "E porque as classes armadas são em sua maioria mestiçadas quer isto dizer que incontestavelmente são eles, os mestiços, que estão dirigindo as linhas gerais da política".[45]

---

[45] ROMERO, S. *Martins Pena, ensaio crítico*, Porto, 1901, p. 163-4. Do mesmo autor são, entretanto, páginas de exaltação ao mestiço (leia-se sua *História da literatura brasileira*), que contradizem a crença por ele manifestada aqui na "patologia da miscigenação". Nessa suposta patologia biológica acreditaram também Nina Rodrigues, José Veríssimo e Euclides da Cunha. Daí ser inexato dizer-se dos modernos estudos sociológicos e antropológicos no Brasil que, para fins de perspectiva, vêm procurando reabilitar o brasileiro de origem africana e o mestiço dentro do quadro geral da sociedade e da cultura pré-nacionais e nacionais, que são estudos em que se continuam os trabalhos de Nina Rodrigues; ou os de Euclides da Cunha. Os precursores brasileiros admissíveis – por assim dizer – dos modernos estudos sociológicos e antropológicos no Brasil sob essa outra e agora vigorosa e, sob vários aspectos, original orientação são outros: José Bonifácio, Sílvio Romero (a despeito das contradições) e Alberto Tôrres.

Note-se o sabor patológico dos próprios títulos das obras parassociológicas de alguns dos mais prestigiosos intelectuais latino-americanos que se têm ocupado dos problemas de formação histórica e de composição étnica dos povos da América tropical: *El continente enfermo* (César Zumeta); *Enfermedades sociales* (Manuel Ugarte); *Pueblo enfermo* (Alcides Arguedas); *A ilusão Americana* (Eduardo Prado). A essa tendência corresponde o narcisismo exagerado de outros: sirva de exemplo o *Porque me ufano do meu país* do brasileiro Conde de Afonso Celso, hoje superado pelas muitas publicações, com pretensões a sociológicas, de caráter franca ou dissimuladamente oficial e gordamente pagas a tanto por palavra, saídas de departamentos nacionais de propaganda. Entretanto, não devemos nos esquecer de ensaios sociológicos ou parassociológicos latino-americanos cujos próprios títulos exprimem o propósito dos seus autores de fazerem obra quanto possível científica de análise ou de história – principalmente história – sociológica de seus países ou do todo latino hispano-americano: *Bases para la organización de la República Argentina* (Alberdi); *Apontamentos para a civilização dos índios bravios* (José Bonifácio); *Conflictos y armonias de las razas en América* (Sarmiento); *La transformación de las razas en América* e *La herencia moral de los pueblos hispano-americanos* (Agustin Alvarez); *La Evolución Sociológica Argentina* (José Ingenieros); *Organização nacional* (Alberto Tôrres); *Estúdios de sociologia venezolana e apuntaciones sobre las clases sociales de la Colonia e evolución del matrimonio en Venezuela* (P. M. Arcaya); *Indios de Guatemala* (Batres Jauregui); *Os sertões* (Euclides da Cunha); *Rondônia* (Roquette-Pinto); *Proceso histórico del Uruguay* (Alberto Zun Felde); *Populações meridionais do Brasil* (Oliveira Viana); *Fundamentos de la historia Americana* (Luís Alberto Sanchez); *Um estadista do Império* (Joaquim Nabuco); *Petróleo mexicano: história de um problema* (Jesus Silva Herzog); *Formação do Brasil contemporâneo* (Caio Prado Júnior); *Las instituciones jurídicas en la Conquista de América* (Sílvio Zavala); *Raízes do Brasil* (Sérgio Buarque de Holanda); *El ciclo de Hernán Cortez* (Ramón Iglesia); *La población del Valle de Teotihuacán* (Manuel Gamio e colaboradores); *O negro brasileiro* (Artur Ramos); *O índio brasileiro e a Revolução Francesa* (Afonso A. de Melo Franco); *Sul América* (Alvarez Suarez); *Roteiro do café* (Sérgio Milliet); *Las multitudes argentinas* (Ramos Mejia); *The social evolution of the Argentine Republic* (Ernesto Quesada); *América Latina e América Inglesa* (Oliveira Lima); *Sarmiento, sociólogo de la Realidad Americana y Argentina* (Ricardo Levene); *La ciudad indiana* (Juan Agustín Garcia); *Bosquejo sociodialético de la historia de Bolivia* (José Antônio Arze); *El macizo boliviano* (Jaime Mendoza); *Los problemas de la raza en Colombia* (Luís Lopes de Mesa); *Investigaciones sobre la influencia social de la conquista* (José Victorino Lastarria); *Los territorios* (F. Swaiter Martinez); *Problemas sociales y económicos de América Latina* (Ricardo E. Latcham); *La tiranía en el Paraguay* (Cecílio Baez); *Sociología chilena* (Agustín Venturino); *Condiciones psico-sociales del índio en la Provincia de Imbabura* (Victor Gabriel Garcez); *El mestizage y su influencia social en América* (Rodrigo Chanez Gonzalez); *Sociología aplicada a las condiciones de América* (Angel Modesto Paredes); *Formación paraguaya* (J. Natalicio Gonzalez); *América Latina* (A. Colmo); *La primera cultura [...] en el Peru* (Pedro Davalos Lison); *El mito de Monroe* (Carlos Pereira); *El Peru contemporaneo* (F. Garcia Calderón); *Sociedade rural* (Carneiro Leão); *Filosofía de las revoluciones sociales* (Antônio M. Grompone); *Los partidos tradicionales* (Ariosto D. Gonzalez); *Os africanos no Brasil* (Nina Rodrigues); *A mulher e a sociogenia* (Tito Lívio de Castro); *Contrapunteo cubano del tabaco y el azucar* (Fernando Ortiz); *História constitucional de Venezuela* (José Gil Fortoul); *El perfil del hombre y de la cultura en México* (Samuel Ramos); *Lecciones de sociología mexicana* (Daniel Cosio Villegas); *La instalación humana en el Valle de Catamarca* (Romualdo Ardissone); *El problema agrario en México* (Mendieta y Nuñes); *Negros esclavos y negros libres* (I. Pereda Valdez); *Sociología del folklore* (Alfredo Poviña); *El comunismo jesuítico guarani* (Júlio S. Storni); *Estúdio económico de la produción de las carnes del Rio de la Plata* (Ruano Fournier). Com o último, durante nossa viagem ao Uruguai, em 1941, esboçamos um plano de organização de um instituto para o estudo, sob critério regional supra ou transnacional, do problema, na América hispânica, da fazenda de gado, estância, rancho, campo de criação e indústria e comércio de carne: estudo social que fosse principalmente sociológico em seus propósitos e métodos, porém também histórico, ecológico, tecnológico, econômico. Infelizmente, as circunstâncias de momento não se revelaram favoráveis a tais estudos que exigiriam o esforço conjunto de especialistas de várias ciências sociais e de cientistas sociais de vários países americanos (inclusive dos Estados Unidos) com a colaboração de um cientista social europeu que considerasse o problema do ponto de vista dos países importadores de carnes e derivados, da América. Estudo semelhante poderia ser feito com relação à Amazônia cuja história natural

Ao lado de tais escritores, quase todos dos fins do século XIX e dos começos do XX, com os quais a Sociologia histórica teve sua primeira época na vida latino-americana, impõe-se recordar aqui uma tradição menos generalizadora e uma tendência maior para a análise regional e para o emprego do método comparativo nos estudos genético-históricos sobre as instituições, o passado e os problemas sociais desta parte da América. Principalmente o problema de contato da "raça" invasora (espanhóis, portugueses e outros europeus) com a subjugada (ameríndia) e com a ancilar (africana). Mas também os problemas sociais de caráter ecológico e que não se esclarecem sem prévia sondagem de origens e antecedentes.

Alguns hispano-americanos têm chegado à própria combinação do critério histórico com o ecológico ou regional, sob o estímulo de ciências vizinhas da Sociologia como a Antropologia: o caso do professor Manuel Gamio; ou sob a influência da Geografia: o caso do professor Ardissone. De modo que os nomes mais merecedores de serem destacados nem sempre são os de sociólogos propriamente ditos, com obras, vários deles, de pura repercussão das europeias ou norte-americanas, mas os dos que, às vezes sob o rótulo de outras especializações ou à sombra de outras atividades científicas, têm feito obra, em parte, de Sociologia genético-histórica. Estudos de história natural e social de instituições. Alguns, Sociologia aplicada que interessa à pura. O estranho é que entre tais estudos não esteja maior número de análises do fenômeno revolucionário; e nenhuma que se compare com *The natural history of revolution*, do norte-americano Lyford P. Edwards.[46] O professor Edwards se baseia na "teoria dos

---

e social e cujos problemas não são exclusivamente brasileiros ou peruanos, porém interessam ao Norte inteiro da América do Sul: problema dos que denominamos regional no sentido mais amplo de região, que exceda o de nação e não apenas o de Estado. Também com relação a esse objeto ao mesmo tempo regional e transregional de estudo, houve tentativa de estabelecer-se um instituto – o da Hiléia Amazônica – que congregasse estudiosos dos vários países amazônicos, assim como da Europa e dos Estados Unidos: tentativa que foi em grande parte esforço de um brasileiro, o Embaixador Paulo Carneiro, por algum tempo Delegado do Brasil à Unesco. A tentativa fracassou, devido ao movimento de opinião ou emoção nacionalista que levantou-se no Brasil contra a ideia de um instituto de feitio transnacional com sede em Manaus.

Sobre a Sociologia na América Latina vejam-se Alfredo Poviña, *Historia de la sociología latinoamericana* (México, 1941), e a série de estudos sobre "sociólogos americanos" (Manuel Gamio, José Gil Fortoul, Mariano H. Cornejo, Eugênio Maria de Hostos, Juan Agustin Garcia e outros), que vem sendo publicada no *Boletim del Instituto de Sociología* da Faculdade de Filosofia e Letras da Universidade de Buenos Aires. O assunto – Sociologia na América Latina – é também versado pelo sociólogo francês residente no Brasil, o professor Roger Bastide, na obra publicada nos Estados Unidos, em 1945, com a colaboração de alguns dos mais notáveis sociólogos dos nossos dias e sob a direção dos professores Georges Gurvitch e Wilbert E. Moore: *Twentieth Century Sociology*. Deve-se destacar, a esse propósito, a obra monumental de Sociologia da História da América Latina que vem sendo realizada pelo sábio mexicano Silvio Zavala e que, como o sociólogo francês Roger Bastide no seu recente *Anthropologie appliquée* atribui a maior importância aos estudos brasileiros de Tropicologia.

[46] EDWARDS, Lyford P. *The Natural History of Revolution*, Chicago, 1927. Veja-se também *The Sociology of Revolution*, por Pitirim A. Sorokin (Philadelphia; London, 1925). Entretanto, há estudos hispano-americanos sobre revoluções nacionais merecedores de atenção do sociólogo: *La Revolución de Mayo y*

quatro desejos", de Thomas, para sugerir que as revoluções ocorrem contra instituições que interfiram com a realização de um ou mais dos quatro desejos. Seria interessante submetermos alguns dos movimentos revolucionários hispano-americanos mais recentes a essa interpretação psicossociológica das revoluções. O que poderia ser feito dentro de nossa tradição de estudos mistos: a um tempo sociológicos e psicológicos, por exemplo. Ou sociológicos e históricos.

Esses estudos constituem, na América Latina como na Europa, uma zona de confraternização dos sociólogos com os demais cientistas sociais e com os filósofos: mesmo com aqueles que são hostis, esquivos ou pouco simpáticos à Sociologia propriamente dita, como na Inglaterra, na Rússia e nos Estados Unidos, vários historiadores, antropólogos sociais, economistas e geógrafos, e na Alemanha e noutros países, alguns juristas, psicólogos e filósofos. Nesse número é que está de algum modo, com toda a autoridade do seu profundo saber e de sua aguda inteligência, o mestre espanhol J. Ortega y Gasset, de quem, entretanto, está para aparecer um livro que talvez marque sua inteira reconciliação com a Sociologia: *El hombre y la gente*.

Aliás, quando o Sr. Ortega y Gasset – talvez hoje o mestre espanhol de maior influência intelectual sobre a América Latina – escreve que "*el hombre no es cosa ninguna sino un drama – su vida, un puro y universal acontecimiento que acontece a cada qual y en que cada qual no es, a su vez, sino acontecimiento*", aproxima-se do que a Sociologia

---

Mariano Moreno (Ricardo Levene), por exemplo. Acentuadamente sociológicos são os ensaios: *Sociología de la Revolución* (Alfredo Poviña); *El sentido de las revoluciones* (Alberto J. Rodriguez); *Filosofía de las revoluciones sociales* (Antônio M. Grompone). O historiador brasileiro Alfredo de Carvalho deixou notas para um estudo quase sociológico da revolução de Pernambuco de 1817 que infelizmente se extraviaram depois de sua morte.

São vários os estudos sociológicos ou parassociológicos aparecidos na América Latina em que se faz a história ou a análise de tiranias, ditaduras, ditadores, imperialismo etc. (López, Rosas, Francia, Floriano Peixoto, Castro, Gomes, Porfírio Dias, Gusmán Blanco etc.), considerando-se aspectos do processo social de *dominação*. Está nesse caso a obra de Carlos Pereira, *El mito de Monroe, la constitución de los Estados Unidos como instrumento de dominación plutocrática* e também *La política liberal bajo la tirania de Rosas*, de José Manuel Estrada e *Fastos da ditadura*, de Eduardo Prado. Relaciona-se com o assunto o ensaio publicado em 1950 por ilustre publicista brasileiro, o Sr. Costa Porto, sobre Pinheiro Machado.

A ideia de que deviam vir da América Latina os estudos-mestre sobre a sociologia das revoluções assemelha-se à ideia de que a Inglaterra é que deveria ter produzido a obra sociológica, psicossociológica ou histórico-sociológica mestra sobre o esporte. Não a produziu. Esta nos vem de um meio, sob mais de um aspecto, pouco esportivo: da Alemanha, pois é talvez o estudo de Rudolf Kircher, *Fairplay: Sport, Spiel und Geist in England* (Frankfurt, 1927). Alemães são também os estudos de Marie Kloeren, *Sport und Rekord* (Leipzig, 1935). *England, das Land des Sports* (Leipzig, 1935) e *Risse Soziologie des Sports* (Berlim, 1921). As obras de caráter mais filosófico ou psicológico que sociológico como *Sports, Heroics and Hysterics*, por J. R. Tunis (New York, 1928), *Atalanta*, por G. S. Sandlands (London, 1928), e *The Philosophy of Sport*, por Peter McBride (London, 1932), é que se apresentam como estudos de autoanálise, de considerável interesse para o sociólogo. Tal omissão inglesa, na análise sociológica do esporte, parece resultar do pouco desenvolvimento dos estudos sociológicos entre os ingleses a despeito da presença da Inglaterra de um dos maiores sociólogos dos nossos dias: o professor Morris Ginsberg.

histórica tem de *histórico* e *sociológico*, ao mesmo tempo; de temporal e intemporal; de funcional. Pois *"la experiencia de la vida"* – palavras ainda do Sr. Ortega y Gasset – *"no se compone solo de las experiencias que yo personalmente he hecho, de mi pasado. Va integrada también por el pasado de los antepasados que la sociedad en que vivo me transmite"*. E ainda: *"[...] la sociedade es, primariamente, pasado, y relativamente al hombre, tardígrada"*. De modo que: *"para compreender algo humano, personal y coletivo, es preciso contar una historia. Este hombre, esta nación, hace tal cosa y es asi* porque *antes hezo tal outra y fué de tal outro modo"*.[47] Cremos que nunca um sociólogo rigidamente sociológico justificou com palavras tão exatas a Sociologia genética ou histórica que esse filósofo meio arredio da Sociologia para quem *"frente a razón físico-matemática"* há *"uma razón narrativa"*, E como conciliação das duas – pode-se talvez acrescentar ao erudito espanhol, com quem não concordamos de modo nenhum na afirmativa extrema de que o homem, isto é, o homem social, não tem natureza, mas só história – uma razão sociológica.

Ao sociólogo geral a Sociologia histórica permite pelo menos isso, de previsão: sabermos ao certo o que não vai repetir-se e, aproximadamente, o que pode repetir-se. Nem a Revolução Francesa nem a russa, nem mesmo a mexicana se repetirão no Peru, no Transval ou na Índia. Mas estamos próximos, segundo indícios de ordem histórico-sociológica, de revoluções socioculturais no Peru, na Índia, no Transval, noutros países, por desajustamento não só de umas classes a outras como por competições entre "raças" e culturas – as dominantes e as dominadas – prestes a explodirem com maior ou menor violência. Desajustamentos e competições das quais se pode afirmar que resultam ao mesmo tempo da História e da natureza, esta tendo fornecido ou continuando a fornecer senão motivos, pretextos para a desarmonia entre habitantes da mesma região e para a repugnância de uns pelos outros por motivos – ou pretextos – de intolerância de uns à cor, ao odor e às formas de corpo dos outros. Intolerância que se estende aos deuses diferentes que os outros adoram, às línguas diferentes que falam, aos alimentos diferentes que comem. Donde distâncias sociais profiláticas a que, em certas regiões, de regime de castas mais acentuado – na Índia, por exemplo – devem corresponder distâncias físicas, sob risco do "superior" contaminar-se com o "inferior".

6. SOCIOLOGIA DA CULTURA.

a) Relações da Sociologia da Cultura com a Sociologia Geral

Da Sociologia da História, ou Histórica ou Genética, ou Genético-Histórica, pode-se passar quase sem o incômodo de atravessar fronteiras, para a Sociologia Cultural,

---

[47] Ortega y Gasset, J. *Historia como sistema y del Imperio Romano*, Madrid, 1941, p. 51.

ou antes, da cultura, tantos são os pontos em que as duas se cruzam ou se confundem. Principalmente nas obras de Sociologia chamada aplicada por aplicar-se ao estudo de assuntos específicos (e não por alargar-se em engenharia social), como aquelas em que Max Weber estuda formas de farisaísmo na organização agrária do mundo antigo, dentro do critério principal de estabelecer as relações das mesmas formas com outros aspectos de determinadas fases históricas e também de determinadas culturas, ou áreas de cultura; e nunca *in vacuo*, isto é, sob a suposição de universalidade ou identidade absoluta da natureza humana e de sua evolução unilinear.

Não que a maioria dos culturalistas e dos historicistas se recusem, no estudo sociológico dos fatos sociais e de suas formas e processos, a todo esforço ou tentativa de generalização de sabor naturalista ou de caráter universalista à maneira dos extremistas daquele historicismo puro de que o mestre Ortega y Gasset, bom discípulo de Dilthey, poderia ser mais uma vez citado como exemplo; ou a modo de certos culturalistas norte-americanos e de vários historiadores alemães. Um deles, von Treitschke. Desse pode-se mesmo dizer que abriu o caminho para modernas filosofias da história ou da cultura degeneradas em místicas de raça.

Jede Epoche ist unmittelbar Gott, disse Ranke; e os orientadores de alguns povos modernos vêm convertendo essa filosofia relativista de historiador esquivo ao universalismo numa mística absoluta de revolucionários, dentro da qual se substituísse o critério imparcialmente histórico de cada época pelo absoluto e parcial, de consciência histórica dos nórdicos, ou seja, de consciência da época que vem dos começos dos nórdicos, como europeus, aos nossos dias. Seriam eles – os europeus nórdicos – e seus valores, e quando muito, os valores da totalidade cultural ou histórica europeia, os únicos que importaria ao historiador e ao sociólogo de hoje considerar em seus estudos; os únicos, também, que eles poderiam, como europeus e nórdicos, *compreender* e *interpretar*. O mais seria a simples paisagem de que falava o Eça de Queirós referindo-se ao mundo para além da área urbana de Paris.

Pois só o participante íntimo de uma época ou de uma cultura seria capaz de estudá-la, compreendendo-a, por ter vivido seus valores; ou experimentá-los ainda. Trata-se do historicismo ou do culturalismo levado ao absoluto quando sua maior virtude está no seu relativismo. Reconhecendo a importância das variações de desenvolvimento social humano contra as teorias dos que apresentam o mesmo desenvolvimento sob a forma de evolução unilinear ou de degradação da humanidade inteira, os historicistas trouxeram para o estudo das culturas e do passado social do homem o critério, que a princípio pareceu romântico, no sentido de caprichoso (e assim se apresenta ainda aos olhos de alguns críticos) de que a grupo étnico nenhum, nem a nenhuma cultura etnocêntrica – para não falarmos das etnomaníacas – pode-se associar constante superioridade com relação às demais ou atribuir superioridade absoluta sobre as demais.

O professor Wallis reconhece que nos últimos séculos o homem branco tem sido "o maior criador de civilização" – ao mesmo tempo que o maior "destruidor de recursos humanos e naturais" extraeuropeus. Em compensação a tanta destruição, que oferece a civilização europeia aos grupos de "raça" e cultura extraeuropeias de absolutamente superior? Que responda o professor Wallis: "Muito, como ciência e técnica"; "pouco, na verdade, como esquema de vida social mais satisfatório que o conhecido pelos demais povos".[48]

Mas mesmo a ciência e a técnica não representam criação de uma "raça" ou de uma cultura: da "raça branca", muito menos da nórdica; ou da cultura europeia. O professor Lowie, que estudou o assunto profundamente, diz que "a ciência europeia vem diretamente de conhecimentos desenvolvidos por babilônios, egípcios, hindus, gregos, romanos e árabes"; mas a origem remota daquela ciência está em todas as culturas e não apenas naquelas que, pelas sobras de alimento, encontraram-se em condições economicamente favoráveis ao desenvolvimento da mesma ciência.[49]

Destaquemos de início este aspecto da Sociologia cultural, ou da cultura, em suas relações com a geral ou a pura: a primeira não se limita a ciência descritiva mas, invadindo um pouco o campo da pura ou geral, procura extrair do estudo de *culturas*, como a Sociologia histórica do estudo de *épocas*, ou de sequências, no tempo, aspectos comparáveis e até suscetíveis de generalidade através da redução de massas impuras de fatos a formas arbitrariamente puras: *formas de organização social* e *formas* ou *tipos* de personalidades psicoculturais (como as de Benedict) e de *situações sociais* e *psicossociais*, que se exprimem e ao mesmo tempo se apoiam em *funções* desempenhadas dentro daquelas *formas* de organização e de acordo com essas *formas* de personalidade. Uma espécie dos tipos-ideais de Max Weber através de métodos representativos.

Rigorosamente, as formas não se repetem em todas as culturas com os mesmos aspectos; nem tomadas em massa ostentam estado de pureza absoluta. Nenhum dos tipos sob que, simbolicamente, procuremos representar uma cultura ou sociedade – uma cultura toda apolínea, por exemplo – é expressão pura da realidade cotidiana. A idealização, porém, de uma cultura impura em que predominem característicos apolíneos, em cultura que se denomine e considere apolínea para fins de comparação e generalização e se possa opor a culturas dionisíacas, é uma daquelas "distorções de realidade empírica com o fim de ganhar-se domínio sobre a mesma realidade", a que se refere o professor Becker. Bem construído um desses tipos ideais sobre determinada cultura particular, observa ainda Becker que grande pode ser o préstimo da construção para apurar-se

---

[48] WALLIS, W. D. Social history of the white man, in: MURCHISON, C. (org.) *A handbook of social Psychology*, Worcester; London, 1935, p. 358-9.

[49] LOWIE, R. H. *An introduction to cultural anthropology*, London, 1934, cap. XVIII, espec. p. 340-1.

a presença do tipo ou ramificação dele – do seu comportamento – noutras épocas e culturas.[50] E se não o encontramos nesta ou naquela cultura a própria ausência é significativa: os tipos ideais teriam utilidade negativa, ao lado da positiva.

b) Objetivo da Sociologia da Cultura

Pode-se considerar objetivo da Sociologia da Cultura tanto o estudo sintético das instituições culturais em geral – sua origem, seu desenvolvimento, sua difusão por várias áreas e entre vários povos – como o estudo analítico e particular de determinada cultura correspondente a grupo homogêneo em suas manifestações culturais – tribo primitiva, província, nação, classe etc. Mas há quem separe do primeiro estudo, mais próximo da Sociologia geral, o segundo, mais particularizador e mais próximo da História, da Antropologia cultural, da Etnografia, da Geografia e do folclore regional. Questão de zoneamento da cidade sociológica.

Sejam quais forem as tendências do sociólogo, o que importa é sabermos que a Sociologia da cultura se ocupa do que os ingleses chamam *folkways*, tanto de modo mais particular – a religião dos negros africanos no Brasil, por exemplo – como, de maneira menos particular, mais comparativa e mais sintética – a Religião, em geral, nos seus aspectos sociológicos, reservado, entretanto, o estudo verdadeiramente geral e sintético do assunto – o estudo sociológico do processo social de organização ou desorganização religiosa por assimilação, integração ou diferenciação de formas – para a Sociologia pura ou geral. Talvez o exemplo escolhido não seja dos mais felizes, por haver quem insista na autonomia, como sociologia especial, de uma "sociologia religiosa" ou – parece-nos mais exato dizer – de uma "sociologia de Religião". Trata-se, a nosso ver, de uma *sociologia especialíssima*, ou particular, dentro da Sociologia da cultura, considerada especial. O mesmo, aliás, nos parece certo de outras sociologias dadas por alguns sociólogos como especiais: a sociologia econômica ou da Economia, a jurídica ou do Direito, a política ou do Estado, a educacional ou de Educação. Cabem tão a cômodo dentro da Sociologia da cultura, em relação com a qual seriam *sociologias especialíssimas*, que a

---

[50] BECKER, H. The field and problems of historical sociology, in: BERNARD, L. L. (org.) *The fields and methods of Sociology*, New York, 1934, p. 25. Vejam-se na mesma publicação: The field and problems of cultural and folk sociology, por James G. Leyburn, p. 110-18, e The sources and methods of cultural sociology, por L. L. Bernard, p. 346-65. Vejam-se também HOBHOUSE, L. T. et al. *The material culture and social institutions of the simpler people*, London, 1930; CHAPIN, F. S. *Cultural change*, New York, 1928; WINSTON, S. *Culture and human behavior*, New York, 1933; LINTON, R. *The study of man*, New York, 1936. Vejam-se também no livro coletivo *Twentieth Century Sociology* (op. cit.), os capítulos "Sociocultural dynamics and evolution", por Pitirim A. Sorokin, "Sociology of knowledge", por Robert K. Merton, "Interpretative sociology and constructive typology", por Talcott Parsons.

independência absoluta de qualquer delas só faz prejudicar o estudo de fatos socioculturais considerados no seu conjunto ou na sua totalidade.

c) Revoluções, Sociologia e cultura

Em sugestivo trabalho, o professor Earle E. Eubank se insurge contra o exagero de especializações sociológicas: contra as muitas sociologias intituladas especiais, tão absurdas, ao seu ver, como se em Química houvesse uma química para a Medicina diversa da que interessa à Agronomia.[51] É um dos pontos em que tivemos a honra de nos antecipar ao ilustre professor norte-americano, o outro – seja dito de passagem – tendo sido o de oferecer as revoluções como exemplo de um processo sociológico – o de competição ou de conflito – em contraste com as Revoluções com R maiúsculo por ser cada uma delas única: a francesa, a russa, a mexicana, a chinesa etc. – que seriam simplesmente históricas. Indo além do professor Eubank acentuaremos, das revoluções que se repetem; das Revoluções com R maiúsculo e seguida de adjetivos indispensáveis – que são fatos únicos.

Aqui poderíamos insistir no assunto para lembrar que a nenhuma Sociologia especial o estudo das revoluções como processo de competição ou de conflito social interessa de modo tão particular como à Sociologia da cultura, inclusive a subdivisão de que agora nos ocupamos: a Sociologia de religião. Pois várias das revoluções culturais que constam da História como movimentos de caráter ostensivamente teológico têm sido revoluções menos religiosas que político-econômicas: a chamada Reforma luterana, por exemplo; e o estudo de sua substância pede antes economistas do que teólogos. Seja, porém, qual for a sua substância ou seu conteúdo ideológico ou sentimental, sua *forma* e seu *processo* são estudos da competência do sociólogo. O mesmo é certo, aliás, de perturbações da vida econômica, em particular, e da social, em geral, que importam em revoluções: a inflação, por exemplo; ou a brasileiríssima "valorização": "valorização do café", "valorização da borracha", "valorização do açúcar" – processo que acreditamos ter sido o primeiro a salientar que é invenção ou criação brasileira, imitada ou adotada depois por vários povos modernos.

---

[51] EUBANK, E. E. The fields and problems of the Sociology of religion, in: *The field and problems of Sociology*, New York, 1934, p. 165. Observa o professor Eubank que "*The principles of Sociology are the same wherever applied; and only the areas of application differ*".
Sobre o assunto, veja-se também A. Brüzzi Alves da Silva, *Introdução à Sociologia* (São Paulo, 1942, p.123-4) que se ocupa com inteligência do problema da repetição de fatos sociais e das "leis sociológicas". O padre Brüzzi Alves da Silva serve-se aí do mesmo exemplo de fato único com características comuns de que nos servimos desde 1935 (curso de Sociologia na Faculdade de Direito do Recife), isto é, a Revolução Francesa em relação com as revoluções.

São expressões – inflação, deflação, "valorização" – de processos sociais: de competição ou de dominação.[52]

A verdade é que ao ocupar-se de uma revolução – seja ela política ou religiosa, econômica ou intelectual – o sociólogo está interessado menos na *matéria* religiosa, política ou econômica ou intelectual – que no *processo*; menos na *substância* que na *forma*. O estudo da substância revolucionária é extrassociológico. Cabe ao economista, ao estudioso do Direito e ao psicólogo social fazê-lo, se se trata de uma revolução como a de 30, no Brasil: revolução de substância indefinida, heterogênea e confusa embora tivesse surgido principalmente como reação aos excessos de centralização e de poder executivo na República (reação que depois se transformaria em antidescentralismo e antiparlamentarismo extremo); ao crítico, historiador literário e filósofo, se a revolução tiver sido, como a de Antero de Quental, em Coimbra, principalmente literária e filosófica; ao filósofo, ao teólogo e, outra vez, ao jurista e ao economista, se a revolução a estudar for a que guarda na História o nome de Puritana. É claro que ao sociólogo especializado no estudo da cultura interessa conhecer a substância, toda ela cultural, das várias revoluções que estuda; mas esse conhecimento é, para ele, mais do que para qualquer outro, um meio e não um fim; seu objetivo é o estudo das revoluções culturais – econômicas, tecnológicas, políticas, intelectuais, seja qual for seu aspecto particular – como processos sociais e como alterações violentas de formas de cultura e de situações psicossociais.

---

[52] Já tivemos, com efeito, ocasião de salientar, para surpresa, aliás, de muitos, se não de quase todos os nossos financistas, economistas e historiadores da economia brasileira, que a chamada valorização de produtos é invenção brasileira. A palavra (que em inglês, *valorization*, é um brasileirismo) vem sendo empregada para descrever tentativas, oficiais ou não – em geral oficiais ou semioficiais – no sentido de elevação artificial de preços de alguma comodidade ou de regulamentação de seu mercado internacional ou doméstico. Depois da iniciativa brasileira de "valorizar" o café (iniciativa de 1905, repetida em 1917 e noutros anos e de que decorreria para o Brasil uma falsa situação não só econômica como política: tão falsa que só se resolveria com a revolução de 1930), outras "valorizações" têm sido tentadas com maior ou menor sucesso econômico, nunca, porém, independente de consequências sociais consideráveis: no Equador, com o cacau, em 1912 e no México, em 1922; na Malaia Britânica e no Ceilão em 1922, com a borracha: em Cuba, em 1925, com o açúcar; e com vários outros produtos em vários outros países (Egito, Grécia, Itália) a ponto de poder-se atribuir a essa invenção brasileira uma difusão que poucos traços de cultura brasileiros têm alcançado. Sobre o assunto, vejam-se SCHERER, H. *Die Kaffevalorisation und Valorisationsversuche in anderen Artikeln des Welthandels*, Jena, 1919; WALLACE B. B.; EDMINSTER, L. R. *International control of raw materials*, Washington, 1930; Valorization, por Charles R. Whittlesey, *Enc. of the Soc. Sciences*, v. XV, p. 210-12. Do ponto de vista sociológico, é interessante vermos um economista como Whittlesey destacar que "*the primary significance of governmental participation is that it permits a degree of control that would not otherwise be possible. It introduces, however, a political element, which has on several occasions in the past led to international friction*" (ibidem, p. 211). Reconhece assim tratar-se de um processo complexamente social e não simplesmente econômico, como ele próprio (ibidem, p. 210) parece considerar a valorização. A nosso ver, essa deve ser encarada como processo de dominação e, ao mesmo tempo, de competição. Pode-se, entretanto, admitir, com Whittlesey, que "a tendência para abusos no sentido do monopólio" ligada à valorização, seja evitável e que numa "sociedade econômica melhor ordenada" se possa vir a fazer melhor uso daquela técnica brasileira.

Já ao psicólogo interessa, nas revoluções e fenômenos culturais, em geral, outro aspecto: seu processo mental ou psicológico; as relações mentais e psíquicas do indivíduo com a cultura e a organização social. Estudo em que, mais de uma vez, sociólogo e psicólogo têm de se auxiliar reciprocamente, tão grudados às formas e processos sociais se apresentam os processos mentais. Não se imagina o estudo de um movimento como o de Canudos, por exemplo, no Brasil do fim do século XIX, por um sociólogo que, sendo também um ecologista social e um historiador, não tivesse a colaboração de um psicólogo ou de um psiquiatra. Teve-a Euclides da Cunha, a quem Nina Rodrigues fornecera o diagnóstico de Antônio Conselheiro, isto é, do seu misticismo em função de um choque entre culturas separadas: a sertaneja com a do litoral brasileiro. E a quem Teodoro Sampaio supriha de informações valiosas sobre a geografia histórica da região.[53]

Como à frente de epidemias sociopsicológicas do tipo da de Canudos, encontram-se, de ordinário, indivíduos que os psiquiatras chamam "negativistas" na sua reação às condições existentes,[54] é de toda a importância, no estudo de tais movimentos – insurreições de caráter sociopsicológico em que o desajustamento ou a fobia de populações inteiras é a formas de cultura antagônicas àquelas em que se estratificaram por isolamento ou diferenciação, deliberada ou involuntária – associar-se o caso particularmente psicológico, ou psiquiátrico, do chefe ou do cabeça do movimento à situação não só mental como social e cultural das populações, ou dos elementos de populações, atraídos a tais personalidades e submetidas à sua vontade e ao seu prestígio. O surto triunfante da personalidade paranoica entre populações diferenciadas da cultura dominante parece corresponder sempre a estados sociopsicológicos como o dos sertanejos pobres do Brasil ao tempo do Conselheiro; e esses estados, ou situações, resultam de desarmonias profundas entre culturas. Desarmonias entre formas e estilos dominantes de vida social e classes, raças ou populações regionais que o tempo ou a distância físico-social ou apenas social tenha separado de tal modo daquelas formas e estilos de convivência que as pessoas situadas no extremo diferenciado deixam de compreender as formas e estilos de vida e cultura da maioria ou minoria dominante. Dominante só por coação; dominante, até certo ponto e não ao ponto de fazer acompanhar seu domínio, de assimilação de todos os dominados.

A atitude dos que se sentem ou se consideram dominados ou explorados através de polícia, de fisco, de prefeitos, de vigários, de missionários, é a de desconfiança e ressentimento que podem dramatizar-se em crispação e insurreição: o caso não só da

---

[53] Veja-se nosso *Perfil de Euclides e outros perfis* (Rio de Janeiro, 1943, p. 132-3).

[54] Sobre "reações negativistas" de psicopatas, veja-se BROWN, L. G. *Social pathology, personal and social disorganization*, New York, 1942, espec. cap. XVIII e XXXIII. Vejam-se também LASSWELL, H. D. *Psycho-pathology and politics*, Chicago, 1930; HUNTER, R. *Revolution: why, how and when?*, New York, 1940; MERRIMAN, R. B. *Six contemporaneous revolutions*, Oxford, 1930; VERNON, W. H. D. Hitler the man – Notes for a case-history, *The J. of Ab. and Soc. Psychology*, v. 37, n. 3.

população sertaneja do Brasil que colaborou psicológica e socialmente com a explosão da personalidade paranoica do Conselheiro (o desajustado ou diferenciado social deixando-se completar pelo individual, sob a pressão do mesmo desfavor de situação de cultura) como, em ponto grande, o da Alemanha explorada pela burguesia capitalista das potências dominantes em Versalhes, das quais foi distanciando-se psíquica, social e culturalmente até achar correspondência e expressão para a sua "anormalidade" ou diferenciação crescente em personalidades paranoicas. O ascetismo forçado e o culto de desconforto – um desconforto imposto também pelas circunstâncias de povo vítima de colossal inflação – contribuíram para colocar o alemão em oposição aos extremos de cultura e de vida, de conforto físico e de comodismo social – inclusive o pacifismo – das nações burguesas: e o asceta Adolf Hitler teria sido seu tipo ideal de condutor paranoico. Organizações como a "juventude alemã" e, depois, o Partido Nazista, com uma filosofia e uma política simplistas de transmutação de valores de cultura e de estilos de vida no sentido do seu desaburguesamento e de sua maior correspondência com certa primitividade ingênua mas brutal de base antes biológica que sociológica, antes germânica e pagã do que europeia e cristã, teriam favorecido a diferenciação, ao mesmo tempo cultural e psicossocial, da Alemanha em relação com a Europa burguesa, de um lado, e com a Rússia Soviética, do outro.

Antônio Conselheiro igualmente encontrara os sertanejos pobres do Norte do Brasil com sua primitividade de cultura e sua simplicidade de vida, em contraste com os requintes do litoral urbano e agrário, entrevistos ou imaginados de longe por aquela gente pastoril. É, porém, noutro místico do fim do século XIX, João Maria de Jesus,[55] este dos sertões do Sul (Paraná e Santa Catarina), que encontramos melhor exemplo para a força que dá a tais personalidades a correspondência entre seu estado não só psíquico como cultural de homens ativa ou passivamente opostos a formas novas, complexas e triunfantes de cultura e de vida – inclusive de economia – e o estado psíquico e cultural de populações pobres, arcaicas, simples em seus estilos de vida, conformadas com a economia pastoril ou nostálgicas de condições, ainda mais primitivas de cultura: indígena, africana, portuguesa comunária.

Outro exemplo: o episódio dos Muckers, no Rio Grande do Sul, com a figura da "Profetisa" Jacobina Mentz à frente de uma pequena revolução social.[56] Houve com os

---

[55] Sobre João Maria de Jesus, leia-se NASCIMENTO, D. *Lendas populares, vida de João Maria de Jesus (O profeta)*, Curitiba, 1929.

[56] Leia-se sobre os Muckers, SCHUPP, A. *Os muckers, Episódio histórico extraído da vida contemporânea nas colônias alemãs do Rio Grande do Sul*, Porto Alegre, s. d. Com esse livro, hoje raro, nos pôs em contato o escritor Viana Moog.
Sobre o assunto "Possessão, problema de etnopsicologia", tem em preparo trabalho deveras interessante e baseado em estudo minucioso de vários possessos nos xangôs do Recife, o professor René Ribeiro, chefe do Departamento de Antropologia Social do Instituto Joaquim Nabuco de Ciências Sociais.

Muckers tentativa de volta a certo primitivismo religioso de feição social comunista. Tal primitivismo estava ainda vivo entre vários colonos alemães daquela área do Império escravocrata que era então o Brasil. Alguns dos mesmos colonos eram descendentes – como a própria Jacobina – de anabatistas.

Seja qual for a rótulo teológico que se dê ao movimento dos Muckers foi, tanto quanto o de Canudos, uma epidemia sociopsicológica de surto e propagação fáceis num ambiente de choque dramático entre antagonismos de cultura. Como em Canudos, a diferenciação psicossocial e de cultura de um grupo sociopata definiu-se através da figura de uma mulher psicopata que, sem aquela correspondência, nunca teria passado de um caso banalmente clínico.

Insistimos neste ponto: o que se verificou nos últimos anos na Europa e talvez no mundo inteiro – pois sobre o mundo quase inteiro se projeta ainda o domínio cultural europeu – pode ser considerado grandiosa epidemia – ou pandemia – sociopsicológica, em que se teriam juntado a figuras necessárias de psicopatas – paranoicos com mania de perseguição e de grandeza, principalmente – massas enormes de sociopatas. No caso do nazismo na Alemanha e do seu conflito com as chamadas "nações burguesas", como no das revoluções – em comparação com este, liliputianas, a que fizemos referência – tudo parece indicar que não se tratava de guerra convencional entre Estados nem mesmo entre nações, mas de profunda incompatibilidade ou desarmonia de composições ou camadas culturais tendendo as revoltadas para o primitivismo, as dominantes para o progressismo, aquelas para o agrarismo, estas para o industrialismo capitalista, os grupos insurretos para o anti-intelectualismo, para um como instintivismo e alguns para o paganismo, contra o cristianismo ou o judaísmo dos mais identificados com a causa chamada da civilização. No estudo e explicação de tais desajustamentos – que uns simplistas pretendem reduzir a choques entre classes, outros a conflitos entre "raças", ainda outros a rivalidades entre impérios ou nações, quando os antagonismos em jogo são complexa e amplamente psicossociais e culturais – a Sociologia cultural, ou da cultura, tem hoje, sozinha, ou unida à Sociologia psicológica, uma tarefa heroica a realizar. Longe está, porém, de resumir-se seu campo de atividade ao estudo e à tentativa de explicação e de prevenção do que ocorre de catastrófico nas relações entre as culturas, ou antes, entre grandes complexos ou conjuntos culturais; entre camadas culturais diversas que formam a base do bolo complexo de civilização europeia. Pois se nossa época se apresenta, sob esse aspecto – aspecto intensamente dramático – desarmônica ou desajustada nas suas manifestações mais salientes de inter-relações de cultura, épocas têm havido de relativo ajustamento entre culturas ou camadas culturais diversas: ou por acomodação em torno de instituições estáveis; ou por submissão de uns grupos ao domínio de outras; ou em virtude de outros dos processos sociais de interação que enumeramos em capítulo anterior.

d) Zonas de domínio da Sociologia da Cultura

São zonas de domínio de estudo da Sociologia cultural além do das relações entre totalidades culturais e de inter-relações das camadas que harmoniosa ou desarmoniosamente as constituem: *a)* o estudo das relações entre as formas de cultura arbitrariamente situadas por alguns sociólogos ultramarxistas sempre na dependência da técnica de produção – a Família, a Religião, o Direito, a Arte, a Ciência – quando as relações destas com aquela são antes de influência recíproca que de simples e constante derivação; *b)* o estudo das relações entre as mesmas formas e as possíveis diferenças específicas de aptidões se não gerais, especiais, entre "raças", estudo em que a Sociologia da cultura tem de agir de colaboração com a Antropologia, com a Sociologia psicológica e com a Psicologia; *c)* o estudo da influência de indivíduos superiores ou de gênio sobre a cultura, sobre a diferenciação de formas e de instituições culturais; *d)* o estudo da situação social de cada sexo e das relações entre os dois e das funções de cada um sob diferentes condições de cultura, para a possível discriminação de efeitos de causas biológicas, das culturais; *e)* o estudo da situação das camadas humanas discriminadas pela idade, sob diferentes culturas, e das suas funções, também para discriminação de causas biológicas, das culturais, para possível explicação sociológica do prestígio dos velhos numas situações, o dos moços noutras, estudo que pede igualmente trabalho de colaboração do sociólogo cultural com o psicológico, com o antropólogo, com o historiador, com o biometrista; *f)* o estudo dos problemas de contato entre culturas tecnicamente adiantadas, ou denominadas civilizadas, e as atrasadas, ou denominadas primitivas; *g)* o estudo de tipos ou configurações atuais, civilizadas, de cultura – estudo pelos métodos por algum tempo peculiares à Antropologia e à Etnologia, no seu estudo de primitivos.

Em resumo: interessa à Sociologia da cultura o estudo de quanto possa ser definido como efeito cultural de interação entre grupos; como expressão de capacidades adquiridas pelo homem em diferentes situações e em diferentes funções, como membro de alguma cultura. Excedidos tão vastos limites pelo sociólogo da cultura, não é de estranhar que pouco resta de matéria sociológica além da dominada pela Sociologia da cultura. Quando em vez de concentrar-se no estudo da cultura, ela se estende ao dos processos sociais, tornados processos culturais econômicos, políticos, jurídicos – há evidentemente um excesso: a invasão do campo sociológico especificamente psicossocial, ou sociopsicológico, pelo sociólogo imperialmente cultural. Já se disse até que a mania de grandeza da antiga Sociologia geral – a do tempo de Comte – quem mais a ostenta hoje é a Sociologia da cultura ou cultural.

A verdade é que, mesmo limitado ao estudo de objetos estritamente culturais, o campo da Sociologia da cultura é imenso. O que há de cultural dentro não só da matéria sociológica, em particular, como da social, em geral, é uma imensidade. O professor Monachesi diz que basta uma criatura humana olhar-se num espelho para ter ideia de quanto é produto de cultura e não apenas de natureza.[57] Resulta da cultura ou principalmente da cultura: seu modo de cortar e pentear o cabelo, de barbear-se ou de tratar da pele, de vestir-se, de colocar-se, de ornamentar-se, seu próprio aspecto, em geral, e seus gestos e expressões significativas, em particular, o muxoxo do brasileiro, quando desdenhoso, o sungar de ombros do francês quando indiferente, o piscar de olho por malícia de vários povos, o levantar de braços do judeu quando zangado.

e) O hábito e o monge

O estudo da Sociologia da Cultura é dos que nos inclinam a acreditar que "o hábito faz o monge", de acordo com a sabedoria do velho rifão. Não é só o hábito – o hábito, vestido ou o hábito costume – que é produto cultural no monge; também o são os gestos que o hábito impõe ao monge – ou o costume cria para qualquer pessoa social; e tudo que o hábito ou o costume significa e resume de formação e herança social do indivíduo dentro de certas situações, tradições, convenções e especializações de vida. Quase se pode dizer que o hábito ou o costume é que é, no homem, a natureza humana. E não apenas a expressão de uma classe, de uma família, de uma religião, de uma profissão, de uma "raça", de um grupo nacional a que o indivíduo pertença como pessoa social singular ou múltipla; não apenas o produto simbólico, ostensivo, característico de sua convivência, como pessoa social, com outras; e de sua continuação de antepassados; de sua diferenciação de outros religiosos, de outros profissionais, de outros nacionais.

Embora haja os que, como Rossell i Villar, deem os gestos como característicos de complexos étnicos[58] – no que é impugnado por Boas e por outros antropólogos mais experimentais que intuitivos – intuitivos de desembaraço igual ao do catalão, consideram o trajo capaz de criar por si só uma mentalidade. A afirmativa é de E. Vuillermoz: "*Le costume est capable de créer à lui seul une mentalité*". E dele é a pergunta sugestiva:

---

[57] MONACHESI, E. D. Sociology and culture, In: SCHMIDT, E. P. (org.) *Man and society*, New York, 1938, p. 29.

[58] ROSSELL I VILAR, M. *La raça*, Barcelona, 1930, p. 123 ss. E mais: "*La raça es el conjunt d'homes d'igual mentalitat i de gestos comuns*" (ibidem, p. 126). Veja-se também COMTE, A. *Cours de Philosophie Positive*, Paris, 1830-1842, v. III, p. 585. Sobre a "cor local" da postura e dos gestos em vários grupos nacionais, veja-se o estudo de BOAS, F. Heredity and environment, *Jewish Social Studies*, v. I, n. 1, 1939.
Note-se também que a postura ereta é considerada aristocrática entre alemães e britânicos mas não entre turcos (os não europeizados), judeus e outros povos.

"*Est-il besoin de souligner l'étonnante transformation intellectuelle et morale opérée par la conquête d'un uniforme ou d'un galon?*".[59] Evidentemente, não. Raro aquele de nós que não conhece casos de "espantosa transformação" pela farda, pelo fraque, pelo galão, de personalidades alteradas em seu comportamento por esta como pele sociológica ou cultural acrescentada ao corpo ou ao físico do indivíduo.

O Sr. Gilberto Amado conta[60] que indo uma vez em excursão política a um município do interior de Pernambuco, na comitiva parece que de um senador, então prestigiosíssimo, viu com espanto, ainda da cama, de madrugada, o dono da casa, matuto simples e lhano nos dias comuns, mirar-se no espelho com ar arrogante e dizer carinhosamente a si próprio, certo de que ninguém o ouvia: "Como estás bem, Porto!". É que envergava sua farda de coronel da Guarda Nacional em honra do hóspede ilustre.

A farda – tentemos interpretar sociologicamente o caso do homem simples transformado pela farda cheia de galões na figura cheia de si, surpreendida pelo olhar madrugador do Sr. Gilberto Amado – dava-lhe outro ar, outros gestos, outra consciência de sua importância ou de sua situação social. Mudar a roupa comum de paisano pela de gala e militar era para o bom homem como se mudasse de pele: uma transformação quase biológica e certamente psicológico-social; e não apenas cultural. É que a exterioridade cultural se reflete sobre o comportamento do indivíduo social, do mesmo modo que é reflexo, sobre ele, de um conjunto ou de uma sucessão de exteriorizações culturais de necessidades e tendências talvez biológicas (abrigo, sexo, alimentação, pugnacidade etc.) ou de simples conveniências sociais do homem: ostentações convencionais de prestígio pessoal, de classe, de casta, de profissão, de "raça", de idade, ou de todos ou quase todos esses elementos juntos. O caso do vestuário, da ornamentação, do alimento, da casa, do próprio vício, cuja etnografia está ligada a vaidade ou imposições de classe, de casta ou de "raça"; ou de imitação de classe, casta ou "raça" considerada superior ou modelar por indivíduos de classe, casta ou "raça" que se considere inferior, desejosos de se equipararem àqueles por meio de insígnias, marcas ou atos característicos e que sejam de adoção ou imitação mais ou menos fácil. Às vezes difícil e mesmo impossível como o caso do *pince-nez* do intelectual ou do burocrata europeu adotado por negros africanos de ventas inteiramente chatas desejosos de parecerem intelectuais e funcionários públicos brancos; ou o uso de botinas compridas e estreitas, de verniz (consideradas insígnias de origem e situação aristocrática) por camponeses portugueses, galegos ou italianos, com joanetes enormes nos pés, na sua

---

[59] E. VUILLERMOZ apud NEUVILLE, H. *L'espèce, la race et le métissage*, Paris, 1933, p. 399. Segundo Neuville, somos influenciados não só por nossos gestos individuais que se repetem como pelos dos inúmeros ascendentes de cada um de nós (ibidem, p. 387).

[60] Conversa com o Autor.

fase de transformação – frequente em países da América –, de colonos crescidos com os pés em tamancos, sem meias, em comendadores, condes e viscondes necessitados de simularem, pela ostentação de exterioridades características de classe, cultura diversa daquela de que provêm. No mesmo caso, de simulação não só de classe ou cultura, mas até de "raça" diversa da que provêm, estão os numerosos mulatos centro e sul-americanos que cortam o cabelo rente ou o estiram por processos caros e dolorosos; e pretendem ser tomados por "caboclos" ou "descendentes de índios" – a origem ameríndia no Brasil, como no Paraguai e noutros países da América, é considerada honrosa – na impossibilidade de se fazerem passar por descendentes de europeus. Alguns, entretanto, insistem na simulação de origem predominantemente europeia, através da ostentação de nomes de famílias ilustres – no Brasil: Albuquerque, Cavalcanti, Wanderley, Sá, Camargo, Lins, Argolo etc. – que nem sempre lhes pertencem de fato, mas às vezes só por adoção. Não poucos vão à simulação não só de albinismo como de nobreza de sangue através da ostentação de anéis heráldicos que anunciem origens fidalgamente europeias. J. B. de Sá Oliveira conta caso muito expressivo: o de um rico mulato baiano que tendo se ligado a mulher alemã por laços matrimoniais pretendia passar por branco de procedência teutônica; para tanto teve a habilidade de mudar timbre e inflexão da voz a fim de "convencer o interlocutor de que sua estirpe se estendia aos países da Europa".[61] Outro caso refere o mesmo antropólogo que ilustra a tendência dos indivíduos sociais para parecerem ser nas exterioridades de físico, nos modos de falar, nos gestos, membros da "raça", da classe e até do sexo dominante na cultura ou no espaço social de que vivem e em que vivem: o caso de um mulato igualmente rico e ocupando excelente posição (na Bahia) que "tinha tanto desgosto de se ver humilhado pelo aspecto da pele que chegou a descorá-la em vários pontos por meio de ácidos enérgicos [...]".[62] Os casos mais frequentes,

---

[61] SÁ OLIVEIRA, J. B. de. *Evolução psíquica dos baianos*, Bahia, 1898, p. 63.

[62] Ibidem. Referindo-se aos negros da Bahia, diz Oliveira: "Não é raro ouvi-los incluir entre os ascendentes um mulato ou caboclo e se algum possui filho de pele mais clara que a sua deposita nesse objeto de orgulho o triunfo mais auspicioso de sua vida". E sobre "a extinção quase completa dos sinais etiópicos na evolução de uma família típica" (de negros baianos) observa: "O segredo das variações está no desejo íntimo e poderoso que tem o mulato de tornar-se branco". Daí procurarem os negros baianos casarem com mulheres que lhes sejam superiores na cor, casamentos que resultam às vezes em se suporem os maridos de cor como que arianizados pela sua situação de consortes de mulheres claras ou europeias. Em alguns desses casos, Sá Oliveira observou, no fim do século XIX, perda de "certas noções de senso comum" da parte dos mesmos consortes: "É tal o efeito desse fato na organização psíquica [dos homens de cor] que eles perdem certas noções de senso comum, persistindo todavia o equilíbrio mental" (ibidem, p. 61). Sabe-se também nos negros e mulatos brasileiros que, durante o regime de escravidão, tornaram-se proprietários de terras e escravos, terem-se feito às vezes notar pelo vigor com que advogaram "os interesses da escravidão". Fenômeno observado por Rui Barbosa (*A situação abolicionista*, Bahia, 1885) e por L. Anselmo da Fonseca, aliás negro eminente. Anselmo da Fonseca escreveu em 1887 explicar-se o fato de negros e mulatos ricos da Bahia se excederem aos brancos em ardor escravocrata "pela circunstância de acreditarem tais indivíduos que odiando a raça africana, ajudando a persegui-la, parecerá a todos que eles não têm o

porém, são aqueles em que indivíduos de "raça", classe ou sexo dominados procuram descorar nos pontos ou zonas ostensivas a pele como que cultural que corresponde a tais situações, adotando o modo de falar, de andar, de rir, os gestos, o vocabulário, os esportes, os vícios, as formas e acessórios de cultura que constituem a pele cultural prestigiosa ou capaz de conferir prestígio a quem se revestir dela.

A resposta que foi dada a Henry Kostel, interessado em saber se certo capitão-mor do Brasil colonial era mulato, parece-nos fortemente expressiva: disseram ao inglês que não era possível ser mulato o indivíduo, sendo capitão-mor.[63] A situação social superaria então, como supera hoje a étnica. A pele cultural podia então mais, como pode hoje, que a fisiológica. E o que se passava e se passa no Brasil se verificou sempre e se verifica hoje na maior parte dos países da América hispânica e até da inglesa em situação étnico-cultural semelhante à nossa. A América espanhola conheceu, na época colonial, as famosas cartas de branquidade, mediante as quais o indivíduo pardo tornava-se oficial e legalmente, ao mesmo tempo que funcionalmente, isto é, como pessoa social, branco. Da Venezuela colonial nos diz um sociólogo venezuelano notável por seus estudos de Sociologia histórica e cultural, Pedro M. Arcaya, que *"las leyes y los costumbres daban calificativo de blancos a todos esos mestizos en que la raza blanca solo estava mesclada con la indígena. Así es frecuente hallar en los archivos justificativos en que se prueba que se era hijo de fulano de tal blanco y mengana india (aun no siendo legítimo) y se pedia, acordándola en Magistrado, la declaratoria de estar el promovente 'en posesión de estado de blanco.'"*[64] O direito de conquista do estado de branco de "sangue limpo" limitava-se, teoricamente, a mestiços de sangue índio. Na prática; porém, estendia-se a mestiços de sangue africano, desde que a prova fazia-se por meio de testemunhas; e havendo dinheiro ou prestígio, não era difícil achar *"quienes declararan que la abuela mulata, por ejemplo, era india. Casos autênticos encontrará en cada pueblo el que se ponga a examinar papeles viejos"*.[65]

---

sangue dela, nem lhe são ligados por laço algum" (*A escravidão, o clero e o abolicionismo*, Bahia, 1887, p. 143). Situação que talvez seja também a de certos arianistas brasileiros de hoje. Pensou-se por algum tempo que essa fosse também um pouco a atitude de Machado de Assis, mulato, tão reticente em seus contos, romances e poemas com relação à causa da Abolição. Estudo agora aparecido, *Machado de Assis desconhecido*, do Sr. R. Magalhães Júnior (Rio de Janeiro, 1955), vem reduzir de modo considerável as bases para aquela suposição. Trata-se, aliás, de um dos melhores estudos biográficos com projeções sociológicas, já aparecidos no Brasil.

[63] Koster, H. *Travels in Brazil*, London, 1816, p. 391.

[64] Arcaya, P. M. *Estudios de sociología venezolana*, Caracas, 1941, p. 72-3.

[65] Ibidem, p. 74. O autor refere-se também às *"gracias y dispensas especiales que los pardos de alguna significación obtenian del Monarca español, cuando las circunstancias demasiado evidentes de su nascimiento les impedian el socorrido expediente de los justificativos de mestizage indígena"* (ibidem, p. 74). Veja-se também Fortoul, J. G. *El ombre y la historia y otros ensayos*, Caracas, 1941, cap. I.

De modo que as exigências técnicas ou jurídicas de que fossem brancos os indivíduos sociais para poderem exercer os cargos públicos e as distinções honoríficas eram neutralizadas ou anuladas, na prática, pela facilidade que havia na Venezuela, como no Brasil, em se revestirem os mesmos indivíduos de peles sociais e culturais de brancos. Dizemos culturais, e não apenas e vagamente sociais, porque era evidentemente o equipamento cultural de brancos – a língua, os gestos, os hábitos, o trajo, a religião, a capacidade econômica – e não somente a situação social de filhos ou netos de brancos que tornavam aqueles indivíduos sociais aptos às funções de brancos e ao prestígio correspondente às mesmas funções. Pelo seu crescente domínio social, podiam esses brancos por decreto – decretos que confirmavam situações de fato – ter conseguido, talvez, do Rei da Espanha ou do de Portugal, a cessação ou suspensão daquelas exigências. Lembremo-nos, entretanto, de que iludindo as mesmas exigências, os brancos por decreto tornavam-se membros de uma aristocracia étnico-social que à vaidade de muitos deles convinha que fosse mantida. É o que explica o fato de terem se prolongado por largo tempo, no Brasil, as exigências de parte das irmandades religiosas mais prestigiosas no sentido de provarem os candidatos a irmãos sua condição de brancos. A opa vermelha do Santíssimo Sacramento tornou-se, nas grandes procissões brasileiras, não só sinal de piedade ou devoção da parte de alguns, mas ostentação de branquidade nata ou adquirida – adquirida pelo acesso à mesma irmandade – da parte de muitos. Ainda hoje, eliminada do compromisso da ilustre irmandade a exigência de provar o candidato ser branco, mantém-se a tradição de exclusividade, não podendo ser irmão do Santíssimo senão mulatos muito claros, quando homens de alto prestígio financeiro ou político.[66]

Por outro lado, indivíduos e grupos procuram firmar-se em situações sociais cômodas, vantajosas ou honrosas, pela extrema especialização de sua cultura. Especialização extrema de cultura que torne difícil o acesso às mesmas situações e, ao mesmo tempo, que possa ser ostentada através de gestos, hábitos, vocabulário, pronúncia das palavras, estilos de vida, difíceis de ser imitados ou assimilados por indivíduos e grupos de outras situações econômicas. Formam-se assim grupos fechados, "aristocracias", "*élites*" que se defendem da massa – ou daqueles, dentre a massa, que pretendem nivelar-se a tais "superiores" – por meio de obstáculos culturais de toda ordem. Em alguns países, como a Índia, ainda hoje se notam essas rígidas especializações de cultura correspondentes a situações sociais tanto quanto possível fixas.

---

[66] Do assunto – Irmandades no Brasil como índices de *status* social e étnico – vimos nos ocupando há tempos, tendo já nos antecipado a trabalho especializado, em que pretendemos versar o assunto, no nosso ensaio "Some Aspects of the Social Development of Portuguese America" (in: *Concerning Latin American culture*, New York, 1940, p. 90-2). Também nossos antigos alunos M. S. Cardoso (Universidade de Stanford) e J. Bonifácio Rodrigues (Universidade do Distrito Federal) vêm estudando o problema.

Incluem as especializações de cultura correspondentes a "castas" particularidades religiosamente seguidas, de regime alimentar. E não dispensam as castas hindus a ostentação de sua pretendida superioridade por meio de símbolos, insígnias, sinais, gestos característicos de cada uma.

Em menor escala, fazem o mesmo, nos países de cultura europeia, os grupos e pessoas capazes de viver dos rendimentos em relação com os que necessitam de mourejar para viver; os capazes de se sustentar burocraticamente em relação com os que necessitam de calejar as mãos em trabalhos de campo, fábrica, oficina. O capitalista e o burocrata são figuras inconfundíveis pelas insígnias que parecem ostentar com o mesmo garbo com que certos grupos primitivos, adolescentes, marinheiros e criminosos ostentam tatuagem.[67]

A moda de muitos anéis nos dedos, a de muitas joias sobre o corpo, de mulher ou de homem (dos bacharéis, médicos e engenheiros brasileiros, por exemplo), a de punhos de rendas, a de anquinhas, a de penteados difíceis, a de espartilho, as tatuagens entre os povos chamados primitivos, as argolas penduradas dos beiços, os brincos, as cicatrizes, os turbantes, os pés deformados das chinesas e das próprias brasileiras, são modas todas ligadas à exibição de prestígio de classe ou casta ou sexo; ou à "consciência de espécie" ou antes, de situação social e de cultura: "raça", casta, sexo, idade, classe, ou simples estado civil ou condição profissional, como o véu escuro da viúva em alguns países, como a batina do padre católico noutros, como o guarda-chuva burguês em contraste com a bengala aristocrática na Europa ocidental da primeira metade do século XIX, como o monóculo do aristocrata convencional inglês em contraste com os óculos de aro de tartaruga do rotariano norte-americano tipo 1920-1930. Não só exibição de prestígio como, às vezes, manifestação do *conspicuous waste* de que fala Veblen e a que já nos referimos: o gasto inútil ou a ostentação do supérfluo, como meio de prestígio pessoal e social. Ou exteriorização e às vezes simulação de boa situação econômica, de boas condições de virilidade física, ligadas à de sexo, classe, "raça", idade dominante. Ostentação através de muito número de mulheres, de amantes, de cicatrizes de doenças de Vênus ou do mundo.

As negras mina, as baianas gordas, as mulatas bonitas que os negociantes portugueses e os senhores brasileiros na Bahia, no Rio, no Recife, outrora sobrecarregavam de balangandãs de ouro, para o povo todo ver nas ruas que as amantes de A, que as mulatas de B, que as concubinas de C rebrilhavam de ouro – pelo que A, B e C deviam estar em ótimas condições de fortuna e de virilidade – eram bem coisas, simplesmente coisas, em que se afirmavam prestígios de classe, de "raça" e de sexo dominador dos

---

[67] Sobre o assunto – tatuagens do ponto de vista sociológico – vejam-se Adolfo Dembo e J. Imbelloni, *Deformaciones intencionales del cuerpo humano de caráter étnico* (Buenos Aires, s. d.) e o nosso Deformações de corpo de negros fugidos (*Novos Estudos Afro-Brasileiros*, Rio de Janeiro, 1935).

donos ou senhores. O mesmo é certo das mucamas enfeitadas e cheias de joias de que se faziam acompanhar sinhá-moças de casas grandes e iaiás de sobrados nos dias de opulência do patriarcalismo no Brasil; das imagens de santos que os senhores ricos já muito velhos para gastarem seu rico dinheiro com negras ou mulatas de que apenas se fingissem os gozadores, caprichavam em cobrir de teteias e de pedras preciosas, para a metade, pelo menos, do brilho das joias refletir-se sobre eles, juízes de novenas, protetores de devoções, capitães-mores, comendadores, coronéis da Guarda Nacional. Os mesmos que, dia de batizado de filho ou de casamento de filha, davam de comer e de beber a convidados e escravos durante dias e até semanas inteiras, fazendo matar muitos porcos, muitos bois, muitos perus, alforriando escravos, perdoando negros fugidos.

Na cidade de Manaus do tempo da borracha a preço alto, diz-se que os novos-ricos mais salientes acendiam charutos com cédulas de quinhentos mil-réis; que outros davam festas em que das fontes dos jardins, em vez de água, jorrava *champagne*, naqueles dias toda francesa. E em Belém do Pará, houve nos mesmos dias um jornal impresso em papel *couché*. Atos sociais, todos esses, aparentemente à toa, pitorescos, bizarros, únicos, mas que se têm repetido, sob aspectos superficialmente diversos, em circunstâncias semelhantes às do antigo patriarcalismo brasileiro e às de Manaus e Belém ao tempo dos altos preços da borracha. São exteriorizações de um prestígio que o indivíduo social procura sempre ostentar, pelo menos nas sociedades fundadas sobre a economia de competição.

Mas não só o indivíduo social, acentue-se mais uma vez; é principalmente a classe, a casta, a idade, o sexo dominante que ostentam seu poder. Daí o prestígio não só das mãos finas e dos dedos inutilizados para o trabalho rude pelos muitos anéis, como das barbas longas, da voz grossa e, em certas culturas, da própria mística do uso das calças pelo sexo dominante, em oposição às saias de mulher. Daí o prestígio de certas formas e meios de transporte, de certos estilos de habitação de certos bairros e residência.

O *status* de um indivíduo social já vimos, em capítulo anterior, que depende do fato ecológico de poder dar o mesmo indivíduo um endereço prestigioso de bairro de residência; de ocupar espaço livre, caro, disputado, numa cidade ou região; de poder dizer-se habitante de um tipo de casa – palácio, hotel, castelo, casa grande de engenho, chalé – e detentor de um meio de transporte – cavalo, elefante, banguê, palanquim, vitória, *limousine Rolls-Royce*, camarote de luxo de *Royal Mail*, primeira classe no *Sud Express*, avião – que o situem entre as classes dominantes, pelo domínio sobre objetos de cultura regional ou temporal desejados por quase todos mas possuídos ou utilizados por poucos. Objetos simbólicos, pela qualidade do material, excelência da forma, raridade de tipo, superioridade de conforto – o cavalo árabe, o elefante de príncipe, o *Rolls-Royce*, o castelo todo de pedra e hoje o antigo, histórico, raro (muito desejado pelos novos-ricos para se contagiarem de nobreza velha), a primeira classe de trem rápido – de uma autêntica cultura de classe, de casta ou de "raça" – dentro da cultura nacional, regional ou temporal a que pertençam.

A esse propósito é oportuno recordar a ação democratizante do ferrocarril como meio de transporte coletivo. Pois, por mais que se divida um trem em classes, os vagões em compartimentos, os compartimentos em poltronas ou leitos reservados ou numerados, o trem é o mesmo; e das vantagens de sua segurança e rapidez (quando essas são reais e não fictícias) participam os passageiros todos. Há um *status* que se define pelo fato de o indivíduo ou pessoa social viajar de trem, de bonde ou de ônibus, mesmo sem se particularizar em que classe, que importa em definição de condição, de situação, de um mínimo de prestígio social, pelo menos. O professor Bonavia destaca a revolução social causada pelo fato de pessoas de alta posição e fortuna viajarem na mesma velocidade – velocidade igualitária – que seus supostos inferiores.[68] E todos nos lembramos de que uma das vantagens de ordem cultural que definiam outrora a situação de fidalgo ou cavaleiro e sua superioridade sobre o peão era o fato de possuir cavalo e de só andar a cavalo: cavalo nobre, alto, belo, que se distinguisse dos cavalos ou jumentos de escudeiros, de frades esmoleiros, ou de pajens. São insígnias todas culturais de *status*, de posição, de situação social de domínio, que também pode ser ostentada ou simplesmente indicada pelo alimento que o indivíduo de tal região ou de qual classe, de tal casta ou de qual religião, come com frequência; ou com exclusividade litúrgica ou aristocrática: peru com arroz em oposição a charque com feijão e farinha; caviar em oposição a caldo verde; carne de carneiro em oposição a carne de porco; legumes e frutas em oposição a carne de boi. Para os ingleses menos cosmopolitas, os franceses são desprezíveis por comerem rãs; para os judeus ortodoxos, são desprezíveis os que comem carne de porco com feijão de Boston ou com farofa carioca.

E na própria ostentação de olhos azuis e cabelos louros como insígnias de superioridade de "raça" pode-se surpreender a tendência – pelo menos a tendência – para se submeterem característicos físicos de significação cultural insignificante ou indeterminada à mística de domínio de um povo pelo outro, de uma classe por outra, de um sexo por outro, de uma região por outra. A exterioridade – sinal físico, hábito social ou coisa ou produto cultural – associada às pessoas ou à classe – e acentuada, marcada, exaltada, exagerada – acaba por exercer definida pressão, aparentemente biológica mas na verdade cultural, sobre a "consciência de espécie", ou de *status*, de cada grupo, deformando-a no sentido da imitação do "superior" pelo "inferior" ou no da acomodação doce e passiva deste à "superioridade" daquele. "Inferior" a mulher sob o patriarcalismo acaba por convencer-se de que sua "inferioridade" está condicionada pelo fato de não poder ostentar, entre outros sinais de domínio, a barba –

---

[68] Veja-se sobre o assunto, além de Bonavía, M. R. *Economia de los Transportes*, México, 1941, Bouglé, C. *Essais sur le régime des castes*, Paris, 1908.

a barba enorme que seu marido e dono quase sempre usa, às vezes cultiva, frisa, perfuma como coisa sagrada; e que é insígnia não só de macho mas de senhor. Entre os negros africanos submetidos ao jugo do imperialismo europeu tem-se visto mais de um chefe resvalar no abandono suicida de suas próprias insígnias de mando – manto, plumas, colar de ossos – para revestir sua nudez de uma casaca velha de almirante britânico ou dos restos de dourados de um uniforme de gala, já roído de traça, de oficial do Exército francês ou alemão. Há brasileiros, bolivianos, peruanos que não se sentem *gentlemen* enquanto não fumam ostensivamente, pelas ruas, às vezes a contragosto, cachimbos ingleses. Senhoras ricas do Rio de Janeiro e de Caracas, de Quito e de Belém do Pará, que não se sentem senhoras brancas, finas e elegantes senão revestidas em pleno verão do trópico de peles de inverno.

Também na casa, na habitação, no móvel, no vasilhame doméstico, no meio de produção e de transporte, o sociólogo cultural pode encontrar coisas, produtos e exterioridades culturais ligadas quase como se fossem pele e até carne à pessoa social, às classes, às "raças", às profissões, aos sexos, às idades. Um barão feudal se imaginaria tão sociológica e até fisicamente incompleto sem castelo como residência ou cavalo como meio de transporte como um padre grego ortodoxo sem barbas, um *gentleman* inglês sem cachimbo, um militar antigo sem espada. E através do estudo dessas *coisas*, desses *objetos*, desses produtos, dessas *materializações de cultura*, aspectos vários, dos mais íntimos, da cultura denominada moral por alguns, e por outros, imaterial, de um grupo ou de uma época, se deixam surpreender. Pelo que não passa de incompreensão lamentável a crítica que leviana e facilmente se faz ao sociólogo cultural preocupado com a casa, a alimentação, o vestuário, os meios de produção e de transporte, as práticas sexuais de grupos humanos: a de que Sociologia assim entendida se reduz a "materialismo marxista" ou a "sexologismo freudista". A de que a Sociologia assim compreendida esquece os "valores espirituais" para só atender aos materiais. A verdade é que o estudo dos chamados "valores espirituais" pertence antes ao psicólogo que ao sociólogo; e dentro da Psicologia, mais à Sociologia psicológica que à cultural. Mas nem por isso o sociólogo cultural deixa de estar atento a fenômenos como que em sentido contrário ao de "materialização" que os espiritistas reclamam para seu domínio de investigação: fenômenos de espiritualização das coisas culturais e valores. E quais os valores supremos para um grupo ou uma época é o que vamos encontrar, muitas vezes, indicado pelas ostentações e sinais que o homem social recorta na própria pele – cicatrizes, cortes, tatuagens, deformações – ou de que se reveste, por meio não só de peles culturais que acrescenta ao próprio corpo – vestido, uniforme, manto, plumas – como de pessoas, coisas, animais, produtos, símbolos que acrescenta à própria pessoa social ou ao grupo com que está identificado ou no qual está dissolvido. Conforme forem os valores predominantes no grupo de que principalmente faz parte e na cultura de que é participante, ostenta o homem social o número de inimigos, não seus, mas do grupo, mortos por ele; ou o número de bois, mulheres ou automóveis, não do grupo, mas individualmente seus e sob seu domínio. Ou ostenta o fato de ser irmão do Santíssimo, rotariano, metodista; ou, como os primeiros franciscanos na sua reação aos excessos de individualismo e de capitalismo dentro da Igreja católica de Roma, o fato de nada possuírem e de se dedicarem completa e quotidianamente ao serviço de Deus e do próximo, anunciando esse fato, tanto quanto possível, por meio de sua extrema magreza de corpo, de suas marcas e cicatrizes de flagelação, de seus pés humildemente nus e de seus hábitos grosseiros e pardos.

Como grupo, o francês ostenta em seus trajos, em seus edifícios, em seus móveis, em seus movimentos, em seus costumes, em seus estilos de culinária, valores que não são os acentuados pelas ostentações do grupo britânico, podendo-se dizer, em simples generalização esquemática, que na organização ecológica de cultura francesa o edifício da *Comédie Française* ocupa situação de domínio correspondente ao que na britânica ocupa menos qualquer casa de teatro clássico que alguma das igrejas especializadas em música religiosa; e que qualquer *restaurant* de cidade grande ou pequena da França corresponde, como centro de interesse cultural para a maioria da população, menos a *restaurant* em cidade inglesa grande ou pequena que a campo de *cricket* ou de *tennis* em qualquer delas. O equivalente francês do almirantado britânico não é o almirantado francês mas o quartel-general do exército; o equivalente francês de almirante britânico é marechal de França; ou era marechal de França antes do desastre de Vichy, dirá talvez um malicioso. Nenhuma rua de Londres ostenta em suas montras os vestidos, os chapéus e os perfumes, os artigos de moda feminina que tornam prestigiosa no mundo quase inteiro e caracteristicamente francesa a Rue de la Paix: o equivalente britânico da mulher bem vestida de Paris é o homem bem vestido de Londres, para quem na Grã-Bretanha se fabricam gravatas, luvas, lãs, meias e se recortam ternos, casacas, sobretudos com um esmero que falta ao fabrico dos artigos para mulher. A cultura britânica é dominada pelo desejo de que o homem britânico seja reconhecido através dessas exteriorizações, superior a todos os homens; e superior também à mulher britânica, cujas modas de vestir e de calçar sofrem, junto com outros aspectos de seu comportamento, evidente influência das modas e maneiras masculinas. Enquanto na França, de tal modo vem se exteriorizando a valorização, se não da mulher toda, do seu corpo ou de sua plástica, que as próprias modas e maneiras de homem elegante se deixam às vezes influenciar pelas da mulher, no sentido de certo arredondamento de formas e de movimentos. Mais ainda: o *club* inglês só para homens, angulosamente masculino ou monossexual, só tem equivalente na França em certos cafés quase clubes mas frequentados não somente por homens como por mulheres do tipo francês que corresponde ao de *hetairas* entre os gregos antigos. Em Portugal a maioria dos cafés são ainda quase rigorosamente monossexuais: exclusividade que se verificou também até há pouco no Brasil. Talvez resto de influência moura.

Evidentemente há em todas essas ostentações de cultura por pessoas ou grupos sociais, manifestações daquele desejo – um dos quatro, da classificação arbitrariamente simplista do professor Thomas – de procurar o homem social o reconhecimento pelos outros de suas virtudes ou posses. Ou antes, de sua situação social. Terá esse desejo sua base biológica ou biossocial: mas sua manifestação é condicionada pela cultura dominante, mesmo quando se trata de subgrupo ou de homem social inconformado, que ostente virtudes ou valores arcaicos ou estranhos, subestimados ou repelidos pela maioria ou pela minoria dominante. Agindo por oposição ou por diferenciação, o ponto de referência de tais inconformados é, mesmo assim, a cultura dominante. Tal o caso de artistas boêmios, moradores do quarteirão chamado latino de Paris, que ostentam sua pobreza romântica, em vez de escondê-la: seu interesse está voltado para valores que não são os estimados como supremos pela maioria da população burguesa da Europa. O caso, também dos franciscanos no meio da moderna civilização individualista e capitalista, com a qual os padres ortodoxos dessa ordem vêm vivendo com o mínimo de transigência.

Se assim sucede com os inconformados, muito mais fortemente condicionados pela cultura dominante são os homens e subgrupos sociais conformados com a mesma cultura. Os valores que ostentam são os estimados pela maioria ou pela minoria dominadora. Nos Estados Unidos, ostenta o homem social médio o número de automóveis que possui com a mesma satisfação psicológica condicionada pela cultura dominante e por sua tábua de valores com que noutras culturas os homens sociais de tipo equivalente ao seu, ostentam o número de mulheres ou de filhos ou o de bois ou o de escravos ou o de galões na farda ou o de livros que tenham em casa ou que já leram ou já escreveram; ou o número de inimigos que já venceram em duelo ou em lutas menos elegantes, como as da velha capoeiragem brasileira; ou, ainda, o número de óperas célebres que já ouviram cantar, de touradas famosas a que assistiram, de crianças pagãs que já batizaram, de obras de caridade que já fizeram, de missas que já ouviram, de léguas que já andaram em retiradas consideradas gloriosas como a do ex-capitão Luís Carlos Prestes do Rio Grande do Sul à Bolívia, de leões que já caçaram, de milhas que já voaram de avião. Em Paris floresceu até há pouco tempo um gênero de comércio sociologicamente significativo: o de rótulos de hotéis de luxo ou de cidades célebres que podiam ser colados às malas dos viajantes que nunca tivessem estado em tais cidades ou hotéis finos e caros. Em Assunção conhecemos em 1941 o velho arcebispo do Paraguai: ostentava com especial fervor, explicável à luz da cultura católica, o número de casamentos que celebrara em sua longa vida de sacerdote. E já conhecemos um colecionador, não de selos nem de autógrafos nem de quadros nem de cartões-postais nem de móveis nem de namoradas nem de relógios como tantos outros, mas de apertos de mão a artistas de Hollywood: tinha sistematicamente anotadas as circunstâncias de cada um desses atos-valores imortalizados simplesmente pela memória do colecionador. Poderia tê-los imortalizado em fotografia ou película cinematográfica, completada por disco que registrasse a voz de cada celebridade. Pois não devemos nos esquecer desses processos culturais de prolongamento no tempo e no espaço da pessoa social e dos seus contatos.

f) Coisas e valores na Sociologia da Cultura

Sabemos que tanto entre os povos chamados primitivos como entre os denominados civilizados, as coisas físicas, como as ações sociológicas, se prolongam quase todas em valores; de modo que o estudo de tais coisas nunca se processa separado do estudo dos seus valores: ou dos valores principais de que vive o grupo que se utiliza dela ou as conserva, que as cultiva, as fabrica ou as adapta à sua vida. Não insistiremos no exemplo das bandeiras nacionais: ficaremos em coisas e valores menos solenes.

A gravata – em evidente declínio – é ainda hoje, como o guarda-chuva foi por algum tempo, um valor de classe, superior por sua simbologia, por sua representação geral e pela particular, pela qualidade do material e pela cor. Na última guerra civil entre espanhóis, o uso da gravata foi às vezes – como já recordamos – um tanto arbitrariamente considerado ostentação pura de idealismo burguês-capitalista quando podia tratar-se de simples acomodação de indivíduos a uso predominante. Para a imaginação do povo, entre anglo-saxões, a ostentação de gravata de um vermelho vivo por homem ou rapaz, sugere homossexualidade; entre latinos, tendências politicamente revolucionárias. Do guarda-chuva, um rei de França fez o sinal de sua conciliação de descendente de aristocratas com a burguesia triunfante. Não se limitou a utilizar-se de uma coisa apenas física mas também sociológica, pelos significados e valores já associados a ela, devido à quase exclusividade burguesa do seu uso. Com efeito, a burguesia próspera da Europa, zelosa de seu conforto e de sua saúde e também de sua condição social e do respectivo conjunto de valores ligados a essa condição ou situação – dignidade, autoridade, brio, honra, pudor – fizera do guarda-sol ou do guarda-chuva símbolo do seu triunfo. No Brasil, até mesmo símbolo de autoridade paterna e patriarcal e instrumentos de defesa e afirmação de poder e de dignidade de família na fase já burguesa do patriarcalismo. Tornou-se, então, o guarda-chuva ou o guarda-sol, com o qual o pai ou a mãe mais zelosa ou pudibunda ameaçava os rapazes namorados das filhas, o substituto da espada e da própria bengala. Também arma de maridos burgueses contra os dom-juans das mulheres, segundo observação arguta de um dos melhores conhecedores da história social da família brasileira: o Sr. Paulo Inglês de Sousa.[69]

Com relação ao Oriente e à África, a interpretação do uso do guarda-chuva – ou antes, guarda-sol – tem que ser outra: a de ostentação de realeza, classe ou casta superior. Ostentação quase independente da utilidade do objeto como proteção contra o sol ou contra a chuva; ou como arma de agressão ou defesa do burguês ortodoxo contra don-juans, cães vadios ou vira-latas e até contra a arte "modernista" cujas bizarrias lhes ofenda a vista: investem então contra as telas, um pouco como Dom Quixote contra os moinhos de vento, não armados de lança mas de guarda-chuvas. O guarda-chuva no Ocidente adquiriu também sentido sociológico, nesse caso político, ao ser usado pelo ministro britânico Chamberlain nas suas viagens melancólicas mas no momento talvez inevitáveis, de Londres para Munique.

Se destacamos exemplos de coisas-valores e até de atos-valores – como o aperto de mão a pessoas célebres – geralmente tão fora de cogitações sociológicas como a gravata e o guarda-chuva (aos quais poderia acrescentar-se grande número de outras coisas miúdas e de ordinário desprezadas pelo olhar do sociólogo cultural – a luva, por exemplo, da qual a etiqueta faz segunda pele como que física, da pessoa, quando veste casaca para casamento solene, cerimônia política, entrevista com rei ou chefe de Estado); os sapatos; os anéis (principalmente no Brasil os de grau ou de doutor, com sua simbologia complexa); os brincos, as lunetas nem sempre usadas pela necessidade de corrigir defeitos de visão, mas, às vezes só por ostentação de sabedoria ou de respeitabilidade de classe; a bengala; a roupa preta (ainda conhecemos um brasileiro austero e invariavelmente revestido de fato preto ou azul escuro que nos dizia ter a impressão de estar diante de gente despida ou só de camiseta e ceroula, em face de pessoas vestidas de brim branco), é para lembrarmos ao leitor despreocupado que raras são as coisas que nos cercam e os atos e gestos que constituem a vida social exterior de um homem, vazios de valores sociais ou de representações ideológicas ou sentimentais; e o que se passa entre os chamados civilizados, verifica-se entre os chamados primitivos. Os totens e tabus são expressões da valorização de animais e de coisas; da sua como que espiritualização através da história, da vida, da experiência particular ou regional de cada grupo. Espiritualização comunicada às vezes a outros grupos e por esses conservada ou deformada de maneiras as mais surpreendentes, de modo a quase só restar o reflexo vago dos significados ou símbolos originais. É assim que em modernas práticas religiosas e no ritual de monarquias de hoje, encontram-se sobrevivências de coisas-valores de religiões primitivas e de ritual de poder com significados acomodados a novas ortodoxias religiosas e políticas.

---

[69] Em conversa com o Autor.

Está cada ser social cercado de coisas-valores que são também criações culturais. E sendo assim o estudo sociológico através de tais coisas e criações pode penetrar, quando empático e compreensivo, em valores vividos anteriormente por grupos humanos ou ainda em vigor entre os mesmos grupos, sem haver risco, nessa atenção a coisas – coisas físicas e sociológicas: alimento, casas, móveis, chapéus, joias, o aperto de mão, o beijo – de tornar-se a Sociologia ciência apenas de descrição de coisas físicas ou de reflexos condicionados. Coisas e atos são meios e não fim de estudo sociológico, interessado sempre o sociólogo – o sociólogo da nossa concepção, pelo menos – em totalidades socioculturais, consideradas nas suas inter-relações expressas ou definidas por meio de situações, atos e coisas-valores.

É claro que o estudo dos valores de um povo através das coisas físicas ou sociológicas em que se encarnam os mesmos valores – ou das quais como que se desencarnam para sobreviverem como puros sentimentos ou puras ideias – nunca nos leva a conclusões certas, senão feito empaticamente: compreendido ou considerado pelo sociólogo o critério de valores do grupo ou da cultura e estudada em todas aquelas inter-relações. O observador superficial pode supor de um grupo cujos homens só saiam à rua a cavalo que é um povo cavalheiresco no sentido convencionalmente nobre da palavras; o estudo em conjunto da vida social e da cultura do mesmo grupo pode, entretanto, nos revelar situação diversa: que para o seu conjunto de valores o cavalo não é o mesmo valor que para o observador criado sob a influência de romances de cavalaria, mas coisa diversa – objeto principalmente de comércio ou meio de vida. Um grupo de homens elegantemente a cavalo pode ser, com efeito, um grupo de ciganos ou de acrobatas de circo; e não de fidalgos. E esse exemplo, aqui oferecido pedagogicamente, poderá ser desdobrado em exemplos menos didáticos e menos ostensivos do perigo da superficialidade no modo de aferir o observador valores sociais de determinado grupo, através de um só aspecto de relações dos indivíduos sociais com coisas de cultura e sem antes indagar a diferença entre o critério de avaliação predominante no mesmo grupo e o dele, observador ou pesquisador. Ainda há pouco surpreendemos arguto observador norte-americano da vida europeia no que nos parece erro de interpretação de atos espanhóis cujos antecedentes culturais talvez desconhecesse.[70]

Não se pense que esse ponto de vista – o de considerar o observador o critério de avaliação do grupo humano que estuda, o conjunto de valores de que vive o mesmo

---

[70] Referimo-nos ao Sr. Thomas J. Hamilton, autor de *Appeasement's Child – The Franco Regime in Spain* (New York, 1943). Observa ele (p. 212) que na Espanha senhoras da nobreza são vistas, nas festas, embrulhando comida em guardanapos e levando-a assim para casa. Sua interpretação é a de tratar-se de uma "nobreza faminta". A nosso ver, interpretação errada, embora lógica segundo as aparências. Cremos tratar-se de velha tradição peninsular transmitida, aliás, à América de origem espanhola e portuguesa. No Brasil patriarcal sempre foi de bom-tom, nas festas de casamento, batizado, aniversário etc., levarem as senhoras para casa bolos, doces, pastéis, quitutes envoltos em guardanapos.

grupo – seja universal entre os sociólogos modernos. Há sociólogos pequenos e mesmo grandes que cultivam uma Sociologia cultural inteiramente descritiva – descrição de ocorrências ou de coisas – esquivando-se a toda consideração de valores. Do mesmo modo que os idealistas extremados receiam tornar-se materialistas tratando-se de fatos sociais que se confundam com coisas de cultura – os que se referem à técnica de produção e aos sistemas de alimentação, por exemplo – os sociólogos intransigentemente objetivistas temem perder a objetividade considerando, através de fatos sociais, valores, mesmo que não sejam absolutos. Mesmo que sejam os relativos aos conjuntos sociais ou às totalidades culturais que estudam. O risco a que se expõem os últimos é o de deixarem entrar pela porta dos fundos os intrusos, isto é, os valores repelidos como indesejáveis à porta da frente. Risco assinalado pelo professor Morris Cohen em páginas incisivas sobre o assunto. Dele é a imagem de portas de frente e do fundo aqui apenas desenvolvida para maior clareza.[71]

Nem em Sociologia da Cultura, nem na histórica ou genética, nem em nenhuma outra, pode o sociólogo alhear-se dos aspectos subjetivos dos fatos de interação social. Diante deles não resta à Sociologia senão perder a pretensão de marchar ao lado da Química, da Física ou da própria Biologia, certa de poder apalpar e medir todos os seus objetos de estudo. Pode contentar-se, porém, com a companhia de ciência tão rigorosamente científica quanto qualquer delas: a Geologia. Se os valores sociais, as próprias coisas-valores, os traços de cultura, nem sempre se deixam medir como as coisas e os traços físicos, não quer isto dizer que não se deixem comparar. É possível estabelecer correspondência, por exemplo, entre o uso social do cigarro ou do charuto pelos brasileiros de hoje, que o oferecem como sinal de boa vontade ao visitante, com o uso social do tabaco por aqueles grupos ameríndios que faziam o estranho, recebido de boa vontade, participar do cachimbo comum. É possível comparar o uso social de sandálias por um grupo com o uso de botas por outro: a proteção ao pé faz-se acompanhar em toda parte de valores e símbolos, uns incomparáveis, mas outros comparáveis.

Nem todos os valores toleram comparação, é certo, de tal modo se opõem uns aos outros. A vaca tem uma significação social e cultural para o hindu e outra, bem diversa, para o holandês ou o dinamarquês. Mas não será difícil encontrar entre um grupo valores que são os equivalentes de outros, diversos como coisas apenas físicas, que se encontram em grupo diferente. O porco, sob a forma de presunto de York, é tão valorizado social e culturalmente pelos ingleses desdenhosos de rã – "comida de gente suja" – como a rã pelos judeus franceses, desdenhosos de porco, para eles, igualmente "comida de gente suja". Para o homem da Rússia Soviética não há valor social, mas sua inteira negação, no fato de revender-se um objeto por duas ou três vezes o preço

---

[71] COHEN, M. R. *The social sciences and their interrelations*. Org. por Ogburn e Goldenweiser, Boston, 1927, p. 453.

original: nos países ortodoxamente capitalistas, porém, ainda se estima como virtude ou valor social – "habilidade comercial" ou "tino para negócio" – a capacidade de realizar um indivíduo proezas de tal ordem em que se prolongam, aliás, as de cavaleiros feudais com relação a camponeses inermes. Na organização da família entre certos grupos o *status* do tio materno, e o valor decorrente desse *status*, corresponde ao do pai, noutras culturas. O valor atribuído ao filho varão é um nas sociedades patriarcais; outro nas que podemos chamar amazônicas, como a atual sociedade norte-americana em que a mulher é extremamente valorizada; e tão independente quanto o homem. Mesmo entre sociedades semelhantes em sua técnica de produção e no seu critério de distribuição econômica como a Alemanha industrial pré-nazista e os Estados Unidos da América do Norte, encontramos diversidade no valor atribuído à mulher. Varia igualmente o valor atribuído em sociedades diversas a intelectuais e a artistas e às suas criações: poemas, estátuas, ensaios, pinturas, sonatas. Um professor universitário nos Estados Unidos vale menos para aquela parte da população que fixa os valores nacionais da comunidade, que um subgerente de banco dos arredores de Nova York; um poeta, menos que um fabricante de conservas de Chicago; um romancista ou um filósofo menos que um herói de *base-ball*. Na Alemanha prussianizada, um oficial do Exército tornou-se valor superior a um poeta ou a um artista do tempo das pequenas cortes. Sendo assim, como pode um estudioso de "coisas" sociais e de cultura dar-nos exata interpretação da configuração de cultura em determinada área, sem antes ter se apercebido do critério de avaliação aí dominante? Sem essa percepção, mesmo aos seus trabalhos puramente descritivos de Sociologia cultural faltará perspectiva, proporção, realidade.

Tais trabalhos deixarão sempre o leitor entregue ao seu próprio e exclusivo sentido de valores – ao da sua cultura materna – e incapaz de imaginar na cultura descrita relações entre o público e a literatura, entre os sexos, entre as profissões, entre gente urbana e rural, diversas daquelas a que está habituado. Da personalidade, sociologicamente considerada, já se tem dito que é o aspecto subjetivo da cultura;[72] ou a sua "síntese dramática". E é impossível separar de todo uma cultura, das personalidades que a encarnam ou das personalidades representativas de uma tendência ou de um grupo. Representativas para efeitos comparativos e por sublimação sociológica – digamos assim – simplificadas em tipo ideal, de acordo com o método arrojado de Max Weber ou com a técnica de Benedict.

Da Sociologia cultural pode-se talvez dizer que para ser completa não poderá permanecer virgem ou solteira: única condição em que se conservaria quase puramente objetiva. Precisa, para situar e explicar problemas mais complexos de relações

---

[72] FARIS, E. The concept of social attitudes, in: YOUNG, K. (org.) *Social attitudes*, New York, 1931, cap. I. O conceito sociológico ou cultural de personalidade do professor Faris é contestado por G. W. Allport, Attitudes, in: *A handbook of social psychology* (op. cit., p. 838).

da cultura com personalidades – os de invenção, por exemplo – e para abrir caminho à tentativa de compreensão, generalização e de síntese sociológica pela Sociologia geral ou pura, de unir-se à Sociologia psicológica, à Psicologia, à própria Psiquiatria experimental, menos nas zonas de estudo em que for possível ou suficiente a objetividade sociológica ou psicológica que naquelas em que os modernos "interacionistas simbólicos"[73] enfrentam os problemas de significados dos objetos para as pessoas.

Com a colaboração dos "interacionistas simbólicos" podem os sociólogos procurar surpreender significados de objetos culturais para as pessoas, através da colheita das chamadas *life-histories*, de autobiografias, de diários, de cartas e de inquéritos ou questionários que provoquem efusões autobiográficas e ao mesmo tempo contenham como que arapucas simbólico-interacionistas. Arapucas nas quais as pessoas sociais se deixem apanhar e se revelem melhor do que em simples reações a estímulos bem definidos ou a perguntas diretas. O ideal é surpreender a pessoa social representativa numa das fases de desenvolvimento de ações cuja prática completa ou inteira expressão pudesse ser considerada característica da personalidade que a praticasse completamente depois de a ter concebido, planejado, meditado; ou que viesse a praticá-la completamente, ou pretendesse praticá-la completamente, sem revelar abertamente, mas só pelos ecos ou pelas repercussões ou antecipações do ato, o fato de que a praticara; ou a intenção de praticá-la.

O membro de um grupo pode revelar-se oficialmente em inteiro acordo com as normas de cultura do mesmo grupo mas deixar-se surpreender indiretamente na fase de concepção ou de justificação de ato contrário às mesmas normas: ato cuja prática não confessaria nunca ou na qual nem sequer resvalaria. Mas para o estudo de uma cultura, a penetração, tão profunda quanto possível, pelo estudioso, de concepções ou justificações de atos contrários aos social e culturalmente normais, pode fazer o sociólogo surpreender a relação entre deslealdades abafadas dos membros de determinado grupo aos motivos de vida e às normas de cultura ostensivamente universais ou absolutas no comportamento do mesmo grupo ou da época que se estude. Numerosas essas deslealdades podem indicar a precariedade de certas culturas regionais, antes que sua desorganização se manifeste através de atos completos e ostensivos de desarmonia entre o comportamento dos *socii* ou das pessoas sociais e as normas de cultura que o grupo oficialmente apresente como suas. Tal o grupo oficialmente católico-romano e monogâmico em sua cultura, no qual sejam numerosos os casos de concepções e

---

[73] Sobre "interacionismo simbólico" em relação com o estudo sociológico da cultura, veja-se BLUMER, H. Social Psychology, in: SCMIDIT, E. P. (org.) *Man and society*, New York, 1938, espec. p. 158-66, 171-80. Vejam-se também os capítulos "Social psychology", por James W. Woodard, e "Social control", por Georges Gurvitch, em *Twentieth Century Sociology* (op. cit.). Veja-se, mais, a seção "Interpretations psychologiques", na 2ª parte, tomo I, do *Manuel de Sociologie*, de Armand Cuvillier (Paris, 1950).

práticas clandestinas contrárias à moral monogâmica e ao sacramento do matrimônio. A desorganização é, porém, quase sempre lenta: mesmo atraiçoada por muitos dos seus membros nos padrões de moralidade a que só oficialmente se conformem suas situações sociais, uma cultura da vitalidade da católica-monogâmica, por exemplo, resiste por muito tempo à deterioração ou à desorganização. Os situados dentro dela não podem de repente destruí-la para inventarem nova cultura. O que quase sempre sucede é uma lenta acomodação recíproca em que as situações sociais de pessoas e os padrões de moralidade da cultura ou do grupo entram em novas relações de simbiose.

"Viver é estar em situação", diz o professor Nicol. Ou estar em "várias situações": na de militar, na de membro de determinado partido político, na de europeu, na de grego-ortodoxo, na de maometano. São várias as situações de que nos podemos lembrar para definir o *status* sociológico global de um ser humano, no espaço e no tempo culturais e sociais. *Status* que necessariamente se reflete sobre sua consciência, suas ideias, sua personalidade, através de meios não só sociais como culturais: viajar de *trem* ou andar de *limousine* particular de luxo como já lembramos; morar em *hotel*, estar naturalizado *brasileiro*, estar *estudando Medicina*, estar aprendendo a *jogar golfe*. E modificando o verbo *estar* para *ser*, como talvez só em português seja possível fazer com a desejada intensificação sociológica do critério psicológico de situação não só social porém sociocultural, mas sem a sua deformação: *ser homem, ser branco, ser engenheiro, ser católico-romano, ser artista*. Em todas essas situações de *ser* ou de *ir sendo* – como talvez preferisse dizer Ortega y Gasset[74] – que podem coexistir na vida de um só indivíduo, juntamente com numerosos outros que não se excluam ou não se choquem de todo mas formem situações ambíguas, simbióticas, anfíbias, mistas – como as de vários tipos de homem marginal: mestiço, teuto-brasileiro, euro-asiático, bissexual; em todas essas situações e através da sua temporalidade, de sua historicidade, de sua limitação no espaço físico-social ou só social, o indivíduo social se deixa identificar como participante ou membro, de modo geral, de uma só cultura regional e histórica, em alguns casos, de várias culturas. Essa cultura ou essas culturas marcam-no para sempre, por mais que ele as queira abandonar; por mais energicamente que ele se disponha a renunciar seu passado, sua formação, sua época; por mais plástico que ele se revele em acomodar-se a novas situações sociais e a novos meios culturais de vida e converter-se a nova doutrina religiosa ou política, a destorcer-se a nova doutrina religiosa ou política, a destorcer-se de condições em que se educou ou se formou, ou deformou, a adotar novos estilos de trajo, novas ideias filosóficas, novas profissões e até nova "raça", como os milhares de norte-americanos que todo ano conseguem, nos Estados Unidos, graças à sua aparência de brancos, abandonar a "raça" negra pela "raça" branca.

---

[74] Ortega y Gasset, *Historia como sistema y del Imperio Romano* (op. cit, p. 60).

g) Situação social e herança cultural

À situação social e à condição biológica do ser humano junta-se sua herança cultural, à parte da qual não pode ser explicado nenhum grupo ou homem social. Este, porém, não se conserva estaticamente resultado nem de sua herança biológica nem de sua herança cultural, embora uma e outra lhe condicionem o desenvolvimento e as situações sociais. Se é certo que a herança cultural tende a fixar-se em formas que a maioria de membros de um grupo, principalmente os de sexo feminino, os de idade avançada e os situados em postos de domínio, tende a considerar definitivas, contra essas tendências agem com maior ou menor intensidade elementos diferenciadores, uns por invenção ou criação, desejo de aventura ou, como diria o professor Thomas, de "experiência nova"; outros por assimilação ou imitação de traços de cultura desenvolvidos por outro grupo ou por outros grupos. Sociologicamente considerada, a *invenção* não se refere só a invenções materiais ou mecânicas mas a criações intelectuais e artísticas; nem a invenções puras, que rigorosamente não existem, mas a combinações. Estão nesse caso a "batata de Burbank", o fonógrafo de Edison e o Estado Corporativo Fascista que o professor F. A. Conrad apresenta como exemplos a favor do conceito de desenvolvimento de cultura oferecido pelo professor Ralph Linton: *"the creation of new active elements within the frame of a culture"*.[75] Todas essas criações resultaram de sucessão ou continuidade de esforços e adaptação mútua de vários elementos outrora isolados e, como destaca ainda o professor Conrad, de todo um "complexo processo de interação entre muitos indivíduos" (sociais). Às vezes não só entre muitos indivíduos sociais, cujos esforços são afinal sintetizados por algum sistematizador ou criador – criador em sentido relativo – genial, como entre várias culturas. É o caso de algumas invenções luso-brasileiras como a casa chamada no Brasil "colonial", com seus telhados caídos para os lados à maneira chinesa, suas paredes grossas semelhantes às de fortalezas portuguesas, suas rótulas árabes ou seus abalcoados mouriscos; como o cuscuz de milho ou de mandioca (em que se junta à técnica árabe o uso de produtos da cultura ameríndia); como o sistema de capitanias hereditárias com sua adaptação de sobrevivências feudais a condições de espaço físico e social peculiarmente americanas. Se não se pode dizer o mesmo das constituições políticas que o Brasil tem tido depois de independente politicamente da Europa, é por lhes vir faltando, não a combinação de elementos de culturas diversas – de uma delas disse até um estrangeiro perito em Direito Público, por nós já recordado em capítulo anterior, que é verdadeiro *cocktail* –

---

[75] LINTON, R. *The study of man*, New York, 1936, p. 306; F. A. Conrad, "Evolution of Cultures", cap. 26 de *Society under Analysis*, org. por Elmer Pendell (Lancaster, 1942, p. 662). O livro do professor Linton aqui referido apareceu há pouco – repita-se – em português sob o título *O homem* (São Paulo, 1943).

mas sua adaptação ao espaço físico-social brasileiro, necessária à vitalidade de qualquer invenção.

Pois toda invenção é facilitada ou retardada por fatores sociais e de cultura que os sociólogos não se cansam de salientar e entre os quais se acham não só as *necessidades* do grupo como suas *atitudes* e sua *cultura básica*, da qual não se devem separar as condições *ecológicas*. Como mais de um sociólogo tem observado, as invenções não ocorrem num vácuo social. Nem o inventor é apenas expressão de uma condição biológica que não pode ser esquecida – isto é, hereditariedade superior – mas dessa superioridade em função de necessidades sociais do grupo ou da época e em correspondência com as situações sociais e com a herança cultural do indivíduo social biologicamente superior nem a invenção pode ocorrer ou desenvolver-se senão em correspondência com as condições e necessidades do espaço físico-social ou físico-sócio-cultural. Sem essa simbiose ou adaptação, a invenção aparente é fantasia de indivíduos sociais mais ou menos estranhos às condições do seu meio e da sua época, que imaginam os homens de determinado espaço e época não como são mas como, no entender deles – dos criadores de sistemas políticos arbitrários, por exemplo – deviam ser. Estaria no mesmo caso o inventor de algum aparelho de locomoção para os homens de hoje, baseado no capricho do inventor de que, andando eles, homens de hoje, com os dois pés, deviam, entretanto, andar com pés e mãos sobre o solo, como os bois e os jumentos ou como os chamados antropoides. Excessivamente pessimista, o fascismo é o que considera a quase totalidade dos homens: antropoides ou jumentos em sua condição bio-sócio-cultural. Fossem os homens antropoides ou jumentos em sua condição bio-sócio-cultural e o fascismo seria uma invenção genial não só pela sua inegável lógica como pela sua adaptabilidade à condição sociocultural e biossocial dos seres humanos. Parece, entretanto, que os homens de hoje são, em grande parte, capazes de andar socioculturalmente só com os dois pés e em posição ereta. O que torna o sistema fascista uma invenção de base cultural perdida em passado demasiadamente remoto da espécie humana. Por outro lado a mesma invenção se projeta não sobre a pretendida realidade da condição humana de que muito falam seus apologistas, mas ao que parece, num vácuo sociocultural.

As culturas se enriquecem não só por meio de invenções que acrescentem à herança de cada grupo valores ou traços novos,[76] como de assimilações, trocas, empréstimos de traços ou elementos de cultura. Verifica-se por esses meios a *difusão*, isto é, a expansão no espaço, de elementos de uma cultura. São dos últimos séculos da história humana casos de extraordinária difusão de traços da cultura europeia-cristã por espaços ocupados por culturas extraeuropeias e extracristãs. Entretanto, das culturas

---

[76] Sobre o sentido sociológico e antropológico-cultural de "traços" e "complexos" de cultura, veja-se nosso *Problemas brasileiros de antropologia* (op. cit.).

extraeuropeias e extracristãs difundiram-se pelo espaço físico-social, ocupado por aquela, numerosos elementos, de muitos dos quais foram portadores os portugueses: o leque e o chá, por exemplo; parece que o chapéu-de-sol, o palanquim, o banho diário. Das culturas chamadas primitivas, da América, os portugueses, os franceses, os espanhóis, os ingleses, os holandeses, assimilaram, entre outros traços que se difundiram pela Europa, pela África, por trechos da Ásia, o milho, a mandioca, a batata, o tabaco, o cachimbo: *traços* e às vezes *complexos*, isto é, conjuntos de traços. Já os europeus modernos, cuja cultura se difundiria por tantos espaços, tinham absorvido dos árabes a Matemática e outros elementos de cultura e dos judeus a base de sua filosofia religiosa, também neoplatônica em vários de seus elementos.

É certo que nem todo desenvolvimento das culturas dos vários grupos sociais deve ser atribuído à difusão, como fazem sistematicamente os chamados difusionistas. Ainda que raros, os casos de invenções separadas têm ocorrido. Ainda que como exceções podemos admitir que traços de cultura – e não apenas formas sociais – têm sido desenvolvidos independentemente de difusão, pelo homem social, em diferentes espaços físico-sociais. Traços cujas funções e cujos aspectos litúrgicos variam de acordo com as condições regionais ou espaciais, físicas e de cultura; mas que são os mesmos quanto ao que representam como formas sociais – família, organização econômica, organização política; e como estilos de cultura correspondentes a necessidades humanas básicas. Parecem estar nesse caso alguns tipos elementares de abrigo ou de habitação. E as procissões que, dentro do complexo católico de nossa cultura, fazem os sertanejos do Nordeste do Brasil para pedir a Santa Luzia que chova ou os homens da "zona da mata" do mesmo Nordeste, a Santa Clara, para que *não* chova, podem ter, no caso dos primeiros, alguma remota ligação com as danças dos Hopi da região árida do Sudoeste da América do Norte destacadas pelo professor Kelsey[77] como cerimônia destinada à invocação de auxílio sobrenatural para a lavoura ou a agricultura. O que se nota, entretanto, é a tendência para se desenvolverem tais cerimônias em regiões agrárias separadas física e culturalmente umas das outras, embora afligidas com igual intensidade por escassez ou excesso de chuvas. Escassez ou excesso que o grosso da população, ainda na fase da "mentalidade" que Lévy-Bruhl chamaria pré-lógica e limitaria arbitrariamente aos grupos primitivos, faça depender de algum poder sobrenatural, de algum deus ou de algum santo.

A difusão – aspecto cultural do processo social de contato ou de comunicação – vem ganhando novos instrumentos que a tornam poderosíssima: a escrita, por exemplo: o telégrafo, o rádio, o cinema. Os que escrevemos livros somos como todos os homens sociais, quer simplesmente escrevam livros, quer os inspirem, uns cleptomaníacos mais

---

[77] Kelsey, C. *The physical basis of society*, New York; London, 1928, p. 443.

ou menos desabusados com relação a antecessores ou a contemporâneos – tal a amplitude da difusão entre todos nós. Alguns, somos mesmo plagiários, tendo a nosso favor o exemplo de Shakespeare que se apropriou cinicamente de material alheio para suas combinações, invenções e adaptações geniais. Por outro lado não são raros entre nós, autores e inspiradores de livros de toda espécie e de várias qualidades (não só dramas e poemas como compêndios de Sociologia, de Economia, de Biologia, de Antropologia, de Psicologia, de Geografia, de Direito), casos de invenções cuja coincidência às vezes é surpreendente. É que são soluções ou tentativas de solução ou de caracterização de problemas semelhantes por pessoas semelhantes em sua formação intelectual e em seu lastro cultural. E assim como entre os grupos sociais surgem aqueles "estilos de cultura" a que o professor Kelsey se refere, dando-os como correspondentes ao equipamento e às necessidades básicas, fundamentalmente as mesmas, de todos os homens, também entre os sociólogos que escrevem livros surgem muitas vezes coincidências de ideias e de expressões com outros sociólogos. Alguns abusam, é certo, do direito a essas coincidências e pretendem passar por originais quando são evidentemente derivados. Mas as coincidências de invenção existem aqui como em regiões mais amplas da cultura humana. A difusão não explica tudo no desenvolvimento das culturas, embora explique muito: talvez o principal.

O que temos dito da Sociologia da cultura em geral, poderíamos dizer, em particular, de suas subdivisões, uma delas a *sociologia da economia*. Embora haja sociólogos modernos altamente respeitáveis como Franz Oppenheimer que insistam em separar da pessoa social, a *pessoa econômica*, que seria uma espécie de ressurreição do outrora famoso *homem econômico*, devendo, porém, entender-se por pessoa econômica, dentro da caracterização de Oppenheimer, "todo indivíduo e todo grupo de indivíduos que atua economicamente" como "órgão elementar da sociedade econômica",[78] divergimos deles para considerar a atividade econômica uma das funções da pessoa ou do grupo social; uma das *situações* através das quais o indivíduo se torna pessoa não apenas econômica, mas social, em relação com o grupo e com a cultura.

Essa situação, vamos encontrá-la, como tantas outras – a de homem, a de mulher, a de velho, a de moço, a de tio, a de solteiro, a de viúvo, a de filho – condicionada pela cultura do grupo. Isto é, a função econômica não se impõe sempre do mesmo modo aos grupos sociais através de uma "pessoa econômica" cujo *status* dependesse invariavelmente de sua capacidade específica de produtor ou de fabricante. É assim que dentro das diferentes culturas primitivas da África em que se encontra a figura econômica do ferreiro, sua situação social varia consideravelmente quanto ao prestígio que desfruta. Entre as culturas da região do Zambeze à Costa de Guiné esse prestígio é às vezes de

---

[78] Ayala, F. *Oppenheimer*, México, 1942, cap. IV.

rei ou de chefe supremo. Na África oriental a função de ferreiro dá ao homem lugar saliente na corte: é o médico particular do rei. No Sudão, nota-se o mesmo: a função de ferreiro valoriza extraordinariamente o homem. Entretanto, a mesmíssima função em vez de valorizar, degrada o homem e o situa entre os membros mais desprezíveis do grupo social, não só entre tribos do Norte e do Leste da África como entre os somalis, os galas, os masais, os hereros, os ovambos.[79] Geologicamente, regiões semelhantes são culturalmente diversas.

O caso do ferreiro nessas culturas africanas é apenas um exemplo do condicionamento da função econômica pela cultura espacial ou temporal. A situação social através da qual o indivíduo se define em pessoa social liga-se, sem duvida, à organização econômica do grupo; esta, porém, é condicionada pelo conjunto social e cultural. Daí ser perigoso nos antecíparmos em generalizar sobre a igualdade de reações que dentro de diferentes culturas provocariam estímulos semelhantes, só por serem esses estímulos de base econômica.

Aliás, não é senão de um marxista ortodoxo, G. Plekhanov, a observação arguta de que "a maior parte dos usos e convenções da boa sociedade" se não explicam diretamente pelo estado das forças produtoras mas sim pela *psicologia de uma classe não produtora* e que, por conseguinte, o fator econômico cede neste ponto o lugar ao fator psicológico.[80] Menos porém – é nosso modo de ver – ao fator chamado por Plekhanov psicológico que ao fator cultural. O fato econômico não se explica por si próprio nem apenas pelo chamado *processo psicológico*; explica-se dentro das várias inter-relações que constituem o complexo cultural-social. Explica-se pelos *processos* sociais, nos quais pode se admitir que haja alguma coisa de invariavelmente psíquico que se adapte a diferentes situações e funções sociais; a diferentes formas de cultura. Daí a conveniência de não se separar rigidamente da Sociologia da cultura, a Sociologia da economia.

Do critério de estudo de instituições econômicas em relação com o todo sociocultural vamos encontrar exemplos magníficos na obra de vários antropólogos sociais e sociólogos culturais dos nossos dias: em *Die menschliche Gesellschaft*, de Richard Thurnwald,[81] por exemplo, ou em "Essai sur le Don; Forme et Raison de l'Échange dans les Sociétés Archaïques", de Marcel Mauss.[82] O professor Mauss já se distinguira,

---

[79] GOLDENWEISER, A. *Anthropology, an introduction to primitive culture*, New York, 1937, p. 137.

[80] G. Plekhanov, citado por A. Cuvillier, *Introdução à Sociologia*, (op. cit., p. 88).

[81] Berlim, 1934. A obra do professor Thurnwald é notável, como já tem sido observado por mais de um crítico, por sua combinação de pesquisa de campo com pensamento sistemático; e também pelo fato de pôr sempre em contato a Sociologia com a Psicologia, a Economia e a Jurisprudência e também a ciência alemã com a ciência norte-americana. O caso de Boas e com relação ao contato da etnologia inglesa com a norte-americana, de Malinowski na sua última fase. Malinowski morreu professor da Universidade de Yale.

[82] *Année Sociologique* (nova série), t. 1.

aliás, com o professor Henri Hubert, em destacar a importância dos motivos irracionais que, à parte os utilitários, se encontram à base de ações sociais dos homens chamados primitivos. Cremos – seja dito de passagem – que tais motivos se encontram também à base de ações sociais de homens civilizados. E aqui nos parece encontrar apoio para nosso modo de ver em Karl Marx, que em *Das Kapital* se refere, como lembra um dos seus apologistas mais lúcidos, ao "caráter fetichista da mercadoria"; à "fantasmagoria que faz aparecer o caráter social do trabalho como um caráter das coisas, dos próprios produtos".[83]

Esse "caráter fetichista" das coisas – para aproveitarmos a caracterização feliz de Marx – parece-nos que se reflete modernamente nas modas de chapéu, de vestido, de roupa, de calçado, de fachadas de casa, de carruagem, nas quais o homem social, em culturas como a brasileira, por exemplo, parece gastar mais, quando pequeno-burguês ou burguês arruinado, do que em alimentação e conforto doméstico, isto é, na satisfação de necessidades que não dê na vista do público.[84] Já faziam o mesmo os antepassados portugueses do brasileiro de hoje, caricaturados por Clenardo em cartas que ficaram célebres.[85] À herança cultural do antepassado civilizado parece ter-se juntado a de antepassados primitivos para fazer do brasileiro, pequeno-burguês ou burguês arruinado de hoje, um ser social que gasta antes por fetichismo, ou na ostentação de coisas a que irracionalmente atribui caráter fetichista, do que na satisfação de necessidades básicas. Caso típico, a nosso ver, de condicionamento do *econômico* pelo *cultural*. Assunto para estudo especial de Sociologia da cultura combinada com a Sociologia psicológica.

h) Herança cultural, herança biológica e situação social

A herança cultural é condicionada, no indivíduo social e no grupo em que, geralmente, ele primeiro se desenvolve – a família biológica – pela herança biológica. Esta,

---

[83] CUVILLIER, op. cit., p. 90.

[84] *Casa grande & senzala* (op. cit., I, p. 393-4; II, p. 667).

[85] GONÇALVES CEREJEIRA, M. *O humanismo em Portugal, Clenardo*, Coimbra, 1936, p. 182 ss. A observação de Clenardo sobre os portugueses – sua ostentação de nobreza e riqueza, na rua, à custa de penúria doméstica e de alimentação escassa – é confirmada pelas palavras de Costa Lobo (*História da sociedade em Portugal no século* XV, p. 242) sobre o Portugal do século XV: "o principal artigo dos haveres domésticos consistia no vestuário e joias [...]. Com estes fatos concorda a informação do embaixador florentino Guicciardini [...] de que a fidalguia vivia em casa em grande penúria, mas, fora ostentava magnífico estado. Aqui historicamente se confirma uma nota do caráter nacional – a comodidade é-lhe indiferente, o indispensável é a ostentação".

Clenardo observaria o fato e o registraria em traços de caricatura ao caracterizar os portugueses como "comedores de rábano": "Há aqui, meu caro Latomo, uma chusma desses faustosos *rabanófagos* que trazem todavia pela rua atrás de si maior número de criados do que de reais gastam em casa" (Clenardo, Carta a Latomo, trad. por M. Gonçalves Cerejeira, op. cit., p. 279).

por sua vez, tende a tomar a forma de normas de comportamento e estilos de cultura, que acentuam ou reprimem tendências e disposições biologicamente individuais ou familiais. Essas normas gerais de comportamento e esses estilos, também gerais, de cultura não devem, entretanto, ser confundidos com as muito mais estreitas normas de conduta: éticas, jurídicas, políticas. É na importância que atribui às normas jurídicas que Stammler, por exemplo, se exagera na sua oposição aos determinismos biológico, geográfico e econômico. Oposição já lembrada em capítulo anterior.

Mais de acordo com o que os estudos sociais vêm revelando sobre as relações entre o indivíduo, a cultura e o meio social é a atitude dos sociólogos e parassociólogos que desde Charles Comte, Enrico Ferri e Tarde[86] inclinam-se para um critério que pode ser hoje denominado situacional e tem uma específica expressão brasileira: Charles Comte, em estudos sobre a escravidão que interessam de perto ao Brasil e tiveram influência visível, ainda que nem sempre confessada sobre nossos estudiosos do assunto, durante o século XIX (Frederico César Burlamaqui, Perdigão Malheiro, Joaquim Nabuco, Anselmo da Fonseca, Sílvio Romero); Ferri, em estudos de Sociologia do crime e do Direito; Tarde, através da importância atribuída às "leis de imitação" na interpretação de fenômenos socioculturais.[87] O que parece certo é que, com a "extensa interação

---

[86] COMTE, C. *Traité de législation*, ou *Exposition des lois générales suivant lesquelles les peuples prosperent, déperissent, ou restent stationnaires*, Paris, 1826; FERRI, E. *La sociologia criminale*, Torino, 1884. e *Principii di Diritto Criminale*, Torino, 1928; TARDE, *Les lois de l'imitation* (op. cit.).

Com relação ao primeiro desses precursores, deve-se salientar que dele é uma das primeiras antecipações de caráter científico do moderno *situacionismo* sociológico, dado o desenvolvimento que dá à tese de que a superioridade de cultura não é questão só de raça pois um povo considerado inferior muitas vezes alcança plano mais alto de cultura que os de tipo étnico considerado superior, devido a melhor situação no ambiente. Acerca de Charles Comte escreve Franklin Thomas (*The environmental basis of society, a study in the history of sociological theory*, New York; London, 1925) que "Comte se antecipa a Boas e a outros críticos recentes dos extremistas étnicos sustentando ser tão impossível impor limites ao desenvolvimento de cultura do negro quanto ao possível desenvolvimento da raça branca" (ibidem, p. 269). A Charles Comte procuramos desde 1933 – desde a publicação do ensaio *Casa grande & senzala* – dar o máximo relevo, como um dos pioneiros europeus dos modernos estudos sociológicos e antropológicos, no Brasil, em que se considera de importância máxima nos elementos chamados "inferiores" que concorrem para a formação brasileira, não sua *condição* étnica mas sua *situação* social completada pela sua *função* cultural: nova perspectiva para os mesmos estudos oferecida de modo sistemático, pela primeira vez, naquele ensaio.

[87] Aos estudos de sociologia do crime em suas relações com o meio e com a cultura regional vêm-se juntando trabalhos de pesquisadores mais novos sobre desajustamentos e desajustados: *The Natural History of a Delinquent Career*, por Clifford Shaw e Earl D. Myers (Chicago, 1931;) *The unadjusted girl*, por W. I. Thomas (Boston, 1923); *Crime and the community*, por Frank Tannenbaun (New York, 1938); *Culture, conflict and crime*, por Thoistein Sellin (New York, 1938); *Criminal justice in America*, por Roscoe Pound (New York, 1930); *Os criminosos portugueses*, por A. A. Mendes Correia (Coimbra, 1914); *Através do cárcere*, por Ernesto Sena (Rio de Janeiro, 1907); Ademar Vidal, *Terra de homens* (Rio de Janeiro, 1944). Vejam-se também os *Trabalhos do 1º Congresso Nacional de Antropologia Colonial* (Porto, 1934).

É curioso o fato de que, no Brasil, alguns dos criminosos mais perseguidos pela polícia têm sido para grande parte da população, heróis e até símbolos de reivindicações populares. O que nos parece sinal evidente de conflitos de cultura, se não entre áreas brasileiras, entre camadas étnico-sociais da

entre fatores de ambiente e de constituição genética", não podemos perder de vista, nos estudos da Sociologia da Cultura, essa interação. Interação e não dependência dos fatos sociais de cultura da constituição genética dos *socii*.

---

população. Escreve o Sr. Luciano Pereira da Silva em seus *Estudos de Sociologia Criminal* (Pernambuco, 1906), que "os trovistas pernambucanos do século XVIII, nas suas cantigas a viola, cantavam os feitos de José Gomes, vulgo Cabeleira" (ibidem, p. 514), fato que se vem verificando com relação a outros criminosos ou "*out-laws*" célebres: Jesuíno Brilhante, padre Cícero, Antônio Silvino, Lampião. No seu *Fogo morto* (1943), o escritor José Lins do Rego – antes memorialista que romancista regional – recorda a ação de Antônio Silvino em face da política que o perseguia. O "*out-law*" aparece várias vezes em situações mais simpáticas, do ponto de vista dos interesses populares da região que a mesma polícia.

Curioso que os principais caudilhos do crime no Nordeste, suscetíveis de ser apresentados sob aspectos simpáticos ou cavalheirescos, tenham sido pernambucanos. O assunto está sendo estudado com minúcia e em profundidade pelo jovem pesquisador Frederico Pernambucano de Mello, do Instituto Joaquim Nabuco de Pesquisas Sociais. Mas não devem ser esquecidas as páginas pioneiras de Gustavo Barroso.

Vários dos crimes ocorridos no Brasil interessam à Sociologia da Cultura como "vingança privada" e antagonismo econômico e político entre famílias competidoras. Sobre o assunto vejam-se "Lutas de famílias no Brasil", por Luís de Aguiar Costa Pinto (*Rev. do Arq. Mun.*, São Paulo, v. LXXXVIII) e *A ordem privada e a organização política nacional*, por Nestor Duarte (São Paulo, 1936).

VI. SOCIOLOGIA

1. SOCIOLOGIA GERAL, SOCIOLOGIA COORDENADORA

As sociologias especiais são muitas; e às vezes se chocam, contraditórias e intransigentes, por questões de limites e de métodos; por competição de espaço e disputa da situação mais prestigiosa, pode-se talvez dizer em linguagem sociológica.

Mesmo evitando as sociologias especiais que um tanto arbitrariamente, talvez, denominamos de especialíssimas, por nos parecerem ramos da cultural, da genética, da ecológica, da psicológica ou da biológica – como a sociologia da família, a da Política, a da Economia, a da Educação, a do Direito, a da região urbana, a da região rural – ou aquelas que são antes sociologias filosóficas do que científicas – como a do saber, ligada principalmente ao nome de Scheler – chegamos a tratar de cinco. Essa diversidade de sociologias especiais faz que elas sejam um tanto como os seis personagens de Pirandello à procura de um autor: cinco sociologias especiais à procura de uma que as coordene e que, no caso, seria uma Sociologia geral, acima das especialidades. Uma Sociologia geral da qual todas as especiais de algum modo se tivessem originado (fecundadas embora por ciências diversas – a Biologia, a Economia, a Antropologia, a Psicologia, a Geografia, e para o sustento ou o desenvolvimento da qual todas concorressem, cada uma a seu jeito, mas todas filialmente relacionadas com a coordenadora).

Embora haja especialistas ou práticos de sociologia indiferentes às relações da sociologia que praticam com a geral ou a pura – para não falarmos da indiferença de quase todos aos problemas de História das doutrinas sociológicas e de Filosofia social sistemática – dificilmente se concebe um sociólogo autêntico a quem baste a sociologia de sua especialidade; que não procure articulá-la com as outras; que não busque para a pluralidade de sociologias especiais um sentido único ou geral; para o sumo dos resultados das indagações de cada uma, expressão e validade universais, de modo a tornar-se possível uma espécie de suma e, ao mesmo tempo, de síntese sociológica. Suma sociológica. Síntese sociológica. Sociologia geral. Sociologia pura. Sistematização de leis, ou, pelo menos, de tendências gerais, sociológicas. Sistematização do estudo dos processos sociais comuns a todas as sociologias especiais: na verdade a todas as ciências sociais.

Da verdadeira síntese já nos disse o professor Karl Mannheim que não é nunca uma medida aritmética. Se de todas as sociologias especiais pode-se dizer que são ciências ao mesmo tempo de *mensuração* e de *compreensão*, na Sociologia geral temos que reconhecer um esforço mínimo de *mensuração* e um máximo de *compreensão* da totalidade sociológica. Pois sem compreensão não há síntese, mas só análise de problemas ou dados sociológicos. Não é possível suma nenhuma: somente soma.

Não afirmamos que haja hoje Sociologia geral capaz de satisfazer inteiramente as exigências ou condições de ciência pura, contra o ceticismo dos que como entre nós Tobias Barreto e, recentemente, João Ribeiro, disseram não acreditar em sociologia nenhuma: só em sociólogos que seriam uma espécie de homens sem pátria. Da condição científica de algumas, pelo menos, das *sociologias especiais*, cremos que eles hoje não duvidariam. E quanto à Sociologia geral, não se poderia repetir hoje a seu respeito, com alguma fantasia e descontando a distância que vai de uma deusa a Deus: "*Tu ne me chercherais pas si tu ne m'avais trouvé*"?

Raro o sociólogo autêntico, por mais prevenido contra o "imperialismo sociológico" da Sociologia geral, que, em pesquisas ou estudos de sociologia especial, não se surpreenda em busca da geral; na necessidade, mesmo, da geral. Ou que, no meio das mesmas pesquisas, não entreveja mais de uma vez a possibilidade de expansão em generalidade de tendências estudadas e constatadas com rigor científico naquelas zonas específicas do todo social sob o domínio sociológico.

É claro que quando falamos em sociólogo autêntico não nos referimos nunca ao simples prático de qualquer das sociologias especiais, de ordinário satisfeitíssimo em poder exprimir em números, em diagramas, em $AA + BB$, graças ao emprego da técnica estatística ou da linguagem matemática, o resultado do seu exame minucioso de alguma pequena fatia de realidade social cortada de modo a permitir rigores experimentais de análise e de mensuração. Por sociólogo autêntico entenda-se precisamente o insatisfeito com as vitórias da Sociologia através da Estatística; com todas as outras pequenas e grandes vitórias da pesquisa sociológica apenas quantitativa; o sociólogo que se sente incompleto e falso à sua ciência se não consegue chegar ao estudo de tendências gerais e à compreensão das totalidades socioculturais, em vez de simples mensuração de seus retalhos.

Nem sempre por comodismo mental, às vezes por excesso, até, de energia criadora indiferente à racionalização e à lógica, são muitos os sociólogos que se contentam em ser sociólogos sem saberem ao certo se acreditam ou não em sociologia especial ou em sociologia geral – o que realmente é fato sem importância quando o sociólogo é um Sarmiento ou um Euclides da Cunha; muitos os que hoje se satisfazem em cultivar uma das sociologias especiais, despreocupados de problemas de Sociologia geral. Mas a verdade é que só há Sociologia completa quando à criação sociológica, à prática, à pesquisa, às obras se reúne, como na Teologia cristã, a fé que, neste caso, seria o empenho em contribuir o sociólogo para o desenvolvimento da teoria sociológica ou da Sociologia geral em cuja existência ou possibilidade ele acredite.

O estado quase de guerra civil em que vivem hoje as ciências sociais e, dentro da Sociologia, as sociologias especiais, parece resultar, em grande parte, do abandono da Filosofia social pela cultura exclusiva das ciências sociais e, dentro da Sociologia, do abandono da Sociologia geral pelas especiais. Abandono que é uma espécie de reação à fase de exagero da teoria, da generalização, da síntese prematura, que marcou o começo da Sociologia. Nessa política entre as ciências o que principalmente se observa é o velho conflito entre a *unidade* e a *diversidade*, seguindo-se quase sempre ao domínio exclusivo de uma, a reação, também excessiva, a favor da outra. Hoje, nas ciências sociais, em geral, e na Sociologia, em particular, pode-se dizer que a tendência dominante é no sentido de conciliar-se a unidade com a diversidade, de estimar-se o desenvolvimento da especulação filosófica ao lado da investigação científica e o desenvolvimento da generalização sociológica ao lado da particularização da Sociologia em sociologias especiais. Uma espécie de federalismo científico.

O excessivo *especialismo* dos sociólogos norte-americanos, mesmo assim criador de verdadeiros monumentos, se deixa amolecer – mas não vencer, é claro – pela influência do *unitarismo* sociológico dos alemães, aos quais devemos os esforços mais intensos e vigorosos de tentativa de síntese sociológica, nos últimos trinta anos. E da aproximação desses dois critérios, por algum tempo distantes e antagônicos, de estudo sociológico, vão surgindo os primeiros resultados: a obra didática e de sistematização do professor von Wiese, por exemplo, de franca conciliação da sociologia unitária dos alemães com a particularizadora dos norte-americanos; a de Oppenheimer, de harmonização – como já notou o professor Treves – do idealismo alemão com o positivismo francês; a de Mannheim, de conciliação do "idealismo hegeliano" com o "marxismo e o positivismo"; a do professor Znaniecki: a dos Profs. Fernando de Azevedo, Miranda Reis, Delgado de Carvalho, Florestan Fernandes; a do Prof. Echavarria; a do Prof. Raúl Orgaz; a do Prof. Georges Gurvitch; a do Prof. Hans Freyer, a do Prof. von Wiese, a do Prof. Duvignaud, a do professor Balandier – dentre os europeus e latino-americanos; e dentre os norte-americanos, a do Prof. Eubank, a do professor Sorokin, a do professor Talcott Parsons, a do professor Merton, a do Prof. Tannenbaum – a do Prof. Thomas, a do Prof. House, a do Prof. Park, a do Prof. Bernard, para só destacar alguns dos mestres atuais – ou há pouco falecidos – preocupados com problemas de síntese sociológica. Dos mais antigos não devem ser esquecidos Ward, Giddings, Cooley e Ogburn.

2. INTEGRAÇÃO E DIFERENCIAÇÃO SOCIOLÓGICA

Do professor House é, aliás, a observação de que nos últimos dez ou quinze anos o ensino da Sociologia nos Estados Unidos vem sendo menos no sentido de *diferenciação* do que no de *integração*.¹ Integração – cremos poder dizer-se, em acréscimo ao professor House – quer das sociologias especiais na Sociologia, quer da Sociologia no conjunto "ciências sociais". Não é outra a orientação do Social Science Research Council dos Estados Unidos, ao qual se deve a realização de iniciativas de sentido inteligentemente unionista ou inter-relacionista – ou saudavelmente federalista – digamo-lo assim – como a *Encyclopedia of the Social Sciences*.

Há, na verdade, alguma coisa de patético – o *pathos* do mutilado – no sociólogo especial que só entende de sua especialidade miúda e incomunicável; ou mesmo no sociólogo que ignora a Antropologia, a Economia, a Ciências Política, a Psicologia. Em ciência, como em tudo o mais, parece que a diversidade ou a especialidade corre quase sempre o risco, na sua reação exagerada à unidade, de tornar-se província estéril em vez de criadora. O especialista que se extrema no especialismo ou no provincianismo científico, pelo receio de progredir só em superfície como os *dilettanti*, os cosmopolitas ou os judeus errantes das ciências, pode tornar-se a negação absoluta do *dilettante*, do cosmopolita e do judeu errante pela ausência de contatos com outras atividades e tendências científicas. Nem tanto ao mar; nem tanto à terra.

Karl Marx, por exemplo – e a Marx se deve forte contribuição para o desenvolvimento cientifico não só de uma Sociologia cultural, ou simplesmente econômica, em particular, como da Sociologia, em geral – não teria se tornado, como se tornou, o ponto de confluência de correntes parassociológicas tão contraditórias como a filosofia hegeliana, a economia clássica e a parassociologia anglo-francesa, se não tivesse sido o quase *dilettante* e cosmopolita que foi, o judeu errante que não podia deixar de ser, em contraste com os especialistas exagerados das universidades alemãs, a vida inteira colados às suas cátedras e confinados às suas províncias ou bairros científicos. E o mesmo é certo do próprio A. Comte, o sistematizador da Sociologia, para a qual transpôs, primeiro sob o estímulo de Saint-Simon – cronologicamente, o verdadeiro pai da Sociologia –, depois por esforço próprio, grande parte do pensamento enciclopedista francês, alemão e inglês no esforço de encontrar no estudo positivo da realidade social "o maior número possível" como lembra o professor Echavarria "de relações constantes entre os fenômenos estudados, pois só estas permitiriam o formular de leis".² No formular de leis prematuras – leis sociológicas – exagerou-se, decerto, o positivismo comtista; antecipou-se por meios cientificamente precários ao trabalho de investigação que só as sociologias especiais poderiam lentamente realizar dentro, aliás, da tendência diversificadora de bom romântico de Saint-Simon. Mas não devemos, por isto, desprezar como sociologia inútil de gabinete todo esforço no sentido de considerar, mesmo por antecipação filosófica, a realidade social no conjunto de suas inter-relações: esforço a

---

¹ HOUSE, F. N. *The development of Sociology*, New York; London, 1936, p. 425.

² ECHAVARRIA, J. M. *Panorama de la Sociologia contemporanea*, México, 1940, p. 46-55.

princípio unitário e mesmo imperialista, hoje federalista, de que vem resultando a Sociologia pura ou geral: *a)* o esforço de Augusto Comte na sua procura de constantes sociológicas e de síntese sociológica; *b)* no mesmo sentido, o esforço de Spencer, a quem se devem, contra a orientação ainda um tanto século XVIII, de Comte, a valorização da Biologia e da Antropologia no interesse da Sociologia, o largo uso de material etnológico e antropológico acumulado à sombra da expansão imperialista da Inglaterra, no decorrer do século XIX, a utilização, para fins de generalização sociológica, da teoria da evolução – outro fenômeno do século XIX – de que se desenvolveria o organicismo denominado social; *c)* e, embora no plano ainda parassociológico, a obra de Hegel sobre a sociedade civil como "sistema das necessidades", para alguns completada e para outros deformada, por sua filosofia de História em que se sustenta que o objeto da História é "o Estado enquanto espírito". Critério contra que Karl Marx se insurgiria, noutro dos esforços de que não se pode separar desenvolvimento da Sociologia geral. Nesse ponto – retificação de Hegel – é a parassociologia de Marx que coincide com a teoria sociológica de Comte e com a da Sociologia mais cientificamente madura e experimentada dos nossos dias. O "estatismo espiritualista" de Hegel quase não encontra apologistas científicos. Os professores Carli e Echavarria chegam a considerar a obra de Marx – aqui denominada parassociológica – obra já completa de Sociologia por ter ele versado os problemas sociológicos de maior importância, segundo o professor Carli: *a)* a concepção do ser social; *b)* o problema da formação da ciência social e das relações entre indivíduo e sociedade; *c)* o problema de equilíbrio social através da análise das leis das revoluções.[3]

Não nos parece que a simples apresentação à discussão de problemas característica e essencialmente sociológicos baste para caracterizar como sociológica a condição dos que apresentem e discutam tais problemas; o justo será antes considerar a obra de Marx uma daquelas construções monumentais que dão às margens da Sociologia aspectos às vezes mais grandiosos que os do próprio interior da ciência, com o qual se comunicam por meio de pontes, algumas fixas, outras levadiças. Não há, talvez, ciência de margens e mesmo arredores mais povoados de monumentos ilustres que a Sociologia; nos seus arredores é que se erguem as ruínas veneráveis e como que ainda vivas dos sistemas clássicos de Filosofia social (Aristóteles, Platão, Ibn Khaldun) assim como as catedrais da Filosofia social católica da Idade Média ocidental, restauradas pelos medievalistas modernos: uma delas o tomismo renovado pelo neotomismo do professor Jacques Maritain. Em trabalho próximo, esperamos poder indicar as muitas relações da Sociologia com essas construções arcaicas ou ainda vivas das margens e dos arredores da área onde Comte levantou um tanto arbitrária e imperialisticamente o novo monumento. Aqui

---
[3] CARLI apud ECHAVARRIA, op. cit., p. 68-9.

desejamos apenas sugerir as fontes de ideias de que principalmente se vêm alimentando a teoria sociológica, a Sociologia geral, a Sociologia pura considerada nos seus aspectos científicos. Resumindo-as, não deixamos de considerar o que cada uma representa de concentração de energias e tradições múltiplas.

Se uma das tendências mais acentuadas da Sociologia moderna é no sentido, aqui já assinalado, de completar-se o desenvolvimento das sociologias especiais com o da Sociologia geral ou pura, conseguindo-se aquela visão orgânica e sintética da vida social, ou antes, da "organização e evolução da sociedade", a que se refere o professor Ellwood,[4] ninguém é mais atual que Marx. Não considerado no conjunto de suas concepções – suas e do seu colaborador Engels – mas naquelas em que seu socialismo científico – ou assim chamado – coincide com as concepções da Sociologia científica: *a)* o "ser social", como unidade sociológica – e não o vago "Espírito", da Filosofia social e, particularmente da histórica, de Hegel, "espírito", cuja presença pode ser, entretanto, reconhecida sob forma mais modesta que a hegeliana, como um dos elementos de integração do homem em "ser social; *b)* as "leis sociais" como leis correspondentes a fatos de interação (fatos sociais e de cultura) e não leis biológicas, geográficas ou de psicologia individual, a que tivéssemos de ajustar, por naturalismo sociológico absoluto, os fatos sociais e de cultura.

3. INTERAÇÃO E RECIPROCIDADE

O sentido sociológico de "ser social", hoje dominante em Sociologia sob várias denominações – pessoa social, indivíduo social, pessoa humana, *socius*, indivíduo com *status*, a que correspondem divergências mínimas – é bastante amplo para permitir a generalização de Coolley – um dos maiores sociólogos modernos ligados ao desenvolvimento da Sociologia geral – de que tudo o que é comunicação visível entre grupos e entre indivíduos sociais (inclusive a literatura, a arte, as instituições) é "tanto causa como efeito da vida interior ou consciente dos homens". Pois não nos esqueçamos de que essa estrutura visível ou essa exteriorização social do que os homens pensam, age, por sua vez, sobre o pensamento e a vida consciente dos homens, não se podendo separar a "sociedade" da vida.[5] Age aquela estrutura também sobre a inconsciente, pode-se

---

[4] ELLWOOD, C. A. *Sociology in its psychological aspects*, New York; London, 1926, p. 7. O professor Ellwood aproxima sua definição da de Comte de que a Sociologia é a ciência da "ordem e do progresso". Tem, porém, o cuidado de salientar que não emprega a palavra "evolução" com sentido melhorista mas simplesmente para designar *"orderly change"*.

[5] COOLEY, C. H. *Human nature and the social order*, New York; Chicago; Boston, 1922, p. 135. Como diz Cooley, *"the truth, of course, is that all life hangs together in such a manner that any attempt to delimit a part of it is artificial. Society is rather a phase of life than a thing by itself [...]."*

acrescentar a Cooley, de acordo com as sugestões da Psicologia mais nova. Interação completa, reciprocidade constante.

Através daquela estrutura visível ou daquelas exteriorizações de cultura, em particular, e de socialidade, em geral, é que o homem participa não só de determinada família, classe ou estado, em particular, como da vasta comunidade quase sem limites no tempo humano – pois vai perder-se na pré-história – e praticamente sem limites, no espaço geométrico, pois hoje alcança o mundo, pode-se dizer inteiro – da generalização de Cooley. "É a comunicação" – diz Cooley – "especialmente sob a forma da palavra falada e escrita que nos habilita a participar da vida do nosso grupo e até da vida humana em geral." E acrescenta: "Uma palavra é um veículo que chega até nós, do passado, carregado de ideias pensadas por homens que nunca vimos; e para compreender tal palavra, entramos não somente na mentalidade dos nossos contemporâneos mas na mentalidade inteira da humanidade, mentalidade contínua através do tempo".[6]

Mais do que isso: para a Sociologia moderna – pelo menos quando existencial e não somente, como no caso da esboçada aqui, situacionista e quase existencialista – como para a antiga Filosofia grega que o Evangelista assimilou e vulgarizou, o verbo é carne. É pelo menos coisa cultural, carregada de expressões de experiência humana e com a capacidade de, por sua vez, agir psicológica, social e culturalmente sobre homens e culturas, por mais diferentes que sejam daqueles homens e daquelas culturas de que se originou. E como a palavra, o gesto, a mímica, a insígnia, o símbolo, a música, a pintura, a escultura, a técnica, o pranto estilizado, o riso ou o sorriso estilizado (do qual o chamado sorriso voltairiano tornou-se uma das especializações mais finas: o sorriso irônico) – todo o conjunto de veículos sociais e de cultura que ligam a pessoa social aos grupos e às culturas: desde a família à humanidade inteira, desde os grupos contemporâneos aos do passado mais remoto. A palavra "chá" nos vem da China, ligada a uma velha bebida que, entre nós, brasileiros, se tornou de tal modo simbólica de *status* social e de cultura que a expressão "tomou chá em pequeno" é, há mais de um século, expressão culturalmente significativa no Brasil. Expressões semelhantes – palavras, frases – rodeiam pessoas ou grupos, tornando-se literalmente carne entre alguns subgrupos e numerosas pessoas: o caso do nome "Baldwin", que, de fabricante norte-americano de locomotivas, admiradas pela gente do povo do Brasil pela sua força, tornou-se símbolo de força, de vigor, de potência triunfal, sob a forma aportuguesada de "Balduino" (não confundir-se essa derivação com a erudita, do Balduíno nobre) e principalmente Balduina: ambos nomes de pessoas, isto é, de meninos e meninas que os pais desejam ver desenvolvidos em homens vigorosos e mulheres fortes, além de expressões ideais para significarem admiração por coisa, máquina ou realização extraordinária.

---

[6] Ibidem, p. 142.

Os professores Hesse e Gleyze mostram que Robinson Crusoe, na sua ilha, nunca esteve só.[7] Os salvados do naufrágio, os próprios restos de roupa sobre o corpo do náufrago – entre os quais, acrescentemos aos professores Hesse e Gleyze, talvez um pouco de chá e um cachimbo com tabaco que um Robinson mais moderno teria conservado quase como a própria carne e o próprio sangue – significavam a presença da "sociedade humana" naquele ermo.

Essa "sociedade humana" – acrescentemos mais aos sociólogos franceses – estaria ali presente não só sob a forma de produtos tangíveis de técnica ou cultura material como, através de outros veículos, de cultura imaterial. Representavam uns e outros acumulação, pelo indivíduo social, de experiências sociais e de cultura retidas pelo seu sistema nervoso em reflexos condicionados, pelo seu corpo, em cicatrizes, e pela sua memória, em imagens, palavras, números, sons. Estaria, nesse caso, sua própria experiência religiosa, sob a forma de socialização e aculturação. Teria essa se manifestado por ostensiva estigmatização, deformação, mutilação do corpo e tatuagem da pele do solitário, se Robinson tivesse vindo de cultura africana. É que nem sempre é possível separar de modo absoluto o imaterial do material da experiência de cultura de um homem. Experiência que o conservará ser cultural na extrema solitude ou soledade a que ele possa ser arrastado da extrema socialidade e culturalidade. De qualquer modo, Robinson não foi nunca na sua ilha um *indivíduo*, mas um *indivíduo social* e *um portador de cultura*. Bastaria seu vocabulário inglês, para não o deixar em situação de indivíduo inteiramente só.

Se salientamos tais aspectos de cultura, de herança social e de socialização e aculturação de tendências talvez inatas nos homens – aspectos em que a máxima espiritualidade se apresenta às vezes ligada a símbolos, estigmas e sinais que parecem ter existência própria e nos quais os sociólogos mais rigorosamente experimentais podem tocar com os dedos embora nem sempre esse contato com extremidades significativas baste para assegurar aos mesmos sociólogos experimentais a compreensão íntima de fenômenos como os de religião, os de criação intelectual, os de pensamento; se salientamos aspectos de espiritualidade ou de idealidade que se confundem com os de materialidade, é para retomarmos a discussão de um assunto que nos parece de importância máxima para a Sociologia geral: o do materialismo sociológico. Pode haver materialismo sociológico. Feuerbach foi no que se extremou: numa reação tal ao hegelismo que essa reação absoluta o levou ao materialismo sociológico.[8] Mas a Sociologia, ciências anfíbia, não é nem "materialista" nem "espiritualista"; o objeto do seu estudo, que é

---

[7] Hesse A.; Gleyze, A. *Notions de Sociologie*, Paris, 1927, p. 2-3.

[8] A obra considerada capital de Ludwig Andreas Feuerbach é *Das Wesen des Christentums* (Leipzig, 1841), cujo original não conhecemos. Veja-se sobre a influência de Feuerbach no desenvolvimento do marxismo, Plekhanov, G. P. *Fundamental problems of marxism*, London, 1929.

(sem nos esmerarmos agora em precisão) a interação, a socialização, a cultura como expressão de socialidade, o grupo, a pessoa social, em situação e em função, não comporta a fragmentação em pedaços materiais e em zonas espirituais nem da totalidade social nem da totalidade cultural de que o sociólogo estuda principalmente as formas, os processos, as funções. São as totalidades que o sociólogo geral tem de procurar ver para tentar conseguir a "visão sintética e orgânica" dos *processos sociais* e principalmente do *processo* social e das *formas* sociais que os *socii* e seus prolongamentos – os *grupos* e as *instituições* – assumem em situações sociais diversas.

Tal processo e tais processos sabemos hoje que operam sobre a interpenetração entre o que há de material e o que se considera espiritual ou ideal na vida interativa e de cultura dos grupos e indivíduos sociais. Há interação entre o que um desses indivíduos pensa e a cultura que o alimenta, o meio físico e o grupo em que ele vive, a herança social que lhe foi transmitida ao lado da biológica. Não é possível, em Sociologia, acreditarmos em Robinsons absolutos, que vivam em ilhas independentes dos continentes sociais e de cultura; nem em gênios que tudo devam a si próprios e a combinações exclusivamente biológicas de hereditariedade superior e nada ao passado nem ao meio físico-químico, social e de cultura que os estimule à criatividade; nem em santos cuja santidade se realize de todo *in vacuo*, separada inteiramente do conjunto de valores éticos predominantes em determinada área e época. Alguns santos têm triunfado, é certo, como revolucionários e até mártires: vítimas de valores se não éticos, políticos, ainda dominantes na comunidade por eles revolucionada. Neles têm transbordado revoluções ou contrarrevoluções que vinham subterrânea e lentamente se elaborando e que necessitavam apenas de temperamentos – ou antes, de personalidades excepcionais – que as fizessem explodir contra conjuntos éticos ou simplesmente políticos ainda dominantes, mas sem vitalidade mística ou espiritual. A revolução franciscana, dentro da Igreja, parece ter surgido para satisfazer anseios e aspirações dispersas de numerosos místicos dentro do cristianismo, desgostosos com a subordinação dos valores por eles mais estimados no cristianismo – os fraternais, os líricos, os compassivos – a valores antes hebreus e romanos que cristãos. Valores hebreus e greco-romanos assimilados pelos doutores da Igreja como os mais favoráveis ao desenvolvimento do papado, da hierarquia e da arte erudita dentro da Igreja.

Se o sentimento religioso é aquela exaltação da vida como força criadora, da vida como harmonia e como alegria, da definição, talvez incompleta, de Boutroux, baseado em James, ninguém o exprimiu melhor no cristianismo que o orientador da ainda hoje viva revolução franciscana. Sozinho, porém, nunca tal sentimento teria tomado a forma social de uma comunidade supranacional como é a Igreja católica de Roma, o definido aspecto cultural de uma teologia e de uma ética sistemáticas, a feição sociocultural de uma religião organizada. Se os franciscanos são poucos e os católicos romanos são muitos é que os primeiros são dos raros no cristianismo, e parece que também noutras religiões, nos quais a condição religiosa representa um mínimo de fecundação do sentimento ou da ideia religiosa – viçosa sob estímulos quase naturais – pela organização religiosa predominantes com sua dogmática, seus ritos e sua moral. Para o sociólogo é rica de sugestões a observação de Pascal de que a prática regular do culto, a observância escrupulosa dos ritos conduz pouco a pouco o indivíduo a quem faltem excepcionais disposições religiosas, à fé interior. O grande místico reconhece aí a importância da pressão social e da ação cultural, sobre o sentimento ou a ideia. Sobre o sentimento e a ideia religiosa, parece, com efeito, que o simples rito, a coisa, a matéria, o ato, a arte, o dogma, age, em numerosos casos, como uma espécie de afrodisíaco de um paladar talvez desigual nos homens. Pois em alguns indivíduos, esse paladar é vivo e pronto, dispensando qualquer desses estímulos de ordem complexamente cultural e só necessitando ou quase só necessitando de contato empático com a natureza, para manifestar-se viçosa e até exuberantemente. O caso do revolucionário de Assis que por isso mesmo não podia compreender não só o excesso, como a complexidade de arte, de organização, de liturgia, de drama *intramuros*, característicos da Igreja contra que se revoltou.

O que se passa no plano do sentimento ou da ideia religiosa – aqui considerada do ponto de vista exclusivo de suas manifestações sociais e de expressão ou estilização cultural – se verifica no plano de outros sentimentos e ideias: de ordinário não agem soberanamente sobre as coisas, os atos, os ritos, as técnicas sociais e de cultura – a não ser, em casos raros, através de grandes místicos, de fanáticos extraordinários, de excepcionais homens de gênio intelectual, artístico ou religioso; e nunca agem exclusivamente, mas por interação, por interpenetração, por contemporização maior ou menor com as mesmas coisas, atos, ritos e técnicas sociais e de cultura.

No grande laboratório de sociologia experimental que é, desde 1918, a Rússia revolucionária vê-se a ideia marxista – o ideal do que deve ser a organização social não só de um grupo humano, como da sociedade humana – em franca contemporização com as condições concretas ou situações reais de vida e de cultura encontradas na região ou nas regiões russas. Inclusive com as próprias tradições nacionais e regionais consideradas pelos antigos ortodoxos do marxismo inimigos a ser reduzidos imediatamente a pó. A ideia ou a mística de raça de que se alimentou a Alemanha nazista, isto é, contrarrevolucionária por meio do nazismo-racista – pois o centro de gravidade das modernas atividades sociais e de cultura da Europa e do mundo quase inteiro é a Revolução Russa – é outra que, depois de ter dado aos nazistas alemães combustível ideológico e flama mística para um dos maiores movimentos psicológicos que já agitaram o mundo, entrou em fase de contemporização com outras ideias e com obstáculos de origem cultural e biológica. Existe ainda, entre seus grandes fanáticos, quem negue ao homem a capacidade de pensar e de produzir ideias "independentes" ou hegelianamente soberanas: negação não em face das "condições materiais de vida" – como diria um marxista – ou dos complexos regionais de vida e cultura, como haveria de sugerir um ecologista, mas porque o homem pensaria "com o sangue"; a "raça" é que pensaria através dos homens e não os homens através das "raças". Ninguém nega a ideias e místicas desenvolvidas com o vigor demagógico com que a ideia ou a mística de "raça" foi desenvolvida pelos políticos nazistas entre alemães e aspirantes a alemães um extraordinário poder psicológico de domínio sobre a imaginação e a atividade não tanto da "raça" – que de modo nenhum é ali única – como da comunidade. Domínio a ponto de escurecer nas vítimas da propaganda mistificadores a vista com relação a seus problemas e necessidades concretas e fazê-las reagir contra a pressão de poderosos fatores culturais e sociais; contra todas as tradições europeias de moral cristã, de lógica e de ciências experimental. Por mais biológico que pretenda ser o misticismo ou o idealismo nazigermânico é uma expressão de misticismo ou de idealismo. Uma vitória – relativa, é claro – do chamado "espírito" sobre a "carne" ou a matéria. O fato de que essa vitória consiste na idealização de determinado tipo de corpo – o do dolicocéfalo – e de pele – a branca – que condicionariam com sua estrutura, seu sangue, sua hereditariedade determinado tipo de ideias, de sentimentos e de virtudes, não desfaz seu caráter de vitória – vitória relativa – da "ideia" sobre a "matéria".

Já aí se torna difícil separar do materialismo biológico, o misticismo, o idealismo ou o espiritualismo que o anime. Mas o fato mais importante a considerarmos em face do fenômeno alemão de misticismo ou de idealismo aparentemente só biológico ou etnocêntrico que durante anos atraiu para a Alemanha nazista e para a sua contrarrevolução a atenção de sociólogos e psicólogos, é o fato de tal ideia ou mística não ter nascido espontaneamente nem ter-se desenvolvido independente de condições materiais, culturais e regionais de vida, mas ligada a um claro problema socioecológico, de *posição* – a posição geográfica, econômica e política da Alemanha na Europa moderna – e de *espaço*: a angústia de espaço sentida por sua população sob o estímulo psicológico e sociológico de competição econômica e política com outros povos. Daí a voga da chamada geopolítica – de invenção inglesa – entre os nazistas alemães. Admitida a circunstância da consciência de posição ou de situação desfavorável no espaço físico-social ter criado no nacionalista alemão zonas de sensibilidade quase mórbida, admite-se a dependência da ideia ou da mística compensadora de raça superior, desenvolvida pelos mesmos alemães, de condições físicas e de antecedentes e limites sociais e culturais de vida. Sobre estes, entretanto, vinha agindo poderosamente aquela mística a ponto de ter assumido desde Bismarck a forma de um Estado-raça. Estamos, assim, diante de mais um fato de interação entre "matéria" e "espírito" ou de interdependência entre "matéria" e "ideia", contra as explicações unilaterais que possam oferecer dela hegelianos puros ou marxistas ortodoxos.

Tão numerosos são os fatos de interação que em face deles a Sociologia é cada vesz mais interacionista nas suas tentativas de generalização e de síntese. Pelo interacionismo, a Sociologia foge aos simplismos de toda espécie: uns no sentido exclusivamente eugênico, outros no inteiramente eutênico. E procura analisar, compreender e explicar a realidade social considerada em toda a sua complexidade e na sua totalidade quanto possível viva de situações e de formas em que os elementos chamados "materiais" e os "ideológicos" interpenetram-se e completam-se e, através de processos peculiares ao que é social e cultural, formam não só bolos socioculturais como combinações ou complexos sociológicos.

Essas combinações ou complexos o observador não os pode apalpar, tocar, cheirar. Nem por isso estamos impedidos de os considerar, em Sociologia científica, à parte dos *processos* especiais, ou do *processo* geral, pelos quais eles se realizam. É aqui que nos afastamos da teoria da sociologia exclusivamente formal de Simmel, para incluir entre os objetos de estudo sociológico tais combinações e seus processos e as situações que criam à parte de suas formas. Exemplos de tais combinações ou complexos seriam aquelas comunidades em que a elementos ou condições socializáveis e socializantes (natureza e configuração da terra, animais, águas, minas, florestas etc.) se juntam os imateriais, de cultura moral, intelectual, estética, religiosa (condicionados por aqueles em seu desenvolvimento, mas não determinados) para da sua interação resultarem situações e formas sociais e de cultura sociologicamente incompreensíveis quando *in vacuo*. É claro que os elementos materiais são substâncias e valores cujo estudo particular cabe a geólogos, geógrafos, agrônomos, zootécnicos etc.; mas são também motivos ou estímulos de vida social, não só capazes de excitar entre seres humanos este e não aquele processo de interação e de desenvolverem entre grupos humanos esta e não aquela forma de socialidade, como suscetíveis de se tornarem de tal modo alongamento ou extensão de pessoas sociais e da consciência social do grupo inteiro, que, dentro de tais circunstâncias, essas pessoas e esses grupos não podem ser sociologicamente considerados *in vacuo* mas ligados aos elementos materiais de vida social e de cultura em que suas próprias pessoas e sua própria consciência social se prolongam.

Os britânicos modernos, como comunidade, são tão sociologicamente inseparáveis do *seu* carvão como da condição de ilha de *sua* metrópole; pois da interação entre elementos imateriais de socialidade e de cultura e esses e outros elementos ou, pelo menos, condições materiais também de socialidade e de cultura, resultam a situação social do chamado Império Britânico entre as modernas nações do mundo, a situação social de súdito de sua majestade britânica entre os homens modernos e, também, a própria diversidade de situações sociais e de cultura dos britânicos entre si.

Dentro desse critério de nunca deixar o sociólogo de considerar nas totalidades ou nos complexos sociais que são as comunidades suas condições ou elementos materiais de socialidade, é impossível o hegelianismo que insista, com Eucken, com E. D. Adams ou com Mathews ou, entre nós, com o Joaquim Nabuco da sua fase como que olímpica – o Nabuco fascinado pelos feitos, na verdade, heroicos dos jesuítas no Brasil a ponto de considerá-los os criadores da nação brasileira – em atribuir ao poder dos "ideais" (Adams) ou das chamadas forças espirituais" (Shailer Mathews, Joaquim Nabuco, o próprio Eduardo Prado que nesse excesso vem sendo retificado com exageros de "materialismo" por outros dois Prados: Paulo Prado e Caio Prado Júnior) uma exclusividade ou preponderância de ação sobre os demais motivos, estímulos e condições interativas que formem uma comunidade, a ponto de apresentar-se tal comunidade como criação de grandes espíritos encarnados nuns poucos grandes homens. Na Companhia de Jesus, no Brasil, por exemplo.

Considerável como foi a ação dos missionários da Companhia de Jesus, não devemos nos esquecer do fato de que considerável foi também a ação, no sentido da cristianização da América conquistada pelos portugueses, de missionários de outras ordens e de ideais, em vários pontos, diversos radicalmente do ideal jesuítico. Considerável foi, ainda, a ação dos simples particulares: principalmente a das mães de família, a das matronas, a das primeiras senhoras de engenho em Pernambuco, em São Vicente, na Bahia; a dos tios-padres e capelães de casas grandes. Desses e de alguns outros clérigos e das matronas seria talvez exagero dizer que agiram no sentido cristão por fervor de ideal ou de fé: por elas e por eles teria agido sobre o Brasil dos primeiros tempos menos um ideal ou uma fé militante e heroica – o caso dos primeiros Jesuítas do tipo de Nóbrega e Anchieta que um tipo de cultura – o cristão português – como que solidificado em coisas culturais de que foram elas, matronas, e eles, tios-padres e capelães, veículos ou portadores às vezes quase inconscientes.

O catolicismo quando dá o homem como salvo pelos méritos de Jesus Cristo – o que importa em fé, em ideal, em realismo religioso – e, ao mesmo tempo, declara que Deus é revelado não só na fé como nas chamadas boas obras, cujos méritos elevam à graça – reconhece nos atos sociais e nas coisas culturais importância quase independente do ideal fervoroso ou da fé pura. É a essa importância que desejamos nos referir com o exemplo das primeiras mães de família portuguesas no Brasil. Sociologicamente, elas foram elementos de cristianização da sociedade em formação quase tão importantes como os homens mais notáveis pelo ideal, pela ortodoxia, pela fé doutrinária – jesuítas, carmelitas, franciscanos, beneditinos, teólogos, doutores, familiares do Santo Ofício. Entretanto, as formais sociais e coisas culturais por elas, mães de família, trazidas ao Brasil quase como uma segunda natureza e os atos cristãos por elas praticados quase como se praticassem atos fisiológicos – de tal modo cristã era naquelas mulheres a natureza humana – representam menos "ideais" ou "forças espirituais" de que fossem agentes conscientes do que uma série de formas sociais e de coisas e de produtos de cultura. Continham essas formas e produtos elementos diversos: materiais e imateriais. Pois em coisas culturais alongadas em formas sociais teríamos que incluir os modos e as técnicas luso-cristãs de tratar de mulheres paridas, de crianças, de velhos e de doentes. E em produtos de cultura: unguentos e remédios para convalescentes de parto e para doenças de velhos, por exemplo: novidades para a cultura indígena do Brasil, pouco dada a carinhos ou ternuras, se não com velhos e doentes – como outras culturas primitivas – com mulheres paridas e com as mulheres, em geral.

É certo que na composição desses unguentos como nos bolos, nos assados e nos cozidos trazidos pelos portugueses para o Brasil poderá a análise histórico-cultural descobrir traços de mouros e judeus e deformações de práticas ortodoxamente cristãs em superstições meio pagãs; mas sem que isso os afetasse na sua condição de elementos utilizados ou estilizados por uma cultura dominada pelo cristianismo, como a portuguesa na época da colonização do Brasil. Dominada não só pelos ideais cristãos como, principalmente, pelas práticas, pelos ritos, pelos valores sociais da Igreja e pelas superstições como relação a ervas e a animais ligados à simbologia e à teologia cristãs. Sabe-se que havia cristãos portugueses na era colonial que evitavam comer carne de carneiro, para não ofender a memória do Cordeiro de Deus; e de Tomé de Sousa, homem ostensivamente cristão, conta um cronista que não comia cabeça de peixe em homenagem a São João Batista.[9]

Se aqui insistimos em assuntos que parecem pertencer antes à Sociologia da cultura, já esboçada, que à geral, é no esforço de nos tornarmos o mais possível claros sobre esse ponto: o geral, em Sociologia, pede leis sociais e de cultura correspondentes a fenômenos e processos sociais e culturais; e não leis físicas, nem biológicas, nem exclusivamente psicológicas. Se nos arriscamos agora à discussão do "espiritualismo" e do "materialismo" na consideração ou caracterização do que seja social e cultural, apenas desejamos sugerir a possibilidade de aceitar-se sob a designação de "social" e "cultural"

---

[9] Sobre a superstição brasileira em torno da carne de carneiro veja-se LUCCOCK, J. *Notes on Rio de Janeiro and the Southern Parts of Brazil*, London, MDCCCXX, p. 44. Luccock escreve: "*Mutton was, and still is, in small request among the people of Brazil, some of whom allege, perhaps jestingly, that it is not proper food for Christians, because it was the Lamb of God which took away the sins of the world*". Anos depois o Rev. Walsh anotava no seu *Notices of Brazil in 1828 and 1829* (Boston, 1831), v. I, p. 280: "*Mutton is never seen in the markets of Rio. Its is a meat to which the Brazilians seem to have as great a prejudice, as Jews to pork*".
O assunto por nós tratado do ponto de vista sociológico em trabalho anterior é também versado, do ponto de vista médico-sociológico, e em páginas magistrais, pelo professor A. Silva Melo no seu recente livro *Alimentação, instinto, cultura* (Rio de Janeiro, 1943).
Com relação à superstição de Tomé de Sousa – a de não comer cabeça de peixe em homenagem a São João Batista ou "por honra" desse santo – vejam-se as crônicas de Simão de Vasconcelos e Baltasar Teles e, em resumo, Antônio Henriques Leal, *Apontamentos para a história dos jesuítas no Brasil* (Maranhão, I, p. 81).

e para o puro efeito de tratamento quanto possível cientificamente sociológico de suas formas, processos e produtos, quanto for manifestação de interação não só entre os homens e os grupos, como, dentro dos homens e dos grupos, entre as chamadas "forças espirituais" e os elementos ou condições materiais de socialidade e de cultura. Manifestações que se deixem estilizar em formas e processos sociais e em coisas culturais, sem que essa estilização importe em sua materialização para efeitos de objetividade sociológica igual à que se conhece na Química, na Física, na Biologia. Ao contrário: em certo sentido, essa estilização corresponde à idealização em tipos das combinações de coisas com ideias que são os fenômenos socioculturais. Dessa idealização, seriam exemplos extremos os "tipos" de Max Weber.

4. CONFLITOS DE TEORIA DENTRO DA SOCIOLOGIA GERAL

É claro que o critério aqui esboçado tendo alguma coisa de novo e projetando-se por zona de matéria controvertida não pode ser apresentado como critério tranquilamente vitorioso em Sociologia. Qualquer tentativa de representação de fenômenos socioculturais em formas e em expressões de processos que sejam de algum modo ideais é ainda aventura. A tendência para o absoluto naturalismo sociológico é forte demais em Sociologia para tolerarem bem todos os sociólogos tal critério de Sociologia anfíbia. E quase tão forte e intransigente quanto a tendência para o naturalismo é, em Sociologia moderna, a tendência oposta, inimiga de qualquer tentativa de redução de valores absolutos e relativos, ou de problemas socioculturais a coisas, formas e processos suscetíveis de tratamento objetivo ao mesmo tempo que subjetivo: mesmo que tais "coisas" não sejam as da definição de Durkheim, mas a excedam pela capacidade que podemos lhes atribuir de reagirem diversamente contra a pressão do social, desprestigiando assim essa espécie de determinismo.

Enquanto o sociólogo opera dentro das sociologias especiais ou às margens da Antropologia e da Etnologia, pode alhear-se a tais conflitos: Boas e o padre Schmidt que sirvam de exemplo, com suas coincidências de resultados sociológicos de pesquisas antropológicas e etnológicas. Na Sociologia geral, porém, os conflitos são inevitáveis, em face de antagonismos de conciliação difícil se apresentarem sob forma doutrinária. O iniciando em Sociologia encontra na Sociologia geral um campo de batalha em que as escolas, as doutrinas filosóficas, os compromissos teológicos se acham de tal modo organizados em alianças e contra-alianças, que entre elas parece impossível a aventura do franco-atirador que pense em abrir novo caminho ou a do eclético que suponha possível um entendimento entre antagonismos ainda crus.

A verdade, entretanto, é que tais entendimentos são possíveis e que novos caminhos vão sendo abertos pelos ecléticos.

Aos teólogos e moralistas católicos e protestantes que por longos anos pretenderam identificar a Sociologia com a Filosofia moral, sucedem-se hoje teólogos e moralistas que são os primeiros a insistir na autonomia da Sociologia como ciência, em face da Filosofia e da Moral. Alguns chegam a escrever como o padre Delos, que a tarefa do sociólogo é "*contempler ce qui est et non point ordenner ce qui doit être* [...]".[10]

Obra necessária ao moralista, a do sociólogo; mas que não se confunde com a do moralista nem com a do filósofo moral. Vê-se que há uma distância considerável entre o critério de sociólogos, que são ao mesmo tempo católicos, como os padres Delos, e Lemonnyer, e o de "sociólogos" católicos como o padre Muntch, e o padre Spalding, Este não concebe a Sociologia senão como estudo destinado a promover "o bem-estar social"; senão como estudo impossível de ser separado da "ética" e da "religião", isto é, da ética e da religião católica romana, às quais estaria subordinado.[11]

Em extremismo tal como o dos padres Muntch e Spalding – que, triunfante, importaria na descientifização da Sociologia – deve-se ver reação, até certo ponto justa, ao pansociologismo dos sociólogos que, ao modo de A. Comte, de Spencer, de Marx e, mais recentemente, de Small – e, entre nós, do professor Pontes de Miranda – pretenderam, ou pretendem ainda, fazer a Sociologia geral substituir a própria Filosofia moral, a Ética e a mesma religião, através de "nova base moral" que os sociólogos teriam encontrado na ciência para a sociedade humana.

A redução da pretendida moralidade à socialidade é manifestação de pansociologismo que, atingindo os fundamentos religiosos e filosóficos da moral, só poderia ter provocado os extremos de reação antissociológica que vem provocando da parte de filósofos, teólogos e moralistas. Destes, alguns, repetindo a façanha do cavalo de Troia, têm-se disfarçado em sociólogos para, em livros intitulados "tratados de sociologia" ou, mais modestamente, "introduções à sociologia", agirem em sentido oposto ao da pretendida redução da moralidade e da própria religiosidade à socialidade; e caricaturarem a Sociologia em simples apologética do sistema religioso ou ético que consideram o verdadeiro, o superior ou o único.

Como salienta o professor Gaston Richard, "*en dehors de tout cercle social, la moralité fait place à la vitalité pure et simples*".[12] Mas do fato de não haver moralidade senão dentro da socialidade ou do "círculo social" não se pode concluir – como observa ainda

---

[10] Delos, R. P. Introdução. In: Tonneau, A.; Troude, R. *Précis de Sociologie*, Marseille, 1934, p. 14.

[11] Muntch, A. et al. *Introductory Sociology*, Boston, 1928. O padre Spalding escreve, nesta obra: "*Ethics and religion must first point out what is right and permissable; economics, politics and sociology must then take up such actions as are sanctioned and approved as good and find an application for them in the community*" (ibidem, p. 83).

[12] Richard, G. *Notions élémentaires de Sociologie*, Paris, 1927, cap. V.

o professor Richard – que sejam idênticas a socialidade e a moralidade. Se é certo que, do ponto de vista sociológico, a moralização, tanto quanto a socialização, corresponde a uma adaptação do indivíduo a determinada normalidade social e cultural (inclusive moral), sendo assim objeto de análise e comparação científica, é também certo que o sociólogo deixa os limites da Sociologia científica quando pretende poder substituir a moral existente por uma moral "científica" ou "sociológica"; pois os fundamentos de tal moral teriam que ser extrassociológicos ou extracientíficos. Ainda mais distantes da ciência se apresentam tais sistemas de moral fabricada por sociólogos em seus gabinetes quando pretendem ser de aplicação imediata e uniforme a todos os grupos.

Pois não só as regiões naturais e de cultura que condicionam diferenças entre os grupos não podem ser desprezadas nunca pelo sociólogo científico, como não podem ser negligenciadas por ele as diferenças da capacidade, isto é, de aptidões especiais que tornam os homens desiguais. Contra a mística da uniformidade absoluta, tem que admitir os sociólogos principalmente científicos restrições profundas. Uma delas a de que indivíduos sociais de gênio possam ser afetados de tal modo no desenvolvimento de sua personalidade e do seu poder criador por exigências de ordem moral, justas e necessárias com relação aos indivíduos sociais medianos – seus superiores absolutos em número – a ponto de se perderem ou esterilizarem os primeiros como gênios criadores com desvantagem enorme para a comunidade; para a humanidade inteira. Sem irmos de modo nenhum ao extremo de Nietzsche com seu clamor exagerado pelo reconhecimento de duas morais, uma, a *Herrenmoral*, outra a *Sklavenmoral* (aliás, velha ideia de Aristóteles, desenvolvida pelo grande pensador alemão), precisamos de nos guardar contra a mística ou o idealismo igualitário que tenda a submeter todos os homens e a uma rígida uniformidade, baseada sobre os característicos do homem mediano e como consequência lógica da abolição da *pessoa* ou da sua dissolução na *massa* ou na *raça*.

Há quem pense através de observações diretas e interpretações de estatísticas que a pressão do todo social ou sociocultural sobre o indivíduo – pressão que tende a intensificar-se em regimes como o soviético, o nazista e mesmo o democrático – dificulte a extrema elevação moral do indivíduo, e não apenas sua extrema degradação moral; dificulte a extrema elevação intelectual do indivíduo e não apenas sua extrema degradação mental. Da pressão demasiado intensa do todo social, ou antes, sociocultural, sobre o indivíduo talvez resulte sempre uma mediania moral e intelectual que explique a relativa pobreza, em santos e gênios, de modernas comunidades democráticas ou parassocialistas como a dinamarquesa, a sueca, a suíça, a australiana, a neozelandesa, nas quais o socialismo de Estado e a democracia política se vêm manifestando no sentido daquela pressão intensa. Nas comunidades democráticas pretende o professor Richard que "os elementos de natureza humana" agregados "se reforcem"; mas "essa transformação não se faz necessariamente" – salienta o sociólogo francês – "em proveito dos atributos mais elevados" –, pois sob a totalização dos elementos comuns "os elementos originais – isto é, capazes de originalidade – seriam neutralizados e eliminados".[13] Há quem vá além e um tanto arbitrariamente enxergue nessa totalização dos elementos comuns a totalização exclusiva das "emoções", com sacrifício das "ideias"; e das emoções inferiores com sacrifício das superiores.

Entretanto, de comunidades como a dinamarquesa e a suíça seria difícil dizer-se que sua moralidade ou sua cultura de povos sob vários aspectos medíocres funcionam sob o puro domínio de "emoções coletivas", excluídos a crítica, o julgamento, o exame intelectual, atributos tão dos seus escritores quanto de seus grandes técnicos de relojoaria; tão dos seus homens quanto de suas mulheres criados quase todos sob a tradição protestante do livre exame e do exame de consciência. Não são antes a França e a Espanha – menos democráticas em sua política e em sua economia e menos socializadas em sua vida do que a Suíça e a Dinamarca – que nos fornecem exemplos de comunidades dominadas mais pelas "emoções" que pelas "ideias" – e nem sempre pelas "emoções superiores", às vezes pelas mais rasteiramente inferiores? Com relação à elevada "predominância da mediocridade" sobre a originalidade, sobre a personalidade, sobre a individualidade – predominância característica de certos povos modernos semidemocráticos ou parassocialistas – não nos parece que as desvantagens, do ponto de vista da criação de cultura superior, venham do suposto domínio das "ideias" pelas "emoções inferiores" sob a chamada totalização de elementos psíquicos e culturais medianos, mas simplesmente da excessiva pressão uniforme e indistinta da comunidade – da sua moral, do seu sistema de educação, da sua hierarquia de valores – sobre todos os indivíduos. Quer nos parecer – mas o problema é antes de Filosofia social que de Sociologia geral – que a comunidade verdadeiramente democrática será aquela que combine os interesses do todo sociocultural com a diversidade de subgrupos e de personalidades.

5. INDIVÍDUO SOCIAL E ORGANIZAÇÃO SOCIAL

Sem entrar na consideração do que "deve ser" – matéria da competência do filósofo social – em assuntos de organização social, o sociólogo científico preocupa-se com o problema da relação do indivíduo social com a comunidade e com a organização social como um dos problemas centrais da Sociologia geral. Se os indivíduos não são iguais em seu equipamento biológico nem em suas aptidões de ordem psicológica, a Sociologia geral não pode aproximar-se de problemas como o das relações do todo social com o indivíduo, esquecida de que a capacidade de desenvolvimento mental, de perícia manual e artística, de aptidão musical e matemática, varia de indivíduo

---

[13] Ibidem, p. 106.

para indivíduo e tem seus focos de especialização em famílias superiores do ponto de vista de aptidões especiais. Da generalização, hoje aceita por numerosos sociólogos, de que a pessoa social é o indivíduo com *status*, não é difícil passarmos ao conceito sociológico de personalidade no qual o indivíduo biológico permanece à base de diferenças entre personalidades. Dessas diferenças, a expressão social vem a ser desigualdade de situação ou de *status*.

Nem sempre por artifício de privilégio ou de acaso é que a situação social de A é a de *diretor* e a de B a de *dirigido*; a de C a de *superior* e a de B a de *inferior* – admitidas, é claro, as refrações e até as restrições que a ideia de "superioridade" possa sofrer em comunidades dominadas, em várias de suas zonas de cultura – o caso de certas semidemocracias modernas – pela moral e pela hierarquia de valores dos medíocres. Medíocres como que animados de sentimento de vingança contra os realmente superiores pela inteligência, pelo saber, pela arte, pela bondade, pela coragem aos quais oponham como heróis positivos, os eficientes em negócios, os espertos em transações comerciais e bancárias, os convencionalmente piedosos, os passivamente bons, os academicamente eruditos, os simplesmente desassombrados na repressão às desordens.

Embora o critério hoje mais divulgado de interpretação da vida social e da cultura seja o cultural e, dentro do cultural, o econômico, acentua-se, em Sociologia, a tendência no sentido de conformarem-se as generalizações sociológicas com os conhecimentos psicológicos (alguns conseguidos através de técnicas ou métodos experimentais) que já possuímos sobre o comportamento humano. Pode-se dizer que hoje é quase impossível estudarmos, de ponto de vista sociológico, fatos econômicos, em particular, e culturais, em geral, sem nos inteirarmos das reações ou dos mecanismos psíquicos com eles relacionados através do processo social geral que é o de interação. O professor Ogburn destaca a importância, para o estudo sociológico dos fatos econômicos, isto é, dos fatos econômicos como expressão de processo social; dos próprios mecanismos psíquicos inconscientes: os de projeção, deslocamento, compensação, racionalização. Estariam tais mecanismos ligados não à atividade econômica pura, mas ao seu processo social: o de interação. Processo social geral cujo estudo parece competir principalmente à Sociologia geral; à geral ou à psicológica. Mas é do mesmo Ogburn a advertência contra "*an over-emphasis of the psychological* [...]".[14]

---

[14] OGBURN, W. F. *Social change with respect to culture and original nature*, New York, MCMXXVIII, p. 29. Ogburn torna clara sua atitude em face das relações do fator psicológico com o cultural ao escrever: "[...] *a very important creative factor is the psychological nature of man. It is also a distinctly limiting factor to cultural forms*" (ibidem, p. 49-50). E ainda: "[...] *the influence of the factor, human nature* [que Ogburn identifica com o fator psicológico ou biológico] *can be seen usually much more clearly after the cultural factor is understood*" (ibidem, p. 51). Daí sua tese de que "*the variability of modern material culture is one of the reasons for the prominence of the modern doctrine of the economic interpretation of history*" (ibidem, p. 277).

Quando Parker fala em reações ou tendências psíquicas "instintivas" na vida econômica e Veblen "no instinto de trabalho" (*workmanship*); quando o professor Barnes[15] vai ao extremo de sugerir a relação do entusiasmo dos patriotas norte-americanos de 1765 pela "liberdade", pelos "direitos naturais" e pela "revolução" com o contrabando praticado à grande pelos mesmos ou por gente sua, sendo, desse modo, sua filosofia libertária uma compensação psíquica à quebra tão violenta das leis e das coações dominantes – sentimo-nos diante de ligações múltiplas do processo social de interação que regula atividades econômicas, manifestações religiosas, revoluções políticas, com o consciente e com o inconsciente: com processos mentais e psíquicos que não determinam os sociais, mas os condicionam. Embora o estudo desses processos toque ao psicólogo e, quando muito, ao psicólogo social, o sociólogo geral não pode ser alheio à ligação íntima entre os dois tipos de processos: os psíquicos e os sociais. Os sociais, simplificados no processo social geral, são talvez o que a Sociologia tem de mais geral como base de seu desenvolvimento em ciência sintética. Por eles se explicam movimentos ocorridos em espaços e épocas diversos que, entretanto, se apresentam como expressões sociais de mecanismos psíquicos de compensação: expressões desenvolvidas complexa e interativamente de estímulos também sociais e de cultura.

Ao Brasil – ao movimento político pela Independência brasileira – pode-se aplicar talvez a interpretação psicológica ousadamente oferecida pelo professor Barnes para explicar a insurreição norte-americana de patriotas contra a metrópole. Pois não há irreverência nenhuma em recordarmos de movimento tão complexo nos seus motivos e tão diverso no comportamento ostensivo dos seus pioneiros, mártires e realizadores, como o movimento brasileiro no sentido de independência ou emancipação política – tão complexo e diverso que contou entre seus heróis de 1817, em Pernambuco, professores da pureza romântica do padre Ribeiro e comerciantes balzaquianamente práticos e objetivos nos seus propósitos como Domingos José Martins – que o entusiasmo pelos ideais libertários e a pregação de filosofia aparentemente só política a que é costume associar o mesmo movimento madrugaram em Minas Gerais: precisamente a área colonial de gente mais empenhada em libertar-se, por alguma forma psíquica de compensação, do complexo psicossocial de "contrabanditas", isto é, "contrabandistas" do ponto de vista de uma metrópole que para eles era, com bons fundamentos, criminosa. "Contrabandistas", por força dos abusos, na verdade intoleráveis, da metrópole parasitária e exagerada na taxação de produtos coloniais. Mas mesmo os contrabandistas por força de tais abusos, de tais violências e de tão antipáticas explorações, preferem

---

[15] PARKER, C. H. *The Casual Laborer and other Essays*, New York, 1920. Parker refere-se a "*unlearned tendencies to action*" como equivalente de "instintos". VEBLEN, T. *The Instinct of workmanship and the state of industrial arts*, New York, 1914. BARNER, H. E. *The New History and the Social Studies*, New York, 1925, cap. III.

apresentar-se ao público com outro *status* e a si próprios sob outra forma: revolucionários, republicanos, libertários, adeptos dos "direitos naturais" contra os governos tirânicos, contra as metrópoles exploradoras, contra as leis antinaturais, feitas e executadas no interesse dos grupos dominantes. Sob essas e outras alegações, simulações e sublimações às vezes não existem senão contrabandistas de fato ou simples *escrocs*: mas não será difícil de verificar-se na história e na própria atualidade americana, em geral, e brasileira, em particular, o inverso, isto é, o contrabando, o cangaceirismo, a fraude como desforço da parte de grupos ou populações realmente oprimidas contra grupos realmente opressores. Desforço em que o ganho econômico é talvez menor que o gozo psíquico de ludibriar o oprimido o seu opressor. Essa espécie de gozo psíquico, cremos que se encontra frequentemente como estímulo e elemento favorável a revoluções. Ora é menor, ora maior que o estímulo econômico a revoltas de explorados contra exploradores, pelo qual se explicam vários movimentos de colorido político ou religioso superficial. No estudo de tais situações sociais – a do contrabandista alongado em místico de revoluções libertárias, por exemplo – o sociólogo precisa apoiar-se constantemente em análises psicológicas e até psiquiátricas de subgrupos e personalidades desajustadas, cujas explosões de desajustamento podem ser sempre estudadas dentro de algum dos processos sociais especiais e do geral, de interação.

O problema da personalidade – integrada ou desintegrada – é dos que pertencem à Sociologia geral e não apenas a algumas das sociologias especiais como a psicológica e a cultural. Liga-se a conceitos de *status* ou *situação social*. A integridade da personalidade está condicionada pela sua interação com o meio e com a cultura dominante.

O professor Faris já definiu a personalidade como "o aspecto subjetivo da cultura",[16] por outros definida como "síntese dramática" da mesma cultura em relação com o indivíduo. Dramática porque a personalidade não se forma nem se mantém íntegra ou, pelo menos, em equilíbrio sem atravessar crises, depressões, tensões, conflitos, nuns casos maiores, noutros, menores. Quando J. Ortega y Gasset escreve do ser humano que "outra coisa não é senão drama" aproxima-se do conceito de personalidade, se não ortodoxamente sociológico, aceito hoje por numerosos sociólogos. Se vários o desprezam é por incluir fases subjetivas da vida, que aos objetivistas absolutos parecem de todo fora da alçada sociológica. Entretanto, veremos em estudo próximo que já se vai fazendo, ou tentando fazer, obra experimental de mensuração de atitudes; e há definida objetividade nas páginas em que Burgess procura mostrar como as situações sociais criam pessoas.

O provável, entretanto, é que vários aspectos sociológicos da personalidade não se deixem nunca amansar pelo simplismo dos métodos puramente objetivos e quantitativos.

---

[16] FARIS, E. The concept of social attitudes, in: YOUNG, K. (org.) *Social attitudes*, New York, 1931, cap. I.

E permaneçam, se não "o aspecto subjetivo da cultura" da definição do professor Faris, o aspecto principalmente subjetivo da organização e da vida social, em geral. Daí, alguns sociólogos pretenderem que tais aspectos deixam de ser objeto de estudo sociológico para se tornarem puro objeto de estudo psicológico ou psiquiátrico. Quando a verdade é que sua explicação psicológica ou psiquiátrica não nos satisfaria nunca. Por mais próxima da Psicologia e da própria Biologia que precise de se manter a Sociologia, e por mais condicionados que sejam os seus pontos de partida para investigações e interpretações da realidade social pelas uniformidades biológicas e psicológicas de comportamento do ser humano, tais uniformidades não chegam para explicar o que há propriamente de sociológico nem em situações e inter-relações puramente culturais e sociais nem em situações mistas (socioculturais e psicossociológicas) e em inter-relações que envolvam os três elementos e outros ainda, como o biológico e o geográfico.

A Sociologia tem de por si mesma fazer face a aspectos subjetivos de vida e organização social como o da personalidade considerada como criação, principalmente de situações sociais. É uma daquelas zonas de estudos sociológicos em que a compreensão do comportamento social é preferível à mensuração arbitrária. Nas tentativas de redução dos processos sociais de interação humana que envolvam aspectos subjetivos de relações interpessoais e processos psicológicos mensuráveis, devemos, ou podemos, enxergar traições nem sempre sutis, às vezes grosseiras, à Sociologia.

Max Weber chega a ser enfático ao nos advertir contra o antissociologismo – chamemo-lo assim, por nossa conta – dentro da própria Sociologia, que consiste na decomposição do comportamento social nos seus "fatos psicológicos elementares",[17] em vez de "compreensão da situação", a compreensão parecendo ao mesmo Weber método da investigação sociológica, se não único, básico. A nós parece que é um dos métodos, e não o único, dada nossa concepção já antiga da Sociologia – que só recentemente viemos a identificar com a do professor Hans Freyer – como ciência mista – natural e cultural: desenvolvimento nosso e dele, do conceito de Dilthey de que *explicamos o natural e compreendemos o cultural*. E a nosso ver – e contra Dilthey – a realidade social é a um tempo *natural* e *cultural*. É psiquicamente social e não exclusivamente formal. Inclui a pessoa social e até certo ponto a personalidade.

Dentro do "funcionalismo" desenvolvido na Alemanha pelo professor von Wiese (que despreza o estudo de *fatos* para limitar-se ao de *funções*) e nos Estados Unidos pelo professor Bernard, o problema de personalidade como unidade desaparece da Sociologia; mas não o de *atitudes*, consideradas como expressões de diferentes *relações* ou *situações*. Todo comportamento humano seria determinado, segundo uns, condicionado, segundo outros, pelas relações sociais. Do mesmo modo que Simmel, Max

---

[17] WEBER, *Wirtschaft und Gesellschaft* (op. cit., cap. I).

Weber e Durkheim, o professor von Wiese insiste em que a explicação sociológica das relações ou dos processos sociais só pode ser sociológica; e não psicológica. Destaca ainda com mais vigor do que Max Weber, e quase com a mesma ênfase de Durkheim, que as tendências psicológicas derivam-se de situações sociais; e que nem sempre o *psíquico* é primário e o *sociológico*, secundário. Mas reconhece, a tempo de guardar-se contra o exclusivismo durkheimiano ou o determinismo sociológico, que há fenômenos de fronteira entre a Sociologia e a Psicologia: fenômenos em que o *psicológico* não pode ser separado do *sociológico*. É o que nos parece a *personalidade* desprezada por von Wiese como unidade dentro da Sociologia: um desses fenômenos ao mesmo tempo psicológicos e sociológicos; e ao mesmo tempo mensuráveis e compreensíveis, contra a delimitação rígida de Dilthey, em Psicologia e de Max Weber, em sociopsicologia, entre o mensurável e o compreensível.

Um exemplo concreto de personalidade criada principalmente – nunca exclusivamente, pois à base da personalidade está o indivíduo biológico – pelo *status*, pela situação ou pelo *conjunto de relações sociais* do indivíduo seria o da personalidade do primeiro filho (pelo menos na organização de família como nós a concebemos na Europa Ocidental e nas zonas mais sujeitas à sua influência sociocultural) ser uma, a do segundo, outra, a do último, ainda outra e outra, ainda, a do filho único. A interpretação puramente biológica ou apenas psicológica de tais diferenças seria insuficiente. A explicação adequada de tão diversos desenvolvimentos de personalidade dentro do mesmo ambiente físico e sob a mesma herança social e de cultura e a mesma alimentação, seria a explicação sociológica, baseada no *status*, ou na *situação social*, de cada filho, na família – ou, no caso do filho único – no seu *status* em relação exclusiva com os pais – e nos reflexos psicológicos do mesmo *status* ou da mesma *situação* ou *posição social*. Problema que do ponto de vista psicológico tem sido estudado por vários;[18] mas não do ponto de vista sociológico aqui esboçado.

O *status* de escravo não pode deixar de ser a explicação principal da personalidade do indivíduo nascido e desenvolvido sob a escravidão – exemplo de família social, acrescentada à biológica, do patriarca, e na qual pode ser grande, aliás, a variedade de *status*: malungo, muleque, leva-pancadas, pajem, guarda-costas, negro velho, mãe preta, mucama, negro do eito, cocheiro. As qualidades predominantes no escravo (qualidades do ponto de vista do elemento senhorial ou dominante) – lealdade, submissão,

---

[18] Sobre a ordem de nascimento, analisada do ponto de vista psicológico, vejam-se Steckel, "Intelligence and birth order in the family"; Jones, "A preliminary study of intelligence as a function of birth order" e Arthur, "The relation of I Q to position of family", citados por Winston, S. Biological Sociology, in: Bernard, L. L. (org.) *The fields and methods of Sociology*, New York, 1934, p. 279. Também Ogburn, W. F. Social heritage and the family, in: Rich, M. E. (org.) *Family life today*, Boston; New York, 1928, p. 28. Salienta Ogburn que os nomes dos filhos mais velhos são os que aparecem com mais frequência entre as notabilidades do *Who's Who*.

obediência ao senhor – como seus defeitos e vícios (defeitos do mesmo ponto de vista) – o de mentir, o de furtar, o masoquismo, a dissimulação, o medo exagerado do Senhor Deus Todo-Poderoso, das almas do outro mundo, dos fantasmas – seus próprios característicos de rir, de andar, de falar, estariam condicionados principalmente pelo seu *status*; pela sua situação, série ou constelação de situações sociais, de indivíduo dominado por outros; pela sua posição de escravo. Pode-se argumentar com maior ou menor sucesso e sobre evidências de maior ou menor validade científica que o *status* de escravo é condicionado no indivíduo pela sua hereditariedade étnica, individual ou de família; que o indivíduo nasce escravo, como outros nascem senhores; ou poetas, matemáticos, músicos. É possível que a humanidade possa vir a ser dividida, um dia, sob critério biopsicológico que pouco ou nada tenha a ver com o de raça – uma vez que não existem raças e sim "raças" – em indivíduos que nasçam totalmente para a submissão, a obediência, o trabalho rotineiro e indivíduos que nasçam totalmente para o mando, o domínio, a iniciativa, a aventura. Mas venha ser demonstrada ou não, cientificamente, essa possibilidade, permanece certo o fato de que o indivíduo dentro das condições de vida social do nosso conhecimento é, principalmente, formado ou deformado em personalidade submissa ou dominadora, quieta ou inquieta, liberal ou conservadora, não tanto pela sua hereditariedade nem pela sua constituição – fatores de modo algum desprezíveis, em alguns casos mesmo decisivos – como pelo seu *status* social. Desde o seu *status* na família ou na organização patriarcal ao seu *status* na comunidade.

Oferecendo o exemplo das diferenças de personalidade observadas nos filhos de família, segundo a ordem do seu nascimento e o consequente *status* de cada um na organização familial, cremos ter oferecido exemplo decisivo da predominância do fato sociológico de *status* sobre o biológico de constituição e herança, para definição do indivíduo em personalidade. Por mais prontos que devamos estar sempre a aceitar manifestações de diferenças hereditárias ou constitucionais nos indivíduos que, mesmo sob influências iguais de herança social e condições quase iguais de *status*, também social, desgarram-se em personalidades diferentes, a explicação biológica não nos satisfaz como esclarecimento das mesmas diferenças. Diferenças se não de traços ostensivos, de comportamento social, que as definam para a sociedade de secundários, que as particularizem dentro de núcleos ou famílias.

De vários escravos nascidos e criados em igualdade de condições materiais e em quase igualdade de situações sociais, igualmente submissos, obsequiosos e risonhos na aparência, no jeito e na fala, um pode ser, por traço ou influência hereditária a atuar-lhe sobre o temperamento ou constituição (e, através desse temperamento ou dessa constituição, do seu físico e da sua cor, a condicionar-lhe o *status* na família social ou biossocial do patriarca), uma personalidade inquieta de predisposto à revolta e à desobediência contra os senhores, à irregularidade ou à boêmia no trabalho ou ao domínio sobre os outros escravos em competição com os próprios senhores. Na experiência escravocrata de quatro séculos que teve o Brasil, tais predisposições parecem ter-se manifestado antes em escravos magros e altos do que em gordos e arredondados. As reminiscências ou tradições de família associa, os exemplos mais agradáveis à memória dos brancos, isto é, dos senhores brasileiros, de dedicação, doçura e lealdade de escravos, a negros e negras antes gordas do que magras: mucamas, mães pretas, cozinheiras, mestres-cuca, cocheiros. E os exemplos mais desagradáveis de insubmissão, pacholice, gabolice, capoeiragem, maldade, perversidade a escravos ou negros antes magros e altos do que gordos e arredondados de formas. Por outro lado, nos milhares de anúncios de negros fugidos que temos examinado e estudado – anúncios colhidos de jornais brasileiros de várias áreas escravocratas, principalmente do Rio de Janeiro, Bahia, Pernambuco, Rio Grande do Sul – não encontramos salientada senão raras vezes como traço identificador do escravo procurado, sua gordura ou rotundidade; enquanto a magreza e as "pernas finas" vêm destacadas, como já recordamos em capítulo anterior, numerosas vezes. Em tais casos, a biotipologia – desprezando-se outras interpretações, exclusivamente sociais, que pudéssemos dar da magreza em negros fugidos – pode vir em nosso auxílio, indicando que a constituição é que seria principal responsável pela doçura e bondade dos escravos fiéis e, por outro lado, pela insubmissão dos que fugiam. Sem repelirmos tal interpretação biotipológica da lealdade e da deslealdade dos escravos – de resto aplicável só a extremos, pois nem todos os negros magros foram escravos desleais a ponto de irem até à fuga ou à revolta contra o senhor – insistiremos, entretanto, no fato de que o tipo escravo, tal como primeiro ocorre à nossa associação de ideias, de brasileiros com reminiscências diretas ou indiretas da escravidão, é uma personalidade de submisso por gosto ou a contragosto, antes gordo do que magro e com a fala, o gesto, o riso mais ou menos harmonizados com sua função de servo sob um regime caracterizado pela lentidão de vida e de trabalho.

Daí ser o negro das antigas senzalas evocado por escritores do vigor literário de Gilberto Amado como gente de riso constante e rosto sempre alegre; e essa alegria interpretada como exuberância de "temperamento africano", de "raça", de "primitivo".[19] Pode-se dizer, em restrição a tal interpretação, que o escravo foi no Brasil e noutros países o "homem que ri" das reminiscências de tantos brasileiros nascidos ainda nos dias da escravidão, não tanto por sua condição étnica de africano e biológica, ou fisiológica, de negro – embora tal condição não seja para desprezar-se, na tentativa de explicação deste e doutros aspectos da personalidade do escravo de origem africana no Brasil – como em virtude do seu *status*: sua condição social – social, cultural, principalmente econômica – de *escravo*. Por mais paradoxal que pareça, o escravo, o servo e o pedinte,

---

[19] AMADO, G. *Grão de areia*, Rio de Janeiro, 1919, p. 138.

em geral – temos que admitir como exceções o *butler* inglês que, por convenção especial, parece não rir nunca e o mendigo espanhol, arrogante como um fidalgo – tende a ser pessoa de riso mais constante do que o senhor; do mesmo modo que o vendedor com relação ao comprador; a prostituta de rua em relação com os homens que passam. Trata-se de um riso característico menos do temperamento do que do *status*, da situação, da condição social: o riso ou sorriso de quem precisa de agradar, por função ou profissão ou condição social, ao superior, ao rico, ao macho ou ao comprador. O riso ou sorriso do escravo, do servo, do oprimido, do pedinte, da prostituta, do vendedor vem antes de deformação por *status* do que de predisposição étnica ou fisiológica. Que povo europeu é não diremos mais escancaradamente risonho – pois seria dizermos uma inexatidão – porém mais constantemente sorridente do que o suíço? Expressão, não há dúvida, esse sorriso agradável, de saúde, de equilíbrio, de conforto: condições tão generalizadas entre os cidadãos da República Helvética. Mas erraria, talvez, quem se limitasse a essa interpretação do sorriso suíço; ou resvalasse para outra, ainda menos adequada e compreensiva: a do sorriso como característico étnico. Esta, a variedade de etnias na Suíça facilmente desacreditaria. O justo nos parece filiar o sorriso suíço principalmente ao *status* social – ao *status*, à situação, à função – de um povo cuja economia depende, em grande parte, em tempos normais, da concorrência de estrangeiros aos seus hotéis, aos seus sanatórios, aos seus lagos, às suas cidades, às suas escolas, às suas montanhas, aos seus campos de esporte.

Quanto ao sorriso japonês, pede outra explicação. Mas estamos inclinados a acreditar que explicação principalmente sociológica: e não principalmente fisiológica, embora não se possa desprezar, no estudo do assunto, a maior ou menor diferenciação dos músculos da face associada ao "uniforme étnico" dos indivíduos fortemente diferenciados em seus característicos ostensivos de "raça".[20]

Ao *status* social de grupos étnicos e nacionais é que principalmente se associam vários traços geralmente considerados característicos não só de raças como de nações. Daí, não serem os traços assim classificados, fixos, porém mudarem de época para época, refletindo alterações de poder político, militar e econômico nos povos a que são atribuídos. Com toda a razão salientam os padres Lemonnyer e Tonneau e o professor Troude, a respeito de característicos nacionais que *"les changements peuvent être considerables d'un siècle à l'autre: Kant à la fin du XVIII affirmait que sés compatriotes étaient dépourvus de tout orgueil national"*.[21] Observa-se no comportamento dos compatriotas de

---

[20] O professor Robert Bennett Bean inclui entre característicos de raça *"differences in expression"*. Mas acentua que *"within the life of an individual facial expression may become more or less fixed [....]"*. *"The Yellow-Brown expression is quite different from that of the other two races and is equally characteristic. The face seems often to have a studied repose, a controlled sensibility and a reserve"* (*The races of man, differentiation and dispersal of man*, New York, 1932, op. cit., p. 385).

[21] LEMONNYER; TONNEAU & TROUDE, *Précis de Sociologie* (op. cit., p. 385).

Kant que se altera profundamente desde que sua situação nacional e individual muda de inferior para superior. Se o fato nos fere mais vivamente a atenção no caso dos alemães é que mais inconstante tem sido sua posição nacional.

Quando em situação de cortejadores da simpatia de outros povos ou indivíduos sociais, são os alemães risonhos e obsequiosos em extremo, através dos seus caixeiros-viajantes, dos seus técnicos, das suas governantes, dos seus comerciantes, dos seus agentes industriais, dos seus missionários, dos seus professores. Quando se supõem ou necessitam de se supor e de fazer os demais grupos os suporem fortes bastante para dominarem a Europa e outras partes do mundo, os mesmos alemães se tornam fechados e brutais, o sobrecenho franzido, os gestos marciais, a voz e as palavras ásperas. E o mesmo se vem verificando com os ingleses no Oriente: nos últimos anos, cessado seu domínio imperial sobre áreas orientais que mantinham em situação de áreas de populações submissas, sua atitude vem se modificando no sentido de maior doçura para com os povos das mesmas áreas, agora livres ou independentes com relação a eles e a outros europeus até há pouco imperiais. A mística etnocêntrica – cuja ausência era observada há século e meio por Kant nos alemães – artificializa-os num povo aparentemente sem doçura nenhuma quando a verdade é que, sob novo fracasso, mais uma vez virão à tona os característicos amáveis que os aproximam psíquica e socialmente dos povos seus semelhantes em cultura ou civilização. Mesmo que da época de domínio imperial, guarde um povo traços de sobrancería ou modos de falar e agir compensadores de sua atual situação de inferioridade política, econômica ou intelectual – o caso dos castelhanos, de alguns romanos e de alguns portugueses – essa sobrancería e esses modos de quem foi rei e há de ser sempre majestade se apresentam adoçados por outros, em que se exprime a nova situação social – nacional e de classe – dos antigos dominadores. Dom Quixote é bom exemplo de que, quando falha a acomodação – alguma acomodação – do dominador absoluto de ontem à situação de dependência de hoje, sua personalidade perde toda correlação com o meio e torna-se arcaica e até cômica.

Daí não se conclua que pretendemos negar a existência de característicos nacionais. Eles existem: traços ecológica, histórica e culturalmente apurados por um grupo. Mas condicionados principalmente pela situação social e física de cada nação. Situação como nação e Estado – se a nação ou nacionalidade for também Estado – em relação com outras nações e Estados. Situação como cultura nacional em relação com as culturas dominantes no espaço e na época de sua existência ou vigor nacional.

A vida em grupos, sob a ação das influências e relações bastaria para conferir aos membros de uma nação ou nacionalidade, completada ou não pela condição de Estado, característicos que possam ser denominados nacionais. A vida em grupo ou em comunhão, assim definida, pode produzir um tipo nacional, independente da identidade absoluta de influências de meio e de condição física – como no caso de nações estendidas sobre território vasto e formadas por grupos étnicos diversos. O caso da Rússia e do Brasil, por exemplo. E, independente de território, ou do recém-criado Estado de Israel, o caso da "nação" israelita.

É que as maneiras idênticas de sentir, de agir e de pensar dos indivíduos, psíquica, social e culturalmente situados em tais comunidades, dão-lhes *status* nacional que os acompanha mundo afora (como outrora as deformações do corpo, as mutilações e as tatuagens características de tribos ou de "nações" de primitivos) através de pronúncias, sotaques, gestos, cacoetes, modos de andar e de rir, gostos por comidas, bebidas e temperos especiais, ritos. O indivíduo assim situado, condicionado e marcado pode desfazer-se dos trajos vistosos e da língua arrevesada da nação de sua origem, da cultura de sua formação nacional ou regional: mas não se desfaz senão excepcionalmente e com muita lentidão, dos gestos, do modo de andar, do leito de pronunciar as palavras, da entonação. É um como *défroqué* que se faz adivinhar por insignificância características como o sacudir de ombros que no francês, por exemplo, parece sobreviver à perda de vários outros característicos nacionais. Mesmo no caso dos judeus – grande número dos quais pessoas de nação sem território, que entretanto se conservam cultural e, até certo ponto, etnicamente judeus – não conseguem, por mais que o desejem, desfazer-se de suas marcas nacionais ou culturais de judeus: são atraiçoados pelo sotaque ou pelo gesto, pela entonação ou pelo cheiro da comida ritual de sua predileção, por uma ou por várias dessas insignificâncias sociais e culturais cuja presença se faz sentir nos próprios casos em que brilham pela ausência os sinais físicos e os característicos químicos mais ostensivos de especialização étnica. É expressiva a anedota a respeito do judeu com perfeito ar de aristocrata francês que tendo viajado de trem em companhia de um corcunda, no fim da viagem, ao despedir-se, decidiu surpreender o companheiro com a revelação de que era judeu. O corcunda, malicioso como quase todo corcunda, disse-lhe então: "E eu sou corcunda".

Essa identificação de indivíduos com culturas e comunidades não se limita à aquisição de traços nacionais ou etnocêntricos, que, aliás, podem nada ter que ver com a etnia original do indivíduo: há alemães de descendência e nome franceses no próprio Exército germânico que não se distinguem do tipo tradicional de oficiais prussianos: eretos, duros, impassíveis, ásperos, arrogantes. Esse aspecto sociológico das relações da personalidade com o meio social, nos leva à consideração da marca de casta, classe ou profissão sobre o indivíduo social: marca que pode ser mais forte que a nacional ou etnocêntrica. É o caso de militares alemães descendentes de franceses – um dos quais nos foi mostrado um dia, numa rua de Berlim – como é o caso de poloneses, membros da Companhia de Jesus: sendo filhos de famílias intensamente patrióticas da aristocracia da Polônia transformaram-se, nos colégios e seminários da Companhia, onde entram meninos, em indivíduos sociais cuja situação social e cultural de poloneses ardentemente nacionais, antigermânicos e antirrussos torna-se aos poucos secundária; e principal, sua situação social e cultural de jesuítas, friamente internacionais e, em vez de antigermânicos e antirrussos, antimaçônicos, antidemocráticos e antissocialistas.

6. SITUAÇÃO SOCIAL

Deve-se notar que não são apenas os "prós" mas também os "contras" que caracterizam a situação social de indivíduo. O indivíduo social se situa diante dos outros não só pelo que seus atos, atitudes e ideias afirmam como pelo que negam em conjunto ou isoladamente – dada a possibilidade dos atos e atitudes neutralizarem ou contrariarem as ideias. O jesuíta moderno, – jesuíta, aliás, em fase de transformação – de um lado, como o proprietário comunista, do outro, se caracterizam principalmente pelos "contras" que lhes definem as respectivas situações através de atos e atitudes: um, contra o "liberalismo" político, contra a "democracia", contra a maçonaria; o outro, contra o "fascismo", contra o "liberalismo" econômico, contra o "clericalismo". E o mesmo é certo, de modo menos ostensivo, de outras situações sociais condicionadas mais pela casta, pela classe e pela profissão do indivíduo do que pela sua nacionalidade, sua raça, sua religião, sua ideologia.

Em geral, porém, tais situações se equilibram, o mesmo indivíduo apresentando-se sob uma variedade de pessoas sociais que se harmonizam: burguês, chefe de família, advogado, católico romano, argentino, republicano unitário, econômico-liberal. No Brasil, durante anos, equilibraram-se no mesmo indivíduo pessoas sociais depois consideradas antagônicas como o sacerdote católico e o maçom. E são ainda do passado social brasileiro, como aliás do passado social de outras nações americanas, estes exemplos de superioridade da situação social sobre a condição étnica e a religiosa: o indivíduo ser declarado branco, ou considerado branco, em virtude de sua situação social; o indivíduo ameríndio ou africano ser declarado católico romano, ou considerado católico branco, em virtude do batismo, da capacidade de fazer o pelo-sinal e de ajoelhar-se diante do Santíssimo. Ao trajo e à prática de atos característicos das situações sociais adquiridas deixava-se o resto: integrar o mais possível o indivíduo nas novas situações, inclusive nas suas maneiras de sentir e de pensar.

Não é diverso o processo pelo qual nas sociedades primitivas, patriarcais ou burguesas a menina cresce em moça apta ao casamento. Uma série de práticas, atos, ritos e até deformações somadas, resultam num tipo social e num produto cultural inconfundível: um tipo social de moça como que matrimonialmente afrodisíaco. Esses atos, práticas, ritos e deformações correspondem, como no caso da "moça de sociedade" do Brasil antes burguês que patriarcal do princípio do século XX, a uma série de situações por ela adquiridas ou atravessadas: tocar piano, falar francês, valsar, ter sido educada por freiras francesas (de preferência em Sion ou Sacré-Coeur), vestir-se e calçar-se (sendo carioca) na Rua do Ouvidor, ter ou simular o pé pequeno, ter ou simular a cintura fina, conhecer óperas, poetas líricos e romancistas próprios para moças. Acrescentará alguém, sempre atento ao problema de cor no estudo das situações sociais em sociedade como a nossa, e como as de outros países americanos (países mestiços mas até há pouco verdadeiras semicolônias dos países europeus mais fortes, cujas *elites* eram imitadas passivamente pelas nossas): ser ou parecer a moça, tanto quanto possível, branca. Não seria esse o único caso de uma situação social incluir determinado característico ou especialização física ou étnica, ou sua simulação relacionada com o conjunto de condições sociais e de cultura de área ou de época: não se imagina uma *lady* inglesa da época vitoriana com a voz estridente de uma castiça dama espanhola da mesma época ou de autêntica norte-americana do Sul ainda escravocrata com o hábito, para a região, aristocrático, de falar gritando; nem uma fina senhorita colombiana ou peruana dos nossos dias, com o pé enorme de uma condessa escandinava; nem um arcebispo grego ortodoxo de hoje com o rosto todo raspado de um bispo anglicano. Há, entretanto, uma tendência, que se vem acentuando com a facilidade de intercomunicação, no sentido das aristocracias e burguesias dos mais diversos países adquirirem e ostentarem, tanto quanto possível, característicos comuns, moldados sobre padrões europeus ou norte-americanos: os mesmos estilos de corte de cabelo, de casa, de meio de transporte, de trajo, de calçado, de chapéu; o mesmo modo de andar; o mesmo jeito de sorrir; o mesmo diapasão de voz; e tanto quanto possível, o mesmo tipo de cabelo e a mesma cor de pele – ou suas simulações e aproximações por meio de inventos e de processos químicos e elétricos – identificados assim com uma situação social antes internacional do que nacional; antes de espaço puramente social que físico-social.

Para alguns dos publicistas que têm tentado a racionalização da suposta identidade da situação social das maiorias aristocráticas e das burguesas ou burguesas-aristocráticas em grande número de países do Ocidente com a cor o mais possível branca de pele e com o cabelo o mais possível claro e fino, devem pertencer aos dólico-louros as situações de domínio social, para os quais estariam os mesmos dólico-louros predispostos ou aptos por um conjunto de qualidades intelectuais e éticas correspondentes aos seus característicos físicos de raça. Evidentemente é difícil dizer-se até que ponto tal racionalização representa um ideal, ou reflete uma situação definida, ainda que precária: a de atual superioridade técnica dos povos brancos do Norte da Europa, onde são mais numerosos os indivíduos louros que noutras regiões.

As situações sociais nem sempre se limitam às definidas: entre elas se desenvolvem tipos sociais dúbios, mistos, indecisos. Dúbios, mistos e indecisos pelos seus característicos físicos ou de raça impura que, juntamente com suas condições econômicas e seus característicos culturais, reflitam-se sobre a sua especialíssima situação social, limitando-a, condicionando-a, ou fazendo-a flutuar entre as pessoas ou os grupos de situação definida. Ou dúbios, mistos e indefinidos pela sua pura indecisão cultural, igualmente responsável por flutuações ou degradações sociais. Sirvam de exemplo os euro-asiáticos; e entre alguns dos povos americanos os mulatos que, quando evidentes ou ostensivos, nunca são definidamente de uma raça ou de outra, nem mesmo de uma classe ou de outra: formam uma grande variedade de meias-raças, de sub-raças e de subclasses. Outros que raramente se deixam definir por situações sociais absolutas são os bissexuais ostensivos que tanto nas culturas primitivas como nas civilizadas perturbam as convenções de situação social correspondentes a cada sexo para participarem das atividades culturais de ambos os sexos ou das do sexo oposto; ou constituírem quase um terceiro sexo, cuja situação chega a ser de prestígio em algumas culturas ou comunidades primitivas, mas é geralmente, de degradação, nas culturas e comunidades civilizadas.

A expressão criada por modernos sociólogos norte-americanos – *marginal man* – é hoje corrente, entre sociólogos, para designar menos a indecisão de situação social a que acabamos de nos referir, do que condição mais restrita, embora igualmente dramática: a do indivíduo social que de acordo com o professor Park e segundo a definição do professor Kimball Young, "vive entre duas culturas em conflito"; e em virtude da necessidade de identificar-se com estilos de vida antagônicos, assume, segundo o mesmo Young, característicos de "personalidade dupla".[22] Dessa espécie de Hydes e Jekylls sociológicos – em virtude de dupla personalidade, feita das culturas antagônicas, entre as quais o misto ou "marginal" é obrigado a viver o seu drama – é que nos parece possível desenvolver conceito mais largo de marginalidade, estendendo a área do drama, da área cultural para a social, de modo a alcançar até sociedades animais próximas da humana, nas quais se encontram indivíduos, novos para os grupos, que são por estes como que postos de quarentena. Pode entretanto dizer-se que são principalmente as culturas, ou antes, as situações sociais que definem sociologicamente o "marginal": indivíduo social deixado temporária ou permanentemente de quarentena pelo grupo dominante. É à margem das situações sociais definidas e não somente à beira de culturas em conflito, que podemos encontrar os indivíduos sociais indefinidos ou indecisos que o professor Stonequist denomina "homens marginais" e o professor Kimball Young chega a chamar de "personalidades duplas".[23] Indecisos, por exemplo, entre a situação social de homem e a de mulher – seja qual for o colorido cultural que essa situação

---

[22] YOUNG, K. *An introductory Sociology*, New York, 1934, p. 469.

[23] Dentro do conceito de marginalidade é que o professor Emílio Willems escreveu seu interessante estudo sobre populações teuto-brasileiras. O termo "marginal" vem sendo ultimamente muito usado no Rio Grande do Sul para designar grupos miseráveis de população nos arredores das cidades.

tome; e não apenas entre a cultura masculina e a feminina. Entre a situação social de aristocrata e de burguês; e não apenas entre a cultura aristocrática e a burguesa. Entre a situação social de inglês moderno e a de indiano; e não apenas entre a cultura britânica e a indiana. Entre a situação social de branco norte-americano e a de preto norte-americano; e não entre a cultura anglo-americana e a afro-americana. Entre a situação social de brasileiro e a de alemão; e não apenas entre a cultura luso-brasileira, ou brasileira, e a teuto-brasileira.

Como à situação social geralmente corresponde uma cultura, raramente resulta incompleto o critério de marginalidade limitada à área de indecisão entre culturas; mas nem por isso devemos deixar sem reparo a insuficiência ou a inexatidão do diagnóstico simplesmente cultural dos indivíduos sociais de vida marginal ou de personalidade dupla e instável e, principalmente, de situação social indefinida, por não ser nenhuma das situações definidas ou estáveis. Relativamente estáveis, é claro; pois situação social nenhuma é absolutamente estável: o ser humano, por ela definido, está em constante, ainda que às vezes lenta, transformação.

Uma dessas transformações é a idade biológica do indivíduo em relação com a normalidade social regional. O ser humano, por mais estável em sua classe, sua região, sua profissão, não é o mesmo, socialmente, aos setenta anos que aos trinta. A idade – fenômeno biológico – é também situação social de importância considerável. Como o é o sexo: outra condição biológica a que corresponde situação social definida, quando o sexo se apresenta definido ou puro. Com a idade pode aumentar ou diminuir o prestígio do indivíduo social, conforme a cultura ou o tipo de família dominante: primitiva, patriarcal, particularista, agrária, industrial, rural, urbana, metropolitana. Conforme também o sexo do indivíduo social: e em relação com sua classe e profissão e com outras condições de cultura.

A Sociologia situacional que aqui se procura desenvolver de modo sob vários aspectos brasileiramente novo ou original, como equivalente da geral e sobre sugestões antes ecológicas e psicológicas do que convencionalmente sociológicas (sem todavia nos esquecermos do fato de ser já hoje generalizado o conceito sociológico da pessoa social como o indivíduo com *status*), é também *relacionista* inter-relacionista. O relacionismo ou o inter-relacionismo constitui já uma tendência filosófica e sociológica (Simmel, von Wiese) a que nenhum estudioso da Sociologia pode ser estranho: quase não há objeto de estudo sociológico que pertença só à Sociologia senão no que se refere ao método peculiarmente sociológico de ser o mesmo objeto situado, descrito, comparado, medido, compreendido e, sendo possível, explicado.

A nós parece que nenhum objeto de estudo sociológico mais do que o das situações sociais – suas *formas*, seus *processos*, suas constelações – se apresenta mais capaz de dar à Sociologia geral aquele caráter de Biologia em face da Botânica e da Zoologia desejado por vários sociólogos, uma vez que o estudo de situações sociais se realize pela cooperação cada vez maior das sociologias especiais com a geral e das ciências sociais entre si. Pois a todos interessa o que há de dinâmico nos estudos do que é social: e esse caráter dinâmico da vida social já Simmel pensava que era negado ou mal representado pela expressão "sociedade", com sua implicação de alguma coisa de estático. Daí ter substituído "sociedade" pelo termo *Vergesellschaftung* (*societalização* ou *societação*), que lhe parece exprimir melhor o caráter dinâmico da vida social. *Vergesellschaftung* é que seria o objeto de estudo sociológico. A mesma tendência no sentido da identificação do objeto principal de estudo sociológico com o que a vida social tem de dinâmico faria o nosso mestre na Universidade de Colúmbia, professor Franklin Giddings, tornar-se não só um dos mais avançados *dinamistas* como um dos maiores *relacionistas* em Sociologia, dadas as relações íntimas que estabeleceu da Sociologia geral com a Psicologia ao considerar a sociedade não "organismo", mas "organização" e ao definir a organização social como "complexo de relações psíquicas".

Na teoria principal de Giddings – a de "consciência da espécie" – se exprime bem a identificação do fato social com o psíquico e de ambos – social e psíquico – com o que a vida social tem de mais dinâmico. E não seria difícil associar a teoria de "consciência de espécie" à ainda mais dinâmica, que aqui vai sendo esboçada de modo um tanto diverso da de outros *situacionistas*[24] e sob critério antes sociológico que psicológico de "situações sociais", desde que o indivíduo social não existe sociologicamente como expressão de raça, religião ou de Estado fixo mas de situações – étnica, religiosa, política – de que ele tenha consciência. Ou que lhe seja imposta por outros situados: existencialmente situados, pode-se talvez acrescentar.

Consciência não de espécie, mas de *status*, que seja aceita como tal pelos que com ele convivem no tempo e no espaço sociais, mesmo quando biológica ou historicamente erradas. Assim, a situação social da nação ou do grupo que tendo travado guerra

---

[24] Para os situacionistas em geral, os problemas pessoais ou sociais devem ser vistos e analisados não em termos de causas singulares ou de traços individuais, mas como situações-processos: qualquer situação é considerada como tendo emergido de uma sequência de situações anteriores e como causa de situações subsequentes nas quais o observador (como participante) pode introduzir ou não novos elementos. (Veja-se "*situational approach*", in *Dictionary of Sociology*, organizado por Henry Pratt Fairchild, New York, 1944.)
Destaque-se a este propósito que W. J. Thomas foi, como sociólogo, bastante situacionista no sentido psicossocial, para admitir, como chegou a admitir, que "quando os homens consideram certas situações como reais, elas são reais em suas consequências", generalização que o professor Robert King Merton considera "teorema" sociológico, recordando que ele se baseia em todo um conjunto de ideias vindas de inteligências as mais diversas, no mesmo sentido da generalização do sociólogo: desde Bossuet a Marx, de Mandeville a Freud e a William Graham Sumner. O professor Merton destaca ser bastante a crença na insolvabilidade de um banco por um grande número de depositantes, para essa situação, mesmo falsa, tornar-se real (*Éléments de méthod sociologique*, Paris, 1953, p. 170, trad. francesa de ensaios que constam do livro publicado em inglês sob o título *Social theory and social structure*, Glencoe, Ill., 1951).

com nação ou grupo vizinho ou rival veio a considerar-se vencedora e a comportar-se como tal, será para o sociólogo a de nação vencedora – e não vencida – sem que seja necessário que a essa consciência e a essa situação corresponda a exatidão do fato histórico. Basta que a nação vencida disponha de meios psíquicos e sociais para situar-se como vencedora; que se comporte como vencedora; e que os outros povos aceitem tal situação para que, sociologicamente, suas ações ou manifestações sejam as de um povo vencedor. Daí encontrarmos exemplos na história militar, naval e política, de guerras em que a vitória é celebrada por dois povos, nenhum dos quais se dá por vencido na batalha que teria sido decisiva. Havendo em terminologia militar expressões como "retirada estratégica", que justificam os fracassos mais completos, e em terminologia política expressões como "resistência passiva", é possível a ilusão nacional em torno de derrotas militares e de submissões políticas. Transformadas psicossocialmente tais derrotas em vitórias, dessa transformação decorrem situações sociais compostas de uma série de atos que são os que um povo vencedor – e não um vencido – praticaria.

Para o sociólogo, cremos que tais atos são sociologicamente os definidos pela situação assumida e mantida pelo grupo: um povo vencedor é, sociologicamente, um povo com o *status* de vencedor. Como um indivíduo social é, sociologicamente, um indivíduo com o *status* de nobre ou de branco de que ele tenha consciência – "consciência de espécie", pode-se também dizer, neste caso – e que a comunidade ou o espaço e tempo sociais em que viva, aceite. Embora genealogicamente a nobreza do mesmo indivíduo possa ser negada e negada biologicamente sua branquidade, ele é validamente nobre e branco para efeitos sociais, em consequência do vigor e eficiência de sua situação.

É claro que, sem aquele vigor ou deficiência de situação, o *status* assumido por indivíduo ou por grupo social não tem validade sociológica: pode tratar-se de ficção ou ilusão puramente psíquica e simplesmente individual: expressão de mania de grandeza ou de perseguição. É necessário que o indivíduo social ou o grupo social seja aceito pelos que com ele convivem, ou pela maioria do grupo, quando não pela totalidade, como *isto* ou como *aquilo* – como *nobre* ou como *vencedor* – para sua consciência de nobre e de vencedor ter validade sociológica, através dos atos que pratique sob essa consciência e dentro dessa situação. De acordo com ela, pelo menos.

O ponto que aqui desejamos destacar é este: que para haver validade sociológica de atos que exprimam e justifiquem situações sociais não é necessário que sejam atos que decorram de condições biológicas ou de antecedentes históricos exatamente correspondentes às situações sociais e aos atos a ela correspondentes. Aceita, sobre essa base, a validade sociológica de situações sociais puras, sem correspondência exata com a condição biológica ou o antecedente histórico, tem-se andado mais de meio caminho para a Sociologia suprabiológica e supra-histórica que tantos sociólogos desejam opor à Sociologia sub-biológica dos organicistas e à sub-histórica dos historicistas. Cremos que através do estudo rigorosamente sociológico das situações sociais abrem-se à Sociologia perspectivas novas no sentido de estabelecer-se um critério tão soberanamente sociológico de lidar o sociólogo com seu objeto de estudo que a síntese sociológica pode mover-se em plano diverso do biológico e do histórico com mais segurança do que dantes. Seus "brancos" e seus "nobres", seus "vencedores" e seus "gênios", não precisam de apresentar-se com atestados técnicos ou exames de sangue de biólogos, genealogistas, historiadores e psiquiatras para terem existência sociológica e servirem de base a sínteses sociológicas: basta que tenham *status* ou situação social correspondente à ilusão ou à pretensão; que a justifiquem; que correspondam a ela; que a imponham aos demais.

Pois não será demasia insistirmos no fato de que indivíduo social nenhum se apresenta em situação social pura, embora assim o pareça, dada a preponderância, que quase sempre ocorre, de uma situação social sobre as outras resultar em ser a preponderante a que define o indivíduo. Na atual civilização individualista e capitalista, que domina quase todo o Ocidente e parte do Oriente, quase sempre a situação preponderante é a econômica; e quase sempre o indivíduo é definido, em primeiro lugar, pelo seu *status* econômico: industrial, proletário, milionário, usineiro, negociante, lavrador. Entre os grupos de cultura chamada primitiva, a situação preponderante é, dentro dos grupos, o *status* na família: filho, homem, mulher, adulto, criança, tio, mãe, sobrinho. Dessas situações decorrem as principais especializações sexuais e por idade de atividade doméstica e econômica do grupo inteiro – caça, pesca, lavoura, guerra, cuidado dos filhos – todas, aliás, mais no interesse geral da comunidade que no de qualquer subgrupo. Mas há também as diferentes situações totêmicas; há entre os guerreiros situações diversas conforme as evidências de vitórias sobre inimigos que apresentem; há as situações especiais de artistas, curandeiros, pajés. Dentro das sociedades patriarcais, as situações sociais preponderantes são as que se relacionam não já com organização familial quase sempre de caráter comunário, mas com a economia familial e com a propriedade particular: a situação de pai e, ao mesmo tempo, chefe absoluto da família e dono absoluto de fazenda, de terra, de escravos; a de filho mais velho (quando existe o morgadio) em relação com a de outros filhos; a de homem ou mulher; a de senhor ou servo; a de velho; a de moço; a de párvulo; a de casado ou solteiro; a de parente pobre.[25]

Se nos defrontarmos com sociedades mais complexas – como as da Europa ocidental moderna – mesmo admitido o *status* econômico como o preponderante, temos que reconhecer uma constante interpenetração de situações sociais às vezes contraditórias: industrial sim, mas industrial católico romano, braquicéfalo, moreno, espanhol, monarquista absoluto. Quando a sequência lógica de situações seria para todo

---

[25] Um estudo sociológico a fazer-se, dentro da história do patriarcado no Brasil, é o da situação de parentes pobres, especialmente da solteirona e do órfão pobre, com relação aos membros regulares das famílias patriarcais de que eram dependentes.

industrial situado em espaço transformado física e socialmente pela Revolução Industrial em espaço principalmente econômico, e pela Revolução Protestante em espaço particularmente individualista, ser protestante, republicano ou monarquista-liberal, inglês ou norte-americano. Isto para não nos referirmos a situações dramaticamente contraditórias em indivíduos sociais dentro do complexo cultural europeu, moderno, como foi, durante os dias de predomínio nazista na Alemanha, a de um soldado alemão (Alemanha nazista) e ao mesmo tempo, católico romano, proletário, poeta lírico. É pena não termos hoje sobre o soldado alemão desse período, e suas atitudes em conflito, material sociopsicológico equivalente ao reunido na obra monumental que é *The american soldier*, relativa ao soldado dos Estados Unidos da mesma época.

Todo indivíduo social, em civilizações ou culturas complexas, é, normalmente, uma constelação de situações sociais que harmoniosamente ou não se totalizam sob uma, preponderante: a que corresponda ao grupo étnico – como até recentemente e mesmo agora, a situação de membro do grupo étnica ou sociologicamente germânico, que inclua indivíduos sociais de nação e até de cultura tradicionalmente diversa da alemã, como a austríaca; a que corresponda a uma fé, doutrina ou moral religiosa, como a de católico romano para grande número de europeus durante a Idade Média; a que corresponda a uma nacionalidade política como a romana nos grandes dias do Império Romano e a britânica nos nossos dias, para indivíduos sociais de etnias, culturas e religiões diversas e até de nações e Estados – para não falarmos de tribos submetidas à força ao jugo imperial, como o Transval; a que corresponda a uma classe econômica, como na nossa época a burguesia ou o proletariado, da generalização demasiadamente simplista dos marxistas ortodoxos.

Pois a verdade é que, pelo menos nos nossos dias, os interesses econômico-políticos que mais de destacam na definição de situações sociais não se deixam reduzir ao simples antagonismo entre duas classes, considerado pelos marxistas ortodoxos como inevitável. Basta que se saliente a contrarrevolução nazista na Alemanha – contrarrevolução provocada, como todas as contrarrevoluções de nossa época, pela Revolução Russa ou Soviética – para nos convencermos de que a pequena burguesia pode constituir-se numa terceira classe tão vigorosamente disposta a tornar efetivo o programa político de toda classe econômica instalada no poder ou desejosa de poder político – o velho programa de que "*l'État c'est moi*" – como o proletariado ou a chamada burguesia capitalista ou "grande burguesia".

E terceira classe não será chamada classe média nos Estados Unidos, por sua vez subdividida em classe média urbana e classe média rural? As evidências nesse sentido, reunidas pelo professor Arthur R. Holcombe,[26] opõem-se poderosamente

---

[26] HOLCOMBE, A. R. *The middle classes in American politics*, Cambridge, 1940. Veja-se também VON WIESER, F. *Social economics*, London, s. d. Escreve von Wieser que "*in regard to economic conditions, it*

aos argumentos dos simplificadores, por mais fraca que se apresente "a interpretação política da História" do mesmo professor, ao lado da econômica de Marx. Coincidem com o nosso critério socioecológico e sociopsicológico de "situações sociais" estas observações, do professor Holcombe, do ponto de vista político, sobre a classe média dos Estados Unidos: "*Politically speaking, the middle class is significant, not because it is logically an economic category or a social order, but because its members are conscious of their especial position and disposed to act self-consciously and energetically [...]. By due process of thought any wage, earner can promote himself into the middle class*".[27] Ao conceito dinâmico de *classe* aqui definido, pode adaptar-se mais de uma das generalizações por nós desenvolvidas de conceito ainda mais dinâmico – ecológico ao mesmo tempo que sociopsicológico – de *situação social*.

A interpenetração de influências que se verifica entre as várias situações sociais que se totalizam no indivíduo social total – tantas vezes simplificado, para fins estatísticos que nem sempre correspondem à complexidade ecossocial ou sociopsicológica de suas situações, no *isto* ou *aquilo* de uma classificação econômica inimiga de situações intermediárias – faz que nem sempre possamos depender das estatísticas no estudo sociológico de classes. A "consciência de *status*" ou de "posição" – fenômeno ao mesmo tempo de ecologia social e de sociopsicologia – cria sínteses de situações sociais que transbordam da classificação ortodoxamente marxista ou rígida e estatisticamente econômica dos membros de qualquer sociedade industrial moderna em *capitalistas* ou *burgueses* e *proletários* para exigirem uma classificação e uma interpretação que talvez só possam ser realizadas com o maior desenvolvimento da técnica de indagação sociopsicológica ao lado da puramente estatística, e a serviço direto da Sociologia, isto é, da Sociologia que baseie suas generalizações no estudo antes de situações inter-relacionadas dos indivíduos sociais totais que simples ou arbitrariamente no estudo das classes, das religiões ou das nações.

Se os estudiosos de fenômenos políticos necessitam, segundo o professor Holcombe, classificações subjetivas ao mesmo tempo que objetivas, pois desejam saber não só como os eleitores estão ordenados economicamente, mas também como pensam, como sentem e como parece que vão agir (votar),[28] mais necessárias são tais classificações para o sociólogo que considere o *socius* ou o *indivíduo* ou *pessoa social*, não uma *consciência de espécie*, como sugere Giddings, mas uma *consciência de situação*, como nós sugerimos: uma constante capacidade de transição e de negação das categorias econômicas fixas.

---

is customary to speak of the ruling class as propertied; of the ruled, as a propertyless or proletarian class. But a correct analysis must distinguish at least three classes of which one is a clearly distinguished middle class. There are gradual transitions from this to the higher and the lower classes" (ibidem, p. 157-8).

[27] HOLCOMBE, op. cit., p. 49.

[28] Ibidem, cap. 3.

Pois a *consciência de situação*, implicando em desejo de conservação de *status* da parte de uns, da parte de outros significa desejo de modificação ou de elevação de situação.

Onde há classe média poderosa, é grande a flutuação de *consciência de espécie*, ou antes, de *consciência de situação*, entre os extremos *grande burguesia* e *proletariado*. Dá-se um como baralhamento de *situações sociais*, ou uma confusão de *constelações de situação social*, em que os indivíduos sociais tendem a se totalizar fora de sua classe rigorosamente econômica e dentro ou à margem de outra, onde se situam psicologicamente e culturalmente: onde se situam sociologicamente.

É a sugestão que nos vem do grande inquérito sociológico realizado nos Estados Unidos por *Fortune*,[29] através de técnica menos simplista que a da pura estatística por categorias econômicas. Um tipo de inquérito – o de *Fortune* – que, realizado noutros países, cremos que levantará tanto quanto o realizado na República norte-americana, fortes evidências a favor do critério de classificação e de síntese social aqui esboçado: a classificação e a síntese social através da totalização de situações sociais que incluam a consciência de situação social por parte dos indivíduos sociais representativos.

Verificaram os pesquisadores de *Fortune* que quatro quintos dos norte-americanos dos Estados Unidos se consideram da classe média: aí se *situam*, diríamos nós. Dos 14,9 por cento que se consideram de classe inferior, só, 10,8 se situam definidamente no proletariado. Só uma quarta parte dos operários de fábrica e fração ainda menor dos trabalhadores de pequenas fazendas se situam na classe operária ou obreira: os outros se consideram da classe média. Temos que aceitar a discrepância: economicamente, tais indivíduos são do proletariado; são da classe chamada "baixa"; são do operariado. Mas não o são sociologicamente desde que sua consciência de situação é outra: é a de membros da classe média. Seus sentimentos e suas ideias são as dos membros da classe média; seus atos ou suas ações são os atos ou as ações da classe em que psicológica e culturalmente se situam, em que sociologicamente se colocam e vivem, adotando os modos de vida, inclusive a educação de filhos, da classe ou categoria econômica por eles invadida e socialmente superada.

Se admitirmos uma realidade psicossociológica ou sociopsicológica, suprabiológica, supraétnica, supragenealógica, sempre que tal realidade não for contrária às

---

[29] *Fortune*, fevereiro, 1940. Devemos, entretanto, tomar em consideração o fato de que nos últimos anos vem se desenvolvendo em certos elementos da população dos Estados Unidos uma "consciência de proletários" semelhante à que se encontra em países mais antigos e de sociedade menos móvel da Europa e da Ásia. Essa tendência é destacada pelo professor Charles S. Johnson em seu ensaio "Race relations and social changes" (in: *Race relations and the race problem*. org, por Edgar T. Thompson, Durham, 1939). Escreve aí (p. 297) o professor Johnson: "*For the first time in American history labor appears to becoming seriously class conscious*".

Sobre o assunto, vejam-se também: HACKER, L. M. *The triumph of American capitalism*, New York, MCMXL, espec. p. 200-1, 252-3, 268-9, e a crítica ao marxismo feita por MUNFORD, L. *The condition of man*, New York, 1944, p. 329-42, e por HOGBEN, L. *Dangerous thoughts*, New York, 1940, p. 194-208, sob o título "Marxism and the middle classes".

realidades biológica, étnica ou genealógica mas simplesmente admitir uma realidade psicológica ou sociopsicológica, *supraeconômica*, dentro destes limites: que nem sempre as situações sociais se totalizem num indivíduo social sob a preponderância da condição econômica; que essa seja às vezes ignorada, excedida e psíquica e culturalmente negada por indivíduos sociais sem a consciência da situação econômica a que lógica, literal ou tecnicamente pertençam; indivíduos sociais capazes de pensar, sentir e agir sob o estímulo ou pressão de outras situações sociais que lhes formam a pessoa social total. Repete-se, em tais casos, o mesmo processo, que já esboçamos, de personalização social do indivíduo – ou do grupo – à revelia de alguns dos seus antecedentes genealógicos, étnicos, biológicos e, até certo ponto, dos históricos, desde que tal indivíduo ou tal grupo se conforma com os padrões de comportamento atual da classe adotada, como os outros com os de "raça" adotada, da genealogia adotada, da família adotada. Adotada ou seguida naturalmente, sem dúvida ou incerteza nenhuma, como é o caso de muitos indivíduos sociais que agem como brancos, arianos, nobres ou membros de determinada família ou classe, por se suporem de fato dessas categorias de que têm a aparência e os modos; e não simplesmente por as imitarem. Dessas ilusões, suposições, convicções, repetimos que sempre que se objetivam em pessoas e atos sociais aceitos pela comunidade ou pela época com capacidade social para os sancionar e os tornar válidos, têm de ser aceitos pelo sociólogo como realidades sociológicas. O operário norte-americano que por ter o seu *ford*, sua casa com luz elétrica e *frigidaire*, sua família com poucos filhos e esses em escolas burguesas, se situa na "classe média", da qual segue as ideias completamente ou em grande parte e os sentimentos e o comportamento social característicos e não apenas se utiliza dos produtos ou das coisas culturais, igualmente característicos da classe adotada, é para ser considerado sociologicamente "classe média" ou, pelo menos, marginal: e não "classe obreira" ou "proletariado". Seu uniforme sociológico não é o macacão ou a blusa mas a roupa ou o trajo burguês, que, aliás, se acha em transição nos nossos dias, em países como os Estados Unidos, para um trajo de tal modo simplificado, que as insígnias de classe se estão tornando insignificantes. Hoje, um homem com a camisa por fora das calças e de alpercatas, tanto pode ser, no Brasil, um matuto ou sertanejo pobre, como indivíduo urbano e rico.

7. ÉLITE E MASSA

Tão rígida e, por conseguinte, tão insatisfatória do ponto de vista da sociologia que faça das situações sociais compreendidas ecológica e psicologicamente, seu principal objeto de estudo, quanto a insistência do marxismo que se apresenta como ortodoxo em considerar as sociedades humanas da moderna civilização industrial divididas em *capitalistas*, ou *burgueses*, e *proletários*, considerados inimigos de morte, é a insistência de Pareto e dos seus discípulos em separar a humanidade em *élite* e *massa*. Critério adotado, justamente com outras ideias do grande sociólogo, pelo fascismo, na Itália; e noutros países pelos semifascismos, ainda hoje em vigor, como reação sincera ou simulada a abusos democráticos, nesses mesmos países. Critério que representa a tentativa de cientifização sociológica de velhas teorias de Aristóteles, modernizadas recentemente por F. Nietzsche e desde o século XVI pelos jesuítas, na Filosofia social que vigorosamente desenvolveram em oposição ao franciscanismo e, pode-se mesmo dizer, ao próprio cristianismo primitivo, sobre argumentos de ordem psicológica nada desprezíveis. Mas não nos antecipemos sobre assunto que pretendemos versar mais à vontade, em trabalho próximo. Aqui só nos interessa a tentativa de cientifização sociológica do critério de que a humanidade se divide rigidamente em *élite* e *massa* oposto pelo panpsicologismo de Pareto ao pan-economismo de Marx.

Os antagonismos *elite* e *massa*, Pareto fá-los corresponder, como é sabido, aos resíduos que, ao lado das *derivações*, formam as colunas mestras do seu sistema sociológico.[30] *Resíduos*, na terminologia de Pareto, recordaremos que significam os *sentimentos* persistentes dentro do comportamento social; *derivações*, a *ideia* ou *ideias* que sejam desenvolvidas para explicar ou justificar o comportamento social. Nos *resíduos* ele distingue as *combinações*, das *agregações persistentes*. As *combinações* combinam símbolos antigos ou sentimentos tradicionais — como a identificação da cor vermelha com o perigo, e da cor verde com a segurança – com usos modernos: regulamentos do tráfico ferroviário e urbano por sinais vermelhos e verdes, por exemplo. As *agregações persistentes* são resíduos em estado puro: sem combinação. Incluem a mística da ordem, os sentimentos religiosos: os sentimentos morais, os cívicos, os patrióticos: são a rotina contra a inovação; ou, poderíamos talvez dizer, contra a aventura. Às *élites* que detêm o poder (político, econômico, militar, teocrático) correspondem geral ou principalmente as combinações, que representam sagacidade, inteligência, experimentação; às *massas* correspondem geral ou principalmente as *agregações persistentes*, que representam apego, à tradição e receio de inovação. Há, entretanto, *élites* dominadas pelas *agregações persistentes*: mantêm-se no poder antes pela força que pela sagacidade.

Há quem inclua nestas a Alemanha Nazi e a Rússia Soviética, comparadas pelo professor Harold Laski com a antiga "organização jesuítica na Espanha e no Paraguai", que teria sido também um caso de *élite* dominada por *agregações persistentes* e mantida antes pela força que pela inteligência das combinações. Não nos parece que se possa dar a atual *élite* russa como dominada inteiramente por *agregações persistentes*, que, no caso, seriam principalmente sentimentos de lealdade fanática (talvez necessária nas

---

[30] PARETO, V. *Trattato di Sociologia generale*, Firenze, 1923.

circunstâncias atuais ou que se seguiram ao estabelecimento do comunismo na Rússia: as de uma Rússia comunista combatida por todas as potências capitalistas reunidas em guerra economicamente santa contra ela) do comunismo ortodoxo aos seus fundadores. A atual *élite* soviética se tem mostrado também disposta, segundo parece, a combinações que representam experimentações e até aventuras práticas e de ideais, que mais uma vez têm ido afoitamente além da ortodoxia marxista: da sua mística, da sua doutrina, da sua rotina. Uma dessas combinações é a do sentimento tradicional de região e a dos símbolos de nacionalidade e de tradição regional ou mesmo nacional – língua ou dialeto, trajo, alimentação, músicas ou arte popular e até religião tradicional – com a economia dominante. Combinação que uma *élite* fanaticamente ortodoxa (dominada por *agregações persistentes*) teria insistido em manter rigorosamente pura de contemporizações com sobrevivências tão contrárias à mística comunista do internacionalismo absoluto.

Voltemos a Pareto: ao seu sistema de sociologia geral. Salienta o mestre italiano que uma *élite* preparada para governar pela força pode dar à sociedade dominada, estabilidade e longos anos de vida. Cita os exemplos de Esparta, do Império Romano e de Veneza. A *élite* espartana, dominada por *agregações persistentes* e dominadora pela força, seria exemplo clássico do tipo simples de *élite*.

Pareto, porém, considera o regime em que a massa seja dominada por *agregações persistentes* e a *élite*, por *combinações*, o mais vantajoso – dentro de certos limites – para uma sociedade, do mesmo modo que o exército mais eficiente e poderoso é aquele em que os soldados "morrem por uma causa" (*agregações persistentes*) e o estado-maior reúne ao conhecimento de estratégia clássica e da tática tradicional o poder de combiná-las com novos armamentos e estratégia (*combinações*). Justamente o que vem fazendo o Estado-Maior das Repúblicas Socialistas Soviéticas, note-se de passagem. Com efeito à caracterização sociológica de exército eficiente oferecida por Pareto se ajustam os modernos exércitos norte-americano, argentino, brasileiro e não apenas o russo. Mas não o exército francês do general Gamelin ou do general Weygand que se revelou inapto tanto pela sua massa – soldados indiferentes e pouco dispostos a "morrerem por uma causa" – como pelos seus estados-maiores – dominados pelo apego inflexível à estratégia tradicional e a planos rígidos e como que freudianos de defesa, de que é exemplo impressionante a mística da Linha Maginot.

Em guerras como foi a última Grande Guerra – guerras decisivas – a massa precisa de estar mística ou sentimentalmente pronta a morrer por uma causa e os estados-maiores precisam de combinar tradições militares com as mais afoitas inovações. Uma dessas inovações – o paraquedismo – pode servir de exemplo de combinação paretiana: a de antigo e persistente mito que associa as invasões militares a castigos vindos do céu, com o uso do paraquedas militar. Este tornou possível a descida sobre uma ilha defendida por meios rigidamente clássicos como Creta, de milhares de guerreiros que devem ter parecido aos ilhéus arcaicamente pastoris e supersticiosos verdadeiro castigo do céu.

Toda *élite*, da concepção paretiana de *élite*, precisa de empregar alguma vez a força – mesmo a *élite* que domine pela inteligência de suas *socializações*. E comentando esta parte política da teoria sociológica de Pareto, os professores Homans e Curtis escrevem que o governo que nunca torna efetivas suas ameaças de empregar a força contra seus adversários, cai: a fase decisiva de uma revolução, pensam eles que é sempre aquele em que o Exército – isto é, a força legal – começa a bandear-se para os rebeldes.[31] Foi o que ocorreu no Brasil com o movimento de que resultou a proclamação da República em face da hesitação do Governo Imperial em empregar a força contra seus inimigos: diante de tal hesitação o Exército foi se passando todo para os Republicanos. Foi, também, o que ocorreu nas imediações de 30, quando o presidente Washington Luís, em vez de grandes e decisivas violências contra os inimigos da República de 89, não praticou senão meias-violências ou pequenas violências estas mesmas, quase todas, contra um Estado fraco: a Paraíba do Norte. É que em 1930 a República de 89, no Brasil, chegara àquela fase denominada por Pareto por *degeneração*, em que faltam à *élite agregações persistentes* favoráveis ao uso de força e da violência. Em tais fases, generaliza Pareto que, esgotados os recursos de fraudar e enganar as massas e de eliminar, adotar ou subornar os *leaders* populares, através de *combinações*, estas deixam de ter aplicação prática: não funcionam. Vivendo do seu capital de *agregações persistentes*, e não mais dos rendimentos, através de *combinações*, a *élite* não tem com que enfrentar as revoltas de massa vigorosamente impregnada de *agregações persistentes* ou dominada, excepcionalmente, por *combinações*. É quando a *élite* se torna "humanitária, teórica, visionária" como na França a *élite* monárquica diante da Revolução; como na Rússia a *élite* imperial (Kerensky) diante dos bolcheviques; como no Brasil a *élite imperial* (Princesa Isabel, João Alfredo, Joaquim Nabuco) diante dos movimentos abolicionista, federalista e republicano. Aqui não deve ser esquecida a ação contrária à *élite* que muitas vezes desenvolvem os intelectuais saídos dela mais distanciados dos seus principais interesses.[32]

Por *derivações* entendem-se os meios pelos quais as ações dos homens são explicadas e racionalizadas. Assim, os professores Homans e Curtis analisam dentro

---

[31] HOMANS, G. C.; CURTIS JR., C. P. *An introduction to Pareto, his sociology*, New York, 1934, p. 255. Veja-se também ELLIOTT, W. Y. *The pragmatic revolt in politics*, New York, 1928.

[32] Não só os intelectuais, em particular, como o elemento alfabetizado, em geral: "[...] *the few literates which the bureaucratic regime creates as one of its by-products*", segundo Max Handman, em "The Bureaucratic Culture Pattern and Political Revolution" (*The Am. J. of Sociol.*, v. XXXIX, n. 3, p. 312). Assim sucede que "*the political revolution now changes into the full swing of a torrential social upheaval, carrying with it destruction of far greater importance than was contemplated in the original scheme of the revolting bureaucrats*".

do critério paretiano a frase "Combatemos pela nossa pátria porque é nosso dever e porque nossos inimigos ameaçam a civilização" separando do *resíduo* ("combater pela pátria") a *derivação* ("porque é nosso dever e porque nossos inimigos ameaçam a civilização"). Tais racionalizações não refletem as exatas causas psicológicas das ações ou "uniformidades de ação" desenvolvidas pela sociedade ou cultura em que o indivíduo social viva ou – dentro do critério que temos procurado desenvolver aqui – pelo seu conjunto de *situações sociais*, ou pela sua *situação social* preponderante. São racionalizações antes sociológicas que psicológicas. Pois aqui nos encontramos no ponto em que a sociologia de Pareto deixa de correr o perigo de tornar-se pura panpsicologia social à custa da Sociologia, ou simples Sociologia psicológica, para tornar-se Sociologia geral: Sociologia geral em que as expressões psicológicas são condicionadas pela realidade social. Se Pareto insiste em colocar essa realidade social sob leis iguais às da Física, por métodos físico-matemáticos, numa antecipação de possível mas remota uniformização das leis e métodos de todas as ciências, semelhante excesso de fisicismo não prejudica senão em parte seu realismo sociológico.

A realidade social, cremos que Pareto e seus discípulos reconhecem que não é feita de pensamentos experimentais e lógicos expressos em ações igualmente lógicas e experimentais, senão em zona limitada: aquela que, nas sociedades civilizadas, corresponde à especialidade técnica de cada um como o fabrico do relógio para o relojoeiro (que fora daí pode não ter nada de lógico ou experimental mas ser em tudo um místico ou um mágico), o ensino de Matemática para o professor de Matemática (que em política pode ser o menos lógico e experimental dos cidadãos, como frequentemente se observa), a prática da Arquitetura para o arquiteto (noutros setores da vida tão passivamente sem lógica quanto o maquinista, o *chauffeur*, o açougueiro, o polícia, o marceneiro, fora de suas especialidades ou mesmo dentro delas). Pois há indivíduos sociais que nem dentro de especialidades técnicas são lógicos e experimentais: também dentro delas cedem de todo às "uniformidades de ação" ou à "disciplina social", por menos lógicas, não acrescentando nada de seu – de experimental ou novo – à respectiva técnica, mas seguindo-a sem ideia nenhuma de aperfeiçoamento pela lógica ou pela experimentação.

8. FILHOS, PAIS E IRMÃOS

Por mais desprezíveis que considere (como sociólogo fisicista) os chamados *resíduos*, é evidente que Pareto considera-os, como sociólogo preocupado de modo particular com a Política – não nos esqueçamos de que nele, em sua teoria sociológica da Política, se apoiaram, como já recordamos, os fascismos e semifascismos modernos

– inevitáveis ou indissolúveis: forças sociais indispensáveis à coesão – econômica, religiosa, política – de uma sociedade. Forças que através de compensações, parecem fazer sentir-se indefinidamente na vida das sociedades. Os *resíduos* como que se transformam, sem desaparecerem. E a constatação dessa constância de forças não lógicas ou experimentais, ainda que não seja um dos pontos mais salientados por Pareto, é possível que se torne sua contribuição principal para a Sociologia geral.

Na Rússia, a mística de *lealdade à Comunidade* parece ir substituindo, como mística de ordem e coesão política, a de lealdade à Santa Mãe Rússia, ao Pai Tzar e à Santa Madre Igreja (grega ortodoxa), dentro da qual é possível que se compensassem outrora em sentido psicológico menos social-comunal e mais social-individual, aqueles russos extremamente traumatizados ou deformados pelos rigores do patriarcalismo. Deformados por esses rigores a ponto de precisarem sempre de um Pai (o Tzar) ou de uma Mãe (a Santa Mãe Rússia ou a Santa Madre Igreja); ou de se refugiarem – caso de muitos – dos exageros de opressão paterna sofridos na meninice, à sombra de místicas ou de instituições maternas ou matriarcais como a Mãe Rússia e a Santa Madre Igreja, identificadas com a imagem materna; ou de se extremarem – o caso de vários – em revolucionários e conspiradores contra o Tzar (o Pai) em prolongamento, na vida social mais ampla, do ódio ao Pai opressor: ódio vindo das relações domésticas.[33] A semifreudiana interpretação de certos aspectos sociológicos da realidade russa que aqui oferecemos com alguma audácia, cremos que se aplica também a sociedades como a brasileira, desenvolvidas, em grande parte, dentro do complexo sadista-masoquista condicionado pelos dois extremos de situações sociais básicas: *senhor* (proprietário) e *escravo; senhor* (marido) e *mulher, senhor* (pai) e *filho*.

Dentro, aliás, da teoria de *resíduos* de Pareto (sentimentos de lealdade, patriotismo, ordem, hierarquia, moralidade, religião) combinado com o critério de situações sociais por nós desenvolvido – de modo talvez diverso do de Thomas, do de von Wiese, do de Karl Mannheim, do de Echavarria – como principal ponto de apoio, audacioso e talvez precário, de um novo começo de Sociologia sintética ou geral, talvez se possa dizer que as situações sociais totais tendem a resolver-se em sublimações ou compensações – não simplesmente psíquicas mas sociológicas – das principais situações domésticas: nas sociedades primitivas – Filho (ou Filha), Mãe, Tio, Pai; nas patriarcais: Pai (ou Mãe), Filho (ou Filha), Tio e Sobrinho (ou Sobrinha), Avô e Neto (ou Neta), Padrinho e Afilhado. Assim, em vez de *senhor* e *escravo* – segundo a ideia de Nietzsche, de Aristóteles e, até certo ponto, dos Jesuítas – ou de *capitalista* e *proletário* (Marx) e de *élite* e *massa* (Pareto), teríamos os indivíduos sociais, senão sempre, ao menos em

---

[33] Veja-se a respeito o ensaio "O patriarca e o bacharel", de Luís Martins (*Revista do Arquivo Municipal*, São Paulo, v. LXXXIII), que desenvolve de modo lúcido ideia por nós esboçada em *Sobrados e cucambos*, São Paulo, 1936, nos capítulos "O pai e o filho" e "Ascensão do bacharel e do mulato".

relação com o passado social da espécie humana de que temos conhecimento mais exato, totalizados, quase todos, principalmente nestas situações sociais básicas: "pai" e "filho", "mãe" e "filho", "tio" e "sobrinho". Situações biológicas e reais; ou equivalentes por compensação e simbologia.

A situação social de "fidalgo" (filho d'algo) é das que, sob esse critério, se deixam analisar melhor como a de indivíduos sociais de classe dominante que, entretanto, sentem-se incompletos sem um Pai: o Rei a que servem, o Guerreiro no Nobre, o totem ou o Deus de quem descendem ou de quem acreditam descender. Por outro lado, o número de indivíduos sociais que, sob os tipos de cultura e de organização social mais diversos, parecem necessitar de se sentir *filhos* ou *sobrinhos* de pais e tios mais efetivos do que aqueles não só para seu conforto psíquico como para sua estabilidade social, é numeroso: correspondem talvez à *massa* de Pareto e aos *escravos* de Nietzsche. Enquanto os *filhos d'algo* que se afirmam não só *protegidos*, mas *protetores* de pais remotos: deuses, antepassados, pais nobres – são indivíduos sociais que, sob os mesmos tipos de cultura e organização, nos aparecem satisfeitos na situação real ou simbólica de *Pai* ou *Tio*.

A Igreja católica romana revela-se, a nosso ver, profundamente sábia quando, humanizando a ideia de Pai que, dentro do cristianismo, faz de Deus o Pai sobrenatural e eterno de todos os cristãos, dá ao seu chefe – o Papa – nome e poderes de Pai – o Santo Pai (ou padre) – e aos sacerdotes – a *élite* da comunidade católico-romana – categoria de pais (padres). É ainda sábia a mesma Igreja quando dá a Maria, mãe de Jesus, categoria e nome de "Mãe de Deus" e a si própria, Igreja, categoria e nome de Mãe: Santa Mãe ou Santa Madre. E às abadessas, categoria de mães ou madres. Tendência seguida brasileiramente no Brasil pela gente do Nordeste mais influenciada pelo padre Ibiapina, ao denominar as diretoras das casas de caridade fundadas pelo grande missionário "mães-sinhás".

O mesmo parece suceder noutras comunidades religiosas em que a massa é composta de *filhos* e a *élite*, de *pais*. Na comunidade israelita ou judia sabemos que sua coesão de grupo exageradamente etnocêntrico é mantida por meio da preponderância de relações de filhos com pais. E não precisamos de recordar que em várias sociedades primitivas é de *pais* a categoria ou a equivalência dos tios maternos, a dos *pajés*, a de caciques; e de *filhos* – sociologicamente falando – ou sobrinhos-filhos – a dos demais: os que seguem e obedecem os velhos. Nas sociedades patriarcais, a situação de Pai real ou simbólico é a situação por excelência de domínio social que em alguns casos vai ao extremo do sadismo; e a dos filhos – incluídos filhos sociológicos como sobrinhos, afilhados, crias, escravos, aderentes – a situação de subordinação. Subordinação agradável para grande número de indivíduos sociais – que podem ir ao extremo do masoquismo; desagradável para outros, porventura predispostos por condição biopsicológica de sua personalidade, à situação de *pais*, de que se vêem desprovidos pelas convenções, limites e contingências econômicas da hierarquia patriarcal. Daí revoltas de filhos reais ou simbólicos contra pais reais ou simbólicos. Daí a "justiça patriarcal" voltada às vezes contra os próprios filhos. Daí transferências de apegos ou ódios da imagem do Pai para a imagem da Mãe ou – como já salientamos – instituições ou místicas que favorecem o prolongamento, a sublimação ou transferência, a sobrevivências daqueles apegos, ódios e ressentimentos. Euclides da Cunha, que talvez tenha sido um indivíduo social obcecado pela imagem materna, parece tê-la identificado com seu grande ideal de mocidade – a República; frei Vital de Oliveira, bispo de Olinda, nascido e criado, como Euclides, em ambiente patriarcal de fazenda escravocrata, parece ter sublimado o apego à mãe em extraordinário e talvez voluptuoso apego à Santa Madre Igreja; e o possível ressentimento do Pai – autoritário e identificado talvez com a imagem do imperador do império maçônico ou da maçonaria (sociedade só de homens ou só de pais) – no vigor ao mesmo tempo de filho revoltado contra o pai (o imperador, o império, a maçonaria) e de pai contra pai – padre contra governo civil – com que enfrentou o mesmo império e a mesma maçonaria, para ele decerto irritantemente masculina em sua composição e em sua ação social.

Não só a situação social e psíquica de filho revoltado que se opõe passiva ou ativamente à de pai autoritário: as de irmão se opõem, uma à outra, para se resolverem às vezes numa terceira situação em que nem há dependência nem domínio como característico principal. Sua expressão política e econômica vamos encontrá-la nos filhos biológicos ou sociológicos que se revoltam contra pais reais ou simbólicos – o patriarcado, a pátria, a igreja, o papa, o poder civil, o protecionismo econômico – para se situarem no espaço social antes como irmãos do que como novos pais. São esses antipais os liberais do *laissez-faire*, os anarquistas, os sindicalistas, os comunistas absolutos, os cooperativistas, os livre-cambistas, os internacionalistas, os niilistas; e com relação à vida social na terra os franciscanos, os jansenistas, os batistas, os adventistas, que entretanto se colocam em posição de filhos diante de Deus o Pai: posição de filhos só espirituais. Em suas relações temporais, são irmãos e nada mais do que irmãos, tanto quanto os anarquistas, os comunistas absolutos, os livre-cambistas. Irmãos opostos a qualquer paternalismo autoritário, seja da Igreja ou do Estado. O conflito entre a Ordem Franciscana – o seu fraternismo ou fraternalismo – e o papado – o paternalismo por excelência – era inevitável. Contornou-o o papado, por meio de hábeis recursos jurídicos: tão hábeis que Pareto os cita como exemplo de harmonização sutil de *derivações* antagônicas.[34] Essas *derivações* nos parecem poder

---

[34] PARETO, op. cit., v. III, 1809-1817, em que o sociólogo analisa "*l'attitudine dei papi di fronte al fenomeno francescano* [...]". Sobre métodos autoritários em organização militar de Estado democrático, veja-se a pesquisa realizada no Exército dos Estados Unidos durante a última Grande Guerra e reunida nos quatro volumes de *The American Soldier* (Princeton, 1949-1950). Veja-se também *Continuities in Social Research – Studies in the Scope Method of "The American Soldier"* (organizado

ser descritas: uma, como racionalização de comportamento ou de situação *fraternal*; outra, como racionalização de comportamento ou situação *paternal*. Ou, antes, racionalização da simbiose sociológica pai-filhos.

Com relação à situação social de pai ou de filho, de tio ou sobrinho, como da de irmão, dentro do critério sociológico aqui esboçado, insistimos em que nem sempre a realidade social corresponde à biológica ou à fisiológica. Há filhos que são, sociologicamente, pais, como há irmãos entre os quais a relação é, sociologicamente, de pai para filho e mães que são os pais da família, da comunidade ou da dinastia. Dona Carlota Joaquina foi talvez mais máscula e paternalmente "rei" de Portugal e do Brasil que Dom João VI, embora este, com toda sua fraqueza de pátrio e talvez de másculo poder, tenha dado à administração se não dos dois reinos, ao menos do Brasil, um caráter solidamente construtor, com alguma coisa de feminino e até de matriarcal: administração estudada pelo historiador Oliveira Lima no melhor dos seus livros. Catarina da Rússia não foi mãe, porém pai – sociologicamente pai – do povo russo. O mesmo pode-se dizer de Elizabeth da Inglaterra e de Cristina da Suécia. Por outro lado os últimos reis da Inglaterra vêm-se dissolvendo na imagem maternal da Coroa, ao lado do governo imperialmente paternal do Parlamento e hoje, do primeiro ministro. Aliás, do Império Britânico pode-se observar que é uma constelação de nações que tendem a relações fraternais entre si à sombra de uma Coroa antes passivamente maternal que ativamente paternal. Embora o governo britânico ainda se conserve franca e às vezes duramente paternal para com alguns povos de cor da África e das Antilhas, sua atitude para com os Domínios de população predominantemente branca é aquela: misto de maternal e fraternal. A posição dos povos brancos da Europa, em geral, para com os povos de cor continua a de pais para com filhos. O Japão, porém, depois da vitória sobre a Rússia reagiu contra o *status* de povo-filho para procurar assumir arrogantemente – *manu militari* – o de povo-pai com relação aos demais povos amarelos e pardos do Oriente.

O cristianismo organizado é outra comunidade que através dos seus missionários entre os povos de cor tem feito mais obra de paternalismo étnico e cultural que de fraternismo ou fraternalismo. Ele é, entretanto, sociologicamente fraternalista, sempre que praticado com espírito franciscano ou dentro das regras franciscanas.

A Revolução Francesa, foi um movimento social em teoria fraternalista – *liberté, égalité, fraternité* – que, na prática, conseguiu fazer substituir na França e noutros países relações jurídicas e sociais de filho para pai por inter-relações fraternais. A própria simbiose sociológica marido-mulher sofreu, sob a influência da Revolução Francesa, uma ruptura decisiva; e foi substituída, na sua forma jurídico-civil, por um tipo de contrato

---

por Robert K. Merton e Paul F. Lazarsfeld, Glencoe, Ill., 1950). Veja-se também *The Authoritarian Personality*, por T. W. Adorno et al. (New York, 1950).

matrimonial oposto ao da antiga sujeição da mulher, quando filha, ao pai e quando esposa, ao marido e aproximado ao das inter-relações fraternais.[35]

As relações ou inter-relações fraternais não subentendem igualdade de situações. Que os princípios de *égalité* e *fraternité* nem sempre se conciliam bem, lógica e praticamente, é sabido. Com relação à situação social de irmão já indicamos que varia, na mesma família biológica, não só conforme o equipamento biopsicológico de cada um, como conforme a ordem do seu aparecimento. E a mesma variedade se observa nos grupos sociais mais vastos e compreensivos que a família biológica. Os homens podem ser todos irmãos conforme a doutrina cristã, conforme o ideal social democrático e conforme a lógica sindicalista. Mas são irmãos diferentes e não iguais. Sobre a situação social total que se caracterize ou defina, de modo geral, como de *irmão*, se apoia um mundo em que as particularidades e diversidades são numerosas. Do mesmo modo que seria excesso de simplismo aceitarmos a *antítese* marxista como definição ou caracterização sociologicamente satisfatória do estado atual de toda a sociedade humana, também seria excesso de simplismo aceitarmos a quase síntese, *classe média*, ou a síntese ideal, *sociedade sem classes*, como exatas ou possíveis. Qualquer delas existe ou tem existido ou é possível como aproximação. Os sociólogos que pretendem caracterizar o estado atual da sociedade norte-americana como sociedade já quase sem classes evidentemente se referem a simples e mesmo vaga aproximação de uma síntese talvez impossível.

O indivíduo social tende a formar várias categorias sociológicas segundo as combinações de suas várias situações sociais umas com as outras e com seus diversos equipamentos biopsicológicos, e, ainda, com seus ambientes físicos de vida individual e social. Por mais que a sociedade humana se liberte de relações sociológicas de pais para filhos – relações que talvez sobrevivam nas de distância psíquica e social de homem para mulher, de velhos para moços, de gênios aventurosamente protetores para inteligências rotineiramente necessitadas ou desejosas de proteção, parece que nunca as inter-relações fraternais se uniformizarão em relações baseadas em igualdade absoluta de situações sociais dos indivíduos sociais que componham a comunidade. Haverá sempre diversidade, como há diversidade dentro da chamada classe média que hoje atenua o domínio de extremos no espaço social como a meia-idade nos indivíduos atenua o domínio ou o conflito de extremos – moço e velho – no tempo social. Tudo indica, porém, que permaneçam embora tais diversidades, caminhamos para a predominância de relações fraternais sobre as paternais: relações sociologicamente fraternais de pais com filhos; de moços com velhos, de mestres com aprendizes; de marido com mulher; de governantes com governados; de brancos com povos de cor.

---

[35] Veja-se sobre o assunto DELZONS, L. *La famille française et son evolution*, Paris, 1913, espec. cap. I.

A diversidade nas relações sociologicamente fraternais – para voltarmos a este ponto – começa pela diversidade entre sexos que, sendo fisiológica é também psicológica e sociológica: aqui a fisiologia e a psicologia se juntam para condicionar irredutivelmente situações sociais diversas entre indivíduos. Quando Bühler salienta ser o erotismo homossexual em suas formas difusas o "fundamento das formas sociais de maior importância",[36] parece reconhecer no que aqui denominamos *fraternismo* ou *fraternalismo* duas expressões, uma masculina, outra feminina, conforme o sexo dos indivíduos sociais. A relação erótica entre homem e mulher tenderia ao "retraimento" e ao "particularismo" nas relações sociais; à *distância social*, pode-se acrescentar. Seria, por conseguinte, um obstáculo ao "sentimento de união em grandes grupos": ao chamado "instinto gregário"; à mística de comunidade – acrescentemos – tal como a que é desenvolvida hoje na Rússia por meio de intensa propaganda que lembra a dos franciscanos com relação à fraternidade. Para Bühler o chamado "instinto gregário" e os "sentimentos de união" em grupos grandes só pode basear-se em "emoção homossexual mais ou menos difusa". No que talvez haja exagero: exagero na importância atribuída a predisposições ou atitudes definidas ou difusamente sexuais como base psicológica da maior ou menor capacidade dos indivíduos sociais para a comunhão social em grande escala, isto é, além dos particularismos de família ou de sangue. Mais do que isso: além do familismo, do etnocentrismo, do patriotismo.

É possível estimularem-se em indivíduos sociais de sexo masculino e feminino várias expressões sociais e culturais comuns aos dois sexos, de modo a se reduzirem ao mínimo as diferenças de homem para mulher e, por conseguinte, a distância, o retraimento, o particularismo daí decorrentes. É o que se observa também na Rússia sob a mística de comunidade: a tendência para uniformizarem-se o mais possível as exterioridades de comportamento social e de cultura associados a cada sexo. Parece que os russos soviéticos supõem poder evitar assim as demasiadas repercussões de diferenciação e distanciação social de base heterossexual. Não se trata, é claro, de ambiente social que favoreça, como o das comunidades rigidamente monossexuais – exército, marinha, convento, colégio – expressões sublimadas de erotismo monossexual. De modo nenhum. Mas é talvez possível sublimar em proveito da comunidade e de relações predominantemente fraternais dentro dela o que possa resultar do

---

[36] Bühler citado por Echavarria, *Panorama de la Sociología contemporanea* (op. cit., p. 232). O assunto se liga ao que o professor Wach chama "sociologia da amizade" (*Sociology of Religion*, op. cit., p. 98), destacando a propósito a importância da instituição "o melhor amigo" entre sociedades africanas, uma delas a de Daomei estudada pelo professor M. J. Herskovits. Wach refere-se também às associações gregas *philoi, systatoi* (grupos de efebos) e *hetairoi*, embora hesite em considerá-las instituições. Podem entretanto ser consideradas expressões de *fraternismo* segundo nosso critério, talvez com frequentes sublimações do homossexualismo difuso a que Bühler se refere.
Dentro da "sociologia da amizade" um assunto que merece estudo no Brasil é o "padrinho" ou "compadre" – por algum tempo verdadeira instituição.

sentido monossexual que se dê ao desenvolvimento de maior uniformização, desde a infância, do comportamento social e da cultura dos dois sexos. Monossexualismo baseado na combinação dos característicos dos dois sexos, considerados úteis à comunidade; e não na inteira subordinação de um sexo a outro. Se é desejável ou não a tendência para tal uniformização, é assunto para o filósofo social, para o estudioso de Ética e de Religião. À Sociologia geral que se inclina a fazer das situações sociais e das inter-relações daí decorrentes seu principal objeto de estudo, o assunto interessa pela possibilidade de reduzir-se, por meios sociológicos, a importância do antagonismo representado pela situação social de homem contra a de mulher. Importância desenvolvida, ao que parece, por meios sociológicos – convenções, leis, códigos, modas – sob a pressão, principalmente, de interesses econômicos patriarcais. Tão desenvolvida a ponto do produto de tal elaboração social e cultural parecer imposição pura da biologia ou da fisiologia.[37]

Sob o domínio alcançado pelo homem sobre a mulher, pelo pai sobre o filho, pelo velho sobre a gente moça, desenvolveram-se na civilização patriarcal hebreia como na chinesa, na grega como na romana, e na civilização europeia derivada daí, sistemas de organização de família, de moral, de religião e de direito que na sua definição, consagração, regulamentação e normalização das situações sociais acentuam ou exageram a desigualdade dos sexos e das idades, das "raças" e das classes. O que tais sistemas procuraram impedir com mais vigor foram as tendências à igualdade de relações entre os seres humanos.

Na civilização ocidental, os sistemas patriarcais teriam seu primeiro inimigo no cristianismo fraternista ou igualitário, que os mesmos sistemas conseguiram, em grande parte, assimilar. A revolução franciscana reviveria o igualitarismo[38] ou fraternalismo de modo decisivo. A Revolução Industrial, a Revolução Protestante, a Revolução Inglesa, a Revolução Francesa, a Revolução Americana, a Revolução Romântica viriam acentuar, cada uma a seu modo, e às vezes contraditoriamente, aspectos da reação no sentido fraternalista, personalista e contra os extremos de hierarquização da sociedade por sexos, idades, classes, raças, direitos de nascimento. A Revolução Russa continua movimento de sentido fraternalista, mas está talvez sendo ultrapassada sob vários aspectos por nova Revolução Americana no mesmo sentido e pela Revolução Inglesa, tal

---

[37] Mdyrich Booth, em seu *Woman and society* (London, 1929), defende a ideia de diferenciação social entre os sexos, que evite a masculinização da mulher. Sobre o assunto veja-se também Amram Scheinfeld, *Women and men* (New York, 1944).

[38] Sobre igualitarismo, democratismo e "fraternidade organizada" nas relações entre as raças veja-se René Maunier, *Sociologie coloniale* (Paris, 1936, t. II, livro II, cap. VI e livro III, cap. III), que, entretanto, não trata do franciscanismo – expressão tão característica de fraternalismo. Sobre o fraternalismo nas modernas sociedades secretas nos Estados Unidos veja-se Pitts Gist, N. *Secret societies, a cultural study of fraternalism in the United States*, Columbia, Missouri, 1940.

o relevo que tomou na Russa, por força, talvez, de circunstâncias, a chamada "personalidade autoritária" da parte dos dirigentes.

Sem nos esquecermos de que entre irmãos sociológicos, como entre os próprios irmãos carnais, não tardam a se desenvolver situações sociais que variam conforme a interação entre condições extrassociológicas ou pré-sociológicas e as sociológicas, mesmo quando as últimas sejam iguais, a verdade é que, através dessas revoluções, a sociedade ocidental vem se libertando dos extremos de desigualdade. Esses extremos, ela os atingiu sob o patriarcalismo – do clássico ao feudal – e experimentou sob o capitalismo industrial e financeiro, causador de grandes acumulações de fortuna em poucas mãos em contraste com a miséria e até fome das massas.

Da possibilidade do desenvolvimento de comunidades modernas sobre a base de predominância de relações fraternais sobre as de domínio dos moços pelos velhos, dos filhos pelos pais, das mulheres pelos homens, das gentes de cor pela branca; de predominância de relações de cooperação (sindicalismo, cooperativismo, socialismo, comunismo, federalismo) sobre as de competição ou antagonismo – não nos é lícito duvidar do ponto de vista sociológico. O antagonismo ou a competição entre indivíduos sociais, situações sociais, grupos sociais, não parece condição suscetível de ser de todo eliminada das relações interpessoais e inter-regionais: aqui se fala na sua redução. Na possibilidade de sua redução, apenas: independente de ser ou não desejável essa redução – destaque-se mais uma vez.

Ao sociólogo, dentro dos limites da Sociologia que seja, ou procure ser, principalmente científica, o que mais interessa no estudo da vida ou da totalidade social cremos que são as situações sociais como se apresentam; como se modificam e como se combinam; suas formas; suas objetivações; os processos de se interpenetrarem, de se inter-relacionarem, de se combinarem, de se distanciarem em antagonismos, e, ainda, de coexistirem como antagonismos: antagonismos cooperadores, até. As situações e inter-relações sociais, estuda-as o sociólogo tanto quanto possível científico, como expressões não só formais, mas principalmente dinâmicas, de uma vida e de uma totalidade – a vida social, a totalidade social ou sociocultural – que, estudadas sob esse aspecto, não deixam nunca de ser vida nem se desprendem de sua totalidade para se tornarem, nas mãos de sociólogos obcecados pela ideia de objetividade e de especialidade, pedaços mortos do passado social ou ossos desgrudados do todo sociocultural, de sua carne, do seu sangue.

Um exemplo desse estudo dinâmico de situações sociais seria anotarmos de um indivíduo social, ou antes, de um grupo social, seu conjunto de situações sociais: morador em ilha do trópico, por exemplo, que fale inglês, seja leal à Coroa britânica, viva sob a lei inglesa, pratique a religião anglicana, alimente-se principalmente de *roast-beef*, vista-se de linho e de lã e algodão segundo figurinos de Londres, viva da produção de chapéus de palha, fume cachimbo, beba cerveja, leia romances policiais de autores ingleses e revistas ilustradas de Londres. Sua vida e sua totalidade social se exprimem através desse conjunto. Provavelmente, o estudioso de tal grupo chegará à conclusão de que, como súditos, coloniais, ilhéus tropicais, suas várias situações sociais se totalizam na de *filhos sociológicos* dependentes da sede do Império Britânico, da sede da cultura e da "raça" britânica, da sede atual da civilização ocidental (a Europa e a América temperadas e frias). Estudado no conjunto de suas situações e inter-relações sociais, tal grupo, ou indivíduo social dele destacado como típico ou representativo, revelará, provavelmente, no seu *status* predominante – o *filial* – a maior ou menor força das instituições, ideais, costumes de que principalmente se formou. Grupo ou indivíduo social filho d'algo, ostentará talvez com orgulho suas origens inglesas. Das várias situações sociais de tal grupo ou de tal indivíduo social, seria possível, ao sociólogo, chegar a caracterizar o mesmo grupo ou indivíduo pela sua situação social preponderante.

9. CRITÉRIO DINAMISTA DE ESTUDO SOCIOLÓGICO

Os professores Mauss e Fauconnet, em trabalho já clássico sobre "o objeto da Sociologia" chegaram à conclusão de que em Sociologia "*rien ne vient de rien*": as instituições concebidas como "imóveis", "estáticas" ou "autônomas" não seriam senão "abstrações". Os fenômenos propriamente sociais seriam, segundo os dois mestres franceses, "as instituições vivas" tal como se "formam, funcionam e se transformam".[39]

O critério dinamista – e não evolucionista – de estudo da realidade social, o estudo das situações sociais completado pelo de inter-relações sociais – *onde* e *em que relação de espaço social* ou *físico-social* e de *tempo social* com outros grupos, indivíduos ou instituições, se encontra o grupo, o indivíduo ou a instituição estudada – parece-nos permitir dar ao objeto da Sociologia geral seu exato caráter: não somente "coisa" – "coisa" social sociológica – isto é, forma ou instituição socialmente situada – nem apenas processo, porém, quase sempre, um conjunto de coisa, forma, processo sociais. As situações sociais correspondem a formas e se mantêm por processos de que são inseparáveis. É claro que não é sempre fácil separar com absoluta pureza e inteira nitidez a "coisa" social da cultural (etnográfica, jurídica, econômica). Até que ponto a figura de escravo, por exemplo, permanece "coisa" puramente social sociológica, isto é, a estrutura óssea de uma instituição que culturalmente pode variar de substância, é questão de fronteiras nem sempre fácil de ser resolvida. Pois, o escravo, sociologicamente, não é escravo: *está*

---

[39] M. Mauss e P. Fauconnet, "L'object propre de la sociologie", resumo de "Sociologie", *Grande Encyclopédie* (t. XXX), in: BOUGLÉ C.; RAFFAULT, T. *Éléments de Sociologie*, Paris, 1930, p. 24-30.

sendo escravo por uma posição, situação ou forma não de ser, mas de estar em função, que pode ser alterada e até transformada no seu oposto.

Pode-se, entretanto, estabelecer como sendo "coisa" social sociológica toda aquela criação ou produto de interação social que, além da pessoa social, ocupe lugar no espaço, se não no físico-social – o que ocorre às vezes – no puramente social: a instituição do patriarcado está neste caso, como está a nação, em particular, ou a comunidade, em geral; como está qualquer grupo social a que o indivíduo possa juntar-se e do qual possa separar-se (*mobilidade horizontal*) ou qualquer grupo ou situação a que ele possa socialmente subir ou da qual possa socialmente descer (*mobilidade vertical*). Da interação e dos processos especiais através dos quais sua ação se manifesta de modo particular, pode-se dizer que são, na gramática da Sociologia, os verbos. Donde a sugestão aqui esboçada de que a Sociologia se ocupa ao mesmo tempo de *verbos* (interação) e de "*coisas*" (situações, grupos, instituições) que são, umas condições, outras extensões, da *pessoa social* (ou *socius*), por alguns sociólogos – um deles Giddings – considerada a unidade do estudo sociológico. O substantivo básico e essencial, se é que o sociólogo estuda principalmente substantivos parados e não verbos, isto é, movimentos: menos o ser que o estar sendo de pessoas e grupos; a dinâmica de suas posições, situações e funções; os processos de sua interação.

Nem à Sociologia geral, nem às especiais, parece-nos que toca – senão indiretamente, no interesse de não se desprender a carne dos ossos – o estudo da substância, em particular das chamadas pessoas, "coisas", formas ou situações que, como substâncias, se alongam em personalidades, em "coisas" culturais, em estilos de cultura, em concretas situações políticas, jurídicas, econômicas etc. Concretas e extremamente variáveis no tempo e no espaço. Do mesmo modo, aos antropólogos, aos economistas, aos juristas, aos historiadores, aos moralistas escapa o estudo – próprio dos sociólogos – não só dos processos de interação como das "coisas" sociais, sociologicamente consideradas, das formas e das situações em si: o escravo em relação com o senhor; a mulher em relação com o homem; o grupo colonial em face do metropolitano; o mestre em relação com discípulos; o criador intelectual ou artístico em relação com satélites. Mas não – insistamos – a descrição, apreciação e avaliação da substância etnológica, jurídica, histórica, econômica ou ética da situação do escravo na Grécia; da situação da mulher na sociedade patriarcal hebreia; da situação de colônia da Índia em face da metrópole britânica; da situação de mestre de Sombart em face de seus discípulos de Sociologia; da situação de criador artístico do pintor Picasso em face de seus satélites.

Daí não compreendermos uma "Sociologia da Cultura" paralela à "Formal", como pretendem o professor Menzel e outros sociólogos dos nossos dias. Compreendemos a "Sociologia da Cultura" como uma das sociologias especiais em face da geral; como contribuinte para a geral ou a pura. Quando o estudioso de assuntos culturais deixa de estudar tal ou qual técnica de produção econômica, tal ou qual sistema de religião, isolado, para estudar, como Max Weber, a relação da religião (calvinista) com o capitalismo (moderno), já não é economia ou religião que ele estuda; nem simples história cultural que ele produz; e sim Sociologia da cultura. E se da relação da religião calvinista com o capitalismo ele passa para o estudo da relação de outras religiões e, se possível, de todas as grandes religiões conhecidas, com as situações econômicas de vários e, se possível, de todos os tipos representativos de organização econômica da sociedade humana – comunismo, semicomunismo, socialismo de Estado, sindicalismo, cooperativismo, capitalismo – seu estudo torna-se de Sociologia geral. Demonstrada a constante predominância do fator religioso sobre o econômico, ter-se-ia a base para uma lei ou generalização sociológica. Demonstrada a variação ou alternativa de influência e a constante reciprocidade entre todos os fatores que se juntam para se exprimir num sistema social e cultural – como parece que é o caso – teríamos uma generalização sociológica, vinda da Sociologia da cultura: transbordamento das fronteiras dessa Sociologia especial.

De modo que, estudos como o de Spranger, *Probleme der Kulturgeschichte als Kultursoziologie* nos parecem antes de Sociologia geral que de Sociologia especial. O problema de "contatos recíprocos", aborda-o Spranger sob o aspecto de processos e formas; as "culturas" que ele considera são antes "coisas" e situações sociais que se influenciam e se alteram nas suas formas por meio de imigração, colonização, ação a distância de uma cultura sobre a outra, transmissão no tempo e não apenas no espaço, de cultura – processos todos sociais – do que substâncias históricas, etnográficas, etnológicas, ideológicas que se interpenetrassem ou se repelissem: do que a cultura cristã em face da maometana, em Portugal, por exemplo, consideradas as duas nos seus conteúdos e não – o que seria Sociologia – nas suas competições de formas. Quase o mesmo diremos de obras intituladas de "economia social" como a de F. von Wiese, que nos parece, em parte, de Sociologia Geral, em parte, de Sociologia da Cultura, especializada no estudo da Economia.

Mesmo a "Sociologia do Saber" (*Wissenssoziologie*) com seu propósito de descobrir leis referentes à relação que existe entre "o mundo de ideais" e "as condições reais da vida social", nos parece uma tentativa arbitrária – mas sob vários aspectos justificável – de especialidade sociológica, cuja posição seria tão falsa quanto a de uma Sociologia da Cultura paralela à geral, em vez de afluente da geral. Pois desde que procurasse fixar tendências gerais, tal Sociologia se integraria na geral; e se permanecesse na indagação e análise das relações entre o chamado "mundo de ideais" e "as condições reais da vida social" permaneceria "Sociologia da Cultura". *Versuch zu einer Soziologie des Wissens*,[40]

---

[40] Sobre o assunto, veja-se GRÜNWALD, E. *Das Problem der Soziologie des Wissens*, Viena, 1934.

obra monumental coletiva levantada por iniciativa de Max Scheler, como para firmar a existência da "Sociologia do Saber", é, a nosso ver, qualquer coisa de fictício, de arbitrário ou de caprichoso: espécie de catedral levantada por simples capricho numa paróquia que não fosse nem pudesse ser bispado. A imagem eclesiástica a que recorremos talvez a tenha despertado em nós o próprio Scheler, com a ideia, de sua primeira fase, antes de filósofo social que de sociólogo, da personalidade humana como condutor de "valores sínteses" hierárquicos, de acordo com o critério chamado "católico-autocrático", de hierarquia de valores pessoais. Deve-se porém notar que Scheler, na sua última fase de atividade filosófica vizinha à Sociologia, deixou de satisfazer-se com o ponto de vista católico romano sobre a personalidade humana, para considerar no problema da relação do saber com as condições sociais, a coexistência da "unidade da natureza humana" – dos seus "valores essenciais" – com "a diversidade de culturas". Critério que coincide com o geralmente aceito hoje por antropólogos e sociólogos.

À mesma zona de Sociologia, vizinha da Antropologia, da Psicologia e da Filosofia sociais de que Scheler pretendeu fazer território à parte da geral e da cultural sob a denominação de "Sociologia do Saber", estão associados trabalhos não só de Alfred Weber e Spranger como de Durkheim, Lévy-Bruhl e dos professores A. Menzel, Georges Gurvitch, David Bidney e Fernando Ortiz, e, do ponto de vista filosófico, os de Ernst Cassirer (*The problem of knowledge*, New Haven, 1950), a que sociólogo nenhum pode ser indiferente. Pois os problemas aí versados se cruzam com algum dos temas de interesse fundamental para a Sociologia inteira, como o referido há pouco, da "unidade da natureza humana" em coexistência ou não com "a diversidade de culturas". E a esse problema se ligam outros, como o do "direito natural", o da evolução unilinear, o da dependência do "conhecimento" – ou seja, a cultura intelectual, artística, religiosa, ética – das "condições [materiais] de existência", como querem os marxistas ortodoxos ou da influência recíproca entre essa cultura e aquelas condições, como pretendem hoje sociólogos e antropólogos tão pouco inclinados ao determinismo econômico como ao geográfico, embora incapazes – depois de Marx e Engels – de desprezarem o fator ou o elemento econômico na análise e decomposição de qualquer situação social.

10. UNIDADE E DIVERSIDADE

O problema da "natureza humana" e de sua unidade em face da diversidade de culturas inclui a questão da relação do indivíduo com a sociedade. Problema mais filosófico que sociológico, dele, entretanto, está sempre próxima a Sociologia geral.

Há quem confirme que as sociedades, constituídas por homens, refletem passivamente a natureza humana dos que as constituem; como há quem diga que os homens são formados pelas sociedades; que sem as sociedades e as culturas não haveria natureza humana. Uma coisa é certa, porém: que através da diversidade de tipos de sociedade e de cultura alguma coisa permanece de irredutivelmente geral na natureza humana. Dessa evidência de unidade se aproveitam tanto os individualistas, criacionistas e evolucionistas como seus opositores, os que podemos chamar totalistas, para dizerem, os primeiros, que a unidade que se observa é da natureza humana original, que se exprimiria do mesmo modo e se desenvolveria segundo os evolucionistas, conforme as leis da evolução unilinear; os outros para afirmarem que o indivíduo não sendo criação nem de si mesmo (*autark*) nem – afirmam alguns – de um criador sobrenatural, derivam sua natureza, isto é, sua natureza humana, inteiramente do todo de que é parte ou membro. É o critério do professor Spann, desenvolvido no seu tratado de Sociologia geral *Gesellschaftslehre*, sob o nome de *universalismo*.

Semelhante – mas não idêntico ao do professor Spann – é o critério dos deterministas sociais da mesma tendência que Durkheim e dos deterministas culturais da corrente histórico-cultural; e também – em forma mais moderada – o critério de grande número de sociólogos modernos que consideram a natureza humana, não alguma coisa que o indivíduo traga consigo a não ser como capacidade ou potencial, e sim uma "natureza" que é desenvolvida nele pela sociedade, em geral – pela associação com outro ou com outros – e pela cultura, em particular: pelas formas de vida social em que se tenham estabilizado – estabilidade relativa – em dada área ou esfera de cultura, processos sociais de interação.

Não nos esqueçamos porém – em face do sociologismo ou do culturalismo extremo – de que o indivíduo biológico não sendo "natureza humana" já realizada, traz dentro de si capacidade e potencial para ser "natureza humana". Esse potencial é o mesmo em todos os indivíduos biológicos humanos: a mesma capacidade para falar, usar a mão no fabrico, aperfeiçoamento e emprego de instrumentos exigidos nos engenhos pela vida social, em geral, e pela de sua área ou região de vida, em particular, e para acumular experiências e técnicas, que distingue o ser humano de outros animais sociais. Ao mesmo tempo que tal potencial é o mesmo, variam de indivíduo para indivíduo e de família para família a voz, a capacidade especial de usar a mão no fabrico, aperfeiçoamento e emprego de instrumentos, a memória auditiva e visual acumuladora de experiências e de técnicas; variam outras disposições da físico-química de cada um e de famílias, grupos étnicos e sanguíneos[41] e tipos. A unidade de capacidade que faz do *biomo*, homem ou ser social, "natureza humana" não pode deixar de se impor à consideração do sociólogo geral como condição básica dessa "natureza"; do mesmo modo, através da Sociologia biológica ou, diretamente, da Biologia e da Fisiologia, o sociólogo recebe os

---

[41] Ao sociólogo interessam as pesquisas que vêm sendo feitas sobre grupos sanguíneos. Veja-se HOOTON, E. A. *Up from the ape*, New York, 1932, p. 481-91.

resultados das pesquisas biológicas sobre as diversidades mais consideráveis de organização físico-química nos indivíduos, nas famílias, nos grupos étnicos, nos tipos que possam refletir-se sobre o comportamento social e, por conseguinte, sobre a "natureza humana" ou a personalidade: as glândulas, por exemplo.

Quanto à diversidade de culturas, essa parece depender pouco dessas diversidades de capacidade ou de aptidão especial de indivíduo para indivíduo, de família para família, de grupo étnico para grupo étnico, de tipo para tipo: depende principalmente da experiência histórica de cada indivíduo e de cada grupo, seu mecanismo de perpetuação sendo, como foi indicado em capítulo anterior, social e não biológico. Não é a hereditariedade – mecanismo biológico – que perpetua as formas de cultura diversas, dentro das quais a "natureza humana" se forma e realiza diversamente, resultando em tipos sociais tão diferentes como o francês, o esquimó, o chinês, o bântu com suas línguas, gestos e hábitos diversos. Essas formas de cultura se perpetuam culturalmente: através de mecanismo social ou de processos sociais – associação, acomodação, diferenciação etc. Como os antropólogos culturais estão fartos de destacar, ninguém fala o francês, por exemplo, como língua nativa, por ser filho de francês ou descender de franceses mas por associar-se desde a infância com franceses. O mesmo sucede – acrescentemos – com outros complexos de cultura: sua adoção por indivíduos sociais não se segue à pura situação biológica de filhos de portadores dos complexos mas realiza-se em virtude de sua situação social de associados com os produtores dos mesmos complexos como filhos, irmãos, esposos, escravos, conquistados, conquistadores etc. É certo que há hoje uma corrente de publicistas interessados, sob pressão política, em identificar o mecanismo (social) de perpetuação de cultura com o biológico, de perpetuação de raça. Mas sua linguagem e suas evidências sendo antes as do místico, quando muito as do grupo metafísico, que as do cientista social alongado em filósofo, não é fácil estudá-las dentro da Sociologia científica: nem da geral nem de qualquer das especiais.

Quanto ao Direito em relação com a Sociologia geral, ou antes, com o problema sociológico de unidade e diversidade da "natureza humana", é assunto que dificilmente pode ser separado dos precedentes. O Direito Natural" – o mais ligado ao assunto – se apresenta sob aspectos tão contraditórios – ligado ao "individualismo atomístico", por um lado, e, por outro, ao "socialismo" de Grotius, ao classicismo unitário de uns e ao romantismo diversificador de outros – que não é fácil generalizar a seu respeito. "Concebidos pelos seus expoentes", diz um dos maiores sociólogos dos nossos dias, o professor Gurvitch, "o Direito Natural [...] enraizado no que há de mais íntimo na natureza do homem ou da sociedade é independente de convenção, legislação ou outro artifício institucional". Mas o próprio Gurvitch adianta sobre o termo "Direito Natural" que tanto pode significar as "regras invariáveis do Direito em contraste com as mutáveis" como o "Direito espontâneo diferenciado por suas propriedades vitais e orgânicas do Direito promulgado antecipadamente pelo Estado ou por seus agentes".[42] Existiria, assim, um Direito independente de convenção e firmado sobre a universalidade da natureza social do homem – e não apenas de sua base: isto é, de sua capacidade. Entretanto é uma universalidade – a da natureza social do homem – para a qual a maioria dos sociólogos, antropólogos e psicólogos sociais não encontram apoio na investigação científica. Concebido o "Direito Natural" como Direito espontâneo ou como Direito enraizado na natureza social do homem, o sociólogo interessado em analisar os processos sociais da ordenação jurídica de vida social, pode encontrar, em oposição ao Direito promulgado pelo Estado, outro que seria natural do sentido de conter os "elementos espontâneos" a que se referem Savigny e Puchta: elementos históricos e tradicionais (e poderíamos talvez acrescentar: irracionais), às vezes violentados pelas leis racionalistas ou de importação. Quando Eduardo Prado clamou contra a imposição à sociedade brasileira de uma constituição política talhada nos moldes de constituição estrangeira porque "as sociedades devem ser regidas pelas leis brotadas de sua raça, de sua história, de seu caráter, de seu desenvolvimento natural" e Nina Rodrigues insurgiu-se contra a aplicação rígida à mesma sociedade de um Direito Penal europeu, atitude deles foi, entre nós a mesma de certos expoentes românticos – no bom sentido – do Direito Natural na Alemanha e na França: especialmente da escola de Savigny e Puchta com sua insistência em distinguir o Direito estabelecido por autoridade do decreto vivo, brotado diretamente da consciência coletiva do povo e espécie de "intuição jurídica do povo".

Ora, esse critério de Direito Natural ou vivo coincide, nos seus pontos principais, com o critério sociológico de ordenação jurídica e política da vida social, em oposição ao legismo, ao politicismo ou ao jurisdicismo puro. Mas não devemos nos esquecer que afastando-se pelo tradicionalismo e pelo historicismo, ou pelo intuicionismo de outros critérios de Direito Natural, o de Savigny e de outros juristas próximos da Sociologia se aproxima do critério de Direito Positivo, sempre que esse, em vez de importação ou criação aereamente jurídica, reflete o conjunto de situações sociais predominante num grupo. Pode-se talvez considerar o homem um animal jurídico, como Aristóteles o considerou um animal político: mas não parece que ele nasça ser jurídico ou ser político, nem mesmo ser religioso e sim com a capacidade e talvez com a tendência de desenvolver-se em ser jurídico, em ser político e ser religioso sob formas diversas, de acordo com condições diversas de vida social e de meio físico. Nas suas adaptações de ordem jurídica, política e religiosa a essas condições diversas haverá, ao lado das

---

[42] Georges Gurvitch, "Natural Law", *Encyclopedia of the Social Sciences* (op. cit., v. XI, p. 288-9). Vejam-se também CHARMONT, J. *La reinassance du droit naturel*, Paris, 1927; e do mesmo Gurvitch, *Le temps present et l'idée du droit social* (Paris, 1932). Veja-se ainda do professor Gurvitch o seu excelente trabalho em *Twentieth Century Sociology* (op. cit.), "Social control". Na mesma obra, veja-se o estudo do professor Roscoe Pound, "Sociology of law".

dessemelhanças, semelhanças, pois afinal o mundo físico em que vivem todos os homens é o mesmo e a mesma a capacidade geral de se desenvolverem todos eles em seres políticos, jurídicos e religiosos. A distância que vai de um membro de tribo africana para um cidadão suíço ou de um pajé de tribo amazônica para o arcebispo de Canterbury é, entretanto, considerável e nos deixa campo vasto para especulações em torno das diferenças de desenvolvimento histórico que vêm criando situações sociais tão diversas, por si – desenvolvimento histórico – ou sob o favor e desfavor de condições de meios físicos e de possíveis – mas até hoje de modo nenhum cientificamente provadas – diferenças mentais gerais (e não apenas especiais e que se equivalem ou quase se equivalem) de capacidade étnica.

Para o sociólogo, como diz o professor Menzel, o Direito Natural pode ser tão aceitável como o positivo pois suas normas, deduzidas, segundo supõem os campeões do mesmo Direito Natural, da razão, "podem ter na prática efeito psicológico análogo ao da lei positiva e ao do costume".[43] Efeito psicológico e – acrescente-se ao professor Menzel – efeito sociológico.

E aqui voltamos a nos encontrar com o problema de realidades sociológicas baseadas sobre ilusões noutras esferas: ilusões sobre fatos físicos, sobre fatos biológicos, sobre fatos psicológicos, sobre fatos históricos, sobre fatos astronômicos, até. Insistimos neste ponto: o ser social que se acredita e se faz acreditar pela sua comunidade e pela sua época *isto* e não *aquilo* e que, por exemplo, sendo apenas aparentemente branco, assume a *situação social* – a jurídica, inclusive – de branco e não de negro (onde essa situação social implique em situação jurídica diversa da do branco) e se faz aceitar por branco, é para ser considerado sociologicamente pela sua situação assumida e aceita pelos seus convivas no espaço e no tempo. Se hoje descobrir alguém que George Washington, por exemplo, em vez de branco puro, tinha suas gotas de sangue africano, isto não lhe

---

[43] MENZEL, A. *Introducción a la Sociología*, México, 1940, p. 254. A nosso ver, o desejo de que dadas instituições correspondam a ideais fazem que elas tenham para os crentes que as desejam conforme seus ideais uma existência sociológica ou psicossociológica, acompanhada de funções também psicossociológicas: existência e funções diversas da sua existência e funções tais como as vêem os desprovidos daquele desejo e daquele idealismo. Seguimos nesse ponto Cooley que observa dos grandes homens, por exemplo, que para os demais são menos o que são do que "símbolos". Diante deles, a pergunta dos seus admiradores ou devotos não é tanto "quem és?" ou "o que és?" como "com o que podes contribuir para me fazer sentir e ser?" ou "até que ponto te posso usar como símbolo para o desenvolvimento de minha tendência instintiva?". E Cooley lembra, a propósito, o papado ou a ideia ou idealização medieval do Papa: "*It is notorius that the idea of the Pope, as it was entertained by the religious world and the Pope himself, as he appeared to his intimates, were things having for the most part no close relation to each other. The visible Pope was often and for long periods at a time a depraved or insignificant man; but during these very periods the ideal Pope, the Pope of Europe's thought might and often did flourish and grown in temporal and spiritual power. The former was only a symbol for the better definition of what the world needed to believe, a lay figure for garments woven by the Cooperative imagination of religious men*" (*Human nature and the social order*, op. cit., p. 341-2). Cremos que o mesmo se passa com relação a instituições consideradas naturais pelos adeptos do Direito Natural.

modifica a situação social nem a jurídica, de que desfrutou em vida e até agora, dado o prolongamento de sua vida individual na de herói nacional. Pois o indivíduo social que consegue situar-se e comportar-se juridicamente, em particular, e socialmente, em geral, desta ou daquela maneira, com a tolerância, o reconhecimento ou a aprovação dos demais, é para ser aceito sociologicamente segundo a situação por ele assumida e aceita pelos demais, independente de ser ilusório ou real seu fundamento.

O professor Menzel, sem chegar ao critério de *situações sociais* aqui desenvolvido, reconhece que "se alguém *crê* na existência das normas de Direito Natural com força obrigatória, estas normas produzem sobre o que crê o mesmo efeito que o mandato do legislador ou que um preceito de Direito consuetudinário". Produzem esse efeito – interpretemos o fato sociologicamente – porque o crente no Direito Natural absoluto se situa (em virtude de um mecanismo de racionalização diverso do que opera entre os que seguem o Direito Positivo e conservam-se atentos ao fato de sua relatividade) dentro de normas aceitáveis pelos demais.

O sociólogo não tem que entrar, como sociólogo, na investigação de concepções de verdade jurídica ou de verdade teológica para aceitar como sociologicamente reais ou válidas situações sociais derivadas de concepções jurídicas e religiosas diversas; ou de tal modo antagônicas que verdadeira uma, a outra seja falsa. Daí não estar, a nosso ver, o sociólogo obrigado pela lógica sociológica a acompanhar os adversários do Direito Natural na sua oposição absoluta ao mesmo Direito, por considerarem incompatível, dentro da lógica jurídica, a aplicação, aos homens, de duas classes de Direito que emanam de fontes diversas. Do mesmo modo a Sociologia desconhece a lógica que lhe pretendem impor aqueles economistas dialéticos – não são todos: apenas os simplistas – segundo a qual a estrutura social seria sempre o puro efeito de condições de produção. É talvez o critério de Marx na sua "pureza lógica". O mais harmonizado com a concepção do mesmo Marx, que nós repelimos, de que a Sociologia é um ramo da chamada Economia Política. Não nos esqueçamos, porém, de que o próprio Marx não se mostrou coerentemente lógico com relação a esse princípio ou dogma.[44] Somos dos

---

[44] Karl Marx desde seus artigos no *Deutsch-Franzosesche Jahrbuch* (1844) vinha exprimindo a ideia desenvolvida depois em *Das Kapital* (1894), da determinação da evolução social, política e espiritual pelo método de produção. Entretanto, o excesso de tal generalização, em consequência do qual "a gente mais nova [nas palavras de Engels] algumas vezes atribui ao aspecto econômico maior importância do que merece", seria retificado pelo mesmo Engels – interpretando também o pensamento de Marx – ao admitir que outros fatores – o étnico, o físico, o político, o legal, o filosófico, o religioso – reagem um sobre os outros e sobre a "base econômica" (Veja-se SLIGMAN, E. R. A. *Economic interpretation of history*, New York, 1924, p. 62-7). Contra essa retificação, honrosa para o espírito científico de conciliação dos dois, levantam-se com especial furor alguns antimarxistas, acusando Marx e Engels de incoerentes. É o que faz, por exemplo, o professor F. J. C. Hearnshaw, em *A Survey of Socialism Analytical, Historical and Critical* (London, 1928, cap. VII). Sobre o assunto, vejam-se também LORIA, A. *Carlo Marx*, Genova, 1916; LASKI, H. J. *Karl Marx*, London, 1922; PARETO V., *Les systèmes socialistes*, Paris, 1926; SKELTON, O. D. *Socialism, a critical analysis*, London, 1911; e do ponto de vista do marxismo revisionista, BERNSTEIN, E. *Evolutionary*

que situam a obra de Marx e Engels entre as que mais têm concorrido para a cientifização da Sociologia. Mas é claro que aceita da mesma obra apenas a parte não dogmática; e reduzido o imperativo de alguns dos seus verbos ao condicional. Evidentemente o marxismo aceito em Sociologia científica não é o que pretende ser, na caracterização de Henry De Man, a "verdade para todos os tempos, a verdade inteira, e nada senão a verdade sobre o socialismo e as ciências sociais".[45] A inevitabilidade de suas "leis", dificilmente a aceitará algum sociólogo científico de hoje, pois as situações econômicas condicionam, mas não determinam, situações sociais, também condicionadas, mas não determinadas, por situações biológicas, geográficas e de cultura. Como salienta Henry De Man, exprimindo ponto de vista não apenas individualmente seu mas da inteira Sociologia científica, "não há leis inevitáveis que *determinem* (isto é, causem) nossas ações; há apenas prováveis fatos que as *condicionam* (isto é, que as limitam). Para que se produza efeito, a causa é suficiente, a condição apenas desejável. Para que alguém toque piano, um piano é condição, mas não causa". E o mesmo autor traz combustível para a sistematização do situacionismo social tal como a aqui esboçada quando conclui, dos mais recentes estudos de Biologia, que o ambiente por si não é fator de criação independente da vontade da espécie (cuja manifestação seria fortuita e ainda incompreensível para nós); e que, do mesmo modo, a vontade, até certo ponto criadora, do homem, se manifesta no campo da sociedade humana, transformando-a.[46]

Mas essas manifestações de vontade são efetivas apenas quando compatíveis com as condições materiais do ambiente. Essas condições derivam-se em parte da natureza, em parte – a parte decisiva, talvez – da situação social do momento, em que se reúnem

---

socialism, London, 1909. Desprezando o que há de lógico e científico no marxismo, Hearnshaw (op. cit., p.285) escreve: "*It makes no intellectual appeal to any intelligent person. Its appeal is purely passional; but that appeal is immensely strong*".
Leiam-se mais, a respeito de Marx e do marxismo: À *la lumière du marxisme* (vários autores) (Paris, 1935); MILLER, H. J. *Science of humanism*, The humanistic tradition in contemporary thought, New Haven, 1943; LORIA, A. *Le basi economiche della costituzione sociale*, Torino, 1902; HUGON, P. *Elementos de história das doutrinas econômicas*, São Paulo, s. d., cap. III. O professor Hugon salienta que havia em K. Marx "dois homens muito diferentes": "um era o sábio, outro o propagandista, aquele preocupado com as pesquisas científicas, este ardentemente desejoso que suas ideias penetrassem na massa operária" (ibidem, p. 286). Quanto às evidências que o professor Hugon oferece de que algumas das mais importantes ideias de Marx, como a de "luta de classes", não são originais, porém aproveitadas por ele, é oportuno recordarmos aqui o nome de um precursor brasileiro da referida ideia de "luta de classes": J. I. Abreu e Lima, em seu *Bosquejo histórico, político e literário do Brasil* (Rio de Janeiro, 1835) – livro injustamente esquecido – escreveu aquele pernambucano, companheiro de Bolívar nas lutas pela independência da Colômbia e Venezuela, que o Brasil do seu tempo tinha sua população dividida em "duas partes": "[...] *pessoas livres e pessoas escravas*", subdivididas em quatro e todas "tão opostas e inimigas umas das outras como as duas grandes seções entre si [...]." "Que somos todos inimigos e rivais uns dos outros na proposição de nossas respectivas classes, não necessitamos de argumentos para prová-lo [...]" (ibidem, p. 29).

[45] DE MAN, H. *The psychology of socialism*, London, 1928, p. 410.

[46] Ibidem, p. 394.

situações sociais antecedentes. Deste modo, a situação social do momento não só seria condicionada por outros fatores como ela própria os condicionaria.

Quanto maior importância for sendo atribuída em Sociologia à situação social do indivíduo e do grupo, não só sob o estímulo do *behaviorismo* – cujo sentido de situação é limitado – como à luz de mais amplos estudos do comportamento humano como interação constante no espaço e no tempo sociais, mais precária se tornará a posição dos que não concebem a Sociologia senão como ramo da Biologia, como os darwinistas retardatários, ou da Economia, como os marxistas absolutos. O que não se pode negar ao imperialismo econômico dos últimos é que seja coerente ou lógico.

Não se compreende bem é a atitude de marxistas modernos que aceitam a autonomia da Sociologia e, ao mesmo tempo, querem-na limitada ao estudo da denominada "superestrutura social" como simples expressão de condições econômicas ou de técnica de produção: a sociedade feudal, "criação de moinhos a braços": a sociedade burguesa, simples "criação do moinho a vapor". A autonomia da Sociologia – insistamos nesse ponto – baseia-se cada vez mais no fato de que a estrutura social não é puro efeito de condições econômicas; nem das predominantemente políticas ou religiosas; nem de determinações geográficas. Resulta de interações: interação entre o grupo social e o meio físico; entre os fatores políticos e os religiosos; ou entre os econômicos e os psíquicos. Às vezes de tal modo se intercondicionam que é difícil dizer qual a condição predominante.

O desenvolvimento científico da Sociologia e dos seus métodos deve muito a Marx e Engels – tanto quanto a Comte; mas não nos esqueçamos de que uma Sociologia autônoma é, diante de certa corrente mais enfática de marxistas modernos, uma Sociologia teoricamente extramarxista, e, em certos pontos, tecnicamente antimarxista: não só por admitir – como o admitiram, aliás, Marx e Engels – a possibilidade de preponderância de fatores políticos e psicológicos, por exemplo, sobre os econômicos, na própria expressão dos indivíduos sociais em classe (ou situação social), como por insistir no processo de interação – processo destacado também por Marx e Engels, embora o considerassem processo econômico e não social – como o processo, não apenas econômico, mas social, que estabelece entre as condições materiais de existência e as expressões consideradas ideais de cultura, relações variáveis e constantes de reciprocidade e interdependência.

Não nos deixemos, porém, influenciar contra Marx, pela atitude dos sociólogos que de tal modo "científica" consideram a Sociologia moderna que desdenham de todo estudo com pretensões a sociológico marcado por uma personalidade, como foi a de Marx, poética (no sentido de criadora) e até artística: o artista literário completado por Engels. Aliás há marxistas, naturalmente um tanto esquecidos do que seja *Das Kapital*, que pretendem ser aceitos como "socialistas" e até "sociólogos" inteiramente científicos, pelo desdém com que falam de "sugestões poéticas" porventura encontradas em trabalhos de interpretação sociológica. Entretanto, Marx, com toda sua influência sobre a Economia científica e sobre a Sociologia científica, foi o escritor preocupado em fazer de Das Kapital "um todo artístico" ou uma "obra de arte", revelado menos pelo livro mesmo – um tanto agreste do ponto de vista convencionalmente "artístico" – que pelas suas cartas a Engels de 31 de julho e de 5 de agosto de 1865, mencionadas pelo crítico norte-americano Edmund Wilson em recente e penetrante estudo: "Karl Marx, poet of commodities".[47] O poeta, tanto quanto o cientista e o filósofo e mais do que o artista, é que está presente em Das Kapital, dando unidade a livro tão diverso e numeroso em seus pontos de vista e em suas técnicas de expressão que é, ao mesmo tempo, Economia, Parassociologia, História, Filosofia, e panfleto, juntando a tudo isso a "visão apocalíptica" do passado a que se refere o crítico Edmund Wilson.[48] O poeta é que faz sobreviver em Marx e nos seus escritos, aspectos de criação intelectual que já teriam morrido se o grande judeu alemão que vem revolucionando o mundo moderno tivesse se limitado a fazer obra de filosofia lógica, hegelianamente preocupado antes com abstrações do que com fenômenos; ou obra apenas de "materialismo de causa", dentro das sugestões das pesquisas de Darwin. Fez uma coisa e outra, guiado a criação tão contraditória pelo poeta. Pelo que, de nenhum outro europeu do século XIX se pode dizer com igual rigor que foi aquela síntese dramática da cultura – a cultura de sua época – da definição de personalidade oferecida por alguns sociólogos. Que ele foi teleologicamente "idealista" e hegeliano e não apenas "materialista" (sob a influência de suas conclusões da leitura de Darwin) é ponto esclarecido por Henry De Man quando escreve que Marx considerou sempre "a evolução contínua da própria *fundação material* um processo dialético, isto é, um desenvolvimento por contradições, sujeitos às mesmas leis que a razão dialética".[49] Poderemos talvez chegar à conclusão – ou à sugestão – de que a obra de Marx constitui síntese sociológica, não apenas do pensamento filosófico de sua época, nem somente da Filosofia das ciências do meado do século XIX, mas síntese também, e esta antes poética do que intelectual, da experiência sociocultural da Europa ocidental sob os efeitos imediatos de uma crise profundamente reveladora de aspectos até então pouco considerados das relações do indivíduo social com a cultura e com a sociedade. Essa crise foi a Revolução Industrial, com sua sucessão de invenções técnicas no setor econômico, modificadoras e perturbadoras

---

[47] WILSON, E. *To the Finland station, a study in the writing and adding of history*, New York, 1940, p. 287-328.

[48] Ibidem, p. 316.

[49] DE MAN, op. cit., p. 333-4. Escreve De Man que Marx "[...] *borrowed the intellectual foundations his system from the economic and philosophical literature of his day. Man of genius though he was (perhaps we ought to say because he was a man of genius) Marx illustrated the maxim that the creator of intellectual values does belong so much to a social stratum as to a historical epoch*" (ibidem, p. 334).

daquelas relações. Não tendo previsto a extensão das invenções técnicas a outros setores do processo social de interação, Marx deu ao fator econômico uma importância quase absoluta, e, em alguns pontos, simplista, tornando-se assim vulnerável a críticas como a de Veblen e a do professor Karl Mannheim de que a dinâmica da História é mais complexa do que a supôs Marx e a supõem os marxistas ortodoxos, desde que as ondas de transformações técnicas não provêm só da esfera econômica mas de outras, do processo social.[50] Não há dúvida, porém, que foi dele a "visão apocalíptica", quando não a prioridade de sistematização científica, da ideia de influência de aspectos de interação social que estudos posteriores de Sociologia da Economia, em particular, e de Sociologia, em geral, só têm feito confirmar, outros retificar e, ainda outros, como os de Veblen e do professor Mannheim, ampliar: principalmente, a influência da técnica sobre a vida social.

Não é para ser desprezado o fato – destacado também pelo crítico Edmund Wilson – de que Marx em sua "visão apocalíptica" da Europa ocidental modificada pela técnica de produção industrial capitalista, se identifica com Jó; nem de que ele identifica o proletariado com Prometeu; nem de que sua experiência dolorosa da vida se projeta pela sua filosofia social e por seu socialismo. Filosofia e socialismo dos quais a moderna Sociologia científica e a moderna Filosofia social assimilaram já elementos de importância considerável. Mas é o próprio Edmund Wilson em trabalho crítico, e não apologético, que escreve a este respeito com sua autoridade irrecusável: "Marx achou em sua experiência pessoal a chave para interpretar a experiência mais larga da sociedade industrial e identificar-se com essa sociedade. Seu drama reflete-se em *Das Kapital*, como o trauma da humanidade [inteira] sob o industrialismo [...]".[51]

Tendo vivido numa fase de vida social como a industrial-capitalista em que predominou – como ainda predomina – o fator econômico, explica-se que Marx tenha, pela sua profunda identificação poética com sua época, desenvolvido uma concepção da sociedade como superestrutura da estrutura econômica. Sob ponto de vista que permite mais ampla perspectiva da vida social em diferentes fases de desenvolvimento e sob combinações diversas de seus elementos, podemos hoje, baseados em estudos de Antropologia social e de Sociologia da cultura, que faltaram a Marx, opor à sua sociologia subordinada inflexivelmente à Economia, uma sociologia de descrição e compreensão de situações sociais várias – situação na família, situação na ordem religiosa, situação na ordem política, situação na ordem militar etc. – consideradas essas situações todas nas suas inter-relações e nas suas diferentes combinações, condicionadas pelo meio físico, pela técnica de subsistência, pela bioquímica do ambiente e dos seres humanos.

---

[50] VEBLEN, T. *Vested interests and the states of industrial arts*, New York, 1919; MANNHEIM, K. *Man and society in an age of reconstruction*, New York, 1940.

[51] WILSON, op. cit., p. 316.

É assim que podemos contrastar um grupo sociorregional rural com um outro grupo sociorregional urbano, ou um grupo cultural primitivo com um grupo cultural civilizado, não apenas pelas suas condições de técnica de produção econômica, mas pelo conjunto de condições socializantes e socializáveis de meio físico, pela organização da família, pelos costumes, pela maior ou menor resistência às invenções, pelas formas de atividade religiosa, de atividade intelectual, artística, científica, que criem *situações totais* do grupo *rural* em relação com o grupo *urbano*; do grupo *primitivo* em relação com o *civilizado*. O indivíduo social rural, se trabalhador de campo ou de alguma granja, pode sentir-se situado entre os proletários do mundo inteiro tanto quanto os operários urbanos dos centros mais sofisticados e em comunicação mais fácil com o resto do mundo. Mas, no maior número de casos ele se sentirá definido primeiro e, em muitos casos, quase exclusivamente, pela sua situação de membro de um grupo regional ou de uma totalidade sociocultural – a de camponês irlandês, por exemplo – e só secundariamente católico romano, membro do Império Britânico, proletário. Fictícia como é do ponto de vista analiticamente sociológico, a situação de *nacional*, quando apenas política ou jurídica, também o é a vulgarmente chamada *internacional*, quando ligada apenas à categoria econômica. A realidade sociorregional é que é a concreta, a que marca mais forte a personalidade humana através de influências telúricas e culturais, criadores de identificação tal do indivíduo social com a natureza regional que fazem o camponês espanhol, por exemplo, distinguir com segurança sabores regionais de águas e não apenas de vinhos; que fazem que os lavradores portugueses conheçam a terra, provando-a como o cozinheiro prova o guisado: saboreando-a quase.

É certo que nem todo indivíduo se define em pessoa social pela sua situação sociorregional que envolva extremos de simpatia ou identificação com a terra, as águas e demais elementos da região: a definição do indivíduo em pessoa social através de totalidade sociocultural em que o tempo e o espaço sociais ajam por si, suprindo a ausência de espaço físico-social ativamente diferenciador do ser social em ser sociorregional, tende a tornar-se mais frequente. Mas é outra a totalidade em que os vários elementos de vida social se *intercondicionam*: nem sempre prepondera na interação o elemento econômico. O familismo urbano do israelita de hoje – endogâmico, etnocêntrico, transregional e sob certos aspectos, transnacional – não se pode dizer que seja geralmente condicionado pela técnica de produção, por mais deformados que se apresentem os judeus – a grande maioria deles – pela mais ostensiva de suas situações sociais: a de descendentes, netos, filhos de mercador, de banqueiro internacional, de agiota e eles próprios, mercadores, banqueiros, agiotas. Da frequência de manifestações psicopáticas entre eles, pensou-se já que seria resultado de fatores constitucionais ou étnicos; de endogamia; de extrema urbanidade; de extrema mobilidade ligada às suas atividades ou técnicas econômicas, geralmente transnacionais e internacionais e perturbadoras de sua familialidade de base patriarcal-religiosa. Parece, entretanto, que para compreendermos e explicarmos o judeu de tipo urbano, em sua totalidade sociocultural, temos que aceitar não a constante predominância do fator econômico ou do fator constitucional sobre os demais – como tanto se tem feito – mas o jogo constante de inter-relações e reciprocidades entre todos esses elementos que constituem aquela totalidade. Inter-relações e reciprocidades em que, através do desenvolvimento histórico do judeu como ser social e cultural, à parte das nações modernas, têm variado as predominâncias de acordo com as necessidades de adaptação. O serfardim foi – ou é – um tipo de judeu que contrasta tão fortemente com o judeu mais conhecido de hoje, como um fidalgo autenticamente castelhano com um fabricante de salsichas de Estrasburgo ou de Chicago.

Na familialidade urbana e transnacional dos judeus ortodoxos, como na familialidade rural, telúrica, regional dos irlandeses de hoje (entre os quais se encontra o tipo de pequena fazenda familial),[52] dos noruegueses, dos portugueses, dos bascos, dos castelhanos, dos espanhóis de Navarra, dos franco-canadenses, a condição econômica de cada um é uma situação ligada de tal modo à sua situação familial, que entre uns e outros o indivíduo social se situa socialmente entre os filhos, e, entre os irlandeses, pelo menos, mesmo depois dos quarenta anos, entre os filhos menores, isto é, os *dependentes*, enquanto viva o pai.[53] Falta ao indivíduo social, mesmo depois de maduro, em tais condições de dependência, aquela disposição ou ânimo de situar-se entre os operários livres para confraternizarem uns com os outros e formarem a classe de homens independentes de lealdade à pátria, à família ou à religião, que Marx e Engels julgaram que se tornariam todos os operários por força do industrialismo e do urbanismo. Essa independência, porém, não se tornou condição predominante nem na Irlanda rural – ainda hoje, em plena Europa, tão fora dos efeitos decisivos da Revolução Industrial como grande parte da Espanha e de Portugal – nem entre numerosos judeus urbanos e transnacionais: os ortodoxos. Dois grandes grupos modernos, um sociorregional, outro sociocultural, fortemente caracterizados, um pelo apego à região, à família e à religião; outro pelo apego à família e à religião resistente à pressão das economias internacionais e nacionais. E à Irlanda rural podemos juntar – como já sugerimos – não só a Noruega

---

[52] ARENSBERG, C. M. *The Irish Countryman, an anthropological study*, London, 1937.

[53] Ibidem, cap. III. Sobre a sociedade patriarcal como estrutura global, veja-se o capítulo "Les societés patriarcales et leur determinisme global", na obra do professor Georges Gurvitch, *Determinismes sociaux et libertè humaine* (Paris, 1955). Sobre a posição do pai em sociedades ou comunidades patriarcais ou quase patriarcais, como "dominador" (Tönnies) ou "guia" (Oppenheimer), veja-se o que diz o professor Armand Cuvillier em sua discussão do problema de dominação naquelas sociedades e nas chamadas de "livre contrato" (*Manuel de Sociologie*, op. cit., I, p. 185). Note-se, a propósito dos dois tipos de organização, que sobre eles, principalmente, os professores Charles P. Loomis e J. Allan Beegle desenvolvem nova concepção de sociologia de vida rural aplicada especialmente aos Estados Unidos, no seu recente *Rural social systems* (New York, 1950). Sobre a estrutura pré-capitalista do Brasil e sua possível transformação, veja-se o livro do professor Tullio Ascarelli, *Sguardo sul Brasile* (Milano, 1949).

rural e grande parte da Espanha rural, como o Portugal rural, o Canadá rural, a China rural, grande parte da população das Américas do Sul e do Centro. Aos judeus ortodoxos podemos acrescentar os ciganos; e a ambos esses grupos, classes médias como a norte-americana, em que a categoria econômica de proletário e a de capitalista perdeu o sentido rígido sob extraordinária mobilidade vertical. Sob essa mobilidade, outros fatores culturais, além do econômico, se inter-relacionam para se totalizarem numa situação social que não sendo a familial, dos camponeses irlandeses ou dos judeus ortodoxos, não se deixa, entretanto, caracterizar facilmente por nenhuma das alternativas da classificação marxista tomada ao pé da letra. Para Edmund Wilson, a incapacidade de Marx para alcançar a possibilidade da democratização social do mundo industrial-capitalista por outro processo fora a vitória despótica do proletariado sobre a burguesia, deve ser atribuída ao fato de ter nascido e ser formado em nação, nos seus dias, autoritária: a Alemanha. É justo, entretanto, lembrarmos, para espanto, talvez, de alguns marxistas mais marxistas do que Marx, que ele entreviu a possibilidade de outra solução para a necessidade de extinguir-se o despotismo burguês ou individual-capitalista, em países como a Inglaterra, a Holanda e os Estados Unidos: solução sem violência.[54] Solução que talvez se aplique ao Brasil, isto é, ao seu desenvolvimento em novo tipo de organização social, mediante profunda forma agrária.

Pode-se dizer que uma das maiores contribuições para o alargamento de perspectiva da Sociologia geral vindas dos estudos de Sociologia especial, principalmente dos de Sociologia ecológica e dos de Sociologia histórica, por pesquisadores americanos – inclusive brasileiros – é a contribuição que resulta daquelas pesquisas sobre "democratização" social, por processos de acomodação, pouco estudados, até hoje, por sociólogos de formação europeia, criados entre estratificações sociais rígidas. Um desses processos é o que acompanha a miscigenação e a imigração, com suas fases de numerosas situações sociais instáveis, indecisas, trepidantes até, mas que resultam, muitas vezes, em totalidades socioculturais equilibradas, que raro ou nunca se encontram fora da América sobre a base de tanta liberdade pessoal conciliada com a quase igualdade de *status* para o grande número: as "classes médias". "Classes médias em algumas áreas brasileiras, peruanas, chilenas, venezuelanas, cubanas, centro-americanas etc., correspondentes a "meias-raças", que entretanto podem, por exceção, tornar-se "aristocracia" ou "grande burguesia"; que puderam, no passado, tornar-se, quando prejudicadas por origem africana, legal ou juridicamente brancas. E aqui outra vez, temos que nos afastar do marxismo ortodoxo – muito citado justamente pela influência enorme que devemos atribuir a Marx e Engels no desenvolvimento científico das chamadas ciências sociais, das quais, depois deles, e um tanto contra eles, a Sociologia emergiria ciência autônoma –

---

[54] WILSON, op. cit., p. 324, que se baseia em declarações feitas por Marx em Amsterdão, em 8 de setembro de 1872, numa reunião de operários.

para insistirmos em reconhecer nas próprias situações jurídicas ligadas a outras situações sociais a capacidade de reagirem contra as determinações das econômicas e das biológicas e se exprimirem, fora do determinismo econômico ou biológico, em totalidades socioculturais que transbordam das categorias econômicas ou étnicas. Pois o que sabemos através do estudo de várias sociedades americanas é que, nelas, se tornaram juridicamente brancos não só, e como já foi assinalado páginas atrás, indivíduos sociais que pela sua situação econômica de homens ricos já eram de fato, apesar do escuro da cor, os iguais dos brancos de maior prestígio, como pelo prestígio de sua situação política ou de homens bravos e fortes ainda que pobres e de cor: caudilhos ou heróis em guerras de independência. O que se concilia com a objeção feita a Marx por Dühring e desenvolvida por Andler de que a força, e não apenas a condição econômica, explica situações de domínio ou ascendência de uns homens sobre outros. Onde Andler nos parece tão errado quanto os exclusivistas marxistas é em querer opor ao determinismo econômico o determinismo político, ligado a uma como mágica do poder ou da força: *"La différence des classes semble donc un fait politique et cela dès l'origine"*.[55]

11. COMPLEXIDADE E EXCLUSIVIDADE

Aqui a Sociologia abre os braços para não ser engolida pela chamada Ciência Política, pelo gosto de alguns dos seus cultores – como o próprio Steim – tão pronta a devorar as demais ciências sociais quanto a Economia Política. É que a Sociologia – repita-se – vai desenvolvendo hoje sua condição de ciência social autônoma precisamente em sentido contrário a qualquer exclusividade de interpretação dos fenômenos inter-humanos. A exclusividade econômica, a política, a cultural, a geográfico-social, a biológico-social, o próprio exclusivismo sociológico de Comte e de Durkheim vão sendo todos – exclusivismos de teoria ou de critério – substituídos por critério mais católico e, ao que parece, mais de acordo com a natureza complexa dos fenômenos sociais: o de reciprocidade de influências e de complexidade de inter-relações, presentes nas situações sociais totais aparentemente mais simples. Como acentua muito bem o professor von Wiese, em Sociologia "não explicamos as relações pelas classes mas as classes pelas relações". A organização de produção, por exemplo, não é, dentro do critério sociológico de relações (que coincide com o de inter-relações expressas em situações), "um fenômeno elementar que sirva de ponto de partida, mas um fenômeno derivado [...]". Nem – outro exemplo – o fenômeno de exploração se reduz para o sociólogo, como para o economista marxista desejoso de dominar a Sociologia com

---

[55] ANDLER, C. Les classes sociales et la répartition des taches, in: BOUGLÉ, C.; RAFFAULT, J. *Éléments de Sociologie*, Paris, 1930, p. 429.

seu exclusivismo econômico, a fenômeno derivado da "ordem econômica capitalista": a chamada "exploração capitalista" é que é um fenômeno derivado – "uma das formas", no dizer do professor von Wiese, "encontradas entre as formas do fenômeno de exploração".[56] Este pode ser – acrescentemos – considerado por conveniência metodológica, um dos processo sociais especiais, dentro do geral – de interação – em que o capitalista age e o proletário reage, a força de ação variando em relação com a reação conforme outros fatores sociais e psíquicos e possivelmente geográficos e biológicos que perturbem ou facilitem o desenvolvimento do processo. É assunto de que pretendemos nos ocupar em trabalho próximo.

Aqui desejamos apenas acentuar a conveniência de não nos deixarmos empolgar em Sociologia pela importância que fenômenos derivados possam, em dada época, assumir em relação com os elementares ou originais, ou contra os demais fenômenos reunidos – dos que concorrem para formar situações sociais – a ponto de perturbar-se a perspectiva do sociólogo geral, como a do especial, diante de fenômenos que ciências, estudos ou atividades sociais vizinhas da Sociologia pretendam impor a essa como objeto fundamental de estudo. O fenômeno da luta de classes é um desses. Há sociólogos que por isto ou aquilo recusam aceitá-lo como objeto de estudo cientificamente sociológico, quando a verdade é que nenhum fenômeno social é mais próprio da Sociologia científica do que ele como expressão, que certamente é, do processo social de competição. Há, por outro lado, quem procure fazer da Sociologia dependência do marxismo, destinada quase inteiramente ao estudo do processo de "exploração capitalista" e da "luta de classes". Ou dependência do catolicismo romano, destinada a dar uma forma sociológica à filosofia social de Santo Agostinho ou à de Santo Tomás de Aquino. Ou mesmo à de Santo Inácio. Contra uma e outra tendência, o sociólogo precisa de guardar-se como cientista, por mais livre para aderir a qualquer delas que se encontre como filósofo social.

O estudo das chamadas "formas de sociação", independente dos seus conteúdos mas não de suas situações de distância social (Simmel) e o "estudo científico do comportamento inter-humano como comportamento humano", incluída a "classificação sistemática desse comportamento" e de suas situações de distância (von Wiese); "a compreensão e a interpretação do comportamento social, a explicação das causas de seu curso e consequências", inclusive suas inter-relações de situação no espaço e no tempo (Max Weber); o estudo das "situações sociais" (Karl Mannheim), conforme a aceitação "objetiva" ou "subjetiva" das mesmas situações pelo indivíduo (Tönnies) ou, de acordo com Thomas, segundo a pressão da cultura do grupo sobre o indivíduo ou, ainda, segundo o desenvolvimento socioecológico, sócio-histórico e sociopsicológico

---

[56] VON WIESE, L. *Systematic sociology on the basis of the Beziehungslehre and Gebildelehre* (adap. por Howard Becker), New York, 1932, p. 700.

que procuramos dar aqui, com alguma originalidade e maior audácia, às "situações sociais", consideradas tanto quanto possível em suas totalizações de situações naturais e culturais; o estudo socioecológico do *indivíduo social*, da *pessoa social* ou do *indivíduo com status*, segundo critério e métodos desenvolvidos hoje por vários sociólogos norte-americanos; o estudo de "ações sociais" (Znaniecki); o estudo da "realidade social" (Freyer); a "compreensão de fenômenos sociais", não como adesão do sociólogo, como sociólogo, a qualquer sistema de valores, mas como compreensão dos valores aceitos como válidos pelo indivíduo social ou pelo grupo estudado (*die verstehende Soziologie*); o estudo dos grupos sociais, não só segundo suas formas em espaços, e suas várias "cadências rítmicas (Halbwacks) de tempo como também segundo "descontinuidade" de tempo, inclusive rupturas de símbolos, ideias, valores, escalas de valores (Gurvitch) – tais nos parecem os objetos e as condições principais de estudo sociológico. Dentro deles – das inter-relações por eles envolvidas – processos e fenômenos que, vistos isolados, parecem todo-poderosos, tomam sua proporção justa e, ao mesmo tempo, se desgrudam de suas várias substâncias – histórica, etnológica, política, econômica, ética, geográfica – para se reduzirem a formas, "coisas", funções, situações e valores, quando não sempre mensuráveis, compreensíveis. Compreensíveis e suscetíveis de serem analisados pelas Sociologias especiais e sintetizados pela geral. Por esta, com o mínimo de consideração pelas particularidades perecíveis no tempo ou inertes no espaço, dado o seu caráter de carne e de coisas, não propriamente sociais, mas biológicas, étnicas, políticas, teológicas, éticas, econômicas, jurídicas: hóspedes, apenas, de formas, estruturas, situações, funções e processos sociais.

APÊNDICE

ANEXO I

Contribuição do sociólogo Renato Campos

1. SOCIOLOGIA DO LAZER

O interesse sociológico pelo fenômeno do ócio, tempo livre ou lazer (segundo a preferência terminológica de cada um dos estudiosos do assunto) de Thorstein Veblen a Gilberto Freyre, Sebastian de Grazia e Joffre Dumazedier, cresce à proporção que a sociedade industrial ou mecânica, com suas possibilidades práticas de reduzir ao mínimo a duração do tempo de trabalho, conduziu a perguntas cada vez mais frequentes e universais sobre o que fazer do tempo disponível fora da empresa, do tempo não economicamente produtivo. Atente-se, ainda, para o fato de que a medicina preventiva vem conseguindo que as pessoas atinjam, cada vez em maior número, uma idade avançada, aposentadas logo na idade madura, aumentando o índice dos que ficam como donos do tempo sem saber o que fazer com ele.

Em outros tipos de estratificação social, particularmente em épocas mais remotas de utilização do trabalho escravo, tais perguntas não teriam o sentido que hoje lhes damos e cabiam somente a uma parcela restrita da sociedade, a uma "classe ociosa", na classificação de Veblen, para a qual as respostas incluiriam, curiosamente, atividades que atualmente não consideraríamos lazer, pois significavam ações apenas diferentes das que caracterizavam o trabalho do campo e da conservação das cidades, isto é, a guerra, o sacerdócio e a atividade governamental, para citar só essas.

Para Aristóteles, conforme destacou Sebastian de Grazia, apenas duas atividades mereciam o nome de ócio: a música e a contemplação. Ora, a Sociologia do Lazer, no estudo de grupos que reagem aos agentes tradicionais de controle social, pode deter-se de modo frutífero na observação, por exemplo, dos hippies (fenômeno já encontrável em quase todo o Ocidente), para localizar contemporaneamente o reflexo da tendência aristotélica: no culto da música e na contemplação artificial através do uso das drogas, frequentes na maioria das comunidades hippies mais ortodoxas. Até onde essa tendência se pode generalizar, é coisa que os futurólogos só poderão responder com o apoio da análise sociológica sistemática do tempo livre, das atitudes, hábitos e comportamento do homem fora da fábrica, do escritório, da oficina, do balcão de comércio, do laboratório, da cátedra.

A redução de cerca de 38% do tempo de trabalho (cada vez aumenta mais a percentagem), proporcionada pela Revolução Industrial, num período relativamente pequeno se o compararmos com a história universal do trabalho – fato citado com otimismo por Fourastié e Bertrand Russell e não tanto por Gazia – trouxe, no entanto, e concomitantemente com o congestionamento demográfico das áreas urbanas, problemas específicos determinados ora pelas novas exigências da máquina – atenção e concentração quase absolutas no seu controle – com consequências psicológicas a merecerem ininterruptos estudos, ora pela necessidade cada vez mais imperiosa de divertimentos que possam neutralizar as tensões. A observação sociológica do futebol, no Brasil, continua a ser uma fonte de excelentes subsídios para o desenvolvimento da Sociologia do Lazer, aplicada à realidade nacional: assunto de que se tem ocupado Gilberto Freyre em vários dos seus trabalhos, sobre relações do lazer com o tempo, a ponto de Roger Bastide considerar lançadas pelo sociólogo brasileiro as bases de uma Sociologia do Tempo.

Alguns sociólogos não consideram a religião como forma de lazer. Entretanto, no Brasil, ela tem assumido, por vezes, a feição de divertimento e festas populares em decorrência de uma herança cultural portuguesa. As procissões são verdadeiras festas, quando nas pequenas cidades do interior as cores e as roupas de anjos e filhas de Maria, a banda de música e os hinos sacros quebram, rompem o marasmo e o silêncio do cotidiano sem grandes acontecimentos. As romarias também constituem verdadeiras festas, misturando-se, quase sempre, aos jogos de azar e excessos de bebida. Os cultos afro-brasileiros, nas suas exteriorizações lúdicas, representam não apenas uma forma de religião, mas um espetáculo, quando as plateias lotam os terreiros como se assistissem além do ritual a um teatro estranho e misterioso, onde os espíritos fossem chamados ao palco para estabelecerem um relacionamento com o humano através do transe das filhas de santo.

Joffre Dumazedier diz que "o lazer é uma realidade ambígua. Há visões múltiplas e contraditórias". Realmente, há uma relação muito grande entre o lazer e os mais diversos fatores que o condicionam, não dependendo apenas do fator econômico, mas de todo o complexo sociocultural da região. Cada classe social possui suas maneiras próprias de exercê-lo, embora possamos constatar que há formas de lazer que são comuns a todas as classes. Não se restringe, como pretendem alguns, ao simples conceito de preguiça ou de hobby, mas se amplia em repouso, divertimento e desenvolvimento da personalidade.

O ócio ou lazer como forma de ostentação de *status* econômico – materializado através dos diversos tipos de etiquetas, cerimoniais e boas maneiras, substituindo o troféu guerreiro, a façanha, segundo análise ainda válida de Veblen – e o ócio ou lazer como necessidade humana de recuperação de energias e possibilidade de sentir que a vida não é só emulação e esforço mental e físico visando lucro são duas atitudes perfeitamente compreendidas à luz de uma evolução histórica, a partir do momento em que se iniciou a diferenciação das funções, ou divisão do trabalho. E a contribuição que a Sociologia do Lazer, em qualquer de suas roupagens terminológicas, vem dando a tais estudos, ao lado de outras ciências sociais, é apenas uma diminuta parcela do que poderá oferecer futuramente, quando a Economia for mais adequada às necessidades humanas e menos ideológicas, e a distribuição das rendas atingir um grau satisfatório, proporcionando ao homem optar "livremente" pelo emprego de seu tempo livre. Do assunto trata Gilberto Freyre do ponto de vista futurológico, no seu *Além do apenas Moderno*. E também no seu livro sobre Sociologia da Medicina: outra Sociologia nova de que é um dos pioneiros dentro e fora do Brasil.

2. SOCIOLOGIA DA RELIGIÃO

À Sociedade da Religião que, segundo alguns autores mais exigentes, entre eles Gabriel Le Bras, se encontra na fase das problemáticas e das introduções, não devem interessar como campo de análise a natureza ou a essência das religiões, mas sim o comportamento social do homem religioso, a importância da religião na estrutura da sociedade e as inter-relações entre ambas. Enquanto as disciplinas teológicas têm raízes doutrinárias e procuram mostrar como "devem os homens e os grupos sociais viver a sua vida religiosa", na expressão de Nicolas Boer, a Sociologia da Religião aborda os fatos e os fenômenos religiosos de um ponto de vista estritamente social e, é claro, científico.

Ainda que essa sociologia especial não se tenha desenvolvido, no Brasil, como era de esperar em uma nação tão rica de manifestações religiosas de todos os tipos, a criação, nos últimos dez anos, de cadeiras de Sociologia em diversas universidades brasileiras, deixa-nos uma margem de otimismo que só o tempo poderá comprovar.

Entre outras coisas, estão a merecer um enfoque sociológico em profundidade as influências do último Concílio Ecumênico em países tradicionalmente católicos. Uma espécie de progressiva modificação dos rituais da Igreja católica, após aquele Concílio, deve ter provocado mudanças importantes no comportamento sociorreligioso de grande parte de católicos não muito praticantes e de outros especialmente chocados com as novidades introduzidas. O casamento frequente de sacerdotes, os altares despidos de imagens, o fato de muitos santos venerados terem sido desprovidos bruscamente de suas auréolas pela Santa Sé, a substituição do latim pelo idioma local, a confissão comunitária, a abreviação do jejum antes da Comunhão Eucarística, a celebração de missa em horários noturnos, o pouco uso das vestes talares, e muitas outras modificações podem ter quebrado certas místicas de relevância para o homem comum ou pouco informado a respeito de sua própria religião.

No Brasil, recentes estudos têm revelado o crescimento considerável do protestantismo e dos cultos afro-brasileiros, de modo mais notório a umbanda. O Concílio veio aproximar, possivelmente sem vantagens, tendo-se em vista a formação cultural do povo brasileiro, o ritual católico do protestante, quanto ao clima espiritual no interior dos templos, sem línguas mortas ou profusão de imagens. E é se esperar que o espiritismo, em suas várias manifestações, assumindo formas sincréticas, se tenha beneficiado com tudo isso, ganhando novos adeptos, pelo menos entre aquelas pessoas mais ávidas de manifestações psicossobrenaturais e não muito satisfeitas com aquilo que podem considerar "demasiado material e terreno" nos cultos protestante e católico.

Não é de admirar, como já destacamos no ensaio *Igreja, política e religião*, o crescente aumento do protestantismo nas áreas rurais do Nordeste brasileiro. Aumento que é menos obra de missionários financiados por fundações norte-americanas, de missões evangelizadoras nacionais, do que de um conflito social evoluindo desde algum tempo – a religião do pobre, do trabalhador de enxada, e a religião do rico, do senhor de engenho, fazendeiro ou usineiro. Protestantismo x catolicismo. Diversos protestantes assumiram lideranças sindicais, antes do ano de 64, na Zona da Mata de Pernambuco. Certa vez, o padre Melo declarou ser difícil deixar de encontrar um protestante entre os trabalhadores dirigentes de organizações sindicais.

Não podemos deixar de pensar que o êxito dos pentecostais reflete uma revolta de caráter político-social. Assinale-se que os pentecostais, na zona rural nordestina, sensibilizaram as classes mais desfavorecidas, mais divorciadas dos proprietários, quase marginais. Um forte concurso de circunstâncias provocou essa explosão religiosa. O desenvolvimento do protestantismo, entre os trabalhadores, expressa, sociologicamente falando, a resposta a uma perda de valores culturais sofrida por uma grande parte da população rural. Queremos dizer: valores culturais perdidos pelo nomadismo do trabalhador, pela mentalidade do desenvolvimento industrial, pós-patriarcal, pelo declínio das estruturas e organizações tradicionais, atingindo em cheio a Igreja católica. Daí o trabalhador, antes de se tornar protestante, sentir-se um frustrado, isolado, como decorrência das sucessivas crises da agricultura, desejoso de procurar o convívio de uma comunidade mais solidária, relações interindividuais, de gozar um melhor status social, de achar um "papel para desempenhar". Os conservadores, receosos da pluralização das estruturas, sempre pretenderam uma igreja única, medieval, fechada. O protestantismo, na zona rural nordestina, em grandes proporções, veio substituir um credo ligado ao patriarcalismo, introduzindo uma possibilidade de opção ao mesmo tempo que se desmoronavam, por causas diversas, as velhas estruturas conservadoras. O trabalhador, então, começou a ter possibilidades de escolher a sua religião. E mais ainda: podia até confirmar a sua falta de fé, caminhar para as formas de ateísmo mais recentes. Assim sendo, com o passar do tempo, será possível se falar em pais católicos, filhos protestantes e netos ateus.

O estudo dos cultos afro-brasileiros, do ponto de vista sociológico, precisa ser intensificado no Brasil, pois apresentará sempre consideráveis subsídios para análise dos fatores sociais em estrita conexão com a necessidade religiosa de uma já notável parcela de indivíduos. A umbanda, uma solução particular, fruto de interações sociorreligiosas constantes e de raízes histórico-sociais bem definidas, apresenta bastantes atrativos para o investigador social. Em todo o mundo, tem-se observado um crescente desenvolvimento de várias espécies de magia, associadas ou paralelas a outras tantas tendências para a Astrologia, particularmente em países onde o progresso tecnológico se confunde com valores cada vez mais materialistas. Trata-se, evidentemente, de uma resposta espiritual perfeitamente digna de ser associada a alguns elementos de tensão, surgidos na sociedade urbano-industrial moderna.

Para a Sociologia da Religião, abrem-se novos campos de investigação, nos quais poderão trabalhar outras ciências sociais, com possibilidades de predições bem significativas quanto às futuras tendências sociorreligiosas do mundo. Assunto a que se refere Gilberto Freyre no seu *Além do apenas moderno*, depois de ter, pioneiramente, feito Sociologia da Religião no seu *Casa grande & senzala*, ao caracterizar como especificamente brasileiro, em suas formas sociais, o catolicismo "mais de família do que de catedral", que aqui se desenvolve desde os dias coloniais.

ANEXO II

Contribuição do sociólogo Roberto Mota

1. SOCIOLOGIA DO DESENVOLVIMENTO

O objeto da Sociologia do Desenvolvimento e, como diz o nome, o estudo das transformações sociais e culturais, ligadas a transformações econômicas que signifiquem passagem de uma a outra forma de organização econômica: de economia predominantemente agrícola, por exemplo, para economia predominantemente industrial.

Nem toda mudança social, como se pode facilmente entender, significa a substituição qualitativa de uma forma econômica por outra; daí não se confundir a Sociologia do Desenvolvimento com a assim chamada "Sociologia da Mudança". A do desenvolvimento apresenta caráter mais concreto, ligada a fatos históricos como a transição de regimes agrários feudais a regimes industriais capitalistas.

Representa, ainda, a Sociologia do Desenvolvimento, o estudo das pré-condições, dos processos e da consequência da difusão, por quase todo o mundo, tanto em sua parte técnica, quanto no que diz respeito à organização social e aos valores culturais, da civilização da Europa ocidental e da América do Norte.

Esse ramo da Sociologia Especial tem, no estudo de seu campo especial, duas ambições: descrever e explicar. A primeira tarefa compreende o estudo de alterações na "morfologia social": mudanças demográficas, aumento e diminuição do crescimento populacional, mudanças na distribuição espacial da população, com o crescimento urbano e a diminuição do número de agricultores etc.

Sem querer fazer trabalho de economista, não pode o estudioso de Sociologia do Desenvolvimento deixar de se referir a fenômenos mais diretamente econômicos. Assim, interessam as novas fontes de energia, usadas em processos de produção, pelas suas consequências sociais e culturais, no desaparecimento de grupos sociais, na aparição de outros, nas novas concepções de tempo e de lazer, por exemplo.

Questão fundamental refere-se ao grupo, ou classe, portador ou autor do desenvolvimento. Como toda Sociologia, a do desenvolvimento tem que levar em conta a complexidade das relações sociais e evita a ideia, sedutoramente simplista, de uma sociedade monolítica, de interesses sempre harmônicos.

Como outras transformações sociais, o desenvolvimento encontra interesses e resistências. Convém mais a certos grupos, enquanto pode ir contra as comodidades ou os hábitos de outros setores. Daí constituir tarefa fascinante descobrir, em situações concretas, as assim chamadas "elites empreendedoras", que não têm por que se confundir com grandes acionistas ou diretores de empresas.

Ligado a esse campo de investigação, está o estudo dos valores ou do *ethos* do desenvolvimento ou dos grupos que o promovem. A sociologia americana é particularmente rica em tipologias e dicotomias, como se verá mais adiante. Mas os europeus já se preocupavam, antes, com o problema, bastando mencionar a famosa oposição, sugerida por Tönnies, entre "comunidade" e "associação".

O estudo sociológico do desenvolvimento não para na descrição do processo. A explicação – quer se acrescente ou não, dependendo de pontos de vista epistemológicos, o adjetivo "causal" – é seu último e fundamental objetivo.

Tal como em qualquer outro campo de explicação sociológica ou histórica, aparecem aqui dificuldades cruciais. O que é causa e o que é efeito, nas ciências humanas? Quase que reaparece o problema das ciências da cultura, opostas às ciências da natureza, com todas as divisões e polêmicas que ocasionam entre cientistas sociais.

Pode-se, como querem autores de orientação marxista ou materialista, afirmar o primado de fatores técnicos, de forças produtivas, na origem causal do desenvolvimento? Ou será que essa primazia vale só para algumas áreas e períodos concretos, qualquer tentativa de generalização para outras regiões ou outros tempos constituindo violência às regras da observação e da teoria científica?

Ou, ao contrário, será, como querem outros estudiosos, que fatores éticos ou até psicológicos são sempre os fundamentais? Haverá conciliação ou meio-termo entre o "materialismo" de uma e o "idealismo" de outros, ou depende talvez o conflito de tomadas de posições filosóficas, incapazes de validação ou desmentido a partir de pesquisa apenas sociológica?

O sociólogo interessado em desenvolvimento tem que tomar emprestados conceitos e formulações não só de sociólogos, como também de economistas, antropólogos, historiadores, nem sempre conscientes de terem se interessado, diretamente, por questões de "Sociologia do Desenvolvimento".

Comte, Spencer, Durkheim escreveram sobre as diferenças entre sociedades pré-industriais e industriais, embora variem a perspectiva e o vocabulário adotados por cada um. Marx constitui menção obrigatória em qualquer estudo sociológico de desenvolvimento, não só por suas análises técnicas do crescimento do capitalismo, como também pelas explicações causais que propõe, até hoje motivo de forte divisão entre cientistas sociais.

Ferdinand Tönnies representa outro marco nos estudos de desenvolvimento, com a tipologia que propõe, do mesmo modo que seu continuador americano, o antropólogo Robert Redfield. Gilberto Freyre, sem ser propriamente "sociólogo do desenvolvimento" ou historiador econômico, não pode ser omitido por quem se interesse em compreender, do ponto de vista da Sociologia Genética, ou da antropologia, a formação da sociedade e da economia do Brasil.

Entre os sociólogos voltados, *ex professo*, para fenômenos econômicos, Max Weber é um clássico, com *A ética protestante e o espírito do capitalismo* e *História econômica geral*. Para ele, a economia se apresenta como função de determinada orientação ideológica ou ética. A racionalização calvinista transborda em racionalismo no uso dos fatores de produção.

Werner Sombart é outro clássico de primeira grandeza, cuja reputação tem sofrido por causa de atitudes políticas em seus últimos dez anos de vida. Mas sua monumental história do capitalismo – social e sociológica, tanto quanto econômica – impõe-se ainda como talvez a obra-prima no assunto. Para Sombart, o capitalismo moderno representa a exteriorização de um *ethos*, de um espírito, "Geist", em vocabulário quase hegeliano, sem colocar necessariamente a maior ênfase em aspectos religiosos. Seu *Der Kapitalismus* foi traduzido para o espanhol e o francês e, em parte, para o inglês.

Nos Estados Unidos tem surgido toda uma série de teorias, descritivas ou explicativas, do desenvolvimento. A influência de Weber tende a predominar, embora entendida muitas vezes de maneira bastante curiosa – e com inesperadas ramificações psicológicas.

São conhecidos, no Brasil, os nomes de Bert Hoselitz, que em *Sociological aspects of economic growth* aplica as dicotomias de Talcott Parsons à comparação entre áreas industriais e "tradicionais". (Ação neutra, universal e precisa, *status* baseado na realização, em áreas "desenvolvidas"; e, para regiões tradicionais, padrões de atividade econômica afetivos, particulares, difusos, acompanhados de status baseado em "qualidades" hereditárias ou místicas.)

David McClelland, em *The achieving society*, vê no desenvolvimento econômico, da América do Norte e áreas afins, efeito da existência de personalidades cheias de uma misteriosa necessidade de realização ("need-achievement"), contraposta a necessidades menos dinâmicas em indivíduos de áreas tradicionais. Everett Hagen, autor de *On the theory of social change*, junta a essa teoria psicológica o estudo histórico da importância de grupos marginais para a inovação econômica: imigrantes desenraizados ou minorias religiosas seriam os autores do progresso econômico.

No Brasil tem sido grande o movimento editorial em assuntos de desenvolvimento. Tão grande que qualquer enumeração de autores ou livros arrisca-se a permanecer incompleta ou a cometer injustiças. Destaquemos apenas os nomes de Florestan Fernandes, Fernando Henrique Cardoso, L. A. da Costa Pinto, Calderón Beltrán, Fernando de Ávila, Artur Rios, Pinto Ferreira e do economista Celso Furtado. São características brasileiras – apesar da forte influência americana – salientar a diferença entre "desenvolvimento", com transformação de estruturas sociais básicas, e "modernização", caracterizada por introdução de novas técnicas de produção e novos padrões de consumo, mas sem alteração substancial nas relações sociais ou políticas. Autores brasileiros têm também adotado a ideia de que o subdesenvolvimento, de áreas periféricas ou coloniais, constitui complemento e mesmo consequência do desenvolvimento de áreas metropolitanas ou imperialistas.

A Sociologia do Desenvolvimento aparece, no Brasil atual, como a mais popular das sociologias. Mas é quase missão do sociólogo alertar o estudante para o que existe de simplismo em muitas das formulações da disciplina. Mesmo havendo acordo geral quanto às vantagens do aumento de produtividade econômica e de bem-estar decorrentes do desenvolvimento, não se segue que esse processo implique cosmopolitanismo duvidoso, resultante da dissolução das tradições nacionais e regionais de áreas consideradas subdesenvolvidas.

Mais do que nunca antes, impõe-se no Brasil de hoje atitude, também no que diz respeito à economia, que seja corajosamente modernista pela adoção de novidades vantajosas, mas tradicionalista e regionalista em seu empenho de impedir descaracterização que possa ir contra o humano, que só existe no concreto em regiões e tradições.

2. SOCIOLOGIA DA ARTE

Na arte nem tudo é sociológico. O impulso criativo, a intuição propriamente artística não se explicam por nenhuma teoria, apenas sociológica ou exclusivamente racional. O sociólogo da arte deve, portanto, evitar o imperialismo da Sociologia em terrenos apenas parcialmente seus. Sobra, no fenômeno estudado, toda uma riqueza de aspectos metassociológicos ou metacientíficos.

Mas se o respeito à livre criatividade, à intuição, ao especificamente estético, aparece como princípio de sabedoria sociológica, é legítima a pretensão do cientista social estudar a arte, pelo que ela necessariamente apresenta como expressão de relações sociais e por suas origens dentro de uma cultura determinada, em tempos e lugares concretos.

Não existe artista que não faça parte de uma sociedade, que não se tenha socializado dentro de grupos ou classes sociais. Ele recebe a matéria de sua arte através da experiência sociocultural. Usa símbolos, que não pode ter tirado do nada, por maiores que sejam seu talento ou genialidade.

Arte implica comunicação e nada mais social do que comunicar. A aceitação da obra de arte, a vitória de estilos ou modas encontra-se ligada a interesses societais ou grupais, muitas vezes desligados de considerações puramente técnicas ou estéticas. Mas ainda aqui, devemos evitar exageros racionalistas. Tanto funcionalistas como marxistas exagerados tendem a descobrir correlações perfeitas entre arte e expressão da solidariedade social, como um todo, ou de interesses de classe em particular.

Existe a correlação, mas nunca perfeita. A realidade é mais sutil do que a teoria. O irracional da arte segue suas próprias exigências e foge, desaparece, na medida em que se torna objeto apenas de utilização política ou estratégica.

Depois, se arte expressa relações sociais por seu conteúdo concreto, ela própria influencia estruturas econômicas, sociais ou ideológicas. O professor Roger Bastide critica os que "utilizam a arte como o intermediário entre a infraestrutura econômica e a superestrutura ideológica [...] a arte, criando nos espíritos uma certa imagem do mundo, se concretiza na sociedade por um estilo de vida por sua vez encarnado nas formas sociais".

Pode-se dizer que é, ou deve ser, "dialética" a posição do sociólogo no estudo da arte. Respeita aquilo que é intuição ou criatividade metalógicas. Mas sabe que os materiais do artista têm origem e repercussão de caráter social. Sabe ainda, por força mesmo dessa origem social, que a arte apresenta um reflexo por assim dizer disfarçado ou sublimado, da sociedade, do grupo e da cultura do artista: não existe o estético a não ser encarnado no concreto da obra de arte. Ao mesmo tempo, "a vida imita a arte", pois, por ser comunicação e criatividade, a arte repercute no social, levando-o a novos rumos e orientações.

3. SUGESTÕES PARA EXERCÍCIOS

O grande inimigo, no uso didático deste livro, seria o aprendizado apenas memorizador. professores e alunos, lembrados de que "a letra mata e o espírito vivifica", deverão levar seu entendimento do texto além das formulações escritas, buscando, em todas as etapas, *compreender* o que o autor quis dizer.

O professor facilitará essa tarefa pelo tipo de exercícios e trabalhos que venha a passar. Sugere-se, por exemplo, a elaboração de resumos e sumários dos diferentes capítulos, devendo o aluno apontar e delimitar os problemas discutidos.

Para temas de exercícios escritos, ou em perguntas para provas de verificação, é importante evitar fórmulas que ocasionem simples definições, preferindo, pelo contrário, levar o aluno a fazer seus próprios relacionamentos e raciocínios. No primeiro capítulo, por exemplo, em vez de dar definição de "pessoa social", seria melhor que o estudante mostrasse como esse conceito se coloca entre os extremos do formalismo e do culturalismo em Sociologia.

Sugere-se também que professor e aluno busquem, em outros livros do mesmo autor, a demonstração prática do que aqui vem apresentado em forma teórica. Tema sugestivo de trabalho seria descobrir os diversos enfoques de *Casa grande & senzala*, *Sobrados e mucambos* e *Ordem e progresso*, relacionando-os com o que se diz, neste livro, sobre as Sociologias Especiais.

Ainda interessante, como forma prática de trabalho, seria que alunos e professores procurassem, em rápidas pesquisas de campo, aplicação prática dos conceitos de Sociologia. O estudo, por exemplo, das relações de família em comunidade de vizinhança, bairro ou cidade, à luz do que se diz na seção 8 do VI Capítulo.

Em qualquer variedade de aprendizado ou verificação que se adote, tenha-se sempre o cuidado de referir os conceitos sociológicos ao entendimento de situações sociais existenciais e concretas; sendo atendida essa condição, pode o professor variar os exercícios do modo que lhe pareça mais conveniente, dentro de seus recursos de tempo e disponibilidade.

BIBLIOGRAFIA DE GILBERTO FREYRE

1. LIVROS

A casa brasileira. Rio de Janeiro: Grifo, 1971.

A condição humana e outros temas. Rio de Janeiro: Grifo, Mec, 1972.

A propósito de frades. Salvador: Universidade da Bahia, 1959.

Açúcar. Uma sociologia do doce com receitas. São Paulo: Global, 2007

Além do apenas moderno. Sugestões em torno de possíveis futuros do homem, em geral, e do homem brasileiro, em particular. São Paulo: Topbooks, 2001.

Antecipações. Recife: Edupe, 2001.

Arte, ciências e trópico. Rio de Janeiro: Bertrand Brasil, 2002.

Assombrações do Recife velho. São Paulo: Global, 2008

Aventura e rotina. São Paulo: Topbooks, 2001

Brasis, Brasil, Brasília. Rio de Janeiro: Record, 1968.

Casa grande & senzala. São Paulo: Global, 2006.

Como e porque sou e não sou sociólogo. Pref. Roberto Lira Filho. Brasília: Editora da Universidade de Brasília, 1968.

Conferências na Europa. Rio de Janeiro: Ministério da Educação e Saúde, 1938.

Contribuição para uma sociologia da biografia. Campo Grande: Fundação Cultural de Mato Grosso, 1978.

Diário íntimo do engenheiro Vauthier –1840-1846. Rio de Janeiro: Ministério da Educação e Saúde, 1984.

Dona Sinhá e o filho padre. Rio de Janeiro: Ediouro, 2000.

Guia prático, histórico e sentimental da cidade do Recife. São Paulo: Global, 2007.

Homem, cultura e trópico. Recife: Imprensa Universitária, 1962.

Homens, engenharias e rumos sociais. Rio de Janeiro: Record, 1987.

Ingleses no Brasil. São Paulo: Topbooks, 2001.

Insurgências e ressurgências atuais. São Paulo: Global, 2007.

Integração portuguesa nos trópicos. Lisboa: Minerva, 1959.

Interpretação do Brasil. São Paulo: Cia. das Letras, 2001.

Modos de homem e modas de mulher. Rio de Janeiro: Record, 1987.

Mucambos do Nordeste. Recife: Instituto Joaquim Nabuco de Pesquisas Sociais, 1967.

Na Bahia, em 1943. Rio de Janeiro: Comp. Brasileira de Artes Gráficas, 1944.

Nós e a europa germânica. Rio de Janeiro: Grifo, Mec, 1971.

Novo mundo nos trópicos. São Paulo: Topbooks, 2001.

Nordeste. São Paulo: Global, 2004.

O luso e o trópico. Lisboa: s. n., 1961.

O mundo que o português criou. Rio de Janeiro: Livraria José Olympio Editora, 1940.

O escravo nos anúncios de jornais brasileiros do século XIX. São Paulo: CBBA/Propeg, 1984.

O velho Félix e suas "Memórias de um Cavalcanti". Recife: Massangana, 1989.

Olinda – 2º Guia prático, histórico e sentimental de cidade brasileira. São Paulo: Global, 2007

Oliveira Lima, Dom Quixote gordo. Recife: Universidade Federal de Pernambuco, 1970.

Ordem e progresso. São Paulo: Global, 2004

Perfil de Euclydes e outros perfis. Rio de Janeiro: Record, 1987.

*Problemas brasileiros de antropologia.*Rio de Janeiro: Livraria José Olympio Editora, Rio, 1973.

Quase política. Rio de Janeiro: Livraria José Olympio Editora,1980.

Região e tradição. Rio de Janeiro: Gráfica Record Editora, 1968.

Retalhos de jornais velhos. Pref. Luís Jardim. Rio de Janeiro: Livraria José Olympio Editora, 1964.

Rubanização, que é? Recife: Massangana, 1982.

Sobrados e mucambos. Edição comemorativa 70 anos. São Paulo: Global, 2006.

Sociologia, I e II. São Paulo: É Realizações, 2009.

Sociologia da medicina. Brasília: UnB, 2004.

Sugestões de um novo contato com universidades européias. Recife: Imprensa Universitária, 1961.

Seis conferências em busca de um leitor. Pref. Gilberto de Melo Kujawski. Rio de Janeiro: Livraria José Olympio Editora, 1965.

Talvez poesia. Pref. de Mauro Mota. Rio de Janeiro: Livraria José Olympio Editora, 1962.

Tempo morto e outros tempos. São Paulo: Global, 2006.

Trópico & colonização, nutrição, homem, religião, desenvolvimento, educação e cultura, trabalho e lazer, culinária, população. Trabalhos apresentados e debates travados no Seminário de Tropicologia da Universidade Federal de Pernambuco sob a direção de Gilberto Freyre. Recife: Universidade Federal de Pernambuco, 1969. 2v,

Um brasileiro em terras portuguesas. Rio de Janeiro: Livraria José Olympio Editora, 1953.

Um engenheiro francês no Brasil. Rio de Janeiro: 1960.

Vida, forma e cor. Rio de Janeiro: Record, 1990.

Vida social no Brasil nos meados do século XIX. São Paulo: Global, 2009.

2. OPÚSCULOS

A Amazônia brasileira e uma possível luso-tropicologia. Rio de Janeiro: Superintendência do Plano de Valorização Econômica da Amazônia, 1964.

A propósito de Mourão, Rosa e Pimenta: sugestões em torno de uma possível hispano-tropicologia, Recife: Arquivo Público Estadual, Recife, 1959.

Américanité et latinité de l'Amérique Latine. Separata de *Diogène*, Paris, 1963.

Discursos no lançamento da edição popular de Casa grande & senzala. Com Nilo Pereira. Recife, 1967.

Dom Pedro II julgado por alguns estrangeiros seus contemporâneos. Petrópolis, 1970.

Gilberto Freyre entrevistado aos 70. Recife, 1970.

Manifesto de 7 de setembro do Instituto Joaquim Nabuco de Pesquisas Sociais. Com vários autores. Recife, 1970.

Manifesto regionalista de 1926. Recife: Instituto Joaquim Nabuco de Pesquisas Sociais, Recife, 1967.

O Brasil em face das Áfricas negras e mestiças. Lisboa: Federação das Associações Portuguesas, 1963.

O Estado de Pernambuco e sua expressão no poder nacional: aspectos de um assunto complexo. Recife: Imprensa Universitária, 1964.

Pernambucanidade, nordestinidade, brasileiridade. Com Mauro Mota. Recife, 1970.

Sugestões em torno de uma nova orientação para as relações intranacionais no Brasil. São Paulo, 1958.

Um novo tipo de seminário (Tannembaum) em desenvolvimento na Universidade de Colúmbia: conveniência da introdução da sua sistemática na Universidade do Recife. Recife: Imprensa Universitária, 1965.

Uma política transnacional de cultura para o brasil de hoje. Belo Horizonte, 1960.

3. ALGUMAS DAS OBRAS MAIS RECENTES SOBRE ASSUNTOS SOCIOLÓGICOS VERSADOS EM SOCIOLOGIA

ÁVILA, Fernando Bastos de. *Introdução à sociologia*. Rio de Janeiro: Agir, 1964.

AYALA, Francisco. *Confrontaciones*. Barcelona: Seix Barral, 1972.

BASTIDE, Roger. *Anthropologie appliquée*. Paris: Payot, 1971.

BELTRÃO, P. Carderán. *Sociologia do desenvolvimento*. Porto Alegre: Globo, 1965.

BERGER, Peter L. *Invitation to sociology – A humaniste perspective*. New York: Anchor Books, 1963.

BOUTHOUL, G. *Les structures sociologiques*. Paris: Petite Bibliotheque Payot, 1968.

CAMPOS COELHO, Edmundo. (Org.) *Sociologia da burocracia*. Rio de Janeiro: Zahar Editores, 1966.

DURAND, José Carlos Garcia. (Org.) *Sociologia do desenvolvimento*. Rio de Janeiro: Zahar, 1967.

FERNANDES, Florestan. *Sociedade de classes e subdesenvolvimento*. Rio de Janeiro: Zahar, 1968.

FERREIRA, Luiz Pinto. *Sociologia do desenvolvimento*. Rio de Janeiro: s. n., 1970.

FICHTER, Joseph H. *Sociologia*. São Paulo: Herder, 1967.

FREYRE, Gilberto. *Ordem e progresso*. Rio de Janeiro: José Olympio, 1962.

_____. *Contribuição para uma sociologia da biografia*: o exemplo de Luís de Albuquerque, governador de Mato Grosso, no fim do século XVII. Lisboa: Academia Internacional de Cultura Portuguesa, 1968. 2v.

_____. *Nós e a Europa germânica*: em torno de alguns aspectos das relações do Brasil com a cultura germânica no decorrer do século XIX. Rio de Janeiro: Grifo, 1971.

_____. *Açúcar*. 2.ed. muito aumentada. Rio de Janeiro: Ministério da Indústria e Comércio, 1969. (Coleção Canavieira)

_____. *Como e porque Sou e não sou sociólogo*. Brasília: Universidade de Brasília, 1968.

_____. Sociologia da medicina: breve introdução ao estudo dos princípios, dos seus métodos e das suas relações com outras sociologias e com outras ciências. Lisboa: Fundação Calouste Gulbenkian, 1967.

_____. *Dona Sinhá e o Filho padre*. Rio de Janeiro: José Olympio, 1971 (Col. Sagarana).

HOSELITZ, Bert F. *Aspectos Sociológicos do Crescimento Econômico*. Rio de Janeiro: Fundo de CUltura 1964.

INKELES, Harry M. *Que é sociologia?*: uma introdução à disciplina e à profissão. Trad. Dante Moreira Leite, Rio de Janeiro: Pioneira, 1967.

JOHNSON, Harry M. *Sociologia*. Rio de Janeiro: Lidador, 1967.

MOLES, Abraham A. *Sociodynamique de la culture*. Paris: Mouton, 1971.

MORAIS, J. Pessoa de. *Sociologia da revolução brasileira*. Rio de Janeiro: Leitura, 1965.

PINTO, L. A. Costa. *Desenvolvimento Econômico e Transição Social*. Monografias do Instituto de Ciências Sociais da Universidade Federal do Rio de Janeiro. Rio de Janeiro, 1967

ROCHER, Guy. *Sociologia geral*. Lisboa: Presença, 1971.

RUITENBEEK, H. (Org.) *Varieties of modern social theory*. New York: Dutton, 1963.

SOUTO, Cláudio. *Fundamentos da sociologia jurídica*. Recife: Universidade Católica de Pernambuco, 1968.

SCHILLING, Kurt. *História das idéias sociais*. Rio de Janeiro: Zahar, 1971.

SCHUMAKER, W. *Literature and the irrational*. New Jersei: Prentice-Hall, 1960.

ZIEGLER, J. *Sociologia e contestação*. Rio de Janeiro: Civilização Brasileira, 1972.

BIBLIOGRAFIA DOS APÊNDICES

ANEXO I
1. Sociologia do Lazer

CAILLOIS, Roger. *Les jeux et les hommes*. Paris: Gallimard, 1958.

DUMAZEDIER, Joffre. *Vers une civilisation du loisir?* Paris: Seuil, 1962.

ELIOT, T. S. *Notes towards the definition of culture*. New York: Harcourt Brace, 1949.

FOURASTIÉ, Jean. *A civilização de 1995*. Lisboa: Publicações Dom Quixote, 1972.

FREYRE, Gilberto. *Arte, ciência social e sociedade*. Recife: Escola de Belas Artes de Pernambuco, 1957.

_____. On the Iberian concept of time. In: _____. *The American Scholar*. Chapel Hill: United Chapters of Phi Beta Kappa and University of North Caroline, 1963. (publicado também em alemão, em opúsculo publicado pela Universidade de Münster.)

_____. Tempo, ócio e arte. *Revista Brasileira de Cultura*, Rio de Janeiro, v.2. n.3, 1970.

_____. *Ordem e progresso*. Rio de Janeiro: Livraria José Olympio Editora, 1962.

FRIEDMANN, Georges. *Où va le travail humain*. Paris: Gallimard, 1953.

GRAZIA, Sebastian de. *Tiempo, trabajo y ócio*. Madrid: Editorial Tecnos, 1966.

MARCUSE, Herbert. *Cultura y sociedad*. Trad. argentina E. Bulygin e E. Garzón Valdés. Buenos Aires: Sur, 1968.

MEAD, Margaret. O padrão do lazer na cultura americana contemporânea. In: RUITENBEEK, Hendrik M. (Org.) *O dilema da sociedade tecnológica*. Trad. Wamberto Hudson Ferreira. Petrópolis: Vozes, 1971.

TOYNBEE, Arnold. *A study of history*. London: Oxford University Press, 1954. v.IX.

UNAMUNO, Miguel de. En defesa de la Haraganería. In: _____. *Ensaios*. Madrid: Aguilar, 1942.

VEBLEN, Thorstein. *A teoria da classe ociosa*. São Paulo: Livraria Pioneira Editora, 1965.

ANEXO II
2. Sociologia da Religião

BASTIDE, Roger. *Élements de sociologie religieuse*. Paris: A. Colin, 1947.

BOÉR, Nicolas. *Introdução à sociologia religiosa* (pequeno esboço para os estudos sociológicos sobre as religiões). São Paulo: Herder, 1955.

FERNANDES, Albino Gonçalves. *Região, crença e atitude*. Recife: Instituto Joaquim Nabuco, 1963.

FREYRE, Gilberto. *A propósito de frades*. Salvador: Livraria Progresso Editora, 1959.

_____. *Em torno de alguns túmulos afrocristãos*. Salvador: Imprensa da Universidade da Bahia, 1959.

FREYRE, Gilberto. *Ordem e progresso*. Rio de Janeiro: Livraria José Olympio Editora, 1962.

LE BRAS, Gabriel. *Études de sociologie religieuse*. Paris: Presses Universitaires de France, 1955.

LEONARD, Émile G. *O protestantismo brasileiro*. Trad. Linneu de Camargo Sautzer. São Paulo: Aste, 1950.

NOTTINGHAM, Elizabeth. *Sociologia de la religión*. Trad. Magda Liguori e Saad Chedid. Buenos Aires: Paidós, 1964.

PARSONS, Talcott. *Religions perspectives of College Teaching in Sociology and Social Psychology*. New Haven: Edward W. Hazen Foundation, 1951.

RIBEIRO, René. *Religião e relações sociais*. Rio de Janeiro: Ministério da Educação e Cultura, 1956.

WACH, Joachin. *Sociology of religion*. London: K. Paul, 1947.

WEBER, Max. *Economia y sociedad*. Trad. José Ferrater Mora. México: Fondo de Cultura Económica, 1944.

ÍNDICE DE ASSUNTOS

A

Acomodação, processo de, 297-8
Ambiente, antecipação de influências do, 266
Anormalidade, e normalidade sociológicas, 128-9, 135-6, 154-6, 253-4
Antideterminismo
— econômico, 150-1, 216-17
— psicológico, 128
Antievolucionismo, 202
Antirracismo, 205-6, 255-62
Antropocentrismo (ou sociocentrismo?), 137-9
Antropologia, relações com a Sociologia, 199 ss.
Assimilação, processo de, 304
Atração, e repulsão, 329 ss.

B

Behaviorismo, 195-9, 290 ss.
Biografia, seu valor sociológico, 189-90
Biologia, relações com a Sociologia, 190 ss., 245 ss.
Biomo, 117 ss.
Brasil patriarcal, minorias não acomodadas no, 304

C

Ciências naturais e culturais, conceitos, 175 ss.
Ciências sociais, relações entre as — (ver "interrelacionismo")
Cientifizações
— da Sociologia, 180-3
— do Direito, 221 ss.
Classe consciência de, 286 ss.
Competição, processo de, 298-300
Complexidade, e exclusividade, 484 ss.
Complexo, racial, 267
Conflitos
— da Sociologia com as demais ciências sociais, 178 ss.
— teóricos na Sociologia geral, 431 ss.
Consciência de *status* e *espécie*, 137
Constitutional cocktails, 224
Contato social e interação, 157 ss.
Convenção, e invenção, 202-5
Cooperação, processo de, 299-300
Corologia e Geografia social, 212-13
Crise
— da burguesia, 267-8
— do primado europeu, 266, 268
Critério, ou método
— funcional, 208-9
— histórico-cultural, 209-10
Cultura
— classificações antropológicas da, na Sociologia, 201
— compreensão filosófica, 210
— distinção entre natureza e, 175
— psicológica, segundo Boas, 210
— sua continuidade, 155-7
Culturas, semelhança básica entre, 203-4

D

Darwinismo, sua influência na Sociologia, 191-2
Desejos, simplificação de Thomas e Znaniecki, 280-1
Desorganização, e organização ou patologia sociais — (ver "anormalidade")
Determinismo, "conflitos" e "limites", e reação geral ao, 259-60
Diferenciação
— e integração, 419 ss.

– processo de, 302-3

Dinamismo, seu critério na Sociologia, 468 ss.

Direito
– cientifização do, 221 ss.
– relações com a Sociologia, 221 ss.

E

Ecologia, repercussões na Sociologia, 313 ss.

Economia, repercussões na Sociologia, 215 ss.

Élite, e massa, 455 ss.

Empirismo, nas sociologias americana e alemã, 159, nota 64

Endocrinologia, repercussões na Sociologia, 293 ss.

Escola do Recife, e a Sociologia, 248-50

Estudo antropológico, bases do, 201-4, 207

Ética, relações com a Sociologia, 236 ss.

Eugenia, e seleção orgânica, 253-5

Exclusividade e complexidade, 484 ss.

F

Fato
– histórico, e fato sociológico, diferenças, 185-6, 368
– religioso, sua natureza social, 234-5

Fatos extracientíficos, segundo Ritchie, 187-8

Filhos, e pais e irmãos, 459 ss.

Filosofia social, relações com a Sociologia, 179 ss.

Fisiologia, e interpretação da História, 245

Formalismo, recuo na sociologia alemã, 159, nota 64, espec. p.160

Fraternidade, e fraternalismo, 462 ss.

G

Geografia cultural, relações com a Sociologia, 212 ss.

Geografia social e Corologia, 212-13

Gestalt, 306 ss.

Grupo, 147 ss.

Guerra, 271 ss.

H

Hábito, sua influência na mentalidade, 390 ss.

Herança, sua repercussão na Sociologia, 288 ss.

Hereditariedade, no indivíduo e na família, 192.

História
– como método de acesso, segundo Carl L. Becker, 248
– conceito, segundo Rickert, 186
– relações com a Sociologia, 185 ss.

I

Imitação, processo de, 301-2

Imperialismo de cada ciência social – (ver "conflitos" e "limites")

Impérios, e regiões naturais básicas, 340 ss.

Improvisação de sociólogos, 113-14

Indivíduo, 434 ss.
– compreensão do, pelo grupo social, 142

Infância, sua duração entre povos primitivos e civilizados, 285

Influência inversa, lei sociológica da, 326 ss.

Influências sobre o tipo antropológico, 265-6

Instinto, relações com etnia e sexo, 286

Instituições europeias postiças na América, 348

Integração, e diferenciação, 419 ss.

Interação
– e contato social, 157 ss.
– e reciprocidade, 422 ss.

Inter-relacionismo social, interpenetração dos objetos de estudo das ciências sociais, 173 ss.

Invenção, e convenção, 202-5

Isolação, e diferenciação, como leis sociológicas, 321 ss.

L

Leis sociológicas seu conceito, e enumeração das principais, 183-4

Limites da Sociologia com as demais ciências sociais, 173 ss.

M

Marginalidade, 447-8
Massa, e *élite*, 455 ss.
Métodos da Sociologia, 133 ss.
Monocultura, sua importância para a compreensão do Brasil, 342

N

Negros e amarelos, aumento numérico de, no mundo, 268
Normalidade, na Sociologia – (ver "anormalidade")

O

"Organicismo", reação ao, 246 ss.
Organização social – 434 ss. (ver também "desorganização")

P

Pais e filhos e irmãos, 459 ss.
Pancientificismos ameaçadores da Sociologia – (ver "conflitos" e "limites")
Pansociologismo – (ver "Sociologia, pancientificismos ameaçadores da", ou, "conflitos" e "limites")
Patologia social – (ver "anormalidade")
Política, relações com a Sociologia, 221 ss.
Processos sociais, 141-3, 297 ss
Psicanálise, relações com a Sociologia, 198, 296-8
Psicologia, relações com a Sociologia, 194 ss., 297 ss.

R

Raça, ou complexo racial, 267-8
Racionalismo sociológico, reação contra o, 239-40
Realidade, sua importância na teoria de Freyer, 373-4
Reciprocidade, e interação, 422 ss.
Regional, e universal, 204-5
Relações entre as ciências sociais – (ver "inter-relacionismo")
Religião, relações com a Sociologia, 234 ss.
Repulsão, e atração, 329 ss.
Resíduos sociológicos, 459 ss.
Romantismo, e historismo, 243

S

Segregação, 331 ss.
Seleção social, segundo Lapouge, 255-8
Semelhança básica entre culturas, 203-4
Sexo, interesse do civilizado e do primitivo pelo, 289-90
Situação social, 408 ss., 445 ss.
Social
– distinção do cultural, 136-9
– distinção do sociológico, 113
Socialidade, e societalização, 115-16
Socialismo, distinção da Sociologia, 115
Sociedade, definição segundo Dilthey, 353-4
Societalização, e socialidade, 115-16
Sociologia
– biológica, 245 ss.
– ciência anfíbia ou mista, 175 ss.
– cientifização da, 180-2
– da cultura, 380 ss.
– da cultura, objetivo da, 383 ss.
– definição de, 117
– genética ou histórica, 349 ss.
– geral e coordenadora, 417 ss.
– métodos da, 133 ss.
– normalidade na – (ver "anormalidade")
– objeto da, 244
– pancientificismos ameaçadores da – (ver

"conflitos" e "limites")
- psicológica, 278 ss.
- regional, 313 ss.
- relações com a Antropologia, 199 ss.
- relações com a Biologia, 191 ss., 245 ss.
- relações com a História, 185 ss.
- relações com a Política, 221 ss.
- relações com a Psicanálise, 198-9, 297-8
- relações com a Psicologia, 194 ss., 297 ss.
- relações com a Religião, 234 ss.

Status
- consciência de, 276
- e personalidade, 436-8
- importância do, 118-24, 130-1
- ostentação de, 282-4, 396-400

T

Tipos
- apolíneos e dionisíacos, 308
  biológicos (longilíneos e brevilíneos), 270
- ideais, segundo Max Weber, 362-3

U

Unidade e diversidade na Sociologia
    (conciliação num federalismo científico), 419
Unificação da Sociologia, possíveis tendências de
    uma, 233
Universal, e regional, 204-5

V

Valores sociais ostentados, 401-5

ÍNDICE ONOMÁSTICO

A

Abel, Theodore, 195, 362
Abreu, Capistrano de, 144, 336
Adams, E. D. 429
Ademola, A., 289
Adler, 130
Adorno, T. W., 159, 463
Afonso Celso, Conde de, 377
Agache, Alfred, 338
Agostinho, Santo, 58, 60, 92, 237, 485
Agrobom, Gil de, 355
Alberdi, 377
Alberto, Príncipe, 128
Alcântara, Marco Aurélio de, 238
Alcoforado, Mariana, 58
Alencar, José de, 487
Alfredo, João, 458
Alihan, Milla Aïssa, 143, 319
Allier, Raoul, 237, 301
Allport, 58, 127, 282, 365
Allport, Floyd H., 118, 127, 177, 226, 298
Allport, Gordon W., 50, 57-8, 71, 272, 282, 365, 405
Almeida, A. Tavares de, 336
Alvarez, Agustín, 377
Alverdes, F., 142
Amado, Gilberto, 52, 60, 78, 228, 231, 233, 250, 368, 391, 441
Amado, Jorge, 87, 103, 789
Amiel, 237
Ammon, Otto, 247, 255, 279
Anchieta, 273, 429
Anderson, Nels, 87, 123, 128, 336
Andler, Ch., 484

Andrade, Almir, 244
Andrade, Lopes de, 244
Angell, Robert Cooley, 120
Antônio, Santo, 272
Aquino, São Tomás de, 81, 92, 485
Aranha, Graça, 52, 88-9, 249
Arboi, Ann, 359
Arbousse-Bastide, Paul, 101, 371
Arcaya, Pedro M., 377, 393
Ardissone, Romualdo, 213, 377-8
Arensberg, Conrad M., 200, 482
Arguedas, Alcides, 355, 377
Aristóteles, 92, 119, 127, 182-3, 257, 271, 421, 433, 456, 460, 474, 501
Armstrong, A. J., 90
Arnold, Dr., 128
Aron, Raymond, 160, 223, 497
Arrais, Frei Amador, 93
Arteaga, Francisco de, 91
Arthur, 439
Arze, José Antônio, 377
Ascarelli, Tullio, 482
Aschmolean, 92
Ashley, Montagu M. F., 258
Ashton, T. S., 65
Asua, Jimenez, 228
Assis, Machado de, 46, 87, 311, 393
Aster, E. von, 181
Ávila, Santa Teresa de, 237
Ayala, Francisco, 27, 32, 49, 57, 100, 159, 181, 289, 411
Azevedo, Aluísio de, 87, 103
Azevedo, Fernando de, 13-4, 49, 106, 244, 419
Azevedo, João Lúcio de, 91

Azevedo, José de Sousa, 338
Azevedo, Tales de, 244

B

Bach, 203
Bachofen, Johann Jacob, 277
Baer, von, 187
Baez, Cecílio, 377
Bagehot, Walter, 247, 250-1, 347
Baillie, John, 235
Bain, Read, 298
Baker, John R., 247
Balandier, George, 245, 419
Balbèse, R., 348
Baldwin, M., 119
Balfour, A., 235
Baltar, Antônio, 316
Balzac, 196
Banfi, A., 187
Barbara, Mário, 294
Barbosa, Francisco de Assis, 196
Barbosa, Rui, 392
Barker, Ernest, 127, 182
Barnes, Harry Elmer, 197, 218-9, 291, 436
Barrès, 83
Barreto, Lima, 87
Barreto, Paulo, 331
Barreto, Tobias, 77, 247-50, 418, 493
Barros, Sousa, 316
Barroso, Gustavo, 52, 89, 336, 415
Bartels, Max, 277
Bartels, Paul, 106, 277
Bartlett, F. C., 188
Bastian, Roger, 92, 296, 366
Bastos, Tavares, 368
Bates, Ernest Sutherland, 235
Bates, Morston, 68
Batista, São João, 430

Baur, Erwin, 256
Bayet, Albert, 239
Bayet, M., 139
Bean, Robert Bennett, 442
Beard, 228
Beaurieux, Gaspar de, 125
Becker, 163, 306, 382
Becker, Carl L., 248
Becker, Howard, 28-9, 31, 159, 182, 350, 383
Beegle, J. Allan, 482
Beethoven, 255
Bell, B. I., 235
Belo, Júlio, 87
Bello, 93
Bellow, G. von, 364
Beltrão, C., 32
Benedict, Ruth, 60, 62, 75, 135, 147, 192, 218, 220, 234, 299, 307, 309-10, 382, 405, 490
Benes, 98
Benitez, Justo Pastor, 107
Berardinelli, W., 127, 294-5
Bergson, Henri, 47, 71, 239
Berman, Louis, 264, 294
Bernal, J. D., 94
Bernard, 310, 419, 438
Bernard, I. B., 272
Bernard, L. L., 133, 184, 234, 282, 291, 322, 352, 383, 439
Bernsdorf, 159, 161
Bernstein, E., 476
Berolzheimer, 222
Berr, 361
Besouchet, Lídia, 65
Bessa, Gumercindo, 250
Beviláqua, Clóvis, 228, 249-50, 368
Bews, J. W., 143, 252, 313, 321, 328, 340-2
Bidgood, Lee, 142, 157-8
Bidney, David, 56, 133, 200, 210, 471

Bilac, Olavo, 132
Bilden, Rüdiger, 89
Bingham, Robert F., 333
Bismarck, 204, 288, 427
Blache, Vidal de la, 213
Blackmar, F. W., 200, 229-30
Blanchard, 213
Blanco, Gusman, 379
Bleicher, G., 336
Bloss, Heinrich, 277
Blumer, Herbert, 29, 59-60, 406
Boas, Franz, 62-3, 89-90, 95, 104, 192, 197-8, 201, 205-6, 208, 210, 217, 226, 254-5, 265, 310, 390, 412, 414, 431, 489-90, 494
Boaventura, São, 237
Bode, B. H., 96
Bodenhafer, Walter Blaine, 154
Bogardus, Emory, 123
Bogle, J. M. Linton, 336
Boland, Francis J., 230
Boldrini, M., 294
Bolívar, 67, 477
Bonaparte, Napoleão, 169
Bonavia, Michael. R., 397
Bonfim, Manuel, 376
Bonnard, Roger, 222
Booth, Mdyrich, 466
Borrow, George, 100
Bossuet, 449
Boswell, 63, 189
Bouglé, Célestin, 324-5, 354, 397, 468, 484
Boullaye, padre Henri Pinard de la, 92, 205, 235
Bourdon, 32
Bourget, Paul, 133
Boutroux, 425
Bovensiepen, S., 218
Bovet, Pierre, 271-2
Bowman, Isaiah, 351

Bradbury, 90
Braden, Charles, S., 237
Bradley, F. H., 120
Bragg, 194
Brandão, Raul, 60
Brandt, B., 213, 337
Branner, John Casper, 89
Bremond, Henri, 235
Breves, Comendador, 187
Bride, Peter Mc, 379
Briffault, Robert, 277
Briggs, Asa, 27
Briggs, H. W., 231
Brilhante, Jesuíno, 415
Brodmitz, 364
Brown, Isaac, 294
Brown, J. F., 122
Brown, Lawrence Guy, 133, 386
Brown, W. Jethro, 222
Brown, W. Langdon, 293-4
Brown, William Adams, 235
Browning, Elizabeth Barret, 59, 128
Brun, Charles, 316
Brunhes, Jean, 92, 213-4, 336
Brussel, 123, 222, 291, 301
Bryan, P. W., 342
Bryce, James, 301
Buckle, 251, 294, 366
Buelow, 159, 161
Bühler, Charlotte, 60, 465
Bulnes, Francisco, 376
Bunge, 376
Bunyan, John, 237
Bunzel, Ruth, 192, 217
Burbank, 408
Burdett, Osbert, 189
Bureau, Paul, 216-7, 239-41, 353
Burgess, Ernest W., 121, 130, 143, 281, 287, 298,

304, 306, 317, 336, 437, 496
Burkle, 81
Burlamaqui, Frederico César, 414
Burr, Ana Robeson, 236
Bushee, F. A., 120
Byron, 63, 88, 237

C

"Cabeleira", vide Gomes, José, 415
Cáceres, Dom Luís A., 66
Café Filho, João, 166
Caillois, Roger, 71, 102-3
Calderón, F. Garcia, 377
Calverton, V. F., 277
Calhoun, 350
Calisto, 304
Câmara, Aristóteles de Lima, 257
Camargo, José Francisco de, 66
Camões, 51, 56
Campaneo, 273
Campelo, Neto, 360
Campos, Renato Carneiro, 32, 109, 235, 237, 501
Canabrava, Euríalo, 230
Candia, Sílvio de, 294
Candido, Antonio, 21, 244
Cannon, W. B., 271, 290, 293
Canterbury, Arcebispo de, 475
Cantril, Hadley, 365
Capitant, Henri, 222
Cardoso, Fausto, 249
Cardoso, M. S., 394
Carleton, 280-1, 436
Carli, Filippo, 118, 125, 139, 198-9, 218, 421
Carlota Joaquina, Dona, 463
Carlyle, 63, 311
Carnegie, 169
Carneiro, Paulo, 378
Carpeaux, Otto Maria, 99, 345, 358-9

Carpenter, C. R., 137, 143
Carr, Lowell Julliard, 120
Carvalho, Alfredo de, 336, 379
Carvalho, Antônio de Barros, 107
Carvalho, C. Delgado de, 13, 213, 299, 338, 419, 488
Casal, Manuel Aires de, 355
Cassirer, Ernst, 55, 471, 489, 491-3, 495
Castilho, Artur, 345
Castle, W. R., 257, 259
Castro, Americo, 78
Castro, Cristóvão Leite de, 213
Castro, Josué de, 294
Castro, Tito Lívio de, 106, 262, 277, 377
Catarina, da Rússia, 463
Caxias, 273
Celakovsky, 321
Cellini, Benvenuto, 237
Cerejeira, M. Gonçalves, 413
Cervantes, 103, 196, 304
Chacon, Vamireh, 107, 159, 238, 487
Chalupny, E., 138, 178-80, 320-4, 326-8
Chamberlain, 402
Chapin, F. Stuart, 33
Charmont, François Luc, 107
Charmont, Joseph, 223, 474
Chaucer, 63
Chernishevsky, 367
Child, Charles M., 247, 252
Churchill, *Sir* Winston, 267, 294
Cícero, padre, 415
Clark, G. N., 64
Clenardo, 413
Cleópatra, 86-7, 90
Cohen, Félix S., 370
Cohen, Morris R., 404
Coimbra, Estácio, 320
Colmo, A., 377

Comte, 71, 77, 92, 94, 179, 366, 390, 421-2, 478, 484, 508

Comte, Auguste, 81, 182, 198, 239, 243, 390, 420-21, 432

Comte, Charles, 414

Condliffe, J. B., 257

Condorcet, 96, 323

Congmoor, Elsa Schneider, 320

Conklin, E. G., 247

Conrad, F. A., 408

Conselheiro, Antônio, 238, 365, 386-7

Constantino, 352

Cook, Stuart W., 58-9, 69-70

Cooley, Charles Horton, 120, 281, 299, 310-1, 328, 419, 422-3, 475

Cooper, C. S., 301

Cornejo, Mariano H., 378

Correia, A. A. Mendes, 257, 414

Correia, Silva, 257

Cortesão, Jaime, 99

Costa, 78, 311

Costa, Uriel da, 236

Cot, Marcel, 222

Couch, W. T., 316

Coulanges, Fustel de, 372

Coutinho, Rodolfo, 336

Coutinho, Rui, 294

Cripps, *Sir* Stafford, 294

Cristina, da Suécia, 463

Croce, 92

Crowley, Ernest, 277

Cruls, Gastão, 52

Cruz e Sousa, 262

Cunard, Nancy, 289

Cunha, Euclides da, 14, 51, 79, 89, 100, 106, 250, 365, 375-7, 386, 418, 462

Cunningham, J. T., 194

Curtis Jr., Charles P., 458

Cuvillier, Armand, 146, 354, 406, 412-3, 482

Czarnowski, M., 235

D

Dabin, Jean, 222

D'Abro, A., 62, 69

Dacia, (Juiz), 262

Daiches, David, 73

Dali, 56

Danilovisky, 311

Darwin, 203, 246, 250, 479

Dashiell, J. F., 312

Davenport, C. B., 247, 257

Davis, Jérôme, 290

Davy, G., 222

Dawson, Carl A., 121, 298, 330

Dealey, James Quayle, 277, 488

Deffontaines, 213

Defoe, 125

Delaisi, F., 316

Delehaye, padre, 272

Delos, J. T., 222

Delos, Rev. P., 115, 124, 432

Delzons, L., 464

Demangeon, Albert, 336

Demant, V. A., 235

Dembo, Adolfo, 395

Demolins, Edmond, 341

Dendy, Arthur, 247, 266

Denis. F., 337

Deploige, Monsenhor, 240

Descamps, Paul, 341

Descartes, 96

Deutch, Morton, 58-9, 69-70

Dewey, John, 90, 96, 181, 184-5, 281, 284, 488, 497

Diamond, A. S., 222

Dias, Cícero, 211, 489

Dias, Henrique, 262
Dias, Jorge, 75
Dias, Porfírio, 379
Dickens, 63
Diegues Júnior, 32
Dilthey, Wilhelm, 32, 113, 142, 176, 190, 197, 244, 353, 356-8, 368, 373, 381, 438-9, 492, 495-7
Disraeli, 170
Dood, Stuart C., 123
D'Ors, Eugênio, 51-3
Dopsch, 364
Doren, Carl Van, 90
Dostoievski, 103
Dougall, William Mac, 194, 291
Douglas, H. Paul, 336
Dover, Cedric, 258
Dow, 90, 200
Duarte, Manuel, 303
Duarte, Nestor, 228, 303, 368, 415
Dubois, Henri, 237
Dufrenne, Mikel, 55
Duguit, Leon, 222
Dühring, 484
Dumont, Santos, 302
Duncan, Hugh Dalziel, 75
Dundas, 303
Dunkmann, Karl, 222
Dunlap, Knight, 177
Duprat, G. L., 301
Durkheim, Emile, 18, 81, 86-7, 92, 96-7, 124, 139, 176, 217-8, 233-4, 239, 354, 357, 431, 439, 471-2, 484, 496
Duvignaud, Jean, 27, 32-3, 49, 419

E

Eachran, F. Mac, 301
East, E. M., 275
Echavarria, José Medina, 57, 122, 177, 180, 251, 373-4, 419-21, 460, 465
Eddington, Arthur, 62, 67, 235
Edison, Thomas, 169, 408
Edman, Irwin, 120, 126, 285
Edminster, L. R., 385
Edmond, C. A., 106
Edwards, Jonathan, 236
Edwards, Lyford P., 378
Ehrlich, 228
Einstein, 62, 67, 536
Eliot, T. S., 74, 235
Elizabeth, Rainha, 129, 463
Elliott, W. Y., 458
Ellis, Havelock, 92, 95, 105, 236, 277, 309, 370-1
Ellis Júnior, Alfredo, 203, 253, 336
Ellwood, Charles, A., 119, 121, 199, 235, 281, 422
Elmer, 247
Ely, R. T., 333
Emerson, 236
Engels, Friedrich, 81, 183, 217, 277, 422, 471, 476-9, 482-3
Entralgo, Laíns, 73
Escobar, padre, 77
Espinas, A., 143
Essetier, Daniel, 234
Estrabão, 213
Estrada, E. Martinez, 100
Estrada, José Manuel, 379
Eubank, Earle Edward, 103, 123, 142, 234, 384, 419
Eucken, 429
Evans, Jean, 71, 102
Evans-Pritchard, 190

F

Faulkner, 74, 196
Fairchild, Henry Pratt, 449
Fanciulli, Giuseppe, 121

Fanfani, Amintore, 358

Faris, Ellsworth, 133, 262-3, 282, 381, 405, 437-8

Fauconnet, P., 468

Febvre, 32, 361

Feijó, padre, 127

Felde, Alberto Zun, 377

Felz, O., 190

Feuerbach, Ludwig Andreas, 424

Ferguson, 251

Fernandes, Florestan, 21-3, 32, 49, 244, 419, 497

Fernandes, Gonçalves, 205, 237

Ferraz, Dr. Álvaro, 134, 205, 294

Ferreira, João da Costa, 338

Ferreira, Pinto, 122, 181, 228, 249, 368, 497

Ferri, Enrico, 248, 414

Ferro, Antônio, 345

Finch, Earl, 257

Finkelstein, Louis, 358

Figueiredo, A. P. de, 262

Figueiredo, Fidelino de, 91, 103, 131

Figueiredo, Jackson de, 131

Figueiredo Filho, J.; 343-4

Fischer, Eugen, 256, 258, 261

Flach, Jacques, 335

Flechtheim, 159

Flügel, J. C., 277, 296

Folsom, Joseph Kirk, 138

Fonseca, A. Fróis da, 205, 250, 257

Fonseca, L. Anselmo da, 262, 392, 414

Fontes, Amando, 103

Forde, Cyrill Daryll, 218, 335

Fortoul, José Gil, 377-8, 393

Foster, W. Z., 70, 196, 273

Foullée, A., 222

Fournier, Jacques, 222

Fournier, Ruano, 377

Foville, Alfred de, 335

Fox, Dixon Ryan, 90, 198

Foy, 205

Francia, Dr., 170, 379

Franco, Afonso Arinos de Melo, 231-2, 327, 368, 377

Franco, Afrânio de Melo, 232

Frank, Waldo, 99

Franklin, 149

Frazer, 71, 92, 98

Frazer, E. F., 351

Frazer, J. G., 200

Freeman, Joseph, 196

Freire, Aníbal, 368

Freire, Felisbelo, 368

Frere, H. Battle, 301

Freud, Hans, 34, 58-9, 62-3, 92, 281, 295-6, 449

Freyre, Alfredo, 91

Freyre, Fernando, 160

Friedmann, Georges, 28, 159

Friess, Horace L., 235

Frobenius, Leo, 92, 205

Froebel, J., 248

Fromm, Horney, 196

G

Gacitua, Oscar, 89

Galton, Francis, 92, 203, 247, 255-6, 263, 279

Galvão, Eduardo, 244

Gama, Domício da, 308

Gama, Luís, 262

Gama, Saldanha da, 131

Gamelin, General, 457

Gamio, Manuel, 205, 377-8

Ganibier, Diogo, 338

Ganivet, Angel, 78, 92, 311

Garcez, Victor Gabriel, 377

Garcia, Juan Agustín, 377-8

Gariel, Georges. 317

Gary, Dorothy P., 199-200

Índice Onomástico - 517

Gauguin, 327
Gautier, Jules de, 239
Geddes, Patrick, 244, 316, 321, 327, 341
Gehlen, Arnold, 159
Geiger, 159
Gennep, Arnold Van, 296
Gentile, 95-6
Geny, Francis, 222, 224, 228
George, Lloyd, 169, 325
Georlette, G. A., 338
Germani, Gino, 27, 49, 57
Gettys, Warner e., 121, 298, 330
Gibbon, 352
Gide, André, 45, 47, 190, 236
Gide, Paul, 277
Giddings, Franklin H., 81, 90, 95, 116, 119, 126, 137, 144, 200, 243, 350, 352, 370, 419, 449, 453, 469, 542
Gierke, Otto von, 230
Gillet, M. R. P., 240
Gillette, John M., 335
Gillin, John L., 199-200, 229-30
Ginsberg, Morris, 179-80, 218, 379
Girardin, P., 336
Gist, Noel Pitts, 466
Gladstone, 127-8, 325
Gleyze, A., 424
Glover, E., 273
Gobineau, Conde de, 87-8, 270, 288-9, 327
Goldenweiser, Alexander, 92, 203, 205, 208, 219, 279, 296, 302, 310, 404, 412, 536
Goldstein, Karl., 307, 310
Gomes, 379
Gomes, José, 415
Gonzalez, Ariosto D., 377
Gonzalez, J. Natalício, 204, 377
Gonzalez, Rodrigo Chanez, 377
Gooch, R. K., 316

Gourmont, Rémy de, 370
Gouveia, Delmiro, 273
Gowin, E. B., 265
Gradmann, 213
Graebner, 205
Graham, Cunningham, 366
Graham, Stephen, 87
Grandprey, General Clement de, 91
Granger, Frank, 352
Gras, N. S. B., 330
Greco, El, 188
Greef, G. de, 323, 325
Greene, 196
Gregório VII, Papa, 169
Gregory Jr., Edward W., 142, 157-8
Grieco, Agripino, 309
Grompone, Antônio M., 377, 379
Grote, George, 127
Grotius, 473
Grünwald, E., 470
Guenther, 83, 208, 342, 367
Guenther, H., 208
Guenther, Konrad, 342, 367
Guerra, Sérgio, 160
Guicciardini, 413
Guilherme II, 231
Guimarães, Aprígio, 250
Guimarães, Murilo, 368
Gumplowicz, Ludwig, 228, 247, 251, 299
Gundlach, 161
Gurvitch, Georges, 27-8, 30-2, 46, 49, 57, 62, 81, 101, 122, 159, 222, 228, 230, 238, 272, 378, 406, 419, 471, 473-4, 482, 486

H

Hacker, Louis M., 454
Haddon, A. C., 210
Haeberlin, P., 190

Halbwacks, 486
Haldane, J. B. S., 94, 235
Halifax, *Lord*, 294
Hall, 90
Hamilton, Thomas J., 403
Hamsun, Knut, 87
Handman, Max, 458
Hankins, Frank H., 143, 145, 259, 263, 282
Hans, 233
Har, Kyung Durk, 183
Hardy, 74
Haret, S. C., 122
Haring, D. G., 133
Harper, Ernest Bouldin, 154
Harring, Clarence, 90
Hartland, E. Sidney, 225, 277
Hartmann, Nicolai, 181
Hatt, Paul K., 231
Hauriou, Maurice, 122, 181, 222, 230
Hauser, Henri, 316, 534
Havemeyer, Loomis, 342
Haxthausen, A. von, 336
Hayek, 30, 161
Hayes, E. Carlton, 90, 95, 194, 201, 306
Hearnshaw, F. J. C., 476, 477
Hebert, Arthur Gabriel, 235
Hecht, Ben, 87, 331
Hecker, Julius F., 120, 351, 366
Hegel, Wilhelm, 44, 84, 92, 94, 294, 358, 364, 421-2, 538, 541, 543
Heidegger, 221, 229-30
Heintz, Peter, 160
Hennessy, J., 316
Herder, 61, 83
Hernandez, Pablo, 237
Herrich, C. Judson, 265
Herskovits, Melville J., 75, 218, 257, 289, 465, 536
Hertwig, O., 247

Hertzler, Joyce, 144, 225, 352
Herzog, Jesus Silva, 377
Hesse, A., 424
Hettner, 213
Hetzer, 264
Hezel, 358
Hiller, E. T., 115, 122, 306, 328, 331, 359
Hitler, Adolf, 231, 386-7
Hoban, James Henry, 237
Hobbon, 169
Hobhouse, L. T., 218, 383
Hogben, Lancelot, 32, 454
Hogbin, Herbert Jan, 222, 226
Holanda, Sérgio Buarque de, 24, 336, 353, 377, 534
Holcombe, Arthur, 452-3
Holmes, 253
Holmes, Oliver Wendel, 228
Holmes, S. J., 253
Holt, E. B., 281
Homans, George C., 71-3, 106, 458
Honigsheim, 128
Hooton, Earnest Albert, 205, 257-9, 262, 295, 472
Hopper, Rex, 27, 49, 57
Horkheimer, 32, 159-60
Horney, Karen, 102, 133, 196, 347
Horwath, 227
Hostos, Eugênio Maria de, 378
House, Floyd Nelson, 251, 352, 358, 368, 372, 419-20
Howard, *Lord*, 91
Howard, Ésme, 91
Howard, George E., 277
Hubert, Henri, 413
Hubert, René, 228
Hudson, P. S., 194
Hughes, Ernest Richard, 226
Hugon, Paul, 66, 477
Hunter, Robert, 386

Hurd, Richard M., 333-4
Hurlock., Elizabeth B., 302
Husserl, Edmund, 181, 535-7, 541
Huxley, Aldous, 32, 78
Huxley, Julian, 235, 258
Huyghe, René, 53
Hyde, Lawrence, 235
Hyma, Albert, 358

I

Ibiapina, padre, 237, 273, 461
Ibsen, 103
Iglesia, Ramón, 377
Ihering, r. von, 222, 228, 248
Imbelloni, J., 395
Inácio, Santo, 236, 272, 485
Ingenieros, José, 377
Isabel, Princesa, 458

J

Jaceguai, Artur, 354
Jaensch, E. R., 190
Jahoda, Marie, 58-60, 69-70
James, Edwin Oliver, 234
James, Preston, 213
James, William, 71, 120, 181, 235, 239, 271-2, 274, 425
Jaspers, K., 190, 230
Jauregui, Batres, 377
Jeans, *Sir* James, 67
Jefferson, 149
Jellineck, George, 222
Jennings, H. S., 192, 247, 257-8, 264, 290
Jensen, Merrill, 316
Jerônimo, São, 236
Jerusalem, Franz W., 222
Jesus, João Maria de, 387
Joad, C. E. M., 97

João VI, Dom, 51, 131-2, 463
João Batista, São, 350, 430
Johnson, Dr., 189
Johnson, Charles S., 455
Johnston, J. C., 99
Johnston, H., 301
Joly, H. S., 273
Jones, D. F., 275, 439
Jorge, São, 272
José Bonifácio, 51, 149, 232, 376-7
José Maurício, padre, 262
Jowett, Benjamin, 127, 182
Joyce, James, 73, 103
Júlio César, 188, 295, 538
Jung, C. G., 34, 92, 190
Jurema, Aderbal, 336

K

Kagarov, 207
Kant, 247, 322, 362, 368, 537-41, 543, 442-3
Kareyev, Nikolai Ivanovitch, 120
Keith, Arthur, 247, 265, 270-1
Kelsen, Hans, 236, 225
Kelsey, Carl, 410-1
Kendrick, 90
Kennan, George F., 230
Kerensky, 458
Khaldun, Ibn, 125, 421
Kidd, Benjamin, 251
Kircher, Rudolf, 379
Kiribara, 264
Kirk, G., 231
Kirkpatrick, Clifford, 235
Klages, 190
Klineberg, Otto, 70
Kloeren, Marie, 379
Kluckhohn, Clyde, 273
Knight, F., 347

Knowles, L. C., 330
Kocourcek, Albert, 222
Koenig, René, 159-61
Koffka, K., 190, 307
Köhler, Wolfgang, 142-3, 156, 190, 290, 292, 307
Kolckorst, 91
Kolnai, Aurel, 277
Koppers, W. P., 218
Korkunov, 121
Kosok, Paul, 348
Koster, Henry, 100, 393
Kovalevsky, M. M., 366
Kozlowski, W. M., 183-4
Kralyevitch, Novitza, 179-81, 222-5, 227, 230
Krasnogorski, N. I., 291
Kraus, P. J. B., 358-9
Kretschmer, E., 127, 150, 190, 257
Kroeber, A. L., 38-9, 92, 133, 190, 199-200, 205, 208, 536-7, 539-40
Kroh, O., 190
Kropotkin, P., 299
Kürville, 124
Kushner, P., 208

L

Lacerda, J. B., 89
Laerne, C. F. van Delden, 360
Lamego Filho, 336
Lamouche, R., 181
Lampião, 415
Lanterpacht, H., 231
Lapie, Paul, 239, 277
Lapouge, G. Vacher, 92, 203, 247, 253, 255-6
Laski, Harold J., 96, 222, 456, 476
Lasswell, H. D., 348, 386
Lastarria, José Victorino, 377
Latcham, Ricardo E., 377
Latif, Miron M. de Barros, 336

Latomo, 413
La Torre, Victor Raul Haya de, 67
Lavrov, 121
Lawrence, 103
Layton, W. T., 269
Lazarsfeld, Paul F., 31, 35, 463
Leake, H. Martin, 342
Leal, Antônio Henriques, 91, 431
Leal, Aurelino, 368
Leão, A. Carneiro, 105, 336, 377
Lebret, padre, 161, 316
Lecky, 369
Lederer, Emil, 160-1
Lee, Grace Chin, 120
Leeuw, Gerardus van der, 235
Lefèvre, M. A., 336
Lehmann, G., 180
Leite, padre Serafim, 370
Lemonnyer, A., 115, 155, 432
Lenine, 67, 87
Lenan, Mc, 366
Lennan, John Ferguson Mac, 277
Lentz, Fritz, 256-7, 262, 287
Léonard, Emile G., 237
Leontieff, 311
Le Play, F., 81, 92, 217, 316, 321, 341-2, 372
Lerner, A. P., 31, 37, 94
Levene, Ricardo, 377, 379
Lévy-Bruhl, 239, 296, 410, 471
Lévy-Ullmann, 222
Lewin, R., 122
Lewis, 92
Leyburn, James G., 383
Lichtenberger, James P., 127
Liebert, Arthur, 180-1
Lilienfeld, Paul von, 246-8, 251
Lima, Hermes, 228, 368, 534
Lima, J. I. Abreu e, 232, 477

Lima, Oliveira, 51, 89, 91, 132, 377, 463, 536
Lima Júnior, Andrade, 294
Lima Júnior, Augusto de, 336
Lindeman, Eduard C., 87, 140, 336
Lindsay, Mr. Jack, 54, 194, 210-1, 221
Lins, Mário, 32, 122, 202
Linton, Ralph, 133, 289, 383, 408
Lipchütz, A., 247
Lips, Julius E., 192, 226
Lisboa, Baltasar da Silva, 338
Lisenko, T. D., 194
Lison, Pedro Davalos, 377
List, Fred, 250
List, Ott, 250
Lister, 203
Little, 194
Lobato, Monteiro, 46, 89, 103
Lobo, Costa, 413
Lobo, Dom Francisco Alexandre, 354
Loeb, 253, 290
Loewenstein, Karl, 224
Loisy, A., 234, 239
Lombroso, 248
Loomis, Charles P., 31, 482
Loos, Dorothy, 107
Lopes, Clodoaldo, 262
Lopes, Fernão, 51
López, 379
Loria, A., 476-7
Lorimer, Frank, 247
Lowenthal, L., 189
Lowie, Robert H., 38, 63, 95, 192, 205, 207-8, 210, 217-8, 234, 310, 382
Lowie, Samuel, 311
Loyola, Santo Inácio de, 236
Luccock, John, 430
Lucena, Barão de, 360
Luciano, 137

Luís, Washington, 458
Lumley, Frederick E., 141, 302-3
Lundberg, George A., 183-5
Lundborg, H., 257
Luzia, Santa, 410
Lynd, H. M., 200, 341
Lynd, R. S., 200, 341

M

Maack, Reinhard, 213, 232, 303
Machado, Alcântara, 336, 355
Machado, Pinheiro, 379
MacIver, R. M., 140, 144-5, 255, 351
Mackenroth, Gerhard, 160
Madariaga, 70
Magalhães Júnior, R., 196, 393
Maia, Francisco da Costa, 320
Maine, Henry S., 92, 228, 250-1, 326, 366, 368
Maine, De, 251
Mair, L,. P., 232
Maistre, J. de, 100
Majöen, J. A., 257
Malheiro, Perdigão, 414
Malinowski, Bronislaw, 62, 92, 95, 98, 208-9, 226, 235, 273, 277, 296, 297, 412
Malraux, 72, 196
Malthus, T. R., 268-9
Man, Henry De, 477, 479
Mandeville, 251, 449
Mann, Klaus, 190, 196
Mannheim, Karl, 31, 102, 160-1, 197, 271, 289, 291, 297, 347-8, 373, 375, 417, 419, 460, 480, 485
Manning, 304
Mansfield, Katherine, 73, 236
Mantegazza, 309
Marbut, C. F., 346
Marcondes, L. F., 32
Marehead, E. W., 333

Marett, 92, 209

Marett, J. R. de la H., 317, 328

Marett, R. R., 210

Marías, Julián, 37, 73, 79

Marinho, Saldanha, 262

Maritain, Jacques, 323, 421

Markheim, 92

Martin, Alfred von, 159, 161, 543

Martinez, F. Swaiter, 377

Martins, Domingos José, 436

Martins, Luís, 460

Martins, Oliveira, 51

Martins Júnior, J. I., 249-50, 368

Marx, Karl, 20, 37, 54, 62, 68, 81, 87, 92, 94, 183, 196, 217, 221, 228, 268-9, 294, 354, 359-61, 366, 413, 420-2, 432, 449, 453, 456, 460, 471, 476-80, 482-4, 496, 541, 543

Masaryk, 354

Maschke, R., 373

Mason, Otis, Tufton, 277

Mathews, Brander, 90

Mathews, Shailer, 429

Mauá, 65, 273

Maunier, René, 86, 115, 125, 139, 244, 258, 301, 306, 321-2, 326-7, 344, 466

Maurras, 83

Mauss, Marcel, 412, 468

Mazé, P. B., 237

McConnel, J. W., 341

McIntyre, John, 87

McKenna, William, 106, 535

McKenzie, R. D., 143, 214, 317-8, 321, 330

McMichael, Santley L., 333

Mead, George Herbert, 120

Mead, Margaret, 60, 75, 132-3, 218, 296, 298-9, 536

Medeiros, L., 32

Meitzen, August, 335

Mejia, Ramos, 377

Melo, A. da Silva, 430, 492

Melo, Custódio de, 132

Melo, José Antônio Gonsalves de, 107, 332, 334-5

Mello, F. Pernambuco de, 415

Mencken, Henry L., 90

Mendieta y Nunes, 377

Mendonça, Gentil, 230

Mendoza, Jaime, 377

Mentré, F., 190

Mentz, Jacobina, 387

Menzel, Adolf, 115, 128, 202, 228-9, 374, 469, 471, 475-6

Merrian, Charles E., 222

Merriman, R. B., 386

Merton, Robert King, 31-2, 35, 55, 383, 419, 449, 463, 539

Mesa, Luís Lopez de, 377

Métraux, Alfred., 92, 205, 235

Meyerson, Emile, 181

Michelet, 52, 92, 312

Michotte, P. L., 212

Mill, J. S., 198

Millan, Margaret Mac, 264

Miller, 362

Miller, H. A., 273, 301

Miller, Herbert J., 477

Milleer, John, 251

Miller, Nathan, 277

Milliet, Sérgio, 336, 353, 377

Mílton, 63

Miranda, Pontes de, 13, 122, 181, 228, 244, 368, 432

Mises, von, 161

Monachesi, Elio D., 390

Monbeig, Pierre, 198, 213, 336

Monet, P., 257

Mônica, 58

Índice Onomástico - 523

Montandon, George, 247
Montaigne, 52, 61, 71, 190
Montesquieu, Baron de, 228
Moog, Viana, 387
Moore, A. W., 96
Moore, Harry Estill, 316
Moore, John Bassett, 90
Moore, Wilbert E., 378
Morais, 93
Moreira, Juliano, 169, 262
Moreno, J. L., 143, 238, 365
Morgan, 92, 206, 366
Morgan, Lewis H., 208, 277
Morgan, Lloyd, 181
Morgenthal, Hans J., 230
Morley, Helena, 60
Morris, 127
Morris, Charles, 127
Morrow, Glenn R., 258
Mota, Otoniel, 336
Mota, Roberto, 32, 108, 495
Mota, Teixeira da, 75
Mozart, 322
Muckers, 387, 388
Mukerjee, Radhakamal, 98, 123, 143, 214, 218, 244, 252, 313-7, 321, 327, 335, 341-3, 346-7, 349-50, 542
Müller-Erzbacher, 222
Müller-Lyer, Franz C., 277
Mumford, Lewis, 37, 39, 71, 336, 341
Munro, 90
Munson, E. L., 273
Muntsch, Rev. Albert, 200, 204
Murchison, Carl, 148, 382
Murphy, Gardner, 75, 312
Murphy, Louis Barclay, 312
Murray, Henry A., 99, 273
Myers, Earl D., 414

N

Nabuco, Carolina, 236
Nabuco, Joaquim, 22, 79, 89, 107, 109, 160, 189, 231, 234, 236-9, 251, 345, 368, 370, 377, 387, 414-5, 429, 458
Napoleão I, 354
Nascimento, Domingos, 387
Nash, Roy, 336
Neff, Emery, 61-2
Nehru, Jawaharlal, 345
Nell-Breuning, Oswald von, 159, 161
Nelson, B. C., 34
Nettleship, R. L., 127
Neurath, Otto, 176-7
Neuville, Henri, 257, 270, 391
Neville, Ernest, 277
Newman, Cardeal, 128, 236
Newton, 68
Nezú, 204
Nicetoro, A., 279
Nicholson, H., 348
Nicol, Eduardo, 92, 197, 200, 311-2, 407
Nicolle, Charles, 202
Nicolson, Harold, 99
Niemeyer, G., 55
Nietzsche, F., 92, 147, 196, 221, 236, 270, 433, 456, 460-1
Nightingale, Florence, 128
Nimmerman, Carle C., 335
Nitti, F. S., 269
Nóbrega, 429
Nock, Arthur D., 237
Noettes, Lefèvre des, 339
Nordenskiöld, Eric von, 92, 194, 205
Normano, J. F., 224
North, C. C., 302
Northrop, F. S. C., 56
Nouraï, Hassan Chard, 222

Novalis, 236
Novicow, J., 247, 251, 299

O

Odum, Howard W., 316
Ogburn, William Fielding, 281, 341, 404, 419, 435, 439
Olinda, Bispo de, vide Oliveira, frei Vidal de.
Oliveira, J. B. de Sá, 392
Oliveira, frei Vital de, 462
Oppenheimer, Franz, 179, 228, 373, 411, 419, 482
Orgaz, Raul A., 419
Orlando, Artur, 249-50
Ortega y Gasset, José, 46, 52, 55, 57, 57, 73, 78, 92, 311, 353, 374, 379-81, 407, 437, 538, 541, 543
Ortiz, Fernando, 208-9, 258, 377, 471
Osborn, Frederick, 247
Osborn, Loran D., 140
Osburn, Arthur, Ten.-Cel., 301-2
Osório, 273

P

Pace, 90
Pádua, Ciro de, 49
Palante, G., 323
Palmares, Zumbi de, 262, 288, 304
Paredes, Angel Modesto, 377
Pareto, Vilfredo, 81, 92-4, 98, 243, 456-62, 476
Park, Robert E., 16, 18, 92, 118, 121, 143, 244, 287, 298, 304, 306, 317, 321, 334, 419, 447, 542
Parker, Carleton H., 280-1, 436
Parsons, Talcott, 28, 31, 37, 383, 419, 496, 538
Pascal, 76, 85, 96, 236, 370-1, 426
Passos, John dos, 73, 99, 196
Pater, Walter, 78
Paton, 70
Paulo, 127, 131
Paulo, São, 255

Pavlov, Ivã, 177, 290-2
Pearl, Raymond, 247, 263, 269
Pearson, Karl, 119-20, 181, 247, 255, 279
Peate, I. C., 316
Peçanha, Nilo, 309
Pederneiras, Raul, 304
Peixoto, Floriano, 379
Peixoto, Rocha, 344
Pena, Martins, 249, 376
Pena Júnior, Afonso, 106
Pendell, Elmer, 408
Penniman, T. K., 208-10, 296
Pepys, 60
Pereira, Carlos, 377
Pereira, Lúcia Miguel, 196
Pernambucano, Ulisses, 205, 227
Pessoa, Paula, 338
Pétain, Marechal, 261
Petraschitzki, L., 228
Pfander, A., 190
Phillips, O. B. 198, 350
Picasso, Pablo, 75, 211, 468
Pierson, Donald, 15, 23, 119-20, 330, 338
Pikelis, Anna M., 206
Pimentel, Azevedo, 338
Pinho, Péricles Madureira de, 230
Pinto, Fernão Mendes, 38, 51
Pinto, Luís de Aguiar Costa, 415, 497
Pirandello, 82, 417
Pitt-Rivers, G., 301
Planck, M., 68-9
Plant, James S., 99, 133
Platão, 92, 127, 135, 182, 228, 255, 292, 421
Plekhanov, G. P., 412, 424
Ploss, 106
Pococke, 124
Poinsard, Léon, 341
Poirson, Charles, 122

Pollock, T. C., 75
Pouget, E., 273
Pontes, Elói, 132
Pontuondo y Barceló, Antonio, 122
Popper, R., 69, 221
Porto, Costa, 378
Post, 248
Potter, Pitman, 231
Pouillon, M. Jean, 50, 56
Pound, Roscoe, 222, 224, 228, 414, 474
Poviña, Alfredo, 377-9
Powell, B. H. Baden, 273, 336
Prado, Antônio, 360
Prado, Conselheiro, 360
Prado, Eduardo, 89, 377, 379, 429, 474
Prado, Paulo, 429
Prado Júnior, Antônio, 338
Prado Júnior, Caio, 353, 377, 429
Prélot, Marcel, 222
Prenant, Marcel, 54, 258
Prestes, Luís Carlos, 237, 400
Prevet, F., 316
Proust, Marcel, 44, 47, 52, 61, 71-2, 74, 86-7, 312
Puchta, 474
Puglia, Ferdinand, 222

Q

Quadros, Antônio, 51-3, 56
Queen, Stuart Alfred, 154
Queirós, Eça de, 51, 302, 308, 381
Queiroz, Rachel de, 103
Quelle, 213
Quental, Antero de, 385
Quesada, Ernesto, 377

R

Rabelo, Sílvio, 249
Radbruch, 222
Radcliffe-Brown, 296
Radin, Paul, 197-8, 205, 234
Radosawyewitsch, F, R., 257, 287
Raffault, J., 468, 484
Raman, E., 342
Ramos, Artur, 205, 244, 257, 294, 377, 534
Ramos, Graciliano, 60, 103
Ramos, Guerreiro, 32, 244
Ramos, Samuel, 377
Randall Júnior, John Herman, 235
Ranke, 86, 187, 381
Rasputine, 238
Rathgen, K., 301
Ratzel, 92, 212, 313
Ratzenhofer, Gustav, 247, 251, 281
Reale, Miguel, 181, 368
Rebouças, 262
Reckitt, Maurice B., 235
Reclus, E., 303
Redfield, Robert, 30, 75, 199, 496
Rêgo, José Lins do, 60, 87, 103
Reichard, Gladys, A., 192
Reis, Miranda, 419
Reis, Moreira, 320
Renan, 84-5, 127
Renard, Jules, 236
Rennard, G., 181, 230
Renner, G. T., 316
Reuter, E. B., 258
Ribeiro, padre, 436
Ribeiro, João, 77, 89, 248, 418
Ribeiro, Orlando, 75
Ribeiro, René, 205, 237, 244, 295, 387
Rich, Margaret E., 439
Richard Gaston, 234, 277, 301, 432-3
Richards, Audrey I., 296
Richthofen, 213
Rickens, R. H., 194

Rickert, Heinrich, 19, 175-6, 181, 186-7, 356-8, 372, 535, 537-41
Riddle, Donaldo Wayne, 235
Riesman, David, 31, 37, 102
Rimbaud, Arthur, 135, 211, 327
Ringbom, Lars, 257
Rio, João do, 331
Rio Branco, barão do, 231, 308
Rios, Saturio, 204
Risse, 379
Ritchie, A. D., 181, 187, 188
Rivers, 92
Rivet, Paul, 92, 205
Rivière Jacques, 236
Robertson, H. M., 358
Robson, William A., 230
Rodenwalt, Ernst, 258
Rodrigues, J. Bonifácio, 394
Rodrigues, R. Nina, 79, 205, 227, 250, 376-7, 386, 474
Rodriguez, Alberto J., 379
Roepke, 161
Roguin, e., 222
Rolland, Romain, 52
Rollin, Henri, 222
Romero, Sílvio, 51, 84, 89, 106, 232, 248-50, 303, 376, 4140
Roquette-Pinto, 13, 51-2, 75, 89, 106, 205, 244, 250, 257, 294, 377, 534
Rosas, 379
Rosinski, H., 273
Ross, Edward A., 37, 200, 281, 306
Rossel i Vilar, M., 274, 390
Roucek, Joseph S., 231
Rousseau, 60, 236
Rower, Frei Basílio, 354
Rowse, A. L., 63-4
Roy, Georges Le, 137

Rueff, A., 181
Ruestow, Alexander, 160
Ruskin, 63
Russell, Bertrand, 181, 255, 371, 490
Ruyssen, Th., 222
Ryan, John A., 230

S

Sablon, Leclerc du,181
Sabugosa, Conde de, 91
Saint-Simon, 92, 94, 239, 420
Salazar, Oliveira, 25, 225, 345-7
Saldanha, Natividade, 262
Sampaio, Teodoro, 262, 386
Sanchez, Luís Alberto, 355, 377
Sand, René, 119, 252, 263-6, 317
Sanderson, Dwight, 336
Sandlands, G. S., 379
San Martin, José Mingarro y, 230
Santayana, George, 78, 196
Santos, Noronha, 339
Sapir, 129-30, 208, 213-4
Sapir, Edward, 129, 536
Sapir, Karl, 213
Sargent, S., 133
Sarmiento, 100, 375, 377, 418
Sartre, J. P., 55, 70
Sauer, Carl O., 13, 92, 95, 212-3, 314
Sauermann, Heins, 222
Saunders, Carr, 32, 269
Savigny, 228, 474
Schäffle, A., 247
Scheinfeld, Amram, 466
Scheler, Max, 190, 417, 471, 538, 541
Schelsky, Helmut, 27, 31-2, 49, 159-60, 543
Scherer, Hans, 385
Schiattarella, R., 222
Schlesinger, Arthur, M., 198

Schluter, Otto, 213
Schmidt, Emerson P., 390
Schmidt, padre Wilhelm, 92, 205-6, 208, 218, 431
Schmitt, Carl, 83, 222, 229-30
Schneider, Herbert W., 235
Schneider, Louis, 133
Schokking, Jans, 160
Schopenhauer, 196
Schroeder, Christel Mathias, 235
Schupp, Ambrosio, 387
Schweinitz Jr., Karl de, 231
Secondat, Charles Louis de, 228
Seligman, 90, 95
Sellin, Thoistein, 414
Sena, Ernesto, 337, 414
Sequoya, 204
Sérgio, Antônio, 99, 345
Setúbal, Paulo, 236
Severo, Ricardo, 336
Shaftesbury, 251
Shakespeare, 63, 196, 295, 411
Shand, A. F., 297
Shapiro, H. L., 257
Sharp, W. R., 231
Sharpey-Schafer, E., 264
Shaw, Bernard, 46
Shaw, Clifford R., 319, 414
Shelley, 63
Shepherd, 90
Shimkin, Demitri B., 206
Siegfried, 70
Silva, A. Brüzzi Alves da, 384
Silva, J. Resende, 273
Silva, Luciano Pereira da, 415
Silvério, Dom, 169, 262
Silvino, Antônio, 415
Simmel, Georg, 16, 18-9, 71, 81, 86, 92, 95, 98, 113, 115-6, 118-9, 122, 128, 138, 145, 164, 174, 181, 202, 233, 244, 322, 326, 327, 349, 357-9, 367, 373, 428, 438, 448-9, 485, 538-40
Simões, João Gaspar, 196
Sinn, 357
Skelton, O. D., 476
Sligman, E. R. A., 476
Slochower, Harry, 196
Small, 432
Small, Albion, 18, 113, 281
Small, A. W., 351
Smith, Adam, 92
Smith, J. Russell, 213
Smith, M., 133
Snyder, Louis Leo, 258
Soares, J. C. de Macedo, 272
Sócrates, 126, 255
Soloviev, 121
Sombart, Werner, 32, 95, 161, 244, 251, 353, 356, 358, 362, 364, 469, 497
Sommer, Franz, 255
Sorel, 92
Sorokin, Pitirim A., 28, 56, 81, 87, 98, 100, 120-3, 133, 169, 177, 182-4, 243, 279, 291-3, 311, 314, 335, 378, 382, 419
Sorre, Max, 143
Sousa, Otávio Tarquínio de, 196, 353
Sousa, Paulo Inglês de, 402
Sousa, Tomé de, 430
Souto, Cláudio, 32, 181
Spalding, padre Henry S., 432
Spann, 142, 472
Spencer, Herbert, 38, 71, 77, 81, 94, 156, 192, 209, 250-1, 306, 366, 421, 432, 496, 542
Spengler, O., 61, 83
Spieler, 65-6
Spranger, E., 127, 190, 470-1, 358
Spykman, Nicholas J., 95-6, 349
Stalin, 237, 369

Stammer, Otto, 159-60
Stammler, Rudolf, 217, 222-3, 353, 414
Steckel, 439
Steggerda, Morris, 258
Steim, 484
Steinen, Karl von den, 106
Stendhal, 73, 196
Stephan, 204
Stern, W., 190
Stockard, Charles R., 245-6, 258, 294
Stoddard, Lothrop, 301
Stoetzel, Jean, 102
Stonequist, 447
Storni, Júlio S., 377
Straten-Ponthoz, A. van der, 360
Strode, Josephine, 73
Stuckenberg, J. H. W., 119
Sturzo, Luigi, 358
Suarez, Alvarez, 377
Sully, Maurice de, 169
Sumner, William Graham, 328, 449
Swift, 63
Symons, A, J. A., 189

T

Tannenbaum, Frank, 231, 419
Tapajós, Estelita, 249
Tappan, Paul W., 230
Tarde, Gabriel, 81, 92, 96, 118, 198, 202, 251, 301, 311, 414
Taswell-Langmead, T., 352
Tawney, R. H., 359
Teixeira, Anísio, 12, 15, 41, 49, 105, 533-4
Teixeira, J. H. Meireles, 282
Teixeira, Vera, 105
Teles, Baltasar, 430
Tennyson, 128
Teodósio, 91

Thaden, J. F., 264-5
Thirion, E., 120
Thomas, 49-50, 57-8, 81, 92, 99, 127, 134, 196-7, 243, 280-2, 310, 379, 400, 408, 419, 460, 485
Thomas, Dorothy Swaine, 291
Thomas, Franklin, 414
Thomas, Ivor, 333
Thomas, William I., 127, 247, 277, 280, 282, 291, 414
Thomas, W. J., 449
Thomas Jr., William, 206
Thompson, Edgar T., 454
Thompson, Kenneth W., 231
Thomson, Mehran K., 286
Thoreau, 135
Thorndike, Edward L., 192, 255, 279, 281, 290, 312
Thurnwald, Richard, 92, 159, 218, 412
Thurston, 148, 259
Tillich, Paul, 235
Timasheff, Nicholas S., 31, 222
Tocqueville, 30
Tofail, Ibn, 125
Tolstói, 196, 236
Tolstov, 208
Tonneau, J., 115, 155, 432, 442
Tönnies, Ferdinand, 92, 95, 124, 144-5, 244, 373, 482, 485, 496
Tôrres, Alberto, 51, 89, 106, 250, 376-7
Tôrres, Heloísa Alberto, 106
Tourville, Henri de, 341
Toynbee, Arnold J., 61
Toynbee, Arnold G., 374
Tozzer, Alfred Marston, 281
Trapero, 32
Travassos, Cel. Mário, 213, 339
Treitschke, von, 247-8, 381
Trevelyan, 63

Treves, 419
Troeltsch, Ernst, 160-1
Trollope, 63
Trotsky, 236
Trotter, W., 281
Troude, R., 115, 155, 432, 442
Tufts, J. H., 96
Tugwell, Rexford G., 281
Tunis, J. R., 379
Turner, 350
Tylor, 92, 98, 138, 156, 296, 366
Tylor, Edward B., 138

U

Ugarte, Manuel, 377
Unamuno, 72, 78, 311, 541
Underhill, Eelyn, 235

V

Valdez, I. Pereda, 377
Valente, Valdemar, 235
Vallaux, 213
Valle-Inclan, 91
Vance, Rupert B., 351
Vargas, Getúlio, 21, 23, 170, 244
Vasconcelos, Simão de, 430
Vauthier, L. L., 65, 335
Veblen, Thorstein, 30, 92, 95, 217, 281, 283, 302, 365, 395, 436, 480, 489-90
Veiga, Gláucio, 181, 249, 368
Venturino, Agustín, 377
Verá, Guyrá, 204
Verger, Pierre, 289, 309
Veríssimo, José, 79, 227, 250, 376
Verneau, R., 205
Vernon, W. H. D., 386
Vexliard, Alexandre, 238
Viana, Luís, 196
Viana, Oliveira, 244, 250, 294, 377
Viana Filho, Luís, 353
Vichy, 399
Vico, 127
Vidal, Ademar, 295, 414
Vieira, padre Antônio, 51, 355
Vierkandt, Alfred, 159, 161, 195, 198, 364
Villa-Lobos, Heitor, 46, 211
Vilanova, Lourival, 181
Villegas, Daniel Cosio, 377
Vinci, Leonardo da, 135, 188
Vinogradoff, Paul, 222
Viola, G., 294
Virgilii, Filippo, 269
Vogt, Paul L., 335
Vos, Frits, 102
Voto, Bernard de, 198
Vuillermoz, E., 390-1

W

Wach, Joachin, 234, 359, 465
Waitz, 92, 366
Walker, Harvey, 106, 535
Wallace, B. B., 385
Wallace, William, 358
Wallas, Graham, 281
Wallis, W. D., 195, 197, 382
Walsh, Rev., 337, 430
Walsh, V., 337
Ward, Lest F., 81, 92, 94, 281, 419
Washington, George, 67, 475
Washington, Luís, 49
Watson, J. B., 177, 197, 281, 290-1
Waxweiler, Émile, 291
Weaver, Ernest, 89
Weaver, W. Wallace, 319
Webb, 39, 92, 95, 372
Webb, Beatrice, 244

Webb, Sidney, 372
Weber, Alfred, 95, 159-61, 244, 373-5, 471, 543
Weber, Max, 29-30, 33, 39, 81, 92, 95, 124, 142, 160, 190, 228, 234, 244, 345, 351, 353, 356, 358-9, 361-4, 373, 381-2, 405, 431, 438-9, 470, 485, 497, 535, 537-9, 541, 543
Webster, 93
Wedgwood, 203
Weigert, H. W., 231
Weininger, Otto, 277
Weiss, A. P., 177, 181
Wells, H. G., 236
Wertheimer, M., 306-7
Wesley, John, 203, 236
West, Rebecca, 73, 261
Westenbaker, Thomas Jefferson, 336
Westermarck Edward Alexander, 81, 92, 95, 98, 277, 372
Wetter, 161
Weygand, General, 457
Wheeler, G. C., 218
Whetham, Catherine Durning, 203, 247, 255, 306
Whetham, William Cecil Dampier, 203, 247, 255, 306
White, C. L., 316
White, Leslie, 163
White, L. A., 176, 200
Whitehead, Alfred North, 42-4, 54, 69, 177, 181, 193, 237
Whitney, Milton, 346
Whittlesey, Charles R., 385
Whittlesey, Derwent, 231
Whyte, William Foote, 102
Widney, Joseph, 257
Wiese, Leopold von, 28, 31, 92, 95, 98, 122, 159-62, 182, 197, 244, 306, 310, 350, 419, 438-9, 448, 452, 460, 470, 484-5, 543
Wieser, Friedrich von, 452

Wigmore, John, 222
Wilde, Oscar, 236
Willems, Emílio, 21, 161, 244, 303, 447
Williams, F. E., 273
Wilson Edmund, 37, 312, 479, 480, 483
Windelband, Wilhelm, 175, 181, 358, 535, 537-41
Winston, Sanford, 383, 439
Wissler, Clark, 92, 201, 205-8, 342, 536, 540
Witt, Nicholas De, 206
Wolf, 264
Wolfe, A. B., 268-9
Woodard, James W., 406
Wooley, Helen T., 264
Woolf, S. L., 330
Wordsworth, 63
Worms, René, 247, 251, 351
Wright, 31, 34, 90, 247
Wright, Henry W., 97
Wright, Quincy, 272
Wright, Richard, 73
Wundt, W., 302

Y

Yerkes, R. M., 264, 290
Young, Earle Fiske, 320
Young, Kimball, 129, 156-7, 310, 405, 437, 447
Youzakhov, 121

Z

Zambrano, Maria, 73
Zavala, Sílvio, 324, 377-8
Zimmern, Alfred, 91, 95
Znaniecki, Florian, 28, 30-1, 50, 57-9, 98-9, 119-20, 127, 243, 280-2, 357, 419, 486
Zolotarev, 208
Zorbough, Harvey W., 319
Zuckerman, S., 143, 292
Zumeta, César, 376-7

POSFÁCIO

GILBERTO FREYRE: SISTEMÁTICO ANTISSISTÊMICO

Vamireh Chacon[1]

Gilberto Freyre em *Como e porque sou e não sou sociólogo*, conferência na Universidade de Brasília com o título inspirado pelo romancista José de Alencar em *Como e porque sou romancista*, confessava explicitamente o que estava mais que apenas implícito nos seus livros, artigos, entrevistas e conferências: sua concordância no fundamental de Goethe, mesmo sem nisso o citar, que a arte é mais importante que a ciência e a vida mais importante que a arte: integração de níveis permitindo Gilberto Freyre teorizar, em *Sociologia* (Introdução ao estudo dos seus princípios), a metodologia das suas anteriores e posteriores pesquisas.

Os adversários ideológicos da fase política final de Gilberto Freyre teimavam, ou ainda insistem, em ignorar que numa longa vida, a dele foi de 87 anos, acontecem muitas coisas consigo mesmo e no mundo.

Na realidade, mesmo com passagens pelas direitas e esquerdas, a visão senhorial de Gilberto Freyre acompanhou-o toda a vida, nem podia ser diferente como se vê na sua opção por viver na sua casa grande, hoje Fundação Gilberto Freyre no aprazível bairro de Apipucos no Recife, em vez de permanecer no Rio de Janeiro, onde esteve de 1935 a 1937 como professor de sociologia na Universidade do Distrito Federal fundada por Anísio Teixeira, seu primeiro reitor. Ou ficar nas universidades dos Estados Unidos e Europa, quando foi professor ou conferencista em Stanford, Columbia, Indiana (Bloomington) e Oxford. Ou em Sussex, Coimbra e Sorbonne onde recebeu o título de doutor *honoris causa*, também da Universidade de Münster na Alemanha e outras.

Do Recife Gilberto Freyre ia anualmente, ou mais de uma vez por ano, pronunciar conferências pelo Brasil, pelos Estados Unidos, pelaEuropa, mas sempre voltava à sua

---

[1] Vamireh Chacon é professor emérito da Universidade de Brasília. Bacharelou-se e doutorou-se com tese sobre Sociologia do Direito na tradicional Faculdade de Direito da Universidade Federal de Pernambuco e Universidade de Munique na Alemanha. Pós-doutorou-se em Sooiologia do Desenvolvimento pela Universidade de Chicago. Foi professor titular da Faculdade de Direito do Recife e Universidade de Brasília e é professor visitante em universidades especialmente na Alemanha, nos Estados Unidos e em Portugal. Escreveu, entre outros livros: *Gilberto Freyre – Uma biografia intelectual*, *História dos partidos políticos brasileiros* e *História das ideias socialistas no Brasil*.

casa grande com imensa biblioteca, mobílias antigas e quadros de pintores modernos seus amigos pessoais, azulejos portugueses e recordações dos numerosos lugares prestando-lhe homenagens em mais outros títulos de doutor *honoris causa* universitários. Alguns estrangeiros e brasileiros estranhavam seus retornos, sem perceberem a permanente ligação de Gilberto Freyre com os muitos visitantes brasileiros e estrangeiros que sempre o procuravam e com ele se correspondiam, como se vê no seu arquivo.

A Universidade do Distrito Federal foi de 1935 a 1937, quando do seu primeiro reitor Anísio Teixeira, revolução educacional paralela no Rio de Janeiro à Universidade de São Paulo criada pouco antes e que sobreviveu à congênere carioca, vitimada pelo golpe de Estado de 1937. Alceu Amoroso Lima aceitou ser nomeado sucessor na reitoria para reformá-la, mas logo foi extinta e incorporada à nascente Universidade do Brasil.

A então Universidade do Distrito Federal, projetada por Anísio Teixeira egresso de mestrado no Teacher's College de Columbia onde teve por orientador o próprio John Dewey, era também experiência pioneira no Brasil. Por proposta de Gilberto Freyre, o ensino e a pesquisa de sociologia localizaram-se não na Faculdade de Filosofia e Letras com sentido mais teórico, e sim na mais prática Faculdade de Direito e Economia com Hermes Lima como diretor. A cadeira de Antropologia, propriamente dita, foi regida por Heloísa Alberto Torres, a de História Social por Pedro Calmon, e a de Geografia por Delgado de Carvalho. Sérgio Buarque de Holanda, recém-chegado da Alemanha, ali começou sua carreira, assistente do historiador francês Henri Hauser.

Havia outros professores estrangeiros: Bréhier, Deffontaines, Lambert, Garric e T. Lynn Smith, entre vários.

Gilberto Freyre vinha não só de bacharelado e mestrado nos Estados Unidos (nas universidades de Baylor e Columbia), quanto de ainda mais pioneiro magistério de Sociologia no Brasil na Escola Normal de Pernambuco, antes da Revolução de 1930, a qual o obrigou ao exílio. Na Universidade de Stanford começou a escrever *Casa grande & Senzala*, como confessava.

Nos tempos da Universidade do Distrito Federal, Gilberto Freyre criou e foi presidente e principal animador do Club de Sociologia, tendo Heloísa Alberto Torres como vice, Roquette-Pinto na direção da seção de Antropologia, Arthur Ramos na de Psicologia e o próprio Gilberto na de Sociologia. Com o golpe de 1937, também o Club de Sociologia se dissolveu. Nele e na Universidade Gilberto Freyre incluiu, com outro pioneiro destaque, o ensino e a pesquisa de Ecologia, presentes, em seguida, logo em primeiras páginas do primeiro capítulo de *Nordeste* em 1937.

Tudo isso parecia nada menos que pré-bolchevismo na tumultuada década de 1930: o *Jornal do Brasil* do Rio de Janeiro publicou, em 9 de março de 1980, no suplemento especial dedicado aos oitenta anos de Gilberto Freyre, sua ficha catalogada pela Delegacia de Ordem Política e Social (Dops) como de "agitador, organizador da

Frente Única Sindical, orientadora das greves preparatórias do movimento comunista de 1935" na linha da Aliança Nacional Libertadora, punível pela Lei de Segurança Nacional. Entre seus cúmplices estavam os pintores Di Cavalcanti, então no Recife, e Cícero Dias antes de rumar a Paris.

O Primeiro Congresso Afro-Brasileiro no Recife em 1934 – organizado por Gilberto Freyre em companhia de ulysses Pernambucano, Edson Carneiro, Jorge Amado, Arthur Ramos e outros – por seu pioneirismo foi incluído como outra prova de subversão.

Gilberto Freyre viu-se mais de uma vez preso e espancado, naquele tempo essa era a palavra para definir tortura. Teve de refugiar-se na Bahia em 1943, antes em vizinhos países hispano-americanos e depois nos Estados Unidos em Bloomington, Universidade de Indiana.

Naqueles tempos de Segunda Guerra Mundial, os Estados Unidos, aliados ao Brasil, ocupavam bases aéreas no norte e Nordeste do Recife, para o combate aos submarinos alemães e italianos e o desembarque naval e aerotransportado no Marrocos na retaguarda dos exércitos de Rommel. Jovens professores de universidades americanas – Harvey Walker de Ohio, William McKenna de Yale e George Homan de Harvard – serviam entre os oficiais estacionados no Recife e frequentavam a casa grande de Apipucos, cercada dia e noite pelo Dops. No prefácio a *Sociologia* Gilberto Freyre lhes agradece, entre outros, na intermediação da compra de livros estrangeiros.

Neste clima político no Brasil, mais o exílio nos Estados Unidos, foi que Gilberto Freyre concebeu e escreveu *Sociologia* (Introdução ao estudo dos seus princípios), publicada pela primeira vez em 1945, quando reuniu em livro de metodologia as sínteses teóricas das suas análises aplicadas antes e depois.

Mesmo usando alguns parâmetros de Max Weber – por exemplo: os tipos-ideais em "casa grande", "senzala", "sobrados", "mucambos" e outros – Gilberto Freyre nunca foi weberiano. Desde as bases metodológicas, jamais aceitou a neutralidade axiológica, antes preferindo Hans Freyer com a sociologia comprometida historicamente e Edmund Husserl quando mostra como na filosofia e ciências culturais, diferentemente das ciências matemáticas e naturais, o ser humano é sujeito e objeto do estudo de si próprio.

A posição metodológica básica em Gilberto Freyre é o culturalismo com duas vertentes: a primeira, americana, embora de um antropólogo judeu alemão, Franz Boas, radicado nos Estados Unidos, onde fez grandes discípulos, e a segunda, alemã, dos neokantistas mais do grupo de Windelband e Rickert que Cohen e Cassirer.

Darcy Ribeiro – em "Gilberto Freyre: uma introdução a *Casa grande e Senzala*", prólogo à edição em espanhol pela Biblioteca Ayacucho de Caracas, reproduzido em *Sobre o Óbvio* – Darcy Ribeiro conseguiu sintetizar "a herança do velho Franz Boas": "Uma antropologia tão boa como nenhuma na descrição sistemática, criteriosa, exaustiva, cuidadosíssima de espécies culturais, mas desinteressada de qualquer generalização teórica".

O que não impediu, antes propiciou, que o marxista Adam Schaff em *Linguagem e conhecimento* reconhecesse que "foi precisamente nessa base prática que nasceu e se desenvolveu toda uma escola antropológica", "toda uma plêiade de investigadores saídos da escola de F. Boas".

Boas nascera em meados do século XIX em família judaica assimilada na Vestefália. Estudou nas universidades de Heidelberg, Bonn e Kiel onde se tornou doutor. Pertencia à geração dos judeus aculturados no mundo de língua alemã, a geração de Einstein, Freud, Husserl e Kelsen.

Espírito aventuroso, em 1883 Boas partia de Hamburgo em expedição ao Círculo Polar Ártico, para estudar os esquimós. Na entrevista "Se o colonialismo não tivesse existido, não haveria etnologia", ao *Jornal de Letras, Artes e Idéias* em Lisboa, 25 de abril de 1982, Claude Lévi-Strauss mostrava como a nova onda colonial europeia no século XIX, após as do XVI, ensejou a substituição dos antigos cronistas por etnólogos e etnógrafos.

Boas em universidades americanas foi dos experimentos da de Clark à de Chicago até se fixar em Columbia preparando a primeira geração de antropólogos culturais em Kroeber, Wissler e Goldenweiser, princípios do século XX. As pesquisas de campo de Boas levaram-no inclusive a Porto Rico e México, onde teve uma visão também da Ibero-Latino-América. Boas veio a dedicar mais de quarenta anos a estudos, pessoais e dos discípulos, aos índios do noroeste e sudoeste dos Estados Unidos.

Ruth Benedict agradece-lhe em especial em *Patterns of culture*. Edward Sapir, entre os grandes iniciadores da antropologia linguística, concluiu em columbia, 1909, seu PhD. Em 1911 Boas publica *Introduction to the handbook of America Indian languages*, pórtico da grande investigação conjunta sob sua liderança na Smithsonian Institution. Margaret Mead também virá a ser discípula e não só aluna de Boas, outro tanto Melville J. Herskovits.

Nas cartas a Oliveira Lima, Gilberto Freyre destaca a importância de Boas para ele no mestrado que fazia em Colômbia, após o bacharelado em Baylor. Em *Casa grande & senzala* confessa:

"Nunca será demasia salientar-se a importância da obra científica de Franz Boas", "a figura de mestre de que me ficou até hoje maior impressão". "Foi o estudo de antropologia sob a orientação do professor Boas que primeiro me revelou o negro e o mulato no seu justo valor – separados dos traços de raça os efeitos de ambiente ou de superioridade cultural. Aprendi a considerar fundamental a diferença entre raça e cultura; a discriminar entre os efeitos de relações puramente genéticas e os de influências sociais, da herança cultural e de meio. Neste critério de diferenciação fundamental entre raça e cultura assenta todo o plano deste ensaio", *Casa grande & senzala*.

O elo entre o culturalismo antropológico alemão, transplantado aos Estados Unidos, e o seu originário culturalismo filosófico também alemão, é o descendente de alemães Alfred L. Kroeber, muito citado por Gilberto Freyre em *Casa grande & senzala* ao referir-se ao mapa de áreas de cultura da América por ele elaborado. Em *Sociologia* explica que, para Kroeber, "o característico fundamental do método histórico, com o qual identificaria o antropólogo social, não é a relação cronológica dos acontecimentos mas o que chama a sua '*descriptive integration*'", na "chamada escola histórico-cultural, cuja origem é germânica – do tempo de uma Alemanha ativamente criadora na zona de estudos antropológicos".

Através da escola histórico-cultural, que transformara a etnografia em etnologia e essa em antropologia cultural da Alemanha aos Estados Unidos e daí ao mundo, chegara às ciências sociais o neokantismo mais de Wilhelm Windelband e Heinrich Rickert, que o de Hermann Cohen e Ernst Cassirer. O próprio Max Weber se confessava muito devedor metodologicamente a Rickert e este aceitava o reconhecimento.

O ponto de partida, deles e de outros na mesma linha, é Kant, nas básicas distinções entre juízos analíticos, nos quais o predicado já está no sujeito, sintéticos a *posteriori* resultados de constatações empíricas, e sintéticos *a priori*, construções mentais para configurações de realidades objetivas das quais expressam suas sínteses ideacionais. As matemáticas, comprováveis em suas aplicações práticas, são, para Kant, a máxima expressão da possibilidade de exatidão dos juízos.

O movimento de "volta a Kant" ("*zurück zu Kant*") adquiriu considerável impulso com o discurso "História e ciência cultural" de Windelband, ao tomar posse em 1894 como reitor da Universidade de Estrasburgo, então alemã. Era a resposta que ele se dava às suas próprias dúvidas confessadas desde 1876 na sua conferencia "Pessimismo e Ciência". A solução começava por uma nova concepção de ciências em nomotéticas de princípios universais e idiográficas de aplicados casos concretos específicos.

Hermann Cohen na Universidade de Marburgo ou Heinrich Rickert nas de Friburgo e Heidelberg preferiram, respectivamente, se concentrar nas matemáticas ou nas chamadas mais culturais que apenas sociais, porque o inter-humano se alça em humanístico na cultura do todo que somos projetado na civilização do que fazemos. Portanto havia dualidade, porém não dualismo, mesmo na oposição mais sistemática que sistêmica entre Cohen, de um lado, e os anteriores Windeland e Rickert, e outro. No final das contas, eram ramos da mesma árvore de Kant.

Logo depois do discurso de Windelband em 1894, Rickert pronunciou conferência na Sociedade das Ciências Culturais em 1898, à qual desdobrou, em sucessivas edições, no livro *Ciência da cultura e ciência da natureza* que atingiu sua feição definitiva nas sexta e sétima de 1926. Windelband preferiu reunir, no livro *Prelúdios*, completo em 1914, a coletânea dos seus ensaios e conferências a respeito.

A movimentação de ideias em torno de Windelband e Rickert, provindos das universidades de Estrasburgo e Friburgo, respectivamente, para a de Heidelberg, ensejou-lhe o nome de Escola do Sudoeste alemão, diante da de Cohen e Cassirer sempre em Marburgo.

A maior contribuição de Rickert, a respeito, foi a introdução do conceito de valor nas ciências culturais, projetadas por dentro da geral axiologia. Cassirer por sua vez preferiu buscar a síntese dos juízos quantitativos nos símbolos na geral forma kantiana, portanto com a dupla abertura para as fórmulas matemáticas e as formulações culturais.

Wilhelm Dilthey identificava na vida, como vivência existencial, a encarnação do transcendental, não no sentido espiritualista, e sim no logicista de Kant aplicado por Hegel como espírito objetivo encarnável na história. Dilthey explicou essa metodologia no livro *Introdução às ciências do espírito* com exemplos de aplicação concreta em estudos, entre outros, sobre Frederico, o Grande, em sua época.

Eduard Spranger, psicólogo social culturalista sob influência de Dilthey, foi dos que resistiram ao axiologismo de Rickert, com ele, porém, se conciliando no livro de 1905, *Os fundamentos da ciência da história* (Uma investigação epistemológico-psicológica). Ortega y Gasset era muito influenciado por essa encruzilhada kantiana-diltheyconeokantista, como se vê confessadamente nos seus livros *Kant-Hegel-Scheler* e *Dilthey*.

Max Weber somou a inspiração vitalista de Dilthey à axiologia de Rickert na diferenciação do entender para explicar ("*erklären*") e para compreender ("*verstehen*"): este, subjetivo; aquele, objetivo. Introjeção ("*Einfühlung*") combinando o ponto de partida analítico e a conclusão sintética, por exemplo: não sou Caio Júlio César, mas posso compreendê-lo se eu conseguir entender os testemunhos dele e dos seus contemporâneos sobre suas circunstâncias e vivências históricas psicológicas das pessoais às sociais.

Georg Simmel, na Universidade de Berlim entre a segunda geração de Marburgo e Friburgo-Heidelberg, tentou ir além delas e de Dilthey, pouco antes de surgir Max Weber e também o influenciando conforme confessa sua viúva na biografia que escreveu sobre o marido.

Simmel diversificou ainda mais as diferenciações neokantistas entre ciências da natureza e ciências da cultura, e somou-as ao aprofundamento e alargamento do conceito de vida em mais ampla sociabilidade na qual se integrassem mais plenamente o objeto e o sujeito, o quantitativo e o qualitativo. Para isso recorreu também à própria estética, sem se tornar esteticista, pois guardando sempre o rigor metodológico neo-hegeliano, através de Dilthey quanto ao conteúdo, e neokantista quanto à forma.

O livro fundamental de Simmel, *Sociologia* (Investigações sobre as formas da sociabilidade), 1908, tem um dos seus principais capítulos sobre o cruzamento dos círculos sociais e, em outros textos, aplica seu método a temas específicos tanto objetivos como a sociologia do dinheiro, quanto subjetivos como a sociologia da moda, então considerados insólitos e heterodoxos para os puristas das ortodoxias metodológicas. Eles eram contrários à sensibilidade de Simmel ao "efêmero, fugidio, contingente" também ativos ao lado do permanente na totalidade sempre em conflito interno e com outras totalidades. As persistências dos acidentes impedem a consumação da substância e as da existência obstam a da essência.

A fecundidade das sementes de Simmel, por vezes instigantes nos seus inovadores desafios, foi reconhecida no ano comemorativo do seu primeiro centenário de nascimento, 1958, com o *Livro de agradecimento a Georg Simmel* (cartas, recordações, bibliografias), pelos marxistas criativos Lukács e Ernst Bloch, o liberal independente Meinecke, e os teólogos judeu Martin Buber e jesuíta Erich Przywara. O livro também traz a correspondência ativa de Simmel com Marianne e Max Weber, os filósofos Edmund Husserl e Heinrich Rickert, os artistas poeta Rainer Maria Rilke e escultor Auguste Rodin. O que comprova o ecumenismo da sua inteligência e do seu coração.

Simmel faleceu transferido de Berlim à Universidade de Estrasburgo em 1918, último ano em que ela pertencia à Alemanha, término da Primeira Guerra Mundial. Em Estrasburgo começara o neokantismo por Windelband e ali terminara seu maior representante, Simmel, após a herança intelectual às escolas de Marburgo – Cohen e Cassirer – e Friburgo-Heidelberg, Windelband e Rickert. Repercutindo nos inícios de carreira intelectual de pensadores do também alto nível de Jürgen Habermas, no seu longo artigo, na realidade um ensaio, 1967, *Para uma lógica das ciências sociais*, no qual percorre desde Rickert, Cassirer, Hans Albert, Robert King Merton, Talcott Parsons, Wittgenstein e outros, até Hans-Georg Gadamer.

No Brasil, o explícito neokantismo vem através de Gilberto Freyre pelo livro *Sociologia* de 1945, ampliado também nesse sentido a partir da segunda edição, 1957, antes há referências e não propriamente maiores influências. Tobias Barreto, no seu ensaio "Recordação de Kant", 1888, chega a antecipar os neokantistas da Alemanha.

Gilberto Freyre não cita *The nature of culture*, 1952, de Alfred L. Kroeber, mas pode tê-lo lido, embora nesse livro as concordâncias e discordâncias de Kroeber diante dos neokantistas sejam mais filosóficas na tradição alemã de remontar às origens das teorias. Gilberto Freyre cita pesquisas antropológicas culturais propriamente ditas de Kroeber, que é o que se pode esperar do sociólogo-antropólogo-historiador social que Gilberto Freyre foi, mas os juízos de Kroeber sobre os neokantistas estão disseminados na obra que escreveu.

Kroeber nasceu em Nova Jersey, 1876, com ascendência alemã. Aos vinte anos completou o bacharelado, o mestrado aos 21 e aos 25 o primeiro doutoramento em antropologia cultural na Universidade de Columbia tendo Franz Boas como orientador.

Kroeber passou a maior parte da vida professoral na Califórnia, principalmente em Berkeley. Também foi arqueólogo no oeste dos Estados Unidos, México e Peru, porém faleceu em Paris, 1960.

As pesquisas etnológicas e antropológicas culturais de Kroeber estão ainda entre as pioneiras nos Estados Unidos na geração seguinte à de Boas. Da autoria de Kroeber são os artigos "Mitos índios na Califórnia central do Sul" e "A religião dos índios da Califórnia" ambos em 1907 na revista *Arqueologia e Antropologia Americanas*, e o livro *Antropologia*, 1925, um dos básicos na Universidade de Colúmbia até a década de 1940. Também era fundamental *Homem e cultura*, 1923, de Clark Wissler, autor também muito citado por Gilberto Freyre. Em 1939 Kroeber explicava seus pioneiros conceitos de espaço e configuração culturais aplicados em *Áreas culturais e naturais da nativa América do Norte*, sua metodologia por ele definida em *Configurações do crescimento da cultura*, 1944.

O livro *The nature of culture* de Alfred L. Kroeber, A. L. Kroeber como ele se assinava, é de 1952. *Sociologia* de Gilberto Freyre vem de 1945 à definitiva segunda edição de 1957 e seguintes. Ele teve, portanto, tempo para conhecê-lo e, quando não o cita explicitamente naquele livro, conhecia outros do mesmo autor e da mesma época, senão aquele mesmo, omitido por alguma circunstância, talvez um mero esquecimento bibliográfico. O roteiro sequencial de ambos não é igual, porém idêntico. Ambos procuravam cruzar culturalismo etnológico-antropológico e culturalismo filosófico; ambos tinham sido alunos e eram discípulos de Franz Boaz; ambos conheciam o neokantismo.

Kroeber, teuto-americano mantendo conhecimento da língua alemã, segue a linha de Kant, desde o início que usava "*Cultur*" em vez de "*Kultur*", tanto no sentido de hábitos e costumes, quanto deles quando sofisticados intelectualmente. Daí prossegue a distinção por Windelband entre ciências nomotéticas e idiográficas, e a de ciência da natureza e da cultura em Rickert.

Ademais da formação metodológica etnológica, por seu orientador Franz Boas em Colúmbia, Kroeber acrescentava formação filosófica muito kantianamente alemã. Ele podia discordar da axiologia de Rickert, que pretendia atribuir valores qualitativos às ciências idiográficas da cultura, enquanto Natorp e Cohen da Escola também neokantiana de Marburgo o faziam com valorações quantitativas nas ciências nomotéticas da matemática à logística.

Em *Sociologia* (Introdução ao estudo dos seus princípios), na segunda edição consideravelmente ampliada e aprofundada em 1957, Gilberto Freyre, portanto após Kroeber publicar *The nature of culture* em 1952, sintomaticamente parte de Kant (seis citações) na sequência conceitual cronológica a Windelband (quatro), Rickert (quinze) e toma, por conta própria, a direção de Simmel (41!), não só em números absolutos, também em relativas porcentagens de concordâncias qualitativas.

Sociologia é *o* livro, não propriamente *um* livro, no qual Gilberto Freyre pretende apresentar-se como teórico sistematizador metodológico da sua própria obra, ao mesmo tempo que torna didática essa sistematização. Daí seguir a linha de Kant aos neokantistas, acima referida, mais Hegel (citado dez vezes) e Dilthey (dezoito). Assim Gilberto Freyre acompanha os neokantistas na forma idiográfica cultural, porém com conteúdo vitalista. Ele, que costumava preferir a arrebatada iberidade de Unamuno, aqui só o cita muito secundariamente duas vezes, diante das dezessete a Ortega y Gasset. Lembre-se a importância das favoráveis críticas a Kant, Hegel e Dilthey na obra orteguiana.

A discordância de Gilberto Freyre, diante de Ortega y Gasset, é que neste o raciovitalismo é mais racionalista, e o de Gilberto Freyre mais vitalista, portanto numa leitura de Ortega y Gasset absorvida de certo modo pela paixão por Unamuno.

O voluntarismo de Nietzche só podia aparecer tão valorizado, quantitativa e qualitativamente, ao lado do idealismo de Hegel em *Sociologia*. Dilthey em grande parte se inspira na síntese de ambos. Com tanta iberidade e passionalidade, Gilberto Freyre não podia ser weberiano adepto da neutralidade axiológica, nem da suposta superioridade calvinista na gênese da capitalismo, nega-a explicitamente em *Casa grande & senzala* e outros fatos demonstram ter o capitalismo se desenvolvido nas latinas Veneza e Florença, e mesmo na nórdica Liga Hanseática, católicas, muito antes da Reforma protestante. Quanto à neutralidade axiológica, Gilberto Freyre responde com as ciências sociais como ciências de realidades tão complexas que comprometem inclusive politicamente o ser humano, segundo o demonstrou Hans Freyer (citado 21 vezes) e mesmo Karl Marx (43), diante das 37 a Max Weber. Trata-se muito mais de que apenas estatísticas e sim quantidades expressivas de opções qualitativas, merecedoras de estudos especiais, além dessa apresentação didática da metodologia de *Sociologia* pelo próprio autor declarada *Introdução ao estudo dos seus princípios*.

O culturalismo neokantista de Windelband, Rickert – e Cassirer menos lembrado, três vezes, com menor intensidade por ser ligação da Escola de Marburgo logística em Natorp e Cohen com a axiológica mais de Rickert que de Windelband antecessor de todos eles – o culturalismo neokantista tentara resolver enquanto nominalistas os juízos sintéticos *a priori*, diante dos analíticos matemáticos e sintéticos a *posteriori* empíricos de preferência de Natorp e Cohen. Gilberto Freyre ia até às aplicações pontuais, embora vitalistas de Simmel, desde a sociologia do dinheiro à sociologia da moda, não só amplamente sistemático em seu tratado *Sociologia*. (Investigações sobre as formas da sociabilidade).

Com o nominalismo culturalista alemão – para Gilberto Freyre culminando em Simmel, depois de passar por Dilthey, e pela fenomenologia dos sentimentos em Scheler após a das ideias em Husserl, aquele passionalizando a constatação deste sobre o dilema do ser humano tornar-se sujeito e objeto de si próprio na filosofia e ciências sociais – com todo esse nominalismo ideacional alemão, Gilberto Freyre pôde enfim integrar seu inicial nominalismo empírico inglês.

Registre-se aqui a fidelidade de Gilberto Freyre ao primeiro mestre intelectual dele, lido ainda muito jovem no Recife antes de seguir ao bacharelado na Universidade de Baylor, mestrado na de Colúmbia, nos Estados Unidos, e inacabado doutorado em Oxford, na Inglaterra: nada mais, nada menos, que Herbert Spencer em quatorze citações mais aprovativas que discordantes. Gilberto Freyre tinha a idade do século, nascidos em 1900, em cujos começos chegavam ainda os ecos spencerianos das imediatas gerações anteriores.

Fiel Gilberto Freyre permaneceu também a Franklin H. Giddings, 22 citações ainda marcantes na sua utilização do conceito de consciência de espécie, aplicável às autoidentificações brasileiras e luso-tropicais em comunicação, imitações, tolerância, co-operação e alianças gerando tradições e valores sociais próprios.

Gilberto Freyre recorre aos autores empiricistas ingleses quando convergem ao nominalismo culturalista alemão, seu afim desde o precursor nominalismo dos medievais franciscanos Scoto e Occam, que aparecem muito destacados em A *propósito de frades* (franciscanos) no mundo ibérico, aqui denominado hispânico, em especial no Brasil. Tema aflorado já em *Casa grande & senzala* por oposição ao intelectualismo jesuítico.

Muito mais merece *Sociologia* por antecipações em considerações e explicações, pela apreciável complexidade da obra mais que apenas didática. É o caso do pioneiro recurso gilbertiano à ecologia da Escola de Chicago de Robert E. Park e Ernest W. Burgess, várias vezes referidos aprovativamente em *Sociologia* nas explicações teóricas antecipando as primeiras páginas do primeiro capítulo de *Nordeste* (1937), quando então ninguém – nas ciências sociais no Brasil e em toda América Latina, muito menos na África e Ásia, com exceção da Índia em Radhakamal Mukerjee também tão referido por Gilberto Freyre – disso explicitamente cuidava.

A republicação de *Sociologia* (Introdução ao estudo dos seus princípios), no ano de 2009 com elucidativos prefácio e posfácio, apresenta Gilberto Freyre ainda mais completo aos professores, estudantes e pesquisadores das ciências sociais, políticas, antropológicas e historiográficas. Surgem então muito claras as suas preocupações e propostas de soluções metodológicas impregnadas por específico e criativo humanismo vitalista inclusive com base filosófica. Gilberto Freyre outra vez e melhor se comprova o cientista social brasileiro e em toda a lusofonia, até latino-americano, mais completo na metodologia fundamentada em cosmovisão profunda e ampla no seu tempo.

Ao organizar seu Índice de Assuntos em 1954, utilizado na segunda edição (1957) – antes mesmo de minha viagem de estudos à Alemanha em 1955 e 1956 para ela assim me preparando – de volta contribuí com informações recentes sobre a renovação das ciências sociais naquele país, conforme Gilberto Freyre ali me reconhece e agradece explicitamente.

Em universidades alemãs ouvi aulas e seminários, entre outros, de alguns dos últimos representantes da sociologia clássica daquele país – Alfred von Martin, Hans Freyer e Leopold von Wiese – e ainda estava vivo Alfred Weber, irmão de Max Weber, muito lidos e citados por Gilberto Freyre em *Sociologia*. Onde Gilberto Freyre por mim refere pela primeira vez Helmut Schelsky, a quem veio a conhecer pessoalmente em colóquio de 1967, Alemanha-América Latina, na Universidade de Münster. Depois fui estudar na Universidade Chicago, completando, ao meu modo, a minha própria formação de método, pela convergência entre nominalismo culturalista alemão e nominalismo pragmatista anglo-americano, mais suas fontes, de Dilthey a Hegel e Kant, por um lado, e William James, Peirce e John Dewey, por outro, com reconhecimentos ao Jovem Marx e ao Max Weber metodológico, em parte inicialmente através também de Ortega y Gasset, Raymond Aron e Benedetto Croce.

Dados Internacionais de Catalogação na Publicação (CIP)
(Câmara Brasileira do Livro, SP, Brasil)

Freyre, Gilberto, 1900-1987
   Sociologia: introdução ao estudo dos seus princípios / Gilberto Freyre; prefácio de Simone Meucci; posfácio de Vamireh Chacon. – São Paulo : É Realizações, 2009.

Bibliografia.
   ISBN 978-85-88062-70-2

   1. Sociologia I. Meucci, Simone. II. Chacon, Vamireh. III. Título.

09-06708   CDD-301

Índices para catálogo sistemático:
1. Sociologia   301

Este livro foi impresso pela Gráfica HRosa para É Realizações, em julho de 2009. Os tipos usados são da família Goudy OlSt BT, Fairfield FH e Weiss BT. O papel do miolo é pólen bold 90g, e da capa cartão supremo 300g.